U0693680

图文珍藏版

马松源 主编

周易

线装书局

第四编

周易与中华学术

马松源 主编

图文珍藏版

线装书局

一、概 述

《易》道对各个文化分支的普遍影响

《周易》这部书对传统文化的影响至深且巨，在中国文化史上占有极为重要的地位，人们普遍承认这是一个无可置疑的历史事实。但是，怎样来解释这个事实，如何估价它在文化史上的地位和作用，却是见仁见智，众说纷纭，存在着许多不同的看法。就主要倾向而言，有四种看法是具有代表性的：一种看法认为，《周易》本是卜筮之书，其中所蕴含的巫术文化的智慧就是中国文化的基因，因而应从卜筮的角度来解释。另一种看法认为，虽然《周易》由卜筮演变而来，但它的宝贵之处不在卜筮，而在于卜筮里边蕴含着的哲学内容，卜筮不过是它的死的躯壳，哲学才是它的本质，因而应从哲学的角度来解释。第三种看法认为，《周易》是一部讲天文历法的书，也就是一部科学著作，其中所蕴含的科学思维不仅对古代的科学产生了深刻的影响，而且与现代自然科学的基本思想相吻合，因而应从自然科学的角度来解释。第四种看法认为，《周易》是一部史学著作，其中保存了多方面的古代珍贵史料，特别是反映了殷周之际的历史变革，因而应从史学的角度来解释。

可以看出，研究者对《周易》的性质问题有什么样的看法，便会选择什么样的解释角度。为了对《周易》与传统文化的关系做出合理的说明，首先必须讨论一下这部书的性质问题。

应该承认，以上四种看法都能在《周易》的本文以及后人的论述中找到自己的根据，持之有故，言之成理，可以立一家之言。实际上，《周易》作为中外历史上的一种奇特的文化现象，性质十分复杂，巫术、哲学、科学、史学这几个层面的性质全都具有，也全都对中国文化产生过影响。如果我们尊重历史事实，按照历史演变的顺序把这些复杂的性质整合在一起，分清它们的主次本末，区别它们的正传与别传，从文化精神的生成角度来解释，而不是各执一

周文王姬昌像

端,以偏概全,那么我们就可以使以上四种彼此分歧的看法达成某种共识,从而较为全面地把握《周易》的性质,更好地来探索它与传统文化的关系了。

《周易》的复杂性质归根到底是由它的复杂的历史所造成的。按照传统的说法,《周易》成书的过程是"人更三圣(或四圣),世历三古",即上古伏羲氏画八卦,中古周文王重为六十四卦作卦辞,周公作爻辞,下古孔子作十翼以解经。现代多数学者认为,尽管"人更四圣"未必实有其人,"世历三古"却是大体上符合实际的。这就是承认,《周易》的成书是一个历时数千年的漫长的历史演变的过程,并非一蹴而就。既然如此,它就会在这个过程中分别受到上古、中古和下古几个不同时期的文化的影响,反映不同文化的特色,而它的性质也就会变得十分复杂,不可能是那么纯粹单一了。近来人们常说《周易》为中国文化之根,意思是说中国的文化都是从《周易》这个根上生长出来的,只要懂得了《周易》,也就懂得了中国文化。其实这个说法并不准确,因为它脱离了文化史的发展,把伏羲、《易经》与《易传》所反映的三种不同的文化背景混为一谈,使人们分不清巫术文化与人文文化的界限,对于人们正确把握《周易》的性质造成很大的障碍。

据考古发掘,人类早在新石器时期晚期就利用占卜来预测吉凶了。《周易》的发生史可以追溯到这个时期,相当于传说中的伏羲时期。由于筮占的特点是根据蓍草排列所显示的数与形的变化来预测吉凶,所以与其他的占卜形式相比,具有一种潜在的优越性,可以通过无数次的排列,逐渐把数与形的变化推演成一个整齐有序而又稳定规范的符号体系。《周易》的那一套由六十四卦、三百八十四爻所组成的符号体系,反映了这个时期受原始思维支配的巫术文化的特色。如果说这套符号体系蕴含着某种智慧,至多只能肯定其中蕴含着一种神人交感的观念,表现了人类试图掌握客观事物因果联系的努力,除此以外,不会再有什么更高深的意义,因为处于蒙昧状态的原始人是不可能产生高深的哲学思想和科学思想的。

大约于殷周之际编纂成书的《易经》则是反映了这个时期的文化背景与思维水平,实际上是继承了原始的巫术文化传统,把它推进到一个新的发展阶段。拿《易经》来与原始的筮占相比,最显著的差别就是《易经》除了那套并无高深意义的抽象的卦爻符号以外,又增加了一套由卦辞和爻辞所组成的文字表意系统,其卦爻符号是继承了原始的筮占而来的,其文字表意系统则是一个创造性的发展。虽然这套文字表意系统的素材不过是一些筮占的记录,但是经过一番整理分类、加工改造的工作,提炼成为卦辞和爻辞而系于卦爻符号之下,就具备了多方面的功能,容纳了更大量的信息,启迪了更丰富的思路,而原始筮占的意义和性质也就从此开始逐渐变得复杂起来。

《易经》凭借它的一套文字表意系统,充分反映了殷周之际人们的精神风貌,记录了当时人们所掌握的历史知识、科学知识、政治伦理知识以及哲理性的生活知识,从而扩大了《易经》的内容,具有多方面的性质,这是原始筮占的那种抽象的卦爻符号所不具有的。关于殷周之际的史实,顾颉刚先生在《〈周易〉卦爻辞中的故事》一文中已做了很好的考证,指出有王亥丧牛羊于有易的故事、高宗伐鬼方的故事、帝乙归妹的故事、箕子明夷的故事、康侯用锡马蕃庶的故事等等。关于天文历法的知识,《丰卦》的"日中见斗""日中见沫",《明夷卦》的"不明晦,初登于天,后

国学经典文库

入于地"，《复卦》的"七日来复"等等，都是明显的例证。关于政治伦理知识，有《临卦》的"知临，大君之宜，吉"，《益卦》的"有孚惠心，勿问，元吉"，《谦卦》的"谦谦君子"，《恒卦》的"不恒其德，或承之羞"等等。关于哲理性的生活知识，有《泰卦》的"无平不陂，无往不复"等等。但是，从总体来看，《易经》所记录的这些知识，其意义不在于这些知识的本身，而是为了卜筮的参考，因而我们不能把它归结为一部科学著作或史学著作，而只能看作是一部卜筮之书。

牛首四耳簋

此外，从《易经》的文字表意系统还可以看出，它反映了殷周之际宗教思想的变革，接受了当时发展起来的以德配天的天命神学观念，并且把这个观念与卜筮相结合，构成一个以天人之学为理论基础的巫术操作系统。在卦爻辞中，天是一个最高的概念。这个天既有自然之天的含义，也是一个主宰人事的至上神，人们可以通过合乎道德的行为获得天的福佑，天与人相互感应。很显然，这是由原始巫术的神人交感的观念发展而来，但是，理性的成分是大大提高了，系统性的程度也更为增强了。原始巫术的神人交感的观念，其世界图式是混乱无序的万物有灵论，而以德配天的天命神学则把世界看作是一个井然有序的统一整体。因此，在这两种观念支配下的卜筮巫术，无论是就思维水平还是就文化意义而言，都是大不相同的。从原始的卜筮到《易经》的卜筮，经历了长时期的演变，中国的文化也由此而从蒙昧状态进入了文明状态，我们应该把《易经》的性质问题放在这个总的文化背景中做全面的考察。

《易传》包括十翼，是对《易经》的一部解释性的著作，大约于战国时期经多人之手陆续写成。就其思想内容的基本性质而言，诚然是一种博大精深的哲学，与《易经》本文的那种卜筮巫术大异其趣。但是，作为一部解经之作，它又不能不把用于卜筮的卦爻符号与卦爻辞奉为神圣，力图从象数与义理方面来阐发其中的意

蕴，这就使得它的哲学思想具有一种特殊的性质，形成了一种哲学思想与卜筮巫术的奇妙的结合。有人强调它的卜筮的一面，其实它的卜筮经过哲学的改造，是一种哲学化了的卜筮，与《易经》本文中的那种卜筮有很大的不同。有人强调它的哲学的一面，其实它的哲学是在卜筮的基础上建立起来的，带有相当浓厚的巫术文化的色彩，而不同于其他的那些较为纯粹的哲学。因此，如果我们把《易传》的性质简单地归结为卜筮，或者简单地归结为哲学，都是失之于偏颇，不能确切地把握它的特殊性质。

《周易》是由《易经》和《易传》两部分组成的。在经学传统中，向来是经传不分，把《周易》看作是一部完整的著作，并且追溯到上古时期的伏羲，提出了"四圣一揆"的说法，这就把《周易》的性质问题弄得更加混乱不堪。由于它具有多重结构，既包括《易经》的卦爻符号与卦爻辞，又包括《易传》的十翼，在内容上反映了上古、中古与下古三个不同时期的文化，容纳了卜筮、哲学、科学、史学各种复杂的成分，所以人们可以各执一端，根据自己的所见把它的复杂性质归结为某种单一的性质。后来易学研究中派别的分歧都是由此而来的。《四库全书总目》描述这种情况，归纳为两派六宗。所谓两派是指象数派与义理派。象数派分化为三宗，即汉儒的卜筮，京房、焦延寿的机祥，陈抟、邵雍的图书。义理派也分化为三宗，即王弼的"说以老庄"，胡瑗、程颐的"阐明儒理"，李光、杨万里的"参证史事"。加起来就是两派六宗。除此以外，《四库全书总目》还指出："又《易》道广大，无所不包，旁及天文、地理、乐律、兵法、韵学、算术，以逮方外之炉火，皆可援《易》以为说，而好异者又援以入《易》，故《易》说愈繁。"所有这些派别分歧都是由对《周易》性质问题的不同看法所引起的。这种分歧在历史上早已存在，并且一直延续到当代。尽管每一个派别都对易学研究做出了贡献，扩大了易学在传统文化中的影响，但是关于《周易》性质问题的研究也由此而增加了更大的难度，因为除了需要仔细分辨它所固有的复杂性质，还需要花费气力来克服各种历史上沿袭下来的顽固的门户之见。

鉴于目前的研究所面临的困境，我们觉得，那些由历史所造成而又各有其合理内核的门户之见不能再重复了，有必要对它们持一种超越的态度，从广义的文化史的角度对这个问题进行新的探索。所谓广义的文化，这个概念可以通过其外延与内涵之间的逻辑关系来把握，如果其外延无所不包，广泛涉及各个文化领域，那么其内涵则必然缩小为某种本质的核心的层次。其实《四库全书总目》所说的"《易》道广大，无所不包"，早就把《周易》看作是一种广义的文化现象了，虽然它的外延广大到无所不包，而居于本质核心层次的内涵却收缩为一种很小很小的《易》道。这个《易》道就是《周易》的思想精髓或内在精神，从根本上规定了《周易》的本质属性。就《周易》所容纳的内容而言，诚然是广泛涉及卜筮、哲学、科学、史学以及其他的许多文化领域，但是，所有这些都只是文化分支而不是广义的文化。从逻辑上来看，文化分支的属性与广义文化的属性，两者是不能等同的。只有当我们从所有这些文化分支中找到了一种可以称之为《易》道的东西，才能真正看出《周易》在外延上的扩展以及在内涵上的渗透。因此，我们对《周易》性质问题的研究可以摆脱以往的那些门户之见，而转化为一种广义的文化史的研究。如果我们结合这种在外延上无所不包的广义的文化，侧重于研究《周易》的义理内涵，极力弄清究竟什

么叫作《易》道,把它的本质的核心的层次挖掘出来,那么我们将不仅可以据此而较为准确地判定它的基本性质,使目前的各种分歧的看法获得一定程度的会通整合,而且可以加深我们对传统文化精神的理解,为中国文化史的研究提供一个新的视角。

《周易》的外延与内涵主要是通过《易传》而后确定的。《易传》反映了春秋战国时期人文主义高涨的文化背景,与《易经》所反映的那种宗教巫术的文化背景有很大的不同。在从《易经》到《易传》的长达七八百年的历史长河中,中国文化经历了一次从巫术文化到人文文化的重大的转化,走过了一段从合到分再从分到合的曲折的过程。人们称春秋战国时期为世界历史上的轴心期,西方、印度、中国这三个大的文化圈都是几乎同时在这个时期形成的。轴心期打破了古代文化数千年长期保持的宁静,使精神领域变得喧闹沸腾,众多的哲学家在这三个地区首次涌现,反映了人类意识的觉醒。轴心期的特点,一方面是产生了激烈的精神冲突和思想的分裂;另一方面是通过不断的讨论、争辩和相互交流,世界上这三个地区的人类全都开始意识到整体的存在,创造了历史全景中的共同因素。这是人类历史的突破期,人类自觉地迈出走向普遍性的步伐,树立最高的追求目标,就是以轴心期为真正的起点的(参阅雅斯贝斯:《历史的起源与目标》)。如果我们把春秋战国时期的中国文化放在这种世界历史的宏观背景中来考察,它的特点和意义将会变得更加显豁。

在这个时期,西周的那种统一的无所不包的天命神学是解体了,精神领域的那种沉寂停滞的局面是打破了,诸子蜂起,百家争鸣,学术由原始的统一而走向分裂。但是,这种分裂实际上是一次意识的觉醒,思想的启蒙,文化精神的再生。尽管当时的诸子百家彼此对立,相互争辩,但是由于他们都是怀抱着伟大的理想,把整体性的存在作为自己的思考对象,所以也都对中国文化的发展做出了贡献,从不同的角度扩展了它的外延,深化了它的内涵,并且创造了许多共同因素,为下一个阶段的多样性的统一准备了条件。到了战国末年,学术融合的局面形成了,于是人们通过各种形式来总结这个时期的文化创造,有的派别性较强,比如儒家的荀子和法家的韩非子,有的派别性较弱,比如杂家的《吕氏春秋》。至于《易传》,更是自觉地顺应这种大融合的趋势,提出了"天下同归而殊途,一致而百虑"的著名命题,不仅比其他各家更为全面地总结了这个时期的文化创造,而且接上了自伏羲以至《易经》的文化源头,把上古、中古、下古的文化连接成为一个完整的序列,以浓缩的形式反映了中国文化的起源、演变和发展的轨迹,特别是反映了从巫术文化向人文文化转化的轨迹。因此,由《易经》与《易传》所共同组成的《周易》,它的"世历三古"的成书史,本身就相当于一部中国文化发展史,或者相当于一部中国文化精神的生成史。如果说中国文化在轴心期产生了具有世界历史意义的伟大的转折,那么在先秦典籍中,最能全面体现这个转折意义的,除了《易传》以外,再也找不出什么其他的著作来了。秦汉以后中国文化的发展往往要回到先秦来寻找精神的原动力,而找来找去,又往往归结为由《易传》所奠定的易学传统。这种情形绝不是什么历史的误会,而主要是由于《周易》的那一套八八六十四卦的符号体系以及囊括天地人三才之道的整体之学,仿佛一个巨大的海绵体,把这个时期诸子百家所创造的共同

成果都吸收容纳进来，并且综合总结成为一种卷之则退藏于密的《易》道，因而理所当然地被后世公认为代表了中国文化的根本精神。

表面上看来，在《周易》的结构形式中，传是解经之作，依附于经而存在，应该是经为主体而传为从属，但是就思想内容实质以及所体现的文化意义而言，经却是依附于传而存在的，正好颠倒过来，传为主体而经为从属。自从《易传》按照以传解经，牵经合传的原则对《易经》进行了全面解释之后，《易经》原来所具有的那种宗教巫术的思想内容和文化意义便完全改变了，其卦爻符号与卦爻辞只是作为一种思想资料依附于传而存在，被《易传》创造性地转化成为具有人文理性特征的思想内容和文化意义。由于《易经》的卦爻符号与卦爻辞含义模糊，暧昧不明，相互之间本无内在的逻辑联系，《易传》的解释往往不能自圆其说，矛盾牴牾扞格难通之处甚多，这就产生了不少的歧义，为后人进一步的解释留下了大量的余地。其实后人的解释也往往陷入不能自圆其说的困境，无论怎样殚思竭虑，耗费毕生的精力，也难以弥合经传之间的纰漏，从文字上和逻辑上把《周易》全书的内容讲通。但是，在两千多年来的易学研究中，除了个别的例外如南宋的朱熹，几乎所有的人都遵循着《易传》的思路，以传解经，牵经合传，从来没有考虑到应当摆脱传为经所涂的粉墨脸谱，去阐明《易经》的本义，恢复历史的真相。这是一个很值得注意的文化现象，说明人们研究《周易》的目的和兴趣所在主要是传文的解释而不是经文的本义，传文受到重视的程度要超过经文。之所以如此，是因为在传文的解释中蕴含着一种立足于人文理性的《易》道，贯穿着一种代表中国文化根本精神的思想精髓与价值理想，人们遵循《易传》的思路去做进一步的解释工作，主要是为了把这种思想精髓与价值理想完整地继承过来，作为在新的历史条件下进行思考的精神的原动力。正是由于古人对《周易》具有这种共识，所以由《易传》所开创的易学传统才得以绵延不绝，久而弥新，而中国文化的中坚思想也在历代易学家的共同努力之下发展为一道生命洋溢、奔腾向前的洪流，在世界文化体系中占据了不可动摇的地位。

从这个角度来看，易学对中国文化的影响，主要就是蕴含于《易传》之中的《易》道对各个文化领域在外延上的扩展以及在内涵上的渗透，广泛地涉及政治、伦理、哲学、宗教、科学技术、医学、文学艺术、史学诸多门类。

所谓《易》道，它的核心思想集中体现在"一阴一阳之谓道"这个命题之中。这是一个贯穿天道、地道和人道的总规律，一切事物的复杂性，一切事物的变动性，都受这个统一规律的制约。《易传》反复强调，这个总规律放之则弥六合，卷之则退藏手密。就其外延上的扩展而言，广大悉备，无所不包。《系辞上》说："夫《易》广矣大矣，以言乎远则不御，以言乎迩则静而正，以言乎天地之间则备矣。"但是，就其内涵而言，却凝聚收缩而为一。《系辞下》说："天下之动，贞夫一者也。"这个一即本体之一，此本体之一对现象之多起着主宰支配的作用，哲学研究的任务就在于"探赜索隐，钩深致远"，把主宰支配天地人三才的阴阳变化之道探索出来。如果掌握了这个易知、易从的阴阳变化之道，那就能够以简驭繁，抓住事物变化的要领。由此可见，这个《易》道，既是世界观，又是方法论。当人们运用这个《易》道的世界观和方法论来观察解释人文问题诸如政治伦理问题时，就把易学的影响扩展到这

些属于人文学科的文化领域中来了。当人们运用它来观察解释天文历法医学等问题时，也促使这些属于自然学科的文化领域受到了易学的影响。

　　我们曾经指出，这个《易》道是综合总结了先秦时期诸子百家的文化创造特别是儒道两家的文化创造而后形成的。在先秦各家中，道家首先运用阴阳范畴论述了自然的和谐。比如老子曾说："万物负阴而抱阳，冲气以为和。"(《老子》四十二章)但是道家认为，"天地不仁"，这种自然的和谐对人类的命运漠不关心，其本身并不蕴含任何与人的价值理想相关的伦理意义，因而道家的思想"蔽于天而不知人"，带有一种冷性的自然主义的色彩。儒家与道家相反，侧重于论述社会人际关系的和谐。比如《论语·学而》："礼之用，和为贵。"但是儒家对天道的自然规律研究得不够，蔽于人而不知天，未能把他们的人文价值理想提高到深沉的宇宙意识的层次。《易传》取儒道之所长而去其所短，把这两家的自然主义与人文主义有机地结合起来，使之统一于"一阴一阳之谓道"这个命题之中。《说卦》所谓"立天之道曰阴与阳，立地之道曰柔与刚，立人之道曰仁与义"，这个囊括天地人的三才之道其实就是一阴一阳，《易》道的思想精髓就在于此。如果刚柔相济，阴阳协调，自然与社会的两种对立的势力相辅相成，就达到了和谐的境界。和谐的极致，称之为"太和"。《乾卦·象传》说："乾道变化，各正性命，保合太和，乃利贞。首出庶物，万国咸宁。"由于自然处于"太和"状态，故"首出庶物"。由于社会处于"太和"状态，故"万国咸宁"。因而在《易》道的思想精髓中蕴含着一种浓郁的人文价值理想，追求一种以"太和"为最高目标的天与人，自然与社会的整体和谐。这种"太和"思想是先秦各家中对整体和谐的最完美的论述，集中体现了中国文化的最高的价值理想。汉代以后，《周易》被奉为群经之首、六艺之原，人们对它产生莫大的兴趣，孜孜不倦地研究，运用《易》道来观察解释包括人文学科和自然学科在内的各个文化领域的问题，也使得这种价值理想薪火相续，代代相传，广泛地渗透到各个文化领域之中，从而使中国文化就整体而言都贯穿着一种立足于和谐的价值理想。

凤羽冠人形玉佩

　　易学对中国文化的影响是一个历史的过程，在各个不同的时代有着不同的表现。这是因为各个不同的时代有着不同的时代思潮，不同的时代课题，不同的时代需要，加上包括人文和自然学科在内的众多文化领域在不同的时代的知识积累的程度以及所探索的具体问题互不相同，所以易学不能不受这些历史条件的制约而呈现不同的面貌。比如汉代易学就不同于魏晋易学，魏晋易学也不同于宋代易学。因此，为了准确地把握易学在中国文化中的地位和影响，必须结合中国的广义的文化史进行全面的考察，而决不能单纯局限于《周易》本身。如果缺乏一种历史的全面的观点，笼统地强调《周易》为中国文化之根，就《周易》而论《周易》，那是既不能读懂《周易》，也不能理解中国文化的根本精神的。

各个文化分支对《易》道的援引

《易传》认为,易"弥纶天地之道",所以在中国古代,它首先和最多的是被哲学家援引,去建立自己的哲学体系。

汉代的卦气说,乃是一种哲学学说,不是一种纯粹的气象理论,它是通过天道来明人事。它的基础,一是当时的气象理论,其特点是讲阴阳消长;一是卦爻象,用于描绘阴阳的消长。在卦气说的影响下,扬雄创造了"太玄"体系。太玄体系的现实基础也是阴阳二气的消长。他另创了一套符号系统和占卜方式。虽是独创,但显然是受《周易》的影响。

魏晋时代,《周易》,实际是当时的易学,成了玄学的重要组成部分。宋代程颐的《程氏易传》,又是理学的重要著作。同时邵雍的哲学体系,则被人称为新易学。张载的全部哲学,王夫之说:"无非易也。"就是说,都在阐发《周易》的道理。周敦颐则明确说明,太极图及图说,阐发的都是易道中最根本的道理。

明末清初的王夫之,不仅作了《周易外传》,而且作了《周易内传》,这都是他的重要哲学著作。

中国古代哲学,与政治的关系特殊密切。以致哲学家的著作,大部分篇幅都是用来讲政治。在对待《周易》的态度上,往往明是解《易》,暗中阐发自己的政治主张。如程颐解"黄裳,元吉",就是阐发自己的政治思想。

这是一种隐晦曲折的形式,借着讲易理,为当前政治服务。还有一些政治家,直接借易理向皇帝进谏。如唐代后期著名政治家陆贽,在危难之际,用易理劝说唐德宗要虚心纳谏。他说,《易》乾下坤上曰泰,坤下乾上曰否,损上益下是益卦,损下益上是损卦。天在下而地在上,与它们本来的地位是相反的,所以说它是泰,就是由于上下交通。君上臣下是对的,但却说它是否,因为上下不交通。君上能约束自己,宽以待人,人必定拥护君上,这样才有益。反之,若蔑视别人而任意妄为,下面一定离心离德,甚至发生叛乱,这就要受到损害。我们在这些话里,可看到陆贽的苦口婆心。若单讲后面的道理,唐德宗更加不以为然,所以只好援引易理,唐德宗可能还听进一二。

维系古代政治的重要因素之一是伦理。《易传》把人间的等级尊卑和天在上、地在下联系起来,认为这是不可改变的永恒秩序,为巩固当时的制度发挥了重大作用。《易传》中"积善""积恶"的说法,由于被当作善恶报应说教,对中国古代的伦理教育发挥着重大作用。《易传》中讲"穷理尽性以至于命"。经常被宋明理学家引用,作为他们探究人性的经典依据。而人性问题,又是伦理学说的基础。

《周易》看到了普遍存在的矛盾对立,以及普遍存在的斗争。但《周易》给自己规定的使命是维护现存制度,所以它重视和谐,认为高度和谐的太和状态才是天地之间最合理的状态。这样,和,或说太和,成为古代伦理观的归宿。

《周易》不是道教的经典,但道教学者很早就引用《周易》去说明自己的教义。自宋代开始,道教学者在自己的学术活动中,更是大量地引用《周易》,引用秦汉以后或宋明时期的易学成果。明代修《道藏》,把一些易学成果,如邵雍的《皇极经世

书》，如张理的《大易象数钩深图》等，整本整本地收入《道藏》。许多道教学者不仅精通易理，而且精通全部儒经。有的道士，甚至被皇帝聘去以儒学教授太子。这是由于宋代以后，儒道二家合流、特别是在思想上合流的趋势是越来越明显了。

从春秋战国时代起，孔子、荀子等先进思想家已明确表示不必占卜，甚至反对用《周易》去进行占卜。但秦汉以后，《周易》的占卜功能仍然存在。国家设有专门的占卜官，甚至各州县都有专职占卜官员。宋代的数学教育中，占卜是必修课。因此，占卜活动，首先是在国家政权系统中进行的。只是占卜在国家政治中的地位越来越低，它已无法取得殷周之际那样崇高的地位了。

易学和自然科学，最近成为一个专门的问题。

和其他领域一样，从事自然科学的学者，也往往援引《周易》或以前的易学成果。究其原因，首先是因为这些科学家们自幼接受的就是儒家教育。儒经中，《周易》又专讲天道。因此，在处理科学问题时，援引《周易》，可说是必然的事，就像思想家们也往往借《周易》来阐发自己的哲学、政治伦理主张一样。

援引《周易》的科学家，有些仅是受社会风气左右，并不影响他本人的数学工作。如晋代刘徽、明代程大位，在他们著作之首都赞美《周易》，但细审他们的数学工作，如何解题，如何运算，那就与《周易》无关了。也有些数学家，曾借《周易》的推卦过程建立某种数学方法，如秦九韶"大衍求一术"，借占筮方法阐述剩余定理。但这样的方法，首先是天文学中的推上元积年法。秦九韶曾从太史学过天文，熟知这个方法。在秦九韶以前的数学著作中，曾把此法简化为"物不知数"算题，但未列算法。秦九韶列出了计算方法，对数学做出了重大贡献。为了适应实际的计算方法，他不得不设想占卜中在四揲之外，还有二揲、三揲的情形。这是让《周易》去适应数学实践，而不是让数学实践适应《周易》。

还有一种情形，就是借易学理论去建立自己本学科的理论，这就是《周易参同契》。在约两千年前的古代，人们能为当时的化学建立一套理论，是非常可贵的。然而化学至今仍是一门主要依赖实验的学科，一般性的理论无法代替，甚至无法具体指导实际的实验过程，所以《参同契》问世之后，数百年间少人问津。

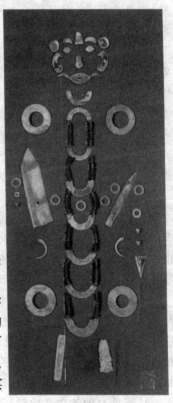

玉覆面和组玉佩

《周易》中的一些观念，还影响到生物等学科。但也有许多学科、特别是技术发明，不受《周易》的影响。受《周易》影响的那些学科，也不是全部学科都受影响，往往只是其中一小部分。而在受《周易》影响的那一部分，是非功过，成败得失，古人也多有论说。为使读者全面、正确了解《周易》与科学之关系，我们对那些不受

《周易》影响的,批评《周易》影响的,也做了介绍。当然也不完全。比如农学,是中国古代重要的学科,且成就甚多,著作颇丰,可说并未受《周易》影响。

和《周易》关系较深的学科还有中医。春秋时代,医和就引蛊卦解释晋国君主的病。后来陆贽对唐德宗,用的也是这种方法。此后有孙思邈要求医家学《周易》,再后是张介宾讲"医易同源"。至于医家援引卦象易理去说明病情,所在多有。

目前,关于《周易》与中医的关系,已有不少论著。本编所述,与这些著作的观点,可能相同,也可能不同。此正《易传》所谓"智者见之谓之智","仁者见之谓之仁"。《周易》和中医关系中有许多题目,至今仍处于探索阶段,前人所述不多。不像天文、数学领域,古代谈论与易学关系的,有赞成,也有批评,得以使我们全面了解。比如中医中的阴阳观念,是来自《周易》?还是中医自身的产物?还源自何处?古人所述不多。这里,撰者只能根据历史材料,提出自己的见解。

《周易》和文学,至今少人论述。南朝刘勰著《文心雕龙》,首篇《原道》即讲《周易》。其中认为,世界是一个五彩缤纷的世界。花艳草绿,鸟章兽纹,云霞丽天,林籁如竽,即使精巧的画工乐师,也难逾其美。这是天然之"文",这文是与物并生因而与天地并生的。人的文,则发为歌诗,著成文章。而歌诗文章之源,是太极,是易象,是河图洛书。《周易》一书,不仅焕乎文章,而且载道韫理。刘勰认为,《系辞传》"旨远,辞文,言中,事隐",那是文章的典范。言之凿凿,有根有据。其他专门领域,难得有刘勰这样深入而广博的宏论。然而《易》与文学艺术关系究竟如何?则刘勰的话只能是研究的对象,而不是出论的根据。

自明代王守仁说"五经皆史","《易》是包牺之史"以后,清代章学诚更倡"六经皆史"。这样,《周易》又被视为史学著作。

此外未论及者还有不少。章学诚说:"佛氏之学,来自西域,毋论彼非世官典守之遗,且亦生于中国,言语不通,没于中国,文字未达也。然其所言与其文字,持之有故而言之成理者,殆较诸子百家为尤盛。反复审之,而知其本原出于《易》教也。"(《文史通义·易教下》)依章所论,则佛教也是源自《周易》。而唐宋以后,援易理论述佛教教义的,也代不乏人。

明初赵㧑谦,也是个文字学家。他说阴阳鱼太极图就是河图,并且认为,这图乃是"文字之本源,造化之枢纽"。实际上也就是说,《周易》之源就是文字之源。这种说法,汉代《乾凿度》已见端倪,其中说,☰即古天字,☷即古地字等等。文字和音韵,可说是一门学问,文字学家往往就是音韵学家。依他们之中的有些学者,如赵㧑谦看来,这门学问的渊源也是《周易》。

易道是一种各个文化领域都可以援引的道,也即普遍的道,一般的道。这样的道,就是我们今天所说的哲学。哲学,或者说易道,正因为它和一切文化领域都相通,所以任何文化领域都不能说,易道就是它那一领域里的道。用古人的话说,即秤锤是铁,但不能说铁是秤锤。这是我们探讨周易与中华学术时所必须注意的问题。

二、周易与政治

《易传》为拨乱反正之书

　　《易传》根据以阴阳哲学为核心的《易》道来观察解释政治领域的问题,形成了一种追求社会整体和谐的政治思想。这种政治思想受到历代许多著名的哲学家和政治家的重视,用于拨乱反正,克服由君主专制体制所造成的危机,变无序为有序,化冲突为和谐,对中国两千多年的政治文化产生了深远的影响。

　　就实际的政治体制而言,中国自秦以后一直是奉行君主专制的中央集权制。这种体制是根据法家的一套专制主义的理论建立起来的。法家对社会整体的看法与《易传》不同,不是立足于和谐,而是立足于冲突。他们把君臣、君民之间的关系看成是利害相反,矛盾对立,"上下一日百战"(《韩非子·扬权》),相互进行不可调和的斗争。为了使社会不在斗争中陷入解体,他们主张加强君主专制,强化中央集权,反对臣民凭借文化道德因素参与政治,运用严刑峻法的手段来建立一种独裁统治的秩序。比如商鞅就把社会中的文化道德因素称为"六虱",韩非则归结为"五蠹",认为它们危害君权,必须彻底铲除。法家的这种思想把君权置于至高无上的地位,适应了专制政治的需要,因而在中国的政治文化

司母戊方鼎

中,专制主义一直是居于主流地位。但是,在实际的操作过程中,由于专制政治有着内在的不可克服的矛盾,总是要不断地出现各种偏差。偏差之一表现在处理君民关系上。专制政治强调君主享有绝对的权力,殊不知这种绝对权力实际上是不存在的。如果君主迷信权力的绝对性而胡作非为,不顾人民的死活,推行反人民的暴政,这就会激起人民的反抗,从而反过来否定专制政治本身。偏差之二表现在处理君臣关系上。专制政治强调君为臣纲,君主享有对臣下的绝对支配权力,臣下必须服从君主,殊不知君主在各个具体的领域都必须依赖于臣下。如果君主不懂这种依赖关系而独断专行,拒谏饰非,或偏听偏信,重用宠佞,势必上下堵塞,大权旁落,从而也否定了专制政治本身。究竟怎样纠正偏差,克服专制政治所造成的危机呢?从指导思想上来看,唯一的途径就是像《易传》那样,把君臣、君民之间的关系

看成是刚柔相济、阴阳配合的统一体,强调君权的相对性而否定其绝对性,运用社会长期积淀而成的文化道德因素对君权进行某种程度的限制。因此,历代的有识之士为了治理乱世,使之恢复正常安定,往往抱着强烈的忧患意识,从《易传》中寻找拨乱反正的理论根据。这就在中国的政治文化中形成了一种以《易传》的和谐思想为主导的传统。尽管这种思想并未否定君权,也没有达到近代民主主义的水平,但在中国历史上却是一股站在文化道德的立场与专制主义思想相抗衡的强大的力量。

　　《易传》的这种立足于和谐的政治思想与儒家所主张的德治仁政、道家所主张的自然无为息息相通,实际上是从阴阳哲学的角度综合总结了儒道两家思想的产物。儒家的德治仁政思想强调政治应该服从道德的制约,认为社会是由体现了血缘亲情的道德因素凝聚而成的和谐的共同体,主张在君臣上下之间提倡礼让精神,奉行相对性的伦理,而极力反对"上下一日百战"的斗争意识。孔子曾说:"能以礼让为国乎? 何有? 不能以礼让为国,如礼何。"(《论语·里仁》)道家把人类社会看成宇宙整体的一个组成部分,其存在的状态是自满自足,完美和谐,不需要国家权力的外来干预,因而最理想的政治是一种顺应社会的自然本性的无为之治。《老子》五十七章说:"我无为而民自化,我好静而民自正,我无事而民自富,我无欲而民自朴。"道家反复强调"贵以贱为本,高以下为基",不是人民依赖君主,而是君主依赖人民,君主应"以百姓心为心",不可滥用权力,自取灭亡。儒道两家虽然在具体的政治主张上互不相同,但在对社会整体的基本看法以及如何处理政治与文化道德的关系上却存在着很多的共同之点,与法家的专制主义思想形成鲜明的对照。《易传》的作者适应战国末年学术大融合的趋势,根据"天下同归而殊途,一致而百虑"的原则,对儒道两家的思想进行了综合总结,由此而形成的追求社会整体和谐的思想也就具有更大的普遍性,既有儒家的浓郁的人文情怀,也有道家的深沉的宇宙意识,总的精神是站在文化道德的立场反对暴政,使政治权力能够符合植根于广大民众之中的深厚的价值理想。由于《易传》的思想本来与儒道相通,所以在后来的发展中,能为儒道两家学者所普遍接受,儒家学者在解释《易传》时"阐明儒理",着重发挥德治仁政的思想,道家学者则"说以老庄",着重发挥自然无为的主张。从这个角度来看,研究中国的政治文化,发掘其中所蕴含的民主性的精华,应该以《易传》的思想作为重要的突破口。

　　《易传》把自然和社会看作一个整体,适用于自然界的原则同样也适用于人类社会,其根本主旨在于推天道以明人事,也就是说,根据对支配着自然界的那种和谐规律的认识和理解,来谋划一种和谐的、自由的、舒畅的社会发展的前景,使得社会领域的君臣、父子、夫妇的人际关系能够像天地万物那样调适畅达,各得其所。照《易传》看来,"一阴一阳之谓道"是适用于自然界和人类社会的一条总的原则。阳的性质为刚,阴的性质为柔,阳代表天象与人事中起着创始、施予、主动和领导作用的势力,阴代表起着完成、接受、被动和服从作用的势力。就天象而言,天是最大的阳,地是最大的阴。就人事而言,君臣、父子、夫妇也相应地区分为阴阳,阴是"地道也。妻道也,臣道也"(《坤卦·文言》),阳则与此相反,应该是天道、夫道、君道。阴阳有尊卑地位之不同,阳为尊,阴为卑。但是,阴与阳的关系是相互依存,不可分

国学经典文库

割的，缺少一方，另一方也不能存在，因而必须互相追求，阴求阳，阳求阴。如果这种追求得以顺利实现，则称之为通，反之，则为不通。通是由刚柔相济、阴阳协调所形成的一种畅达的局面，不通是阴阳刚柔形成对立而不配合交往。只有通才能促进万物化生，社会发展，不通则形成否结，阻碍化生和发展的进程。因此，就阴阳这两大势力的本性而言，既有统一的一面，也有斗争的一面。如果阳尊阴卑，协同配合，统一的一面占了上风，就会有一种和谐的秩序。反之，如果斗争的一面占了上风，阴阳互相伤害，这就破坏了和谐，造成秩序的混乱。

　　《易传》反复强调，这种阴阳哲学不仅是对客观世界的一种纯粹理性的认识，而且与人们的决策活动特别是政治的决策活动紧密相连，具有强烈的实践功能。《系辞》说："夫《易》何为者也？夫《易》开物成务，冒天下之道，如斯而已者也。是故圣人以通天下之志，以定天下之业，以断天下之疑。"所谓"开物"就是开达物理，"成务"就是成就事务。由于一阴一阳之道囊括了天地万物之理，认识掌握了这个《易》道，就能启发人们的智慧，开通人们的思想。把这个《易》道用于处理实际的事务，就能通权达变，决断疑惑，进行有效的决策，采取正确的行动，做成一番事业。《系辞》进一步阐述这个思想说："夫《易》，圣人之所以极深而研几也。唯深也，故能通天下之志；唯几也，故能成天下之务；唯神也，故不疾而速，不行而至。"所谓"神"，即"阴阳不测之谓神"的意思，指阴阳变化神妙不测的客观规律。"几"即阴阳变化的苗头，吉凶祸福的先兆。《易传》认为，《周易》这部书，其根本之点在于"极深而研几"，教人深刻地掌握阴阳变化的客观规律，用来指导主体的行为，使之达到随机应变、应付自如的神化境界。由于"极深"，故能通天下之志。由于"研几"，故能成天下之务。当人们有所行动，有所作为，面对着复杂变幻的客观形势而举棋不定、犹豫不决之际，只要向《周易》请教，就能得到满意的回答。因而《周易》这部书把认识客观规律和人们对这种规律的利用两者结合起来，指导人们根据形势的变化采取正确的决策，实质上是一部"开物成务""极深研几"之书。

　　为了采取正确的决策，一方面应该有对现实处境的清醒的认识，另一方面应该有对和谐理想的执着的追求。由于现实处境在阴阳不测规律的支配之下，有时和谐，有时冲突，和谐之时少，冲突之时多，而且即使暂时呈现和谐状态，也常常因决策的失误，行为的不当，很快转化为冲突，所以《易传》强调指出，《周易》是圣人怀着忧患意识写成的一部拨乱反正之书。《系辞》说："《易》之兴也，其于中古乎？作《易》者，其有忧患乎？""《易》之兴也，其当殷之末世，周之盛德邪？当文王与纣之事邪？是故其辞危。危者使平，易者使倾；其道甚大，百物不废。惧以终始，其要无咎，此之谓《易》之道也。"《易传》的这种忧患意识集中反映了处于暴政统治之下的人们对和谐秩序的向往，以社会的整体利益为重，忧国忧民，力求克服事实与价值、现实与理想的背离，谆谆告诫统治者在决策活动中应该自始至终保持危惧警惕之心。因为只有知所危惧，才能减少失误，不犯错误，在冲突之时可以促使向和谐转化，在和谐之时可以安而不忘危，存而不忘亡，治而不忘乱。如果不懂这个道理，在决策活动中不从忧患意识出发而任意妄为，掉以轻心，则身不安而国不保，必然导致倾覆。

　　《易传》用形象化的说法把拨乱反正、安邦定国的决策活动比喻为"经纶"。经纶的本义是指治理乱丝，理出头绪，使之由紊乱无序的状态变为井井有条的有序状态。《易传》认为，治理国家大事也和这种治理乱丝的活动类似。《屯卦·象传》："云雷，屯。君子以经纶。"屯封的卦象☳坎上震下，坎为云，震为雷，云在雷之上，将雨而未雨，表示刚柔始交，阴阳尚未和洽，象征屯难之世。就天象而言，这是天地造始之时，雷雨之动充盈于宇间，冥昧混沌，万物萌动，艰难丛生，整个世界呈现出一片紊乱的无序状态。就人事而言，情形也同样如此。君子观此卦象，推天道以明人事，应该发扬刚健有为的精神，像治理乱丝那样，拨乱反正，来建立一种正常的安定的社会秩序。

究竟怎样在屯难之世来拨乱反正，建立秩序呢？《易传》认为，关键在于作为最高决策者的君主能够"以贵下贱"，居贞守正，争取民心，促使社会人际关系中的阴阳两种对立势力的双向追求得以顺利实现。王弼在《周易略例·卦略》中根据《易传》的这个思想解释屯卦说："此一卦，皆阴爻求阳也。屯难之世，弱者不能自济，必依于强，民思其主之时也。故阴爻皆先求阳，不召自往；马虽班如，而犹不废；不得其主，无所冯也。初体阳爻，处首居下，应民所求，合其所望，故大得民也。"从卦体来看，屯卦都是阴爻主动追求阳爻，不召自往，有如马在排班前进。这就象征在屯难之世，阴求于阳，弱求于强，人民迫切需要一个君主来领导他们，保护他们，如果不得其主，则失去荫庇，无所凭依。初九为阳爻，在此屯难之世的开始，安静守正，盘桓不进，而且以尊贵的身份甘居于众阴之下，具有谦和的品德，应民所求，合其所望。因此，一方面是阴求阳，另一方面是阳大得民心，受到众阴的衷心拥戴，这两个方面的结合就使得社会秩序得以建立，虽然总的形势并不安宁，其发展的前景却是大为亨通的。

《易传》所设想的社会政治秩序是一种有君臣上下尊卑贵贱之分的等级秩序，但是这种等级秩序不是像法家所设想的那样，建立在强制性的统治与服从的基础之上，而是由阴阳两大对立势力各按其本性互相追求、彼此感应自愿组合而成的。照《易传》看来，一个社会政治的整体，不能有阴而无阳，也不能有阳而无阴。如果阳得不到阴的辅助，完全孤立，就会一事无成。如果阴得不到阳的领导，散漫而无统率，也难以形成群体。只有这种互相的追求取得成功，彼此的需要得到满足，社会政治生活才能产生功能性的协调，得以正常地运转。既然如此，阴阳双方也必须互相适应，阴顺阳，阳顺阴，尽量克制自身的某种过分的欲望，以满足社会一体化的要求。因此，一个和谐稳定的社会，其内部结构一方面具有刚尊柔卑的等级秩序，另一方面又是协调配合，相辅相成，双方紧密联系，团结一致，谁也不感到孤独，阳刚有所动作，必然得到阴柔的支持与拥护，动而无违。这种社会的结构与功能都是健全的，能够使人们心情舒畅，感到快乐。

《易传》根据这个思想设计了许多理想的模型。豫卦就是一个典型的例子。豫卦☷震上坤下，震为动，坤为顺。《象传》解释说："豫，刚应而志行，顺以动，豫。豫，顺以动，故天地如之，而况建侯行师乎？天地以顺动，故日月不过，而四时不忒；圣人以顺动，则刑罚清而民服。豫之时义大矣哉！"豫卦刚上面柔下，五柔应一刚，是刚柔相应之象。既然刚为柔应，对立着的两个方面协调一致，则刚之行动必然得到柔的顺从和拥护，做任何事情都能如意，动作顺应自然，上下都快乐。快乐的根

本条件就是"以顺动",刚能顺柔,柔能顺刚,刚柔的动作在各自所应处的地位上协同配合。天地以顺动,所以日月运行、四时变化不发生错乱。圣人以顺动,所以刑罚清明,人民悦服。

这种刚柔相应、协同配合的状态也叫作"太和"。太和就是最高的和谐。这也就是《易传》的政治思想所追求的最高的目标。《乾卦·象传》指出:"乾道变化,各正性命。保合太和,乃利贞。首出庶物,万国咸宁。"乾道即天道,天道是刚健中正的。由于乾道的变化,万物各得其性命之正,刚柔协调一致,相互配合,保持了最高的和谐,所以万物生成,天下太平。程颐解释说:"天地之道,常久而不已者,保合太和也。"(《伊川易传》卷一)意思是,保持这种最高的和谐,是事物终始循环、恒久不已的必要条件。

《易传》清醒地看到,这种太和境界只是一种有待争取的目标,并非既成的事实。由于阴阳刚柔两大势力除了统一的一面,还存在着斗争的一面,在二者不断推移运动的过程中,常常出现否塞不通、阳刚过头、阴柔太甚等等复杂的情况,甚至彼此伤害,不可调和,迫使安定转化为动乱,和谐转化为冲突。就既成的事实而言,人们每日每时所体验到的大多是这种违反心愿的动乱冲突,而不是那种符合理想的太和境界。《易传》的忧患意识就是由这种事实与价值、现实与理想的严重背离激发而成的。为了克服这种背离,《易传》必须一方面把太和境界树立为奋力追求的理想,根据理想来观察现实,评价现实,另一方面必须对现实处境进行清醒的理性的分析,找出动乱冲突的根源,否则,就根本无法采取正确的决策,拨乱反正,使现实符合于理想。

大致说来,《易传》通过对现实处境的分析,把动乱冲突区分为四种不同的类型。一种情况是由阳刚势力高据于尊位而不与阴柔配合交往所造成的否结不通。否卦就是一个典型的例子。否☲乾上坤下,内卦为阴,外卦为阳。就尊卑贵贱的等级秩序而言,天在上,地在下,君尊而臣卑,法家的一套专制主义的理论所追求的正是这样一种君权至高无上的政治局面。但是《易传》认为,这是一种很坏的情况,象征着"天地不交而万物不通","上下不交而天下无邦"。因为否卦的卦象不符合交往的原则,破坏了阴阳刚柔相互依存的关系。就天象而言,如果天气上腾而不下施,则万物不通;就人事而言,如果君主高据尊位而不体察下情,则上下堵塞,信息交流的渠道受阻,势必小人道长,君子道消,造成国家政权全面颠覆的灾难性的后果。为了拨乱反正,应该像泰卦那样,反其道而行之,以贵下贱,以尊处卑,促使上下交往得以顺利进行。泰卦☷坤上乾下,与否卦相反,也与尊卑贵贱的等级秩序相反。天本在上而居于地之下,君为尊位而甘处于臣之下,《易传》认为,这种卦象象征着"天地交而万物通","上下交而其志同",既是宇宙秩序的本然,也是安邦定国的有效手段。

第二种情况是由阳刚发展得过头而造成了危机。大过卦就是一个典型的例子。大过卦☱兑上巽下,四个刚爻均集中在中间,迫使两个柔爻退居本末之地,阳刚过头而失去阴柔的辅助,象征"栋桡之世",即屋正中之横梁不足以支持其屋盖而桡曲,大厦将倾。《象传》释《大过》九三说:"栋桡之凶,不可以有辅也。"在此种情况下,必须以非凡的胆略克制阳刚,一扶植阴柔,才能拯弱兴衰,挽救危机。

　　第三种情况是由阴柔过甚而破坏了社会整体生活中的阴阳平衡。困卦是一个典型的例子。困卦☱兑上坎下，坎为水，兑为泽，水在泽之下，说明泽中之水已经枯竭，是困穷之象，卦的六爻，九二被初六、六三所围困，九四、九五又被六三、上六所围困。刚爻不能得到柔爻的支持反而被柔爻所围困，与大过卦之阳刚过头相反，这是由于阴柔太甚而陷入困境，穷而不能自振。但是，穷则思变，困则谋通，困境并不可怕，转困为亨的可能性是存在的。《困卦·象传》指出："困而不失其所亨，其唯君子乎。贞大人吉，以刚中也。"这是说，九二、九五在处于阴柔围困的情况下，以阳刚中和的美德抑制阴柔，有可能摆脱困境，使阴阳两大势力复归于平衡。

　　第四种情况最为严重，阴阳两大势力的矛盾激化，发生了不可调和的斗争，革卦是一个典型的例子。革卦☱兑上离下，离为火，兑为水，离为中女，兑为少女。《革卦·象传》解释说："水火相息，二女同居，其志不相得，曰革。……革而当，其悔乃亡。天地革而四时成，汤武革命，顺乎天而应乎人，革之时大矣哉！"从革卦的卦象看，水居于火之上而企图使火熄灭，火居于水之下而企图把水烧干，此外，二女同居，也如同水火一样不能相容。《易传》认为，在此种情况下，必须进行彻底变革，才能把关系理顺。如果变革得当，"其悔乃亡"。自然界有变革，社会也有变革，变革是事物发展的普遍规律。

　　至于变革的目的，《易传》认为，并不是为了使一方消灭另一方，或者建立一种像法家所主张的那种强制性的统治与服从的关系，而是要达到一种刚柔在各自所应处的地位上协同配合的局面。《易传》的这个思想在节卦中表现得最为明显。节卦☵坎上兑下，坎为刚，兑为柔，刚上而柔下。卦的六爻，三刚三柔平分均衡，而且九五、九二两刚爻又分居上下卦之中位。《易传》称之为"刚柔分而刚得中"，象征着一种合理的制度，因为刚居于领导的地位，遵循正中之道的准则，柔服从刚的领导，诚心配合，这就无往而不亨通了。所谓"节"，既是一种制度，也是一种度量的标准，总的目的是使社会上的各种人际关系趋于和谐。如果过分强调刚柔之分，以致为节过苦，这是人们所不能忍受的。相反，如果着眼于和谐，则人们就会自觉地接受制度的约束，做到"安节""甘节"，既能安于各自所应处的地位，又能普遍地感到心情舒畅。

　　由此可以看出，《易传》的这种追求社会整体和谐的政治思想，一方面是以阴阳哲学作为坚实的理论基础，同时对现实生活中的动乱、冲突也有清醒理性的认识，体现了现实主义与理想主义的完美的结合。它不像宗教那样空悬一个虚无缥缈的太和境界使人们顶礼膜拜，欢喜赞叹，也不像毫无理想追求的乡愿，面对着不合理的现象，同流合污，退让妥协，在它的和谐思想中，始终是贯穿着一种经纶天下、建功立业的实践精神，力求克服现实与理想的背离，用理想来纠正现实，使现实符合于理想。由于它对冲突与和谐、动乱与稳定的转化规律做了系统的研究，蕴含着十分丰富的决策思想和管理思想，所以历代的有识之士都把它看作是一部拨乱反正之书，从中汲取"涉世妙用"的政治智慧，对专制政治所造成的各种偏差进行批判和调整。

论政治得失和治民之道

先秦时期,由于各家考虑问题的角度不同,有着不同的价值观念和不同的政治理想,因而关于政治得失和治民之道的问题也相应地产生了不同的看法。这些不同的看法可以大体上归纳为两种基本的倾向。一种倾向以法家的专制主义的思想为代表,另一种倾向以儒家的德治仁政和道家的自然无为的思想为代表。

法家是从维护君主专制的角度来考虑问题的,他们的政治理想是建立一种把权力完全集中于君主一人之手的独裁体制,即所谓"事在四方,要在中央,圣人执要,四方来效"(《韩非子·扬权》)。这是一种高度集权的体制,君主位于权力结构的顶端,与群臣以及广大的民众形成了尖锐的对立。为了维护这种体制,巩固君权,法家主张以法、术、势来对付臣下,以严刑峻法来对付民众,把臣民置于君主绝对控制的服从地位。因此,法家评价政治得失就有着与儒道两家截然不同的价值观念。比如关于处理君臣关系,韩非认为,"抱法处势则治,背法去势则乱"(《难势》),"君无术则弊于上,臣无法则乱于下"(《定法》)。其所谓法,是指体现君主个人意志的国家法令;术是指驾驭臣下的权术;势是指君主所掌握的权势。如果君主把这三者结合起来对付臣下,就可以造成一种"明君无为于上,群臣竦惧乎下"(《主道》)的政治局面,这是

金面罩人头铜像

一种最理想的政治局面,是政治的成功,否则,大权旁落,政治就失败了。关于处理君民关系,韩非认为,"夫严刑重罚者,民之所恶也,而国之所以治也;哀怜百姓、轻刑罚者,民之所喜,而国之所以危也。"(《奸劫弑臣》)根据这种价值观念,所以法家蔑视民心的向背,崇尚暴力镇压,其治民之道带有极端反人民的性质。

儒道两家是从民心向背的角度考虑问题的,属于民本思想的范畴,而与法家的专制主义不相同。这种民本思想不等于近代的民主主义,只是强调民贵君轻,君主应该推行顺民心的政策以争取民众的衷心拥护,把民心的向背确立为评价政治得失的标准。比如儒家根据这个标准把蔑视民心向背的专制暴君称为独夫民贼,认为最好的政治是得民心的政治,最坏的政治是残民以逞的失民心的政治。道家则根据这个标准把政治区分为四个高低不同的层次,认为最好的政治是尊重社会整体和谐而无行政干预的无为之治,其次是类似于儒家的那种有意争取民心的德治仁政,再其次就是类似于法家的那种依赖威权使人畏惧的专制政治,由于这种政治完全失去民心,破坏了"贵以贱为本,高以下为基"的依存关系,必然遭到人民的侮蔑。这就发展成为最坏的政治了。关于处理君臣关系,儒家极力反对君主的专制独裁,认为君主如果把自己的个人意志奉为至高无上,使群臣竦惧而不敢违反,就

将导致"一言而丧邦"。儒家主张"为君难，为臣不易"，强调君臣应该共同以国家的整体利益为重，兢兢业业，协同配合，励精图治。道家则把君臣关系看作是一种自然的生成，"朴散则为器，圣人用之则为官长"，因而君臣应该共同维护社会整体的自然的和谐，发挥其内在的自我调节功能，以善人为不善人之师，以不善人为善人之资，做到人无弃人，物无弃物，使社会整体复归于和谐。道家反对法家的那种行术用明、法令滋彰的察察之政，认为君臣之间应以相互信赖作为联结的纽带，"善者吾善之，不善者吾亦善之"，"信者吾信之，不信者吾亦信之"。如果臣下不信赖君主，那是由于"信不足焉，有不信焉"，应该归咎于君主对臣下的信赖不够。

《易传》关于政治得失和治民之道的看法，其所依据的价值观念和政治理想，和儒道两家一样，也是属于民本思想的范畴。《易传》站在阴阳哲学的高度对这种民本思想进行了系统的论证，把它纳入广阔的天人之学的体系之中。《系辞》指出，《周易》这部书，之所以能开通天下的思想，成就天下的事业，是因为它能"明于天之道，而察于民之故"。所谓"明于天之道"，是说对自然规律有着深刻的了解：所谓"察于民之故"，是说对民众的忧患安乐有着切身的体察。就自然现象而言，天地万物在阴阳规律的支配之下，相互依存，流转变化，生生不已。就社会现象而言，情形亦复如此。君民之间，相互依存，结为一体。如果不能体察民情，制定出符合民心的政策，这就根本不可能通天下之志，定天下之业。《易传》由此而树立了一个评价政治得失的确定的标准，即"吉凶与民同患"。吉为政治之得，是政治的成功。凶为政治之失，是政治的失败。政治的得失决定于君主是否以民众的吉凶为吉凶，以民众的忧患为忧患，也就是说，应该根据民心的向背来评价政治的得失。

关于君臣关系，也是相互依存，结为一体，尽管君居尊位，臣处卑位，君为主导，臣为从属，但却是按照刚柔相济、阴阳协调的原则结成一种和谐统一的政治共同体。这种政治共同体有如人之一身，君为元首，臣为股肱，相亲相辅，互助合作，君主不可垄断权力，专制独裁，而应该委贤任能，信任臣下，臣下也不可结党营私，侵犯君权，而应该尽力辅助，志匡王室。这是一种君臣共治的思想，而与法家的那种绝对专制主义的思想判然有别。

《易传》根据阴阳哲学的原理，把君民、君臣之间的关系看成是对立的统一，既有相互依存的一面，也有相互对立的一面。但是，《易传》并不像法家那样把这种对立绝对化，主张君主必须站在臣民的对立面对他们进行强制性的控制，而是认为君主应该从对立中看到统一，把求同存异奉为指导政治的根本原则。睽卦☲离上兑下，离为火，兑为泽，火动而上，泽动而下，象征事物存在着相互对立的一面。《彖传》解释说："天地睽而其事同也，男女睽而其志通也，万物睽而其事类也"。《象传》解释说："上火下泽，睽。君子以同而异。"这就是说，天地、男女、万物虽相反而又相成，处理政治领域的君民、君臣关系，应该遵循这条支配宇宙的普遍规律，善于发挥二者之间的相反相成的作用。

按照这个看法，凡是加强君民、君臣的依存关系使二者达到和谐统一的政治，就是成功的政治，反之，凡是破坏这种依存关系，使二者形成对抗局面的政治，就会身不保而国不安，是失败的政治。由于这种依存关系是政治稳定、社会和谐的基础，从根本上决定政治的得失，所以君主和臣民都应该以大局为重，根据一体化的

要求来约束自己的行为,使这种关系不受到破坏,特别是处于权力结构顶端的君主更应该如此。比如《乾卦·上九》:"亢龙有悔。"《文言传》认为这是君主破坏了依存关系的一种错误的行为,严厉谴责说:"亢之为言也,知进而不知退,知存而不知亡,知得而不知丧。""贵而无位,高而无民,贤人在下位而无辅,是以动而有悔也。"乾卦上九爻是由九五发展而来。九五飞龙在天,以龙德而居尊位,守持中道,行为不偏,深明相互依存之理,故上应于下,下从于上,同声相应,同气相求,君主与臣民结为一体。但是上九却被权力冲昏了头脑,急躁冒进,刚愎自用,不以中道来约束自己的行为,使得权力脱离了赖以存在的基础,失去了民众的支持和贤人的辅助,变成了一个名副其实的孤家寡人,这就必然会走向反面,动而有悔,落得个灭亡的下场。

为了纠正"亢龙有悔"所造成的偏差,《易传》吸取了道家的"贵以贱为本,高以下为基"的思想,主张君主应该奉行谦卑的美德,以加强君主对于臣民的依存关系。《谦卦·象传》说:"谦,亨。天道下济而光明,地道卑而上行。天道亏盈而益谦,地道变盈而流谦,鬼神害盈而福谦,人道恶盈而好谦。谦尊而光,卑而不可踰,君子之终也。"谦卦继大有卦之后。《序卦传》说:"有大者不可以盈,故受之以谦。"谦为有大而不自居之义。君主虽拥有广土众民,掌握最大的权力,但唯有自处谦卑,甘居人下,才能争取到臣民的支持和辅助,事事亨通,保持其尊贵光荣不可踰越的地位。《老子》六十六章曾说:"江海所以能为百谷王者,以其善下之,故能为百谷王。是以欲上民必以言下之,欲先民必以身后之,是以圣人处上而民不重,处前而民不害,是以天下乐推而不厌。"《易传》所说的"谦尊而光,卑而不可踰",认为天、地、人三才之道都是恶盈而好谦,是和道家的这个思想完全相通的。

《易传》把这种谦卑的美德贯彻到治民之道中,提出了一系列闪耀着民本思想光辉的具体的措施。首先,《易传》强调君主应该关心人民的生活,推行"损上益下"的惠民政策,建立"不伤财,不害民"的制度,使人民能够安居乐业,衷心悦服。它说。"天地之大德曰生,圣人之大宝曰位。何以守位曰仁,何以聚人曰财。"(《系辞》)"天地养万物,圣人养贤以及万民。颐之时大矣哉。"(《颐卦·象传》)"山附于地,剥。上以厚下安宅。"(《剥卦·象传》)"损上益下,民悦无疆。自上下下,其道大光。……天施地生,其益无方。凡益之道,与时偕行。"(《益卦·象传》)"天地节而四时成,节以制度,不伤财,不害民。"(《节卦·象传》)《易传》认为,天地长养万物,其大德曰生,君主的权位虽然宝贵,但是必须体现天地之大德,以仁爱之心关怀人民,把养育万民的问题置于首位。这也是国家政权的根本职责。其所以如此,是因为"民惟邦本,本固邦宁",只有使人民生活安定,国家政权才能巩固。如果人民的生计发生了问题,基础动摇,国家政权也必然随之而崩溃,这就如同高山剥落倾圮而附着于大地的情形一样。因此,君主为了保住自己的权位,取得人民的欢心,应该损上益下,"厚下安宅",施惠于民,不可横征暴敛,擅兴徭役,应该使赋税法令有所节制,"不伤财,不害民"。

其次,《易传》认为,为了维持社会政治秩序的稳定,应该用伦理教化的方法,而不可用武力强制的手段。它说:"山下有风,蛊。君子以振民育德。"(《蛊卦·象传》)"泽上有地,临。君子以教思无穷,容保民无疆。"(《临卦·象传》)"风行地

上，观。先王以省方观民设教。"(《观卦·象传》)"山下有火，贲。君子以明庶政，无敢折狱。"(《贲卦·象传》)"雷雨作，解。君子以赦过宥罪。"(《解卦·象传》)"苦节不可贞，其道穷也。"(《节卦·象传》)照《易传》看来，人类的社会政治秩序不是像法家所设想的那样，建立在强制性的统治与服从的基础之上，而是在屯体不宁、刚柔始交之时，由于阳刚势力"以贵下贱""刚来而下柔"，受到阴柔势力的衷心拥戴自愿组合而成的。因此，维持这种社会政治秩序，主要是依靠伦理教化以争取民心，而不是站在人民的对立面，来进行武力强制。为了实行教化，君主应该为人表率，成为道德的楷模，如果社会风气败坏，影响了秩序的稳定，君主应该反躬自省，引咎自责。《易传》的这个思想是和儒家的德治相通的。《论语·颜渊》："子欲善，而民善矣。君子之德风，小人之德草，草上之风必偃。"《易传》从自然规律的角度对德治做了进一步的论证，认为君主应该效法天道，像和煦的微风那样，"振民育德"，"省方观民设教"，像宽厚的大地那样，"教思无穷，容保民无疆"。如果不以伦理教化而以武力强制为手段，便会事与愿违，导致不稳定因素增长，由此而建立的制度就是一种使人痛苦的制度，称之为"苦节"，"苦节不可贞，其道穷也"，政治到了这种局势，就是穷途末路，不可收拾了。

第三，《易传》认为，居于尊位的君主只有以发于至诚的信任才能广系天下之心，因为诚信是国家团结的纽带，社会凝聚的动力。如果君民关系建立在彼此信赖的基础之上，君主以至诚之心对待人民，人民也会以至诚之心对待君主，至诚相感，上下交孚，于是君主就可以受到人民的衷心爱戴，能够克服一切困难，动而无违，得志于天下。它说："有孚惠心，勿问之矣。惠我德，大得志也。"(《益卦·九五象传》)"兑，悦也。刚中而柔外，悦以利贞，是以顺乎天而应乎人。悦以先民，民忘其劳，悦以犯难，民忘其死。悦之大，民劝矣哉。"(《兑卦·象传》)"刚来而下柔，动而悦，随。大亨贞无咎，而天下随时。随时之义大矣哉。"(《随卦·象传》)"中孚，柔在内而刚得中，悦而巽，孚乃化邦也。豚鱼吉，信及豚鱼也。"(《中孚卦·象传》)孚是诚信，中孚就是中心诚信的意思。中心诚信，是为至诚，至诚可以使冥顽的豚鱼之物也受到感化，若能如此，整个国家也就笼罩着一种发自内心的敦实笃信的气氛而同心同德，上下都感到悦乐。这种悦乐"顺乎天而应乎人"，既合乎天道，也合乎人情，是一种天人俱悦的境界。为了使国家政治也能达到这种境界，君主应该刚中以正己，柔外以悦民，自处谦卑，以刚下柔，时时想到施惠于下，争取民心，把权力当作满足人民愿望的工具。所谓"惠我德，大得志也"，是说君主出于至诚施惠于下而取得了人民的信赖和支持，这是政治的最大的成功。这种成功的政治把君民凝聚为一个共同感悦快乐的整体，动而悦，悦而巽，有事而与民趋之，则如禹之治水，劳而忘劳，有难而与民犯之，则如汤之东征西怨，死而忘死。既然君民之间以诚信为纽带结成了互惠的关系，"有孚惠心"，这种政治也就不待问而元吉了。

关于君臣关系，《易传》根据刚柔相应、阴阳协调的哲学原理，发挥了君臣共治的思想，而与法家的那种以法、术、势为手段把权力完全集中于君主一人之手的绝对专制主义形成了鲜明的对照。《系辞》说："同人，先号咷而后笑。"子曰："君子之道，或出或处，或默或语。二人同心，其利断金；同心之言，其臭如兰。""先号咷而后笑"是《同人卦》九五的爻辞。九五阳刚中正，尊居君位，本与房于臣位的六二同

国学经典文库

心相应,但因受到九三、九四两个小人的阻隔,不能立即会合结为一体,所以先是号咷哭泣,悲愤不能自已。后来由于六二忠而不贰,上应于九五,九五中直而不疑,下应于六二,终于克服了小人的阻隔,君臣相遇,情投意合,所以又欢欣鼓舞,破涕为笑。照《易传》看来,如果君臣之间的关系产生了隔膜,就是一种令人痛心的政治局面,相反,如果君臣同心,融洽无间,是值得庆幸的。因为"二人同心,其利断金",君主的政治决策只有取得臣下的共识,受到他们的拥护,才能无坚不摧,无往不胜,如果独断专行,刚愎自用,就会陷入孤立无援的困境。

　　《易传》的这个思想强调君主对臣下的依赖,表现了臣下凭借文化道德因素的热切的参政要求,是对绝对君权的一种有力的限制。根据这个思想,《易传》主张贤人政治而反对专制政治。《大畜卦·彖传》说:"大畜,刚健笃实,辉光日新其德。刚上而尚贤,能止健,大正也。不家食吉,养贤也。"大畜☰艮上乾下,艮为山,乾为天,天藏于山中,有所畜至大之象。乾体刚健,艮体笃实,刚健则自强不息,笃实则充实盈满,故能辉光焕发,日新其德。这是一个理想的君主所应具备的美德。君主何以能具备如此的美德,关键在于他能尚贤。从爻位配置来看,六五为君,上九为臣,六五以柔顺之资奉上九阳刚之贤居于尊位之上,虚怀若谷,谦卑自处,如同周武王尊姜太公为尚父那样,这就是"刚上而尚贤"。从卦体的结构来看,艮上乾下,艮为止,乾为健,乾健欲上进而艮止之于下,象征臣对君权的限制,能止其君之不善。其所以能止健,是因为臣具备了大人正己之德,能格君心之非。所以说,"能止健,大正也。"既然贤人在国家政治生活中有如此重大的作用,君主一时一刻也离不开贤人的辅助,所以君主必须致力于养贤,使贤者在位,能者在朝,不要使其穷处而自食于家,这也是判定政治的吉凶得失的一个确定的标准。

　　《易传》把尚贤、养贤的思想提到天道自然规律的高度进行了论证。《颐卦·彖传》说:"天地养万物,圣人养贤以及万民。"《夬卦·象传》说:"泽上于天,夬。君子以施禄及下,居德则忌。"《系辞》说:"《易》曰:自天祐之,吉无不利。子曰:祐者助也。天之所助者顺也,人之所助者信也。履信思乎顺,又以尚贤也。是以自天祐之,吉无不利也。"

　　所谓顺,就是阴顺阳,阳顺阴,阴阳双方只有在互相适应的过程中才能产生功能性的协调,萌发生机,这是符合天道的自然规律的,可以获天之助。就社会人际关系而言,应该以相互之间的信赖作为联结的纽带。这种相互信赖同样是在阴顺阳、阳顺阴的过程中产生的。如果阴阳各行其是,彼此伤害,社会生活就不能运转,社会秩序也会解体。所以说"人之所助者信也"。君道为阳,臣道为阴,阳为主导,阴为从属,对于君主来说,应该特别强调其阳顺阴的一面,因为只有如此,才能使君主的行为不违反天人之理,"履信思乎顺,又以尚贤",既得到天助,又得到人助。这也就是儒家所说的"得道者多助"的意思。否则,如果君主以阳居阳,用其刚壮,不去争取贤人的辅助,像法家那样把所有的臣下统统当作敌人严加防范,造成君臣之间离心离德,这就是"失道者寡助",必然会受到天人之理的惩罚,导致政治的彻底失败。

论治乱兴衰的规律

《周易》六十四卦，每一卦代表一种"时"，这种"时"是由阴阳两大势力错综交织所形成的具体的形势，象征着社会人际关系的状况和势力的消长，因而不是一个单纯的时间概念，主要是表示社会政治秩序由冲突到和谐或由和谐到冲突的动态的过程。它总揽全局，从时间、地点、条件等方面制约人们的行为，不是人们所能随意左右的，但是其中蕴含着一种必然之理，可以为人们所认识，所以这种"时"又叫作"时运""时义"。人们对"时运""时义"的认识，目的是为了用，即根据客观形势来决定主体的行为，顺时而动，必获吉利，逆时而动，将导致灾难，所以这种"时"又叫作"时用"。就一时之大义而言，有时大通，有时否塞，有时正面的势力上升，君子道长，小人道消，有时反面的势力上升，小人道长，君子道消，社会政治秩序的这种动态的过程呈现出一种治乱兴衰相互转化的规律。但是，人们在规律面前并不是消极无为的，如果对规律有正确的认识，行为得当，尽管形势不利，也可以化凶

四羊尊

为吉，相反，如果估计错误，行为不当，尽管形势有利，则会带来凶的后果。因此，《易传》对规律的研究，其着眼点在于指导人们的行为，强调人们在总揽全局的治乱兴衰相互转化的过程中应该时刻警惕惧，自觉地承担道义的责任，不可掉以轻心。北宋李觏在《易论》中曾经十分感慨地指出："噫！作《易》者既有忧患矣，读《易》者其无忧患乎？苟安而不忘危，存而不忘亡，治而不忘乱，以忧患之心，思忧患之故，通其变，使民不倦，神而化之，使民宜之，则自天祐之，吉无不利矣。"

所谓"以忧患之心，思忧患之故"，不仅是李觏通过个人切身的体会所总结出来的读《易》法，也是历史上的一些具有远见卓识的思想家和政治家普遍奉行的读《易》法。就《周易》的本文而言，它对治乱兴衰规律的研究，本身就体现了一种极为强烈的"以忧患之心，思忧患之故"的精神。这种精神是为矛盾冲突、混乱失序的现实的困境所激发，焦虑不安，忧心如焚，力求通过客观冷静的研究找到摆脱困境的出路，拨乱反正，化冲突为和谐，变无序为有序。因而《周易》对治乱兴衰规律的研究，既有对客观形势的理性的分析，也有对和谐理想的执着的追求，是现实主义与理想主义的有机结合，蕴含着深邃的政治智慧。后世的一些思想家和政治家虽然生活在不同的历史条件之下，面临着不同的困境，但是为了寻求拨乱反正的

途径,汲取摆脱困境的政治智慧,往往是抱着如同李觏所说的"以忧患之心,思忧患之故"的精神去研究《周易》的。《周易》在后世之所以一直享有群经之首、六艺之原的崇高地位,主要是由于人们从政治的角度进行了认真仔细的比较,一致公认在所有的典籍中,唯有《周易》对治乱兴衰规律的研究,最能启发人们的政治智慧,最能帮助人们拨乱反正,去建立一个符合人们理想的天地交泰、政通人和的秩序。

《公羊传》哀公十四年:"拨乱世,反诸正,莫近诸《春秋》。"这是拨乱反正一词的最早的出处。汉武帝时期,由于董仲舒的提倡,《春秋公羊》学成为显学,人们都推崇《春秋》,从中寻求拨乱反正的指导思想。司马迁受这种风气的影响,也十分推崇《春秋》。他在《史记·太史公自序》中曾说:"《春秋》者,礼义之大宗也。""故有国者不可以不知《春秋》。""为人臣者不可以不知《春秋》。"但是,当司马迁把《春秋》和《周易》这两部经典做了一番认真仔细的比较之后,终于承认它们在拨乱反正方面有着不同的功能。在《史记·司马相如传》中,司马迁指出:"《春秋》推见至隐,《易》本隐之以显。"这就是说,《春秋》是通过一些具体的历史事例来表明其中所隐含的微言大义,《周易》则是根据抽象普遍的哲学原理来揭示具体的政治操作所遵循的规律。司马迁言下之意,可能是认为,拿《周易》来与《春秋》相比,《周易》的哲学思维水平更高,对于拨乱反正的指导功能更强,给人的政治智慧的启发更大。东汉时期,班固在《汉书·艺文志》中做了进一步的比较,认为六艺之文,《乐》偏于仁,《诗》偏于义,《礼》偏于礼,《书》偏于知,《春秋》偏于信。"五者,盖五常之道,相须而备,而《易》为之原。故曰'《易》不可见,则乾坤或几乎息矣',言与天地为终始也。"班固推崇《周易》的看法与司马迁类似,代表了汉代人的共识,自此以后,两千多年中,《周易》所享有的群经之首、六艺之原的地位从来没有动摇。

魏晋时期,阮籍作《通易论》,称《周易》为变经,认为《周易》是一部"因阴阳,推盛衰",研究变化之道的书。圣人根据这种变化之道,"建天下之位,定尊卑之制,序阴阳之适,别刚柔之节"。所谓变化之道,也就是治乱兴衰的规律,人们只有遵循这个规律,才能建立良好的政治秩序。"顺之者存,逆之者亡,得之者身安,失之者身危。故犯之以别求者,虽吉必凶;知之以守笃者,虽穷必通"。可以看出,阮籍推崇《周易》,也是着眼于政治,强调它的变化之道是拨乱反正必须坚持的指导思想。

唐代孔颖达对六十四卦所代表之时作了分类的研究,归纳为四种类型。他指出,"然时运虽多,大体不出四种者。一者治时,颐养之世是也。二者乱时,大过之世是也。三者离散之时,解缓之世是也,四者改易之时,革变之世是也。"(见《周易正义·豫卦》)孔颖达对时运的研究,目的是为了掌握治乱兴衰的规律,决定适时之用的对策。"时之须用,利益乃大"。照孔颖达看来,把这种规律用于指导实际的政治决策,可以少犯错误,获得很大的利益。

宋代是易学研究的繁荣时期。在这个时期,出现了一个以李光、杨万里为代表的"参证史事"的学派。所谓"参证史事",是说引史说经,用历史上的成败得失的具体事例来论证阐发《周易》所揭示的治乱兴衰的规律。杨万里在《诚斋易传序》中说明了他对《周易》的根本理解。他认为,《周易》不仅讲"变",而且讲"通变"。"变"是就客观事物的变化而言,"通变"则是指人们主观上的应变之方。客观事物的变化,有得有失,有治有乱,并不尽如人意。圣人为此感到忧虑,致力于研究使现

实符合于理想的通变之道,这是作《易》的用心所在。这种通变之道能够启发人们的智慧,指导人们的决策。"得其道者。蛊可哲,愿可淑,眚可福,危可安,乱可治,致身圣贤而跻世泰和,犹反手也"。杨万里的这个看法进一步强调了《周易》的拨乱反正的作用,突出了《周易》在中国政治文化中的地位,对后世产生了深远的影响。

明代的改革家张居正十分推崇《诚斋易传》。他在政务繁忙、日理万机之际,仍然抽出时间热心地研读,从中汲取思想营养,指导自己的改革事业。他在《答胡剑西太史》的信中谈了自己的心得体会。他说:"弟甚喜杨诚斋《易传》,座中置一帙常玩之。窃以为六经所载,无非格言,至圣人涉世妙用,全在此书。"(《张太岳集》卷三十五)张居正所说的"涉世妙用",就是杨万里所说的"通变之道",也就是《周易·系辞》所说的"开物成务",意思都是根据社会政治秩序客观呈现出来的治乱兴衰的规律,采取正确的决策,促进事物的转化。

从以上粗略的回顾,可以看出,《周易》关于治乱兴衰规律的论述在各个不同的时代一直是受到人们的重视,其中所蕴含的丰富深邃的智慧哲理具有普遍性的意义,能使人们得到很大的启迪和教益。人们之所以把《周易》尊奉为群经之首,六艺之原,完全是根据自己切身的体会和实际的感受,绝不是一种偶然的文化现象。

究竟《周易》关于治乱兴衰规律的论述包含着哪些具体内容呢?综观前人的研究阐发,大致说来,包含着以下三个方面的内容。

第一,《周易》以和谐的价值理想为标准对社会政治秩序的客观的变化作了分类。按照孔颖达的理解,六十四卦所代表之时可以分为四类。一为治时,二为乱时,三为离散之时,四为改易之时。所谓治时,指的是阴阳协调,刚柔相济,社会政治秩序处于和谐的状态,比如颐卦之时就是这种治时。所谓乱时,指的是阴阳两大势力斗争的一面占了上风,因而破坏了社会整体的和谐而转化为某种程度的危机,比如大过卦之时就是这种乱时。所谓离散之时,包括两种情况,一种是指险难得到暂时的缓和,如解卦所象征的解缓之世;另一种是指社会的离心离德的倾向增长,如旅卦所象征的羁旅之世以及涣卦所象征的涣散之世。所谓改易之时,是指阴阳两大对立势力矛盾激化,难以调和,革命的形势已经到来,如革卦所象征的革变之世。

关于治乱兴衰的分类,也可以用泰、否、剥、复四卦作为典型的代表。泰卦的卦象䷊,天在下,地在上,内阳而外阴,内健而外顺,象征上下相交,政通人和,天下大治。否卦的卦象䷋,天在上,地在下,内阴而外阳,内柔而外刚,象征上下不交,否结不通,社会政治秩序处于混乱状态。剥卦的卦象䷖,五阴爻在下,一阳爻在上,阴为柔,阳为刚,此乃五柔之势力甚盛,一刚之势力甚微,柔正在改变刚,是衰世的象征。复卦的卦象䷗,虽然五阴爻在上,但初爻为阳爻,象征刚者复还,可自下而上,顺序上升,象征社会政治秩序的中兴局面。

总之,六十四卦所代表的六十四种不同的时,实际上就是以象数形式构造而成的六十四种关于社会政治秩序的模型,其中有的和谐,有的冲突,虽然和谐与冲突表现为不同的程度之差,但是大体上可以归结为治乱兴衰四种类型。《周易》的这

种分类给人们提供了一个极为方便的认识的框架,在中国政治文化中是一个伟大的创造。人们借助于这个认识的框架,可以对现实的社会政治秩序的治乱兴衰进行宏观的把握,做出准确的判断。

第二,《周易》联系人们的主体行为对治乱兴衰的内在的原因做了深入的研究。照《周易》看来,社会政治秩序的变化与天地万物的变化是不相同的,天地万物的变化是一个无心的自然的运行过程,有如寒暑之推移,四时之嬗替,而社会政治秩序的变化则是在抱着不同的目的、追求不同的利益的人们的"爱恶相攻""情伪相感"的有心的作为下所造成的。因此,由这种有心的作为错综交织所造成的治乱兴衰的形势虽然总揽全局,不能为人们随意左右,是每一个人必须承认接受的客观外在的时运,但是,如果进一步追究造成这种形势的内在的原因,那么每一个行为主体都不能推卸道义的责任。《周易·系辞》指出:"变动以利言,吉凶以情迁。是故爱恶相攻而吉凶生,远近相取而悔吝生,情伪相感而利害生。凡《易》之情,近而不相得则凶;或害之,悔且吝。"在社会人际关系中,爱则相取,恶则相攻,相取为利为吉,相攻为害为凶。所谓"近而不相得",就是彼此相恶,凶害悔吝皆由此生。如果全社会充斥着这种彼此相恶的冲突意识,就会从总体上呈现一种衰世、乱世的迹象。反之,如果不是彼此相恶而是彼此相爱,就会把各种关系理顺,呈现出兴世、治世局面。所有这些变化与天地万物的变化不同,都是由人的情伪所引起的。情即实情,伪即虚伪,情为天之所有,伪则出于人为,以情相感则利生,以伪相感则害生。因此,社会政治秩序之所以有治乱兴衰,其内在的原因在于支配人们行动的这种种复杂矛盾的心态。

就天地万物的变化而言,阴阳刚柔两大对立的势力虽相反而实相成,在相互推移激荡的过程中,呈现出一种"消息盈虚"的秩序,称之为"天行"。这是一种宇宙本然的秩序,自然和谐的秩序。照《周易》看来,如果人类社会的明阳刚柔两大对立势力能够遵循"天行"的规律,就可以像自然的和谐那样谋划一种社会的和谐。但是,实际的情况却总是出现种种令人感到痛心的矛盾冲突和政治危机,这主要是由于阴阳刚柔两大对立势力不懂得相互依存、协调配合的道理,违反了"天行"的自然规律,往往是各行其是,各亢所处,因而相互攻击、彼此伤害所造成的。王弼在《周易注》中阐发了这个思想。《乾卦·用九注》说:"夫以刚健而居人之首,则物之所不与也;以柔顺而为不正,则佞邪之道也。"《坤卦·象传注》说:"方而又刚,柔而又圆,求安难矣。"乾道为君道,坤道为臣道。在一个社会政治系统中,君与臣处于权力结构的两端,本来应该遵循为君之道与为臣之道,做到上下交感,君臣道合,以维持秩序的稳定和谐。但是,在某种情况下,君臣双方都放弃了自己所应承担的道义的责任,为君的刚愎自用,独断专横,为臣的谄媚佞邪,柔而又圆,这就破坏了稳定和谐的秩序,而转化为矛盾冲突了。《周易》的这个看法对治乱兴衰的内在的原因做了更深入的发掘,明确地归结为掌握权力的君臣双方是否服从社会一体化的要求,共同承担道义的责任。无数的历史事实都证明了《周易》的这个看法是一种真知灼见,蕴含着深刻的哲理。

第三,《周易》不仅深刻地揭示了治乱兴衰的规律,而且给人们指明了一条拨乱反正的通变之道。杨万里"参证史事",把这条通变之道概括为中正二字。他在

《诚斋易传序》中指出："斯道何道也？中正而已矣！唯中为能中天下之不中，唯正为能正天下之不正。中正立而万变通，此二帝三王之圣治，孔子颜孟之圣学也。"按照《周易》的爻位说，一卦六爻，第二爻为下卦之中位，第五爻为上卦之中位，爻居中位，是为居中，象征守持中道，行为不偏。初、三、五为阳位，二、四、上为阴位，凡阳爻居阳位，阴爻居阴位，是为得位，得位为正，象征行为合乎阳尊阴卑的等级秩序。这种规定实际上是把中正规定为一种普遍适用的制度化的行为准则和价值标准，阴阳双方都应该使自己的行为趋向于这个标准，特别是二、五两爻更应该如此。因为五为君位，二为臣位，君臣能否做到既中且正，直接关系着社会政治秩序的稳定和谐。《周易》认为，无论处于何种形势，是顺境还是逆境，是治世还是乱世，中正都是为君之道与为臣之道的共同的行为准则，应该始终坚持，毫不动摇。比如同人卦☰离下乾上，六二、九五，既中且正，二者志同道合，于同人之时能以正道通达天下之志。如果国家政治遇到危机，处于蹇难之时，阴阳双方也只有"反身修德"，使自己的行为合乎中正的准则，才能和衷共济，渡过难关。蹇卦☶艮下坎上，山上有水，蹇难之象，但是二、三、四、五爻皆当位，各履其正，特别是六二、九五，既中且正，相互应和，这就为匡济蹇难准备了有利的条件。从这些说法来看，杨万里把通变之道概括为中正二字，是完全符合《周易》的原意的。

就中与正这两个行为准则相比较而言，中比正更为重要，因为社会政治系统中的刚柔相应，关键在于二、五两爻之刚中与柔中的互相应和。二为臣位，五为君位，尽管由于客观形势的变化，臣居阳位，君居阴位，产生了九二与六五这种中而不正的配置情形，但是二者互相应和，彼此信赖，六五以柔中之君专任九二刚中之大臣，君臣上下按照中的行为准则结为一体，仍然是社会政治系统稳定的基础。比如泰卦☰乾下坤上，天在下，地在上，象征"天地交而万物通"，九二之刚中与六五之柔中相应，象征"上下交而其志同"。整个形势是大为亨通的。再比如临卦☱兑下坤上，九二与六五，中而不正，但是六五之君处于尊位，履得其中，不忌刚长，委贤任能，这种权力结构仍然可以有效地运转。《象传》对六五的这种做法赞扬说："大君之宜，行中之谓也。"

除二、五两爻以外，其他各爻不存在中与不中的问题，只有正与不正、有应无应的问题。由于社会政治系统是一个休戚与共的有机整体，其他各爻能否做到"居不失其正，动不失其应"，符合应有的行为准则，对于维护这个有机整体的和谐统一，促使客观形势的转化，也是至关重要的。在《周易》六十四卦中，既济卦☲离下坎上，卦中六爻，阳居阳位，阴居阴位，刚柔正而位当，象征尊卑贵贱的等级秩序业已完全理顺，没有丝毫颠倒混乱的现象。初与四、二与五、三与上，阴阳刚柔，彼此相应，象征各种人际关系业已完全协调配合，事事亨通，没有丝毫抵触阻塞的现象。特别是六二、九五，既中且正，象征社会政治系统完全符合中正的原则，是一种最理想最正常的秩序，所以称之为既济。既济就是万事皆济，所有的事情都已成功。由于这个社会政治系统是一个动态的结构，而不是封闭的体系，在它不断运动变化的过程中，能够完全符合中正的情形不是很多的，所以应该根据具体的客观形势，运用伦理的手段，进行有效的调整。调整的目标也就是使之趋于中正。从这个意义来说，中正就是整个社会政治系统的组织目标。比如未济卦☵坎下离上，是既济卦

的反对卦，由既济卦发展而来，卦的六爻，阴居阳位，阳居阴位，刚柔皆不当位，违反了正的原则，象征等级秩序受到了破坏，所以称之为未济，意思是所有的事情都没有成功。在这种情形下，必须进行调整。《周易》认为，调整是可以获得成功的，关键在于未济卦中的刚柔都能互相应和，这是一个极为有利的条件，只要两种对立的势力彼此信赖，能够结合成不相伤害而团结合作的关系，就可以转化形势，把事情办成功。《未济卦·象传》说："未济，亨，柔得中也。……虽不当位，刚柔应也。"

　　总起来说，《周易》关于治乱兴衰规律的论述，这三个方面是相互联系，融为一体的，其中所蕴含的政治智慧博大精深，具有普遍性的意义，我们应该学习古人的榜样，抱着"以忧患之心，思忧患之故"的精神对这些论述去进行深入的研究。

三、周易与经济

《周易》中的经济类象

"象"是《周易》的核心范畴和理论基础。《周易》以象生卦,筮数以定象,系辞以释象,据象而定占,形成了完整的取象思维体系。据《易传》意,"象"有如下两层含义:一为客观存在之物象,即《系辞》所谓"见乃谓之象""仰则观象于天"之象;二为易象,即《系辞》所谓"圣人有以见天下之赜,而拟诸其形容,象其物宜"之象,它是借助卦爻符号,对客观事物的形象、特征及变化规律的形容与摹写。我们重点研究的当然是后者。《易传》认为,"圣人设卦观象系辞焉以明吉凶",易象是创作卦爻辞和判断吉凶的依据;"圣人立象以尽意",是圣人表达思想感情的工具;"象事知器","制器者尚其象",是人类物质文明和精神文明进步的指南。因此易象是易学中不可回避的重要内容。

易象观念自春秋时期出现后,经历代易学家变动不居地推衍发挥,到东汉时期就形成了内涵丰富驳杂,外延广大悉备的易象理论系统,这个系统又由若干子系统构成。"方以类聚,物以群分",要深入研究模拟天地万物的易象,需要对它进行分类。分类,是按照一定的本质属性(标准)将属概念划为诸多种概念的逻辑方法。据此,易象首先可分为自然类象和社会类象两大类。然后可进行第二次分类。例如自然类可分为天文类、地理类、生物类……;社会类则可分为经济类、政治类、军事类、伦理类……。

刖刑奴隶守门鼎

当然,第二次分类之后还可以再多次分类。因此,《周易》中的某种具体的易象总是属于一定类别的象,故我们称之为"类象"。

当我们确立"类象"概念的时候,还需指出它两个鲜明的特征:其一、不同的类并不是绝对隔绝、毫不相通的,而是互相渗透和沟通的。例如坤地,既是自然类的

国学经典文库

重要物象，又是重要的经济资源，可以作为经济类象去考察。其二、它"具有经验具体之'象'与普遍象征之'类'的双重特征"（张其成：《周易思维方式及其偏向发展》，1994年第1期《周易研究》），也就是说，它既是模拟实际存在事物的"物象"，又是具有象征意义的"意象"，因此往往具有丰富而深刻的内涵。

本论所谓经济，是现代汉语词义的经济，即指人类社会物质生产和再生产的活动，也指一定时期社会生产力和生产关系发展的状况。它是一切上层建筑赖以存在的基础。因此，《周易》也与当时社会的经济有天然的联系。而这种联系的一个重要方面就是易象中有大量的描述经济现象、探索经济规律的经济类象。我们拟分三个层次对此问题做些探讨，以认识先民的某些经济观点和社会经济状况，揭示象学在古代经济研究方面的价值。

（1）经卦中之经济类象

我们沿用《周礼》的说法，称三画卦为经卦，六画卦为别卦。表示阴阳的卦画"－－"和"－"由模拟自然（形象）产生后变成了抽象意义符号，它们组成八卦后又成为象征具体事物的卦象，这就是"八卦成列，象在其中矣"（《系辞下》）。刘大钧先生指出："早在春秋时代（或者更早），八卦之象就被用来解说《周易》了。"（《周易概论》）根据春秋时的史书《左传》《国语》记载的筮例，当时八卦取象分别为：

乾：天、文、天子、君、玉、光

坤：土、马、牛、母、帛、众、顺、温、安、正、厚

震：雷、车、辇、足、土、兄、长男、侄、行、杀、武

巽：风、女

坎：水、川、众、夫、劳、强、和、文、嘉

离：火、日、鸟、牛、公、侯、姑

艮：山、男、庭、言

兑：泽、旗、心

以上各卦的第一种取象为基本卦象，其余为引申象。可以这样说，八卦的基本卦象可全部视为经济类象：

乾为天，包括天时之天、天文之天、天气之天。"乾知大始"（《系辞上》），天是一切经济活动，特别是农业经济发展的根本条件，时至今日人们仍不能完全摆脱"靠天吃饭"。

坤为土，为土地之土，是最重要的经济资源。"坤作成物"（同上），"坤也者，地也，万物皆致养也。"（《说卦》）

震为雷，巽为风，均为农业生产的气象条件。"鼓之以雷霆，润之以风雨"（《系辞上》），作物才能生长、成熟，故"天下雷行"，"先王以茂对时育万物"；"风行天上"，才得"小畜"（《象》）。

坎为水，水乃农业之命脉，故《象》传曰："地中有水，君子以容民畜众。"《说卦》云："润万物者莫润乎水。"

离为火，是改善先民生活条件、发展古代科技的重要物质。《鼎》之《象》传曰："以木巽火，亨饪也。""火在天上"即可"大有"。烹饪、陶冶、鞣木都离不开火。

　　艮为山，是野生植物和矿物资源聚集处，故《说卦》云："终万物始万物者莫盛乎艮。"晋·杜预《春秋经传集解》称："山则材之所生。"

　　兑为泽，亦为水利、水产资源，又一财富生产和聚集处，故春秋齐国专设"泽虞"一职，管理泽的开发和利用，有"泽立三虞"（《国语·齐语》）之说。

　　至于引申卦象中的经济类象更显而易见：如"众"为生产力中的决定因素；马、牛、车为重要的生产工具；川为水力资源和运输渠道，玉、帛为当时的战略物资。

　　八卦取象是为了适应占筮的需要，经济类象也不例外。春秋时期，它多用于占筮国运、君位、仕途和征战，它强调了自然资源、物质基础和经济实力的重要作用，这样，就使占筮具有了合理的因素。下面举三例。

　　《左传》首例筮例见于庄公二十二年："陈厉公……生敬仲。其少也，周史有以《周易》见陈侯者，陈侯使筮之遇《观》☷☴之《否》☷☰，曰：'是谓"观国之光，利用宾于王"，此其代陈有国乎？……坤，土也。巽，风也。乾，天也。风为天于土上，山也。有山之材而照之以天光，于是乎居土上，故曰"观国之光，利用宾于王。"庭实旅百，奉之以玉帛。天地之美具焉！故曰"利用宾于王。"……'"

　　此例"陈有国"结论的根据除《观·六四》爻辞外，主要还是对卦之经济类象的分析。其中天、土、风、玉、帛分别取自本卦与变卦，山象取自变卦《否》之二至四爻互卦艮。

　　《左传·闵公元年》筮例："毕万筮仕于晋，遇《屯》☳☵之《比》☵☷，辛廖占之曰：'吉，屯固，比入，吉孰大焉！其必蕃昌。震为土，车从马，足居之，兄长之，母复之，众归之，六体不易，合而能固，安而能杀，公侯之卦也。公侯之子孙，必复其始！'"

　　此例结论"吉孰大焉！其必蕃昌"的卦象依据中"震为土""车从马""众归之"均属经济类象。"震为土"指《震》之初爻变，内卦成《坤》，坤为土地资源。震亦为车，坤亦为马，故又云"车从马"，都是战备物资。《屯》《比》两卦外卦皆为坎，坎为众，故言"众归之"，指将拥有众多的人力资源。

　　《国语·晋语》筮例："公子亲筮之，曰：'尚有晋国？'得贞《屯》☳☵悔《豫》☷☳皆八也。……司空季子曰：'吉。是在《周易》，皆"利建侯"，不有晋国，以辅王室，安能建侯？……震，车也。坎，水也。坤，土也。屯，厚也。豫，乐也。车班内外，顺以训之，泉原以资之，土厚而乐其实，不有晋国，何以当之？震，雷也，车也。坎，劳也，众也。主雷与车，而尚水与众。车有震武，众顺文也。文武具，厚之至也，故曰屯。……是二者，得国之卦也。'"

　　此例"有晋国"结论的依据有三：一是卦辞，本卦（贞）、变卦（悔）皆言"利建侯"；二是卦名：屯、豫。此二者意思都很浅显。三是卦象：两卦中包含坎、震、坤之经卦，坎为水，震为车，坤为土，为众，为顺；有丰富的水力资源，有充分的战备物资，有广大的土地和劳动力，国家当然会兴盛。

　　随着社会经济的发展，到战国时期，八卦之经济类象有了新的拓展，除增了一些经济物象外，还出现了一些经济意象，如反映经营管理的"均""人""近利市三倍"等。现根据战国时成书的《说卦》传，将战国时期八卦之经济类象整理成下表：

卦名	自然资源	生产和交通工具	生产和经营	农牧产品	手工业产品
乾	天、玉、金	马、良马、老马、瘠马、驳马		木果	
坤	地、众	牛、子母牛、大舆	均		布、釜
震	雷、苍莨竹、萑苇	大涂	反生		
巽	风、木	绳直	工、近利市三倍、进退	鸡	
坎	水	沟渎	矫輮	豕	弓轮
离	火、雉、日、鳖、蟹、蚌、龟				甲胄、戈兵
艮	山	径路		狗、果蓏	
兑	泽			羊	

表中"老马","取其久行而不息"(徐志锐)《周易大传新注》);"瘠马","吴澄:'瘠谓多骨少肉,健之最坚强者也'。"(同上);"萑苇",即芦苇;"大涂",大路;"反生","倒生也,果实在地下,茎叶在地上,如葱蒜萝卜地瓜土豆山药等"(高亨:《周易大传今注》)其余不言自明。《说卦》中经济类象共 49 种,占总数 142 种的 34.5%。

《说卦》之后,八卦取象范围继续扩大,三国·吴之易学大师虞翻将它推到登峰造极的地步,这就是易学史上所称的"虞氏逸象"。据清儒张惠言统计,虞氏逸象共 456。其中乾 80,坤 110,震 56,巽 44,坎 69,离 29,艮 52,兑 16。我们将其中经济类象梳理出来,胪列如下:

乾:为人、为物、为禄、为盈、为茂、为施、为利、为岁、为瓜、为衣。

坤:为民、为康、为富、为财、为积、为聚、为重、为厚、为用、为寡、为裕、为业、为大业、为藏、为穷、为土、为积土、为田、为邑、为绂、为裳、为车、为毂、为器、为缶、为裳、为黄牛、为牝牛。

震:为出、为作、为征、为生、为缓、为宽仁、为禾稼、为百谷、为筐、为马、为麋鹿。

巽:为商旅、为人、为利、为谷、为长木、为苞、为杨、为木果、为茅、为白茅、为兰、为草木、为杞、为葛藟、为薪、为庸、为绳、为帛、为纆、为鱼、为鲋。

坎:为川、为大川、为河、为恤、为劳、为灾、为渎、为人、为聚、为岁、为酒、为丛木、为弧、为弓弹、为木、为车、为马。

离:为日、为光、为刀、为斧、为资斧、为矢、为飞矢、为黄矢、为网、为罟、为瓮、为瓶、为鸟、为飞鸟。

艮:为童仆、为果、为节、为多、为厚、为取、为舍、为城、为宫室、为小木、为硕果。

兑:为小、为少、为通、为契。

以上经济类象共 117 种,占虞氏逸象总数的 25.7%。虞氏经济类逸象的特点是增加了大量抽象化意象(如富、施、积、恤等)和手工业产品物象(如绂、酒、斧、瓶等),反映了当时经济思想和社会生产力的发展水平。虞氏逸象,虽然多来自《周

国学经典文库

易》经传或真地典籍,但是由于作者认识和思维水平所限,尚存在着明显的弊病:有的同卦之象自相矛盾,例如坤卦,既为康、为富、为财,又为寡、为穷;有的一象多卦,如坤为车,坎又为车,且一阴卦一阳卦,造成混乱。这些都说明了虞氏逸象取象的随意性和实用主义倾向。

春秋——战国(《说卦》)——东汉(虞氏逸象),这就是八卦之经济类象发展的三个阶段。它由简而丰,由丰而博,博中有杂,随着整个易象学的发展而发展,间接地反映了古代经济思想和社会经济的发展变化。

(2)别卦中之经济类象

由经卦相重而生的64别卦,由于卦体内部结构关系的复杂化,取象方法也随之增加,卦象、爻象的内容更加丰富深化,出现了一些经济内容的专卦,这些专卦除了反映经济现象外,有的还揭示了一些规律性的问题,给历代治国者以启迪。现按照今本64卦卦序、联系《彖》《象》两传的阐释做些探讨。

1. 乾 ䷀

据今人秦广忱先生考证:"龙是中国古代'司农业气象'或'司农业季节'之神无疑。"乾卦六爻是用龙的六种形态阐述"六龙季":

初九:潜龙勿用(初季)天寒地冻,万物蜇藏。

九二:见龙在田(二季)天气转暖,万物萌动。

九三:终日乾乾(三季)天气始热,植物茂盛。

九四:或跃在渊(四季)进入雨季。

九五:飞龙在天(五季)天气晴好,秋高气爽。

上九:亢龙有悔(六季)天气转冷,万物收成。

秦先生认为:"人类一切农牧渔猎生产及发展,从其开始就有赖于掌握时令,六龙季正是为了适应这一需要。"

秦先生的观点很有道理,它揭示了易卦发生的经济基础。

2. 坤 ䷁

卦体为下坤上坤,坤为土、为地。土地滋养承受万物,故《象》曰:"坤厚载物,德合无疆,含弘光大,品物咸亨"进一步揭示了土地乃最重要、最根本的资源。

坤之六二爻为卦之主爻,因此爻辞赞其为"直方大",即正直无私广育万物,人们要珍惜它、热爱它。

3. 屯 ䷂

卦体为下震上坎,有水在雷上而不降下之象。其九五为君位,水在雷上不降下,犹君屯积财货不下施(高亨:"屯,聚也,犹屯积"),虽得小利,但终有大祸,故爻辞云:"屯其膏,小贞吉,大贞凶。"此卦从反面说明国君应恤民惠下,实行宽厚的经济政策,特别要重视赈灾减灾,这样才能维持统治。

4. 师 ䷆

卦体为下坎上坤,为地中有水之象。《象》曰:"地中有水,师,君子以容民畜众。"谓观此象治国者应采取富民裕民政策,兴"师"之后也要使民休养生息,如此才能拥有百姓。

又，地中有丰富的水力资源，才能发展农牧渔业，使百姓安居下来，此亦为容民畜众。

5. 比☷☵

卦体为下坤上坎。其九五爻辞云："显比，王用三驱，失前禽，邑人不诚，吉。"其《象》传释曰："'显比'之吉，位中也。舍逆取顺，'失前禽'也。"按："显比"即显明亲比之道。该卦唯一阳爻居五位，故言"位中"。"舍逆"指九五舍弃上六，因上六以阴乘阳而不亲比；"取顺"，指九五接纳下四阴爻的比附。此象有如古代天子打猎时，左右后三面设围而敞开前面（此乃"三驱"），来者取之，往者舍之，不赶尽杀绝，这样有利于禽兽繁殖，以获得长期的效益，这与孟子"斧斤以时入山林，材木不可胜用也"（《梁惠王上》）的道理是一样的。

6. 小畜☰☴

卦体为下乾上巽。此卦一柔（六四）得位五刚相应，即一柔聚五刚，有积畜象；又固阴为小、阳为大，故称"小畜"。它启示人们：理家治国都要注重积累财富，有雄厚的物质基础。据虞氏逸象：巽为人，乾为物，为盈，卦体又有增加收入之象，故曰"小畜"。

又，其九五爻曰："有孚挛如，富以其邻"，是说处君位的九五与卦主亲比无间、互相信服，不但它们自己富裕，而且使下体三爻也亲附富裕（阳实为富）。因此《象》曰："有孚挛如，不独富也。"此爻象描绘了领导集团团结一致，上下齐心共同致富的理想景况。

7. 泰☰☷

卦体为下乾上坤，为天地相交之象。《象》曰："天地交，泰。后以财成天地之道，辅相天地之宜，以左右民。"指出天地相交是社会财富的来源，而国家、社会有了财富，人人得温饱，才能治理好百姓；如果经济搞不上去，国家、社会就不能长治久安。

8. 否☷☰

卦体为下坤上乾，为天地不交之象。天地不交则万物难生，此为严重自然灾害之象。在此情况下更需要发扬节俭的美德，开源节流，渡过难关；要坚决反对只想个人升官发财，不顾百姓死活的腐败作风。故其《象》传曰："天地不交，否。君子以俭德避难，不可荣以禄。"其初六"拔茅茹以其汇"描写位卑的百姓拔茅草之类的东西充饥；其九五描写处尊位的国君也只能以食桑维持生命。二者都体现了"以俭德避难"

象牙雕夔錾杯

9. 同人☲☰

卦体为下离上乾。此卦是描述古代大同理想与现实的矛盾。卦体六二爻居柔位为卦主，上下五阳爻皆与之相应，有上下远近皆同心同志之象，故称"同人"。此卦辞云："同人于野，亨"即言众人在广袤的土地上共同劳动，则亨通，因此徐志锐先生认为此卦卦义"引申为世界大同。"（《周易大传》新注）而大同世界的基本特征

就是"天下为公"(见《礼记·礼运》)即公有制,只有在公有制的社会里才能实现"人不独亲其亲,不独子其子;使老有所终,壮有所用,幼有所长,矜寡孤独废疾者皆有所养"和"谋闭而不兴,盗窃乱贼而不作"(同上)的"同人"境界。但从各爻象看,初九、九三、九四、九五、上九皆阳刚气盛,争着独与六二相应,以致形成纷争。"六爻均不能尽'同人于野'的卦义,足见大同世界(在古代)难以实行。"

10. 大有

卦体为下乾上离,有日在中天之象。日光是地球上一切能量的本源,有充分的光照,作物才能进行光合作用,生长发育,社会财富才能增殖,所以日在天上为"大有"。故苟爽曰:"夏火王在天,万物并生,故曰'大有'也。"

11. 谦

卦体为下艮上坤,为山在地中、损高就低之象。故其《象》传曰:"地中有山,谦。君子以哀多益寡,称物平施。"观此象人们形成了"不患寡而患不均"的分配思想和"均富"观念,提出过平准、均输和抑制兼并等重要经济政策(详见后)。

12. 剥

卦体为下坤上艮,为山附于地之象。其《象》传曰:"山附于地,剥。上以厚下安宅。"言此卦象启示统治者采取宽厚的政策对待下民,省刑罚、薄赋敛,使百姓有比较安定的生活,如此方能维持统治,不至于"一阳剥尽"彻底垮台。

13. 无妄

卦体为下震上乾,有天下雷行之象。古人认为冬季阳气潜藏,到春季阳气冲出地面而成雷,万物闻雷声而苏醒、生长发育,故《说卦》云:"万物出乎震。"其《象》传曰:"天下雷行,物与,无妄。先王以茂对时育万物。"茂,勉也,言统治者观此卦要按照时令,抓好各经济部门的生产,如《管子》云:"不务天时,则财不生","凡有地牧民者,务在四时,守在仓廪。"

14. 大畜

卦体为下乾上艮,有天在山中之象。高亨先生云:"天之光明照耀于山内,则草木鸟兽皆遂其生,成为人之财富,其积蓄者大矣。"(《周易大传今注》)。此卦启示人们注重积蓄,"积于不涸之仓,藏于不竭之府"(《管子·牧民》),使国家有雄厚的物质基础,如此,便会"措国于不倾之地。"(同上)

15. 颐

卦体为下震上艮,卦画似人之腮。上艮为止,寓上颚不动;下体为震,寓下颚震动咀嚼食物。因之颐又训为养,"自求口实"乃最基本养生之需。"民以食为天","食为政首",治国者要首先解决人民的吃饭问题。因而《象》曰:"天地养万物,圣人养贤以及万民,颐之时,大矣哉。"

16. 益

卦体为下震上巽。从卦变说的观点来看,益卦来自否,即损否卦上体乾之九四去增益下体坤之初六,两爻换位即成益,此为"损上益下"。因乾为君,坤为民,损上益下犹君主实行轻徭薄赋的经济政策或赈灾措施,使百姓增加收益,生活得好一些。因此,其《象》传曰:"益,损上益下,民说无疆;自上下下,其道大光。"

又,否之九四与初六换位而成益亦象征"天施阳气于地","地生万物而上长"

地生财的经济观点。

17. 井☵

卦体是下巽上坎。巽,木也,入也;坎,水也。此卦有以木制器具入井汲水之象,反映了先民的一个方面的生活情景。

又,古井田制,八户为一井,每户授田百亩,又共耕百亩公田,共用一井,其布局又如"井"3字,故称井田。此制从原始社会末期一直实行到战国,持续两千年左右,故爻辞云:"改邑不改井"。

18. 旅☲

卦体为下艮上离。唐·孔颖达:"火在山上,逐草而行,势不久留,故为旅象。"但就爻辞看非描述一般羁旅之人,也非无业流浪者,而是反映拥有一定数量资金、进行异地交易商旅的坎坷经历。

初六为初学经商,故谨小慎微,亦不免招灾惹祸,故言:"旅琐琐,斯其所取灾。"

六二基本掌握经营之道,获得一定利润,并买了童仆,故言"旅即次,怀其资,得童仆,贞。"

九三为住所遭遇火灾,童仆跑掉,故言"旅焚其次,丧其童仆,贞厉。"

九四为经过辛苦经营,又积累了一定资金,但忆及九三的经历,仍惴惴不安,故言"旅于处,得其资斧,我心不快。"高亨注:"资,货也;斧,铜币之作斧形者。斧资犹言钱币也。"(《周易大传今注》)

六五言旅途中以射猎消遣,以解"我心不快",只用一支箭就射中了雉鸡,因得"善射"美名,遂开怀大笑。故言"射雉,一矢亡,终以誉命。"

上九言为射得更多的猎物,去焚鸟巢,却在得意忘形中失去了买来的牛,遂号啕大哭。故言"鸟焚其巢,旅人先笑后号咷,丧牛于易。"

19. 节☵

卦体为下兑上坎。兑,泽也,用以蓄水;坎,水也。此卦有水被泽所节制约束而不得下泻之象。此象启示治国者要爱惜人力物力,取之有度,用之有节;决不能横征暴敛、挥霍浪费、劳民伤财。故其《象》传曰:"节以制度,不伤财,不害民。"

该卦六三爻因柔处刚位不当,不能很好地发挥节制作用,故此爻辞云:"不节若,则嗟若。"不厉行节约,必然造成过失,带来遗憾。

以上经济类专卦共17,占64别卦的30%,还有的卦中有些零星的经济类象,不再赘述。

(3)《系辞》中之经济类象

《系辞》是一部最早的易学概论,它主要讲《周易》的发生与应用,阐发作者对易象学和易哲学的认识,其中还有鲜明的经济观点,而它的经济观点是以象学思想为基础,并且与之糅合在一起的,这就是"制器尚象"和观象制器说。

《系辞上》曰:《易》有圣人之道四焉:以言者尚其辞,以动者尚其变,以制器者尚其象,以卜筮者尚其占。""以制器者尚其象"就是说制造生产生活用的器具和设施者要以研究象为主。换句话说就是要根据卦象的启示去制器,要"观象制器"。在《系辞》作者看来,易象能启迪人们智慧,构思设计器物,推动社会生产力的发

展,改善人们的生存条件和环境。

　　《系辞下》具体阐述观象制器卦者共13,其中可列为经济类者为11,现整成下表:

时代	卦名	卦画	卦象	制器	为用	类别
包牺氏	离	䷝	离为目,状如网。	网罟	渔猎	渔猎
神农氏	益	䷩	下震上巽,有木动之象。	耒耜	农耕	农业
神农氏	噬嗑	䷔	下震上离,有人在日下活动之象。	集市	交易	商业
黄帝、尧舜	乾、坤	䷀䷁	乾为天,在上覆物;坤为地,在下含物。	衣裳	天下治	手工业
黄帝、尧舜	涣	䷺	下坎上巽,有水上行木舟之象。	舟楫	以济不通	交通运输
黄帝、尧舜	随	䷐	下震上兑,震为车,兑为悦,为人乘牛车马车喜悦之象。	服牛(车)乘马(车)	引重致远	交通运输
黄帝、尧舜	豫	䷏	下坤上震,为地上动而有声之物之象。	重门击柝	以待暴客	城市建设
黄帝、尧舜	小过	䷽	下艮上震,震为动、艮为止。此卦有特杵捣米之象	杵臼	万民以济	粮食加工
黄帝、尧舜	睽	䷥	下兑上离,离为矢,兑为竹、为小木,曲而为弓。	弓矢	以威天下	手工业
黄帝、尧舜	大壮	䷡	下乾上震,震为雷雨,乾为圆,卦象为上有雷雨,下有穹隆之物覆盖。	宫室	以待风雨	建筑
黄帝、尧舜	大过	䷛	下巽上兑。兑为泽,引申为坑;巽为木。	棺椁	丧葬	手工业

　　应该指出"制器尚象"说无论是从经济史上讲还是人们的认识规律上讲都是难以成立的。根据考古研究成果看,渔网、耒耜、衣裳、舟楫、弓箭、宫室以及原始的集市和城市的出现,远在64卦乃至八卦出现之前。它们都是为适应生产生活需要而产生,并有一个不断改进完善的过程,所以,八卦和64经卦出现之前,根本不存在观象制器的问题。但是,当《周易》成为显学之后,八卦和64卦所蕴含的唯物精神和辩证思想却极大地影响着人们的思维方式,启迪着人们的智慧,对古代经济和科技的发展产生过深刻的影响,因此,此说又不乏合理的成分。

　　以上,我们提出了《周易》中的经济类象这一新概念,揭示了它的内涵、外延和体系结构,为研究《周易》与古代经济这一课题奠定了基础。经济类象与一般易象一样,既有唯物辩证的合理的成分,又有牵强附会、"随其义而论之"的主观性和随意性,这点,学界多有论述,本文不必多议。我们需要指出的是:经济类象应作为易象学的一个重要方面引起人们的关注,进入易学殿堂,并对它进行深入研究,使易学与社会、与人生更贴近一些。

《易经》卦爻辞中的社会经济

清人章学诚说过"六经皆史"。近人和当代许多学者也认为《易经》是一部"历史著作"或"历史哲学著作"。不论这些观点有无偏颇之处，但人们都无法否认《易经》的史学价值。"它相当广泛地展现了中国古代社会经济、政治、文化结构以及生活方式、伦理道德、风俗习惯、心理结构等等"下面探索一下《易经》卦爻辞所展现的中国古代社会经济状况。

"《易》之兴也，其当殷之末世、周亡盛德邪？当文王与纣之事邪？"(《系辞下》)一般认为，《易经》诞生于殷末周初之际。殷周的斗争、新的奴隶制国家的建立是《易经》时代的主旋律。正因为如此，《易经》卦爻辞多数是反映征战、祭祀、觐见、封赏、游猎等活动内容，直接反映经济活动的不很多。然而任何社会的政治、军事、宗教、文化都离不开经济这个基础，它是演奏主旋律的"乐队。"

（1）《易经》时代的社会经济结构

殷末周初，是我国奴隶社会的鼎盛时期。

成汤灭夏，"尽有夏商之民，尽有夏商之地，尽有夏商之财。"这就为奴隶制经济的发展创造了重要的物质条件。商从成汤算起，传十七代，三十一王，约六百年。其间盘庚迁殷之后，商民逐步放弃了游牧生活，农业开始成为社会的主要经济部门。当时，土地属以商王为代表的奴隶制国家所有；农业劳动者是称作"众人"或"众"的奴隶；耕作上广泛使用斨、镬、甬等青铜工具，促进了原始荒野的开垦和土地的深翻；农作物已有禾、黍、麦、粟、稻多种。畜牧业本为商民的主要产业，殷末继续

玉 虎

发展。人们饲养牛、殷羊、山羊、猪、犬、马等牲畜,甚至还养象。商民用大量牲畜作祭祀牺牲,有的多达三四百头。手工业有铸铜、陶器、制骨、纺织、木器等行业;由于粮食生产的发展,奴隶主家中还大量酿酒。商民族有经商的传统,至殷末,随着社会分工的扩大,商品生产有了发展,商品交换的数量增加、地区扩大。贝是主要货币,此外还有骨贝和"布"币。

周族虽兴起较晚,但十分重视农业。相传周始祖后稷即为舜之农官。古公亶父率部落东迁后,在岐山下的广大的肥美沃土上建立了比较发达的农业经济。至武王,拥有雄厚经济力量的周民族发动灭商战争,商纣统治一触即溃,周王朝作为我国第三个奴隶制政权登上了历史舞台。从某种意义上讲,周克殷是周族农业文明的胜利。西周经济当然以农业为主体,生产工具和生产技术有了进一步提高:青铜器的品种和功能都增加了;广泛实行"三圃制"的轮作方法,初耕之田称"新",休耕之田叫"畲",再耕之田为"畬";水利事业已比较发达,形成了垦田与灌溉设施相结合的遂沟洫浍制度。作物品种大量增加,除谷类、豆类外,还有了桑、麻、葛等经济作物。西周的土地制度仍是奴隶主国家所有制的井田制,劳动者是"同养公田"的农夫、庶人。畜牧业不及农业发达,但农家普遍饲养"六畜",官府和贵族还有大型牧场。手工业生产已成为较重要的经济部门,特别是官工业,成为政府的"六职"之一,所谓"国有六职,百工居一焉"(《周礼·冬官·考工记》)。"天子之六工曰:土工、金工、石工、木工、兽工、草工。"《礼记·曲礼下》当时炼铜与铜器制造是主要大型手工业;陶瓷、丝织、酿酒等业的工艺技术都有了提高。周初的商业,除"抱布贸丝"的民间交易外,主要掌握在贵族手中,商品有奴隶、牲畜、兵器、珍宝及日常用品。货币除贝币、骨币外又出现了铜币,偶用珠玉和布帛。城市开始设置市场,并由专人管理。

上述情况,在《周易》古经经文中都有不同程度的体现。

(2)《易经》中的社会经济

1. 农业

一位当代学者提出,"《易经》历史哲学本体论""表现为自然蓝本意识与人类主体意识相统一的特征",而《易经》历史哲学这一本体论特色,从根本上说只能是农业文明的第一个思想硕果。只有农业。才第一次地使人类感觉到与天地自然的密切关系,既要高度珍视天地自然的恩赐,又要充分发挥人的主观能动性,以人助天。"(吴根友:《〈易经〉——中国历史哲学之滥觞》)还有的学者认为,《易经》的阴阳观,发端于古代对天文的观测,而观测天文"主要是探讨历法及季节","这正是为了适应农、牧、渔、猎发展的需要";他还引证《礼记·曲礼》:"卜筮者,先圣王之所以使民信时","信时,就是信奉农时。"(秦广忱:《〈周易〉阴阳观的起源及其自然科学基础问题》)根据这些研究成果,我们可以说,《易经》本身就是当时社会经济,特别是农业经济发展的产物。

但是由于那个时代"主旋律"的原因,卦爻辞中直接反映农业经济内容的并不多,主要有下面一些:

《井》:改邑不改井。

据于载洽先生考证,此"井"兼指井田制(《读〈易〉随笔》)。这是周初的基本田制。

《益·初九》:利用大作,元吉,无咎。

大作,大事也,指耕种之事,此卦此爻认为耕作是人们的首要之事。

《无妄·六二》:不耕获,不菑畬,则利有攸往。

此句虽非言农事,却反映出当时已普遍实行轮作。

《否·九五》:其亡其亡,系于苞桑。

此句反映了植桑已成为农家的重要经济来源。

《姤·九五》:以杞包瓜。

反映了收获蔬菜的情况。

另外卦爻辞中多次出现"酒"字,如"需于酒食""困于酒食"之类,亦可折射出当时粮食生产的情况。

2. 畜牧业

《易经》中关于家畜的记载很多,可以反映出畜牧业的发展情况。主要家畜是马、牛、羊、豕。如:

《坤》:元亨,利牝马之贞。

《屯·六二》:屯如邅如,乘马班如。

《无妄·六三》:无妄之灾,或系之牛。

《大畜·六四》:童牛之牿,元吉。

《大畜·六五》:豮豕之牙,吉。

《离》:利贞亨。畜牝牛,吉。

《遯·初六》:遯尾,厉。(遯,通豚,小猪)

《遯,六二》:执之用黄牛之革,莫之胜说。

《大壮·上六》:羝羊触藩。(羝羊,公羊)

《夬·九五》:苋陆夬夬,中行无咎。(苋,山羊细角者)

《归妹·上六》:女承筐无实,士刲羊无血。

《既济·九五》:东邻杀牛,不如西邻之禴祭,实受其福。

从上述例句可看出:马主要用作交通工具;牛主要用来祭祀,制革;猪羊用于祭祀和食用。豮《说文解字》释为"羠豕也",可见畜牧业中已广泛实行阉割技术。

3. 手工业

《易经》中无手工业生产的记载,手工业的发展情况只能从当时的生产生活用品去推测。这些物品和设施有的大概只是家庭劳作所生产或修建,如衣履、住房之类,尚构不成独立的行业;而一些工艺复杂的器物大概就由官府的"六工"或个体工匠所生产了,如:

(1)纺织品

《贲·六五》:束帛戋戋。

(2)酒类

《坎·六四》:樽酒簋,贰用缶。

《震》:震惊百里,不丧匕鬯。(鬯是用黑黍酒和郁金香草合成的香酒)

（3）陶器

《比·初六》：有孚盈缶，终来有它。

《井》：往来井井……，羸其瓶。

《井·九二》：井谷射鲋，瓮敝漏。

（4）玉器

《益·六三》：有孚中行告公用圭。

《鼎·上九》：鼎玉铉，大吉。

（5）木器

《小畜·九三》：舆说辐，夫妻反目。

《大有·九二》：大车以载，有攸往。

《蒙·初六》：利用刑人，用说桎梏。

（6）金器

《鼎·六五》：鼎黄耳，金铉，利贞。

《噬嗑·九四》：噬乾胏，得金矢。

《姤·初六》：系于金柅，贞吉。

《困·九四》：来徐徐，困于金车。

4. 商业、货币

《大有·九二》：大车以载，有攸往。（似言大宗货物的长途贩运。）

《损·六五》：或益之十朋之贝，弗克违，元吉。（"朋"为贝币的单位；此句似言对行情的推测或判断。）

《震·六二》：震来厉，亿丧贝。（此句似言由于天气突变，货物要削价出售，估计会造成损失。）

《旅·六二》：旅即次，怀其资，得童仆贞。

《旅·九三》：旅焚其次，丧其童仆贞，厉。（以上两句似言买卖奴隶的交易。）

5. 渔猎

渔猎曾是古人获取生活资料的一个主要手段，卦爻辞中这方面的描述也不少。但应看到，当时已进入农业文明时期，畜牧业亦相当发达，那时的田猎主要是王公贵族的体育活动和消遣。如：

《比·九五》：显比，五用三驱，失前禽，

《解·上六》：公用射隼于高墉之上，获之。

《小过·六五》：密云不雨，自我西郊，公弋取彼在穴。（弋：带绳子的箭，用来射鸟。）

当然，任何时代，都有"渔猎族"以渔猎作为主要或辅助谋生手段，卦爻辞中也有一些反映一般渔猎活动的，其活动主体就不一定是王公贵族了：

《屯·六三》：即鹿无虞，惟入于林中。

《师，六五》：田有禽，利执言，无咎。

《离·六二》：黄离，元吉。

《离·九三》：日昃之离……。（此二句中"离"皆指猎取禽兽的网，名动用法。）

《明夷·九三》：明夷于南狩，得其大首。（狩：放火烧草而猎；首：四蹄皆白

之马。)

《解·九二》:田获三狐,得黄矢。

《井·九二》:井谷射鲋,瓮敝漏。

《旅·六五》:射雉,一矢亡。

以上,我们用"寻章摘句"的分析方法揭示了《易经》时代的经济结构和经济发展状况。这里虽然只有一个一个的点、一条一条线红或一幅一幅的面,然而我们不难通过归纳、演绎,把它们组合成一个立体的、完整的社会经济模型,从而深入了解那个时代的社会生活,以及某些经济规律,这大概就是《易经》的一个重要史学价值吧。

《周易》与古代经济政策

本论将以翔实的资料论证《周易》的宏观管理思想对中国古代经济政策的指导作用和深刻影响,揭示《周易》经国治世的实用价值。主要包括五个方面:一、唯变所适、革故鼎新的改革思想;二、"哀多益寡、称物平施"的宏观调控原则;三、"损上益下、民悦无疆"的治国方略;四、"易则易知、简则易从"的决策方法;五、"通其变,使民不倦"的货贿流通观念。这些思想对在社会主义市场经济中如何更有效地实现国家宏观调控也有借鉴作用。

历代史书中的《食货志》是记载古代经济政策的主要文献。我国第一部断代史《汉书》在解释"食货"二字时作如是说:"《洪范》八政,一曰食,二曰货。……二者,生民之本,兴自神农之氏。'斫木为耜,煣木为耒,耒耨之利以教天下',而食足;'日中为市,致天下之民,聚天下之货,交易而退,各得其所',而货通。食足货通,然后国实民富,而教化成。……故《易》称'天地之大德曰生,圣人之大宝曰位,何以守位曰仁,何以聚人曰财。'"(《汉书·食货志上》)这里,再三引用《周易·系辞》,可见《周易》对古代经济的影响是何等深刻。

《周易》是古代人类智慧的结晶,它不但是我国传统文化的源头活水,而且也是古代宏观经济管理的指南。历史上许多大有作为的经国治世者都自觉或不自觉地运用《周易》的管理思想去筹划谋略,以应时顺变、扶危济困、蓄货长财、富民强国,在历史舞台上演出了一幕幕生动的活剧。《周易》的思想和精神造就了许多革新家和理财家。

(1)唯变所适、革故鼎新的改革思想

随几处变的方法论是《周易》的一个重要观点。从某种意义上讲,《易经》六十四卦三百八十四爻组成的时位体系就在于反复阐述应时处变的意义。故《易大传》云:"《易》之为书也不可远,为道也屡迁,变动不居,周流六虚,上下无常,刚柔相易,不可为典要,唯变所适。"(《系辞下》)革故鼎新思想是随几处变思想的引申和发展。《革》《鼎》二卦集中体现了这一思想。正如《易大传》所讲:"天地革而四时成,汤武革命,顺乎天而应乎人,革之时,大矣哉!"(《革·彖》)"革去故也,鼎取

新也"(《杂卦》)。革故鼎新是社会发展的规律和动力。历史上许多改革家正是以这种革新精神，在社会发展的转折关头或国家困危之时扶正祛邪、兴利除弊、大刀阔斧地进行社会经济改革的。现以王安石为例说明之。

王安石(公元 1021~1086 年)，字介甫，其名和字就带有易学色彩(取自《豫·六二》及其《象》辞)是中国封建社会后期的改革家、理财家。他"少好读书，一过目终身不忘"，特别是从《周易》中吸收了丰富的思想营养。他根据《周易》的财富观，提出了"以义理天下之财"的响亮口号："聚天下之人，不可以无财，理天下之财，不可以无义"(《王临川集》卷七十《乞制置三司条例司》)；他宣扬"裒多益寡，称物平施"的理财原则(见《王临川集》卷七十五《易象论解》)更深得《周易》"变易"思想之精髓，提出"夫天下之事，其为变，岂一乎哉!"(《王临川集》卷六十七《非礼之礼》)。

王安石所处的时代，是一个复杂、动荡和危机四伏的时代，北宋政权面临着许多严重的社会问题已无力应付。就经济方面来说，豪强兼并已发展到前所未有的程度，大地主大官僚占田已达天下田畴之半，失地农民困苦不堪，流离失所；国家财政日益困窘，入不敷出，冗员冗兵开支庞大，百姓不堪重负。这一切都激化了阶级矛盾，动摇着北宋王朝统治。王安石于公元 1057 年(宋仁宗嘉祐二年)入朝任度支判官(主管财政收支的官员)，提出了"收天下之财，以供天下之费"(《宋史·王安石传》)的理财原则。1069 年(神宗熙宁二年)，任参知政事，主持建立了创立新法的机构"制置三司条例司"，为变法作组织准备。翌年，升任同中书门下平章事(相当于宰相)，在神宗支持下，开始推行新法，实行了以财政经济改革为中心的全面改革。改革的目的是为国家收回"轻重敛散之权"，打击豪强地主的兼并势力，减轻农民负担，发展生产，扭转积贫积弱的国势，实现富国强兵。他推行的均输法、市易法、青苗法、募役法、方田均税法、农田水利法等一系列新法都收到了明显成效，"熙宁、元丰之间，中外府库，无不充衍，小邑所积钱米，亦不减二十万。"(《宋史·食货志下》)。

(2)"裒多益寡，称物平施"的宏观调控原则

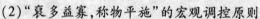

《汉书·食货志·赞》曰："《易》称：'裒多益寡，称物平施'……故管氏之轻重，李悝之平籴，弘羊均输，寿昌常平，亦有从徕。"正确估量社会财富的多寡及不同阶级、阶层占有社会财富的情况，损有余而补不足，使人们各得其分，是宏观调控的出发点。这也是我国历史上平准、均输、常平等重大经济政策的理论基础。下面略举几例。

1. 西汉大理财家桑弘羊的平准、均输政策

桑弘羊(公元前 152~前 80 年)，出身于洛阳商人家庭。洛阳"富冠海内"商业发达，桑弘羊自幼受家庭和环境的熏陶，对商业经营有深刻了解；他才华出众，饱读诗书，受到《周易》许多思想影响：如他的农工商三业并重的思想、"通其变，使民不倦"的货贿流通观念等(详见后文)。桑弘羊 13 岁时入宫为侍中，33 岁任大农丞，分管盐铁事务，深得武帝信任。43 岁升为搜粟都尉，代管大农令事务。公元前 87 年武帝死前升为御史大夫，并成为四位托孤大臣之一。桑弘羊作为汉武帝时期主

管财政的大臣,为朝廷理财40余年,他所实行的平准、均输、盐铁官营三大经济政策有力地打击了豪强兼并势力、加强了中央集权,成功地解决了西汉政府为抗击匈奴所需的庞大军资开支问题,"民不益赋,而天下用饶"(《史记·平准书》),为汉武帝的文治武功奠定了雄厚的物质基础。而这三大政策的理论基础,正像《汉书·食货志·赞》所指出的,是《周易》的"裒多益寡,称物平施"思想。

所谓平准,就是平抑物价水准。"大农之诸官尽笼天下之货物,贵即卖之,贱则买之。如此富商大贾无所牟大利,则反本,而万物不得腾跃,故抑天下物,名曰平准。"(《史记·平准书》)平准的推出,限制了商人的投机倒把和操纵市场的不法活动,稳定了物价,起到了"平万物而便百姓"(桓宽《盐铁论·本议》)的作用。

所谓均输,就是平均输送负担。"往者郡国诸侯各以其物贡输,往来烦难,物多苦恶,或不偿其费。故郡置输官以相给运,而便远方之贡,故曰均输。"(《盐铁论·本议》)"以相给运"的具体办法是:各郡国应缴之贡物,按照当地市价,折变为当地丰饶而廉价的土产品,交缴于均输官。再由均输官将这些廉价土产品运往高价地区出售。这样,既可免除各郡国输送贡物入京之烦难,又可避免贡物到京师后得不偿失。官府则可在辗转贸易中获得巨大利润而充实财政。对百姓则起到了减轻负担、"通委财而调缓急"(同上)的作用。

2. 西汉耿寿昌的常平仓制度

耿寿昌是汉宣帝时的大司农丞,班固称他"善为算,能商功利"(《汉书·食货志上》),其他生平事迹多不可考。他于公元前54年(宣帝玉凤四年)创立了常平仓制度,这是将桑弘羊的平准政策专门用在粮食这种特殊商品上。令边郡皆筑仓,以谷贱时增其贾(通"价"一笔者注)而籴以利农,谷贵时减贾而粜,曰常平仓,民便之。(同上)可见常平仓的目的有二:一是稳定粮食价格,防止谷贱伤农;二是防止私商囤积,保证粮食供应。从此,常平仓制成为历代王朝的重要经济政策。

3. 唐代著名理财家刘晏的"常平盐"

刘晏(公元718~780年)字士安,曹州南华人,历仕唐肃宗、代宗、德宗,主管唐帝国财政20余年,是唐代著名的理财家。刘晏乃好《易》之士,经常"援《易》以为说"。曾用"牛必赢角,舆必说辕"(《致元载书》)来形容安史之乱后唐帝国经济的困境。他在转运、盐法、税制与常平等方面实行了一系列改革,卓有成效地恢复和振兴了晚唐经济。史称"刘晏因平准法,斡山海,排商贾,制万物低昂,常操天下赢资,以佐军兴。虽拿兵数年,敛不及民而用度足。"(《新唐书·刘晏传·赞》)

刘晏实行的常平制度比前代有了很大的发展。他所收售的物品已不限于谷物,而是"万物",并增强了充实财政的目的性。其中"常平盐"的制度尤为突出。"常平盐"制是刘晏实行盐政改革的一项重大措施,即"江岭去盐远者有常平盐,每商人不至,则减价以粜民,官收厚利而人不知贵。"(《新唐书·食货志》)目的是防止盐商囤积居奇,哄抬物价,增加财政收入。

4. 王安石的均输法、市易法和方田均税法

王安石变法,首先推出的是均输法,其原因和做法是这样:

"夫以义理天下之财,则转输之劳逸不可不均,用度之多寡不可以不通,货贿之

有无不可以不制,而轻重敛散之权不可以无术。今天下财用,……远方有倍蓰之输,中都有半价之鬻。……纳租税数,至或倍其本数。而朝廷所用之物,多求于不产,责于非时。富商大贾因时乘公私之急,以擅轻重敛散之权。……宜假(六路发运使)以钱货,继其用之不给,使周知六路财赋之有无而移用之,凡籴买税敛上供之物,皆得徒贵就贱,用近移远。令在京库藏年支见在之定数所当供办者,得以从便变卖,以待上令。稍收轻重敛散之权,归之公上,而制其有无,以便转输,省劳费,宽农民,庶几国用可足,民财不匮矣。"(《乞制置三司条例司》)

王安石像

这里,王安石将《周易》"以义理财"的思想和"哀多益寡,称物平施"的原则结合起来作为决策依据。其要点是:由国家掌握市场供销和物价调控权,防止富商大贾乘公私急需牟取暴利;使贡输与市场购销相结合,调剂地区之间的余缺;节省运输劳务和费用,减轻人民负担;最终实现增加财政收入和"民财不匮"的目的。

市易法脱胎于桑弘羊的平准政策,但措施更为得力、组织也较严密。即由政府拨出专款,在京城及各大城市设立专门机构"市易务",派专职官员主办,"物赢我收入,物窘出使营"。这样,以政府商业机构控制重要商品的货源,排除巨商对市场的操纵,而中小商人的经营仍受到保护,以保证市场供应。

方田均税法是清查漏税耕地和整顿田赋的新政策,主要作用是确定地籍,使土地所有者按其实际占有土地的数量交纳赋税。当时富豪地主兼并贫苦农民的耕地,多隐设田籍,不交纳赋税,而失地农民则"产去税存"。贫户因不堪重负弃地逃亡者日多;而富豪之家"请占公田而不输税,甚至私田百亩只输四亩"(《宋史·食货志上》),国家赋税收入锐减。所以,无论是从减轻农民和中小地主的负担的角度,还是保证国家税源角度来说,都有必要整理地籍以均平赋役。王安石用了12年时间,对全国一半以上的垦田进行了重新清丈,依照肥瘠,分为五等,按等级和面积收缴赋税。从而解决了逃税、漏税和"产去税存"的问题。但终因保守派的反对未竟全功。

以上就"哀多益寡,称物平施"原则在历代经济政策中的具体运用做了论证说明。应该指出,上述政策在当时的历史条件下都有不同程度的局限性;在实行过程中又往往因官吏的腐败、反对派的掣肘而出现偏差或半途而废。给人们留下历史的遗憾。这就不是本着要讨论的问题了。

(3)"损上益下,民说无疆"的治国方略

《益·象》曰:"损上益下,民说无疆,自上下下,其道大光。"高亨先生注云:"其义有二:一、减轻赋税之剥削,君之财物收入稍减,民之财物保有稍加,是谓损上益下。损上益下,则民悦无疆矣。二、减轻压迫,君上以谦卑之态度,听其民之意见,是谓自上下下。自上下下,则其道大大光明矣。"(《周易大传今注》)其言极是。这

一重要观点是古代养民、裕民、富民政策的理论基础。历史上许多开明的统治者都懂得让饱受战乱之苦的老百姓休养生息,"节以制度,不伤财、不害民"(《节·象》),对保护生产力和发展经济起了一定的促进作用。请看以下诸例。

1. 精兵简政、躬先俭约、改革税制、首兴义仓的隋文帝杨坚

公元581年2月,杨坚废北周静帝自立,建立隋王朝,定年号开皇。公元587年灭后梁和陈,统一了全国,结束了自西晋末年以来近三百年的分裂局面。隋建国初期,百废待兴,隋文帝杨坚在政治、财政、经济各方面锐意改革,取得了显著效果。

公元583年(开皇三年)杨坚诏令废除诸郡,改州郡县三级制为两级制,消除了过去民少官多、十羊九牧、官制重叠的弊端,节约了大量财力,他还改兵民分籍制为民兵合一制,把居处不定的军人划归州县管理,垦田籍账,一与民同。并下诏停办军器,把节省的费用投入发展农业。

"隋文帝既平江表,天下大同,躬先俭约以事府帑。"(《隋书·食货志》)车马用物破旧后修补再用,日常膳食只有一个肉菜,后妃的衣服常常洗了再洗。由于他率先垂范,使俭朴蔚然成风。当时士人衣服多用布而不用丝绸,饰带用铜铁骨角代替金银玉石。据史载"有司尝进干薑,以布袋贮之,帝用为伤费,大加谴责。后进香,复以毡袋,因答所司,以为后戒焉。"(同上)对贪官污吏,则更严厉惩处。曾派左右亲信严查百官行为,甚至使人假意贿赂,受者即斩首。三子杨俊生活奢侈、多造宫室,文帝免其官位,囚禁起来。太子杨勇因奢侈好色而被废黜。杨坚还能经常留意民间疾苦,公元594年,关中大旱,他得知百姓以豆粉拌糠为食,流泪自责,将近一年的时间不饮酒食肉。杨坚实行节俭和惩贪相结合的方针,使社会风气为之一新,为恢复生产、发展经济创造了良好的社会环境。

隋文帝还采纳户部尚书苏威"减赋役,务从轻典"的建议,对赋役制度进行改革,以轻徭薄赋,宽恤民力。公元583年改革北周旧制:改18岁起每年服役30天为21岁起两年服役20天,减调一匹为两丈。此后又先后诏令免除入市税,实行军屯、减少粮食调运和诸多劳役。公元592年,"有司上言,库藏皆满"。杨坚下诏曰:"既富而教,方知廉耻,宁积于人,无藏府库。河北、河东今年田租,三分减一,兵减半,功调全免。"(同上)

为贮粮备荒,杨坚设置了正仓和常平仓。585年又采纳工部尚书孙平的建议,建立一套社会自助自救制度,作为国家赈灾的补充措施:下令各地军民百姓于丰收之时捐纳粮食,共建义仓,派专人负责管理。自此,"义仓"成为历代王朝一项重要的荒政制度。

由于上述政策,至"开皇十七年,户口滋盛,中外仓库,无不盈积,……京司帑屋既充,积于廊庑之下,高祖遂停此年正赋,以赐黎元。"(同上)其繁荣富裕、损上益下可见一斑。

2. 轻徭薄赋、鼓励农耕、去奢省费的唐太宗李世民

唐太宗李世民具有"水能载舟,亦能覆舟"的民本思想。即位初,常以亡隋为戒,认为农民起义是由赋役繁重、官吏贪求而起,因此奉行轻徭薄赋的政策。贞观元年(公元626年)即下诏"免关内及蒲、芮、虞、泰、陕、鼎六州二岁租,给复天下一年。"(《新唐书·太宗本纪》)在"贞观之治"的23年中,先后十余次减免一些地区

的租赋。

李世民曾对侍臣说:"君依于国,国依于民,剥民以奉君,犹割肉以充腹,腹饱而身毙,君富而国亡。"(《资治通鉴》卷一九一)因此,他把去奢省费作为安民理国的重要措施。他患有"气疾",所居隋旧宫卑湿阴凉,臣下再三请造新宫,均遭拒绝。为省费,放还宫女三千人。下令王公贵族各级官员的第宅、车服、婚嫁、丧葬等一切从简,明令禁止地方官员进贡珍玩。因此,贞观初年形成了一种崇尚节俭的良好风气。

3. 中唐名臣陆贽以茶税收入置义仓

陆贽(公元754~805年),字敬舆,是中唐时期的名臣,曾任德宗时中侍郎同平章事,相当于宰相。陆贽的理财思想深受《周易》影响,以恤民为重。他主张"厚人而薄财,损上以益下"(《陆宣公奏议全集》卷四),民既富足,上位必安,此所谓"则少损者所以招大益也","暂薄者所以成永厚也。"(同上)

陆贽非常重视荒政,认为立国先养人,养人先足食,足食须备荒。他强调仓储的重要性,提议,每年将茶税收入拨交户部,作为置义仓之用,每至谷熟季节,由地方官吏在州县内和籴,收纳粮食,存入义仓。义仓之谷,除供灾年赈济外,不得任意挪用。

4. 宋初的恭俭仁爱政策及社会福利事业

宋初统治者为恢复经济,发展国力"一本于仁厚,凡赈贫恤患之意,视前代尤为切至。"(《宋史·食货志》上)各地遇到灾荒,政府一定开常平、惠民诸仓赈济。当地存粮不足,或派人到外地求援,或募富民捐献钱粟,国家酬以官爵;再不足者,就动用朝廷国库。水灾地区,州县用舟船拯救被水围困的灾民,将他们运到无水害的地方,供给他们柴米,遇有蝗害就招募百姓捕杀,百姓可用杀死的蝗虫换粮,一升蝗虫可换三至五升。宋太宗赵光义"恭俭仁爱,谆谆劝民务农。毋或妄费"(同上)。"有司尝言油衣、帟幕损破者数万段,帝令煮之,染以杂色,制旗帜数千。调退材给窑务为薪,俾择其可用者造什物数千事。其爱民惜费如此。"(《宋史·食货志》下)。宋仁宗时,于常平仓、惠民仓外又复立义仓,增设广惠仓,"使老弱贫疾者皆有所养","其虑于民者既周,其施于民也益厚。"(《宋史·食货志》上)为解决病者缺乏方药的困难,仁宗还颁布了《庆历善救方》,许多地方官府还出钱出药为百姓医病。有次京师流行大疫,仁宗拿出宫廷的两支犀角,其中一支是名贵的"通天犀",内侍要留下给皇帝用,仁宗说:"我岂贵异物而贱百姓?"说罢将它击碎命太医给疫民配药。

宋初京师设东、西福田院,用来供养老疾孤寡者。英宗命增置南、北福田院,一共能供养三百人,每年拨经费五百万钱,后增为八百万。后世又设居养院、安济房和漏泽园,拨常平米供养,并派专人服务。"道路遇寒僵仆之人及无衣丐者,许送近便居养院,给钱米救济。孤贫小儿可教者,令人小学听读。"(同上)

5. 奉行"安养生息"、损上益下政策的明太祖朱元璋

公元1368年正月,朱元璋在应天皇宫奉天大殿登基,成为明朝开国皇帝,建元洪武。即位初,天下府州县官来朝,朱元璋谕诫群臣:"天下始定,民财力俱困,要在安养生息,惟廉者能约已而利人,勉之!"(《明史·太祖本纪》)他一

方面鼓励屯垦,劝务农桑,大力发展农业生产;一方面实行损上益下,轻徭薄赋的政策养民、裕民:

朱元璋统一中国之前,每得一地,就发粟赈济,安抚百姓。"至若赋税蠲免,有恩蠲,有灾蠲。"(《明史·食货志》卷二)恩蠲,指由于战乱致灾,皇帝批准免收租赋;灾蠲,指由于自然灾害而例行之免收租赋。洪武元年,朱元璋发布训令:"凡四方水旱辄免税,丰岁无灾伤,亦择地瘠民贫者优免之。凡岁灾,尽蠲二税,且贷以米。"(同上)"令天下各县分,各立预备四仓,官为籴谷收贮,以备赈。"(《万历令典》卷二十二)在位三十一年,用于救济米百万余石,布钞数万计,蠲免租赋不可计。洪武十年,荆、蕲水灾,朱元璋派户部主事赵乾去主持赈济,乾迁延半年,朱元璋怒而杀之。青州旱蝗交加,主管官吏没及时上报,朱元璋将其逮捕治罪。此后发布命令,今后出现灾情,主管官员不上报,准许百姓投诉,要对失职者严厉处罚。孝感发生饥馑,当地官员派人到京城要求开预备仓赈贷,朱元璋令来人速回操办,并且指示户部:"自今凡岁饥,先发仓庾以贷,然后闻。"除经常蠲免租赋外,朱元璋还制定了比较合理的赋税制度:"赋税十取一,役法计田出工","额外科一钱,役一夫者,罪流徒。""凡商税,三十而取一,过者以违令论。"洪武十三年,杀胡惟庸后,又令户部:"曩者奸臣聚敛,税及纤悉,朕甚耻焉。自今军民嫁娶丧祭之物,舟车丝布之类,皆勿税。"(以上引语见《明史·食货志》卷二、五)

朱元璋比较爱惜民力,他说:"凡有兴作,不得已者,暂借其力;至于不急之务,浮泛之役,宜罢之。"(《明史·太祖本纪》)修建南京皇宫,只求坚固朴实,不要过分华丽,不建亭台楼阁。济南、莱州、青州三府每年动用2600多户开采铅矿,他下令停工,说"为物劳民,不是善政。"(同上)朱元璋严格控制宫廷用度,生活较为俭朴。明初,"上供简省,郡县贡香米、人参、葡萄酒,太祖以为劳民,却之。"(《明史·食货志》卷六)朝廷饮用之"龙团茶",此茶"采而碾之,压以银板",工艺复杂,"太祖以其劳民,罢造,惟令采茶芽以进。"(《明史·太祖本纪》)他命太监在皇宫空地种菜,以节约开支。洪武二十八年下令"量减诸王岁给,以资国之用。""洪武时,宫禁中市物,视时估率加十钱,其损上益下如此。"(《明史·食货志》卷六)

6."以足民为首务"的清圣祖玄烨

爱新觉罗玄烨是"康乾盛世"的开创者。他饱读诗书而尤爱易学,常与理学家李光地谈易至深夜。他接受了儒家的民本思想和仁政思想,认为"自古国家久安长治之模,莫不以足民为首务。"(《康熙政要》)

玄烨把蠲免田赋和丁银作为与民休养生息的重要措施,他说:"从来政治之道,裕民为先,故必蠲免田赋,时加膏泽。"(《清史稿·圣祖本纪》)他在位时,平均每年因灾蠲免七十多个州县;出巡经过之地例行蠲免,称为"恩蠲",对受战争影响较大的地区,也实行恩蠲。平定三藩和统一台湾后,国内经济好转,国库逐步充裕,蠲免的次数和数额就更多了。常有预先宣布蠲免几个省全年钱粮之事。规模最大的一次是康熙四十二年(1703年)宣布蠲免山东、河南、云南、贵州、广西、四川六省明年的田赋和浙江省后年的田赋。从康熙五十年到五十二年,共蠲免地丁银三千八百零六万四千余两。据不完全统计,康熙朝蠲免总数超过了一亿五千万两银。清人王庆云说,康熙帝动辄蠲免数千百万,"上培国脉,下恤民依,岂唐宋以来所可同年

而语者哉?"(《石渠余记》)

　　在大行蠲免的同时,玄烨对"宫中费用,从来力崇节约"(《清圣祖圣训》)。明末宫中每年用木炭2600万斤,康熙时只用700万斤。他对政府部门费用也严加管理,规定户部工部所用钱粮要"十日一次奏闻"。康熙四十九年下令:"理藩院向来每年赏赐供应外藩宾客,用银八十万两,今裁浮费,一年只需八万两。""工部及光禄寺,每年动用钱粮数十余万,今俱节省,减至数万。"(同上)厉行节约也是国库充盈的一个原因,正如他自己所讲:"蠲租乃古今第一仁政,穷谷荒陬,皆沾实惠。然非宫廷力崇节约,不能行此。"这也道出了"损上"与"益下"的辩证关系。

　　以上我们运用较多的史料阐述了"损上益下,民说无疆"的治国方略对历代统治者制定经济政策的指导作用和深刻影响。需要补充说明的是:这一治国方略是"予之为取"(《管子·牧民》)统治策略的再现,其维护封建王朝统治的最终目的是不言而喻的。加上这一点,我们才可以得到一个比较全面的认识。

　　(4)"易则易知,简则易从"的决策方法

　　《系辞上》云:"易则易知,简则易从。易知则有亲,易从则有功。"这虽然是讲天道和地道,但治人之道何尝不如此?作为古代的一个重要的管理思想,它启示治国者制定政策要善于抓关键,抓主要矛盾,简单易行,这样才能"下令于流水之源"(《管子·牧民》)便于上下沟通,减少弊端,从而收到事半功倍之效。因此《新唐书·食货志》开篇即云:"古之善治,其国而爱养斯民者,必立经常简易之法,使上爱物以养其下,下勉力以事其上,上足而下不困。""盖愈烦而愈弊"。中国古代许多财经制度的改革都有由繁及简的趋势。

　　1. 曹操的租赋制度改革

　　东汉租赋制度繁杂,人民负担沉重,除田租外,另有算赋(成丁交纳)、口赋(未成年人交纳)、户赋、献费及各种徭役。汉末战乱频仍,租赋徭役更为失控。豪强地主趁机兼并土地,农民流离失所,经济遭到严重破坏,以至形成"白骨露于野,千里无鸡鸣,生民百遗一"(曹操:《蒿里行》)的局面。公元204年(建安九年),曹操消灭袁绍父子势力统一北方后,即进行租赋制度改革:取消繁多的名目,只保留田租、户赋,结束了租赋制度的混乱状态。其《收田租令》内容如下:

　　"有国有家者,不患寡而患不均,不患贫而患不安。袁氏之治世,使豪

曹操像

强擅恣,亲戚兼并,下民贫弱,代出租赋炫鬻家财,不足应命。审配宗族,至乃藏匿

罪人,为逋逃主;欲望百姓亲附,甲兵强盛,岂可得邪!其收田租亩四升,户出绢二匹、绵二斤而已,他不得擅兴发。郡国守相明检察之,无令强民有所隐藏,而弱民兼赋也。"(《三国志·魏书·武帝纪》)

曹操的《收田租令》贯穿了"称物平施"抑制兼并的思想,体现了"为令简易"的决策方法,对减轻人民负担,恢复北方经济起了积极作用。

2. 杨炎的简化税制改革——两税法

杨炎(公元727~781年)字公南,官至唐德宗门下侍郎同平章事(副宰相)。当政期间,改租庸调制为两税法,这一改革在中国财政史上具有深远的意义。

两税法的特点,就是将当时的名目繁多的捐税简化,统一征收。在此之前,唐代的租赋有租、庸、调、户税、地税、青苗钱和其他杂征。各税种的征收时间、征收对象、征收次数均有不同。官府经常征收,百姓经常交纳,不胜其烦。两税法将一些主要租赋统一征收,即使人民负担并未减轻,也可省去许多烦扰。

杨炎两税法建议的具体内容如下:

"凡百役之费,一钱之敛,先度其数,而赋予人,量出以制入。户无主客,以见居为簿;人无中丁,以贫富为差。不居处而行商者,在所郡县税三十之一,度所与居者均,使无侥利。居人之税,秋夏两征之,俗有不便者,正之。其租庸杂徭悉省,而丁额不废,申报出入如旧式。其田亩之税,率以大历十四年垦田之数为准,而均征之。夏税无过六月,秋税无过十一月。"(《新唐书·杨炎传》)

其要点在于:一、量出制入。根据财政支出总额,折合银钱,赋配于民。二、平均负担。不管主户(定居者)、客户(外来者),还是行商,都要交税。三、差别课税。按财产(土地)多少,分等征收。四、化繁为简。将名目繁多的杂税化为户税、地税两种,可以交银,也可交粮,以银为主。五、定时征收,每年夏秋两次。六、对"鳏寡茕独不济者"可以免税(见《文献通考·田赋考》)。七、禁止另立名目征收。"敢加敛以枉法论。"(同上)

两税法尚存许多弊端,但实行之后,效果还是十分明显的。史称"上行之不疑,天下便之。人不土断而地着,赋不加敛而增入,版籍不造而得其虚实,贪吏不诚而奸无所取,自是轻重之权,始归朝廷。"(《旧唐书·杨炎传》)

3. 张居正对赋役制度的重大改革——一条鞭法

张居正(公元1525~1582年),原名白圭,字叔大,号太岳,明代江陵人。幼时聪明过人,被称为神童。5岁入学读书,过目不忘;10岁即通六经大义。23岁中进士,被选为翰林院庶吉士,专攻典章和古典,尤致力于经世之学。出仕后官至宋神宗时期内阁首辅,主持朝政十年。执政期间,以安民、富国、强兵为目标,以其卓越的才干,进行改革,使明王朝"帑藏充盈,国最完富",出现了万历十载承平景象。张居正在经济改革中的一项重大举措就是在全国广泛推行一条鞭法,这是对包括田赋和徭役制度在内的整个赋税制度的全面改革。

明朝,本来沿袭唐宋以来的两税制,但除正税外,还有许多奇派。如皇家所需各种消费品、各项大工程费用都向民户征收,名目有额办、杂办、派办、坐办等。役法也日趋复杂混乱,有力差、银差、杂泛三大类三十多项。这都为贪官污吏侵吞剥削提供了便利条件。另外在税粮征解过程中也有许多积弊;明初以来实行粮长制,

由地方大户任粮长,主收一年税粮,有的粮长避强凌弱,将富豪不肯交纳的加耗米转嫁到下户身上,有的用大斛收进,从中渔利。针对上述种种弊端,自嘉靖时起,一些较廉明的地方官员就开始采取某些改革措施。其中有宁国知县甘澧于1531年(嘉靖十年)创一条鞭法,就是把各项复杂的赋税,附征、徭役一律合并,按田亩(仍有计丁成分)征银。这样,不但简便易行,使贪官、猾胥、奸富减少了作弊机会;而且使田产少的农民、贫户减轻了负担。张居正于1576年(万历四年)开始推动一条鞭法的实行,并在自己家乡湖广一带试行。1581年正月下令在全国推行,一条鞭法遂成为全国性的法制。

一条鞭法使整个赋役制度发生了质的变化,对象由人转向了物(土地);由征收实物、调发劳力转为征收货币。这不但简便易行,而且使封建国家对农民的束缚有了很大的松动,刺激了商品经济的发展。因此对当时和后世的经济发展都有深刻的影响。

(5)"通其变,使民不倦"的货贿流通观念

《系辞下》有几句话是集中论述货贿流通的:"日中为市,致天下之民,聚天下之货,交易而退,各得其所,……神农氏没,黄帝、尧、舜氏作,通其变,使民不倦,神而化之,使民宜之。《易》穷则变,变则通,通则久。""剡木为舟,剡木为楫,舟楫之利以济不通,致远以利天下","服牛乘马,引重致远以利天下"。这几句话启示着历代治国者,要通晓和适应不断变化的形势,采取各种不同的措施来促进货贿流通,以满足人们生产、生活的各种需求,这样人民才能辛勤劳作而不懈怠,社会才能长治久安。这一重要思想,成为后世重视商业贸易经济政策的理论基础。现举几例。

1. 桑弘羊的官营工商业政策

为增加西汉政府财政收入,"绝兼并之路"(《盐铁论·通有》),大理财家桑弘羊实行了盐铁官营、酒类专卖的政策。国家直接经营重要的生活、生产用品和高利润商品,设盐官、铁官、酒榷负责管理。桑弘羊此举受到了保守势力的反对,在著名在盐铁会议上,保守势力的代表人物贤良方正和文学高第对这些政策发起了攻击:"今郡国有盐铁、酒榷、均输,与民争利。散敦厚之朴,成贪鄙之化。""愿罢盐铁、酒榷、均输,所以进本退末。"桑弘羊即以《易》之货贿流通思想为武器,据理力争:

"古之立国家者,开本末之途,通有无之用,市朝以一其求,致士民,聚万货,农商工师,各得所欲,交易而退。《易》曰:'通其变,使民不倦'。故工不出,则农用乏;商不出,则宝货绝。农用乏,则谷不殖;宝货绝,则财用匮。故盐铁、均输,所以通委财而调缓急。罢之,不便也。"

"有山海之货,而民不足于财者,商工不备也。……故圣人作为舟楫之用,以通川谷,服牛驾马,以达陵陆;致远穷深,所以交庶物而便百姓。是以先帝建铁官以赡农用,开均输以足民财;盐铁、均输,万民所戴仰而取给者,罢之,不便也。"(以上均见《盐铁论·本议》)

桑弘羊在盐铁会议上,有力地捍卫了由自己制定的、从武帝时代就实行的官营工商业政策,保证了汉代文景之后的经济繁荣。

2. 刘晏鼓励商业发展的政策

唐初,实行抑制商业的政策,曾规定商贾的户税要在本户等级的基础上加二等征收。刘晏主持财政之后,于代宗大历年间取消这一规定,使商户一律按本户等缴纳商户税。意在鼓励商业发展,繁荣经济,摆脱"牛必羸角,舆必说毂"的境地。

3. 元代卢世荣的商贸政策

卢世荣(公元?～1285年),元初大名人,出身于富商,曾任江西榷茶转运使。元世祖至元二十一年(公元1275年)以能"数钞法,增课额,上可裕国,下不损民"(《续资治通鉴·元纪》)被忽必烈任为中书右丞相。

卢世荣的商业政策比桑弘羊的更为全面。一方面,为打击富豪和权势,对铁、酒、盐等影响大、利润高的商品实行专卖:"尽禁权势所擅产铁之所,官立炉鼓铸,为器鬻之。""京师富豪酿酒酤卖,价高味薄,且课不时输",须"一切罢禁,官自酤卖。"对盐,因为"以往盐每引十五两,而富豪诡名罔利,停货待价至一引卖八十贯,京师亦百二十贯,贫者多不得食",就采取官营与商营并行,以官营控制市价的办法,并设立常平盐局。这样既保证了"庶民用给",又使"国计亦得"。另一方面,对其他商品则鼓励私商经营。以往国家还垄断竹货和渔业,卢世荣撤销各处竹监,"怀、孟竹货,从民卖买","江湖听民捕鱼,只纳鱼课"。他还主张在各都市设立市易司,管理和促进商业活动。他建议设立全国性的规划钱谷机构——规措所,并让"善贾者为之"。

卢世荣还制定了一套对外贸易政策:"于泉、杭二州立市舶转运司,给民钱,令商贩诸番,官取其息七,民取其三。"船为官有,本为官出,经营者实际上是政府财东代理人。这种政策和经营形式当时称为"官本船"。为防止富豪权势和外商垄断海上贸易,卢世荣严禁私人泛海贸易。(以上引文出自《元史》或《新元史》中《卢世荣传》)

4. 清初慕天颜的《请开海禁疏》——一套完整的开放外贸口岸的建议

慕天颜,字拱极,生卒年不详。顺治进士,康熙间为江苏巡抚、漕运总督。在任期间注重兴修水利,并请免荒田赋额二百余万,对江南的经济发展起了推动作用。他写给康熙皇帝的奏疏《请开海禁疏》是一套完整的开放外贸口岸的建议。

清初,为了防范汉族人民以沿海岛屿为根据地进行抗清斗争,清政府实行海禁,严禁出海贸易,甚至令沿海居民内迁。这样就堵塞了"外国货物"和"外国银钱"的来路,造成了"迁民失业"。这对社会经济和国计民生都是不利的。一些有识之士看到了这些弊病,建议朝廷改变政策,开放海禁,慕天颜就是突出代表。

慕天颜的《请开海禁疏》开篇,就根据《周易》的货贿流通观念,指出了开放海禁的重要意义:

"由今天下之势,即使岁岁顺成,在在丰稔,犹苦于谷贱伤农,点金无术。何况流亡叠见,灾歉频仍。于此思穷变通久之道,不必求之天降地出,唯一破目前之成例,曰:开海禁而已矣。……惟番舶之往来,以吾岁出之货,而易其岁入之财。岁有所出,则于我毫无所损,而殖产交易,愈足以鼓艺业之勤;岁有所入,则在我日见其赢,而货贿会通,立可祛贫寡之患。"

这里慕天颜指出,开放海禁发展对外贸易不但可以用我国的土产赚外国的钱,

而且可以刺激工农业生产的发展，使国家和人民富裕起来，见地颇为深刻。接着又用事实论证：

"犹记顺治六七年间，彼时禁令未设，见市井贸易，咸有外国货物；民间行使，多以外国银钱。因而各有流通，所在皆有。自一禁海之后，而此等银钱绝迹不见一文。即此而言，是塞财源之明验也。可知未禁之日，岁进若干之银；既禁之后，岁减若干之利。揆此二十年来，所坐弃之金钱，不可以亿万计，真重可惜也。"

慕天颜还规划了开放海禁的具体做法：

"惟是出海之途，各省有一定之口；税赋之人，各口有一定之规。诚划一其口岸之处，籍算其人船之数，严稽其违禁之货，察惩其犯令之奸，而督率巡防，并资文武，统之以兼辖，责之以专讯，弹压之以道官，总理之以郡佐，一切给票、稽查、抽分、报纳诸例，皆俟定议之日，可逐一妥酌举行也。"

这就充分体现了建议的可行性和稳妥性。

康熙二十二年（1683 年），清政府统一台湾。清圣祖玄烨亦认为开放海禁"既可充闽粤兵饷，以免腹地省份转输之劳"，又对"闽越边海生民有益"（《圣祖圣训》卷二十一），遂下令准内迁居民归复田里。次年彻底开海禁，设中国澳门、漳州、宁波、江南云台山四榷关征收进出口税。东南沿海地区出现经济繁荣景象。（以上引文除注明外均出自《慕天颜奏疏·请开海禁疏》）

5. 晚清魏源的漕运和盐政改革

魏源（公元 1794～1857 年），字良图，又字默深，湖南邵阳人，是晚清著名的"经世致用"学者和经济改革家。官至高邮知州。魏源"经术精湛，读书精博"（《清代七百名人传·魏源传》），受《易》文化影响亦深。九岁应童子试，知县出对曰："怀中含太极"，魏源即拿出随身携带的两个用以充饥的麦饼对曰："腹内孕乾坤"。一时传为佳话。既长，笃信革故鼎新、顺天应人的思想，致力于社会改革："天下无数百年不变之法"（《古微堂外集》卷七），"小革则小治，大革则大治"（《圣武记》卷七）。但由于他始终没能进入上层权力机构，他的改革成果和治世才能只能通过某些实权人物的政绩折射出来。我们这里只介绍他重视商业流通方面的思想和措施。

玉 炉

魏源是历史上第一个提出"货"在特定的情况下可先于"食"的人，他彻底冲破了"重本轻末"的思想桎梏，为以后民族资产阶级登上历史舞台做了舆论准备。他说："语今日缓本急标之法，则货又先于食。"（《圣武记》卷十四）他的许多改革措施，都是以此为根据的。

其一，漕运改革。清代漕运历来为官府所垄断，大小官员在漕粮征收和运输中

贪污中饱,层层盘剥:"屯艘行数千里之运河,过浅过闸有费,督运催攒有费,淮安通坝验米有费",致使漕运耗资惊人。漕运的另一困难是河道年久失修、黄淮经常泛滥阴塞运道,使漕运中断。针对上述弊端,他提出了改革主张:一是打破官府垄断,将漕粮交商人运输:"官告竭,非商不功也";二是以海运代替河运。他分析海运的有利条件:开海禁已久,海道易如内地,"道不待访";沿海民船众多,"船不待造";江浙船商众多可用,"丁不别募";明年河运开支可移为雇船经费"费不别筹"。总之海运优于河运,能万举万全。魏源的主张被两江巡抚陶澍采纳。陶澍等官员两次去上海召集海商大户商议具体章程。1826 年(道光五年),陶澍在江苏试办海运漕粮一举成功,解决了漕粮积压的问题。由于缩短了运期,漕粮霉变极少,由于海运不由闸河,不馈仓胥,省去了过滩费、剥浅费、屯官费,运费比河运节省一半多,因此,魏源称此举是"国便、民便、商便、河便、漕便,于古未有。"(以上均出自《魏源集》)

其二,盐政改革。两淮盐政原实行纳盐制,即由少数持官府执照的大场商和运商包销食盐,其他人运销须从包商手中转手。盐官和官许的包商往往狼狈为奸、哄抬盐价、垄断市场,致使官盐售价昂贵无税而轻本的低价私盐因而畅销,两淮官盐滞销,财政收入大为减少。魏源提出"欲敌私必先减价,减价必先轻本,轻本必先除弊",而弊端则是纳盐制。他向陶澍提出废除包商垄断,鼓励散商经营的票盐法,即任何人只要照章纳税,都可领取盐票,在指定地点自由运销食盐。"盐票法尽革中饱蠹弊之利,故归于纳课请运之商,故价减其半而利尚权其赢也。"(同上)陶澍采纳了他的建议,经过精心安排,付诸实施。1833 年(道光十二年),陶澍在淮北试行盐票法。这一年海州大灾,饥民靠运销食盐为生,官盐价廉物美,大行畅销。第二年,又在淮南推广盐票法,解决了官盐长期滞销问题。这两项改革不只是"通其变,使民不倦",而且也"使官不倦"了。

6. 历代王朝的"互市"制度

互市,指古代中原地区同边境少数民族或周边国家的贸易,也指具体的贸易场所,是一种扩大了的"日中为市"。《宋史·食货志下》云:"自汉初与南越通关市,而互市之制行焉。"自汉以后"互市"制度得以延续和发展,成为古代经济生活、经济政策的重要方面。

汉代已逐步形成了以汉族为中心的多民族国家,中原地区与边疆各少数民族的贸易往来已很频繁。汉初从高祖到文帝二十多年间,汉王朝对匈奴一面防御、一面通商。在边境关市上,朝廷用黄金和丝制品换取马、骡、骆驼、兽皮、毛织物。对私商货物,经官府允许发给凭证后,也可进行民间对外贸易。汉武帝对匈奴用兵后,南匈奴归附,汉王朝与南匈奴之间出现了一种赏赐与朝贡的特殊贸易形式。北匈奴也屡次请求和亲和通互市。张骞出使西域后汉与西域各国贸易往来日益密切。汉族的先进生产技术,如冶铁、穿井、建筑等在西域得到传播;西域的葡萄、胡瓜、胡葱,中亚的胡桃、胡荽、胡萝卜、大蒜、蚕豆、安石榴、番红花、苜蓿等植物在此时传入内地。另外汉王朝与北方的乌桓、鲜卑,东北的扶余、高句丽、挹娄等族和西南各族都有贸易往来。

三国两晋南北朝时期,虽然战乱纷扰,但互市的范围、规模、形式、商品品种都

在汉代基础上有所发展。当时贸易往来较多的国家有安息、大宛、康居、大秦、天竺、狮子国、朝鲜三国（高丽、百济、新罗）、日本等。河西走廊、酒泉、张掖、武威、敦煌、洛阳等地成为互市中心。南朝·宋元嘉二十七年（公元450年），百济王遣使直达建康，赠送方物，并请求带回易学著作《易林》《式占》。

隋唐时期，边境少数民族突厥、回纥、吐蕃、南诏、靺鞨、契丹等都建立了政权，经常与中原进行互市贸易。唐初从突厥买入大量牲畜，解决了耕牛不足的困难。隋唐加强了对互市的管理：隋对西域交易，除设"西域校尉"专门接待贡使外，还在通商地带设"互市监"及其"副监"；唐设"互市监"和"互市监丞"，隶属所在州府，负责维持市场秩序、核定价格、检查出入口商品、征收市税。另外，唐代陆路、海路对外贸易范围扩大，十分繁荣，唐帝国成为亚洲的商业中心，开元二年设市舶使，主管海外贸易。

宋代外贸最发达时多达五十余国，出口商品主要是丝制品、瓷器、铅锡、金银、缗钱，进口主要是香药、犀角、象牙、珊瑚、琥珀、玛瑙、玳瑁等国外土特产。铜钱大量出口是宋代外贸的一大特点，宋的铜钱曾被南洋一些国家用作货币，甚至成为这些国家间进行交易时的通货。宋代将市舶使发展为市舶司，主管互市和海外贸易。

元代西部陆路贸易再度繁荣，海上贸易也进一步扩大。泉州、广州都被外商称为世界大都会。仍以市舶司管理外贸。至元三十年（公元1293年）颁布《市舶司则例》二十二条具体政策和管理细则。

明代互市的特点是开始设置专业市场。如永乐时在东北设三处马市，官准的商人用粮食、食盐、布匹、绸缎、农具等换取女真、蒙古族的马匹。万历二十三年（1595年）在辽东义州设木市。明王朝对西部少数民族的互市仍以茶换马为主，称为茶市。郑和下西洋，促进了中国与南洋诸国的贸易，扩展了海上贸易路线。由于倭寇扰边，明王朝曾实行海禁。

清统一后，各族之间的商业交往日益频繁。汉蒙两族互市的中心是归化、张家口、多伦诺尔。蒙古族商人还纷纷到内地经营，北京有专供他们使用的馆舍和商店。西宁等地汉、回人民所需食盐，多靠蒙古人供应。维吾尔族与汉、蒙等族的互市多在乌鲁木齐、阿克苏、哈密等地。另外，与藏族、苗族、黎族、高山族之间的贸易也很频繁。清代与少数民族之间的互市有更强的民间性。由于西方殖民主义者的侵略扩张，清王朝基本上实行闭关自守政策，对外贸易受到了遏制。

总之，历代王朝的互市虽然大都带有官府垄断的性质，但也都有着向民间开放的趋势。这就在主要为满足统治者需要的同时，也满足了各族人民的生产生活需要，使互市按照"通其变，使民不倦"的规律存在与发展。货贿的大流通，必然要促进思想、文化的交流与融合，易学也会在这交流与融合中成为中华各民族的精神财富，并逐步走向世界。

以上我们从五个方面论述了《周易》宏观管理思想对中国古代经济政策的巨大影响和指导作用。需要补充说明两点：一、由于学力、资料所限，上述内容尚不能反映问题的全貌；二、五个方面的具体内容很难截然分开，势必互相渗透、互相补充，而唯变所适、革故鼎新则是它们的思想核心。在此还要感谢我们的先辈——历代史书作者，他们虽然不是在研《易》论《易》，却为我们提供了论证《周易》宏观管

理思想的大量资料,它抹去了《周易》的许多神秘色彩,揭示了其经国治世的实用价值。如此,在对《周易》价值的认识上,在哲学、史学、文学、医学、数学……价值之外,又增加了一个宏观经济管理学。现在,我国正在建立和完善社会主义市场经济体制,如何有效地实现国家宏观调控,使国民经济健康、持续、稳定地发展,从而实现全民富裕、国家强盛,社会和谐是全国上下共同关心的问题。对此,《周易》宏观经济管理思想的许多基本原理,仍可为我们提供启示。

国学经典文库

四、周易与伦理

《易》为性命之书

《说卦传》说："昔者圣人之作《易》也,幽赞于神明而生蓍,参天两地而倚数,观变于阴阳而立卦,发挥于刚柔而生爻,和顺于道德而理于义,穷理尽性以至于命。""昔者圣人之作《易》也,将以顺性命之理,是以立天之道曰阴与阳,立地之道曰柔与刚,立人之道曰仁与义。兼三才而两之,故《易》六画而成卦。分阴分阳,迭用柔刚,故《易》六位而成章。"在这两段言论中,"和顺于道德而理于义""穷理尽性以至于命""将以顺性命之理",是三个最具关键性的命题,对这几个命题的哲学意蕴能有一个全面的准确的理解,就可以举本统末、以简驭繁,把握住《周易》的伦理思想的总纲。

朱熹在和他的学生讨论时,曾反复强调,这几句本是就《易》上说,是作《易》者如此,后来不合将做学者事看。所谓"和顺",不是圣人和顺,而是《易》去"和顺道德而理于义"。如吉凶消长之道顺而无逆,是"和顺道德"也。"理于义",则又极其细而言,随事各得其宜之谓也。"和顺道德",如"极高明":"理于义",如"道中庸"。凡卦中所说,莫非和顺那道德,不悖了他。"理于义",是细分他,逐事上各有个义理。"和顺道德而理于义",是统说底;"穷理、尽性、至命",是分说底。"穷理",是理会得道理穷尽,"尽性",是做到尽处。"穷理",是"知"字上说;"尽性",是"仁"字上说,言能造其极也。至于"范围天地",是"至命",言与造化一般。"穷理"是穷得物,尽得人性,到得那

《周易》书影(宋程颐传·朱熹本义)

天命,所以说道"性命之源"。圣人作《易》,只是要发挥性命之理,模写那个物事。下文所说"阴阳""刚柔","仁义",便是性中有这个物事。"性命之理",便是阴阳、刚柔、仁义。圣人见得天下只是这两个物事,故作《易》只是模写出这底。"顺性命之理",只是要发挥性命之理。"兼三才而两之",兼,贯通也。通贯是理本如此。"两之"者,阴阳、刚柔、仁义也。(见《朱子语类》卷七十七)

仔细玩味以上两段言论,朱熹的解释是符合《说卦传》的原意的。这两段言论

都是就圣人作《易》的目的而言的。第一段从手段说到目的，指出圣人有见于天地人物阴阳变化之理，于是"生蓍""倚数""立卦""生爻"，创造了一套卦爻结构，目的是为了"和顺于道德而理于义，穷理尽性以至于命"。第二段是从目的说到手段，指出圣人为了发挥性命之理，于是设立一卦六爻来模写反映天地人三才之道。因此，其中的三个关键性的命题囊括天人，通贯物我，具有普遍的哲学意义，是《周易》的整个阴阳哲学的理论基础，如果仅仅把它们理解为一种道德修养的方法，看作是一种学问之事，那就不够全面准确了。

在先秦哲学中，《周易》的伦理思想之所以独树一帜，既不同于儒家的孔孟，也不同于道家的老庄，主要在于它是以阴阳哲学作为自己的理论基础。儒家的孔孟对人性做了大量的研究，并把人性的本质归结为天命，但却没有认识到天实际上是一个一阴一阳规律所支配的自然运行的过程，所以在孔孟的思想中，找不到丝毫阴阳学说的痕迹。道家的老庄虽然把宇宙自然看作是由阴阳交通变化所形成的和谐的统一体，但是"蔽于天而不知人"，投有和人性的本质联系起来，而认为"天地不仁"其本身并不蕴含任何与人的价值理想相关的伦理意义。比较起来，道家主张不以人灭天，不以故灭命，他们的伦理思想有着深沉的宇宙意识而缺少浓郁的人文情怀。儒家主张扩充善端，尽其在我，由尽心，知性到知天，他们的伦理思想则是与道家相反，有着浓郁的人文情怀而缺少深沉的宇宙意识。用朱熹的话来形容，道家的伦理思想"和顺道德"，如"极高明"，儒家的伦理思想"理于义"，如"道中庸"。儒道两家各有所偏，未能绍二者结合起来，融为一个整体。而《周易》的"和顺于道德而理于义"则是一个合天人、通物我的完整的命题，既有深沉的宇宙意识，又有浓郁的人文情怀，是自然主义与人文主义的有机的结合。

再从另一个角度来看，《周易》的伦理思想之所以不同于孔孟老庄，还在于它始终贯彻了一条天人合一的思路，一方面通过人道来看天道，认为宇宙自然的变化日新，化育万物，生生不已，是天地之大德，人类价值的源泉，蕴含着极为丰富的伦理意义；另一方面参照天道来看人道，强调人应效法天地，根据天地阴阳变化的规律来调整社会人际的关系，确定人们的合理的行为准则。因此，《周易》所说的天道包含了人道的内容，它所说的人道也包含了天道的内容，天与人在"性命之理"上获得了有机的统一，而这个"性命之理"也就是《周易》的伦理思想的理论基础。"性命之理"是统天地人而言的，包括天道的阴阳，地道的柔刚，人道的仁义，天地人三才都受这个"性命之理"的支配，不仅人有此"性命之理"，天地万物也莫不有此"性命之理"。这是客观外在的宇宙秩序的本然，虽然蕴含着伦理的意义，带有人文主义的色彩，但毕竟是通过人道来看天道，实质上是一个自然主义的范畴。所谓"穷理"，是对此"性命之理"的认知。朱熹认为，"穷理"是"知"字上说。既然是认知，则有主有客，"性命之理"作为一个被认知的客体独立于认知的主体之外，人必须抱着冷静的态度，摒除主观的成见，对"性命之理"进行客观的研究。就这一点来说，与道家的那种冷静的自然主义是相同的。但是，"性命之理"同时也是人性的本质，就外在于人而言称之为"理"，就内在于人而言则称之为"性"。因此，对"性命之理"的把握，不仅要"穷理"，而且要"尽性"。"穷理"是穷得物理，"尽性"是尽得人性。朱熹认为，"尽性"是"仁"字上说。《周易》强调发挥人性的本质做到

尽处,这就是儒家的人文主义而与道家的那种纯粹的自然主义不相同了。道家偏于"穷理",儒家偏于"尽性",《周易》把这二者结合起来,则天与人,物与我,主与客、内与外才真正打成一片,融为一个整体。命是天命,也就是宇宙秩序的本然对人的支配作用。朱熹认为,"至命"言与造化一般。如能穷得物理,尽得人性,则个体的行为与天地相似,与造化一般,到得那天命,上升到天人合一的境界。因此,"穷理尽性",即此便是"至命",理、性、命,只是一物,对这几种不同的说法,只有根据贯穿于《周易》整个思想体系之中的《易》道才能获得全面准确的理解。这个《易》道,就是"一阴一阳之谓道"。由于《易》道统贯天人,所以也被称为"性命之源",成为《周易》的伦理思想的理论基础。

"仁义"本是儒家的伦理规范。孔子讲仁多讲义少,孟子言仁必以义配,但是他们二人从未把仁义提到性命之理的高度,用阴阳哲学来论证。"立天之道曰阴与阳"的思想首先是由道家的老庄提出来的,但是他们二人从未把这个思想与人性的本质联系起来。《说卦传》综合总结了儒道西家思想的成果,沟通了天人关系,认为天道的阴阳就是人道的仁义,人道的仁义也就是天道的阴阳,合而言之,统属于性命之理,于是仁义这对伦理规范就上升到深沉的宇宙意识的层次,具有极为丰富的哲学含义了。

后世的易学家常常把仁义与阴阳相配,从性命之理的高度来阐发仁义的哲学含义,曾经有过许多不同的说法。比如扬雄说,于仁也柔,于义也刚;周敦颐却以仁为阳,义为阴;朱熹也认为,当以仁对阳。仁若不是阳刚,如何做得许多造化?义虽刚,却主子收敛,仁却主发舒。这也是阳中之阴,阴中之阳,互藏其根之意。(见《朱子语类》卷七十七、九十四)王夫之反对这些机械的配法,认为是"拘文牵义","辨析徒繁",根据他的"乾坤并建"的易学思想做了新的解释。王夫之指出,天下无有截然分析而必相对待之物,阴与阳是相合以成,两相倚而不离的,无有阴而无阳,无有阳而无阴。就天地而言,天之有柔以和煦百物,地之有阳以荣发化光,并无判然不相通之理。"拟之以人,则男阳而固有阴,女阴而固有阳,血气荣卫表里之互相为阴阳刚柔,莫不皆然。"仁义与阴阳刚柔的关系也是如此。"仁之严以闲邪者刚也,阴也;慈以惠物者柔也,阳也;义之有断而俭者阴也,刚也;随时而宜者阳也,柔也。"因此,阴阳,刚柔、仁义,虽有分而必有合,"不可强同而不相悖害,谓之太和"。所谓"太和",也就是"和顺"。"天地以和顺而为命,万物以和顺而为性。继之者善,和顺故善也。成之者性,和顺斯成矣。""和顺者,性命也,性命者,道德也。"(见《周易外传》卷七、《周易内传》卷五、卷六)

王夫之把性命之理归结为和顺,和顺就是阴顺阳,阳顺阴,阴阳两大对立势力协调共济,相因相成,维持一种必要的张力,构成天人整体的和谐。这种和顺既是大化流行、生生不已的内在的动因,宇宙自然秩序的本然,又是人性本质的关键所在,伦理思想的根本原理。王夫之的解释比朱熹等人更深入了一步,而且也更贴近《周易》的原意。照王夫之看来,性命之理不光是指天道的阴阳,地道的柔刚,人道的仁义,还必须进一步理解其要本归于和顺,才能全面准确地把握这个性命之理所蕴含的思想精髓与价值理想。所谓"天地以和顺而为命,万物以和顺而为性",是说天地万物阴阳的变化不相悖害而和谐统一,归于和顺,这是性命之源。所谓"继

之者善，和顺故善也"，专就天人接续之际而言。人禀赋此性命之源而有仁义之性，仁义就是阴阳，单有仁不叫做善，单有义也不叫作善，唯有使仁义达到如同天地万物那种和顺的境界，才叫作善。因此，和顺二字就是人的道德行为所追求的最高目标，也是判断人的道德行为善与不善的最为根本的价值标准。所谓"穷理"，是穷尽得此和顺之理。所谓"尽性"，是尽其在我，显发自身所禀赋的仁义之性，以和顺为目标，进行不懈的追求。所谓"至命"，是向性命之源的复归，如果穷理尽性做到极处，既成己又成物，不仅使个人身心和顺，而且使社会人际关系也和顺，这就是一个理想的人格，达于至善了。《乾卦·象传》说："乾道变化，各正性命，保合太和，乃利贞。"乾道即天道。由于天道阴阳的变化，使万物各得其性命之正，这就是太和，也就是和顺。这虽是宇宙自然秩序的本然，但就人的道德行行为而言，必须发挥主观能动性，做一番"保合"的功夫。"保"谓常存，"合"谓不偏。这番"保合"的功夫，是以太和、和顺的至善为目标的。王夫之的解释之所以高于朱熹等人而贴近《周易》的原意，就在于他特别拈出了这个道德追求的最高目标。

孟子像

儒家对仁义这对伦理规范曾经有过很多讨论。孟子说："仁之实，事亲是也，义之实，从兄是也。"(《孟子·离娄上》)《中庸》说："仁者人也，亲亲为大；义者宜也，尊贤为大。"《祀记·表记》说："厚于仁者薄于义，亲而不尊；厚于义者薄于仁，尊而不亲。"从这种讨论可以看出，儒家所关注的不仅是对仁义的内涵做出规定，而且力图弄清仁与义二者之间的关系。仁的核心是爱，着重于亲亲，义的核心是宜，着重于尊尊，二者虽是最高的美德，但是具体到某一个人身上，并不能恰到好处，有的人仁多义少，有的人义多仁少，只有把仁和义有机地结合起来，才能做到"亲而尊"，避免"亲而不尊"或"尊而不亲"的偏向。儒家的这些看法是有大量的经验事实为依据的，《说卦传》则站在阴阳哲学的高度对这些看法进行了一次理论上的升华，提出了"立人之道曰仁与义"的命题。照《周易》看来，为什么仁与义必须有机地结合而不能有偏，是因为只有如此才能符合囊括天人的性命之理，而性命之理的本质就在于阴与阳、柔与刚，仁与义的和谐统一。就仁义必须符合客观外在的性命之理而言，《周易》的伦理思想可以说是"他律"的，但是仁义为人性所固有，人发挥自己的本性，由尽性以至于命，就这一方面来看，《周易》的伦理思想又可以说是"自律"的。把"自律"与"他律"融为一体，既强调人应效法天地，按照宇宙自然的秩序来规范自己的行为，又强调人应发扬自强不息的精神，奋发精进，实现自己所禀赋的善性，而要本归于和顺，

以"保合太和"作为道德追求的最高目标,这就是《周易》的伦理思想的特色,也是《周易》的伦理思想的总纲。

周易与社会伦理规范

《周易》关于社会伦理规范的思想是围绕着礼的范畴而展开的。《履卦·象传》说:"上天下泽,履。君子以辨上下,定民志。"履卦☰上乾下兑,乾为天,兑为泽。《易传》认为,天在上,泽居下,履卦的这种卦象就象征着社会上尊卑贵贱的等级制度。君子看了这种卦象,应该辨别上下之分,确定正当的行为规范,使人民有所遵循。履的意思是践履,践履应该遵循礼的规范,所以履也就是礼。《序卦传》说:"物畜然后有礼,故受之以履。履者,礼也。"(据:高亨《周易大传今注》)

大壮卦的卦象☳是上震下乾,震为雷,乾为天。《易传》解释说:"雷在天上,大壮。君子以非礼弗履。"(《大壮卦·象传》)雷震动于天上,声威甚壮,是为大壮。同时这种卦象也象征着以卑乘尊,壮而违礼。《易传》认为,君子看了这种卦象,应该戒惧警惕,使自己的行为遵循礼的规范,"非礼弗履。"《易传》的这个思想显然是和孔子的"克己复礼"的思想相一致的。孔子说:"非礼勿视,非礼勿听,非礼勿言,非礼勿动。"(《论语·颜渊》)

但是,《易传》根据阴阳哲学对孔子的这个思想进行了理论上的升华,从天地万物的生成、人伦关系的发展论证了礼的起源和存在的基础。《序卦传》说:"有天地然后有万物,有万物然后有男女,有男女然后有夫妇,有夫妇然后有父子,有父子然后有君臣,有君臣然后有上下,有上下然后礼义有所错。"照《易传》看来,天地为万物之本,夫妇为人伦之始。就天地而言,天为阳,地为阴,天在上,地在下,虽有尊卑贵贱之分,但是必须互相感应,交通成和,才能化生万物。因而宇宙的自然秩序是由两个不同的方面共同构成的,一方面是阴阳之分,另一方面是阴阳之合,二者缺一不可。《系辞》所谓"天地絪缊,万物化醇;男女构精,万物化生",把这个意思说得更为显豁。"天地""男女",指的是阴阳之分。"絪缊""构精",指的是阴阳之合。正是由于这两个方面的结合,所以自然界呈现出一种秩序井然而又生生不已的运动过程。人类社会的秩序是效法天地的秩序建立起来的,同样也包含着这两个方面。夫为阳,妇为阴,这是阴阳之分。夫妇交合而产生子女,这是阴阳之合。夫妇之所以为人伦之始,是因为有夫妇然后有父子,有父子然后有君臣,有君臣然后有上下,人类社会的各种人际关系都是由夫妇关系派生演化而来的。为了调整稳定各种人际关系,于是建立设置了一套伦理规范,这就是礼的起源。这种礼虽是人为的创设,但却是效法天地,以宇宙的自然秩序作为自己存在的坚实的基础。它不仅强调阴阳之分,而且十分重视阴阳之合。如果人类社会的人际关系只有阴阳之分而无阴阳之合,就会像否卦的卦象所象征的那样,形成否结不通的状态,造成"上下不交而天下无邦"的后果,整个社会失去了联系的纽带,分崩离析,陷入解体了。相反,如果只有阴阳之合而无阴阳之分,就会上下不分,贵贱不明,秩序混乱,社会生活也难以正常地运转。

国学经典文库

　　既然夫妇为人伦之始，由夫妇所组成的家庭是社会结构的基本单位，那么处理家庭关系的伦理规范就必须首先体现阴阳之分与阴阳之合的原则，成为其他各种伦理规范的根本。家人卦集中讨论了家庭伦理。家人卦的卦象☲，内卦离为火，外卦巽为风，风自火出，象征风化之本，自家而出。六二为女，女居阴位，九五为男，男居阳位，象征女正位乎内，男正位乎外。《象传》解释说："家人，女正位乎内，男正位乎外；男女正，天地之大义也。家人有严君焉，父母之谓也。父父，子子，兄兄，弟弟，夫夫，妇妇，而家道正，正家而天下定矣。"

　　就男女开始结为夫妇而言，关键在于阴阳之合。既已结为夫妇而组成家庭，关键则在于阴阳之分。虽然如此，分与合是一种辩证的关系，相反相成，不可割裂。我们可以把咸卦和家人卦做一番比较。咸卦的卦象☱兑上艮下，兑为少女，艮为少男。《象传》解释说，"咸，感也。柔上而刚下，二气感应以相与，止而悦，男下女，是以亨，利贞，取女吉也。天地感而万物化生，圣人感人心而天下和平；观其所感，而天地万物之情可见矣。"咸卦集中讨论少男少女如何通过相互之间的感应而结为夫妇。《易传》认为，为了促使阴阳交感得以顺利进行，作为少男的一方必须打破男尊女卑的常规，与女方互换位置，柔上而刚下，男下女，才能取得女方的欢心。反过来看，如果男方片面地强调阴阳之分，不尊重女方，不抱着"以虚受人"的态度去主动地争取女方的喜悦，交感的过程就无法进行。实际上，这是宇宙的普遍规律，谁也不能违反的。比如否卦☰，天在上，地在下，虽然符合天尊地卑的常规，但是"天地不交而万物不通"，很不吉利。泰卦☷与否卦相反，天本在上而居于地之下，地本在下而居于天之上，结果是顺利完成了交感的过程，"天地交而万物通"，是个大吉大利的卦。

　　当男女既已结为夫妇而组成家庭，并且派生出父子、兄弟、夫妇种种复杂的人际关系，就应该按照阴阳之分的原则，建立一种正常的合理的秩序，做到"女正位乎内，男正位乎外"，各尽其伦，各尽其职，这也是符合"天地之大义"的。虽然如此，分中仍有合。在一家之内，父母是尊严的家长，如同国之严君一样。父为男，男性刚而动，宜于主持外事，故"男正位乎外"。母为女，女性柔而静，宜于主持内事，故"女正位乎内"。父母的职责尽管不同，却是相互配合，刚柔并济的。这是因为，家庭内部的各种人际关系是一个矛盾的统一体，一方面不能不辨明上下尊卑长幼之序，否则就无从树立家长的权威而使家庭成员失去统率，因而必须强调阴阳之分的原则，治家要严，以敬为主；另一方面，又不能不维护家庭内部感情上的团结，做到和睦融洽，交相爱乐，因而必须重视阴阳之合的原则，治家宜宽，以爱为本。宽与严、爱与敬是相互矛盾的。王弼注《家人卦》说："凡物以猛为本者，则患在寡恩；以爱为本者，则患在寡威。"《易传》为了把这两个方面统一起来，使之无过无不及。所以认为家人之严君既不单单是父也不单单是母，而是父母的共同的配合。母性的慈爱与宽容可以制约父性的威严而不致流入"寡恩"，反过来看，父性的威严又可以制约母性的宽柔而不致流入"寡威"。宽与严、爱与敬的结合，不仅是家庭伦理的规范，也是社会伦理、政治伦理的基础，所以《易传》认为："父父，子子，兄兄，弟弟，夫夫，妇妇，而家道正，正家而天下定矣。"

　　儒家一贯主张，家齐而后国治，国治而后天下平，家庭伦理是社会伦理与政治伦理的基础，《易传》的这个思想是和儒家完全相通的。但是，《易传》根据推天道以明人事的思路，对儒家的主张作了自然主义的论证，这就把儒家的人文价值理想提高到深沉的宇宙意识的层次，给人们提供了一个全面的辩证的观点。人们在履行伦理规范时，应该同时照顾到阴阳之分与阴阳之合两个不同的方面，才能符合"天地之大义"。因此，不能把伦理规范看成僵死的凝固的教条，必须服从的绝对的律令，而应该审时度势，根据各种具体的情况，从相互制约相互依存的角度来全面地理解。比如父慈、子孝、兄友、弟恭、夫义、妇随，这些都是儒家所提出的家庭伦理的规范。《易传》虽然赞同这些规范，但是并不孤立地讨论规范的本身，而是站在更高的层次对家庭关系的整体进行综合的动态的考察，根据它的总的发展趋势提出拨乱反正的调整方案。比如《家人卦·九三》："家人嗃嗃，悔厉吉。妇子嘻嘻，终吝。"《象》曰："家人嗃嗃，未失也。妇子嘻嘻，失家节也。"杨万里在《诚斋易传》中解释说："正家之道，严胜则厉，和胜则溺。嗃嗃而严，严胜也。嘻嘻而笑，和胜也。然严胜者，虽悔厉而终吉，故圣人劝之以未失。和胜者，虽悦怿而终吝，故圣人戒之以失节。九三刚而过中，严胜者也。正家之道，圣人取焉。"实际上，与其和胜，不如严胜，这只是一种不得已而降其次的权变的做法，最合理的正家之道应该是严而不厉，和而不溺，把严与和两个矛盾的方面有机地结合起来而不陷入一偏。朱熹和他的学生也讨论过这个问题。《朱子语类》卷七十二记载：或问："（伊川）《易传》云，正家之道在于'正伦理，笃恩义'。今欲正伦理，则有伤恩义；欲笃恩义，又有乖于伦理，如何？"曰："须是于正伦理处笃恩义，笃恩义而不失伦理，方可。"但是，由于家庭的各种人际关系在动态的发展过程中复杂多变，只能根据具体的情况追求一种相对的合理性，所以与其和胜不如严胜的做法仍然是可取的。

　　虽然如此，社会整体的和谐毕竟是伦理思想所追求的最高目标，为了把家庭伦理用于天下国家，使整个社会凝聚为一个和谐的统一体，关键在于推广扩展弥漫于家庭成员中的那种交相爱的骨肉感情。从这个角度来看，那就是与其严胜不如和胜了。《家人卦·九五》："王假有家，勿恤，吉。"《象》曰："王假有家，交相爱也。"杨万里在《诚斋易传》中解释说："正家在政，睦家在德。正人在法，感人在心。使我正人易，使我爱人难。使我爱人易，使人爱我难。使人爱我易，使人人交相爱难。非以德睦之，以心感之，安能使之交相爱乎？九五以乾德之刚明，居巽位之中正，为天下国家之至尊，而爱心感人，巽而入之，此所以感假其家人，以及天下，莫不人人交相爱，勿忧天下之不爱而自吉也。"

　　社会伦理是家庭伦理的推广和扩展。虽然二者在总的原则上是共通的，但是由于社会伦理所要处理的是个人与群体的关系，而不是家庭成员间的血缘关系，所以《易传》强调指出，当从家庭走向社会和同于人之时，必须以大公至正的宽广胸怀，克服偏私狭隘的心理，如果只是"同人于宗"，把自己局限在同姓宗族的狭小的范围之内，那就是鄙吝之道。《同人卦·初九》："同人于门，无咎。"《象传》赞扬说："出门同人，又谁咎也？"初九走出家门而和同于人，说明初九不偏私于家人，与社会成员广泛交往，胸怀宽广，大公至正，是不会有人来责难他的。六二则与初九相反。《象传》严厉谴责说："同人于宗，吝道也。""同人于宗"之所以为吝道，是因为这种只与宗族和同而不与社会和同的封闭的心态，偏私狭隘，破坏了社会的凝聚

力，只能引起争斗而不利于团结。《易传》关于社会伦理规范的思想始终是着眼于社会整体的和谐的，反复强调应该按照合乎乾行的中正之道来沟通天下人的思想。《同人卦·彖传》说："文明以健，中正而应，君子正也。唯君子为能通天下之志。"程颐在《伊川易传》中解释说："天下之志万殊，理则一也。君子明理，故能通天下之志。圣人视亿兆之心犹一心者，通于理而已。文明则能烛理，故能明大同之义；刚健则能克己，故能尽大同之道；然后能中正合乎乾行也。"

　　关于政治伦理，也同样应该履行这种合乎乾行的中正之道。中则不过，指的是阳的行为不能过于刚直，阴的行为不能过于柔顺，而必合乎中道。正则不邪，指的是阴阳各当其所，行为正直，不相伤害，合乎尊卑有序的原则。很显然，中的规范是适应阴阳交感的要求，正的规范是适应等级秩序的要求，二者都是从既有阴阳之分又有阴阳之合的家庭组织与社会结构中自然引申出来的，因而也是政治伦理的基础。如果阴阳双方的行为不中，便无从完成交感，组建社会，如果行为不正，就会贵贱不分，尊卑不明，失去应有的节制。因此，阴阳双方的行为是否中正，直接关系到政治的稳定，社会的和谐。

　　照《易传》看来，尽管家庭伦理、社会伦理、政治伦理所处理的关系不相同，具体的行为规范存在着差异，但是，同时照顾到阴阳之分与阴阳之合的中正之道却是普遍适用的。因为只有这种中正之道才合乎乾行。乾行即天行，也就是天道的自然规律。《易传》反复强调，人类社会的伦理规范都是取法于天道的。天道不仅以其一阴一阳的运行规律给人们启示了中正之道，而且以其生生不已、变化日新的总体特征给人们启示了元亨利贞四德。元者万物之始，给人们启示仁的美德。亨者万物之长，给人们启示礼的美德。利者万物之遂，给人们启示义的美德。贞者万物之成，给人们启示智的美德。仁、礼、义、智，这都是儒家的基本伦理规范，孟子只从人心之四端来论证，认为

跪坐玉人

"恻隐之心，仁之端也，羞恶之心，义之端也，辞让之心，礼之端也；是非之心，智之端也。人之有是四端也，犹其有四体也"（《孟子·公孙丑上》）。《易传》把这几种伦理规范提到天道的运行、万物的生成、四时的推移的高度来论证，这就给人们提供了一个推天道以明人事的新的思路，可以更加全面地来理解它们，更加自觉地根据自然的和谐来谋划社会的和谐了。《乾卦·文言传》说："元者，善之长也。亨者，

嘉之会也。利者,义之和也。贞者,事之干也。君子体仁足以长人,嘉会足以合礼,利物足以和义,贞固足以干事。君子行此四德者,故曰'乾:元,亨,利,贞'。"

元亨利贞虽为四德,而统之者则为一。这个一即贯穿于天地人三才之道的总规律,也就是《易》道。这个《易》道以乾健为统率,以坤顺为从属,既有阴阳之分,又有阴阳之和,协调并济,共同构成天人整体的和谐,因而元亨利贞四德是和中正之道完全相通的。王夫之在《周易内传》中对此做了很好的解释。他说:"仁、义、礼、信,推行于万事万物,无不大亨而利正,然皆德之散见者,《中庸》所谓'小德'也。所以行此四德,仁无不体,礼无不合,义无不和,信无不固,则存乎自强不息之乾,以扩私去利,研精致密,统于清刚太和之心理,《中庸》所谓'大德'也。四德尽万善,而所以行之者一也,乾。故曰'乾元亨利贞',唯乾而后大亨至正以无不利也。"王夫之不以智配贞而以信配,认为智行乎四德之中,依于四德而无专位,这种解释也有一定的道理。但是,无论是仁义礼信或是包括仁义礼智信在内的五常,在王夫之看来,都是一些具体的伦理规范,是"德之散见者",属于低级层次,只能称作"小德"。至于如何把这些具体的伦理规范"统于清刚太和之心理",使之在履行的过程中无所偏失而恰到好处,做到"仁无不体,礼无不合,义无不和,信无不固",那就需要着眼于整体和谐的"大德"来做原则性的指导,而所谓"大德"也就是自强不息、刚健中正的天道。王夫之认为,"四德尽万善,而所以行之者一也,乾也。"这个分析是符合《易传》的推天道以明人事的根本精神的。

周易与道德基本原则

清代易学家惠栋是一位严谨的易学家,他根据《易传》原文中的一系列确凿可信的例证,把《易》道的精神归纳概括为时中之义。而这个时中之义也就是《易传》用来调整道德行为、履行伦理规范的基本原则。

严格说来,所谓时中,并不是一种规范,而是一种方法。这个方法强调人应该随时随地根据客观环境的变化以及自己具体的处境来调整道德行为,履行伦理规范。《易传》对伦理规范的论述,诸如仁、义、礼、智、信等等,并不是孤立地就这些规范本身做出概念上的规定,而始终是立足于阴阳哲学的高度来探索它们之间的内在的联系。拿仁与义这两个规范来说,单有仁不叫做善,单有义也不叫作善,唯有使仁义达到天地万物那种和顺的境界,才叫作善。和顺是由阴阳之分与阴阳之合两个不同的方面所构成的,是阴与阳的最佳的配合,无过无不及,恰到好处,完全符合宇宙本然的秩序,也就是所谓中。但是,由于宇宙的本然的秩序不是一个静态的结构,而是一个动态的过程,无论天地万物还是社会人生,都是生生不已,变化日新,呈现出一种具体的时运,因而此时之中不同于彼时之中,中必须与时结合起来,顺时而动,动而得中,才能达到和顺的境界。中与时的结合,也就是常与变的辩证的统一,这是《易传》所确立的道德基本原则。

在《易传》的思想体系中,时是一个极为重要的范畴。历代的易学家都十分重视这个范畴,常常是通过对时的深入理解来把握《易》道的精神。比如王弼指出,

"夫卦者,时也,爻者,适时之变者也。夫时有否泰,故用有行藏;卦有小大,故辞有险易。一时之制,可反而用也;一时之吉,可反而凶也。故卦以反对,而爻亦皆变。是故用无常道,事无轨变,动静屈伸,唯变所适。"(《周易略例》)再比如,程颐指出:"看《易》,且要知时。凡六爻,人人有用。圣人自有圣人用,贤人自有贤人用,众人自有众人用,学者自有学者用,君有君用,臣有臣用,无所不通。"(《河南程氏遗书》卷十九)

　　时是指客观环境,用是指主体行为。主体的行为是否正当,并不完全决定主体行为的本身是否符合伦理的规范,而主要决定于是否适应客观环境的需要,采取适时之变的对策。因此,尽管客观环境有利,处于吉时,如果行为主体思想僵化,拘泥死板,不知时务,不达权变,逆时而动,也会导致凶的后果。反之,环境不利而举措得宜,能够化凶为吉,"一时之制,可反而用也"。《易传》反复强调,不能脱离客观环境的变化来看人们的行为,判断行为正当与否,时具有决定性的意义。《艮卦·象传》说:"时止则止,时行则行。动静不失其时,其道光明。"

　　《周易》六十四卦,每一卦代表一种时,这种时是总揽全局的,每一个行为主体都受这种一时之大义的支配。但是,一卦六爻,爻居其位,犹若人遇其时,这种爻居其位之时是更为具体的处境。所以人的行为既要适应总的形势,也要考虑到具体的处境。拿乾卦来说,总的形势是大吉大利,象征纯刚至健的君德向上的发展,但是,卦中六爻,各有不同的具体的处境,其行为模式和准则也就有很大的不同。初九潜龙勿用,有龙德而穷居于下位,在此处境中,不可轻举妄动,不必追求功名成就,而应致力于磨炼自己的意志,坚定自己的信念,隐遁晦养,等待时机。九二见龙在田,虽未居君位而时运通达,在此处境中,应谨言慎行,防止邪恶,存心真诚,为社会做出了贡献不必自夸,致力于用自己博大的道德力量去感化人。九三重刚而不中,上不在天,下不在田,处境危险,则应振作精神,时刻警惕,进德修业,忠信诚挚,做到居上位而不骄,在下位而不忧,这样即使面临危险也能免遭咎害。九四的处境和九三同样,上下无常,所以也应进德修业,临事而惧,因时制宜,以免遭咎害。九五飞龙在天,以君德而居君位,是建功立业的大好时机。在此处境下,应凭借自己的德与位化成天下,按照自然的和谐的规律来经营谋划社会群体的和谐。上九居一卦之上,贵而无位,高而无民,虽有贤明的属下,却得不到他们的辅佐,是一种动而有悔的处境。此时应像圣人那样,深知进退存亡之道,居安思危,行为不偏,避免因穷极所带来的灾难。

　　由此可见,《易传》关于时的思想,其着眼点在于联系到客观环境和具体处境的发展变化,来全面地评价人的道德行为是否正当,追求一种相对的合理性。按照这个思想,就不存在什么一成不变的固定的伦理规范,时行则行,时止则止,只有随时与否才能作为衡量的标准。这是一条变的原则,也就是灵活性的原则。虽然如此,《易传》并不否定伦理规范的重要性。因为变中自有不变,灵活性应受原则性的制约。如果完全取消伦理规范的价值取向,与时俯仰,随波逐流,以致同流合污,那就根本谈不上有什么道德行为了。所以《易传》除了强调时以外,还强调一个中。中是常的原则,也就是原则性的原则。《蒙卦·象传》说:"蒙,亨。以亨行,时中也。"蒙卦的卦象是山下有险,出而受阻,形势并不有利。但是就其总的发展趋势

来看，却是亨通畅达的。其所以如此，是因为主体能够把时与中这两个原则有机地结合起来，使自己的道德行为符合时中之义。

　　一般说来，儒家的伦理思想偏于强调中的原则，道家的伦理思想偏于强调时的原则。由于各有所偏，所以儒家往往把伦理规范的制约作用强调得过了头，带有一种绝对化的倾向；而道家也往往把与时俯仰的思想强调得过了头，带有一种相对化的倾向。其实，时与中两者对于一个完整的伦理思想来说，都是不可缺少的，儒家并非不讲时，道家也并非不讲中。比如庄子所说的"材与不材之间"，"得其环中，以应无穷"，讲的就是中。孟子称孔子为"圣之时者也"，《礼记·礼器篇》所说的"礼，时为大"，讲的就是时。这种情况说明，儒道两家尽管各有所偏，但在探索的过程中，都在朝着互补的方向转化，偏于时者不得不讲中，偏于中者也不得不讲时。《易传》站在阴阳哲学的高度，综合总结了儒道两家的探索成果，提出了时中的思想，这就使人们在履行伦理规范、调整道德行为时，能够有一个全面的观点，既要避免绝对化的倾向，也要避免相对化的倾向。

商代晚期　凤纹羊觥

　　《易传》的这种时中的思想把道德行为看作是一种人与环境和谐共存的关系，一种以时间、地点、条件为转移的动态的过程，因而对人的行为的评价，既有常例，也有变例。就常例而言，得位为吉，失位为凶，有应为吉，无应为凶，但是，也有得位而反凶、失位而反吉、有应而反凶、无应而反吉的情况。《易》中之辞，大抵阳吉而阴凶，间亦有阳凶而阴吉者。刚不必善，柔不必恶，刚柔皆有善恶。刚得中为刚善，过则为刚恶，柔得中为柔善，过则为柔恶。在《易传》中，中与正也并不是一个绝对的标准，比如屯卦六二，既中且正，但是由于六二下则逼于初之刚而乃为己之寇，上欲亲于君之应而有近之嫌，所以结果并不吉利。就中与正两个标准相比较而言，中

德一般是比正更重要，因为六爻当位者未必皆吉，而二五之中，则吉者独多。但是《易传》有时又强调正比中更重要。比如蹇卦☶艮下坎上，山上有水，蹇难之象，象征国家政治遇到危机，处于蹇难之时。王弼解释此卦说："爻皆当位，各履其正，居难履正，正邦之道也。正道未否，难由正济，故贞吉也。遇难失正，吉可得乎？"

总之，《易传》关于道德原则的思考，其根本目的在于使人的主体行为符合性命之理。这个性命之理既是天地万物的外在的秩序，又是人的内在的本性，一方面是调适畅达，和谐统一，常住不变，另一方面又是流转推移，生生不已，变化日新，就其变者言之谓之时，就其不变者言之谓之中，因而所谓性命之理本身就蕴含着时中之义。从这个角度来看，人们在调整道德行为、履行伦理规范时，究竟何时该用常例，何时该用变例，也就有了一个更高层次的指导原则了。这个原则就是自觉地承担道义的责任，在客观环境的动态的发展过程中，采取适当的对策以促进社会整体的和谐。如果常例能够达到和谐的目的，那么遵循常例的行为就是正当的。如果情况变化，则应因时制宜，变而求通，援引变例以求达到目的，这种变通的行为也是正当的。《易传》所确立的这条道德原则以社会整体和谐为目的，强调人的道义责任，把目的与道义、动机与效果，原则性与灵活性种种不同的方面综合为一个整体，对中国伦理思想产生了极为深远的影响。

周易中的人性论

易学中的人性论在先秦各家中独树一帜，既不同于儒家的孟荀，也不同于道家的老庄。《系辞传》说："一阴一阳之谓道，继之者善也，成之者性也。仁者见之谓之仁，智者见之谓之智，百姓日用而不知，故君子之道鲜矣。"这一段言论对易学的人性论作了经典式的表述，我们可以通过一系列的比较来把握它的特质。

首先与孟荀相比较。荀子主张性恶论，而《易传》则明确地主张性善论，二者在人性论上是对立的。《易传》的性善论虽然和孟子相一致，但是从哲学基础上来看，又是根本对立的。孟子把性善说成是人们的内心所固有的，《易传》却从天道阴阳变化的规律上打根据。

其次与老庄相比较。老庄把人性归结为自然本性，认为这种自然本性无善无恶，不仅不蕴含任何伦理的意义，而且与人为强加的善恶根本对立。《易传》虽然承认人性来源于天道阴阳的变化，是一种自然本性，与老庄相一致，但却认为人所承继于天道的自然本性具有伦理的意义，本质为善，这就与老庄有很大的不同。

人性论的主题是探讨人在宇宙中的地位以及人之所以为人的本质。一般而言，道家往往是站在宇宙的高度来俯瞰人，把宇宙的伟大和人的渺小进行对比。比如庄子曾说："眇乎小哉，所以属于人也，謷乎大哉，独成其天。"（《庄子·德充符》）既然宇宙比人伟大，所以道家认为人之所以为人的本质不在于仁义礼乐的人为的造作，而在乎禀受宇宙的自然本性。儒家与道家相反，强调"人最为天下贵"的伟大，可以与天地并立而为三。人之所以伟大，是因为人具有与禽兽相区别的道德属性（孟子），或者具有能以礼义组合社会群体的能力（荀子），因而人的本质规定

不是自然本性,而是人文价值。实际上,人一方面作为宇宙的一个组成部分,另一方面又是万物之灵,既有自然本性,又有人文价值的规定。从这个角度来看,儒道两家的人性论可以说是各有所见,也各有所偏。道家有见于人的自然本性而否定了人文价值的规定,"蔽于天而不知人"。儒家过分强调了人文价值的规定而忽视了人的自然本性,蔽于人而不知天。《易传》取儒道之所长而去其所短,综合总结了两家的探索成果,从而沟通了天人关系,把自然主义和人文主义有机地结合起来,它的人性论思想的特色主要表现在这里。

所谓"一阴一阳之谓道",这个道是统天地人物而言的。"继之者善也,成之者性也",善、性则专就人而言。道大而善小,善大而性小,道生善,善生性,这是一个生成的系列,也是一种统属的关系。天地人物,莫不有阴阳,莫不受道的支配,人作为其中的一个组成部分,是隶属于宇宙之全体的。但是,人物有性,天地非有性,而人之性与物之性又不相同。其所以如此,是因为物之性乘大化之偶然,阴阳的搭配组合不是恰到好处,合适得当,而人之性则合一阴一阳之美,成为万物之灵。具体说来,人性中的一阴一阳之美就是"立人之道曰仁与义"。物之性不具有仁与义的属性而人之性却有此本质的规定,因而人性比物性高了一个层次,人成为万物之灵,最为天下贵。但是,人性是由物性发展而来,物性又是由天地之道发展而来,统天地人物都是一阴一阳之道,追本溯源,人所独有的仁义之性其实就是天地人物所共同具有的一阴一阳。按照《易传》的这个思想,人既有自然本性,又有社会属性,二者并不像儒道两家所理解的那样,形成一种相互排斥的关系,而是有机地结合在一起的。

天人之间的沟通,关键在一个继字。继是继承、继续,继之则善,不继则不善。就天道之阴阳而言,无所谓善与不善,物之性乘大化之偶然,也无所谓善与不善,唯有人能自觉地继承天道之阴阳,使之继续不断,所以才叫作善。如果人有所不继,这就产生恶了。老庄只看到人之性禀受于天道以及与物之性相同的一面,从而断言人之性无善无恶,孟子只看到继之者的一面,从而断言"人无有不善",荀子只看到人有所不继的一面,从而断言"人之性恶而善者伪也"。照《易传》看来,这些说法固然各有所见,不是毫无道理,但都带有一定的片面性,不能全面地把握人性的本质。

"继之者善也",是就本源的意义而言的,"成之者性也",则突出了主体性的原则。如果人不继承天道之阴阳,就没有本源意义的善。如果人不发挥主观能动性去实现此本源意义的善,就不可能凝成而为性。《系辞传》指出:"成性存存,道义之门。"所谓"存存",就是存其所存,存乎人者,因而存之,使本源意义的善不至于丧失而变为自己的本性,这就是进入道义的门户,完成德业的根本。由此可见,《易传》的人性论思想一方面强调人性来源于天道,其本质为善,同时又强调人应从事后天的道德修养,以自强不息的精神使自己的本性完满地实现。

就本源的意义而言,人无有不善,这是普遍的人性,对于任何人都是适用的。但是就实际的表现而言,则有不同的程度之差。把人性实现得完满无缺的最高典范是圣人。《乾卦·文言》指出:"夫大人者,与天地合其德,与日月合其明,与四时合其序,与鬼神合其吉凶,先天而天弗违,后天而奉天时。"这是一种天人合一的境

界,虽然表现为既仁且智,尽善尽美,开物成务,参赞化育,其实并不外在于人性,无非是人性的一种完满的实现而已。其次则各有所偏,"仁者见之谓之仁,知者见之谓之知"。至于普通百姓,则昧然不觉,习焉不察,日用而不知。等而下之,则有小人之为恶。虽然如此,牿亡之后犹有存焉,其本源之善并不因其为恶而荡然无存。

总之,《易传》的人性论由道、善、性三个基本概念构成一个完整的体系,只能根据这三者的相互联系才能把握它的特质。王夫之指出:"故专言性,则三品,性恶之说兴;溯言善,则天人合一之理得;概言道,则无善、无恶、无性之妄又嬉矣。"(《周易外传》卷五)照王夫之看来,如果把道、善、性三者割裂开来看,就会推导出一些片面性的看法。道为善、性之所自出,但不可把善、性完全归结为道。如果完全归结为道,就会推导出"人之性犹牛之性,牛之性犹犬之性"的结论,断言性无善无恶,再进一步就会推导出"天地与我同根,万物与我共命"的结论,从根本上否定性的存在了。道家的人性论思想的片面性就是由此而来的。脱离了道与善专言性也是不行的,因为性的实际的表现有不同的程度之差,荀子只看到恶的一面而主张性恶,董仲舒、韩愈等人看到有善、中、恶三个层次而主张性三品,这些看法割裂了性与天道的关系,忽视性的本源的意义。至于专言善而不追溯善之所自出,也是不行的,因为继之者善,不继则不善,道生善,善生性,只有着眼于这种天人之次序,才能把握天人合一之理,全面地理解《易传》的人性论的思想。

《易传》的这种人性论的思想既肯定了人的自然本性,又肯定了人之异于禽兽的社会属性,既像孟子那样主张人之性善,又像荀子那样主张"善不积不足以成名,恶不积不足以灭身"(《系辞》),加强后天的积累以为善去恶,虽然不同于老庄孟荀,实际上却是对他们的人性论思想的一种高层次的整合。

周易中的义利理欲之辨

利与欲是人的自然本性,义与理是人的社会属性。《易传》既然认为人性同时包含着自然本性和社会属性两个方面,彼此不存在矛盾,所以也把义和利、理和欲看作是统一的。

《乾卦·文言》:"利者,义之和也。""利物足以和义。"这是《易传》关于义利关系的经典式的表述,历代易学家对此做了很多解释,阐发了不同的理解。朱熹曾说:"'利物足以和义',此数句最难看。""伊川说'利物足以和义',觉见他说得糊涂。如何唤作和合于义?""苏氏(老苏)说'利者义之和',却说义惨杀而不和,不可徒义,须着些利则和。如此,则义是一物,利又是一物,义是苦物,恐人嫌,须着些利令甜,此不知义之言也。义中自有利,使人而皆义,则不遗其亲,不后其君,自无不利,非和而何?"(《朱子语类》卷六十八)朱熹不满意程颐的解释,批评了苏洵的理解,而对自己"义中自有利"的说法又不完全自信,认为"此数句最难看",说明《易传》的这两个命题,文约义半,要想全面地把握其中的意蕴,不是一件容易的事。

宋人俞琰试图把义与利统一起来,做了一个较为详尽的解释。他说:"利与义皆训宜。利自义中来,义安处便是利,非义之外别有利也。大凡利于己不利于物,则为悖于义而不和,岂所宜哉?盖唯利物而不以己害物,则足以和于义而不悖,斯得其宜。故曰'利物足以和义'。""利者,宜也。利而无有乖戾,故曰'义之和'。……君子不以利为利,而以义为利也"(《周易集说》卷二十六)。这种解释实际上是沿袭了程朱的思路,认为"义中自有利",表现了儒家重义轻利的倾向,并不符合《易传》的本义。就原文的本义而言,《易传》是用义利互训的方法,认为利就是义,义就是利,凡是行事得宜而合乎义的行为必然能给人们带来利益,凡是能给人们带来利益的行为必然合乎义的规范。因而《易传》的这个思想同时包含了道德义务论和功利主义两种倾向,一方面把利归结为义,另一方面又把义归结为利,不完全同于儒家,而与墨家有着很大程度的类似。儒家都是重义而轻利的。比如孔子认为:"君子喻于义,小人喻于利。"(《论语·里仁》)孟子认为;"王何必言利,亦有仁义而已矣。"(《孟子·梁惠王》)儒家把承担道德义务、履行伦理规范置于首位,反对计较功利。墨家恰恰相反,把功利的目的置于首位,认为判断人的行为是否正当,重要的标准是看这种行为是否于国家百姓有利。《墨子·经上》说:"义,利也。"这个定义是和《易传》的思想相吻合的。后世的儒家学者往往只知其一,不知其二,片面地强调道德义务论的倾向,忽视或者排斥功利主义的倾向,所以在解释《易传》的这两个命题时,总是失之于偏,不能全面地把握其中的意蕴。

从发生学的角度来看,《易传》的功利主义的思想倾向渊源于《易经》。《易经》本为卜筮之书,属于巫术文化范畴。卜筮巫术带有强烈的实用性、功利性。人们为了实践上的需要,迫切关心自己的行为所带来的后果,于是通过卜筮来进行预测,做出估计和决定,判断行为的标准在于是否达到预定的功利目的。因此,《易经》的卦爻辞,其用在告人以休咎,而且着眼于功利对休咎有着极为精确的计算。据高亨先生研究,《周易》一书,所用表示休咎之字凡七:曰利,曰吉,曰吝,曰厉,曰悔,曰咎,曰凶。利者,利益也;吉者,福

云雷纹钺

祥也;吝者,艰难也;厉者,危险也;悔者,困厄也;咎者,灾患也;凶者,祸殃也。吉与利均表示其有好前途,好结果,属于"休"之范围,两字之含义不殊。吝、厉、悔、咎、凶均表示其有坏前途,坏结果,属于"咎"(广义)之范围,五字之含义有差异。具体说来,咎(狭义)比悔为重,比凶为轻。悔乃较小之困厄,凶乃巨大之祸殃,咎则较轻之灾患。(见《周易古经今注·吉吝厉悔咎凶解》)《易传》作为一部解经之作,虽然把《易经》的巫术文化转化成以哲学理性为特征的人文文化,但是,巫术文化中的那种实用性和功利性的思想倾向,却是完全继承下来了。《易传》反复强调,《周

易》是一部指导人们趋吉避凶的行为参考书,而行为之是非得失则根据行学所带来的后果来判断,为了判断准确,应该对利害做出精确的计算,两利相权取其大,两害相权取其小。《系辞》说:"《易》有四象,所以示也。系辞焉,所以告也。定之以吉凶,所以断也。""爻也者,效天下之动者也,是故吉凶生而悔吝著也。""是故吉凶者,失得之象也。悔吝者,忧虞之象也。""吉凶者,言乎其失得也。悔吝者,言乎其小疵也。无咎者,善补过也。""圣人立象以尽意,设卦以尽情伪,系辞焉以尽其言,变而通之以尽利。""损以远害,益以兴利。"

但是,《易传》的实用性和功利性的思想倾向毕竟不同于卜筮巫术。在《易经》中,表示休咎的词语触目可见,却没有出现一个义字,说明卜筮巫术只关心行为的后果是否与己有利,不考虑行为对群体的影响,是否符合社会公正的原则。而《易传》则引进了伦理规范和道德义务的思想,从天下之公利和一己之私利的角度明确地区分了君子和小人。《系辞》说:"小人不耻不仁,不畏不义,不见利不劝,不威不惩。小惩而大诫,此小人之福也。""小人以小善为无益而弗为也,以小恶为无伤而弗去也,故恶积而不可掩,罪大而不可解。""禁民为非曰义。"小人"不见利不劝",是说小人如果不看见利益就不会劝勉行善。但是,小人对利益的追求往往违反了社会共同的行为准则,不耻不仁,不畏不义,以致走上罪恶的道路,对社会产生了破坏性的影响。因此,必须用义的规范来制约。这种制约只是"禁民为非",把他们对利益的追求引向对社会产生良好影响的正道,而不是根本否定他们对利益的追求。《易传》认为,这种"禁民为非"的做法把小人之私利和社会之公利结合起来,归根到底是"小人之福",也就是义。君子与小人不同,始终是以社会之公利作为自己的追求目标,即"吉凶与民同患",这种行为当然是合乎义的。由此看来,《易传》判断行为的标准除了功利的原则以外,又引进了义与不义的原则,即道德义务的原则。

《易传》认为,这种道德义务的原则是必须恪守的,应该加强道德修养,使之变为自觉的行动。《乾卦·文言》说:"知至至之,可与几也。知终终之,可与存义也。"《坤卦·文言》说:"君子敬以直内,义以方外。敬义立而德不孤。"但是,恪守道德义务本身就能达到功利的目的,义与利并不像儒家所理解的那样,相互排斥,彼此矛盾。因此,《易传》往往是同时用义与利两个原则来衡量人的行为。比如《解卦·初六象》说:"刚柔之际,义无咎也。"《鼎卦·九三象》说:"鼎耳革,失其义也。"《渐卦·初六象》说:"小子之厉,义无咎也。"《旅卦·九三象》说:"以旅与下,其义丧也。"《既济卦·初九象》说:"曳其轮,义无咎也。"这些说法的中心思想就是认为义中自有利,不义则不利。前文所引述的朱熹、俞琰对《易传》的解释即据此而来,并非毫无凭依。

这样说来,义就是利,利就是义,儒家只看到前者而没有看到后者,墨家用"贵义""重利"两个命题把义与利统一起来,是与《易传》的这个思想相一致的。但是,如果我们提到哲学的层次做进一步的考察,可以看出,《易传》与墨家也有很大的不同。《墨子·贵义》说:"万事莫贵于义。……凡言凡动,利于天鬼百姓者为之。凡言凡动,害于天鬼百姓者舍之。凡言凡动,合于三代圣王尧舜禹汤文武者为之。凡言凡动,合于三代暴王桀纣幽厉者舍之。"墨家的理论基础是所谓"三表法",判断行为的标准除了功利的原则以外，还有历史上的圣王之事以及虚幻的天鬼之志，这三个标准并没有在逻辑上构成一个完整的体系。而《易传》则把义与利统一在阴阳哲学的理论基础之上，比墨家要高了一个层次。

我们再仔细体会一下《易传》的两个命题，"利者，义之和也"；"利物足以和义"。其中两次都提到"和"字。和就是和顺，阴阳两大对立势力协调共济，相因相成，阴顺阳，阳顺阴，构成天人整体的和谐，义与利就统一于此整体的和谐之中。《易传》是在阐发元亨利贞四德时讨论义与利的关系的。元者万物之始，亨者万物之长，利者万物之遂，贞者万物之成。元亨利贞四德作为一个相互联系的整体，既表明大化流行、生生不已的自然的和谐，也给人类社会启示了四种伦理规范，即仁、礼、义、智（或信），而要本归于和顺。《乾卦·文言》说："乾始能以美利利天下。不言所利，大矣哉！"乾元之伟大在于以美利利天下，其所利之物无所不包，这就是所谓"利物足以和义"。因而利就是义，义就是利，不能利物则不足以和义，不能和义则根本谈不上利物，这是一个统贯天人的总的规律，揆之万事万物，莫不皆然。

关于理与欲的关系，《易传》也是根据这个指导思想来处理的。利是就行为的效果而言的，利必合于义。欲是就行为的动机而言的，欲必合于理。王弼在《周易注·解卦六二》中指出："义，'犹理也'。"义就是理。这个理即囊括天地人三才之道的"性命之理"，而"性命之理"的本质在于和顺。《易传》并不否定人有爱恶之欲，只是强调爱则相取，恶则相攻，相取则阴阳和顺而合于理，相攻则阴阳冲突而悖于理。《系辞》说："变动以利言，吉凶以情迁。是故爱恶相攻而吉凶生，远近相取而悔吝生，情伪相感而利害生。凡《易》之情，近而不相得，则凶，或害之，悔且吝。"社会的动乱冲突都是由彼此相恶引发出来的，只有彼此相爱，社会人际关系才能团结合作，协调稳定。《损卦·象传》说："山下有泽，损。君子以惩忿窒欲。"这种忿欲是一种彼此相恶之欲，必须惩止窒塞，防微杜渐。至于彼此相爱之欲是合乎性命之理的，应该发扬光大，以促进社会整体的和谐。因此，易学中的义利，理欲之辨，都是站在阴阳哲学的高度来考察，表现了鲜明的理论特色。

周易与道德修养

《周易》既强调人应效法天地，按照宇宙自然的秩序来规范自己的行为，又强调人应发扬自强不息的精神，奋发精进，实现自己所禀赋的善性，这种伦理思想既是"他律"的，又是"自律"的。易学关于道德修养的论述，总体上就贯穿了这种"他律"与"自律"相结合的精神。《系辞》说："夫《易》，圣人所以崇德而广业也。知崇礼卑，崇效天，卑法地，天地设位而《易》行乎其中矣。成性存存，道义之门。""崇效天，卑法地"是"他律"，"成性存存，道义之门"是"自律"。《易传》把"自律"与"他律"融为一体，这种独特的思路是以统贯天地人的三才之道为理论基础的。

先秦时期，孟子主张"自律"而反对"他律"，荀子则恰恰相反，主张"他律"而反对"自律"。其所以如此，是因为他们对人性问题的理解有着根本性的分歧。孟子

认为，人之性善，道德观念完全是天赋的，不学而能，不虑而知，与生俱来，为人心所固有，因此，道德修养不必向外追求，只要做一番扩充存养的内省功夫，就可以由尽心以知性，由知性以知天。荀子则从"明于天人之分"的思想出发，认为人之性恶，"凡礼义者，是生于圣人之伪，非故生于人之性也"。（《荀子·性恶》）因此，荀子把道德修养看作是一个"化性起伪"的过程，即通过后天的学习积累，用客观外在的礼义来改造人性。究竟道德是为人心所固有，还是客观外在的呢？由于道德和人们的具体行为联系在一起，本质上是主观和客观的统一，既不能单纯解释为个人的内心世界，也不能完全看作是由外界所规定的一套规范的总和。孟子和荀子割裂了这种关系，强调一方面而否定另一方面，因而关于道德修养的主张，各有所见，也各有所偏。孟子主张"自律"而反对"他律"，就其强调发挥主体的高度自觉而言是有道理的，但不能解释只在扩充存养上下功夫而不用客观准则来衡量，何以自然合乎礼义。荀子主张"他律"而反对"自律"，就其强调只有用客观准则来衡量才能合乎礼义而言是有道理的，但不能解释礼义既然与人性相违反，何以人必须忍受这种外在的强制，用礼义来伤害扭曲自己的本性。

《易传》用一阴一阳之道统贯天地人。就天道之阴阳、地道之柔刚而言，是客观外在的自然律，就人道之仁义而言，这种自然律却是植根于内在的人性，成为人性的本质。因此，《易传》认为，"继之者善也，成之者性也"，人之善性不是一个静态的结构，而是"继之"与"成之"的动态的过程。"继"是承继接续的意思，"之"是指一阴一阳之道，即客观外在的自然律。继之则为善，不继则不善，所以人必须自觉地去承继接续这种客观外在的自然律，使之变为自己的主观内在的善。"成"是凝结实现的意思，"之"是既指客观外在的自然律，也指主观内在的善，成之则为性，不成则不能凝结实现人之所以为人的本质，所以人必须高度发挥主观能动性，加强道德修养，以进入"道义之门"。《易传》的这个思想，通天人，合内外，把发挥主体自觉的"自律"道德和遵循客观准则的"他律"道德融为一体，与孟荀相比较，可以说既综合了二家之所长，又避免了二家之所短。

由于重视"他律"，所以《易传》认为，道德修养应以天地自然为效法的对象，以客观外在的伦理规范为衡量的准绳，以后天的学习积累为修养的功夫。《系辞》所谓"知崇礼卑，崇效天，卑法地"，是说智与礼两种道德都是效法天地而来的。智慧贵在崇高，礼节贵在谦卑，崇高是仿效天，谦卑是取法地。《乾卦·象传》："天行健，君子以自强不息。"《坤卦·象传》："地势坤，君子以厚德载物。"这是说，君子的自强不息的进取精神是仿效天，厚德载物的宽容精神是取法地。《大壮·象传》："雷在天上，大壮。君子以非礼弗履。"《益卦·象传》："风雷，益。君子以见善则迁，有过则改。"这是说，应以客观外在的规范来衡量自己的行为。《大畜·象传》："天在山中，大畜。君子以多识前言往行，以畜其德。"《升卦·象传》："地中升木，升。君子以顺德，积小以高大。"这是说，道德的提高依赖于后天的学习积累。《易传》的这些思想与荀子的主张是极为类似的。

但是，《易传》除了重视"他律"以外，还重视"自律"，而与孟子的主张相类似。《晋卦·象传》："明出地上，晋。君子以自昭明德。"俞琰解释说："明德，君子固有之德也。自昭者，自有此明德而自明之也。夫人之德本明，其不明者，人欲蔽之耳。

人欲蔽之，不能不少昏昧，而其本然之明，固未尝息也。忽尔省察而知所以自明焉，则吾本然之明亦如日之出地，而其明昭著，初无增损也。自之一字，盖谓由吾自己为之耳，非由乎人也。"(《周易集说》卷十二)俞琰的解释虽然带有后世理学的色彩，大体上却也不违反《易传》的本旨。照《易传》看来，人如能承继一阴一阳之道，并且凝成而为自己的善性，就有了固有之明德。明德常有所蔽，这就需要通过一番反身修己的内省功夫，使明德昭明彰著地呈现出来。《震卦·象传》："洊雷，震。君子以恐惧修省。"《蹇卦·象传》："山上有水，蹇。君子以反身修德。"《损卦·象传》："山下有泽，损。君子以惩忿窒欲。"《易传》所谓的恐惧是一种自我警惕，是对人性可能会丧失、人格不能完满实现的忧患。由于经常存有此种恐惧之感，所以激发出道德修养的高度自觉。至于修养的方法，一方面是"反身修德"，即修养品德以增其善，另一方面是"惩忿窒欲"，即克制忿欲以损不善。《大有卦·象传》："火在天上，大有。君子以遏恶扬善。"这个"遏恶扬善"的过程，就其强调"自律"而言，其实是和孟子所说的扩充善端、求其放心的过程十分接近的。

　　这种"自律"与"他律"相结合的最完整的表述，就是《说卦传》所说的"穷理尽性以至于命"。所谓"穷理"是就"他律"而言的。理是客观外在的，为万化之根源，万事万物莫不有理，故必极深研几，向外以穷之。但此外在的理同时也是人之自性，此理之在我者，亦即在天地万物，其在天地万物者，亦即在我者，天与人本来就是合而为一的。故向外穷理与向内尽性是同一件事，不存在任何的矛盾。所谓尽，是说以自强不息的精神显发自性固有之无穷德用，自昭明德，使之毫无亏欠。这也就是"自律"。《乾卦·文言》："君子学以聚之，问以辨之，宽以居之，仁以行之。"《坤卦·文言》："直其正也，方其义也。君子敬以直内，义以方外，敬义立而德不孤。"这些说法都是强调必须同时在穷理与尽性两方面下功夫，才能合内外之道。穷理尽性若能做到极处，则至于命。命者，吾人与天地万物共有之本体，是道德修养所追求的最高目标。就本源的意义而言，人莫不有命，莫不有此本体，但却处于不自觉的蒙昧状态，"日用而不知"，所以必须通过一番向外穷理、向内尽性的修养功夫，才能回到自己的精神的本源。向外穷理以求自己的智慧聪明睿智，有如天之高明，向内尽性以求自己的人格气象恢宏，有如地之博厚，这就达到了天人合一的最高境界，是人性的完满的实现。

五、周易与哲学

　　周易与中国古代哲学的关系非常密切。《周易》虽属儒家经典，并且居群经之首，但它对古代哲学的影响，并不只限于儒学。其他系统和流派的哲学家，如魏晋时期的玄学家，还有道教思想家，大多通过对《周易》经传及易学的研究和考察，吸取了其中有利于自身思想阐发的因素。至于易学与儒家哲学的关系就更加密切了。《四书》是儒家重要典籍，但它们为后儒提供的术语，范畴和观念，偏重于政治和道德，从《易传》开始，才为儒家哲学提供一个包容自然观，宇宙观，虽然还比较粗糙，但却较为全面的哲学体系。这一体系经过改造和发展，至宋明时期达到其理论高峰。宋明道学是中国古代哲学烂熟期的哲学形态，这一时期的哲学家，从周敦颐到朱熹，再到王夫之，都通过对《周易》经传的解释，通过对前人易学成果的总结和分析，从中吸取思想资料和理论思维形式，建构自己的哲学体系。宋明哲学中的五大流派，即理学派、数学派、气学派，心学派和功利学派，都或多或少地与易学理论结合在一起。他们对一些重要哲学问题的回答，基本上可以溯源于易学哲学中的问题。易学哲学所提出的一些重要范畴，如太极、乾坤、阴阳，道器、理事、理气、形上和形下、象数、言意和神化等，都对古代哲学的发展产生了深刻的影响。

伯各卣

易兼天道与人道

　　反映在《周易》本经中的世界观有一特点，即认为天道和人事具有一致性或同一性，《易传》有很多地方讲易道无所不包，认为包含在《周易》中的原理具有普遍性。《系辞》中说："易与天地准，故能弥纶天地之道。"准的意思是等同，弥纶是遍包的意思。整句话的意思是说，易经中的道理与天地齐等，普遍包括天地之道。《说卦》则具体地说明了道的含义："立天之道曰阴与阳，立地之道曰柔与刚，立人之道曰仁与义。"并且以天地人为三才，认为六爻像三才，上两爻像天，下两爻像地，中间两爻像人，从卦爻象的起源和性质方面说明易道无所不包，具有遍包无遗的普遍性。后来的思想家们多据此认为易道是关于天人之道即关于世界根本原理的学

问。虽然他们对天道与人道赋予了各不相同的具体意义,但概括起来又具有共性。他们所讲的天道大多指自然现象变化的过程及其规律,而人道则指人立身处世,增德寡过,以便遇事化吉的道理,也包括人事及社会变化之规律。

西汉著名的今文经学家孟喜,吸收当时的天文学和阴阳五行说的成果和思想成分,发展出以卦气说为核心的易学理论。其特点是用《周易》的卦象解释和说明一年节气的变化,即以六十四卦配四时、十二月、二十四节气、七十二候。其具体内容颇为繁复,但其实质是以六十四卦说明一年节气的变化,即以《周易》说明天时(自然现象)的变化过程及其规律。同一时期的京房在其易学著作《易传》中,吸收当时的阴阳五行学说,进一步发展孟喜的卦气说。他的八宫卦说的实质在于说明六十四卦排列的顺序体现了宇宙间阴阳二气消长的过程,也就是说,易道包含了天人之道的根本原理。比如,他的纳甲说以八宫卦各配以十干,其各爻又分别配以十二支,以此说明天时推移的过程和规律与易道具有同一性,他的五行爻位说则以五行配八宫卦及卦中的各爻,通过五行说与易学的结合,以五行生克论判定人事吉凶,他的阴阳二气说则通过对《周易》的解释,大讲灾异或灾变,他认为《周易》八卦能根据天时和气候的变化,告人以吉凶,也就是说,卦爻象的变化,本于阴阳二气的变化,二气的变化规定了一年节气的区分,进而决定人事的吉凶。总之,他认为《周易》包括了二气运行和五行生克的准则,体现了天地万物的德性,不仅可以包罗、显现天下之理,也可以规定人类生活的准则。人伦规范如五常(仁义礼智信),就是效法八卦中的乾坤和五行之气,按阴阳变易的法则而制定的。所以能正君臣父子之义。他的这种易兼天道与人道的思想,可用他在《易传》中的一段话加以总结,即"分六十四卦,配三百八十四爻,成万一千五百二十策,定气候二十四,考五行于运命,人事天道日月星辰局于指掌"。也就是说,只要精通他的八宫卦说、纳甲说、五行说,卦气说,就可以对易道进而对天道人事了如指掌。

西汉末年流行的谶纬中的易学理论,同样通过对易道之普遍性的渲染,表达一种对宇宙统一性的追求,这种哲学思考却最终走上了神学目的论。《易纬》中解易的代表著作《乾凿度》曾提出九宫说,解释阴阳二气运行与八卦的关系(具体内容见第三编《易纬》)。其核心命题是"太一取其数以行九宫",旨在以阴阳之数,九宫之数以及大衍之数说明八卦所主的节气的变化(天道之运行)具有数的规定性,并且以太一即北极神作为四时变化的主宰者,后者是对卦气说的神秘化。这种以象数学为特征的易学理论,认为节气变化的数的规定性主于八卦,后者包含了一种规定气候变化的先验图式,其实质无非在于说明易道广大具备,范围天地之化。《乾凿度》还以五常配八卦,认为一年气候的变化又体现了人伦之道。此说以震离兑坎四正卦配仁义礼信,中央不配卦,但具有维系四维之卦的功能,故配智。又以五行配五常,五行主四时,四时分属于卦气,这样,卦气便具有五常之德。五常不仅理人伦,而且明天道,是关于"天人之际"的根本原理。

东汉时期的著名经师郑玄提出五行生成说,认为大衍之数是五行之气生化万物的法则。比如,他以天地之数配五行,并配四方,表示一年气候的变化,又将七八九六之数同五行相生的顺序联系起来,认为生命的变化与一年四季的变化是一致的,从而以五行之数的变化解释生死鬼神。这种象数易学理论的哲学底蕴是认为

天地之数与大衍之数具有一致性，而且大衍之数来源于天地之数，即易道源于天人之道，同样是"易兼天道与人道"的一种说法。

汉代易学的特点是烦琐，此种学风受到魏晋时期以老庄解易的玄学派之清算。王弼是正始玄学的重要代表。在比较郑玄与王弼易学之特征时，唐李鼎祚于《周易集解序》中说："郑多参天象，王乃全释人事。"确实，王弼易学的基本倾向是着重以人事问题，比附卦爻的变化，进而对卦爻辞做出解释。他的爻变说旨在说明爻象的变化，没有一成不变的形式，以补充他提出的以追求卦爻之统一性为目的的一爻为主说。前者以"情伪之动"说明爻变之莫测，其中的重要特点是将爻变人格化了，从而说明卦爻的变化是人事变化的一面镜子。王弼易学的这种将《周易》视作政治人生教科书的基本倾向似乎表明他认为易道只涉人道，这也是上引李鼎祚的结论。其实李说并不全面。王弼易学也讲天时的变化。比如，在注解复卦辞时，王弼说："阳气始剥尽，至来复时，凡七日。"实际上是引郑玄卦气说加以解释。又如，王弼解易主张取义，在释乾坤二元时，不以乾坤二元为有形之物，而是以之为至健至顺之德性，解释其能始万物、生万物的原因。其结论是：天地为有形之物，乾坤二元为无形之德，天所以运行不息，地所以厚德载物，是依靠其无形之德，这是以乾坤二元的无形之德为天地万物存在和变化的基本规律。他的易学理论主张不要被卦爻中讲的具体物象所迷惑，而应寻求其背后可以概括一切具体物象的抽象原则，同样是追求具有普遍性的易道。

晋韩康伯进一步阐发王弼的玄学易学理论。他坚持取义说，批判汉以来的象数学派。《易纬·乾凿度》及晋干宝提出的卦序说，都认为从乾卦到离卦是《周易》上经，旨在论天道，从咸卦至未济卦为下经，旨在讲人事。在他们那里，由于解易主取象说，所以以乾坤为天地，以咸恒为男女，以天地为万物之本，人类之源。韩康伯认为这种解释是"守文而不求其义"，不知卦义为刚柔相感，从而将天道和人道割裂开来。他认为六十四卦的卦爻象可以用来表达天下之理及事物变易之理，反对人为地割裂易道中的天道与人道。

唐孔颖达所著《周易正义》综合汉易与魏晋玄学派的易学理论。在论《周易》体例时，既主取义，也不废取象，并且认为卦爻所取之象是多方面的，有取天地阴阳之象者，有取万物之杂象者，还有取人事之义者。此论在发生学的意义上说明易道遍包无遗。另外，孔疏还继承汉易，以阴阳二气释乾坤二元，并认为乾坤二元（阴阳二气）构成天地万物和人类生活，后者还受阴阳二气变化法则的支配。总之，他认为"易理备包有无"，具有普遍性。

宋明道学的创始人周敦颐将道家和道教的无极观念引入儒家的解易系统，吸收其中的宇宙论，以解释天地万物的形成及其性质，同时又为儒家的成圣理论提供依据。通过综合儒道和对《周易》经传的创造性解释，周氏为儒家提供了一个关于天道与人道的完整体系。宋易中的数学派代表人物邵雍则主极数以定象说，以一分为二法解释八卦的形成，并且认为天地万物都是按八卦生成的次序演变出来的，人类也是天之阴阳与地之刚柔变化的产物，甚至历史年代、历史人物的区分、差别也是出于八卦的性质不同。总之，天道人事的来源、性质皆出于八卦。

理学的奠基人程颐以天理或理为其易学哲学的最高范畴。他认为《周易》的

根本宗旨是讲事物的变易之道,此变易虽无一定格式,因时而不同,但并非杂乱无章,而是有其原则和规范的,即"随时变易以从道"。掌握易道,则可使人顺从性命之理,通晓变化之因,穷尽事物之性情,从而指导人们的行动。他以天道释乾元,以刚健不息为天道的内容,又常以历史人物的事迹解释卦爻辞,说明不仅乾卦六爻讲人事,其他卦之各爻也是可以明人事得失之理的。在解释《系辞》"神无方而易无体"时,他提出"易周尽万物之理",认为《周易》之义理同天地之道是一致的,它普遍地包容万物之理,适合于一切事物之理而不流失,教人顺理安分而无忧,安土敦仁而能爱。它模仿比量天体之运化,通达屈伸往来之规律,并含蓄其所以然之理。总之,易道得天地之妙用,含道德之本源,所以其变易神妙莫测,无有固定的方所;其同天地之道合一,故无固定的形体。《周易》卦爻象和卦爻辞的意义在于教人"穷理尽性以至于命",不断提高人的境界,以最终成圣。

《程氏易传》既讲天道也讲人事,宋易气学派大师张载也持类似的看法,但他不以理而以气为其易学哲学的最高范畴,他提出"易本天遭"的思想,所谓天道在他那里指阴阳二气变易的过程和法则。天道自然无为,无心而化育万物,不受任何意志支配。他还提出易本天道而归于人事,进一步讨论天道与人道的关系,认为天道和人道具有共同遵循的法则,此即易本天道而归于人事,但天人有别,不可混同:"天能"(如化育万物)基于自然而然,人之所能者则出于思虑谋划,不以自然无为为人之性,而是应充分发挥主观能动性。所以,张载在《易说·系辞下》中说"天能谓性,人谋谓能","易本天道而归于人事",实际上是通过总结汉唐以来的天人之辨而提出的一种具有创造性的天人观,它既扬弃了汉代易学中的天人感应论,批评了邵雍和程颐易学中以圣人之心为天地之心的唯心论,也批评了王弼派易学和孔疏中的人道自然无为说,是中国唯物主义和无神论史上的重要成果,对后世哲学家如王夫之产生过重要影响。

南宋理学大师朱熹在易学研究中成就卓著。他提出易本卜筮之书,将《周易》经传分开,从而大胆地恢复了《易经》的本来面目。同时,他又认为《易经》作为卜筮之书又包含着天下事物之理,后人的任务是揭示其中所包含的"无所不该、无所不遍的义理"。他认为《易传》的功绩便在于将伏羲、文王易中所包含的阴阳消长之理阐发出来,使之成为人们所遵循的进退存亡的法则。他还认为,在揭示易道时,必须遵循一个原则,即将易只看作个"空底物事"。《周易》卦爻辞本来讲的都是具体的吉凶之事,但却可以借事显理,也就是借一件具体的事说未来之事,显示那一件事的义理,即能做到"未有是事,预先说是理"。也就是说,易只是个空架子,可以套入许多相应的事件,正如代数学公式一样。朱熹此说的目的仍在于论证《周易》中的义理或易道具有义理精微,广大悉备的普遍性,只要不拘于死法,便可发挥卜筮之书的无穷作用,穷尽天道与人道。依据上述解易原则或模式,朱熹重新解释了乾之四德元亨利贞,认为元亨利贞是天道生万物的四个阶段,这四个阶段既是万事万物生长变化之理,又是气化万物的过程,其中既显天道,又含人道,"以天道言之,为元亨利贞……以人道言之,为仁义礼智"。也就是说,若不拘泥于一卦或止于一爻一事,便可以从四德中引申出具有普遍性的哲理来。朱熹的论证具有较鲜明的逻辑化特色。

南宋杨简总结和宣传陆九渊心学派易学，认为易之道即人之心，提出天人本一说，认为只有认识到天人无二，才能研讨易道。此说实际上认为人心和天道不仅具有同一性，而且等同无差别。在解释乾卦《象》"天行健，君子以自强不息"时，杨简认为，君子自强不息，不是君子效法天道，而是天道自身的活动，天人不容分彼此。心学派之易学实质上是将人道人心，特别是个人精神中的道德意识视为宇宙的原理，以之取代理学派所说的客观天理或天道。也就是说，心学派与理学派都认为易道广大悉备，可以穷尽天人之道，但对天道与人道的关系持相反的观点。

南宋　影青釉白衣观音像

明末清初的哲学家王夫之以其丰富的成果使中国古代哲学走向终结，其哲学亦从易学出发。为了肃清象数学派的负面影响，他基于误解批判了朱熹"易本卜筮之书"这一正确结论，提出"占学一理"说，原因在于他认为"四圣同揆"，即从伏羲易至孔子易传，都是讲天人之理的，不是讲卜筮迷信的书，而是一部充满宇宙人生之哲理的典籍。他说，卦象中阴阳二爻升降旨在明天道之变易，同时又示人事中得失是非之理，所以"其理备矣"，卦爻辞也是关于天道和人事的学说，帝王以此治国，君子以此尽性。这实际上是对张载"易即天道而归于人事"的阐发。

"易兼天道与人道"这一说法广为哲学家们接受，表明古代哲学家希望通过对易道的阐发，追求一种具有普遍性的，对宇宙人生的哲学解释。虽然其具体含义各不相同，却又说明古代哲学家喜欢将其理论的确实可靠性或权威性诉诸《周易》这部重要经典。

周易与人生观

《周易》最初被用作卜筮之书，但春秋时期就有一种观点，认为人事之吉凶，虽可以根据《周易》加以推测，但最终还要取决于人自己的行为，特别是人的道德品行，此说被称作吉凶由人说，它强调人为的努力，在一定程度上彰显了人的价值。《易传》中很多地方则将《周易》看作一部关于人生经验和生活准则的经书，并且具体列举、阐述了一些准则。此后，在易学史上，很多治易者反映当时时代精神，在解易时阐发他们认为具有普遍正确性的人生观。虽然持论因人因时而异，但大多是从他们认为内在地包含于易道中的人道出发的，而且大多突出强调道德践履在人类生活中的重要性。

　　西汉经师孟喜的易学理论多讲天时节气之变化，其主要兴趣似乎是只论天道，但其宗旨则是以天文之变化，显示人事之吉凶。他的卦气说旨在说明节气变化规律，以示百姓春耕夏耘秋收冬藏之生活准则，以圣人之经典教化国人顺时令以行赏罚，反映了早期农业社会中人们对天人关系及生活的理解。京房易学大讲天人感应，以阴阳二气的变化解释灾变。《京房易传》曾以"君不思道"作为"妖火烧宫"的原因，其宗旨则在于劝化国君进而教化百姓不能忘记仁义之道，"思道"才能免除灾异。《易纬》通过宣讲《周易》中的"不易"义，论证易经是明君臣夫妇父子之义的经书，而且这些尊卑秩序和天道一样是不可改变的，要求人们遵守封建专制社会中的等级规范，如此方能逢凶化吉，或少遇凶灾。

　　东汉荀爽创乾升坤降说，一方面以阳尊阴卑为阴阳和谐之象，从而为至上君权做理论辩护。另一方面又将中位说与和谐观念结合起来，以《中庸》的"中和"观念解释中爻的德性，以中和为至上之德，以能否行中和之德为君王享治天下、百姓得吉利的道德条件。反映出一种以德行决定人的境遇的人生观。

　　魏晋玄学代表人物王弼多以人事比附、解释《周易》，他提出的适时说，既是对变动不居、难以推度的爻义的解释，又包含着对人生的哲理性总结。例如，他认为生活中的吉凶是因时而来的，人行事要注意掌握时机，不可错过、违反时机。适其时则吉，失其时则凶。无论是处理国家大事，还是家中小事，都不能违反时位。当他论证适时而变的重要性时，表明他相信历史的变化受理性规律的支配（"物无妄然，必由其理"），具有理性主义倾向，但当他将适时之变同贵贱之位结合在一起，认为时和位不能分开，所处的分位不同，所遇的时机也不同，并论证"当其列贵贱之时，其位不可犯也"时，其目的则在于论证人们应按自己在当时社会生活中不变的贵贱之位，如士庶之别而行动，以巩固当时的士族门阀政治制度。另外，由于王弼将老庄哲学引入其易学理论，他的人生观及政治学说便不免强调自然无为。他认为自然的东西，都有其自身的规定性，人力不能损益，只能任其自然，这叫"与时偕行"。他认为自然无为是人所应该具备的高贵品德。王弼此说告诫人们，在生活中，不可违反事物自身的规定性，强力而为，那样只会招致失败。晋韩康伯认为《周易》备天下之理，人们在生活中决不能轻视其至赜之理，更不能违背其理，而应按八卦六十四爻变化的法则行动。他还提倡一种直觉神秘主义，教人以精神与理会合，在神秘的体验中掌握易理，从而按易理行动。阮籍则在《通易论》中着重讨论了善恶和吉凶、天道和人道的关系。他认为六十四卦的卦义及其顺序与人类社会秩序是一致的。卦有阴阳之性，人类也有阴阳之性，有阴阳则有刚柔，人之刚柔为情。有刚柔之情，则有爱恶；有爱恶则有得失，有得失则生悔恨，吉凶也就分明了。由于利害出于性情相交，为了避凶就吉，须正性制情。八卦方正可以正人之性，蓍龟圆通可以断天下之疑，可以制人之情。所以人应穷研易理，知理且笃守。只要能遵守圣人在《周易》中确立的准则，尤其是尊卑之制，就可以逢凶化吉，转穷为通。相反，若冒犯尊卑刚柔之分位，别有所求，则会虽吉必凶。由于吉凶可以转化，人们对待得失应安然处之，如果患得患失，恣意妄为，必然适得其反。在天道变化无穷竟、善恶之分尚未分明的情况下，人们则应等待时机的成熟，不可贪求，而应明白，只有德行的修养，才可使人无忧。阮氏对人生吉凶祸福的解释，排除了求神问鬼的迷信

色彩,包含理性主义的成分。

唐孔颖达认为圣人作易的目的在于教化百姓,即"圣人作易,本以垂教"。他认为此教化的内容之一是要百姓必须重视器用,不能空谈易理,要善于通过研究卦爻象的变化,懂得君臣父子之义,各安其性。可见,孔氏虽对王弼的易学理论多有吸收,但显然反对王弼主虚静贵无为的人生观。在释乾元时,他认为圣人设立乾卦的目的,是教导人们在人事活动中,法天之用,依其自然之理,终日勤勉,不得怠懈。既强调行事依自然之理,又摈弃自然无为之说,孔氏之人生观是一种进取的理性主义。

当北宋河洛之学大行其道时,宋易中义理学派先驱李觏以争论的姿态提出了不同于象数学派的易学观。他重人事,反对脱离人事讲天道。一方面,他将其政治上的改革思想反映在易学理论中,大讲君臣之道,另一方面,又通过对卦爻辞的解释大讲修身之道。在解释蒙观两卦爻辞时,他认为人"性不能自贤","事不能自知",强调人应通过学习、观察和教化,增德广识,使自己成为有建树的君子。他还根据王弼的一些思想,强调人行事要守时中之德,认为适时而动,保适变之心是建功立业的关键。李氏之人生观,以强调事功为其特色。同一时期欧阳修的易学也具有人本主义倾向,在解豫卦《象》文时,他提出圣人以天下为心,不以己乐为乐,而以天下之乐为乐,这种圣人观实际上是范仲淹"先天下之忧而忧,后天下之乐而乐"人生观的另一种表达形式。

周敦颐以成圣为人生的最高目的,其人生观具有鲜明的儒家特色。在《太极图说》《易通》中,他论证了人成圣的可能性,并提出具体的方法。他认为人因禀受二五之气而成为万物之灵,禀受阴气而具形体,禀受阳气而产生精神和知觉,禀受五行之气而具五常之性。乾道又赋予人以诚的本性,人性因此而纯善,人因此而能成圣。成圣还需人为的努力,需要践履"仁义中正"这样的最高原则,并主之以静,主静即做到不起私欲,做到正直无私。这就需要"知几",即在念头初动时,保"诚无为"的境界,去私心恶念。他把"知几"视作实现诚的境界的修养方法,把诚的境界视作圣人的境界。

理学家程颐的人生观是以易学为核心建立起来的。他认为人生最高境界是顺于理或合于天理,而《周易》正可以教人懂得变易之理,明了吉凶之由来,正确处理人类生活。所谓天理即是天之法则,即是天道,天道的内容即是乾道,也就是刚健不息,合于天理也就是要进德修业,日夕不懈;而且要深研卦爻象和卦爻辞,以掌握事物的本质及其变化规律,穷理尽性以至于命,不断提高人的精神境界。也就是说,主敬穷理是达到合于天理之境界的功夫或修养方法。因此,在释泰卦九三爻辞时,他认为泰极否来是事物发展的必然规律或"天理之必然",所以,人居安泰之时,要居安思危,这样才能防止陷于不利之窘境。在释剥卦《象》文时,他以消息盈虚之理解释天行,也就是以消息盈虚为天理之必然,人顺之则吉,逆之则凶,要随时变易以从道,如此才能得天佑,享受顺天理之福。总之,主敬穷理,存人性中之天理(或善性),去妄动之私欲,是道义的门户,成圣的途径。

气学派大师张载视《周易》为悉备人事变易之道的教科书,认为事变之苗头都可见之于卦爻画中,行善事,按其变易之理行动,必吉祥。也就是,张载认为易理是

人生行事之准则。在讨论天人关系时,他提出人应充分发挥主体性,以自己的智慧认识天道,经营万物万事,成就天之所能,以救济天下之人,以求达到"民胞物与"的理想社会。在气化论哲学基础上,他还提出穷神知化作为人生最高境界。他认为大化流行,有其客观法则,人作为气化的产物,可以精研义理,掌握气化之法则,用于人事,正确处理人类生活,此为入神。但臻于至善者,则能穷尽气化之神,达到与神化合一的境界。在这种境界中,人不假思虑,便能像圣人一样顺应阴阳二气的变易法则,与天地之化同流。此为存神的"德盛者",能排除思虑的干扰,与天德融为一体,因而能"无我",视生命为气化之产物,不以身心为个人私有,也不被生死问题所累,存顺没宁。张载追求的也是天人合一境界,但他遵循的路线是:人应同客观的气化法则(天道)一致,这就要以精义入神,即向事物中穷义理为前提,达到存神即与天德融为一体的最高境界。这是一条唯物主义路线。

心学派易学自程颢始即强调个人之心与天地万物为一体,以此为人生最高境界或人生理想,此派不区分天理和人心,倡天人一本说,以此为其易学哲学之基本原则。陆九渊发展程颢思想,认为易理人心不容有二,爻之义即吾心之理,蓍卦之德即圣人之心,"宇宙便是吾心,吾心即是宇宙",并以《周易》为提高精神境界的经典。南宋功利学派则反对理学派和心学派空谈心性。薛季宣、叶适将《周易》视做圣人治世的最高准则,希冀通过研究易理,用于人事,达到经邦济世的功利目的。他们都强调尊德性不能脱离道问学,不能脱离日常行事。也就是说,他们认为人生之意义和价值并非只表现在道德践履中,也反映在人的事功之中。

明末清初的桐城方氏父子(方孔炤,方以智)根据其太极在有极中,本质在现象中的易学本体论,提出一种较有创造性的人生观。这种人生观不以追求与本体合一的精神境界为人生最高理想,不求至人的理想人格之完成,而是希望人面向包含、反映本体的现实世界,根据《周易》的法则,极深研几,认识现实世界中个体事物及其整体的本质,掌握物理即自然界和人类社会中事物变易的规律,从而支配自然,治理好人类社会生活,使人自觉地成为世界和自己命运的主宰者。方孔炤认为人道的特征是通晓和驾驭阴阳刚柔之理,穷理是人的本性,这就是"理性之所在",人因此而能辅佑天行,运用《周易》的法则治理天地万物,以利民生。方以智对此加以阐发,进一步发展中国哲学史上人定胜天的光辉思想,提出圣人宰天说,认为人可以在认识客观世界的规律("物理")的基础上,治理自然和社会。方氏的人生观,受惠于他们对当时东西方科学知识的吸收、总结以及他们对王学末流的批判,具有科学的理性主义特色。

王夫之在其易学著作中花了不少篇幅辩论得失吉凶问题,作为其人生观的根据之一。他提出"得失吉凶一道"说,认为《周易》不是引导人们趋吉避凶,避祸求福,使个个得到切身的一己之私利,而是教人懂得是非得失之理,以提高思想境界。在解释易学中随处可见的吉凶辞句时,他认为其基础是得失之理,即是非善恶的准则,合乎善者为吉,不善者为凶。吉凶之辞旨在令占者自我反省其行为的善恶,不存侥幸之心,不怨天尤人。所以,行不善之事的小人,不可能得吉利于占筮。因此,《周易》之占不是占问个人祸福(吉凶),而是教人通晓义理(得失之理),辨别义理,改过迁善,做一个道德完善的人。《周易》也不是教人以处世之术,而是教人践履不计功利和个人安危的道德准则。吉凶诚然不可避免，但君子则能以吉凶为行道守义的手段，即以吉凶遭遇来锻炼人的道德品质，以悔吝来提高人的精神境界，开物成务，利国利民。王夫之认为依据卦爻辞的义理、观象玩辞之所以能提高人的精神境界，在于得失吉凶之故存于卦爻象和卦爻辞之中，穷研其义理，辨析义利于微芒，当下即可得出吉凶是非的判断，即可以"推其辞之义以论理"，"析理于毫发之间"，也就是说，"推论"和"析理"可以帮助人研究《周易》，"引申爻辞而推广于修己治人之道"，从而既提高精神境界，又开物成务。王夫之的易学人生观仍具道学家的特点，但理性主义色彩更浓厚。

周易与宇宙论

中国古代哲学家常探讨世界的本源或构成，宇宙的元素、过程及其发展变化的规律，而《周易》经传又常常成为哲学家思考和阐发问题的出发点，于是便形成易学哲学中的宇宙论。

西汉孟喜、京房发展《易传》中的阴阳观念，以阴阳二气变化的法则解释《周易》的基本原理，即以二气的变易解释筮法中的变易，同时兼论世界的本原问题。京房认为阴阳二气积聚而运动，其结果天地剖判，以阴阳二气为天地之本原，二气散开形成天地。又以阴阳二气为生成万物的本原，即"阴阳相成，万物生也"。孟、京还吸收当时流行的五行生克说，建立起以阴阳五行为世界间架的易学哲学体系，使西汉以来的自然哲学更加系统化。他们对后世哲学家在探讨世界的本原及其运动变化的规律方面，产生过重要影响。《易纬·乾凿度》提出太易说，认为宇宙的形成有四阶段，即"有太易，有太初，有太始，有太素"。这四阶段实际上是两大阶段，先是太易即气未生的阶段，其次是太始、太初、太素三者混而未分的阶段，也就是所谓气、形、质具备但尚未分离的"浑沦"阶段，即太极阶段，从太易到太极，经历了一个演变过程。这是对《系辞》"易有太极"的一种解释，将易释为太易，将太极释为气混而未分，即天地尚未形成的阶段。认为先有太易而后生出太极。无形的太易既变出阳气之数，又变出阴气之数。阴阳二气之数即太极浑沦之物，逐渐分化产生天地万物。这种宇宙论以太易为宇宙之本原，认为太易先于太极而存在，太极指气混沌未分的状态，实即汉人所说的元气。太极元气分为阴阳二气，天地万物便因此而生生不息。这里的太极具有元初物质的意义，具有实体的含义，对后来唯物主义宇宙论产生过重要影响。但《易纬》中的这种宇宙论受到了道家系统思想的影响，以太易为无，以太极为有，这样就陷入了虚生气说。另外，这种宇宙论将阴阳奇偶之数与阴阳二气的变化结合起来，认为数的变化既可以说明节气的变化，也可以说明世界从无到有的变化过程，从而使后来哲学家思考和争论气与数的关系问题。东汉郑玄的五行说，认为五行之数就是《系辞》中的天地之数，天地之气，各有五个数，天数为奇，地数为偶，奇偶阴阳相合，天地之气化生万物。郑玄将大衍之数看成五行之气生化万物的法则，以"二五阴阳"之合说明万物的形成。

魏晋玄学中的易学虽以本体论为主要哲学兴趣，但并非完全不谈论宇宙构成或生成论。王弼易学之旨玄远抽象，归宗于本体论，但他曾将筮法中的"一"或太极看成世界的本原，认为有形的万物生于此太极或"无"，认为"无"是万物由以产生的宗主。他不讨论天地之始，但讨论万物之始，虽然他关心的主要不是宇宙论而是本体论。与此同时，汉易中的太极元气说在魏晋时期仍热流行，嵇康、晋成公绥均发挥易纬中的太极元气说，谈论宇宙之生成变化。南朝梁武帝萧衍也主太极元气说，在其著作《天象论》中，他认为《系辞》所说的"易有太极，是生两仪"，讲的是"元气已分，天地设位"，在天地之间有升降之气，"清浮升乎天，沉浊居乎下，阴阳以之而变化"，由此资始资生，生成万物。

西汉 彩绘陶化卫俑

唐孔颖达在《周易正义》中综合汉易与王弼易学。他提出易理备包有无，所谓有指有形象的事物，无则指"无形"或"太易"。在讨论有无关系时，他采取有生于无的玄学命题，论证阴阳之气是《周易》的根本原理，从而建立了以气为核心的世界观，认为气为无形，但为一切有形事物的本原。孔疏还以阴阳二气解释乾坤二元，并且将元亨利贞四德释为万物生长的四个阶段，以元为万物生长之始，以贞为万物成长之终。这种以阴阳二气为核心的世界观，认为天地万物和人类生活都为阴阳二气变化的法则所支配，并且由阴阳二气构成，万物的成毁皆由于阴阳二气的聚散。孔疏提出的太极元气说，抛弃《易纬》中的太易说和太一神说，使汉易中的太极元气具有更明显的原初物质含义，认为太极元气在时间上先于天地而存在，是宇宙的本原。

北宋中期刘牧的河洛之学综合汉唐以来的卦气说、九宫说和五行说，以五行生成论解释《周易》的基本原理，并提出一个世界图式，用以解释世界的形成及其结构。他以河图中的四象解释形而上学的道，认为形而上的东西不是虚无本体，而是尚未成为形器的象和数，这是对玄学的批判和打击。他的太极说以太极为一气，以两仪为元气之所分，并认为两仪具有数的规定性，他取七八九六即老阳老阴少阳少阴之数为四象，以水六、金九、火七、木八为四象之成数，配以四正卦为水坎、金兑、火离、木震，此四卦又分别生出乾坤艮巽四隅之卦。这个由太极到八卦的图式，表示天地万物是太极元气自身的分化和演变的产物，即认为元气混而为一，其后分而为阴阳或清浊二气，二气一升一降，形成天和地，二气相交生成五行，五行具备，万物便由此生成。此说表面仍为汉唐易学中的宇宙论体系，但由于刘牧以五行的生数和成数即天地之数自身的演变解释太极生两仪，以及生八卦的过程，便陷入了以数为世界本原的唯心主义。李觏尖锐地批评了刘氏之说，他认为奇偶之数不过是阴阳二气的象征，有气才有象和数，象和数依赖于气。李说成为北宋易学中以气解易的先驱。他以元气无形解释王弼的无，以无形之元气为万物的始基，认为万物依

国学经典文库

气而成形，其生长要适合于其生成的环境，从而形成命，万物之本性基于气和命。这是他以气、形、命和性对元亨利贞所做的唯物主义解释。

周敦颐吸收道教的思想成分，在《太极图说》中为宋代道学提供了一个完整的宇宙论体系。他以无极为世界的本原。无极时期是万物形成的第一个时期，这时无阴阳，也无动静，任何物质都不存在。第二阶段为太极时期，这时产生了作为原初物质的元气，然后分化为阴阳二气，形成天和地。第三阶段为五行时期，即阴阳二气生出五行之气，二五之精凝聚在一起，成为万物形成的物质材料，同时又禀有无极之性，构成万物的共同本性。第四阶段为万物形成阶段，即男性和女性的两类物体相交感，产生了万物。其中禀受二五之秀气者，成为人类。这是一幅关于宇宙人类形成的详尽的图式。数学派的代表邵雍则以一分为二法解释从太极到八卦的分化过程，同样以此法解释万物的形成、变化。其说认为万物在形成和发展过程中，始终存在着对立面，任何事物都由动静或阴阳、刚柔等对立面构成。邵氏的宇宙论着眼于宇宙形成的层次和类别，认为其过程是从一到二，从二到四，从四到八……其哲学意义是承认宇宙中个体事物的发展，是从一到多，从单纯到复杂，没有穷尽，形成一个互相联系的整体。此说是对创世说的打击。但邵氏将数放在第一位，以数为世界的本原，认为有数的变化才有象和器，是一种唯心主义。

张载综合、发展孔颖达、李觏等人的宇宙观，以气为宇宙万物的本原。但他说的气既不是有形可见之气，也不是汉唐易学中的元气，而是具有物质性但却无形的本原之气。此气无形而有象，所谓象指未成形或无形的事物，实际上是一种比形体更为广泛的关于事物存在的概念，此说的目的在于说明无形的东西不能归于虚无本体，从而通过气和象的统一性（有气方有象），说明世界的物质性。他认为物质性的气是永恒的，气是万物的本原，它充满于广大虚空，此气凝聚起来，正像水凝为冰，便形成万物；万物消失后，又回到太虚之气中去，如冰释为水一样。气有聚散而无生灭，万物之生灭乃气聚散的不同形式。这种宇宙论是对"虚生气"的拒斥和清算。张载还提出一物两体说，说明作为阴阳二气统一体的太极本原之气，具有内在于自身的运动变化从而化生万物的动力，从而唯物主义地解决了物质世界运动变化、生生不息的源泉问题。另外，张载的作为一物两体的太极说，认为太极不在阴阳之上，也不在阴阳之先，虽仍属宇宙论，但为后来易学哲学家建立以气为本的本体论，提供了思想资料。

南宋程门后学朱震改造、利用张载、程颐的易学哲学思想。他提出的太极说，以太极为混而未分之气，称其为"一"，这是本于汉易。他认为此混而未分的太极、气、"一"是天地人的本原，天地万物是太极未分之气自身展开的产物。受张载影响，朱震以太虚解释阴阳二气尚未分化，抛弃虚生气说，坚持了气为世界本原的路线。他虽是程门后学，但在理气问题上却以气而不是以道和理为世界的本原，他把道解释成阴阳二气相互推移的过程，而不以道为阴阳二气之所以然，即不以道为气存在的根据、原理，这是对张载思想的继承和发挥。他认为万事万物包括人类的性命皆统一于气，这便是理。

杨万里坚持有理而后有气，认为易之道即天理先于太极而存在，这是程颐理学在其思想中的再现。但他的太极说则不同于程颐的本体论，而属于周敦颐的宇宙生成论系统。他以"一气之初"为太极,此"一气之初"阴阳未分,无仪象可言。以后一气分为阴阳二气,二气各有其仪则(规定性),故为两仪。二气之仪则各自相重而有象,此即两仪生四象。以后,阴阳二气又生出五行,五行为有形之物,即二气之纯者分为天和地,二气之杂者散为木水火土金,此即四象生八卦。总之,他认为宇宙生成的次序是从无象到有象,从有象到有形。太极之气,即是无仪无象的状态,不是虚无实体。他肯定太极之气是天地万物之母,在宇宙论上表现出一种唯物主义观点。

朱熹易学哲学是一种以理为本的本体论。但他以气为理生物成物的材料,并对气化过程或世界运动变化的规律作了一些带有辩证法的论述。他以阴阳变易为周易的根本原理,认为"易只是一阴一阳",此阴阳既指阴阳之理,也指阴阳之气。就阴阳之气而论,阴阳之消长或一气自身的转化是事物盈虚盛衰的原因。也就是说,事物由于其自身具有阴阳对立面的矛盾同一性而产生变化。这种阴阳流行,既有渐化,也有顿变,而且,阴阳流转,既无终结,也无开始,阴阳二气处于永恒的流转过程中。朱熹的观点,一方面肯定了物质世界的变化是对立面转化的过程,另一方面又认为无论如何转化,阴阳二气作为世界构成的物质要素,不是被创造的,也不会消灭。这是包含在其理为气本的唯心论体系中的重要合理因素,因为他较辩证地勾画了物质世界或宇宙形成、变化的过程。

桐城方氏父子继承汉以来的象数之学传统,以阴阳五行说明世界的本原、万物的性质及其运动变化的规律。他们以"大一"即元气为造化之本原,认为阴阳卦象和奇偶之数源于此大一之气,并以五行配八卦,以气为核心将阴阳五行联结为整体,解释世界及其变化,成为气论哲学的阐发者。方以智认为"两间皆气",即气充满广大虚空和一切物体中,以此论证气的普遍性。在他看来,"一切皆气所为",他以气形光声为世界上最基本的四种物质现象,并以气为世界的物质性之基础。方氏之气具有多种含义,但以无形而能流行为其基本特征,有当时自然科学中的气体之内容,因此,他的气一元论具有一定的科学意义。在他看来,宇宙中的天体包括地球,都是由气凝聚而成形,地球居于大气之中,依赖此气而不坠,万物包括人类又都依地球而存在。此说接近于近代宇宙论。方氏还据其气论研究阴阳五行的起源及其性能,认为阴阳五行都是气化的产物,元气或大一之气转化为阴阳五行之气,进而生化万物。方氏还通过对五行之气的性能考察,说明物质形态可以相互转化,从而唯物主义地说明了物质世界的丰富多样性。

周易与形上学和本体论

在易学哲学史上,《周易》经传通常都被看作关于宇宙人生根本原理的典籍。思想家在阐述这些根本原理时,有的着眼于宇宙发生论或人生、社会道德规范,有的则在此基础上加以抽象,更关注宇宙人生之所以然或其根据。他们大多从《易传》中的道器、形上形下、太极阴阳等范畴出发,探讨本体与现象、形上世界与形下世界的关系,这样便形成易学哲学中的形上学或本体论。由于思想家们对太极、

道、本体的解释各不相同,便形成迥然不同甚至完全对立的易学本体论。

汉易的主要特征是以阴阳变易解释宇宙的根本原理,《易纬》虽确定了太极的实体意义,但仍是从宇宙发生论的角度阐发其本原意义的。易学中系统的本体论是晚出的事。正始时期的王弼以老庄解易,既排斥汉易中的太极元气说,也拒斥《易纬》的象数之学,将易学哲学导向与繁琐汉易相对立的玄学形上学。就占筮体例而言,王弼主张取义说,并提出一爻为主说,认为一卦的整体意义应由其中一爻的意义决定。因为他认为每一卦都有其中心思想,这一中心思想虽然简约,却统率全局,掌握中心观念,便可认识和把握六爻的复杂变化。反映在这套筮法语言中的哲学意义是较丰富的。王弼认为,宇宙中的事物,包括天象在内,其变化都是复杂多端的,但都受一根本原则之支配。其变动绝非妄动,而是有其规律性的;其存在,虽复杂多样,并非杂乱无章,而有其统一性。《周易》的体例(一爻为主),与宇宙中事物变化的规律性是一致的。王弼重易理,并从追求易理转向追求事物的最高的普遍原则,得出"物无妄然,必由其理"的哲学命题。由于他偏重于寻求事物所以存在的根据,便使汉易的宇宙发生论转向玄学中的本体论。这种本体论以贵无为特征。王弼上述一爻为主、一以统众说便是其玄学贵无论在易学哲学中的表现。在《老子指略》中,王弼认为世界的本原、根据是居于天地之外,隐藏在万物背后的"道一",此"一"即"无",它自身不动,却能主宰天下之动。这种形上学是在世界之外,寻找世界统一性的本体和根据。实际上是从思维中引出世界的统一性和规律性(理)。王弼的太极观充分体现了这一特征。他把筮法中的"一"或太极看作世界的本原即"无",以大衍之数五十中的"其一不用"解释"其用四十有九",把四十九根蓍草之数看成天地万物,即个别存在的东西("有")。认为世界的本原"无",不能以无加以说明,而必须凭借有形有象的具体事物显示其作用,从而得到说明。其结论是:要在个体事物的极限处、穷尽处,即在个体事物之上,指明个体事物的由来及其所以然之理或根据,此理即是一,"无",或太极。此太极被王弼玄化为虚无实体,实际上是没有任何质的规定性的抽象观念。

晋韩康伯继承王弼易学中的玄学唯心主义,从"天地万物皆以无为本"出发,展开道器之辩,在解释"一阴一阳之谓道"时,他将一阴一阳解释成无阴无阳,以此无为道。道作为虚无实体,虽无形象,却是阴阳形器即一切有形有象之物的根据。道为形而上者,阴阳为形而下者,道既非阴阳变化的过程,亦非阴阳变易之规律,而是阴阳赖以存在之根据。这种解释,既否认了汉易中以阴阳二气为世界的本原的朴素唯物主义,也拒斥了阴阳相反相成的两点论,是一种形而上学的唯心主义。

孔颖达的易学哲学虽主要属于太极元气论的宇宙论系统,但由于他解易时多采王弼义,因而常涉及形上学问题。例如,他以道器体用解释易理中的有无关系。在他那里,"有"指有形象的器,无则指无形象的道。"神"即变化的原因莫测属于道,事物的生成过程即"易"属于器,无形的阴阳之气属于道,爻象体质属于器。这里最有意味的是,孔疏认为阴阳之气尚未成形,无形可见,对爻象而言,可以称之为无,属形而上学的领域。他还以道为体,以器为用,认为体用是相互联系的,不能脱离器用,孤立地讲道。他还以自然无为解释王弼玄学中的道或无,扬弃道或无的虚无实体之含义,仅将其归结为阴阳二气自生自化和无所营为的德性,这是对郭象

"造物者无主而物各自造"的崇有论思想的继承。在释大衍义时,孔疏反对王弼的太极虚无说,以四十九根蓍草合而未分为太极,而不是以其一不用的"一"为太极。这种太极说之影响及于后来的理学大师朱熹,因为其中涉及的太极和两仪的关系,实际上是整体和部分的关系,在理论思维上导出本体论的结论,是势所必然。

宋　鎏金银摩羯

　　北宋程颐认为《周易》是讲变易及变易之道的典籍,并认为《周易》包括天下万理。天理是他的易学哲学中最高的范畴,围绕这一范畴,程氏建立了一个较系统的形上学体系。首先,他在解易时提出了"体用一源,显微无间"这一著名哲学命题。这一命题的提出本于他对言象意三者关系的讨论。程氏解易虽主取义说,但并不废弃取象说。他认为假象可以显示义理,提出"因象以明理",因而肯定言象意存在着合一关系,但就象数和义理的关系而言,义理为本,即"有理而后有象"。此说认为理是根本,象和数都是用来表现理的。他认为体现在《周易》中的圣人之意包括理和象两方面。理隐藏在背后,故曰"至微",象显现在外部,故曰"至著"。理是体,象是用,有其体便有其用,体用不容分离,理和象是融合在一起的,具有同一性。这就是所谓"体用一源,显微无间"。程颐从言象意合一出发,导出理象体用合一说。他还以理无形象为体,以象有形象为用。但体用不应分先后。上述命题实际上辨析了本体与现象的关系,认为现象是本体自身的显现,本体又同现象融合在一起。据理象合一说,程氏提出理事合一说,认为道外无物,物外无道。但因他将理置于第一位,认为事物不过是永恒的理的表现形式,理可以不因事象的存在而存在,最终便导向形而上学的唯心主义,即将理事相互依存的关系加以割裂,认为无形之理可以脱离有形之物象而存在,并认为有形有象的世界即物质世界是理世界的具体化或现实化,颠倒了这两个世界的真实关系。其次,程颐提出"所以阴阳者是道"这一命题,讨论阴阳变易的法则及阴阳之来源等问题。他认为天地间任何事物包括卦爻象都存在着阴阳对立面,因为"天地之间皆有对","理必有对"。阴阳刚柔等对立现象不过是客观存在的对待之理的体现。阴阳之理是阴阳之物所遵循的原则,程氏称之为道。他认为道是无形的,其表现则有形象可察,并因此以形而上与形而下解释道与阴阳之关系,认为阴阳之理或阴阳之道是阴阳二气或阴阳之物存在的根据,此即"所以阴阳者是道"。据其体用一源的本体论,他认为道不离阴阳,阴阳是其所以然之理或道的显现,并以道为其存在之根据。道与阴阳的关系也就是太极与两仪的关系。理作为阴阳二气之本,即是太极。程氏还吸收汉易中的阴阳消息说,在探讨阴阳之本后,讨论了阴阳变易的过程和法则,认为阴阳二气是一个相互依存、相互推移的过程,阴阳动静既无开始,也无终结,从而肯定了阴阳二气运动变化的永恒性。气世界的这种永恒运动,程氏称之为往来屈伸,并认为事物的变化是"屈伸往来之理"和"物理极而必反"在具体事物的现实化或表现。因此,他提出"有理则有气"的本

体论命题,把气世界看成理世界的现实化。程氏还据其本体论讨论了人的本质,认为人性是天理在人心的表现,从而为其性善论及道德理论提供了形上学的基础。可见,程氏的形上学理论较全面,形成了体系。

南宋朱熹的哲学体系以本体论为核心,并且是通过对《周易》经传的解释和阐发建立起来的。他承袭程颐之思想,认为易是阴阳之变易,太极是一阴一阳之所以然者,即太极是阴阳之理。就筮法而言,太极是象数变化的根源及其最高准则,是象数之理的全体,每一卦一爻中都具有一太极即象数之理的全体,太极之理自身逻辑地展开便是邵雍说的伏羲易。就本体论而言,太极与阴阳的关系,也就是理与气的关系。所谓理,是事物之所以然及其当然之则,所谓气,在朱熹看来则是构成个体事物的材料,即阴阳五行之气。理为生物之本,气为生物之具,二者相合,方能形成个体事物。理又是阴阻五行之气变易的规律。有阴阳五行之理,方有天地万物之性,而太极总天地万物之理。天地万物依此理而形成自己的本性,所以太极是天地万物的最高准则。他认为从太极到万物化生,是体用关系。即太极之理为体,阴阳五行之气和万物化生为用,有体则有用。阴阳之气和万物化生乃太极之理自身的显现,彼此之间没有时间先后。这是以阴阳五行之理即太极为本体,以二五之气和万物为现象,以逻辑的展开形式,解释本体自身显现为现象。从而将周敦颐、邵雍的宇宙论体系改造为以理为本的本体论体系。关于理气关系问题,具体而言,朱熹提出三个重要论点。其一是理先气后。此论似与上述理气无先后相矛盾,但朱氏此说是就逻辑关系提出理先气后的。他认为"自形而上下"言,理气有先后,形而上的道是形而下之器的本原。理是气之所以为气的根据,有阴阳之理,才有阴阳之气。如果"推上去",即寻求气存在的根据,应该说理在气先。形而上者是体,形而下者是用,体为用的根据,体用关系又是"精粗"关系,或本末关系。理气虽在时间上无先后,但由于二者之间的精粗本末关系,可以说理先气后。所以,也可以在本体论的意义上说理生气,即气显现理,以理为其散开、生物之根据。其二,朱熹还提出"理一分殊"。所谓"理一",指阴阳五行之理的全体,即太极。此说的主要意义是就本体论而言的,即认为个体事物所具之理乃太极一理自身的显现,天地万物各自禀有太极之理为"分殊"。此说讨论的是世界的统一性与差异性问题。"理一"是统一性,"分殊"是差异性。其三,关于太极动静问题,朱熹以太极为理,太极本身无动静可说,但却有动静之理,是阳动阴静的本原。太极动静之理,寓于阴阳二气之中,依二气流行,二气之动机是动静之理所凭借的机括,正如人骑在马上,太极动静之理搭于气而行。动静之理不离开阳动阴静之事。总之,理有动静,故气有动静。但理有动静,只是说有动静之理,不是说理能动静,这是因为太极动静之理属于形而上的世界,阴阳动静之事属于形而下的世界。形而上的世界,是没有动静问题的。可见,朱熹是从本体论角度讨论动静问题的。朱熹在讨论动之理与静之理的关系时,认为就气的运动总过程而言,动静并无开端,即阳动之前有阴静,阴静之前又有阳动。朱熹还以其理本论和太极动静观为道德哲学之基础。他认为太极之理的全体就是人性之本质,阴阳五行之理表现在人性中便是仁义礼智之性。但人的生命又是禀阴阳五行之气而形成,表现在人的心理活动中则为知觉运动之心和喜怒哀乐之情。心有动静,性情有寂感已发未发,心和情属于阴阴之事,但心之

太极即仁义之理则是不动的。当其感于外物时,便形成恻隐、羞恶之心。朱熹的理本论以太极或理这样的观念为客观存在的实体,并认为它可以脱离事物、现象而独立存在,颠倒了一般与个别,思想与物质的真实关系。他的动静观在解释形而下的世界时,闪耀着辩证法的光辉,但在讨论形而上的世界时,则导出"太极不动"的形而上学的结论。

如果说理学派以天理为易,将太极、理客观化为可以脱离气、事而独立存在的本体,那么,心学派易学则以人心为易。如程颢易学以仁德和至诚的精神境界解释"生生之谓易",认为天地之道和阴阳变易的法则不离人心,以个人意识代替客观规律。陆九渊认为易理与人心不容有二,爻之义即吾心之理,蓍卦之德即圣人之心。心之天理自全,心即是理,理根于心,以人心统贯道和器,不区分天人、理和心两个世界,大唱天人一本。杨简认为易之道即人之心,天地万物的变化即是吾心的变化,卦爻象和天地万物都出于我个人的意识。心学派易学实际上是通过无限膨胀人在伦理生活中的主体性和自觉性(如仁义之心和诚心),最终导出以个人意识的存在为自然与社会存在之根据的唯心主义本体论结论。

明末清初的桐城方氏父子提出先天在后天中,其先天后天有诸多含义,先天或指本原的东西,或指自然赋予的即本性的东西,或指内在本质,或指无形无象者,或指经验以外者;后天则或指派生的东西,或指后来形成的东西,或指外部的表现,或指有形象者,后指经验。但无论就哪种含义而言,作为先天的东西即在后天之中,先天不能脱离后天而孤立存在。不承认有脱离后天的先天之学。如果说其所论先天之学指形上学,即后物理学,那么,方氏认为,离开物理学,即后天之学,别无形上学。方氏并不否认形上学的原则,即不否认先天的东西,但断言形而上的东西不在人伦物理即后天之上或其后,从而否定了各种唯心主义的形上学。上述思想同方氏从自然哲学进而探讨本体论问题的特点是分不开的。方氏易学哲学中的本体论问题,就易学而论,是关于太极和卦爻象的关系,就哲学而言,则是关于本体和现象的关系问题。在阐述这一问题时,方氏提出太极即在有极中,驳斥了以太极为虚无本体或浑沦之物并能脱离卦爻象和天地万物而独立存在的观点。他们对太极的界定和阐释,阐发了理气合一说,认为两间皆气,气之所以然即是理,理统率气,但理又充满于气,浸没于气中,理气合于一体,理不能离气而自存,离气无理。太极之理只能寓于阴阳二气中,此种理气合一说,扬弃了程朱派的理本论。关于本体与万象的关系,方氏提出"道与万物同时同处"说,认为道不在万物之上,而是寓于万物之中,形成万物之性。关于本体展开为万象,方氏提出"一以二为用"的观点,以本体自身的分裂解释万象的差异;以"相反相因"和"交轮几"说明万象运动变化的规律,认为现象世界中的差异(相反)是相互依存的,并从运动和变化的角度,说明对立面的相互依存即相互转化,认为对立面的盈虚消息是一个循环过程。关于对本体的认识问题,方氏提出"即费知隐"说,认为通过现象可以认识本质,至于对事物规律的认识,方氏则提出"质测即藏通几",认为通过经验的感性认识可以达到对事物规律的把握,从而发展了唯物主义的格物穷理说。关于人同太极的关系问题,方氏根据其"体藏于用"的观点,以人类的活动为本体功能的体现者,认为人类具有主动权,能据事物之理以造造化。方氏本体论由于其科学特色,对中国古代哲学

贡献颇多。当然,方氏易学哲学中也有其不彻底、不完善的地方,例如,在讨论气理心三者的关系时,就曾滑向以心为根本的唯心主义。

使气本论得到完善的任务是由王夫之完成的。王夫之能完成中国哲学中的气本论体系,又与其易学体系密切相关。王夫之认为《周易》一书是由道和器组成的,是形而上与形而下的结合。他以未形而隐与成形可见区别形上之道和形下之器。认为道乃当然之则,故无形可见,器乃具体的东西,故有形可见。据象数学的原则,王夫之以形和象为事物存在的基本特征,提出"无象外之数","象外无道","无其器则无其道"等命题,通过辩论无形之道和有形之器即形上和形下的关系问题,为其形上学体系奠定了基石。"无象外之数"是讨论象数关系的,他认为任何事物都有象数两个方面,象是个体事物的性质可见者,数则是其形质的量的规定性。《周易》的原则是"先象而后数"。这是置象于第一位,主张有象而后有数,拒斥了数学派的数本论,在他看来,象数是事物自身固有的,属于自然的领域。象是已然之迹,为事物之性质可见者,人依其已然之迹,立象以像其宜。但事物的变化过程,又有伸屈往来和多寡之不同,有其量的规定性,并且形成理和次序,有其规律性。人们以数的概念和法则可以探讨这种规律性,但表述这种规律性要符合事物的本来面目。王氏在论象数关系时,置自然的东西于第一位,并认为自然与必然是统一的。其统一的基石是客观存在的个体事物。这种象数观是其唯物主义本体论的出发点。在讨论象和道或象和理的关系时,王夫之以象指物象即事物的现象,认为象是看得见可以感知的,以道和理指事物之当然和所以然之则,道和理无形象,属形上的领域,并以"象外无道"规定象与道的关系,认为道或理作为事物的本质和规律,即存在于形形色色的个体之中,存在于现象中。在讨论道器关系问题时,王夫之更提出"天下惟器"这一命题。他认为,道作为气化万物的法则,通过有形之器,其本性方显现出来,有了有形之器,道之功能和作用方能确定下来。他主张道器合一,但更强调"必有其形",若无有形之器,道将成为悬空孤立之物。因此,世界上唯一能自存的实体是器,即有形有象的个别物体,道不能作为独立实体而存在,无其器则无其道,所以说"天下惟器"。此命题的哲学意义在于指出如果没有个体便没有规律,没有个别便没有一般,没有现象便没有本质。

王夫之的本体论之核心是其阴阳二气说。他以阴阳二气解释卦爻象,并进而在哲学上提出阴阳实体说,以阴阳二气为天地万物的本原,以气的性能及其变化的规律解释天地万物的法则,从而将"一阴一阳之谓道"这一命题纳入其气本论的体系中。在易学上,他主张阴阳二气及其变化的法则是圣人画卦立象的依据,有二气为体,方有刚柔爻象之用。在哲学上,他主张(一)阴阳为实有,认为阴阳二气是实体,是客观存在的物质,不是虚无,而且不依赖于任何东西,本来自足。阴阳二气的性能及其变化,也具有客观实在性,天地万物皆以阴阳二气为其本体,有此本体,方有万物的相互依存和生生不息。动静只是阴阳二气的属性,是物质实体所固有的,无气则无动静。(二)阴阳无增减,阴阳二气屈于此则伸于彼,其总量没有增损。阴阳二气本自充足,所以为一切变易的根源。个体所禀之气不因个体在运动中的毁坏而消灭,故阴阳二气无始无终,具有永恒性。王氏以固体,气体和液体形态的相互转化说明气不灭,以阴阳二气的屈伸往来说明其能量不增不减,其中包含有近

代物质不灭论和能量守恒原则的萌芽。(三)阴阳协于一,此说认为阴阳二气有差异,但并不相舍相离,相毁相灭,而是相合相济,相通相因,和协为一,故天地万物能各得其宜。此说是认为阴阳二气作为宇宙的本体,既相反又相成。据以上观点,王夫之对"一阴一阳之谓道"给予崭新的解释。他认为一阴一阳相互调剂是太极生成万物万事万理的本体,天地人都禀受二气之配合成为自己的性和命,在人则成为善的本性,故称其为"道"。这是以道为生物之本,赋予道以实体含义,并认为此实体自身具有阴阳调剂的功能。这种以阴阳二气相互调配为万有之本体的学说是对宋明哲学中气本论的发展。他还认为,象和形充满天地之间,非象即形,所以说"两间皆形象"。但形和象是阴阳气之显现,故曰"两间皆阴阳"。阴阳二气相互调配即是道,所以说"两间皆道"。宇宙中没有真空地带,形象也没有边际,道作为本体只能寓于形象之中,不可能存在于形象之外,也不可能在空虚处游荡。总之,王夫之的气本论认为,本体只能是物质实体,并且只能存在于现象之中。一物之原则不能脱离其个体独立存在,气作为宇宙本体也不能脱离万象而存在。王氏的气本论可以说解决了宋明哲学中关于本体问题的争论。

王夫之的气本论还讨论了世界运动变化及其规律的问题。在释《系辞》文时,他以"絪缊"为阴阳二气相互渗透的状态,以其实体为阴阳二气。认为阴阳二气相交而运动,从而使万物的形质灵敏而完善。男性和女性相交合,使形体生长。灵敏或能动之神,在形气之中,此即"神在气中"。天地絪缊和男女构精,皆基于阴阳二气的相互交合,即絪缊合一之妙用。这是以神和化解释天地万物以及人体运动变化。认为神作为一切变化的动因,其特点为不测,它表现为变化的过程和形式,又有其法则,神作为动因存于变化的形迹及其条理之中,二者不可分离。神在化中,神寓于形中。王氏以上述阴阳变易的原则,解释和说明世界生生不息,不断推陈致新的运动变化过程及其规律性。

王氏的太极观也是其气本论中的核心部分之一。就筮法而论,王氏不以其一不用为太极,而以大衍五十之数为太极,或以函为一为太极,总的倾向是以合一为太极,不以单一为太极,即以阴阳奇偶合一体为太极。就哲学而言,王氏以阴阳二气合一之实体为太极,以其为宇宙之本体或天地万物之本原。并以太和絪缊之气为此本体的具体内涵,肯定太极作为本体处于永恒的运动之中,使现象世界流转不已,生生不息。这便是其太极恒动的唯物主义本体论。他还提出太极即两仪(阴阳)说,以现象为本体自身的展开。此说的理论意义在于以太极即太和之气为本体,以天地万物各各具有太极本体说明世界的同一性,以有形有象的个体事物为现象,以其所禀有的太和之气的分剂不一说明世界的差异性,而同一性即寓于差异性之中,进而论证现象之外无本体,本体即存在于现象之中。王氏据此批判了理本论和心本论,拒斥了各种形式的宇宙发生论体系。王氏气本论体系较为全面完善,是中国古代哲学发展的高峰,其贡献卓著,是中国传统思想中的重要精华。其体系与易学的关系再次说明《周易》经传在中国哲学发展中的重要地位和意义。

国学经典文库

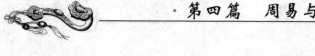

六、周易与科学技术

周易与科学技术概述

现代学者一般认为，《易经》形成于周初。至于其中所讲的有些事情，就可能更早。在这样早的时代，除甲骨文、金文以外，其他的文化典籍很少。有关当时社会生活的信息，许多都要到这些文化典籍中去寻找。

《易经》是占筮用书。人们占问的事情繁多，涉及社会生活的方方面面，而方方面面的社会生活状况，包括科学技术的发展，都有只鳞片爪存在于这些供卜筮所用的文字之中。比如坤卦爻辞"履霜坚冰至"，反映了时人的气象学知识；蛊卦卦辞"先甲三日，后甲三日"，反映了当时干支纪日的情况；丰卦爻辞"日中见斗"，显然是对月全食现象的描述。此外还有一些，都是宝贵的科学材料。

从《易经》到《易传》的发展，也是《周易》由卜筮之书向哲学著作的发展。从总的情况来说，这一发展是与当时无神论思想的发展同步的。而当时无神论思想发展的现实基础之一，乃是科学技术的发展。

春秋战国时代的科学发展，使人们认识了越来越多的自然规律。人们认识到，过去许多被认为是天意的自然现象，都是有规则出现的，并不是什么天意，也与人事无关。在这种认识的基础上，产生了天道自然观念。天道自然观念被思想家们所接受，并继续发展。这

商代贵族服饰

样，人们认识的目的，就不是通过占卜认识天意，而是通过自然现象去认识自然法则。在这种情况下，《易传》提出，易"弥纶天地之道"，实际就是一部讲大道的书。也就是说，《易传》本身，乃是在科学进步的基础上不断形成的。至于其中许多具体命题，比如"一阴一阳之谓道"等等，我们都可以看到其背后的科学内容。

此后易学的发展，每一步重大的思想转变，比如从汉易到王弼易学，再到宋代

国学经典文库

易学，都受着时代思潮的影响，因而都有科学技术的发展作为它的思想基础。比如汉代卦气说，以科学作为基础，就是人们对一年四季气候变迁认识的深入。其后的易学发展，也都以不同形式，曲折地反映着当时科学的发展。

这是易学与科学的一个方面，也是科学与易学关系的主要方面，即易学从科学的不断发展中汲取营养，丰富发展自己。

《易经》在春秋战国时代就有广泛影响，《易传》形成较晚，它总结了当时的思想成果，创造了水平极高的哲学体系。独尊儒术以后，《周易》更成了儒经之首。一切读书人，都要受易学的教育。在儒经之中，又是《周易》较多而集中地谈论了天道，即自然法则。所以它就像天上的阳光风雨一样，也普遍影响着科学技术的发展。

《易传》形成，《易经》中的两种爻象就被叫作阴爻和阳爻。《易传》中又讲"一阴一阳之谓道"，因此，就形成了"易以道阴阳"的观念。直到朱熹，仍然说易只是个阴阳，一切道理都从这里出来。这样，秦汉以后，人们接受的阴阳观念，最先的和大部分的都来自《周易》。从阴阳出发，人们谈论天道，也谈论人事。

谈论天道人事，首先是对天道人事进行分类。在天上，人们看到，日为阳之主，月为阴之宗。后来，人们就把日叫太阳，月叫太阴。而秦汉之际，人们说的太阴是指岁星，而不是指月亮。在地上，人们把毛羽之类，会飞会走的，归于阳；把有壳有鳞的，归于阴。在人间，除据男女分阴阳外，还根据人的社会地位及道德状况分阴阳，君主、长官、君子，属阳；臣子、下属、小人，属阴。把阴阳的观念推衍得这样广泛，以致成为观察一切问题的思维模式，当是由于《周易》的影响。

分类以后，就是研究事物的运动。古人认为，一切物，都是阴阳二气聚合而成。因此，运动，首先是阴阳二气的运动。人们对阴阳二气的认识，并不源于《周易》，相反，《易传》正是汲取人们对阴阳二气的认识来构造自己的哲学体系。但是，只有《周易》，才赋予阴阳二气运动以最普遍的形式，说"一阴一阳之谓道"。所以到了汉代，才借助《周易》所提供的卦象形式，去说明一年四季阴阳二气的消长，作成卦气说。卦气说影响广泛，在一个长时期里，成为历法的必要组成部分。

制订历法的基础是观测天象和数字运算，观测的结果也必须用数描述才能制订历法，所以在古代，高明的历法专家和高明的数学家几乎是同义语。战国秦汉时代，人们一般把数学的发明权归于大禹或隶首，如同把医学归于黄帝、岐伯一样。但是，归于大禹、隶首名下的数学都是具体的数学方法，比如四则运算，圆方勾股之类，而不是一般的谈论数。只有《易传》中谈数才是一般的谈论。它说天数五、地数五，天地之数五十有五，这是成变化而行鬼神的。这是就数本身来谈论数。具体的数学方法，适用此不适用于彼。一般地谈数，就数本身谈数，那谈的就是一般的原则。它不是一种数学方法，而是一种数的哲学，因此这原则可适用于一切方面。它说的是从这十个数出发，可以"成变化"，可以"行鬼神"，那么，凡是有变化的，与鬼神有关的事，都可用这十个数去解决。世界上哪一件事物没有变化呢，古代社会哪一样事情与鬼神无关呢！就是那些看来绝对不变的事物，当你要计算它们的时候，也要数数，非加即减，而乘除不过是加减的简化。加减，也是一种变化。于是，《易传》中的原则就普遍适用。这十个数虽非《易传》发明，但关于这十个数的意义

和作用却是《易传》说的。于是，《易传》中的数学哲学就成了数学家们数学观的基础。汉代以来，数学家们在自己的著作之首，往往要以不同的形式赞美《周易》。宋代，由于黑白点河图、洛书问世，数学家们又在自己的著作之首赞美这些图书，就像西方近代科学家们赞美上帝一样。西方科学家们用自己的科学成就赞美上帝；中国古代数学家把自己的数学工作看作是实现那数的伟大作用的一小小部分。有些数学家，甚至用易数去解释自己的历法、数学成果，更有些甚至企图用易数去解决天文历法和数学问题。

《周易》、易学和古代化学的结缘更是令人瞩目。在炼丹术中，也按阴阳把药物分类，说汞是阳而铅是阴，并由此推广到矿物成因，认为汞是积太阳之气而生。然后，炼丹术士们又用一阴一阳之道，把药物的化合比做男女构精，把掌握火候归结为卦气说的原则，于是就借助《周易》建立了一套古代的化学理论，其代表作就是《周易参同契》。《参同契》后来成了内丹理论，于是人们又把《周易》中的某些原则用于解释人的生理结构和生理机能。

司马迁说，"易以道化"。易，不论后来如何解释它的意义，变易，总是它的基本内涵。易学中的变易观念不是天上掉下来的，它首先是从现实生活中，从人们对各种具体现象的认识中吸取营养。但是，当它一旦把变易提升为世界的基本原则，社会生活的其他方面，包括科学技术的发展，也都要从易学中汲取营养了。中国古代，生物学方面，物种不变说势力不大，有时甚至把变化观推到极端的程度，比如硬说土蜂会把小青虫变为小土蜂，说药物能变成黄金，人能变成神仙。直到明末大科学家徐光启，当他研究蝗虫的时候，竟说蝗虫是虾变的。所以他主张人们多捕虾吃，作为防治蝗虫的重要手段。当人们论述具体的科学事件时，往往有自己的具体理由。但从大的思想氛围看，这源远流长、根深蒂固、甚至有点走极端的变化观，很难说没有《周易》变化观的影响。

在物理学上，八卦逐渐成为描述空间方位的基本工具之一，指南针的发明与《周易》无关，但指南针制成罗盘，那描述方位的诸多符号系统中，八卦，甚至六十四卦，居于非常显要的地位。

正如《易传》所说，《周易》所讲的原则，"弥纶"社会生活的各个方面，也"弥纶"科学技术发展的方方面面。

但是，"弥纶"，不能作绝对化的理解，不能理解为《周易》及易学就包罗了一切，除《周易》之外，再没有别的因素在起作用。一个重要的事实是，所谓"《周易》的思想"，实际上不过是各个时代的易学思想。而各个时代的易学思想，也就是在各个时代思想的影响下，当时人们对《周易》的理解。汉代的人们用天人感应思想理解《周易》，卦气说也是天人感应思想中的一个学说，魏晋时代人们以玄学解释《周易》，宋代以后人们又以理学解释《周易》。表面上看，是《周易》作为儒经之首笼罩着人们的思想；实际上，却是时代思潮的演进推动着易学的发展。正因为如此，现在那些较为严肃的科学史、经济史、政治史、文化史及各种思想史著作，都不把易学的影响作为一个专门问题，而只是一般地叙述各个时代思想的发展及其对社会生活的影响。

《周易》中的哲学，是自然界和人类社会的普遍原则。因为普遍，所以它"弥

纶"，遍及一切，然而也正因为它普遍，所以不能代替具体。比如阳光和生物，阳光是生物普遍需要的条件。每一个生物的产生和发展，都离不开阳光，这是不言而喻的。也正因为如此，当生物学家在谈论生物起源及发展变化时，并不谈阳光这个因素，除非特殊必要。达尔文进化论，赫胥黎讲古猿变人，基因论的遗传学，甚至谈环境对生物影响时，也极少谈论阳光。《周易》和科学技术的关系，类似阳光与生物，又不完全相同。阳光是生物的必要条件，《周易》却不是科学技术的必要条件。说类似，仅是就普遍性而言。

普遍不是具体。所以《周易》中那些一般原则，不是具体的科学理论，更不是具体的技术规程。如果把《周易》的普遍原则解释为仅是对某一现象的描述，就贬低了《周易》那本来是普遍因而崇高的地位。本节及以下各条将探讨《周易》及易学对科学技术发展的普遍影响，分析古代科学技术成就产生和发展的具体条件，以求人们对易学与科学的关系有个较全面的了解。

易学对科学的影响，和一般哲学对科学的影响一样，它能启发人们思维，也能束缚人们的思想。这是科学，也是哲学发展中永恒存在的矛盾。科学、哲学之中，积累了人类认识的最高成果。一切时代的一切人类，都必须从以往的思想成果，从以往的科学和哲学成果出发，开始自己今后的行程。拒绝接受已经积累的思想成果是愚蠢的。倘若如此，人类就不会有今天的进步。然而任何思想成果都只是人类已经过去的成就，反映了人们在当时的认识水平。人类要继续发展，新的实践，又要求人们必须突破以往的成就。这种时候，过去那些原本正确甚至视为神圣的原则往往成为人类前进的枷锁。英国著名科学史家贝尔纳说，牛顿以后，科学发展的最大阻力就来自牛顿。这是一句非常深刻的话。牛顿尚且如此，《周易》就更加会如此。所以，我们在下面的分析中，只是具体分析易学和科学，而尽量避免"促进""阻碍"这些简化了的判断。简化使人明了，也易失之鲁莽。

中国古代科学技术不止一个方面，每一门科学、每一类技术也都经历了漫长的历史发展时期，有许多许多项成就，当然也有许多许多项失误。而成就和失误的发生，其原因往往不在于思想，而主要是现实的。所以，下面我们分析科学技术与易学关系时，既指出那直接关联的地方，也指出那没有直接关联的地方，以求读者对于二者的关系有全面的了解。

其实，这样地认识事物之间的关系，实际上是人们常用的一种方法。比如我们看到两个人很亲密，会以为两人从来就是好朋友。如果有人说，他俩刚认识不到一年，那我们才会对二者的关系有全面的了解。大的方面也如此。比如美国的黑人和白人。如不了解美国历史，会以为他们从来都生活在那块土地上。然而历史学家告诉我们，哥伦布以后白人才到了美洲，白人到后才把黑人贩到美洲。这样，我们对美国人与那块土地的关系，白人与黑人的关系，才会有全面的了解。这是因为"有人"和历史学家说出了二者没有直接关联的一面，无关系的一面。

在这些问题上，有人会犯一种以偏概全的毛病。比如有一门科学，有数千年的历史，数以百计的优秀人物和著作。其中有某一位或几位人物，一种或几种著作，在某一段时间中，说过某些与易学有关的话。这就不能说该门科学和易学无关。但单说这一点，也不易使人知道二者关系到底多深多浅。如我们再讲出那一方面，

才可能会发现，二者的所谓关系只是局部的、表面的、暂时的、非本质的。在全局和本质上，二者其实没有直接关联，或者只是平行发展而已。

由于当时的思想氛围，不少科学家在从事科学活动时，往往不得不托庇于圣人，托庇于经书，否则他的科学成就难以得到承认。他们因此往往在序言中崇圣、尊经，也赞美《周易》。当我们研究他们的科学成就时，就必须具体分析他所得科学成就的实际动因，而不可仅把他的声明、序言作为根据。科学史界目前指出不可仅据序言做学问，就是要求我们把表面现象和实际情况加以区分。

周易与技术发明

《系辞传》说，伏羲氏统治天下的时候，仰观俯察，画了八卦。然后又根据离卦，用绳子结成网，教百姓打猎、捕鱼。

伏羲氏去世，神农氏兴起。神农氏根据益卦，砍削木头，做成锄头；輮曲木头，做成犁杖。用锄头、犁杖这种便利的工具，教百姓们种地务农。又根据噬嗑卦，创造了市场，让天下的人们都来到这里，天下的货物集中于此。交易完成，大家走散，各自得到自己所需要的东西。

神农氏去世，黄帝、尧、舜相继兴起。他们根据乾坤二卦，创造了衣服，让人们穿用。根据涣卦，挖空木头做成了舟，削尖木头作成了楫。舟楫的应用，便利了人们的往来交通，人们可以到达非常遥远的地方，和长期闭塞的人们来往。根据随卦，驯服了牛马，使牛马成为人的坐骑，使牛马拉车、负重，给天下人带来了许多便利。根据豫卦，他们教百姓严守门户，发明了更梆，防备盗贼。根据小过，斩断木头做成杵，在地下挖坑做成臼，杵臼使千千万万的百姓受益。根据睽卦，在木头上挂上弦做成了弓，削尖木头做成了箭，有了弓箭，天下得以镇服。远古时代，人们住在野外的洞穴里，后来的圣人们根据大壮卦，盖成了房屋，上有房顶屋梁，下有墙壁，可以躲避风雨。上古时代埋葬死者，用厚厚的柴草包裹尸体，埋在田野，不拢坟头，也不在墓地植树，没有固定的丧期。后来圣人根据大壮卦，做成了棺椁来埋葬死者。上古没有文字，人们结绳记事，后世圣人发明了文字和竹简，这是根据夬卦。

战国秦汉期间，有许多文献，都谈到上古时代的技术发明，并把发明权归于圣人。但是，把这些发明都说成是根据卦象，却只是《易传》的说法。这就是"观象制器"说。依观象制器说，圣人是先画了卦，然后又根据卦象，发明了各种工具和技术。这种说法当然不可信，而且和当时的许多传说也相矛盾。比如伏羲画八卦而文王演为六十四卦。随、大壮、小过等等卦象，是文王才演出来的，神农、黄帝、尧、舜怎么可以根据它们来进行技术发明呢？秦汉以后，《周易》成为儒经之首，但观象制器说并不流行。人们也很少把技术发明归于观卦取象而来。

汉代最重要的技术发明应是蔡伦造纸，但关于蔡伦造纸的记载却没说与观象有关。事实上，蔡伦造纸也确实和卦象无关。汉代第二位的技术成果应是浑天仪、地动仪、指南车等。浑天仪是仰观的工具。但有关文献记载，也只说西汉的落下闳等人制造过这种仪器。东汉张衡的浑天仪则更加进步。张衡发明的候风地动仪，按八个方向设置了八个龙头、八个蟾蜍，以及相应的八套机械装置，以测量来自八方的地震。这种装置，正好和八卦相配。假若在后世，一定会在仪器周围画上八卦，并叙述它和八卦的关系。但关于地动仪的一切文献以及后人对它的介绍，也都没有提及地动仪和八卦的关系。

西汉时代，农具和耕作技术有重大改进。使用过代田法，发明了耧犁。耧犁是中国古代的播种机，它有三条"腿"，可同时播种三行，正好可以和卦画相附会。代田法使土地轮作休耕，使人想起了《易传》上的"一阴一阳之谓道"。汉代人是非常喜欢附会的，但他们没有把《周易》和耧犁之类相附会。

汉魏之际，发明家马钧改进织布机，造出指南车，发明灌溉用的翻车，有人认为就是今天的龙骨水车。他还改进了连弩和发石车，能使石头打到几百步以外去攻击敌人。当时的人们

东汉　地动仪（模型）

认为，马钧就是鲁班、墨翟、张衡。思想家傅玄说，马钧改进的织布机所织出来的花纹，新奇多变，"犹自然之成形，阴阳之无穷"。"阴阳"二字在这里形容的主要是变化多端，与《周易》并无关系。

隋唐时期，一项重要的技术成就是赵州安济桥的建成，这是首创的敞肩石拱桥，比欧洲同类桥梁早1200多年，并且至今保存完好。敞肩拱节省原料，分散桥身自重，从而减轻了桥身的负载力，使桥梁坚固耐用。敞肩式结构由于多开了四个小拱，汛期还可起到泄洪的作用。不过安济桥的设计思想，完全是根据实用，而不是取诸卦象。

唐代发明了雕版印刷。雕版的祖先是刻字。商代在甲骨上刻字，周代在竹木简上刻字，秦代在石头上刻字，汉代以后在砖头上刻字。刻字多是正写、凹字，即阴文，但后来也出现了反写阳文。它的正反凸凹，非常合于一阴一阳之道。不过它并不是根据一阴一阳而来，而是技术长期发展的产物。雕版印刷比手写传抄优越数十百倍，它极大地便利了文化的传播，对人类文明的发展做出了不可估量的贡献。雕版印刷再进一步，就是活字印刷。

由于火药的发明，宋代开始，火药武器出现了。元代，开始组建专门的火器分队，到明代逐渐成为定制。依据《周易》卦象说，火的象征是离卦。只是火药的发明却与离卦无关。火器部队的组建也与离卦无关。初起的火器部队由于许多技术问题不好解决，如遇潮火药就失效，管形武器装填困难，每发射一次的间隔较长，不及弓箭迅速等等，所以长期发展缓慢。清朝初年，曾一度下令禁止火器的研制及其发展，特别命令八旗子弟不得学习火器。清朝初年的几任皇帝，都精通《周易》，深知离卦作为八卦之一地位的重要，但他们还是限制火器的发展。这一方面是由于

国学经典文库

火器自身的弱点,当时还不如弓箭,一方面也是由于他们的民族利益,他们害怕满族人学习文化、掌握火器会失去自身的骑射专长而被汉族同化。

火器始于火药,火药是炼丹术士们发明的。我们从小说中得知,太上老君的丹炉是八卦炉。乾坤坎离等等卦象排在八方。不过,据《周易参同契》,早期的丹炉是个有盖的鼎。《参同契》用乾坤象征鼎的盖和鼎自身,用坎离象征鼎里的水和鼎下的火,与方位其实并无关系。这样的鼎,在商代或商代以前就出现了。而且,据出土文物和有关的文献,它大约只是由于烹调的需要而逐步发展起来的,因为更多的鼎没有盖,所以有盖的鼎也不是取诸乾坤二卦。

与火相反对、又相关切的东西是水。洪水的故事,外国有,中国也有。治水,也是中国古代社会面临的巨大难题。每个历时较长,又有一段安定时间的朝代,都对治水,特别是治理那条据说是出了河图的黄河,付出了巨大的人力和物力。汉武帝决心填塞黄河决口,曾亲临指挥,命令大臣、将军们都去背柴草填河。著名史学家司马迁也背过柴草。元朝为了根治黄河,还组织人力考察河源。明清两代,不少人亲自徒步踏勘黄河,对治河做出了积极的贡献。这样长期、艰苦的治河工程,留下了许多文献资料和可歌可泣的故事,自然,也有许多卑鄙无耻之徒的肮脏勾当。在这些文献和故事中,人们引用《尚书》,谈论《禹贡》,自然也讲五行,只是不谈《周易》。在这里,《周易》帮不了什么忙。

中国古代被人世代传颂的水利工程之一是都江堰,它的"离堆""鱼咀"等设施及其分流、泄洪措施,如从空中摄影,很可能会和某种卦象相像。但我们只能说这是事后人们把它和卦象相比较,并不是它设计时就以某种卦象为指导。

《易传》说:"重门击柝,以防暴客,盖取诸豫。"暴客之中,小者为盗贼,大者为侵略军;重门的办法,小者为深宅大院,大者为城池壕沟,最大者为万里长城。城池有方有圆,长城蜿蜒曲折,形似长蛇。这些建筑,成了又毁,毁了又修,千百年来,几乎没有间断,也不知有多少次的反复,却没有听说过人们如何如何的运用《周易》。道理很简单,这些设施都是人们在生存斗争中一步一步发展起来的,那成百上千年的经验教训,千百万人的死亡和流血,使人们懂得了这些高大厚重的城墙对于保卫自己的重要。今天人们已不再修筑城墙了,那是由于武器的进步。

中国古代建筑,最重要的是皇宫及其一整套设施。皇宫门有几重,殿有几座,大小形制如何安排,如今还有实物可以参照。说到底,它不过是扩大了的、复杂了的四合院。古代人们居住的院落,不修围墙则罢,若修围墙,或者把房屋和围墙相结合,用房屋后墙做围墙,一般以矩形为好。虽然圆形比矩形能用较小的材料围起较大的面积,但建筑起来不方便。这里,也没有《周易》在起作用。

皇家宫室之中,最重要的建筑是明堂,至少在宋代还是如此。明堂的性质,众说不一。有说是施政场所,有说是祭祀场所或教育场所,有说是兼而有之。无论如何,它非常重要则是事实。古代正史上往往刊载一些讨论明堂制的论文。《木兰诗》说:"归来见天子,天子坐明堂。"就是指的这个皇家最重要的建筑,犹如今天的总统府、国会大厦等等。

明堂的建制,有说是九个室,有说是十二室。以主张九室者为多:周围八个,中间一个。颇似中间一个太极,外面八个卦象。但是,明堂的那八个室,既不以卦名

命名，也与卦象无关。它只是要求天子按照天道，也就是按四季交替、月份轮换，去进行施政活动。

这种明堂的建筑，据说是上圆下方，以象天圆地方。虽然卦象乾坤也是象征天地，但明堂的上圆下方却与乾坤无关，因为它是直接从天圆地方而来。而天圆地方的说法不出自《周易》。只是不知这种形制是否真正实行过。假如真正付诸实行，那它会是建筑史上的一大奇迹。因为圆形的屋顶就非常难建，下接方形墙壁就更加不易契合。然而在没有《周易》的西方，这种形制的建筑却非常多。据说大多是罗马人留下的技术，后人又进行了许多改进。其最著名的遗物就是查士丁尼皇帝下令修建的圣索菲亚大教堂：方墙，圆顶，至今还保存完好。据说罗马人的技术来自伊特鲁利亚人，而伊特鲁利亚人是亚洲人的后裔，巴比伦人早就熟悉这种圆顶技术。

我国古代的这些技术创造，如果研究它们的某些方面，几乎都可以和《周易》拉上关系。比如阴阳、方圆、方位等等。某些器物的形制也可以和卦画相比附，这正说明，《周易》的卦象具有一般的象征意义，而《周易》的道理也有普遍的概括意义。从这一方面说，它们和《周易》有着千丝万缕的联系。但是，这种联系，只是相似的、暗合的关系，不是渊源关系。不是像《易传》所说，是从"观象"而来。

技术发明源于人们生产和生活的需要。在国家产生以后，技术发明和改进又特别服务于国家政治统治及皇室的需要，这是技术发展的基本动力。由于民族、国度的不同，这些发明的形制可能有很大不同，如西方的尖顶圆顶建筑和中国的飞檐斗拱，日本的战刀和中国的宝剑。但是，它们那基本的结构：墙壁、屋顶、门窗，则一样也不能缺少；它们的基本特点，也不会有大的差别，如刀剑都要求锋利。因为人们的基本需要都一样。正是这种需要，推动着技术的进步，而不是来自《周易》的卦象。

周易与科学思想

《庄子》说："易以道阴阳。"司马迁说："易以道化"，"易著天地阴阳四时五行，故长于变。"（《太史公自序》）一是阴阳，一是变化，是《周易》的两项重要思想，也是《周易》与科学思想发生关系的两条主要渠道。

不过这两项思想并不是全部《周易》都具有的思想，而主要是《易传》的思想。《易经》卦象有阴阳二爻，但在《易经》中，这阴阳二爻是由九、六来表示的，"阴阳"的名字是《易传》中才有的。所以《易经》虽有不同的两种爻象，并由它们组成卦象，但未必就把它们叫作阴阳二爻，更未必有阴阳思想。阴阳，完全是《易传》的思想。

《易经》中不同的两爻，也不用来象征天下的事物，而只是用以表示占卜的吉凶悔吝，这和卦象的本意是一致的，卦象在《易经》中也不担负象征物象的意思，即使有，也是极其零散的。说卦象象征物象，是《易传》的思想。《易传》还说"易弥纶天地之道"，从而使象征物象成为卦象的主要功能，并在这种功能的基础上表达

吉凶。

《易经》中有变化思想。通过占卜实际它认识到，随着时（时间）、位（地位、环境）的不同，事物的命运将随之不同。它提出了"无平不陂，无往不复"。但这些思想在《易经》中只是个别、零碎的，而且仅在阐明某些具体卦象吉凶时才提到，并没有发展为普遍原则。只有《易传》才明确把进退往来作为变化的主要表现，把变化作为事物的普遍原则。

《周易》中的阴阳、变化思想，来源之一，乃是科学技术的长期发展。

在有关我国历史早期的古文献中，记载着不少有关自然界及自然物的变化问题。

比如《夏小正》，有关专家认为，其中的内容乃是我国夏商时代的思想遗产。《夏小正》记载：鹰变成了鸠，田鼠变成了鹌鹑，雀儿入海变为蛤蜊，野鸡到淮河里变为大蛤蜊。后来，又增加了许多变化的新事实：小青虫变成了土蜂，腐烂的杂草变成了小飞虫。这样的思想还影响到人生价值的讨论。赵简子有一次感慨地说：雀儿入海变为蛤蜊，野鸡入淮河变为大蛤蜊，只有人不能变化，真令人悲哀啊！他的家臣窦犨告诉他：人的变化是社会地位的变化。如果您要变，就会由贵变贱。因此，人不能变化对您来说，并不值得悲哀。这个故事表明，当时的人们认为，动物都是可以变化的。

《诗经》上说："高岸为谷，深谷为陵。"史墨曾用来说明鲁国君臣地位的变化。这说明，人们已经把变化观点在一定程度上普遍化了。

还有人工实行的变化。《墨子》中记载着，墨子看到丝能染上颜色就痛哭起来，他觉得人的变坏就像丝的被染一样。《荀子》认为人性可以改变。举的例证中，一个是土被烧成陶器，一是木材被制成各种器具。这是技术领域中发生的变化。

人们引用这些自然或技术领域中的事实，是为了说明社会方面的变化。这说明，人们已经把变化作为客观世界的一个普遍现象。

《庄子》书中，更是大量地谈到了"物化"。物化，简单讲就是物的变化。不过庄子所说的物的变化，多是采取寓言的形式。如他在梦中变成了蝴蝶等等。但庄子认为，世界就像个大熔炉，万物都从里面出来，最后又要回归进去被重新陶铸。将被铸成什么样子？自己是无法掌握的。所以他认为任何事物，都不应为自己铸成某种样子而高兴，也不必为自己铸成某种样子而悲哀。他描写了许多通达死生之理的人物。其中有个人说，假如把我的手臂变成鸡，我就打鸣；把我的屁股变成车轮，我就转动。甚至把我变成老鼠的肝，虫子的腿，

商 圆雕玉龙

我也听之任之。所以，《庄子》书中，有一种彻底的变化观。

至于四季交替，寒暑代换，日往月来，则人们已司空见惯，并把它们作为自然界变化的基本事实之一。

正是在这种认识的基础上，产生了《易传》的变化观。《易传》说："在天成象，在地成形，变化见矣"；"刚柔相推而生变化"；"变化者，进退之象也"；"爻者，言乎变者也"；"精气为物，游魂为变"；"范围天地之化而不过"；"通变之为事"，"拟议以成其变化"；"此所以成变化而行鬼神"；"知变化之道者，岂知神之所为乎"；"天地变化，圣人效之"；"易，穷则变……"。类似这样的词句，在《易传》中几乎每隔几行就可以见到。这充分表明，变化观念在《易传》中具有极其重要的地位，所以司马迁才用"易以道化"来概括《周易》的基本精神。

这样，当《周易》成为经典，被人们普遍阅读、传颂的时候，《周易》的变化观念也就深入人心，成为人们观察事物、认识世界的出发点。

不过，《周易》讲变化，讲变化的却不只是《周易》。后人谈论变化，也并不仅仅宗奉《周易》。比如汉朝初年，贾谊因为得罪元老重臣，被贬到长沙。长沙当时是个偏远地区，贾谊本来就很痛苦。有一天，屋里飞来一只燕子，贾谊认为这预兆着主人将要离开，是不吉之兆。于是贾谊作了一篇《服鸟赋》，说天地之间像个大熔炉，造化是管炉的铸工，万物像铜一样被冶炼，千变万化，没有一定的规则。死怕什么？不过是把我变成了另外一种东西。非常明白，贾谊这里的变化观来自庄子。

至于每一个具体的科学领域，虽然不能说不受《周易》变化观念的影响，但是它那个领域中的东西是否变化？如何变化？却必须根据客观的事实，而不能从《周易》中推论出来。

汉代的人们，都提供了许多新的变化事例。《淮南子》说，一个叫牛哀的人化成了虎，吃掉了自己的哥哥。《汉书·五行志》记载了许多雌雄相互变化的事例。王充认为山顶湖泊中的鱼是水变的。到晋代张华作《博物志》，就出现了狐狸变人，老树成精的故事。这些真真假假的变化事实和变化观念，都与《周易》无关。

《淮南子》还谈到矿物的变化。它说"埃天"五百年就变成"缺"，"缺"五百年就变成"黄埃"，"黄埃"五百年变成"黄汞"，"黄汞"五百年变成"黄金"。"清天"八百年变成"青曾"，"青曾"八百年变成"青汞"，"青汞"八百年变成"青金"……

"埃天""缺""清天"等等是什么？今天已难以查考。其中所说的变化，也极为荒诞。但是，《淮南子》认为金属是逐渐生成的，是其他物质经历漫长岁月之后变成的，却有它的根据。比如《管子》《荀子》中有这样的记载：上有磁石者，下有铜；上有丹砂者，下有黄金；产珍珠的深渊岸上的草木不会枯死，等等。这样的相关或共生关系都是事实，但是，这种共生关系并不一定有相生关系，说它们有相生关系，说汞变成了金，是借助了一种变化观念。但这种变化观念却不一定与《周易》有关。因为《周易》中的变化是进退、往来，一个代替一个。变卦实际也是阴进阳退或阳进阴退，和田鼠变鹌鹑，雀儿变蛤蜊的变不是一回事。

秦汉时代，一个最重要的变化是人变成仙。至少当时相当多的人认为，人要能白日飞升上天，必须先生羽翼，即长出羽毛来。出土的汉代文物中，就有羽人的形象。后世还流传着"羽化登仙"的说法，并把道士叫作"羽客"。人想成仙，除了长生的愿望,就是借助变化观念的支持。不过这种变化观念也未必是来自《周易》,而是来自雀变蛤蜊、青虫变土蜂之类。晋代著名易学家郭璞曾有一个《蜜蜂赋》,其中说道:青虫能变成土蜂,人为什么不能变?他也没有援引《周易》中的变化观念为人能成仙辩护。

《周易》中的变化观念虽然普遍影响了人们的观念,但具体科学领域中的变化观念却首先是从自身、从与自己相近的领域中获得的。

《周易》中的阴阳观念与科学的关系,和变化观念与科学的关系相似。

早在西周末年,伯阳父就用阳气冲破阴气的迫压来解释地震的成因。后来,秦国医生和又用阴阳和风雨晦明作为天的六气,来解释疾病的成因。战国时代,阴阳学说的应用已很普遍。比如十二音律,人们把它们分为律和吕,律为阳,吕为阴,并且常用律吕的协调比喻阴阳的谐和。在医学上,著名的医生秦越人能熟练地用阴阳学说诊病。他把阴阳都分为三种情况:老阳、少阳、阳明;老阴、少阴、厥阴,用以区分阴阳的大小多少。这一时期,还出现了一个哲学派别,叫阴阳家。据有关专家考证,《吕氏春秋》中有许多篇章,讲的就是阴阳家的学说。

阴阳概念的产生,首先是来自人们对自然界的认识。见到太阳为阳,见不到为阴。进而推广到明暗、白天黑夜、热冷、寒暑等等,再进而推广到一切对立现象,比如男女、动静等等。由于阴阳概念带有某种规定性,比:明、热、动属阳;暗、冷、静属阴,所以它实际上并不能概括一切对立,比如上下、多少、长短、粗细等等,就很难把它们按阴阳区分。虽然如此,在古代所有表示对立的概念中,阴阳还是具有最广泛的普遍性。《易传》吸收了当时广泛流行的阴阳概念,把它分别作为两种爻象的名字。爻象的变动,是一个出现了,另一个就消失,所以,《易传》把一进一退、一个代替一个作为变化的基本表现。这样,阴阳学说就与变化观念联到了一起。

《周易》的传播也是阴阳学说的传播,但是,从汉代开始,人们谈论阴阳学说就不全部来自《周易》,甚至主要不是来自《周易》。

《汉书·五行志》说:"董仲舒始推阴阳,为儒者宗。"董仲舒是汉代儒者的思想领袖,这就等于说,"推阴阳",乃是汉代儒者的主要事业。但是,董仲舒的"推阴阳"是讲天人感应,即观察日月星辰、风雨阴晴、草木鸟兽的变化,看它们是否正常,从而来推断政治的好坏。这一学说主要来自阴阳家。阴阳家认为人的阴阳二气可以和天地间的阴阳之气发生感应,所以可据天地间阴阳二气的种种表现来推断人事。阴阳家在战国时代影响特别大,它的创始人邹衍走到哪国,哪国的君主就毕恭毕敬,待若上宾,敬若师尊,这和孔子、孟子到处受冷落相比,简直是一个天上一个地下。汉代离战国不远,阴阳家在汉代仍有很大影响,司马谈甚至把它排在先秦六家之首。董仲舒提倡独尊儒术,由于儒家不怎么讲自然界的事,所以如何看待自然现象就用了阴阳家。在董仲舒的天人感应学说中,《周易》的影响不是很大的。

《周易》以后,阴阳学说也在不断发展。比如"阴中有阳,阳中有阴",《周易》讲得就不明确。朱熹说,阴阳只是一气,阴气流行就是阳,阳气凝静就是阴。《周易》中还没有这样深刻的认识。至于理气、道器、心性、性情等等中国哲学后来所讨论的最重要的哲学问题,也无法归入阴阳。朱熹还说,阴阳只是气。就是说,它代表不了理。气分阴阳,理不能分阴阳。因此,《周易》中的阴阳学说,代表不了社会思

想的诸多方面。

　　至于具体科学如何运用阴阳思想，主要依靠这门科学自身，比如气象学，认为昼夜交替，寒暑代换是阴阳二气的运动。这主要靠人们对自然界的观察和认识，从《周易》中是推不出来的。有些学科则几乎无法运用阴阳学说，比如数学，它的四则、勾股、乘方开方、比例等等问题的解决，就根本无法运用阴阳学说。中医学以阴阳为纲，中医学和《周易》的关系将专门、着重论述。

周易与天文气象学

　　古代的文化典籍，差不多都有一些天文学的内容。写古代天文学史，一大部分资料是从各种各样文献中零碎搜集起来的。如日月食的最早记载来自《尚书》，大量的记载则见于《春秋》。《诗经》中也有日月食的内容，并且谈到大火星（心星）的运行情况。《尚书》中，还记载着上古时代如何根据星象确定季节，是天文学史的重要材料。

　　《周易》中也有类似的内容，如《周易·丰卦》说："月盈则食。"表明人们已认识到月食发生在满月。但比起其他文献，《周易》中的天文学内容是不多的。

　　春秋战国时代，天文学的知识急剧增多，这些知识开始集中起来，形成了专门著作。如《周髀算经》《甘石星经》，虽然可能成书时间较晚，但内容却是春秋战国时代的。《周髀算经》记载了完整而系统的盖天说内容，对日月星辰的运行提出了一套完整的学说。《周髀算经》还记载了我国古代历法"四分历"的内容，记载了人们观测天象的设施及观测到的日月运行的数据。《甘石星经》对五大行星的运动已有精密的计算，并且还认识到火星、金星都有逆行现象。这些著作，经常被后世的天文学家所引用。

　　中国古代天文学可分为三个部分：①天文观测；②天体结构与演化论；③制订历法。

　　天文观测的起源非常古老。司马迁《天官书》说："自有生民以来，世主曷尝不历日月星辰。"就是说，从有人类以来，哪一位君主不组织人力去观测日月星辰？观测工作一是为了确定时令，二是为了占星。确定时令是由于生产和生活的需要，与《周易》无关。占星是占卜术的一种，独立于《周易》之外。在历史小说和故事中，经常说到某人夜观星象如何如何，其目的就是为了占卜人事吉凶。

　　天体结构理论源于《周髀算经》，讲盖天说。汉代又出现了浑天说和宣夜说。魏晋时代，为了弥补盖天说和浑天说的缺陷，又出现了穹天论、安天论等等。这些学说之间，长期争论不休。后来又出现了不同形式的浑盖合一说。它们的产生、发展和争论，都是天文学自身的事情。《易传》讲"天尊地卑"，可看作是盖天说观念。但有关天体结构的争论中谁也不提它。各种有关天体结构的理论都是从观测到的客观事实出发，而无人把"天尊地卑"引为根据。

　　《易传》中有太极生两仪、生四象、生八卦说。但汉代讲天体演化的著名著作，一是《淮南子》，一是张衡的《灵宪》。其基本思想是说：从虚无之中产生了气，气分

化为天地阴阳。轻清者上升，重浊者下降，先形成天，后形成地。日月星辰，是气的精华。这样的理论被收入钦定的《白虎通》，成为权威性的学说。这个学说，也是在《周易》与易学之外形成的。汉代的易学著作《易纬·乾凿度》和《易纬·乾坤凿度》把它吸收进来加以整合。说天地开始以前，有太易、太初、太始、太素。太易还未见气，太初是气的开始，太始是形的开始，太素是质的开始。这些说法和《淮南子》特别近似只是略有不同，当是汉代社会普遍流行的观念。在其他纬书中，如《河图·括地象》《洛书·灵准听》，把这种天体演化论和太极两仪之说相结合。如《河图·括地象》说："易有太极，是生两仪。两仪未分，其气混沌。清浊既分，仰者为天，偃者为地。"宋代周敦颐的《太极图说》，进一步把天体演化论和太极两仪说相结合，说得更加圆满和完整。但是，他的基础，乃是无中生有，天地剖分的天体演化论。周敦颐说，《太极图说》的基本内容，是《周易》最根本的道理。其实不过是用汉代以来的天地演化说去解释太极两仪说。这是易学不断吸收新的科学理论来充实自己，不是《周易》的太极两仪说推动着科学的发展。

　　与《周易》关系最多的是古代历法。历法有一套数据，其中最重要的是每年有多少天那个数字的分母。如每年 $365\frac{1}{4}$ 天，这个"4"就非常重要，因为一切计算问题，比如计算闰月、日月食，月份的安排等，都必须将一天分成四份才能计算。所以"4"就非常重要，人们甚至根据它把这个历法叫作"四分历"。西汉时代改进了历法，以月为单位，平均每月 $29\frac{43}{81}$ 天。起初人们把历法数据攀附音律。司马迁说："六律为万事根本。"（《史记·律书》）认为那个 81 是"黄钟律自乘"的结果。黄钟律是十二律（六律、六吕）的第一律，是其他各律的依据。它的律管长 9 寸。$9\times9=81$，人们认为，这是历法分母 81 的根据。音律和历法的关系这样重要，从汉代开始，史学家作历史，就把二者放在一起，称《律历志》。把音律和历法扯在一起，显然是附会。但当时人就那么认识。这种时候，还没有《周易》的地位。

　　西汉末年，刘歆作《三统历》。他一面接受"历起于律"的说法，一面又把历法数据和易数相附会。刘歆说，历数是从易数中推出来的。其方法如下：

　　《易传》中说，10 以内的奇数是天数，从 1 开始，到 9 为止，其和为 25。刘歆说，由此出发，"置一得三"，"二十五置"，即 $25\times(1\times3)=75$，再加上 25 的 $\frac{6}{25}$：$75+25\times\frac{6}{25}=75+6=81$。81 就这样得出来了。至于为什么"置一得三"，为什么"二十五置"等等，只能由刘歆任意解释了。

　　每月 $29\frac{43}{81}$ 天，依每天 81 分，每月则有：$29\times81+43=2392$ 分。但刘歆回避这种简单明了的关系，而说它是从易数中推出来的。其步骤是：$1+2+3+4=10$；$10\times5=50$；$50-1=49$；$49\times2=98$；$98\times3=294$；$294\times4=1176$；$1176+19+1=1196$；$196\times2=2392$。

　　这里的每一步骤都说不上有什么道理。

　　刘歆的说法，不过是在历法数据完成以后，给它涂上一层神学油彩，于历法本

身还无损害。东汉时,有个叫张隆的,却真的要从易数中推出月亮运行的数据。经过检验,与天象不符,差一点被治罪。

魏晋南北朝时期,卓有成就的天文学家。如杜预、姜岌、何承天、祖冲之等,都对刘歆有过不同程度的批评。杜预说,制订历法,应使历法符合天象,不应强使天象符合历法,叫作"验天以求合,非为合以验天"。就是说,历法的真正基础是"验天",即以天象为根据,而不是根据别的什么。从此以后,"验天求合"思想被越来越多的天文学家所接受,成为制订历法的正确指导思想。

到了唐代,一行经过实测,制订了当时最优秀的历法《大衍历》。但是他却像刘歆一样,把历法数据和易数相附会。《大衍历》将一天分为3040分。一行说,它也是由易数推出来的。其步骤是:

五行成数之和(即6+7+8+9+10=40)乘五行生数之和(1+2+3+4+5=15),即:40×15=600;加上五行生数之和乘以五行成数之和:15×40=600;600+600=1200;200÷4=300;300×10=3000;五行乘八乙卦:5×8=40。最后,3000+40=3040。看来,一行的说法,完全是步刘歆后尘。

宋朝欧阳修不仅是个文学家,也是个史学家,还精通天文学。他在《新唐书·历志》的序言中说说历数源于易数,前在刘歆,后有一行。其实,不过是因为数具有一般性,对于《周易》,音律、历法都适合,并不是谁根据谁。

明代邢云路作《古今律历考》,一开始就考察易数和历法。邢云路说,《周易》是论大道、敬神明的书,当然什么都包括。不过,历法数字分分秒秒,非常精细,全靠测验。刘歆等人不知道,用历数附会易数,又说历数源于易数,是不对的。谈到一行,邢云路说,《大衍历》的数据,是从测量得来的。易数都是整数,而历法最困难的,却是整数后边的分分秒秒。说历数和大衍数相符,是可以的,说历数源于大衍数,就不对了。一行把历数和易数一一配合,完全没有必要。

清代阮元作《畴人传》,即天文数学家传,对于刘歆和一行,也有所批评。他们的批评都是正确的。易数和历数的结合,是桩不成功的因缘。

欧阳修画像

古代气象学的第一个任务,是解释春夏秋冬的成因。战国时代就已明确,这是阴阳二气此消彼长运动的结果。以冬至为一年的开始,阳气开始滋生。此后阳长阴消,到春分,阴阳平衡。春分以后,阳气继续生长,到夏至,阳气极盛,阴气又开始滋生。此后阴长阳消,到秋分,阴阳持平。到冬至,阴极盛,阳又开始滋长,开始下一轮循环。

这种解释引起了一些争论。另一种观点说,冬夏寒暑是由于太阳离人远近引起的。夏天太阳离人近,所以热;冬天太阳离人远,所以冷。就像一堆火,近则热,

远则冷。

从今天看来,这两种说法都不正确。但在当时,这却是对气候成因的科学探索,并且以前一种观点为正确,受到普遍承认。

这两种观点都与《周易》无关,《周易》不关心气候的成因。《易传》讲阴阳,但主要是讲变:阳爻变阴爻,阴爻变阳爻。既然卦象是现实事物的象征,阴阳爻的变化也就象征着现实事物的变化:一个变成另一个。但这种变化是一下子、整个地完成的,因而变幻莫测。《易传》讲"阴阳不测之谓神",就是形容变化的迅速和难以把握。这是《周易》对阴阳变化的基本认识。《周易》对阴阳逐渐消长却讲得不多。所以有人说,《周易》所擅长的是讲变动,不是讲消长。

气象学的第二项任务是解释风霜雨雪、雷电冰雹的成因。《周易》中讲到过"密云不雨"的现象,也谈"云行雨施"的作用,但它不关心云雨的成因,也不给云雨的成因提供具体的理论指导。汉代王充等人说雨是从山里出来的,雷是一种火,是阴阳气相激的结果。后来人们还认识到,露不是天降的,而是地出的。霜是露结成的。雪是雨变来的。明末清初,出现了一张专讲日火下降、阳气上升的图,图中说:"阳蒸湿气成云,云被阴抑成雨;阳被阴激成雷,雷破云出成电,阳遂阴飞成风……"虽然《周易》讲阴阳,但这里的知识却是经历了一两千年的摸索才得出的,并且是得自实践,不是得自《周易》。

气象学的第三项任务是预测风雨阴晴。古代预测风雨多凭实践经验。《三国演义》中诸葛亮借东风,说的也是凭他的气象知识和实践经验。靠《周易》预测风雨阴晴,和预测人的命运一样,是神学预测,不是科学预测。

中医学中有一种"五运六气说",那里不是靠阴阳二气,而是以五行之气的运行来说明气候变化的规律。这样的变化可以是一年之内,也可以推广到六十年。比如某年该金气中运,那么当年就燥热少雨等等。气候的变化不是这样地有规则,而且在同一时间内,各地的旱涝并不相同,所以五运六气说也遭到许多批评。但宋代大科学家沈括说,他用五运六气说推测天气变化,非常准确。别人的不准,是由于他们不善于灵活运用。实际上,沈括依靠的,还是实践经验。

《周易》对于气象学,远不如五运六气说那样有影响。

周易与数学

《易传》中有一段讲到数,说用于占筮的草棒有 50 根,叫大衍之数。占筮是只用 49 根。将它们任意分成两组,再取出一根。然后分别 4 个一组地数,将最后剩下的余数放在一边。这样重复 3 次,可得出一爻;18 次可得出一卦。又说,1,3,5,7,9 是天数;2,4,6,8,10 是地数。天数五个,地数五个。天数之和 25,地数之和30。天地之数共 55,成就一个乾卦,要用蓍草 216 根次,成就一个坤卦,要用蓍草144 根次,合计 360,约等于一年的天数。64 卦共用蓍草 11520 根次。大约相等于万物的总数。

这就是《易传》中包罗的数学知识。

　　《易传》不研究有关实际问题的运算,它所说的,是纯粹的数与数关系。包括10以内奇数、偶数之和,以及10以内自然数总和;50以下某些数除以4的余数、倍数,以及某几个数与9、6的乘积等等。这些知识在当时,还不是一般人都很容易做出的答案。不过数学在当时已有了高度发展。当时的数学,已能乘方、开方,能算勾股、面积及各种比例问题,还能完成许多方圆问题的计算。所以《易传》中的数学知识,在数学发展史上已没有意义,现代一般的数学史著作不提及。

　　《易传》中的这点数学知识,是为了占筮时的应用,或者说,它研究的只是占筮中所用到的某些数学问题,因而用到的数学知识比较简单,也不提供解决此外某些实际问题的方法,所以古代的数学著作一般也不提它。

　　不过,也有人提到它,并企图用它来解决某些实际运算问题。

　　第一个推崇易数的是刘歆,但他并没有用易数指导自己的运算,而是在历法数字产生以后对这些数字做些事后的解释。第二个推崇易数的是东汉天文学家张隆,他企图据易数推断月亮运行,没有成功。第三位是大科学家张衡。张衡在计算球体积时用到一个公式,即正方体与内接球体积之比为8:5,这个数据可能是据实测得出的,即做一个正方体及内接球体,称它们的重量,重量之比即是体积之比。三国时,数学家刘徽认为,张衡的数字不精确,原因在于他"欲协其阴阳奇偶之说,而不顾疏密"(《九章算术注》卷四)。所谓"阴阳奇偶",指的就是易数。张衡为了使球体积计算与易数相协调,竟不顾准确不准确了。张衡大约还有个说明,今天已看不到了。刘徽说,张衡虽然说得很好,但只能是淆乱数学之道,破坏正确的规则。

　　球体积计算牵涉到圆周率问题,据张衡的8:5,可推出他的圆周率为$\sqrt{10}$,这是一个比较粗略的数字。

　　圆周率计算在古代数学中是个非常重要的问题,圆周率的精确程度往往代表着一个民族某一时代的数学水平,所以数学史家对周率问题都特别注意。各个民族,几乎都用过周三径一这个比率。到了汉代,这个比率仍在使用。虽然在实际生活中,汉代人早已打破了这个比率,但在理论上,汉代人却没有企图打破这个比率。《易传》中说:"参天两地而倚数。"这话是什么意思?争论很多。但刘歆等人认为,"参"就是"叁",并且把它和"天圆地方"联系起来,认为"参天"说的就是圆的比率是3。

　　王莽时代,刘歆造了一个标准量器,圆柱形,可内容一个棱长一尺的正方体,其体积为1620立方寸。根据它提供的数据,数学史家们推出,这里的圆周率大约是3.154。实际上,刘歆只是在正方体外围上一圈造了一个圆柱体而已,他根本没有想到借此去创造新的圆周率。刘歆在这个量器的铭文中说:"上三下二,参天两地,圆而函方。左一右二,阴阳之象也。"谈到律管时,刘歆说:"易曰:参天两地而倚数,天之数始于一,终于二十有五,其义纪之以三,故置一得三。"(《汉书·律历志》)为什么"纪之以三"?因为"参天",天是圆的。所以碰到圆的计算,都以三为"纪",即三为规则,乘率。刘歆还说:"由此之义,起十二律之周径。"(同上)也就是说,律管的圆周、直径的计算,都要根据这个规则,其中包括"置一得三"之类。孟康注解刘歆的意思说:律管直径三分,是"参天之数";圆周九分,"终天之数"。

国学经典文库

也就是说，在明确涉及圆周与直径之比时，刘歆所应用的，全是周三径一的比率。因为《周易》中那"参天两地"的话，对于刘歆来说，是不可逾越的神圣界限。对于张衡，也是不可逾越的神圣界限。在实践中，他们都实际上突破了周三径一。但理论上，他们谁也不想去突破周三径一。

三国时代，汉朝的神学经学破产了。在圆周率问题上，《周易》那"参天两地"的束缚也打破了。吴国王蕃在造浑天仪时，经过实际测量，发现径一之周不只是三。他测出，周长142，直径45，圆周率约等于3.15。这个数字很粗疏，但他明确否定了周三径一。魏国的刘徽发现，周三径一实际上不过是圆内接正六边形周长与圆径之比。他想，如继续增加圆内接正多边形的边数，六边，十二边，二十四边……边数越多，周长就越接近圆的周长，最后总会达到使多边形与圆周合二为一。而多边形周长是可以算出来的。这样，刘徽不仅突破了周三径一，而且提供了计算圆周率的正确方法。刘徽求得的周率为 $\frac{157}{50}$。刘徽知道他所用的周长小于圆周，因而这个比率小于实际的周率，刘徽把它叫作弱率。在刘徽方法和刘徽弱率的基础上，祖冲之得出了更加精确的圆周率。

在圆周率这个问题上，《周易》的作用，就是帮助巩固了周三径一这个数据。

汉代推崇易数给后代造成了深刻影响。刘徽虽然批评刘歆、张衡，但他仍然推崇易数，把易数作为数字之源。刘徽说："昔在包牺氏，始画八卦，以通神明之德，以类万物之情。作九九之术，以合六爻之变。"（《九章算术注·序》）这就是说，伏羲不仅画了八卦，而且还发明了"九九术"。和刘歆、张衡相比，刘徽只是这样说，而并不用易数去束缚具体的数学运算。

祖冲之

汉代有一种"九宫数"，说的是太乙神下行九宫，九宫各有数。如图：

4	9	2
3	5	7
8	1	6

　　所谓太乙九宫乃是地上明堂制的影子。明堂制是礼仪制度之一,所以九宫数起初载于《大戴礼记·明堂篇》。说明堂有九室,其数分别为2、9、4、7、5、3、6、1、8。《易纬·乾凿度》把它吸收进来,认为,数字这样排列,象征着阴阳的消长和一阴一阳之道,所以太乙神根据这个数下行九宫,它的直行、斜行,三个数相加都是15。

　　这一点确实非常奇妙。《大戴礼记·明堂篇》为什么这样排列,至今还没有合理的解释。这种排列表明,当时人们对10以内自然数的关系又有了新的认识,所以能够排出这样一个数学幻方。但这是在易学以外发生的,《乾凿度》作者觉得这数巧妙,吸收了它,还认为它是外来的东西。宋代刘牧说这数出自河图,阮逸说来自洛书,总之是数字之源,而数字又是卦象之源。也就是说,这数成了《周易》的渊源。

　　汉代数学家说易数是数学的渊源,宋代易学家又说河图、洛书之数是《周易》的渊源,那么,河图、洛书就更是数学的渊源了。宋代大数学家秦九韶说:数的作用太大了。最大的用处,是"通神明,顺性命",其次是"经世务,类万物"。天地间的一切,都可以用数字进行测度。河图、洛书阐发了数的秘密,从而不仅可以预测人事的变动,还可测度鬼神的意思。明代程大位作《算法统宗》,在卷首画着河图、洛书,龙马负图、伏羲画卦等等。并且说明:数学从何处开始? 从河图洛书开始。伏羲得到河图画了八卦,大禹得到洛书写了《洪范》九畴。数学,以《周易》的规则为根本,所以我把河图、洛书放在卷首。

　　把易数作为数学的本原,把数字的最大作用看作是"通神明",使数学家们觉得,他们作的那些工作,都是微不足道的。

　　数学史家们认为,秦九韶和刘徽一样,都是当时具有世界领先水平的伟大数学家。但是秦九韶说,对于"通神明,顺性命"这一类事,我懂得很少。我只能做些小工作。于是,他做出了高次方程的数值解法,创造了"大衍求一术",等等,在我们看来,秦九韶做出了具有世界历史意义的数学贡献。但秦九韶推崇邵雍的《皇极经世书》,认为那里面对数的应用才是大学问。而在我们看来,邵雍在数学史上的贡献可说是等于零。

　　推崇易数,使数学家们在从事数学工作时感到很压抑。李冶也是宋元时代的杰出数学家。他的"天元术"即求解方程的著作,也是我国数学史上的宝贵文献。在他的《测圆海镜》序言中,他说道:我自幼喜欢数学,读了许多数学书,但都不太满意。年龄大了,得到了"洞渊九容之说",使我的疑问涣然冰释。后来我加以推衍,成了这本书。过去半山先生收集唐代诗选,常常认为是浪费时间。上蔡谢先生读书又记又背,他的老师程颢先生说他是玩物丧志。文史是可贵的,尚且如此,何况我这卑贱的九九之术呢! 我常常痛恨自己,但改不了,好像有鬼附在身上。后人同情我的,可能数以百计;嘲笑我的,就可能数以千计。唉,我不管他了。

　　在中国古代,数学本来就被当作小道末技。而在数学内部,又把易数、通神明放在首位。真正的数学,只能在这双重压迫下艰难前进。

　　纵观中国数学史,从《九章算术》的四则、乘方开方、勾股、比例等数学方法,到刘徽割圆术、祖冲之圆周率、秦九韶高次方程数值解法、天元术,程大位《算法统宗》所载

完整的珠算法,加上其他较小一点的数学发现,可说没有一样是在《周易》和易数的影响、推动下做出的。相反,易数和数学的结合,总是成为数学发展的桎梏和绳索。

最后谈谈二进制问题。

首先应该说明,根据现行《周易》的卦序,得不出二进制,根据汉代卦气图,也得不出二进制。所以,二进制不是和《周易》有关,也不是和汉代卦气图有关,而只是和邵雍先天图有关。

从这个问题提出以后,已经有充分的材料说明,不是莱布尼茨先看到了图而后发明了二进制,而是先发明了二进制后看到了图。

先天图在中国流行数百年,但中国人却未能发明二进制,这不是中国数学的光荣,而是中国数学的悲哀。

周易与物理生物学

物理学研究事物的结构、性质和运动,它是一门基础科学。所有的民族,都对自己周围的事物进行着这样或那样的研究。但是古代的研究是不系统的,物理学知识往往是一点一滴积起来的。由于情况的不同,只有某些侧面得到较为系统的发展。

中国古代也发现了许许多多自然界的奥秘。从有案可查的资料我们知道,战国时代人们对桔槔的应用已很普遍,因而以某种方式知道了杠杆原理。人们还发现了"磁石吸铁""琥珀掇芥"的磁、电现象,发现了"鼓宫宫动"的声音共振现象。宋代沈括还用实验演示这个现象。从晋到唐,人们还不断发现摩擦生电现象。唐代,人们还发现了大气压力和真空现象:把一个瓶子灌满水,留两个小孔,若闭塞一个,水就倒不出来。还发现,迅速接触水的空瓶口,水灌不进去,并知道这是因为里面有气。宋代还发现,把燃烧的纸片放入瓶中,迅速倒放入水,水就会进去。假如扣在人肚腹上,就不会掉下。大约由此发明了中医的拔火罐法,类似的例子还可举出很多。

这些零碎的发现,许多都自生自灭了。如摩擦生电等,能得到应用而长期流传的不多。这里介绍几种主要的。

光学。光学的某些原理首先在《墨经》中得到总结。《墨经》对小孔成像进行了科学说明。并正确指出平面镜与凹、凸面镜的反射现象及成像原理。根据平面镜对光的反射现象,汉代人制成了潜望镜。根据凹面镜的聚焦现象,人们制成了阳燧。汉代张衡,首先解释了日食的原理,宋代沈括用实验演示了月亮的圆缺,南宋赵友钦还用更为复杂的装置演示了小孔成像,并解释了小孔成像的种种现象。这些成就,都是直接从事实出发,还未接触到一般的哲学理论问题。

力学。各种力学现象,大约远古时代的人们就有发现。他们用弹力造弓箭,用浮力造船。造轮子减少摩擦,造针刃减少阻力。战国时代的《墨经》企图给力做出理论说明。其中说道:力,是"形之所以奋也",即力是改变物体运动状态的东西(按:取方孝博说)。《墨经》对杠杆现象进行了定性的总结,对浮力现象进行了描

述，说明了滑轮的原理，分析了斜面运动等等。这一切，几乎是和《易传》的形成平行发展的。由于《易传》注意的是更为普遍的哲学原理，《墨经》中的理论未受到《易传》的注意。《墨经》极力探讨现象背后的原因及其蕴含的道理，《易传》在谈到各种工具时，则只关心它们的外在意义，以与卦象比附，不同的著述目的，造成了它们对现象的不同认识。

　　杠杆、轮轴等等原理在后来得到广泛应用和发展。汉魏之际，人们造成了指南车和计里鼓车，造成了地动仪。经过许多代人的努力。宋代苏颂造成了大型的水运仪象台，它实际上也是一架天文钟。这些机械，都完成了复杂的力的传动和转换，是力学原理的具体应用。它们的制成，则与"观象制器"无关。因为这些复杂的装置，不是卦象所能包罗的。

　　声学。古代人相信，一个事物发出的声音与它的内部状态有关，所以提出通过人歌唱的声音去察断民情，通过军队的呐喊声判断部队的士气及战争胜负。人发出的声音与音乐有关。为了教化人民，需要音调适中的音乐。为确定音高标准，发展了音律学。至少在战国时代，中国古人就用"三分损益法"去确定律管的长短，以后经过一千多年的不断改进，明代朱载堉完成了十二平均律的计算。在世界音乐史上，这是一个重大的成就。

　　中国古人认为，音与气的运动有关。冬至那天，阳气从地下发生，以后逐渐生长。所以他们把一定长度的竹管塞上很轻的草灰埋入地下，他们认为，到某个节气，某种长度竹管内的草灰就会逸出。这样助竹管即是音律的标准。这样，用律管测定的气的运动，是直接与天地之气打交道，所以秦汉时代的人们认为，音律应是一切量度的标准，度量衡应据律管的长度和容积来确定，历法数据也应由音律来推出。这个思想的余波一直延续到明清时代。

　　由于律管直接表征天地之气的运动，所以它也是独立自存的一套标准，以它为主导的声学也不受《周易》的影响。

　　磁学。磁石吸铁是古人在实际中的发现。古人的解释是二者之间有相同的气来往。宋代开始，指南针用于航海，沈括发现了磁偏角。航海事业的发展，促使指南针应用的广泛。清代，刘献庭还发现了磁屏蔽现象。

　　磁石吸铁，不吸铜，人们用同气相求来解释。磁针指南北，与方位有关。但人们却没用八卦方位去解释。

　　物质理论。《周易》与物理学相关，不在于具体的物理发现和应用，而在于一般理论方面。主要是用阴阳解释运动的成因和过程。

　　中国古代的物质理论，在气论出现以前可能有过不同说法。如《管子》中说万物本原是水。三国时代杨泉的《物理论》还重复过这一说法。但影响深远的是五行说。《尚书·洪范》说，"五行"是水火木金土，并分别描述了它们的性质。《左传》中又说"天生五材"，即水火木金土，都被人民利用。后来，人们就用五行对所有的物质进行分类，用相生、相克关系解释一切事物的相互作用。

　　五行是独立发展起来的世界图象，起初和阴阳说相互独立，《周易》中也很少五行的影响。汉代，阴阳五行说成为一个学说，但一到解释具体的自然现象，阴阳与五行说又往往若即若离。汉代的《五行传》及据《五行传》写成的《五行志》，虽然

讲到八卦,但主要是以五行生克解释旱、涝、风、虫等自然现象。中医中讲五脏的疾病传变,主要用五行生克。宋代沈括解释水法炼铜,也是用五行生克。

但气论出现以后,气分阴阳成为最普遍的认识。《周易》推动了阴阳学说的普遍传播。用阴阳交替解释事物的运动,用阴阳作用解释运动的成因,成为比五行说更加普遍的理论。在《周易》与一般科学思想条目内,我们着重说明阴阳说不全来自《周易》,这里我们则举出用阴阳说解释物理问题的几个例子。

在天上。古代人们认为,日月都在一个天球面上运动,为何日月蚀时碰到一起后来又能重放光明?沈括说,日月没有形体,只是阳、阴二气,所以分分合合,不受影响。朱熹甚至说,假若阴(月)能退避,或许就不会发生日月蚀。

依照《周易》,阳动阴静。张载认为,日应比月行得快。但天文学家一致认为日每天行一度,月每天行13度多。张载反对这种意见,并对日月视运动做出了新的解说。张载的意见得到朱熹的支持,但受到更多的人所反对。因为它比天文学家的说法更不合理。

《易传》说,奇数是天数,偶数是地数。天属阳,地属阴,所以偶数又是阴数。人们以此来解释雪花的形状,说是与阴数相应,所以六角。在这点上,《周易》与五行成数趋向一致。

这些事例使我们看到,直接从《周易》的阴阳学说出发去解释具体问题,往往发生错误。要正确解释具体问题,在一般的阴阳学说和具体问题之间,犹如在其他一般的哲学理论和具体问题之间一样,需要一个转换,一种本领域内较为具体的科学理论。这种科学理论的取得,主要得自具体领域的科学实践。

根据《易传》,乾象征马,坤象征牛,震为龙,巽为鸡,坎为猪,离为雉,艮为狗,兑为羊。离还象征龟、鳖、蟹、蚌,艮还象征鼠类及豺虎之类等等,因此在某种意义上说,《周易》也与生物学有关。

但依八卦将动物分类的办法似乎仅用于占卜,而不为研究生物现象的生物学所接受。秦汉之际,人们一般把动物分为鳞、毛、倮、介、羽五类,并将它们分属五行。人们有时也按阴阳分类,如飞禽属阳,蛰伏之虫属阴。但阴阳五行的分类都不常用。

按阴阳五行给生物分类,不能说通的问题太多。王充曾严厉批评将动物按五行分类。依五行说,蛇属火,豕属水,水胜火,所以豕食蛇。王充说,鼠也属水,马也属火,为何鼠不逐马?鸡属金,兔属木,鸡为何不啄兔?等等。依阴阳分类,问题就更多。飞禽属阳,雌禽如何算?所以,还是鳞、毛、倮、介、羽的动物分类比较站得住脚。习惯分为虫鱼鸟兽。

植物方面,习惯分为竹木花草等。由于中医学的发展,人们把可入药的植物专门研究,或按它们的作用,分君臣佐使或上中下三品,或按它的味、气分酸咸辛苦,或依它们与疾病关系分为补泻涩利吐等等,明朝李时珍的《本草纲目》,全面整理了以前的动植物分类,将动植物分为草、谷、菜、果、木、虫、鳞、介、禽、兽、人。这些经常运用的分类方法,与《周易》没有什么关系。

生物科学,直到现在为止,首先是要认识该生物的形态和习性。魏晋时代开始,出现了大量的博物学著作。虽有大量荒诞的内容,但也有许多宝贵的材料,后

来有大量专门的草木植物志及图谱出现。它们都得自直接观察。

生物学重要应用之一是生物工程。我国古代用驴马杂交创造了骡子这个新品种，也用杂交方法培育了许多花草新品种，金鱼的繁多种类，更是我国古代生物工程的杰作，但与《周易》无关。

我国上古时代，人们已认为生物之间可互相变化。战国时代《庄子》一书，开列了一长串生物变化的名单，说一粒种子进入水中变成生物，到陆地上变为苔藓，后来又变为车前草。车前草叶子变成蝴蝶，根变成蛴螬。后又几经变化成为豹子，豹子生马，马生人。这里的许多变化令人至今还莫名其妙。但它和《周易》的传播一起，巩固了物种可变的思想。中国古代，上帝造物、一成不变的思想非常罕见。

但是，变与不变，是生物发展的两个方面，强调任何一面都会发生谬误。长期以来，人们都认为土蜂会把小青虫变为自己的孩子。南朝陶弘景首先发现，土蜂不是收养小青虫，而是把它作为将要出世的子女的食物。但是，不少人不信陶弘景的话。大约过了上千年，明代王廷相为证实这个问题，亲自打破了许多蜂巢，发现了僵死的小青虫和土蜂的卵，证实了陶弘景的说法，并得到李时珍的赞赏。但是，后来毛晋写《毛诗草木虫鱼疏广要》，仍然说，看到的卵与僵死的小青虫，不过是还没变成罢了。他所依据的观念，仍然是无物不变。直到鲁迅，还对这个问题感慨至深，说几千年了，连个小青虫的问题也弄不明白。

这里当然不能完全由《周易》负责，虽然汉代人说"易"也有"不易"的意思，但实际上，人们仍然把"变易"作为《周易》的基本倾向。在小青虫这个问题上，显然有过分强调变化所带来的不良影响。

周易和化学

周易和化学的关系较深，尤其是和炼丹术。

"化学"这个词译得非常贴切，表明这是研究物质变化的科学。早在远古时代，我们的祖先就完成了许多物质变化：制陶、酿酒、冶炼等等。这些工作不仅使人们积累了不少知识，也加深了人们对物质变化的认识。战国秦汉时代，人们发现了某些矿物的共生现象，并认为黄金可能是汞或其他物质所变。人们认为，人吃了黄金，就能像黄金一样永不败朽。黄金又是财富。为长生，也为财富，汉代兴起了炼金术和炼丹术，企图人工实行自然界的变化，像从石头中炼出铜铁一样，炼出黄金和还丹。

据传说，西汉时淮南子刘安就从事过炼金活动，并写了一本书，叫《淮南万毕术》和《枕中鸿宝秘书》。后来刘向曾根据刘安的办法，宣称可炼出黄金，没有成功。刘向是著名的儒家学者，说明炼金术士不仅是道家。据《汉书·食货志》，汉武帝时，一次赦免私自铸钱应处死刑的就有几十万人。并且说，大约普天之下所有的人都在私铸金钱。由这个数字推测，私炼黄金的也为数不少。

炼金、炼丹术的兴起，一定会有一些相应的著作出现。据有关专家考证，《黄帝九鼎神丹经》《黄帝神气金液经》《三十六水法》等炼丹、炼金著作，就大约出现于两

汉之际。

炼金没有成功。炼丹虽成，但不能使人长生。炼金、炼丹活动却产生出了许多副产品。据《神农本草经》所载，丹砂能化为汞，空青能化铜铁铅锡，曾青能化作铜，石胆能化铁为铜，朴消能化七十二种石等等，其中许多都是确切的化学知识，如曾青能做铜，就是水法炼铜的理论根据。

这些活动大多是在黑暗中摸索，很少理论指导。假若说有理论，也是错误居多。如企图以其他物质炼出黄金，本身就是个极大错误。炼金术的发展及其挫折，要求从理论上总结它的经验教训，于是在东汉时，出现了《周易参同契》。

《周易参同契》是借《周易》及其他著作对炼金炼丹过程给以理论说明的书，可说是我国古代第一部化学理论著作。

《周易参同契》认为，炼金、炼丹要想成功，首先要效法天道。所谓天道，就是阴阳二气的运动。《周易参同契》不用四季二十四气等标志来说明阴阳二气的运动，而是借用汉代易学的卦气说。它借来十二消息卦的循环，说从复卦开始，阳气始通，其后阳气渐长，经临、泰、大壮、夬，到乾；然后从姤卦开始，阳退阴生，经遁、否、观、剥，到坤卦为止，完成一个循环。这个循环可以是一年，那复卦就从冬至开始；可以是一月，复卦就从初一凌晨开始；可以是一日，复卦就从夜半子时开始。炼金术士，应据阴阳二气的消长来掌握火候。

若在一月之内，《周易参同契》还用《序卦传》的卦序，每两卦值一日，昼一卦，夜一卦，三十日，用六十卦，乾坤坎离四卦除外。这个顺序从屯、蒙开始，到既济、未济结束。也是掌握火候的参照。

《易传》说："天地絪缊，万物化醇"，"男女构精，万物化生"，"一阴一阳之谓道"。这被用来解释丹炉内药物的化合。《周易参同契》道："乾刚坤柔，配合相包。阳禀阴受，雌雄相须。"大约有些炼丹术士不重视药物的阴阳配合，《周易参同契》特别强调说，阴阳的配合非常重要，不能只阳不阴或只阴无阳。譬如让两个女的结婚，就是由苏秦、张仪那样能说会道的人做媒，终生也不能和谐。所以，"物无阴阳，违天背元，牝鸡自卵，其雏不全"。这一切，都明显是受了《周易》阴阳说的影响。

不过，《周易参同契》用阴阳配合来解释药物化合，但不能说阴阳雌雄配合的思想就完全源于《周易》，因为《周易参同契》还用了《诗经》中《关雎》诗作比喻，认为药物化合就像淑女必配君子一样。所以《周易参同契》只是用《周易》来"解释"丹炉中的化合过程，却并不是从《周易》的阴阳配合思想导出它的理论。其他科学领域假如用了《周易》理论的话，情况和这里大同小异。它们只是用《周易》来解释自己的结果，而不是据《周易》导出自己的结论。

《参同契》写成以后，长期鲜为人知。魏晋南北朝时期出现了许多丹经，几乎都没提到《参同契》。这壁丹经关心的主要是实践问题而不是理论问题。它们不断改进配方，对药物品质提出越来越严格的要求。炼丹的技术、工具不断改进。《抱朴子内篇》中，药物往往一用就是数斤、数十斤，到了唐代，则往往用两、分来计量了。炼丹中，大约已炼出了一些形似黄金的"药金"。为了鉴别真伪，唐代已知用焰色反应来检验黄金的真伪。这些进步都是在实践中一点一滴前进的。与《周易》的理论无关，与《周易参同契》也无关。

《周易参同契》对炼丹作了理论总结，但长期的炼丹术实践却没有理会《参同契》。

唐代，《参同契》开始受到重视，但炼丹术也遭受着严峻的考验。后来，人们终于说出，铅汞水火，丹鼎炉灶都是比喻而已，炼丹不过是体内的心肾之气交媾运行。内丹说发展起来，《周易参同契》中那实际的炼丹过程全都成了比喻。它被当成了内丹书。

《参同契》长期不受重视，刚刚受到重视，却又脱离了实际的炼金、炼丹过程。

《参同契》脱离了炼金、炼丹过程，但炼金、炼丹的活动并没有停止。宋代炼金术士们仍很活跃，他们炼出的药金曾不止一次地献给朝廷，而皇帝则把他们作为贵重礼物赐给大臣。唐宋时代，火药发明了，水法炼铜发展起来，化学本身在前进，遗憾的是《参同契》已脱离了化学。

火药的发明是中国对人类文明的重大贡献。较早记载火药发明的资料学术界有些争论。大致有以下几条：

通常认为是出自《道藏·众术类·诸家神品丹法》中的"伏硫黄法"：硫黄、硝石各二两研细，放入销银锅或砂罐子内，掘一地坑，放入锅子，使锅口与地平，四周用土填实。用不生蛀虫的皂角子三个，经焙烧后逐个放入，火焰消失后，用生熟炭三斤放在口上煅烧，待炭消三分之一，即去掉余火，冷却以后，硫黄就被伏火了。

《真元妙道要略》中记载：用硫黄、雄黄和硝石、蜂蜜一起加热，有时会大火升起，烧人手脸甚至烧着房屋。

有人认为，《铅汞甲庚至宝集成》中的"伏火矾法"，是有年代可考的火药配方。其方法为：硫黄二两，硝石二两，马兜铃三钱半，一起研细成末，放入罐内，罐放入地坑，口与地平。把一块弹子大的热火放入，烟起，用四五层湿纸遮盖，上压两块砖，封上土，冷却后取出。

炼丹中常常要用硫黄，为使硫黄合用，须先对硫黄加工。即"制服"硫黄。在"制服"硫黄的过程中，发生了意外事故：大火腾起，人被烧伤，屋被烧坏，于是火药发明了。火药的发明没有任何理论的指导，更与《周易》无关。而古代，直到如今仍然如此：一些重大技术发明，是人在实践中无意识的产物。火药也是如此。在有关火药的资料中，我们见到的只是配方和炼制方法，这里不谈五行，也不谈阴阳。

宋代对火药做了重大改进。北宋初年，就用火药造成了火箭、火毯、火蒺藜。这时，炼制火药不完全是炼丹家的事业，而开始成为国家的需要。国家组织人力，编制了《武经总要》，里面记有三个火药配方。在硫黄、硝石、木炭以外，还增加了毒药，烟幕药等原料，以适应不同的用途。后来，就出现了管形火器，组建了火器部队。

火药的发明和发展，完全是中国古人实践活动和实际需要的产物。

中国古代化学所要解决的问题是多方面的。制陶、制瓷、冶炼、酿造、食品加工等等。直到现在，化学中许多配方还多依靠经验、实验，在古代更是如此。许多化学反应需要较高的技术和环境条件，稍一不慎，就可能前功尽弃。在这种情况下，人们往往乞求神灵保护他们的成功。

比如制釉。要求屋内地要干净，窗门都要用泥封严，不能透风，不能有污秽杂

物,不能潮湿,制釉者必须沐浴斋戒等等。一般说来,这还是必要的技术要求。但据《齐民要术》说,釉团成以后,要画地为营,作釉王,和釉人若干,按次序放好,用汤饼、酒浆向釉王祷告。祷文很长,大意是说,请神灵帮助我驱逐各种害虫,等等。

这是古代化学活动的一般情形。冶炼、酿酒、制陶等等,一面是实际的科学活动:研究配方,鉴别、挑选原料,改进技术、设备,在这一切人能完成的工作做完之后,能否成功? 就须向神灵祈祷了。如果失败,人们一面寻找原因,改进技术,一面仍然向神灵祈祷。《周易》的理论及学说,在这里插不上手。而且,《周易》也不愿插手这些问题,《周易》有自己更高的使命。古代社会,一般人瞧不起科学技术问题,《周易》和易学家也瞧不起科学技术问题。反过来,要说明科学技术问题,人们也很少到《周易》中找根据。

比如古代炼钢,有"百炼成钢"说。古人对"百炼"的解释,与现在完全不同。沈括说,铁中有钢,如面中有面筋。面多洗几次,洗掉其他,余下面筋。铁多炼几次,去掉杂质,就剩下钢了。

沈括这里的理论可说是他杜撰出来的,也可说是从实际出发的。真正的科学理论,往往是从这样的摸索中产生、成长、完善,而不是用一个不相干的框架套出来的。

七、周易与儒学

两千五百多年前，人类的文明史进入了枢轴时代（AxialAge）。存在主义哲学家卡尔·雅斯贝尔斯在《历史的根源与目标》中断定，只有中国、中东及印度三处有枢轴时代的文化，而中国出现枢轴时代文化的标志就是孔子儒家学派——儒学的诞生。因此，不了解儒学也就不了解中国文化。

儒学曾通过孔子"三千弟子、七十二贤人"的辛勤耕耘而成为中国历史上的"显学"。儒学的经典为《诗》《书》《礼》《乐》《易》《春秋》"六经"，其中《易经》对儒学的发展起了其他五经无法比拟的巨大作用。

以《易经》为文本的易学，其发展史远远早于儒学。《汉书·艺文志》说："易道深矣，人更三圣，世历三古。"谓易学在儒学之前已经经历了伏羲为代表的上古易、周文王为代表的中古易，而到孔子时代已是近古易了。

孔子像

易学与儒学之所以能够结合，其本质就在于有一种承续以"易道"为代表的中华民族传统理念精神的巨大推动力的存在。从孔子发现易道的"自强不息"和"厚德载物"思想开始，中国历史上出现了一批又一批以承续易道为己任的"圣贤之儒"人物，名炳史册，光彩照人。

易学与儒学，是真正可以称得上"博大精深"的学问，几千年来研习者无以数计，有史可查的著述之多，用"浩如烟海"来形容实不过分。因此，以笔者微薄之学力和凡人之躯体，实不敢奢望能够"皓首穷经"，把易学与儒学的许多问题都弄清楚。既不能"穷经"，就只好先把一个阶段的研习所得呈献出来，以求教于读者方家。

要探讨"易学与儒学"，首先必须明了二者的关系。二者是怎么样的关系呢？这是本书一开篇就要解决的一大难题。不把二者的关系定好位，对这个问题的深入研究就很难。通过比较，可以发现二者存在这样的关系：第一，儒学是借易学立论的学派。易学充实了儒学，完善了儒家的思想体系。第二，易学是靠儒学弘扬的学科。儒学弘扬了易学，使卜筮之书的《易经》成了无所不

包的理论巨著。这两层关系通过易学与儒学固有的学理内涵和"圣贤之儒"思想的诠释，可以全面反映出来。

确立了二者的关系，接下来就要对两千五百多年来在易学上有造诣的儒学人物进行学理剖析。这谈何容易！首先是人物众多，即便便是那些可称之为硕儒、鸿儒、大儒的人物也有不少，像满天璀璨的星斗，着实数也数不清。其次是归类困难，把握不好就写成了易学史或儒学史，展现不出应有的特色来。怎么办呢？只有采取重点或典型分析法。重点当然应定在先秦，孔、孟、荀三大儒都是"善为《易》者"，通过先秦儒学文献和易学文献的研究揭示他们的易学思想。因为先秦儒学与易学的发展为后世儒学各派奠定了基石，所谓万变不离其宗，寻其源头是必要的。突出重点还要根据历史上出现的极具影响的思潮来分析。汉儒董仲舒提出"罢黜百家，独尊儒术"而使儒学有了政治地位，推动了汉儒经学的发展。这一时期汉儒易学也空前地繁荣，焦赣、京房易学和扬雄易学的别具风味，使儒学与易学在政治上熠熠生辉。宋儒在内忧外患的鞭策下，积极推行儒学复兴运动，导致了新儒学——理学（Neo—Confucian））的出现，理学家"皆以《易》立论"，使得理学与易学更是难舍难分。至此理学成为官学统治中国达七八百年之久，直到清王朝崩溃，理学的影响还余烟未尽。近代有"最后一个理学家"之称的曾国藩将易学作为每天的必修课，在实践儒家易学上也达到了同时代人难以达到的高度。历史进入现代，又出现了"现代新儒学"（Contemporary New-Confucian）中心开启性人物熊十力，他的易学与儒学思想影响着当代新儒学（包括港台和国外新儒学）的发展方向。

周易与儒学的关系

《易》是儒家的经典之一。《庄子·天运篇》记孔子走访老子说："丘治《诗》《书》《礼》《乐》《易》《春秋》六经，自以为久矣，熟知其故矣。以妤者七十二君，论先王之道而明周召之迹，一君无所钩用。甚矣夫，人之难说也，道之难明邪？"

庄子记事，往往荒诞不经。孔子是否访问过老子，从来就是一桩疑案，而孔子治六经出自庄子之口，同样不无可疑之处。纵览《论语》全文，孔子仅在两处提到《易》，一处是引《恒》卦九三爻辞立论，一处则是对自己学《易》太迟的追悔。孔子说："加我数年（《史记》作'假我数年'），五十而学《易》，可以无大过矣。"（《论语·述而》）参照《史记》"孔子晚而喜《易》"的记载，说明孔子是人到暮年才注意易学的，因为错过了学习、研究易学的机会，才有"假我数年，五十而学《易》"的追悔和感叹。这就说明《易》并不是儒家一开始就明确了的经典，像《诗》《书》《礼》《乐》一样，易学被拉入儒学，进而充实、发展儒学，有着一个漫长的过程。这个过程自孔子开始，至《易传》出现趋于成熟，到西汉定儒学为一尊成高潮。易学在充实发展儒学的过程中也不断得到发展充实，最后升华为一部无所不包的理论巨著，而这个升华主要是靠后起儒家托孔子所做的《易传》完成的。因此，儒学与易学在发展过程中有着明显的互动互补的关系。

孔子见老子图

（1）儒学是借易学立论的学派

从儒学的角度看，儒学利用了易学，借易学完善了自己的思想体系。后世儒家更是引《易》立论，体现易学精华的《周易》成了儒家的首要经典。这个儒学与易学相结合的过程，也就是儒家思想发展完善的过程。

儒学在先秦称显学。《韩非子·显学第五十》："世之显学，儒、墨也。儒之所至，孔丘也。墨之所至，墨翟也。"根据《韩非子》的记载，儒家尚孝，墨家尚俭，但都称道尧舜，而且都称自己是真尧舜。因为尧舜早在三千年之前，其事迹已无可考，且又是过时的故事，所以韩非称儒、墨是"愚诬之学""杂反之行"。韩非把儒家的仁义说比作巫祝的祝词。韩非说："今巫祝之祝人曰：'使若千秋万岁。'千秋万岁之声聒耳，而一日之寿无征于人，此人所以简巫祝也。今世儒者之说人主，不善今之所以为治，而语已治之功；不审官法之事，不察奸邪之情，而皆道上古之传誉、先王之成功。儒者饰辞曰：'听吾言，则可以霸王。'此说者之巫祝，有度之主不受也。"（《韩非子·显学第五十》）

韩非是法家，提倡法治，不讲仁义，也不讲民心背向，更不法先王，一切从是否有利于现实出发，言词不免有些偏激，但也说明先秦的儒家主要是从传说中的尧舜之治游说诸侯，所谓"祖述尧舜，宪章文武"，鼓吹效法先王。至于自己，并没有多少高深的理论，而且也不注重理论。根据儒家主要经典之一的《礼记·儒行》记载，当时的儒者们十分注意自己的仪容、志趣、作风、性格、气度、事业、责任以及交友、助人等方面，于理论则闭口未谈，于学习也仅有"儒有博学而不穷"一句。而于其他方面却阐述得深刻精当。如表明儒者志趣的"备豫"条说："儒有居处齐难，其坐起恭敬，言必先信，行必中正，道途不争险易之利，冬夏不争阴阳之和，爱其死以有待也，养其身以有为也，其备豫有如此者。"

儒者平时刻苦持敬，言信行果，方便让给别人，困难留给自己，关键时刻挺身而出，毫不吝啬自己的生命，一种十足的儒侠风度。

儒者们爱护他人，但也十分尊重自己。《儒行》的"刚毅"条说："儒有可亲而不可劫也，可近而不可迫也，可杀而不可辱也。其居处不淫，其饮食不溽，其过失可微辨而不可面数也，其刚毅有如此者。"儒者不仅是可杀而不可辱，就是自己有了过失，也只能"微辨"而不可当面数落，可见其自尊。

儒者的自尊不是单纯面子观念的表现，而是建立在自己严于自立的基础上的。《礼记·儒行》在"自立"条中说："儒有忠信以为甲胄，礼义以为干橹，戴仁而行，抱义而处，虽有暴政，不更其所，其自立有如此者。"人能戴仁而行，抱义而处，自然应该受到人们的尊敬，得到社会承认，即便有些过失，应当"微辨"而不可面数，也就在情理之中了。

据上所述，先秦儒家注重的是自己的修养、抱负，以及对社会承担的责任，而不注重理论的探讨。

说儒家不注重理论的探讨，并不排除他们的刻苦学习。《论语》的开篇就说："子曰：学而时习之，不亦说乎？有朋自远方来，不亦乐乎？人不知而不愠，不亦君子乎？"接连阐述了学习中三种不同境界的快乐。孔子不仅提倡刻苦学习，而且提倡深入思考。他说："学而不思则罔，思而不学则殆。"（《论语·为政》）不仅提倡思考，而且提倡考证。他说："殷因于夏礼，所损益可知也；周因于殷礼，所损益可知也。其或继周者，虽百世可知也。"（《论语·为政》）

孔子虽然提倡学习，但学习的内容只限于《诗》《书》《礼》《乐》。《论语·述而》记载说："子所雅言，《诗》《书》、执礼，皆雅言也。"孔子自己说："兴于《诗》，立于《礼》，成于《乐》。"（《论语·泰伯》）他教育自己的儿子也只强调学《诗》、学《礼》，说不学诗无以言，不学礼无以立（见《论语·季氏》）。

孔子提倡学习，其目的在于通过学习以加强自己的修养。孔子把儒划分为两大类，一类是能学以致用，不断加深自己修养的"君子儒"，一类是剽学某些词句而与自己思想无涉的"小人儒"（见《论语·雍也》）。

孔子教学生虽然也设有德行、言语、政事、文学等科（见《论语·先进》），但第一位的是修养，也就是德行，其他都是次要的。他公开要求自己的学生说："弟子入则孝，出则悌，谨而信，泛爱众，而亲仁。行有余力，则以学文。"（《论语·学而》）孔子一生最为得意的学生是德行最好的颜回，孔子赞扬颜回说："贤哉，回也！一箪食，一瓢饮，在陋巷，人不堪其忧，回也不改其乐。贤哉，回也！"（《论语·雍也》）颜回成天在人不堪其忧的陋巷干什么呢？主要是进行自我修养的锻炼。孔子在回答哀公的提问说："有颜回者好学，不迁怒，不贰过，不幸短命死矣，今也则亡，未闻好学者也。"（《论语·雍也》）

孔子因为侧重思想修养，讲求实际，所以对宇宙生成、生来死去之类不加留意。《论语·先进》记载说："季路问事鬼神。子曰：未能事人，焉能事鬼。敢问死。曰：未知生，焉知死。"虽然如此，但晚年对《易》表现出了浓厚的兴趣。司马迁作《史记》，于《孔子世家》篇说："孔子晚而喜《易》，序《彖》《系》《象》《说卦》文言。读《易》韦编三绝。曰：'假我数年，若是，我于《易》则彬彬矣。'"司马迁这段话虽然自

相矛盾，但说孔子老而好《易》是确实的。马王堆汉墓出土帛书《要》就明确记载道：“夫子老而好《易》，居则在席，行则在橐。”孔子自己也说：“加（假）我数年，五十以学《易》，可以无大过矣。”（《论语·述而》）孔子自己说的和上面引文的有关内容是完全吻合的。孔子其时已到暮年，才发现《易》的重要，所以感叹说：如果能够再给我一些时间，回到五十岁的年龄段，认真钻研易学，就可以没有大过了（按司马迁的说法则是“于《易》则彬彬矣”）。但既有“假我数年”的感叹，说明他识事太迟，动手太慢，于易学研究不深，因而追悔，成了终生憾事。如果像司马迁说的，孔子晚年喜《易》，并序《彖》《系》《象》《说卦》《文言》诸篇，则已经彬彬然了，又何叹之有？所以，单凭孔子自己说的这段话，以及司马迁《史记》的记载分析，孔子绝不可能亲自作《彖》《系》等易传。《易传》是后儒发挥孔子思想而托孔子之名。

孔子虽然没有亲自写过《易传》，自己也深以对易学研究不够为憾，但不等于完全没有注意，《论语·子路》章记载孔子的言论说：“南人有言曰：‘人而无恒，不可以作巫医。’善夫！不恒其德，或承之羞。”“不恒其德，或承之羞”，是《周易·恒卦》九三爻辞，只是没有点出“易曰”罢了，这说明孔子已经开始引《易》立论。

孔子因为开了引《易》立论的先例，所以六经有了《易》的名目。但因为是晚来好《易》，对《易》缺乏深入的研究，而且也未像《诗》《书》《礼》一样将《易》列入教学的日课，所以在孔子时代《易》并未拉入儒家的理论体系，儒家的思想还只限于“祖述尧舜，宪章文武”。因此儒家在先秦也只是与墨家并列的“显学”。

儒学由先秦的显学一跃而成为汉代独尊的官方学术，一则得力于董仲舒的宣传和汉武帝的决断，二则得力于自身在理论上的充实和发展。理论充实、发展的主要标志就是《易传》（司马迁提到的“《彖》《系》《象》《说卦》《文言》诸篇”）的流传以及引《易》立论风气的兴起，而引《易》立论又是和《易传》的出现与流传分不开的（《易传》诸篇的出现有早有晚，但作为“十翼”整体的《易传》的最后形成当在战国末年、秦汉之际），因为《易传》将卜筮之书的《易》提升到了统括一切的理论高度，在为后人开辟广阔思路的同时提供了权威性的论据，董仲舒对儒学的宣传就是借《易》立论的。董仲舒在最后一次策对中说：“臣闻天者群物之祖也，故徧覆包函而无所殊，建日月风雨以和之，经阴阳寒暑以成之。故圣人法天而立道，亦博爱而亡私，布德施仁以厚之，设谊立礼以导之。”董仲舒的这段话，除了掺入他自己一些天人合一思想外，其他全来自《易传·系辞》。董仲舒也直接引《易》立论，他的著名的“罢黜百家，独尊儒术”的建议就是直接引《易》立论的。他说：“《易》曰：‘负且乘，致寇至。’乘车者君子之位也，负担者小人之事也，此言居君子之位而为庶人之行者，其患祸必至也。……《春秋》大一统者，天地之常经，古今之通谊也。今师异道，人异论，百家殊方，指意不同，是以上无以持一统，法制数变，下不知所守。臣愚以为诸不在六艺之科，孔子之术者，皆绝其道，勿使并进，邪辟之说灭息，然后统纪可一而法度可明，民知所从矣。”（转引自《资治通鉴》卷十七）

《易传》的出现说明《易》学被拉入了儒学的思想范畴，从而大大充实和完善了儒家的思想理论，而引《易》立论风气的兴起，说明了儒家对《易》学思想运用的普及和深入。这种普及和深入在汉代达到了高潮，《汉书·艺文志》引《易》对诸家评

论就是一个突出的例子。《艺文志》在《书》九家后引《易传》总结说："《易》曰：'河出图，洛出书，圣人则之。'故《书》之所起远矣。"

于《礼》十三家后引《易传》总结说："《易》曰：'有夫妇父子君臣上下，礼义有所错（措）。'而帝王质文，世有损益，至周曲为之防，事为之制，故曰'礼经三百，威仪三千'。"

于《乐》六家后引《易传》作结说："《易》曰：'先王作乐崇德，殷荐之上帝，以享祖考。'故自黄帝至三代，乐各有名。"

于小说十家后引《易传》作结说："《易》曰'上古结绳以治，后世圣人易之以书契，百官以察，盖取诸《夬》'……古者入小学，故《周官》保氏掌养国子，教之六书。"

于诸子百八十九家总括中引《易传》立论说："《易》曰：'天下同归而殊途，一致而百虑。'今异家者各推所长，穷知究虑，以明其指。虽有蔽短，合其要归，补六经之支与流裔。使其人遭明王圣主，得其所折中，皆股肱之材也。"

儒家引《易》是从引经开始的，这点孔子已经做出了榜样。从整个发展历程来看，有着一个由经到传，由意义上引到全文征引的过程。上面引用《汉书》的大量材料，反映了后汉人的思想风气（因为《汉书》是后汉人的著作），其时已将《易传》与《易经》相提并论，直接称《易传》为《易》，这与西汉似有区别。西汉人引《易》多引《易经》原文，引《传》则多为意引，即使引用原文，一般不标出《易》曰"字样，这在被称为"兼儒墨、合名法"的《淮南子》一书中反映得十分明显。以《淮南子·缪称训》为例，该篇引《易》立论共7处，其中引《经》原文5处，引《传》原文1处，意引《易传》1处。征引《易经》明显多于《易传》。如第153页（见《诸子集成》第7册《淮南子》，中华书局1954年版，下同），为了说明上下一心的力量，引《周易·同人》卦辞说："故《易》曰：'同人于野、利涉大川。'"第156页，为了说明上下脱节、"动于上不应于下"的危险，引《周易·乾卦》上九爻辞说："故《易》曰：'亢龙有悔。'"第157页，为了说明"动而有益，则损随之"的事物发展向反面转化的道理，引《易传·序卦》说："剥之不可遂尽也，故受之以复。"（与《序卦》原文"物不可以终尽剥，穷上反下，故受之以复"略有出入）征引《易传》原文虽然仅此一处，但并未说明是经是传，都冠之以"易"，可知在西汉时期已有了经、传不分的苗头。但也有引《易传》不称"《易》曰"的，如第165页说："君子不谓小善不足为也而舍之，小善积而为大善；不谓小不善为无伤也而为之，小不善积而为大不善。"这与《易传·系辞》"善不积不足以成名，恶不积不足以灭身。小人以小善为无益，而弗为也；以小恶为无伤，而弗去也。故恶积而不可掩，罪大而不可解"基本上是一致的。这说明当时经、传不分仅是苗头，而并未成为风气。

当然，《淮南子》并非儒家经典，我们引用这些材料，旨在说明汉初人引《易》的习惯。只是《淮南子》既属杂家，其引《易》的步伐与正统儒家不一定同步。但正统儒家又有正统儒家的特点。以早于《淮南子》而又是儒家主要经典之一的《礼记》为例，其立论大量征引《诗》《书》，《易》主要意引《易传》，而很少直接引用《易经》原文，似有把《易》拉入自己体系的意图。如《礼运》《乐记》《缁衣》诸篇，仅引《易经》原文1处，而明显意引《易传》5处。其中除《礼运》的大同思想是《易传·乾卦象辞》的间接发挥，论史与《易传·系辞》大体相似外，其他或者将《易传》原文组

合，或者按《易传》路数套用。如《乐记》："天尊地卑，君臣定矣；卑高以陈，贵贱位矣；动静有常，小大殊矣；方以类聚，物以群分，则性命不同矣。在天成象，在地成形，如此，则礼者天地之别也。"这段论"礼"产生的文字，除了"君臣定矣"是《易传·系辞》"乾坤定矣"的套用，"小大殊矣"是"刚柔断矣"的套用，"则性命不同矣"是"吉凶生矣"的修改、"礼者天地之别也"是"变化见矣"的另立外，其他是《系辞》开篇第一段的原文照抄。《乐记》又紧接上文论"乐"的起源说："地气上齐，天气下降，阴阳相摩，天地相荡，鼓之以雷霆，奋之以风雨……"整段文章除了开头结尾根据需要略有增添，以及用词略有改动外，其骨干部分基本上是《系辞》"刚柔相摩，八卦相荡；鼓之以雷霆，润之以风雨"的照录。至于套用《易传》路数，《礼运篇》关于"礼"的本源的说明，就是一例。《礼运》说："是故夫礼，必本于大一，分而为天地，转而为阴阳，变而为四时……"其思想和文章结构全是套用《易传·系辞》"是故易有太极，是生两仪。两仪生四象，四象生八卦"一段。这个例子还说明了另外一个问题：《礼记》的作者企图说明"礼"与"乐"的产生与宇宙生成同步，这与《易传》，特别与《易传·系辞》的思想完全一致，《乐记》的几处例子亦是如此。这说明《礼记》产生的时代大体也是《易传》主体形成的时代。而《易传》的形成，宣告了儒家理论系统化，特别是宇宙生成论的正式确立。

（2）周易是靠儒学弘扬的学科

易学之所以能成为易学，成为有着庞大体系乃至无所不包的学科，其能量并非它本身所固有，而是儒家注入、弘扬的结果。儒学在借易学充实发展自己理论的同时极大地扩展了"易"的内涵，乃至完全改变了它本来的面貌。

《周易》本是卜筮之书，而"易"更是一个难以解说的概念。《礼记·祭义》："昔者圣人建阴阳天地之情，立以为易。易抱龟南面，天子卷冕北面，虽有明知之心，必进断其志焉。示不敢专，以尊天地；善则称人，过则称己，教不伐，以尊贤也。"据说法，则"易"是当年圣人为了尊天而设立的、用活人充当的偶像，但又是一种特殊的、有具体活动并具有无上权威的偶像。坐朝时"易抱龟南面，天子卷冕北面"，公然与天子分庭抗礼。断事时天子即使有了明确的意见，也不敢自专，"必进断其志"，最后由"易"通过龟卜来决定。可知这里的"易"是当时官名，他的职责是通过龟卜最后决定一个国家、一个部落的行事，但既是"抱龟南面"，用的是龟卜，似又与后世成书的《易》关系不大。其实这"抱龟南面"的"易"就是后来的"太卜"，是人而不是书。《周礼·春官》："太卜主三兆、三易、三梦之占。""三易"即《连山》《归藏》《周易》，这里的"易"才是书。可知是先有"易"之事，而后有"易"之官，最后才有《易》之为书。但无论是事是官是书，都离不开占卜，它们的区别在于：就书而言，卦爻是《易》的全部，而事与官指的是用卦爻占卜的人和操作，甚至是没有卦爻的操作。我们今天所说的易学应该是以卦爻为基本内容、以文字为载体的《易》，而不是泛指一切占卜活动的"易"。

儒家对《易》的扩充也是经过了一个漫长过程的，这个过程简单说来就是由《易》原本的单纯占卜到超出占卜的过程，也就是由原本的吉凶决断到事理分析的预言，到具有普遍意义的理论指导的过程。儒者们的充实是从事理分析开始的。

这个过程从《左传》一书可以看出。《左传·庄公二十二年》有如下一段记载——

> 陈厉公，蔡出也，故蔡人杀五父而立之。生敬仲。其少也，周史有以《周易》见陈侯者，陈侯使筮之，遇《观》之《否》，曰："是谓'观国之光，利用宾于王'。此其代陈有国乎！不在此，其在异国；非此其身，在其子孙。光，远而自他有耀者也。坤，土也。巽，风也。乾，天也。风为天于土上，山也。有山之材，而照之以天光，于是乎居土上，故曰'观国之光，利用宾于王'。庭实旅百，奉之以玉帛，天地之美具焉，故曰'利用宾于王'。犹有观焉，故曰其在后乎！风行而著于土，故曰其在异国乎！若在异国，必姜姓也。姜，大岳之后也，山岳则配天。物莫能两大，陈衰，此其昌乎！"及陈之初亡也，陈桓子始大于齐。其后亡也，成子得政。

这是在典籍中最早出现的卦例。这段托名周史的著名解说肯定不是当时卜者的原话，而是后出儒者加工的结果。破解分两个部分，一是根据《观》卦六四爻辞（"遇《观》之《否》"是变卦，而《观》卦变《否》卦是因为《观》卦的第四爻由阴变阳。故第四爻称之变爻。凡是变卦，破解得以变爻爻辞为依据）。二是根据卦象，而主要是六四爻辞。周史根据"国"字，肯定孩子将来一定能继承厉公为一国之君的事业；根据"光"字，肯定孩子将来作国君不在自己的陈国，而在遥远的异国；根据"观"字又肯定作国君的不是孩子本身，而是他的子孙，因为观有旁观等待之意。

这段破解就解卦来说是十分高明的，推断大胆而有根据，解说有自己的逻辑，结论自然，有相当的说服力，比之单纯的吉凶可否的决断，已经大大提高，也绝非一般"抱龟南面"的卜者所能做到的了。《左传》记载的卦例，卜卦解卦的都是"史"，而不是"卜"，说明占卜这个职业已由简单的卜疑向事理分析方面发展，儒者就在这个当儿开始向《易》注入新的内容，周史的解析就是一个典型的例子。

周史的解析尽管深刻周到，但毕竟还是事理分析，只限于就卦解卦的预言，构不成有普遍指导意义的理论，109 年之后，卜穆姜幽居东宫，其破解情况就大不一样了。《左传·襄公九年》记载——

> 夏，穆姜薨于东宫。始，往而筮之，遇《艮》之八，史曰："是谓《艮》之《随》。随，其出也，君必速出。"姜曰："亡。是于《周易》曰：'随，元亨利贞，无咎。'元，体之长也；亨，嘉之会也；利，义之和也；贞，事之干也。体仁足以长人，嘉德足以合礼，利物足以和义，贞固足以干事。然，故不可诬也，是以虽随无咎。今我妇人，而与于乱。固在下位，而有不仁，不可谓元；不靖国家，不可谓亨；作而害身，不可谓利；弃位而姣，不可谓贞。有四德者，随而无咎。我皆无之，岂随也哉？我则取恶，能无咎乎！必死于此，弗得出矣。"

这是一段大倒叙的文字，先写穆姜死于东宫，然后写当初被囚禁东宫卜卦的情

况。穆姜是鲁襄公的母亲，在鲁国的"三桓"斗争中坚决支持叔孙侨如，几次逼着儿子襄公去掉季孙、孟孙氏，叔孙侨如也积极拉拢晋国，以为外援。后来斗争失败，被囚禁东宫。就在押送她入东宫的那天，有人为她占了一卦，"遇《艮》之八"。《艮》卦卦体为☶，艮下艮上。《艮》为山，山乃不动之物，今一山压着一山，联系她眼前囚禁的事实，定然是永无出头之日了。好心的史官怕穆姜伤心，按《周易》的成卦原则重新解释，说不是《艮》卦，而应该是《随》卦。《随》者随也，有跟着走的意思。于是史官安慰她说："随其出也，君必速出。"这穆姜倒有自知之明，她根据《随》卦卦辞"元亨利贞，无咎"，作了上面的分析。穆姜解元亨利贞并不是就某卦某爻某事解的，先给元亨利贞确定界说，再加引伸归纳，于是"元亨利贞"成了总括仁义礼智、嘉善贞和诸德的概念，而且是外延极大，乃至无法具体限定的概念，有着普遍指导的意义，因而也就形成了理论。后来《易传·文言》解释《乾》卦卦辞元亨利贞，全文采用。这段话是否出自穆姜之口，那是另外一个问题，我们从中看到的是它开始了易学由具体卦爻破解到理论化的质的飞跃。《周易》也就因此升华了。

当然，《易》的全面理论化还是在《易传》产生之后。《易传》不仅将部分卦爻辞理论化，更重要的是将《易》的整个构成理论化，从而使《易》的内涵也上升到了理论的高度。唐人孔颖达在《周易正义·卷首》中概括《易传》的观点说："夫易者，变化之总名，改换之殊称。自天地开辟，阴阳运行，寒暑迭来，日月更出，孚萌庶类，亭毒群品，新新不停，生生相续，莫非资变化之力，换代之功。然变化运行，在阴阳二气，故圣人初画八卦，设刚柔两画象二气也；布以三位，象三才也。谓之为《易》，取变化之义。"因为有了《易传》的开拓，"易"的内涵变得无比深广，外延更是无比开阔，从"天地开辟"的宇宙形成，到"阴阳运行"的眼前现象，以及庶类群品的生生相续，全在其中，从而构成了易学的庞大体系，并逐步上升为儒家六经之首。

《庄子》第一次提到六经，以及后来《史记》第一次提到六艺，都把《易》排在倒数第二，但到了《汉书》情况大不一样。《汉书·艺文志》列儒五十三家，而以《易》十三家为首，而且把主要属于道家思想的《淮南子》中的《原道训》《道应训》两篇也归入易学，成为十三家之一。并在六艺之后总括诸经大旨说："六艺之文，《乐》以和神，仁之表也；《诗》以正言，义之用也；《礼》以明体，明者著见，故无训也。《书》以广听，知之术也；《春秋》以断事，信之符也。五者盖五常之道，相须而备，而《易》为之原。故曰'易不可见，则乾坤或几乎息矣'，言与天地为终始也。至于五学，世有改变，犹五行之更用事焉。"《汉书》不仅以《易》为六经之首，而且认定《易》是诸经之原。理由是：和神之《乐》，正言之《诗》，明体之《礼》，断事之《春秋》，都是相须而备，世有改变的，唯独《易》，探究的是宇宙之起源，人伦之根本，是与天地相终始而不可更易的原本之学。

这里有一个需要说明的问题，《史记》与《汉书》，在内容上于汉初及其以前之事多是重复记述的，而且出入不大，有些章节《汉书》甚至照抄《史记》，为何对《易》的地位的处理相去如此遥远？原因很简单，《史记》记述的是"罢黜百家"以前的情景，而《汉书》评论的是"罢黜百家"之后的盛况。

后汉、魏晋、南北朝诸史，无艺文记载。《隋书》于《经籍志》中亦列《易》为诸经

国学经典文库

之首,收《易》六十九家,于"五行"收录易学有关书目百余种。并在编后详细论述了秦汉以后《周易》的传授情况及各家盛衰:"及秦焚书,《周易》独以卜筮得存,唯失《说卦》三篇,后河内女子得之。汉初,传《易》者有田何,何授丁宽,宽授田王孙,王孙授沛人施雠、东海孟喜、琅邪梁丘贺,由是有施、孟、梁丘之学。又有东郡京房,自云受《易》于梁国焦延寿,别为京氏学。尝立,后罢。后汉施、孟、梁丘、京氏,凡四家并立,而传者甚众。汉初又有东莱费直传《易》,其本皆古字,号曰《古文易》……故有费氏之学,行于人间,而未得立。后汉陈元、郑众,皆传费氏之学。马融又为其传,以授郑玄。玄作《易注》,荀爽又作《易传》,魏代王肃、王弼并为之注。自是费氏大兴,高氏遂衰。梁丘、施氏、高氏,亡于西晋;孟氏、京氏有书无师;梁、陈,郑玄、王弼二注列于国学。齐代唯传郑义。至隋,王注盛行,郑学浸微,今殆绝矣。"

　　唐代扩大儒家经典,由汉代的五经扩而为九经,《旧唐书·经籍志》分诸经为十二类,《易》为第一,收《易》七十八家。《新唐书·艺文志》分诸经为十一类,第一亦为《易》类,收《易》七十六家。宋代立十三经,《宋史》分诸经为十类,第一为《易》类,收《易》二百一十三家,多为宋人自己的著作,易学的研究无论深度广度,都有了长足的进展。至清乾隆年间修《四库全书》,分经部为十类,列《易》为第一,收书167种,1760卷,上起子夏《易传》,下至清人翟均廉的《周易证异》,多为宋、清人著作。另外存目317种,2400卷。共计484种,3160卷,为经部之最。易学也就成了儒者用力最勤、学派最多、玩味不尽、精深博大的学问。

八、周易与道教

周易与道教概述

　　易学是古代思想的宝库，中国传统文化的许多分支，都可以在《易经》中找到思想渊源，当然中国宗教文化的分支也不例外。宗教文化的思想，可以见于《易经》的《遯》卦。《遯卦·九五爻》云："嘉遯，贞吉。"葛洪《抱朴子》中有《嘉遯》篇，称隐逸山林的道士，为"嘉遯之士"。《遯卦·上九爻》又称"肥（飞）遯，无不利。"古代一些文人志士，勘破世情，飞遯山林，到宗教中寻求精神解脱。因而《蛊卦·上九爻》也说："不事王侯，高尚其事。"这说明中国宗教家的思想与《周易》是相通的。

　　其实《易经》这部书，本来就发源于古代氏族社会原始宗教的巫史文化，是原始宗教遗存下来的典籍。在中国古代的传统文化中，对世道人心影响最大的书有《易经》《道德经》和《论语》。《论语》为儒家祖师孔丘的垂训，《道德经》为老聃所著，是道家和道教的主要经典。道家和儒家正是中国传统文化数千年来既相互分立又相互补充的两条主线。然而道家和儒家等诸子百家文化，皆从周代的巫史文化中脱胎而来，当然皆可在《易经》中找到某些端绪。据说古代原始宗教的易学典籍并非《周易》一种，还有《连山》和《归藏》。《归藏》易以阴为首，有贵阴的思想，显然更符合道家和道教的思想，应为道家、道教文化所本。周代已建立了父权家长制的宗法社会，其思想崇尚阳刚和父权，这个思想充分反映在《周易》里。

甗

不过当时尚未分化出诸子百家学派。《周易》中的原始道家思想也俯拾皆是。阴爻在《周易》中并非全部代表"小人"和"不吉"，爻辞对卦象的解释也并非一味崇尚阳刚。《易经》中的《谦卦》和《坤卦》，多吉少凶，便是《易经》中遗存有贵阴尚柔思想的证据。

　　汉代以来，儒家思想成了在中国家长制的封建社会占统治地位的正统思想，《易经》又被儒家学者奉为六经之首，当成儒家经典。这样，以孔子《论语》思想为

主体的解易之作,便成了易学的"正传",而以老子《道德经》思想为主体的解易之作,则是易学的"别传"。我们在这里叙述的道教中的易学,显然都是易学的"别传"。

《道藏》中收入不少易学著作,道教史上东汉魏伯阳著《周易参同契》、陈抟传《正易心法》、俞琰作《周易集说》和《易外别传》等,都在易学发展中产生过重大影响。道教中的一些丹功、符箓、方技、术数,皆都援易以为说。

<h1 style="text-align:center">道教中的易学家</h1>

易学中的正传为孔子所传之《易》。据说孔子五十岁学习《易经》,后传于商瞿,商瞿又传楚人驲臂子弘,子弘又传矫子庸疵并兼授其徒,出现分支。道家和道教的《易》,乃由秦汉方仙道和黄老道传来,是隐士、方士、道士之《易》。汉成帝时,刘向校书,发现各家易说皆祖田何、丁将军,是儒家的正传。唯有京房之易学,传自焦延寿,焦延寿之易虽托名孟喜,但实际上传自隐士,是专明阴阳术数,推步灾异吉凶的易学。现《焦氏易林》《京房易传》,皆收入《道藏》,为道教占验派所宗。而后有魏伯阳的《周易参同契》,亦属于易外"别传"的方士易,据说经陈抟辗转传到周敦颐、邵雍之手,开宋代易学,讲河图、洛书、太极、无极、天根、月窟之说。《四库全书总目提要》说:"《易》之为书,推天道以明人事者也。《左传》所记诸占,盖犹太卜之遗法。汉儒言象数,去古未远也。一变而为京、焦,入于祅祥;再变而为陈、邵,务穷造化,《易》遂不切于民用。王弼尽黜象数,说以老、庄。一变而胡瑗、程子,始阐明儒理,再变而李光、杨万里,又参证史事。《易》遂日启其论端。此两派六宗,已互相攻驳。"道家和道教中的"别传"的易学,本来十分兴旺,汉、宋间甚至成为主流,足以同儒家正传的易学抗衡。

其实老子《道德经》本身,亦和易理相通,老子便是《易经》的一个特殊传人。《系辞》说:"《易》与天地准,故能弥纶天地之道。"《道德经》和《易经》都是对天地之道的探索和概括。《易经》在没有卦辞之前,专以 — – –二爻示阴阳、消息、奇偶等相反相成之象,这和《道德经》一书专明阴阳、消息、相反相成之理一致。《易经》由天道及于人事,这和道家哲学究天人之际的传统相合。《道德经》的思想和《易经》相通之处还多,例如两者的阴阳观、变化观、反复循环观、守中贵柔观等,皆相互承袭。《汉书·艺文志》称道家为"《易》之嗛嗛,一谦而四益,此其所长也",显然也承认道家学者为《易》之传人。

焦延寿和京房,为汉代大易学家,其所传易说为汉代有代表性的易学。焦氏字赣,为汉元帝朝中的三老之一。现传《焦氏易林》将六十四卦分派到全年二十四节气之中,以卦值日,创立了新的筮法。同时又将各一卦展开为六十四卦,系以繇辞,有四千条之多。京房得焦氏易说,又将六十四卦分属于八宫,创立纳甲、飞伏、世应诸法,为后世文王课占法的滥觞。汉代的卦气说、纳甲说、爻辰说,丰富了《周易》象数体系,为道教占验派易学的基础。

汉代严君平以《易》解老,著《道德经指归》,成为道家向道教演化的桥梁。扬

雄称其书为"观大易之损益兮,览老氏之伏倚;省忧喜之同门兮,察吉凶之同域。"(《太玄赋》)。

魏伯阳为汉桓帝时会稽上虞人,本高门子弟,而性好道术,为东汉黄老道传人。他著的《周易参同契》,为道教易学的代表作,其特点是将《周易》的卦象和日月运行的规律联系起来,提出"日月为易"之说,用以描述金丹术(外丹)和"引内养性"术(内丹)的火候。彭晓说:"公撰《参同契》者,谓修丹与天地造化同途,故托《易》象而论之。"后世道教学者将《周易参同契》尊为"丹经王",为内丹各派所宗。

其实,汉代以来道家和道教"别传"的象数易学,略有两大分支。一大分支入于术数,以卜筮占验为其所长。除所论焦延寿和京房外,还有扬雄著《太玄经》,创造了一套新的卜筮体系。魏晋南北朝的术数家人才辈出,其中以管辂和郭璞名重一时,皆以易断事,其应如响。唐代以钱代蓍,简化了卜筮程序,宋代邵雍又著《皇极经世》,并传《梅花易数》,继京房之后对道家别传的象数易学体系又一次进行革新。汉代象数易学的另一大分支则入于方技,被道士作为引内养性之术的理论框架,魏伯阳的《周易参同契》便是其代表作。唐末五代时,《周易参同契》在道教中广泛流传,被钟吕金丹派当作内丹术的重要理论。据说陈抟对《周易》和《周易参同契》都有很深的研究,是道教易学的重要传人。

陈抟,字图南,亳州真源人,好读《易》,手不释卷。清初黄宗炎的《太极图辨》(见《宋元学案》卷十二),述说了陈抟所传易图的大概。"其图自下而上,以明逆则成丹之法。其重在水火。火性炎上,逆之便下,则火不熛烈,惟温养而和煦;水性润下,逆之便上,则水不卑湿,惟滋养而光泽(注:水指肾脏之精,火为心中之神)。滋养之至,接续而不已,温养之至,坚固而不败。其最下圈,名为玄牝,玄牝即谷神。牝者窍也,谷者虚也,指人身命门两肾空隙之处,气之所由生,是为祖气。凡人五官百骸之运用所觉,皆根于此。于是提其祖气上升稍上一圈,名为炼精化气,炼气化神。炼有形之精,化微芒之气,炼依稀呼吸之气,化为出有人无之神,使贯彻于五脏六腑,而为中层之左木、火,右金、水,中土相联络之一圈,名为五气朝元。行之而得也,则水火交媾而为孕。又其上之中分黑白而相间杂之一圈,名为取坎填离,乃成圣胎。又使复于无始,而为最上之一圈,名为炼神还虚,复归无极,而功用至矣。盖始于得窍,次于炼己,次于和合,次于得药,终于脱胎求仙,真长生之秘诀也。"据黄宗炎说,这图叫无极图,创自河上公,中经魏伯阳、钟离权、吕洞宾,传给陈抟。陈抟将图刻在华山石壁上。黄宗炎根据何在?不得而知。据说陈抟的后学中,有张无梦、刘海蟾、张伯端、陈景元等,皆继承了陈抟的内丹学体系。

《周易》的象数之学,本来在汉代极为兴盛。魏晋之后,儒家的正统思想在易学研究中占统治地位,排摈术数之学和修炼方技,因之方士的易学多依赖道教学者承传。王弼注《易》,"扫象不谈",《周易》象数学更几近失传,儒生否认《易经》为卜筮之书,专倡义理之学,《易经》作为五经之首成了维护宗法礼教的伦理道德的经典。这期间幸有唐代李鼎祚的《周易集解》,将汉代象数学的本旨保存下来。宋元以来,道家和道教别传的象数易学又复兴盛,且给以儒家正传的易学以极大影响。宋儒朱熹就不否认《易经》为卜筮之书,他说:"圣人作《易》本是使人卜筮,以

决所行之可否,而因之以教人为善,如严君平所谓'与人子言依于孝,与人臣言依于忠'者,故卦爻之辞只是因依象类,虚设于此,以待扣决者,使以所值之辞,决所疑之事。"(《晦庵先生朱文公文集》卷三十一)这样,随着周易象数之学的发展,道教占验派的术数之学和以《周易参同契》为体系的内丹学,也发展起来。

宋代以后,出现了不少精通象数占验的术数家和尊崇《参同契》的内丹家。

南宋 朱漆戗金莲瓣形人物花卉纹奁

南宋道士俞琰(1253~1316),字玉吾,号石涧道人,既是著名内丹家,又是精通《易经》的易学家。他著有《周易集说》《读易举要》《易外别传》《古占法》《周易参同契发挥》等。俞琰不仅对《参同契》的研究极有功力,又继承了朱熹的易学观点。他说:"朱子极论《易》为卜筮之书,其说详且明矣。愚谓以卜筮观《易》,则无所不通,不以卜筮观《易》,则多有不通者焉。"又说:"夫《易》始作于伏羲,仅有六十四卦之画而未有辞。文王作《上、下经》,乃始有辞。孔子作《十翼》,其辞乃备。当知辞本于象,象本于画,有画斯有象,有象斯有辞。《易》之理尽在于画,拒可舍六画之象而专论辞之理哉?舍画而玩辞,舍象而穷理,辞虽明,理虽通,非《易》也。"(《周易集说·序》)他在《易外别传》和《周易参同契发挥》中,以《周易》象数学的理论框架阐述道教修炼之术,解释内丹功法,发挥了《参同契》的易学。

道教中的著名高道,大多知《易》,留下多种易学著述。特别是上清派茅山宗的道士,知识水平高,多才多艺,常于诗词书画之外,兼习易学。宋元间天师道高道雷思齐,曾为玄教掌教吴全节之师,著有《易图通变》五卷、《易筮变通》三卷,收入《正统道藏》之中。另外,符箓派道士还将易学纳入各种道教符箓和法术之中,并对占验术数有所发展。

内丹派的易学和《周易参同契》

道教内丹派奉《周易参同契》为丹经之祖，因而多以《参同契》的理论框架，解释内丹的行功火候和炼丹过程。《参同契》云："《易》者象也，悬象著明，莫大乎日月。穷神以知化，阳往则阴来，辐凑而轮转，出入更卷舒。"《参同契》将乾坤二卦作为易的门户，众卦之父母，乾为阳卦之主，坤为阴卦之主，日象征阳，月象征阴，上日下月合成一个"易"字，象征阴阳的变化。这样，《参同契》的要点，就是提出了天人一体的思想和"日月为易"之说。因为乾坤二卦不但象征日月，还象征天地，人身也是一个"小天地"，首居乾位象天，腹居坤位象地，神意在首，精气在腹，以神意与精气相合，如天地相交化生万物，在体内神气相凝而产生炼丹的药物。内丹的炼制过程，又完全与日月运行的规律相合，因而《参同契》用日月运行的规律描述作丹的过程。日为太阳，月为太阴，月本无光，借日光而明，这是阳禀阴受、阳明阴暗的规律，因而月亮的明暗和运行也同时反映出太阳的作用。这样，《参同契》主要以月亮的运行规律描述炼丹过程："三日出为爽，震（☳）受庚西方。八日兑（☱）受丁，上弦平如绳。十五乾（☰）体就，盛满甲东方。……十六转受统，巽（☴）辛见平明。艮（☶）直于丙南，下弦二十三。坤（☷）乙三十日，东北丧其明。节尽相禅与，继体复生龙。壬癸配甲乙，乾坤括始终。"

《参同契》将京氏易的"纳甲说"引入丹经，用《周易》的卦爻来描述一月之间月亮运行的晦、朔、弦、望之期。内丹学把它当作一种参天地、同日月、契造化的学问，认为炼丹过程就是在人体中模拟宇宙繁衍之道，因而以日月运行的规律解易是道教内丹学派的特点。

《乾卦·彖》云："大哉乾元，万物资始，乃统天。"《坤卦·彖》云："至哉坤元，万物资生，乃顺成天。"炼丹家遂认为作为《易》的门户和众卦之父母的乾坤二卦，皆取法于天的阴阳二象，又象征月亮的朔望之期。《参同契》以为人体这一"小天地"的节律，本和宇宙的自然规律相通，月象的变化又是天地阴阳变易的反映，因而人体的修炼则以取法月象变化的卦爻而定，炼丹要"动则依卦变，静则循象辞"，"发号顺时令，勿失爻动时"。后世丹家也明言丹道是以月亮的运动规律来比拟人体修炼节律的，声称"世人若问神仙事，试看天边月一轮！"

内丹家对易学的应用，还特别注意以十二辟卦来描述作丹的火候。十二辟卦既可以表示一年十二月的阴阳消长规律，又可以表示一日十二辰的阴阳变化状况：复（☷☳），十一月或夜半子时，一阳生；临（☷☱），十二月或丑时，泰（☷☰），正月或寅时，阴阳交接；大壮（☳☰），二月或卯时；夬（☱☰），三月或辰时，乾（☰☰），四月或巳时，纯阳，姤（☰☴），五月或午时，阴生阳退，阴为主，遁（☰☶），六月或未时，否（☰☷），七月或申时，阴阳不通，观（☴☷），八月或酉时，阴盛；剥（☶☷），九月或戌时，坤（☷☷），十二月或亥时，纯阴。

内丹家依《参同契》关于用十二辟卦描述炼丹火候的框架，将丹田内真气初动的景象定为人身中的"活子时"，活子时到来后立即调整呼吸和意念，行小周天转

河车运药。在子、丑、寅、辰、巳五个阳时行"进阳火"功法,即吸气着意而长,呼气自然而短。从复卦、临卦、泰卦、夬卦到乾卦,每卦用三十六爻,即以 36 次呼吸为一卦,从尾闾运药直到乾顶泥丸宫,共 180 次呼吸。后在午、未、申、戌、亥五阴时行"退阴符"功法,即呼气着意而长,吸气自然而短。从姤卦、遁卦、否卦、剥卦到坤卦,每卦用二十四爻,即以 24 次呼吸为一卦,将药从泥丸宫再降到腹部下丹田,在120 次呼吸之间将小药由河车搬运一周,行炼精化气的功夫。在卯时药物运行到大壮卦的夹脊关处,以自然呼吸 36 次进行温养,酉时药物降到观卦中丹田附近,同样以不加意念的轻微自然呼吸 24 次进行温养。进阳火和退阴符过程中间的卯酉二时,丹功中称为沐浴功法。因之丹家有记述火候的口诀云:

> 子午两时是火候, 两时活取无昏昼。
> 一阳复卦子时生, 午时一阴生于姤。
> 三十六又二十四, 周天度数同相似。
> 卯时沐浴酉时同, 火候足时休恣意。

内丹家不仅以十二辟卦表示炼丹过程中进阳火、退阴符、沐浴的火候,而且还用来表示人体阴阳消长的生长过程。丹家认为初生的幼童,随着年龄增长,阳长阴消,从复卦逐次到临卦、泰卦,一直到 16 岁,为乾卦,成纯阳之体。这时如修习内丹功法,可以不用小周天功夫,一步到大周天。而后又逐渐阴长阳消,从姤卦逐次到遁卦、否卦,至 64 岁,为坤卦,纯阴无阳,性欲消失,修丹极为困难。内丹家对已漏的中老年人,要求通过修炼回复青春活力,返回 16 岁的童真之体,精满气足,才适合行炼精化气的内丹小周天功夫。

八卦中的离(☲)、坎(☵)二卦,在内丹学中既代表心、肾,又代表男女,还代表神、气。丹经认为婴儿在母胎中,阴阳之气全,属于先天八卦,乾南坤北。降生后长大成人,则属离南坎北的后天八卦。内丹学小周天是取坎填离的功夫,即将坎(☵)卦中间的阳爻取出填至离(☲)卦中间阴爻的位置上,以恢复先天八卦的图式,将人返回胎儿的纯阳之体。

值得注意的是,《周易参同契》不仅用周易象数体系作为内丹功法的理论框架,开道教内丹派以易学解释人体修炼的先河,而且还为道教外丹派所宗,成为外丹黄白术的理论框架。《参同契》中的金丹术,被修炼外丹的道士做多种理解,大致有硫汞说、铅汞说、丹砂说三派。然而其中的易理,也是象内丹学那样主要用来描述炼丹的火候的。唐代大诗人李白曾有《草创大还赠柳官迪》一诗(见《李太白全集》卷十),实是对《周易参同契》中金丹术的描绘。其诗云:

> 天地为橐籥, 周流行太易。
> 造化合元符, 交姤腾精魄。
> 自然成妙用, 执知其指的。
> 罗络四季间, 绵微无一隙。
> 日月更出没, 双光岂云只。
> 姹女乘河车, 黄金充辕辖。
> 执枢相管辖, 摧伏伤羽翮。
> 朱鸟张炎威, 白虎守本宅。

相煎成苦老，　消烁凝津液。

仿佛明窗尘，　死灰同至寂。

捣冶人赤色，　十二周律历。

赫然成大还，　与道本无隔。

唐代以来，《周易参同契》被道教内丹派和外丹派奉为圭臬，《周易》象数体系成了内外丹经的理论框架和描述手段，这也是所谓"易道广大，无所不包"的缘故吧！然而，《周易》象数体系虽被内丹炼养派所运用，但《易经》本身在唐代以前尚不被看作是内丹学文献。唐以后，随着内丹派逐步代替外丹派而成了正统的道教修炼方术，以内丹学直接诠释《易经》的著作也开始出现。

内丹学家认为《易经》既被儒家奉为六经之首，则必为孔子罕言的穷理尽性至命之学，这种穷理尽性至命之学在道教看来就是性命双修的内丹学。这样，内丹家就将《易经》直接当成了古代留传下来的讲性命之学的气功文献。先是有的著作将《易经》中的"艮"卦解释成古代行气的修炼方术，认为"艮"卦中蕴藏着古代仙人留下的秘传丹诀。明代福建学者林兆恩创立三一教，便传有所谓"艮背"之术，用以祛病、健身、养性。后来一些内丹家或气功师干脆将六十四卦全部诠释成内丹修炼的方术，并有著作流传。清代内丹家刘一明所著《道书十二种》中，便有《周易阐真》一书，是以内丹学诠释六十四卦和各种易图的著作。刘一明称此书"尽将丹法，寓于《周易》图卦系辞之中。略譬象而就实义，去奥语而取常言，直指何为药物，何为火候，何者为进阳，何者为退阴；何者为下手，何者为止足；何者为锻炼；何者为温养；何者为结丹；何者为脱丹；何者为先天；何者为后天；何者为有为；何者为无为；何者为逆运；何者为顺行，就其图象爻象，细为分晰。"看来，内丹家对易学的研究，真是别具新意！

道教符箓派和占验派的易学

道教中除外丹派和内丹炼养派研习易学之外，还有符箓派和占验派亦大量运用易学。符箓派道士的易学主要运用在那些请神捉鬼、驱魔降妖、拜忏朝斗、禳灾却祸的各类法术中，这些法术虽然种类繁多，但学术价值不大。

《正统道藏》中收有《灵宝无量度人上品大法》，属于习符箓的灵宝派道士的行法程式，其中记录了大量在符箓派法术中运用易学的情况。例如其中载有用符箓安镇五岳神鬼的《安镇五岳图》，便以坎居正北，表示水官镇妖斩邪永安；艮居东北，表示山官镇妖斩邪永安；震居正东，表示雷官镇妖斩邪永安；巽居东南，表示风官镇妖斩邪永安；离居正南，表示火官镇妖斩邪永安；坤居西南，表示地官镇妖斩邪永安；兑居正西，表示泽官镇妖斩邪永安；乾居西北，表示天官镇妖斩邪永安。在行法中建立道坛，立坛榜、订榜等，亦以八卦和八方、八色相配，其中《坛榜篆文外坛门榜》《神虎召摄八门之坛》等，便有"黄书黑榜，西北乾地"，"黄书黑榜，东南巽地"等文字。

道士在行法时"捏诀""诵咒""书符"，也要运用易学知识。《灵宝无量度人上

品大法》卷三十五《灵宝五岳三涂宝照咒》《灵宝都天人室明鉴咒》,便记载有道士
捏诀念咒的法术。道士以手指的不
同部位分别代表八卦、九宫、十二辰
等名号,五指相互叠压成不同指式,
便是捏诀,亦称结印,通常用左手。
其中说:"右以左手轮掏震坎兑离中
印念咒,捻定中指中文灵宝印,取五
方炁吹鉴","以右手灵宝印文以中指
于鉴上,自乾方点八点于鉴面,至兑
亦循至灵宝印掏住,吸八方炁,吹鉴
放印在鉴上。"道士以这种法术诵咒
请八卦之神现形相助。《灵宝无量度
人上品大法》卷三十二《大梵隐语无
量音》中,规定修炼内丹的道士,也要

折觥

设案拜忏,书篆咒文,"择丙丁火旺之日,面东南设案,再拜而书于黄素上以镇佩,则
万灵震伏,召集真元,以叩三田。"同时还要"诵大梵隐语六十四句,每一句掏子至
亥十二宫,吸炁吹弹兆身至坎离乾坤四句,即叩齿三十六通,存三清比玄之炁,交遘
中有日月交光,吸炁漱津纳之九。"另外,道士的步罡之法,也利用易学知识,如"召
八方威灵罡","群魔束邪罡""束缚魔灵罡"等,人如丁立,单步,左先右随,两手并
轮八卦诀,自坤步至乾立(召八方威灵罡)等,用以召神伏魔。总之,易学早已渗透
到道教符篆派的各类法术之中,五花八门,不胜枚举。

　　下面,我们重点介绍一下道教占验派道士由《周易》象数学发展起来的术数
学。《四库全书总目提要》云:"术数之兴,多在秦汉以后,要其旨,不出乎阴阳五
行、生克制化。实皆《易》之支派,傅以杂说耳。"研究易学,不能回避作为易学支派
的术数学;研究道教中的易学,更无法将道教占验派的术数忽略过去。何况,《易
经》本身就是上古时代的术数学著作,汉代术数学便成为一大分支,收入刘歆的
《七略》,有天文、历谱、五行、蓍龟、杂占、形法诸家,《史记·日者列传》亦记有五行
家、堪舆家、建除家、历家、天人家、太乙家和形法家等。以《周易》象数体系为核心
的术数学经过汉代四百年的繁荣时期,终于在魏晋之后被排斥出正统的学术殿堂,
为道教占验派所吸收。道教占验派的术数在社会上流传甚广,种类繁多,现在我们
择其要者略做介绍。

　　①谶书。汉代称之为图谶,由谶纬之学流变而来。谶为占验之隐语,纬为经在
术数学中的流变,汉代谶纬图书甚多,现在尚有易纬留存(日本学者安居香山、中村
璋八辑有《纬书集成》),图谶则佚失殆尽。因为谶书实际上是政治预言书,上面多
有图画,故亦称图书,中国历代统治者怕此类书蛊惑民心危害政权安定,或故意篡
改错乱,或干脆严加禁绝。现在社会上流传的谶书,有刘伯温《烧饼歌》、姜子牙
《万年歌》、诸葛亮《马前课》、邵雍《梅花诗》《禅师诗》等,为宋明间预言家的托名
之作。另有《推背图》,托名隋唐间占验派高道袁天罡、李淳风而作,每卦一图,配
以谶言和谶诗,有金圣叹(1608~1661)批注本。《推背图》因流传太广,无法禁断,

朱元璋则故意将其颠倒错乱次序，已失真。现唯有邵康节所著《皇极经世》，未被错乱篡改，但这是一本讲社会周期律的历史哲学书，和一般谶书不同。邵雍为宋代术数哲学大家，其《皇极经世》中的"元、会、运、世"之说，为兼综道、释的术数哲学学说，可和先哲邹衍的五行终始之说相比拟，值得认真研究。

②文王课。文王课是一种以钱代蓍的六爻卦法，又称五行易、火珠林卦法，为唐宋以来社会上最流行的断易方法，由汉代京氏易发展而来。现在社会上流传的筮书，如《卜筮正宗》《增删卜易》《断易天机》，《断易大全》，《文王课秘传》等，多是传播这种筮法。金钱卦是周易古筮法的一种流变，断卦时以六爻所配干支五行的生克制化论吉凶，采用京氏易中八宫、纳甲、世爻、应爻、飞伏等术语，结合占卦时间（日、月）的干支和神煞，而基本脱离《周易》爻辞。这种占法为民间术士所熟知，并积累了较多的占断经验。

③邵康节易数。据说邵雍曾著《梅花易数》，进一步简化了易卜方法，可以年、月、日、时的数目或其他可数之数起卦，以八除之余数定卦名，以六除之余数定变爻，结合爻辞及五行生克比合的关系以断吉凶。他还发明字画起卦法，甚至以二字笔画断定卦爻和占诗，称《一撮金》，用以占断。梅花易数占法十分注意断卦的灵感和观察事物的征兆，训练占卜者必备预言家的素质，因而不拘泥繁琐。

④太乙神数。太乙统十二运卦象之术也和《皇极经世》一样，是推算国家政治命运和气数、历史变化规律的术数学。据《太乙统宗神数》，上古时有一年冬至日夜半，恰好日月合璧、五星联珠，定为甲子年、甲子月、甲子日、甲子时，称作太极上元，上元甲子以来的年数，叫太乙积年。由太乙积年再求出太乙流年和太岁值卦，以断本年各月的气运吉凶，预测一些重大政治事件和天灾人祸。每年值两卦（本卦和之卦），共十二爻，每月值一爻。太乙数以子月为正月，即从上一年的农历十一月计起。例如据太乙数推得戊辰年及以后所值之卦依次为乾之大有、坤之复、屯之比、蒙之损、需之井、讼之履等。太乙数推算国运要兼综年卦和卦爻的大运，这种术数因涉及政治，为历代统治者所垄断，社会上很少流传。

⑤六壬课。术数家称六壬之学为三式（太乙、遁甲、六壬）之最，根于天学，应于人事，为集阴阳、五行、干支、九宫诸术数学说之大成者。六壬神课也像文王课一样是占验人事吉凶祸福的占卜之术，其法以占卜时日的干支为基准。先以占卜月的季节（月将）、占卜日的干支、占卜时的地支组成六壬课式，配以六亲（父母、兄弟、妻财、官鬼、子孙）、十二天将（青龙、白虎、朱雀、玄武、腾蛇、勾陈、六合、太常、天空、天后、太阴、贵人），以三传（初传、中传、末传）、四课（第一、二、三、四课）的生克关系而断吉凶。六壬课表面不用《周易》象数体系，实际上却和周易象数相通。例如其天盘、地盘仿两仪，四课如四象，三传似六爻，其中元首课、重审课、知一课等六十四种课体，则和六十四卦相配。六壬课虽仅七百二十式，但断事时须结合本人年命，错综复杂，变化万端，是自隋代以来较受学者重视的占卜术。至今，海外学者仍有精于六壬课者。

⑥奇门遁甲。遁甲之学是用来选择时间和方位的一种术数。它利用时间和空间因素趋吉避凶，以选择天时、地利、人和的最优方案为目的。遁甲之学的要害在排局布盘，其天盘为九星（天蓬、天芮、天冲、天辅、天禽、天心、天柱、天任、天英），

人盘为八门(休、死、伤、杜、开、惊、生、景),地盘是九宫八卦。排局布盘时以顺仪(戊、己、庚、辛、壬、癸为六仪)逆奇(乙、丙、丁为三奇)为阳局,以逆仪顺奇为阴局,按年份、节令、时辰将八门、九星、九神(直符、螣蛇、太阴、六合、勾陈、朱雀、九地、九天)在九宫八卦盘上布列成局。冬至到夏至之间阳气回升,用阳遁;夏至到冬至之间阴气渐长,用阴遁。为了将时间的干支和二十四个节气密切联系起来,布局时按正授、超神、接气、置闰的规律,将上元符头(十五日值一个节气,分上、中、下三元,每元五日,第一日为符头)和节气调整好。这样,就可以排出一种奇门遁甲的日历,从而用以选择时间、方位和占断吉凶。奇门遁甲是和古代天文历法之学联系最紧,综合性最强的术数,它将古代术数家创造的阴阳、五行、天干、地支、河图、洛书、八卦、九宫等学说都包容进去,并联系成一个有机的整体。

⑦河洛理数。河洛理数是宋代兴起的一种推命术,但不像徐子平四柱推命术那样受印度星象学影响,而是和铁板神数等术数一样是汉代周易象数学的流变。这种推命方法是先算出人出生年、月、日、时的干支;然后以纳甲法求出天干的后天八卦数,地支的五行生、成数;随后将这些天干、地支的天数(奇数)相加起上卦,地数(偶数)相加起下卦;最后将上下卦相合得出人的本命卦以断吉凶。河洛理数是唯一以四柱起卦,以《周易》占断的推命术,利用了周易象数学的卜筮经验。

⑧紫微斗数。紫微斗数、子平推命术、星平会海(又称果老星宗)都是推命的术数,其术数的层次依序增高。紫微斗数虽属初级的算命术,但流传较广,断语明确,不像子平推命术那样复杂难断。其术先查出人的出生年、月、日、时干支,继后画出人的十二宫图(命宫、父母宫、兄弟宫、夫妻宫、男女宫、财帛宫、疾厄宫、迁移宫、奴仆宫、官禄宫、福德宫),依出生图的五行局查出相应的星名(包括天文学上没有的天机星、天府星、文曲星、羊刃星等虚星)分别填入十二宫内,用以推出问卜者一生的命运。

⑨子平推命术。此术将人出生年、月、日、时的干支称为四柱,故又名四柱推命术。唐德宗时李虚中依人出生的年、月、日干支推人命运,至宋初徐子平又加以完善,被后人称为子平术。子平术以日柱的天干为本,根据其和年柱、月柱、时柱干支的五行生克制化关系及节气旺相状态,断人一生命运的吉凶祸福。有《渊海子平》《命理探源》《滴天髓原注》《子平真诠》,《三命会通》《命理约言》《穷通宝鉴》等多种命书,皆讲子平推命术。社会上把子平术当成命理学的代表。

⑩堪舆。堪舆原为汉代五行家推测天文、地理的五行气运之术,多用于选择墓葬、修房、卜居诸事。晋代郭璞著《葬经》,云"气乘风则散,界水则止。古人聚之使不散,故曰风水",则堪舆术后人习称为看风水。古人亦将其包括在相术之中,看阳宅称家相,阴宅为墓相,周代有"相彼阴阳,观其流泉"的说法,为相阳宅,后来受儒家厚葬尊祖之习才盛行墓相,以龙、穴、沙、水、向为判断吉凶的条件。近世中国台湾和日本出版不少风水书,讲住宅修建、室内布置,称其术和地磁场的分布有关。相阳宅有"八门套九星诀",如房屋之门在北方坎位,则依次为五鬼(东北)、天医(东)、生气(东南)、延年(南)、绝命(西南)、祸害(西)、六煞(西北),定八个方位的吉凶。这是因为北方坎位属水,东方震位和东南方巽位皆属木,水生木,故东方、东南方为天医、生气之位,适于安置寝室或厨房。堪

與之術方法繁多，有以人的出生日期定方位者，有以奇門遁甲選方位者，皆不違八卦五行生克制化之理。

⑪相術。相術在中國起源甚早，先秦古籍多有記載。現社會上流傳有《麻衣神相》《柳庄相法》講人相，《金面玉掌》講面相，手相，《相理衡真》集其大成，還有難度較大的《神相鐵關刀》。吉卜賽人的手相之術，亦傳入我國，為青年男女所習。其實中國相術不僅有人相，還有骨相之法，以及近世發展起來的名相、印相。古代還流傳有《相馬經》《相牛經》，以及相狗、相鳥之術，反映了古人社會生活的經驗積累。

⑫雜占。古代術數家為了預測世事人生，流傳的占驗之術種類甚多。《後漢書·方術傳》云："神經、怪牒、玉策、金繩、關扃于明靈之府，封滕于瑤壇之上者，靡得而窺也。至乃河洛之文、龜龍之圖、箕子之術、師曠之書、緯侯之部、鈐決之符，皆所以探抽冥賾，參驗人區，時有可聞者焉。其流又有風角、遁甲、七政、元氣、六日七分、逢占、日者、挺專、須臾、孤虛之術，及望雲省氣，推處祥妖，時亦有效于事也。"魏晉時風角、星算、望氣、三元、六壬、三棋、八卦、九宮、龜策、太一、飛伏諸術數，亦大行于世。這些術數後世多失傳，僅有少數民族地區的民俗中尚保留一些鳥卜、雞卜、棋卜、竹卜、龜卜、夢占、動物內臟卜等占法。現存有六朝時《靈棋經》二卷，可知古代十二棋卜的舊貌。另外，敦煌遺書中還發現有《新集周公解夢書》，提供了唐代夢占史料。

九、周易与佛教

佛理圆觉,不可执着;易道广大,感而能通;依文滞义,都非真理。

佛教在中国的发展,一开始就表现出与易道相通的文化特征。以往各个历史时期中,对于不少佛教大师而言,正因为佛教的宏大壮丽,才堪与他们心目中的易道天人境界媲美,这成为他们毕生矢志佛法的重要原动力。

易佛互相影响,激扬发明。所谓佛教与本土文化的结合,从根本上说就是同易道的结合。只有实现了这一点上的结合,本是外来文化的佛教才有了在中国发展的可能性。

人们常说佛教与中国文化的结合,是与老、庄道家的结合过程,或看作是与儒学的结合过程。这种说法,从一般意义上言都不算错。但是,仅仅这样看毕竟还不够。按我的看法,在深层的文化意义上,在延续了漫长历史时期的中国传统文化大框图下,一种外来文化若未能与易道结合,又如何谈得上与老庄玄学或儒家经学、理学的融会贯通?

易学与佛教的关系共经过四个大的发展阶段。

第一阶段:东晋南北朝及隋代佛教阶段

在东晋南北朝(317~589年)约二三百年时间里,南北分裂,战乱频起,社会动荡不安。佛教的玄远境界、精致理论及其为中国传统文化原来所没有的神秘的宗教氛围,使人们都想从中寻找寄托,排解现实苦难。随着上层统治者的支持提倡、下层广大群众的需要向往,佛教获得了蓬勃生机。其间,名僧如星,或以异迹化人,或以神力拯物,或传译经典,或辩证哲理,含章秀发,群英间出,汇成中国佛教发展史上第一个高潮。这也是易学与佛教结合与互相影响的第一大阶段。

东晋南北朝时期是中国佛教发展的关键时期。因为从历史的角度看,这个时期的一些杰出的佛教思想家的理论活动,为佛教在中国的发展打下了思想和理论的基础,对此后的佛教的弘扬产生了不可估量的影响。

这个阶段佛教的基本特征是,佛典被大量翻译,佛教在各个领域中与中国固有传统文化相互影响、相互抗衡、日益融汇,并开始走上独立的发展道路。当时名僧,立身行世,与清谈者酷肖,并同时精通内外典籍。于儒家之《易》及道家之"道",常能信手拈来,同佛家之"般若""涅槃",互相发明,相得益彰。各种新的学说思想的出现,为中国佛教以后的发展打下坚实的理论根基。其中尤其以僧肇般若学和竺道生佛性论为代表。

僧肇阐发般若学的"不真"即空、色不异空、空不异色、色即是空、空即是色思想,认为毕竟是触"有"而达"真",他是这样说的:"不动真际,为诸法立处。非离真

国学经典文库

而立处,立处即真也。然则道远乎哉,触事即真。圣远乎哉,体之即神。""夫至虚无生者,盖是般若玄鉴之妙趣,有物之宗极者也。"(《不真空论》)根据这样的说法,让我们试比较王弼易学思想。僧肇"虽有而非有,有者非真有","至虚无生,物之宗极",与王弼的"以有为生","运化万变","寂然至无,是其本也",无论在价值指向,还是在思想方法上,都有极大相似性。

宋　灵岩寺泥塑罗汉

　　由于佛教是外来文化,也由于在与本土文化结合的过程中,遭到过被全面禁绝的大规模"法难"事件;当然,更重要的也许是由于标榜出世的价值观念,与中国传统文化的入世、用世的"世俗"的价值观念的区别,佛教中人,从学理角度讲,对于易佛交融,相对道、儒而言,态度要谨慎得多。名士身份的孙绰,最早提出"周孔即佛"观点,在儒门之中几乎没有引起异议。而僧人身份的慧琳,最早提出"白黑均善"观点,在佛门里面就受到强烈抵制。

　　但是,佛教必须在易佛交融中进入中国,实现发展,这是佛教在中国生存和发展必由之路。因此,最现实的态度就是最清醒的态度。

　　隋代中国佛教第一个宗派天台宗创始人智𫖮的态度就是最现实和清醒的。一方面,智𫖮对于易佛"会通",不但肯定其作用,而且身体力行地推陈出新;另一方面,却又保持一种姿态,始终坚持佛教价值高于易学价值。

　　智𫖮的易佛关系论观点在当时具有代表性。他的观点是对南北朝时期易佛关系的总结,同时,也代表了对唐代宗派佛教时期新的易佛关系的认识的开始。

　　由于这种继往开来的作用,我认为,智𫖮是中国佛教发展过程中,易佛互相结合影响的一个关节点,代表了易学与佛教结合与互相影响的第一个阶段的终结和第二个阶段的开始。

　　第二阶段:唐代"宗派佛教"阶段

　　唐朝前、中期,政治稳定,经济发达,文化繁荣,各种文化形态兼收并蓄。佛教发展出现历史上第二个高潮。这也是易学与佛教结合与互相影响的第二大阶段。

　　这个时期的佛教有两大特征。一是继隋代天台宗之后,又相继出现了佛教的各大宗派,而且每一宗派都有相对完整而又严密的教理体系,其教理体系的核心又主要是以哲学形态建构的,这是其他任何历史时期所没有的。二是与政治最高层关系密切,有的时期还几乎达到相互依赖的程度(如法藏华严宗与武则天的关系),这也是其他任何历史时期所没有的。

　　这个时期的佛教可以称之为"宗派佛教"。继天台宗之后，唯识、华严、禅、律、净、密各宗派相继涌现，最后又以禅宗为总结和归趋。这是这一历史时期佛教基本情况。

　　就易学和佛教的关系而言，密教僧人释一行是这一时期最为令人感兴趣的话题之一。但是，在一行身上体现出来的密教、《周易》和"天文"学的三位一体，乃是必须以一种历史的眼光去看待的"科学"文化现象。这是一种不同于现代的特定意义上的"科学思维"的"科学"。

　　李通玄在深厚的中国文化背景下，以《周易》诠说华严学，在更广阔的范围里实现佛学与中国传统思想的"会通"。

　　《华严经》中生动有趣的形象描述，李通玄归结为"取像表法"。《华严经》中玄妙奥秘的说理叙事，李通玄归结为"托事显像"。这样，他实际上也就是把《华严经》与《周易》等同。

　　用文王八卦方位加"上、下"两方，配成"十方"，贯穿于李通玄对整部《华严经》的解说中。《华严经·入法界品》讲善财童子南行，寻访善知识。李通玄解释"南行"之意，是为"明托方隅而表法，以南为正、为离、为明。以离中虚，以中虚故，离为明，为日，为九天。在身为头、为目、为心。心达虚无智。"(《华严经论》卷三十四)李通玄以易之《离》卦解"南"行，说明善财南行要获得"心达虚无智"，使《周易》也具有了佛教的含义。

　　同时站在易学与佛教双重立场，是李通玄易解华严的基本方法论。

　　李通玄揭示了中国佛教华严学一个重要方面的内容，即表明华严学始终在中国固有思想文化的制约、诱导下发展演变。他的华严学从"趣入""刹那际三昧"角度，"以有明玄"，运用易学来沟通现实与理想，此岸与彼岸。

　　宗密将易佛的"会通"推到了更深层次，反映了当时士大夫阶层和佛教界寻求儒释合一途径的一种具有普遍性的倾向。如当时柳宗元、刘禹锡、白居易等重要儒家代表人物，都有一种会儒归佛的思想动向，甚至激烈反佛的韩愈、李翱也同样深受佛教哲学的影响。佛教穷理尽性的终极境界，禅宗开旷清凉的自由之风，给人精神慰藉，使人心理平衡。佛教在更深层次上与易道"会通"结合的转折，是从这时开始的。宗密的"会通"逻辑提供了这个转折的通道。同时，这也表明隋唐以来儒释道三教分流的文化态势，在新的基础上重新整合。

　　中晚唐以后，佛教发展的基本态势是禅宗的兴起和发展兴盛。这是在中国佛教发展的特定阶段，对自身的存在方式中，与封建政治、经济的不协调部分，以及在文化形态上，与本土传统相冲突的部分，进行自我调整的结果。宗密的佛教理论思想结构是佛教发展的这一转折关头的一种批判和总结。其重大历史意义，不但在于对隋唐以来的各佛教宗派向禅宗汇合进行了哲学论证(相对而言，宗密的思想，与他的前后人比较，也是较多哲学品味的)，对当时纷起的各家禅说进行了厘定整合，而且，也由此揭示出隋唐以来，儒、道、佛三教由一度分流而在互相砥砺激发的新的基础上合流的中国文化运行大势。

　　宗密依易道立说，运易学为思，援圆相为学说思想的组织结构。他的教理结构成为确定此后中国佛教发展基本趋势的理论纲领。无论从佛教方面说，会昌之后

禅宗的兴旺发展，以及五代、宋之后延寿、契嵩在宗密开辟的方向上对禅教合一、儒佛合一的进一步推动，还是从整个中国文化发展大势而言，禅宗心学向理学的转化，和理学对禅宗心学的吸收，都可以看出宗密学说的影响和作用。

宗密的易佛关系论观点在当时具有代表性。他的观点是对唐代易佛关系的总结，同时，也代表了对下一阶段新的易佛关系的认识的开始。

由于这种继往开来的作用，我认为，宗密是中国佛教发展过程中易佛互相结合影响的又一个关节点，代表了易学与佛教结合与互相影响的第二个阶段的终结和第三个阶段的开始。

第三阶段：五代宋元明（清）佛教阶段

这个时期实际上是从晚唐、五代至宋、元、明，以迄于清代前期（约雍正年间）止。

对这个时期佛教的评价，以往学术界一般看法，是认为在这个历史时期中，佛教在教理思想上未再有新的开拓，而且各宗思想日益不纯，义理的发展基本停顿。近代以来，学术界主要的看法是，五代、宋之后，中国佛教就走上了下坡路（这个下坡路一直走到现在），主要也就是基于这一点。

但是在这个历史时期中，佛教的发展方向与前代隋唐时期相比的确出现了很大的不同，但还是具有这一个阶段的鲜明特色。它不再是以教理为标志的"宗派佛教"形式的生存和发展，而是转化成为一种以相对平和醇厚的民俗文化为标志的"大众佛教"（popularBuddhism）的形式出现。佛教不再是外来文化，它成为中国文化的血肉组成。佛教不仅仅只是一种正统的、官方的宗教形式，它更广泛地以一种普遍化的信仰形式，与道教等其他大量的民间信仰形式一样，与人们的日常生活贯通为一体。在教理上，佛教不再同前代一样，是以宗派思想为特征，而开始了一种新的整合与会通。也就是说，整合已经发展成熟的各宗派教理，在此基础上，重新界定与传统文化以及现实社会生活的新的"会通"点。

从这个意义上说，迄今为止，学术界仍在不断重复的对这一时期佛教的所谓"宗派立场不清"，以及"佛教学者往往混淆各宗派教理思想界限"之类的批评，就都不能成立。

这一时期佛教的发展与前两个历史阶段不同的生存形态相比，实际上已形成中国佛教发展的第三个阶段。这段时期中，易佛关系表现在具体的文化形态上与以往不同。这种不同是在这样一个大的历史文化背景之下发生的，这就是，官方与佛教的关系发生了微妙变化，而各种民间宗教形式层出不穷，反映着中国社会宗教历史的一种新特征。

明末"四大高僧"的出现，是对上述这种局面的总结和概括。智旭在他名义上讨论易学和佛教关系，实质上是阐述新的佛教思想立场的《周易禅解》一书中，提出了与此前两个历史阶段不同的佛教价值观。

智旭提出的新的佛教价值观，也代表了中国佛教思想史上这一个历史阶段的终结。

智旭的易佛关系论观点在当时具有代表性。他的观点是对这一历史时期易佛关系的总结，同时也代表了对下一阶段新的易佛关系的认识的开始。

由于这种继往开来的作用,我认为智旭是中国佛教发展过程中易佛互相结合影响的又一个关节点,代表了易学与佛教结合与互相影响的第三个阶段的终结和第四个阶段的开始。

第四阶段:近现代佛教阶段

这一阶段,约从公元17世纪中期(大致是清代雍正年间,1723~1736年)开始,跨越清代中叶之后以及现、当代,直到20世纪末。这个阶段或可以视为中国佛教发展的第四个大阶段。

这一历史时期的特殊的文化标志,表现在由中国封建社会的穷途末路而决定的传统思想文化形态的大调整,以及日益紧密地与世界文化的关联,由互相影响而互相制约的一体化趋势的形成。

这一个历史阶段,佛教总体的文化态势是"人间佛教"(hu-manisticBuddhism)的趋向。

这一历史时期中,世界思想潮流在近代大工业文明的影响下的方向性变化,以及西方思想文化对中国社会的巨大冲击与影响是史无前例的。尤其是20世纪以来,这种冲击与影响的结果更是双重的:以"易为之原"的中国文化价值体系,和以"涅槃佛性"为终极目标的佛教价值体系,同时受到严酷挑战。

这个"人间佛教"(humanisticBuddhism)趋向,意味着佛教要根据时代的、潮流化的要求,大力度地而且是前所未有地对自己的信仰内涵以及价值的表达形式做出调整。

黑格尔曾经说过:没有否定,就没有生命;生命是在否定以及否定的痛苦中前进的。

这种调整正是一个否定的过程。这个过程会充满痛苦和艰辛。正是由于这种艰辛性自太虚法师之后并未被佛教界真正面对,因此我想,也毋庸讳言,中国佛教的这个调整迄今为止仍不能说是成功的。

对佛教(主要指中国佛教现状)而言,在人类历史的新世纪中,如何适应,如何重新调整自己的价值立场,可能会是命运之所系的大问题。

易学价值体系与佛教价值体系

(1)通神类物,易为之原

1. 以易道为价值取向的中国文化思想结构

①诸子蜂起、百家争鸣中的价值取向

价值取向问题,是文化得以立足,并能够延续流传的根本性问题,也可以说是文化生命力的体现。这也是隋代佛教大师智颉创立天台宗判教思想结构时反复强调的"观心"问题。

易学和佛教的关系,在苍茫的历史背景下,展现为或瑰丽辉煌,或幽深信屈的文化形态。在互相结合,互相影响,互动制约之中,折射出一种动人心魄的精神之

光。下面让我们首先结合中国文化精神来讨论这个问题。

中国文化精神是一大范畴。但中国文化精神到底是什么,又常取决于考察者所取视角。王弼《周易略例·明象章》说:

> 故众之所以得咸存者,主必致一也。动之所以得咸运者,原必无二也。物无妄然,必由其理,统之有宗,会之有元,故繁而不乱,从而不惑。故自统而寻之,物虽众,则知可以执一御。由本以观之,义虽博,则知可以一名举也。

这种精神是中国文化的一个基本特征。

先秦诸子百家中,明确显示出这种思想特征的是道家。如老子所谓:"昔之得一者,天得一以清,地得一以宁,谷得一以盈,万物得一以生,侯王得一以为天下贞。"即是此意。

《庄子·天下篇》在中国文化史上首次对思想史上各家学派进行全面批判总结,并以"道通为一"(《庄子·逍遥游》)的思想方式对各家思想予以整合会通。

《天下篇》中,对周秦之际百家争鸣局面,概括为八家:

其一,讲"阴阳数度"之学的阴阳家;

其二,讲"诗书礼乐"之学的儒家;

其三,墨翟、禽滑厘所代表的墨家;

其四,以宋钘、尹文为代表的道家;

其五,以彭蒙、田骈、慎到为代表的道家;

其六,以关尹、老聃为代表的道家;

其七,以庄周为代表的道家;

其八,以惠施及诸辩者为代表的名家。

在此基础上,庄子对各家学说思想分别进行批判总结。庄子对儒家的批判,主要有如下两点:

a. 庄子认为:"至仁无亲"(《天运》《庚桑楚》),也就是说,"至仁"应该是超越亲疏的,"有亲,非仁也"。(《大宗师》)

b. 庄子认为:"天时,非贤也"(《大宗师》),(子思:"上律天时",语出《中庸·三十章》;孟子:"得天时",语出《孟子·公孙丑下》)意思是说,依"天时"流转,即是有计较,"至贤"应该是无计较的。

庄子对墨家的批判,主要有如下三点:

a. 庄子认为:"为义偃兵,造兵之本"(《徐无鬼》),就是说,若是为了所谓的"义""利"而兴兵,实际上是为了能"有所作为",结果反而会造成战争。

b. 庄子认为:应该"不尚贤,不使能"(《天地》),因为"举贤,则民相轧"(《庚桑楚》),"尚贤""使能"的结果,会使人相争,造成混乱。

c. 庄子针对墨家观点,直截了当地指出:"夫兼爱,不亦迂乎!无私焉,乃私焉。"(《天道》)就是说,墨家的所谓"兼爱",表面上标榜"无私",实际上正是有私的表现。

　　庄子对惠施一派，批判最为严厉："惠施多方，其书五车，其道舛驳"，"能胜人之口，不能胜人之心"，"由天地之道，观惠施之能，其犹一蚊一虻之劳者也。其于物也何庸（用）"。并且列出惠施学派的"卵有毛""鸡三足"二个著名命题，进行抨击。

　　在庄子看来，"道"乃是在于"自然"，超越社会矛盾，"游心于德之和"（《德充符》），才是"道"的境界。

　　除此之外，《庄子·天下篇》中，将道家分为四派，也分别予以批判、分析：

　　a. 宋钘、尹文的道家："不累于俗，不饰于物，不苟（敬）于人，不忮（无害）于众，愿天下安宁，以活民命。人我之养，毕足而止，以此白心。"

　　b. 彭蒙、田骈、慎到的道家："公而不当（党），易而无私。决然无主，趣物而不两。不顾于虑，不谋于知，于物无择，于之俱往。"

　　c. 关尹、老聃的道家："以本为精，以物为粗。以有积为不定，澹然独与神明居。"

　　d. 庄周的道家："万物毕罗，莫足以归"，"独与天地精神往来"，"兼天地之正，御六气之变，以游无穷"，"上与造物者友，而下与外死生无始终者为友。其于本也，宏大而辟，深宏而肆；其于宗（宗旨）也，可谓稠适（调适）而上遂矣。虽然其应于化而解于物也，其理不竭，其本不蜕。芒乎昧乎，未之尽者。"

　　庄子认为，道家之四家，都谓"古之道术，有在于是者"，不过，对于其中关、老一派评价较高，谓是"古之博大真人哉"。

　　在上述的《庄子》的包含了价值评价的批判和总结中，尤其值得注意的是，批判道家四家，排列的方式是由浅而深，由具体而抽象，境界是由低而高，最后以己之一家为圆满，是所谓"至人无己，神人无功，圣人无名"，也由此而才能达到所谓的"内圣外王"理想。这是对已有的学术的发展和总结，是一种在批判基础之上的总结。

　　然后，《庄子》在此基础上，以带有悲壮色彩的"以天下为己任"的价值理想阐发论学旨趣：

　　　　天下大乱，圣贤不明，道德不一，天下多得一察焉以自好；譬如耳目鼻口，皆有所明，不能相通。犹百家众技也，皆有所长，时有所用。虽然，不该不通，一曲之士也，判天地之美，析万物之理，察古人之全，寡能备于天地之美，称神明之容。是故内圣外王之道，暗而不明，郁而不发，天下之人各为其所欲焉以自为方。悲夫，百家往而不返，必不合矣！

　　这是在中国思想文化史上，首次提出"内圣外王"之说，以之作为价值标准衡度百家。

　　与《庄子》形成对照，《荀子》批判各家异说，则锋芒横扫，气势咄咄：

　　　　假今之世，饰邪说，文奸言，以枭乱天下，矞宇嵬琐，使天下混然不知是非治乱之所存者，有人矣。（《非十二子》）

认为各家异说皆是"邪说""奸言"，其作用只是"枭乱天下"，"使天下混然不知是非治乱"。荀子认为，各家异说的共同特征是："然其持之有故，其言之成理，足以欺惑愚众"（《非十二子》）。出于儒家用世治乱立场，认为应"立息"（立即扑灭）十二子异说，方可"以正道而辨奸，犹引绳以持曲直，是故邪说不能乱，百家无所鼠"（《正名篇》）。具体方法：①可以皇权专制压服。对"凡邪说僻言而离正道者"，"申之以命，章之以论，禁之以刑"（《正名篇》）。②干脆杀掉。凡"奸言""不合先王，不合礼义者"，比盗贼更危险，因为"盗贼得变，此不得变也"，"夫是之谓奸人之雄。圣王起，所以先诛也，然后盗贼次之"（《非相篇》）。

对此，我想指出两点：

第一，尽管与《庄子》比较，似乎一是承认各家异说存在的合理性（庄子），一是否认各家异说存在的合理性（荀子），但是，《荀子》之"务息十二子之说"，目的是使"天下之妄除，仁人之事毕，圣人之迹著"。他的目的，主要是从政治，从意识形态角度的批判，非纯学术角度出发的。这一点是与庄子的主要区别。

第二，荀子的批判方法，是直接从普遍原则引发，重在政治批判，体现的是儒家人世为用的思想特征。然而，正是此普遍原则的基本立场，却又和庄子的"内圣外王"，没有不同。

庄子是从学术视角的批判，视一本而化为万殊；荀子则是从政治角度的批判，视万殊应归于一本，如此而已。

《吕氏春秋·不二篇》后来进一步提炼《荀子》这种思维方式说："一则治，异则乱。一则安，异则危。""圣者执一，而为万物正。军必有将，所以一之也。国必有君，所以一之也。天下必有天子，所以一之也。天子必执一，所以抟（专）之也。"初看起来，一本万殊与万殊一本，乃同一事物不同方面。但二者的逻辑路径毕竟不同。

这种不同的根源只在于思辨路径不同。一者是为"道"之原则，即较为抽象的"天"，换句话说，是"道"之本身；一者是为"道"之体现，比较而言，即是较为实在的"天下"或"现实"，是"道"之具体体现者——皇权。二者之价值标准都是"天道"。"天道"是体，"皇权"是用，体用一如，没有不同。

对后来的秦始皇焚书，班固曾指出，焚书事件的思想渊源，即植根于《荀子》等被焚之书自身之中：

> 昔仲尼没而微言绝，七十子丧而大义乖。故《春秋》分为五，《诗》分为四，易有数家之传。战国从（纵）衡（横），真伪纷争，诸子之言，纷然淆乱。至秦患之，乃燔灭文章，以愚黔首。（《汉书·艺文志》）

荀子的学生韩非的法家思想，是被秦始皇奉为重要治国原则的，韩非认为："世之显学，儒墨也"。孔（子）、墨（翟）之后，"儒分为八（家），墨离为三（家）"，依法家标准，这儒之八家，墨之三家，皆"愚诬之学，杂反之行"，"明主弗受也"（《韩非子·显学篇》），荀子之学，即是韩非子"料简"出的"儒之八家"之一，当然须焚。但是对

照一下,韩非子这种说法,与荀子"务息"之说有何不同?

这种"务息"异说,乃至"焚书坑儒"做法,在秦之后,因为人们深悟"坑灰未冷山东乱"之理,再不奉行,此后亦无人再鼓吹。

汉初司马迁撰《史记》,载司马谈《论六家要旨》一文,对春秋战国以来百家异说,概括为阴阳、儒、墨、名、法、道六家,明确地强调了"会通"的思想。

这表明中国思想史上批判精神的成熟。汉初起,会通同异——根据特定的价值标准,百虑一致,殊途同归,开始成为中国文化基本精神。班固此后更构造了一个"易为之原",即以易道体现的价值准则为最高标准的知识体系。这也是后来易学成为魏晋玄风扇起鼓吹之源的重要原因之一。这种文化精神,一开始就深深烙印到中国佛教中。

②价值评价体系:中国传统文化之思想结构

中国传统文化在世界思想文化史上具有独特的存在形态以及价值意义。它以一种"经典体系"的方式,建构成为一个形态宏大壮丽、内涵精致细密的思想结构。这个思想结构实际上也成为中国文化的价值评价体系。

这个体系的形成过程,是通过对现实中的各家思想学说进行分析、批判、总结,并且在提炼出主体价值标准的基础上,以之衡量、测度各家异说,最后,以达到求同存异、和合会通的这样一个历史过程。

A. 司马迁提出以易道为价值标准:"百虑一致,殊途同归"

司马迁在《史记》中记载司马谈《论六家要旨》一文中,概括先秦以来各派学说思想为六家:阴阳、儒、墨、名、法、道德。并指出了各家不足之处和长处,具体内容如下:

a. 阴阳家。不足:"大祥而众忌讳,使人拘而多畏",优点:"然其序四时之大顺,不可失也。"

b. 儒家。不足:"博而寡要,劳而少功,是以其事难尽从",优点:"然其序君臣父子之体,引夫妇长幼之别,不可易也。"

c. 墨家。不足:"俭而难遵,是以其事不可偏循",优点:"然其强本节用,不可废也。"

d. 法家。不足:"严而少恩",优点:"然其正君臣上下之分,不可改矣。"

e. 名家。不足:"使人俭而失真",优点:"然其正名实,不可不察也。"

f. 道家。评价最高——优点:"使人精神专一,动合无形,瞻足万物。其为术也,因阴阳之大顺,采儒墨之善,撮名法之要,与时迁移,应物变化,立俗施事,无所不宜,指约而易操,事少而功多。"是谓道家集阴阳、儒、墨、名、法各家长处于一身。

司马迁的这种思想,反映了汉初黄老之学占据统治地位的时代背景和现实。司马迁又指出,以上六家,各有依凭:

a. 阴阳家:以"四时、八位、十二度、二十四节",为"天道之大经","顺之者昌,逆之者不死则亡"。

b. 儒家:"以六艺为法"。

c. 墨家:"亦尚尧舜禹"。

d. 法家:"一断于法"

e. 名家:"苛察缴绕(缠绕不清)",是不通大体,未列依凭。

f. 道家:"其术以虚无为本",即以道为本。"以因循为用","其实易行,其辞难知",是道可道,非常道,而"有以治天下"。

在以上概括、分析、批判基础上,司马迁进一步指出,《易大传》说:"'天下一致而百虑,同归而殊途',夫阴阳、儒、墨、名、法、道德,此务为治者也,直所从言之异路,有省不名耳。是六家同归于正,但所从之道殊途,所学所行,或能使人明察而行,或不能耳。"这样,他的认识就与前人的总结显然不同,对于各家思想学说都统一于一个价值标准之下予以肯定。其思想批判特征是:肯定各家思想学说,在统一的易道价值标准之下,"百虑一致","殊途同归"。

这已是一种较成熟的思想批判。其评判的价值标准乃是易道。所谓"天下一致","殊途同归",即是以易道为价值标准,重在治理教化,君臣纲纪。这是以儒家易道贯通到现实社会的具体体现。

B. 班固建构的价值评价体系:"易为之原"

班固依刘歆《七略》,撰《汉书·艺文志》,将诸子概括为九流,并构建了一个庞大的经典体系。从中国传统文化体系的角度而言,其重要性应受到足够重视。它实际上也成为中国文化思想结构,是中国传统文化的价值评价体系。

班固的经典体系结构庞大,将之前及当前所有学说几乎全部包容。主要有以下几个方面:

a. 基本经典体系——"六经"及经学部分:

《易》十三家,二百九十四篇,其中施、孟、梁、丘等四家,列于学官;费、高等二家为民间之学;但基本思想原则一致,即"以通神明之德,以类万物之情"。

《尚书》九家,四百一十二篇;

《诗》六家,四百一十六篇;

《礼》十三家,五百五十五篇;

《乐》六家,一百六十五篇;

《春秋》二十三家,九百四十八篇。

以上"六经",及各家经学,构成完备的基本经典体系部分。所有各家,都有"列于学官者",如《易》有四家,《春秋》有二十三家,但是,有的当时已经"有录无书",是书已不传。《春秋传》中,传世的有《公羊》《谷梁》《邹》《夹》四家,其中《公羊》《谷梁》二家,列于学官,即为官方所肯定者。

b. "六经"之外,又有:

《论语》十二家,二百二十九篇;

《孝经》十一家,五十九篇;

《小学》十家,四十五篇。

以上是以孔子(圣人)言论、"天经地义"之《孝经》(孝是封建宗法制度维系的纽带和封建伦理思想之主干)及文字学等为辅,与"六经"共同构成经典体系组成部分。

所有以上"凡六艺一百零三家,三千一百二十三篇",其基本功用是:"六艺之

文,《乐》以和神,仁之表也;《诗》以正言,义之用也;《礼》以明礼,明者著见,故无训也;《书》以广德,知之术也;《春秋》以断事,信之符也。五者,盖五常之道(仁、义、礼、智、信),相须而备,而《易》为之原。"即《易》是一切经典以及思想和知识的源头。

这实际上就从乾坤运转、天地终始的本体高度,确立了易道价值的无上权威。

c. 在上述原则之下,评价并组织诸子百家学说思想,纳入于统一的思想结构,安排其地位和作用:

其一,儒有五十三家(学派),其共同长处是:"于道为最高","唐、虞之隆,殷、周之盛,仲尼之业,已试之效者也。"其共同的不足之处是:"然惑者既失精微,而辟(僻)者又随时抑扬,违离道本",致使"儒学渐衰,此辟儒之患"。

其二,道有三十七家(学派),其共同长处是:"知秉要守本,清虚以自守,卑弱以自恃,此君人南面之术也。合于尧之克让,易之谦谦,一谦而四益,此其所长也。"其共同不足是:"及放者为之,则欲绝去礼学,兼弃仁义,曰独任清虚可以为治。"

其三,阴阳有二十一家(学派),其共同长处是:"近顺昊天………敬授民时,此其所长也。"其共同不足是:"及拘者为之,则牵于禁忌,泥于小数,舍人事而任鬼神。"

其四,法、名、墨等三家(学派),纵横、杂、农、小说等四家(学派),亦各有优长短缺,略。

d. 对各家的作用,继承司马迁思想,一以贯之,在统一的价值标准之下予以评判,体现了开阔的文化胸怀。

在上述基础上,《汉书·艺文志》中还更列诗赋(赋、杂赋、诗歌)百六家,兵(权谋、形势、阴阳、技巧四大派)五十三家,数术(天文、历谱、五行、蓍龟、杂占、形法五派)百九十家,方技(医经、经方、房中、神仙四种内容)三十六家。

对于各家出现的原因,班固指出:"皆起于王道既微,诸侯力政,时君世主,好恶殊方"。但是,"合其要归,亦'六经'之支与流裔"。也就是说,全部都是属于以"六经"为主体的基本经典体系的从属部分。班固进一步说:"若能修'六艺'之术,而观此九家之言,舍短取长,则可以通万方之略矣。"显然,高度肯定了在统一的价值标准下的各家多维并存的关系。

班固并总结说:"九家之说(班固认为十家中可观者九家,是小说家不在内),蜂出并作,各引一端,崇其所善。以此驰说,取合诸侯。其言虽殊,辟犹水火,相灭亦相生也。仁之于义,敬之于合,相反而相成也。"这样,就肯定了以上所有各家,都是以易为根本,据"六经"以为体,"天下同归而殊途,一致而百虑"。以后千百年来,这也就是中国文化的基本面貌,万变而不离其宗。

2. 易道:中国文化之价值观

易道,也就是"天人之道",成为中华文化根本代表。这也即是中国传统文化中,关于宇宙生命的基本规律的认识把握。《易传》说"形而上者谓之道",就是说"道"是超越具体实存的,是无形、抽象的。有形的、具象的东西,就是"器",即所谓"形而下者谓之器"。

　　《老子》说："道可道，非常道。"就是说，"道"是难以用语言文词表达的。这样的"道"，先天地而生，"寂兮寥兮，独立而不改，周行而不殆，可以为天下母"。其存在形态，混然一体，清静无为，"惟恍惟惚"，却又能在规律的意义上，或曰在本体的意义上，代表一切。

　　《易传》的思想，也是将"道"看成是本体和规律的意义，并且还指出，"道"的基本内涵就是"阴阳"："一阴一阳之谓道。"

　　《易传》的思想，实际上是在总体上将《周易》的思想归结为"道"。如《系辞传》说：

　　　　易与天地准，故能弥纶天地之道……

　　　　易之为书也，广大悉备，有天道焉，有人道焉，有地道焉。兼三才而两之，故六。六者非它也，三才之道也……

　　　　夫易，开物成务，冒天下之道，如斯而已。

　　《说卦传》中说：

　　　　昔者圣人之作易也，将以顺性命之理。是以立天之道，曰阴与阳；立地之道，曰柔与刚；立人之道，曰仁与义。

　　这样，根据《易传》思想，实际上认为易即是言"道"之经。这样，就将《易经》从本来是主讲占卜和巫术的书，提升为讲"道"的哲理经典。借用佛教语言，也可以说，就是从俗谛而提升到真谛。

　　按《易传》思想，"道"是一种广大无垠的存在。《系辞传》说：
其道甚大，百物不废，惧以终始，其要无咎，此之谓易
之道也。

　　易"道"广大，无所不包，无终无始，显为中正。而"道"又是不断变化的。《系辞传》说：

　　　　易之为书也不可远，为道也屡迁。变动不居，周流六虚。上下无常，刚柔相易。不可为典要，唯变所适。

　　"道"之变化，在易之六爻中得到充分体现。六爻位或上或下，或刚或柔，上下转换，刚柔移动，永无常法。变化，乃是存在的绝对状态。

　　《易传》将"易道"中的"圣人之道"分为四类，《系辞传》中说，"易有圣人之道四焉"：

　　　　以言者尚其辞，以动者尚其变，以制器者尚其象，以卜筮者尚其占。

　　圣人《或君子》的言行，应该始终遵循四条准则，即以言语论理时，则要取法卦

爻辞;以行为处事时,则要取法卦爻变化;以制作器物时,则要取法卦爻象;以从事卜筮决策时,则要取法占卦。这四条"圣人之道",是天地间万物运行的四条基本原则,也是做人的四个基本方法和四个方面的基本的人生态度。

天道体现为"阴阳",地道体现为"刚柔",人道体现为"仁义"。阴阳、刚柔、仁义,都是对立,又是同一;是相对,又是互变;是相反,又是相成。天道、地道、人道,虽有阴阳、刚柔、仁义之别,但总的来说,又等质、同构、合一。

中国文化传统,可以表述为"究天人之际,通古今之变"。探讨"天人之道",也正是中国传统文化基本特征。这一点,与西方古希腊罗马文化影响下的以探讨存在的本原为特征的文化传统,大有异趣。

中国文化的所有子学、经学、玄学、理学、朴学——可以说都是直接或间接地通过对易学的解说而建构起来的。其核心,就是"易道"。

易道对中国佛教的思维方式,在深层次上,一直产生着深刻影响。

（2）般若析空,涅槃佛性

中国传统文化实际上形成一个结构上宏伟壮丽、内涵上精致细密的价值评价体系。它是中国文化生存的根本、延续道统的命脉所在。它实际上决定了任何一种外来文化能否进入中国文化圈子,被本土文化接纳,就在于其是否能与此一思想结构进行调适融通。这种"调适融通",当然不是指"度身定做",也不能是"削足适履"。所谓"调适融通"之意,指的是与新环境的互动"适应",就是既要为新环境所接受,又要能够调整自身,是一种双向的适应过程。

佛教与中国本土文化是一种"互融"关系,更是一种"互摄"(互相主动地摄取对方)关系。但是,首先,佛教必须能够为中国文化思想结构所容纳。容纳之后,当然,这个思想结构本身,也是要为此做出自身的调整的。

在这个过程中,对于佛教而言,至关重要的一步,也是建立自身的思想结构。这个思想结构也就是佛教的价值评价体系。具体而言,中国佛教的这个思想结构,是通过判教建立的。

佛教的价值评价体系,在结构形态上,却又正是与中国传统文化(本土文化)以易学的价值准则为核心的思想结构的一次成功的"度身定做",并且在价值取向上,也与本来的印度佛教虽非"削足适履",却是一个遵循"殊途同归,百虑一致"的历史方向的极大调整。

1. 部派源流,异部宗轮:印度佛教之学脉

佛教发源地在印度,于东汉末年传入中国,由于特定的历史契机和一些复杂的社会政治、经济、文化等原因,在中国发展繁荣起来。并在两千年的漫长历史中,由中国走向全世界更广大地区。

特别是由于 13 世纪后,佛教在其发源地的印度基本灭绝,直至 19 世纪末,才开始又重新复兴。因此,"印度佛教"与"中国佛教",是两个在内涵上有相当大差别,而在外延上又是相互并列的概念。在国际上,"中国佛教"(ChineseBuddhism)与"印度佛教"(IndiaBuddhism)是两个相当不同的学科领域。二者对于语言、哲学、研究方法等背景知识的要求,以及研究能力上的要求,都

大不相同。

但是考察中国佛教的价值取向问题，很自然地会使人联想到佛教发源地的印度佛教的价值取向，以及对其如何认识，其与中国佛教的价值取向是何种关系等诸如此类的问题。对这些问题，学术界一向有不同看法。

①印度佛教之学脉

佛教在印度的发展，从学说思想史角度看，在历史时空部分交叉的过程中，大致上经历了原始佛教、部派佛教、大乘佛教和密教（后期佛教）四个大阶段。

第一阶段，原始佛教。时间约在公元前6世纪至公元前4世纪，指佛教创始人释迦牟尼及一些直接授受弟子的佛教时代。由于僧众人数较少，流布地区有限，教义也相对简单，思想上没有重大分歧，佛教史上也称为"和合一味"时期。

第二阶段，部派佛教。时间约在公元前400年至公元150年之间，随着佛教流传地区扩大，为适应当时印度不同国家、地区、民族的生活、宗教和思想传统，佛教教理必然要相应地发生重大变化。部派佛教是从原始佛教分化出来的各个教团派别的总称。最初在佛去世后约一百年，佛教分化为上座部和大众部两大派，史称佛教的"根本分裂"。

分裂的原因，后来南北传佛教的说法不同。据南传的说法，主要是因为对戒律和如何持戒的观点分歧；据北传的说法，主要是因为对教理的思想争议。当然，除此之外，这后面还有深刻的社会根源，此不具说。"根本分裂"之后约过二百年，又发生所谓的"枝末分裂"，即分化成18部派。

印度犍陀罗石雕佛像

"部"原意为"说"，部派或可释为"学派"。18部派又可大致上概括为两大部，即上座部和大众部：

上座部方面，分化出说一切有部、雪山部（根本上座部），从说一切有部又分化出犊子部、化地部（法藏部）、饮光部、说经部，从犊子部又分化出法上部、贤胄部、正量部、密林山部，共10部。

大众部方面，分化出一说部、出世部、西山部、北山部、鸡胤部（灰山住部）、多闻部、说假部、制多山部共八部。为清楚起见，制表如后。

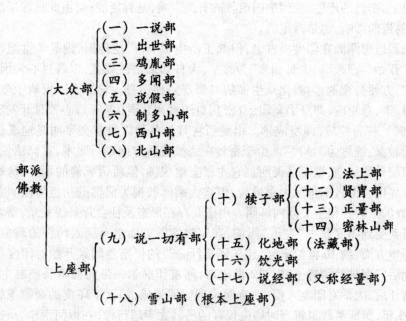

印度部派佛教示意图

　　第三阶段,大乘佛教。大乘佛教(mahayana)兴起,与小乘佛教(theravada)的分化时间,约在公元1世纪。在大乘佛教形成和演化过程中,主要形成了中观学派和瑜伽行派两大派。大乘佛教思潮的产生,意味着佛教内部自部派佛教之后的第二次大分化,它也意味着对于原始佛教和部派佛教的强烈冲击。在整个印度佛教史上,这是最大的一次分裂。大乘佛教为树立正统地位,将部派佛教贬为小乘。"乘"字梵文字根(yana)有道路、事业之意,一般也解为车、船的运载等意。开始部派佛教当然不会接受这种贬称,但后来时间长了,习以为常,也这样自称了。大小乘在教理上、宗教精神上有重大差异。如小乘以个人的解脱为目标,偏重断除大烦恼,灭绝生死;大乘则宣扬大慈大悲,普度众生,其所谓成佛度世,追求解脱,在于以觉悟和智慧(即菩提)为目标。其他如在对佛(成就正觉)、菩萨的观念上,在戒律和修持方面,在所依典籍和教理上,也都有明显不同。当然都是佛教,大小乘所遵循的佛法原则也有许多相通之处。印度大乘佛教生存发展时,小乘同时也是生存和发展的。

　　大乘两大派中,中观学派先出,时间约在1世纪。瑜伽行派出现的时间约在4世纪。大乘佛教兴起后,在印度经历六七百年的兴旺发达时期,至7世纪开始衰沉。大乘两大派的教理和哲学各有特色。中观派理论,主要围绕缘起性空、二净、中道等核心范畴展开;瑜伽派理论,主要围绕"法相唯识""如来藏""阿赖耶识""三性"等核心范畴展开。

　　第四阶段,密教。密教(tantrism,or esoteris Buddhism)的产生和衰落,时间约在公元7~13世纪。密教信徒自己也将其视为佛教发展的最高阶段。大乘两派在发展中最终相融,结果是形成瑜伽中观派,终于占据主导地位,并发展为密教。印度

佛教史上,密教的产生,受到中国道教的有关影响,是肯定的;而由此在深层的意义上,受易道的影响,也是肯定的。

密教思想渊源在印度极古老,但真正产生影响,广泛传播,则是7世纪密教形成后才开始。密教奉"大日如来"为教主,大日如来悟性智慧,以菩提心为因,大悲为根本,方便为究竟,为教化众生而随时显现多种佛身。它的修法仪轨十分复杂,主张身、语、意相应,即身手契印(身密),口颂真言咒语(声密),心智慧开发观想佛尊(意密),三者相应,即身成佛。由此而将其他各种以语言文字明显地表达佛教教义的教派,统称为"显教"。由于密教在宗教实践方面奉行咒术,重修法仪轨,教理看似简单通俗,实则不易说明。它主张立地成佛,但所谓成佛的境界,殊难以通常语言界说。密教不排斥大乘佛教,但将大乘佛教视为成佛的初级阶段。总体上看,密教的宗教神秘主义倾向鲜明。由于其存在形态及社会背景等关系,密教发展中曾日益受到印度教中"左道"影响,在宗教实践方面也有羼入污秽的现象存在。社会环境方面,约10世纪末起,建于阿富汗一带的伊斯兰国家开始对印度进行渗透。此后印度佛教情势丕变。12世纪末,阿富汗廓尔一带的穆哈马德君主,在统一阿富汗后,大举对印度入侵,一直深入到恒河流域,消灭了印度的斯那王朝。公元1203年,伊斯兰教军将当时印度仅存的佛教大寺超行寺(在恒河南岸,是密教中心,包括有107座寺院,6所研究院,又藏有无数珍宝、文物,规模比玄奘在《大唐西域记》中描绘过的宏伟的那烂陀寺还大得多)掠尽焚毁。

超行寺被毁是一个历史事件,它标志着佛教在印度本土的消亡。近代印度的佛教复兴运动,是19世纪从斯里兰卡返归故土的。

②印度佛教之价值取向

部派佛教派别众多,诸说纷纭,而且后来越来越多。如按南传说法,有24部,加上有些名称重复的,若一一列举,有40多部。从考古资料看,被发现的铭文碑刻上所记载的部派名称,也有20多个,根本的18部派中,除大众部的鸡胤部、说假部尚未发现之外,其他部派都被发现了。而且发现的地点,与以往文献中所记各部派活动情况也符合,证明以往资料记载可以信任。②上文提到,"部派"也包含有"学派"之意。从上文列出的关于各部派分派的资料中,我们也可以发现,它也记载了各派学说之间的分歧,并且对之进行的评判。

在大乘佛教的发展中,中观、瑜伽两派,在一些重要的看法上分歧很大,有时还互相对立,争论激烈,甚至发展到不肯共饮一河之水地步,有点类似中国所谓"不共戴天"的味道(关于两派在各自发展过程中产生分歧和争论的有关问题,可以参看吕澄著《印度佛学源流略讲》第五讲"中期大乘佛学"的第三节"无著世亲的学说"、第四节"瑜伽行学派和中观学派"、第六讲"晚期大乘佛学"的第二节"法称、月宫与瑜伽行派"、第三节"月称、寂天与中观学派"等内容,此处恕不赘述)。他们理论的争论,往往同时也带有批判和总结的成分,既是批判对方,总结对方的思想,以指出对方的所谓短处,又是自我批判,自我总结,以归纳出自己的所谓长处。正是在这种激烈的思辨的交锋中,理论向前推进而认识不断得到深化。

虽然印度佛教似无中国佛教那样明确的判教意识,但他们的这种以佛之说法经典为标准的批判总结,以及在此过程中进行的理论建设,也可以说是进行价值取

向的定位工作。

应该指出,原始佛教由于最初即确定的道德实践要求,一开始对哲学思辨是排斥的。比方说,认为如一个人中了箭,最紧迫的问题,自然应该是治疗箭伤,至于射箭人的身世,箭是什么材料做的之类的问题,大可以暂且不论(《中阿含·箭喻经》)。以此表明,最重要的是解决人生实践问题,而哲学方面的本体之类的问题,并非当务之急。而且,各种学派思想的哲学教理方面的争论,往往各申其理,莫衷一是,在实践上并没有什么现实利益。所以空话少说为妙。但是随着佛教的发展,传播范围日大,反映在思想理论上所涉及的方面也日益深广,世界观和人生观方面的问题不可能置而不论,因此哲学思维日益成熟。

但是,以后的印度佛教主要关注的也不是价值论方面的问题,而是"本体"本身方面的问题。或者说,其所关注的,仅止于本原意义上的本体,不关注价值本体方面的问题。其价值取向乃是纯然超世意义上的"空",是"涅槃"(Nirvana)。其既非一种形而上的范畴,又是脱离知性的,换句话说,它仅指一种"终极"(the final aim)意义上的"解脱"(the soteriological abso-lute)。这也是其传入中国之后,不适应本土文化方面的最大问题。

然而,却也正因为此,倒使其在异文化环境中的发展,留下了调整的大空间。这实际上却又成为其重获生命力的一个重要契机。

在印度佛教发展中,大乘佛教中后期,尤其是后期,无论是那烂陀寺还是超行寺中的关于佛学的文章和讨论,现在看来,都开展得似乎非常热烈,生机勃勃,但实际上主要限于少数学者范围,类似经院哲学,吕澄先生称之为"寺学"。他说:当时那些"学者的著作,实际上有浓厚的思辨、烦琐气味,可以说是为著作而著作"。

从宗教本身发展来说,是脱离宗教实践的,从思想史角度来说,虽然其理论思维水平达到了惊人的深度,但是一定程度上脱离了现实社会生活。

2. 本土文化对印度佛教的价值诠释与改造

这样的东西,如果照搬到中国来,不可能成活。从佛教一开始在中国的传播,就经历着被本土文化改造以及重新进行价值诠释的命运。

中国佛教界对印度佛教各种学派思想的自觉的分理爬梳、批判总结,从智颛天台宗判教成为固定模式后开始(智颛对这一领域尚未给予重要关注)。换句话说,是在判教成为隋唐各宗派建立各自理论体系过程中的一个必不可缺的思想方法之后,在这种思想氛围、理论定势中开始的。同时也与玄奘从印度留学归来后,对佛教发祥地的佛教思想史发展脉络,有了更全面深入的了解和关注有关。最早全面论述这个问题的是窥基(见《法华玄赞》卷一)。相隔不久的法藏等人在判教的同时,也注意讨论这个问题(见《华严经探玄记》卷一,《华严一乘教义分辨》卷一,《十住心论》卷四等)。

中国中古时代佛教界,对印度部派佛教大致上分为六大类:

a. 我法俱有宗,包括由上座分化出来的犊子部、法上部、贤胄部、密林山部、正量部等,主张我、法俱为实有;

b. 法有我无宗,包括一切有部(萨婆多部)、多闻部、饮光部、雪山部(根本上座

中国文化观念中的佛教图景(一):乘象入胎

部)等,主张"三世实有,法体恒有","一切法皆悉实有",但主张我(补特伽罗)无;

c. 法无去来宗,包括大众部、鸡胤部、制多山部、西山部、北山部、法藏部等,主张现在法为有,过去未来法非实有;

d. 现通假实宗,包括从大众部分化出来的说假部和从一切有部分化出来的经量部,主张"无去来现在世中诸法,在蕴可实,在界处假,随应诸法,假实不定"(法藏:《华严一乘教义分齐章》卷一)。就是说,无论过去、未来和现在诸事物现象,就现象而言是实存(蕴),就认识(界)而言只是假名(Prajnaptisat),是无自性的唯名之实在;

e. 俗妄真实宗,指从大众部分化出来的出世部,主张"世俗皆假,以虚妄故,出世法皆实,非虚妄故"(法藏:《华严一乘教义分齐章》卷一)。就是说,现实世界中(世俗)一切事物现象皆为虚假,只有出世界法(出世法,即佛教的理想世界),彼岸世界中,才是一切真实;

f. 诸法但名宗,指从大众部分化出的一说部(或称说一部),主张"一切我法,唯有假名,都无(实)体故"(法藏:《华严一乘教义分齐章》卷一,注意可以与第(4)现通假实宗主张比较一下)。

我想指出的是,这种总结、概括的方式,与印度佛教文献中保留的方式,实际上却有两个重大差别:第一,从印度佛教文献看,其思维方式是横向的,或曰静态的,中国佛教学者则从主体认识角度,将文化史观中的"史"的概念,赋予了印度部派佛教各说,从而将各部派思想也看成是一个由浅入深,由低级向高级发展的动态的

过程；第二，中国佛教学者对这个动态过程中，认识逐次深化，思辨层次不断提高的观念，极其明确。这些都表明中国佛教的价值意识，相对而言，更为强烈自觉。这一点，我想也是中国哲学传统与印度哲学传统基本区别之一。

对于印度大乘佛教不同派别争论的看法，因为直接关系到中国佛教宗派对其他宗派理论的判释，即直接关系到自己的判教思想的展开，同时，在理论背景上，又以判教作为教理建构的方式，因此中国佛教学者在认识印度佛教的宗派分歧时，也往往用中国佛教判教的思维方式去看待了。库恩提出认识中的"范式"概念，并认为他对哲学的贡献主要有两点，一是提出范式概念，二是把科学发展（我想我这里将"科学"概念换成"认识"概念，也可以说得通）中的常规和范式相互交替的思想，首次应用于科学（认识）史。他认为，"范式"就是一定时期内认识共同体"看问题的方式"，包括其共有的世界观、方法论、信仰和价值标准等，并且每一认识领域都有自己的"范式"。

唐代华严宗的法藏，以转述天竺日照（地婆诃罗）法师之说的方式，述印度瑜伽、中观二派判教，以作为自己与法相唯识宗相抗衡的华严宗判教的理论依据。他说：

> 三藏（指日照）说云：近代天竺那烂寺同时有二大德论师，一名戒贤，二称智先，并神解超伦，声高五印，群邪稽颡，异郭归诚，大乘学人仰之如日月，独步天竺各一人而已。以所承宗别，立教不同。（《华严经探玄记》卷一）

然后分说二家判教：

中国文化观念中的佛教图景（二）：九龙灌浴

国学经典文库

（第一瑜伽行派）谓戒贤即远承弥勒,无著,近踵护法、难陀,依《深密》等经,《瑜伽》等论,立三种教。

第二（中观学派）智光论师远承文殊、龙树,近禀提婆、清辨,依《般若》等经,《中观》等论,亦立三教。

戒贤（大乘瑜伽行派）判教结构图:三时判教

	时位	说法对象	佛说经典	教义	法乘
不了义	第一时	唯摄声闻	诸《阿含》经	唯说生空	小乘法
	第二时	唯摄菩萨	诸《般若》经	说诸法空,显二空	大乘法
了义	第三时	普摄诸机	《解深密》等经	具显空有	通诸乘

印度佛教戒贤判教图

比较而言,实际上这个思想结构基本上是中国式的。法藏的这个说法实际上是以一种特定的认识范式,即依特定的中国佛教判教的方法论和价值标准观照的结果。

从佛教传入中国开始,这样一种以思想结构的方式——围绕特定价值标准建立价值评价体系,这样一种与本土文化的价值评价体系契合的方法论原则,一直生动有力地发挥着作用。

智光（大乘中观学派）判教结构图:三时判教

	时位	说法对象	佛说经典	教义	法乘
不了议	第一时	诸小根	诸《阿含》经	心境俱有	小乘法
	第二时	诸中根	诸《唯识》经	境空心有	法相大乘
了义	第三时	诸上根	诸《般若》经	心境俱空,平等一味	无相大乘

印度佛教智光判教图

①中土佛经翻译过程中主体意识的渗透

中国佛教的发生、发展是从佛经的译传开始,这是学界共识。而且,一方面,就中国传统而言,往往要从经书中找行为的根据,所谓的以《禹贡》治河,以《洪范》察变,以《春秋》决狱,以三百篇（指《诗经》）当谏书,就是将经书视为判定行为合理性的价值标准;另一方面,就一种宗教文化而言,也必定需要有一个绝对的标准,作为信仰的对象和行为的准则。所以,在一般意义上,佛经就被视为佛教的信仰对象、行为准则,即价值标准。

但是,若深入思考一下,会发现这个所谓"一般的意义"是有问题的。实际上也内含着一个无法解决的二律背反:既然是绝对的标准,就不能对之进行人为的整理;既然是可以对之进行整理排列的,就不是绝对的标准——最多只是相对的标准。如西方基督教的上帝是一种绝对的存在,就不允许什么评判,经典亦只有绝对

的一种,即《圣经》。又如中国儒家文化认为天是一种绝对的存在,孔子就曾拒绝说天道的问题。

事实上,由于佛经译传过程中存在的诸多现实问题,佛经本身也是引起人们的质疑的。所以,中国佛教判教的基本目的之一,是通过对众多中土译传佛经的整理和排列(还应加上对不少中国人士撰写,并且亦取得经典地位的佛教著作的认识和评价),去找出那个绝对准则——价值标准。

不过,这个价值标准虽然与佛经密切相关,但又并非仅隐藏在佛经的字里行间的。价值本身是一种主体评价,是主体意识对于主客关系以及联结这种关系的行为结果的一种利益评价。除了佛经中论述的价值诠释之外,这个价值标准的真正确定,必定还要涉及特定的社会、历史、民族、文化所构成有时代背景的文化氛围。

所以,佛教的传入、发展,与经典有关,而且首先涉及的总是佛经的问题,否则佛教就成了无源之水,无本之木了;但又更与被认定的价值标准有关,那才是水之源,木之本。比如,佛经的译传、取舍亦相当程度上受此制约。经典与价值密切相关:没有佛教经典就没有佛教价值。但二者又非等同之物。考虑到这一点,为叙述层次的清晰度计,这一部分将着重讨论经典以及从经典角度涉及的价值问题。以下将专列一节专门讨论价值标准问题。

中土佛经译传的问题,以往学者的研究成果已多,尤其近现代以来,欧、美、日本学者在语言学、版本学、文献学等方面的研究,达到十分深刻广阔的水平。本文因主题关系,仅简单讨论有关的几个代表性问题。

中土佛经译传,除了数量庞大,称得上浩如烟海之外,引人注目的特征还在于从一开始就不忠于原文。当时译经者不但在版本、术语(Terminology)、归属(Attri-bution)等方面往往随意处置,而且在翻译过程中,还往往增删原文,大量羼入已意。这一点,与20世纪初"五四"运动前后,中国再次大规模引进西方外来文化时始终极其注重是否符合原意的情况,截然不同。这是发人深省的一个问题。当代西方佛教学者格荣对此做过评价,具有一定代表性。

他认为中译佛经既不与印度原文,也不与用其他文字(如藏文)翻译的佛经进行批判性的比较研究。对于印度佛经原有的术语概念亦无系统研究,而往往用中国文化中现成的哲学和宗教语言直接替代,早期,尤其多用道家语

鸠摩罗什像

言取代原本术语。鸠摩罗什的译本因文字优美而可读性强,但往往不是据原本直译。玄奘倒是最忠实原本的(其实也未必,下文详),而中国的佛教徒们通常却推崇鸠摩罗什的译本。我国有些学者也提到过这类问题。这类问题的存在,都会使

深究者产生疑惑。

实际上,这只是表明,佛教在中国的传播过程中,本土文化的选择和接受一开始就对佛教传播有巨大影响。

②中国佛教传播过程中,本土文化价值对其选择和接受的影响

A. 佛经翻译问题

在中国佛教的传播过程中,本土文化价值一开始就有巨大的潜在影响,对于选择什么、接受什么、传播什么,从来就不是随意或被动的,而是着意而主动的。下举数例。

其一,鸠摩罗什译经,特别注重般若类经论。这既与当时玄学正盛的思想学术背景有关,亦是因罗什本人学历兴趣决定(当然与印度大乘佛教发展兴旺的时间也吻合)。但不管怎么说,大量译出般若系统经论,并成为中国佛教发展的哲学思维方法论基础,总是与主体选择及时代背景有关。

罗什译经的一大特点,是自定取舍。如译般若学奠基经论之一的《百论》时,"论凡二十品,品名有五百,后十品其人以为无益此土,故阙而不传"(僧肇:《百论序》,《出三藏记集》卷十一)。就是说罗什在翻译《百论》时,自己认为不合适就不译出。又如译《中论》时,罗什同时译出青目注释,但是,又认为青目的注释"虽信解深而辞不雅中,其中乖阙烦重者","皆裁而裨之"(僧睿:《中论序》,《出三藏记集》卷十一)。由此可见,罗什在翻译中,自定取舍标准,对原文进行了较大的增删、修改。

其二,昙无谶之译《涅槃经》。北凉昙无谶译出《涅槃经》,以及《大集经》《金光明经》等,形成中国佛教中般若学系统之后又一重要的佛经系统——涅槃学系统,这一系统经论对中国佛教发展的影响也是根本性的。

昙无谶所译佛经中,最重要的《大般涅槃经》(简称《涅槃经》),是据"胡本"译出。"胡本"的文字是指西域文字,而此经梵本的情况,当时就已经不太清楚。此经"前五分",是东方道人智猛从天竺带到高昌的"胡本",六品之后,又是另一名"胡道人"从敦煌带来,送到姑臧昙无谶处的。这些"胡本",当时就已经"分离残缺",而且也明显看得出,抄经者对内容"随意增损,杂以世语,遂使违世本正"(见《大般涅槃经记》《大般涅槃经序》及《高僧传·昙无谶传》)。由此可见,《涅槃经》的所谓"翻译",实际上不如是说一种"编译",而且可想而知,编译过程中作者对内容进行加工"增损",是不可避免的。

再如《大集经》中的鬼神系统,二十八宿方位及生属星相说,十二兽传法说,《金光明经》中的四天王、二十八部鬼神之类思想,显然也受到本土文化的影响(昙无谶译经涉及易学与佛教的问题,下文还将讨论到,见本书第三章、第四章)。

其三,《摄大乘论》之数种译本。《摄大乘论》是印度瑜伽行派创始人无著所作,内容是阐发"三界唯心"的基本理论,系统论证"阿黎耶识",以及世俗是如何由其派生,出世间是如何据其实现的,提出了一个较完整的唯识论体系,是中国唯识学派的奠基经典之一。此论有三种译本,第一种是元魏佛陀扇多的译本(二卷),第二种是南朝梁真谛的译本(三卷),第三种是唐玄奘的译本(三卷)。三种译本中,除南朝梁真谛译本中有"黎耶中解性"(阿赖耶识之能动性)的说法之外,其他

诸译中,都没有这种说法。这是一个重要的问题,因为这种思想,对以后中国佛教的发展,是产生了很大影响的。如华严宗法藏曾说:"梁《摄论》云:闻熏习与阿赖耶识中解性和合,一切圣人,以此为因。"(《华严一乘教义分齐章》卷二)可见其视此说是何等重要。过去有些学者认为,这种说法,可能是真谛自己加进去的思想,我也同意此说,也就是说,真谛的译文,不仅是译,还加上了他自己的创作。当然,法藏后来的这种断以己意的发挥,也十分有味。

其四,玄奘译经对印度佛经的大肆篡改。一般认为玄奘最忠实于印度佛教思想,他的译本,也最精确地直译自原文。

但是,实际情况大不相同。

窥基尝批评前人译经中的问题:"古师解释诸法名义,但随己者,名为一解",而使"义与体乖,逐成疏谬",之所以如此,"皆因翻译之主,不善方言,语设将融,玄旨犹隔"。他还据玄奘译本,指责同一思想系统的"古师"真谛的译文有误。(见《法苑义林章》卷一)

中国文化观念中的佛教图景(三):诸天贺赞

但实际上从真谛译本看,其态度之严肃和汉文水平之高是得到公认的。二家译文不同,实是各自因思想主张不同而在译经过程中各自发挥的结果。据窥基《成唯识论述记》说,印度佛教大学者,唯识宗的陈那,作《观所缘论》,谓五识所色等境,能缘所缘出一源。另一大学者护法,则进一步指出,有亲疏二种所缘缘,以之论证认识对象的相对客观性问题。玄奘是信奉护法思想的,因为护法是他的师祖(玄奘在印度那烂陀寺求学时,他的老师是戒贤,戒贤之师是护法),他在译《观所缘论》时,根据护法思想所缘缘义,在他的译文中,对原文大作修改,甚至书名也改成了《观所缘缘论》。

还有一个突出事例,是玄奘对《成唯识论》的糅译。印度瑜伽行派创始人世亲撰《成唯识论三十颂》,成为该学派阐述理论和实践的集成之作,此后,印度许多著名学者对该书进行疏解,如亲胜、火辨、难陀、德慧、安慧、净月、护法、胜友、胜子、智月等,玄奘在印度时,搜集到这十家全部注本,回国后原拟都予译出。后因窥基建议,用自己的师祖护法的注本为基础,糅以另外九家,纂成《成唯识论》。《成唯识论》一书,成为中国佛教法相唯识宗教理思想体系的理论基础。

其五,密教《大日经》之译本。唐代密宗胎藏部根本经典《大日经》(《大毗卢遮那佛神变加持经》)乃是节译(或选译?),据记载:"沙门一行,请三藏和尚(指善无畏),译《大毗卢遮那佛神变加持经》一部七卷。其经俱是梵文,有十百颂,今所出者,摄其要耳。"(唐·李华《玄宗朝翻译三藏善无畏赠鸿胪卿行记》,据《大正藏》为明洪武三年写观智院藏本)这个说法,在唐代密宗的多种传记史料中都有记载。

其六,中译佛经不重文法,只重"义理"。佛经的译传,对佛教的发展如此重要,但奇怪的是,千百年来从来不曾有过一部研究梵文的文法书(佛经也有译自西域文字的,早期也有以"口传"的方式译传的,但毕竟大部分译自梵文)。所有的研究梵文的著作,只有悉昙(Siddhim)和字书两类。悉昙与密教流行有关,所注重的是音声(咒语)的问题,不重文法,字书则是对应佛经中一些用字,注上汉字。现存最早的是《梵语千字

玄奘慈恩寺译经图(玄奘,600~664年)

文》，传为义净作。佛经译传的数量如此浩大，但梵文文体对中国语文文体却几乎未产生什么影响，这与20世纪初以来翻译文学的文体对白话文的巨大而深刻的影响亦形成鲜明对照。倒是译经文体（可看作中国文化在吸收外来文化过程中一种创造）自南北朝隋唐以来，在中国文化艺术各领域影响不小。

其七，历代皇权对佛教经典地位的干预。从佛教一传入中国开始，就存在着皇权对佛教经典的各方面的强烈的干预。这方面事例极多，略举数条。

a. 如《占察经》，在唐代道宣的《内典录》（卷十一）中尚被列入《疑伪经录》。不久，在《大周刊定众经目录》（卷一）中，已被赫然列入《大乘单译经目》中，还加上了说明，谓此经是"别国沙门菩提登峰，天册万岁元年（695年）十月二十四日奉敕编行"。可见是由朝廷决定，将此经的"伪经"身份摇身一变为"译经"。

b. 唐高宗于显庆年间（656～661年）下令在西明寺修造皇家官藏，并对体系、内容等提出具体要求，这是首次以皇权干涉大藏经的编纂。但当时西明寺官藏编纂的组织者道宣，并不完全买账，仍以正统佛教徒立场，严格地只收翻译经典，将中国撰著一律排在藏外。

c. 唐玄宗首次命令将中国撰著正式入藏。《释氏稽古录》（卷三）开元十八年（730年）条记载，玄宗下旨，将僧人道氤与道士尹谦辩论的记载（道士辩输）《开元释道论衡》入藏，据慧琳《一切经音义》有关记载，可证明此论确曾入藏。《宋高僧传》玄俨传载，开元二十四年（736年），唐玄宗亲自注的《金刚经》入藏，这部著作现已在房山石经中发现。

d. 宋以后，中国僧人撰著由皇权决定入藏数量极大。北宋时，慈云遵式（964～1032年）于乾兴元年（1022年）在天竺替皇室行忏，并请得天台宗教典入藏。南宋初，慧因教院的义和向朝廷请准华严宗著述入藏。并且一些当时名僧的著作也能由皇权决定入藏，如北宋契嵩（1007～1072年）作《辅教篇》成，呈宋仁宗（1023～1064年在位），要求"编入大藏"，次年仁宗即敕编入。

皇权对佛教经典的干预突出地表明，对于当时社会而言，所能接受的佛教的价值标准，必须与主流社会肯定的正统的"天人"观念——易道直接挂钩。

B. "疑伪经"问题

所谓"疑伪经"问题，也就是中国人自己写的佛教经论问题。

这里仅讨论传统上被佛界和学界视为所谓"疑伪经"者，至于《坛经》之类，并不隐瞒作者身份，也从不伪装成是印度传来，这里不涉及。

"疑伪经"是相对于从印度流传过来的"真经"而言。这里又仅讨论中国佛教发展过程中影响最大的"疑伪经"，即《提谓波利经》（以下简称《提谓经》）和《大乘起信论》（以下简称《起信论》）二种。

先讨论《提谓经》。

东晋名僧道安在《整理众经目录》中（通称《安录》），首先提出疑伪经问题，并判列出"伪经"共二十六部三十卷，"以示将来学士，共知鄙信焉"（《出三藏记集》卷五），提醒人们不要信奉这些东西。梁朝僧祐在《出三藏记集》中，又著录新发现的疑伪经，其疑经录载录二十部二十六卷，指出这些"或义理乖背，或文倡浅鄙，故人疑录，庶耘芜杂，以显法宝"（《出三藏记集》卷五）。其中首次提到《提谓波利经》二

卷,是宋孝武帝时(454～465年)北魏比丘昙靖所撰。《续高僧传》卷一《县曜传》附有昙靖传,据载北魏太武帝灭佛,"旧译诸经并从焚荡,人间诱道,凭准无因"。太武帝死后佛法复兴,昙靖"乃出《提谓波利经》二卷,意在通悟,而言多妄习"。可见,从梁朝僧祐到唐代《续高僧传》作者道宣,都已说得很清楚,明确指出《提谓经》是中国人所撰,非印度传来,属于伪经。道宣所说此经"言多妄习",实是自诩固守"正统",而指责经中大量写入了明显是本土文化的东西,如阴阳五行学说等内容。

但我们又看到,中国佛教界对之置若罔闻。如与僧祐差不多同时的刘虬,判教中,将《提谓波利经》作为"人天教"的经典依据。又如与道宣同时或稍后的窥基、法藏等这样一些大师,乃至更以后的五代、宋时期的延寿等人,引经据典时,常引用到《提谓经》,根本不管什么伪经不伪经。天台宗大师智颛在《摩诃止观》《法华玄义》等重要著作中引用《提谓经》次数极多,也显然不管《提谓经》是什么伪经不伪经。

据此也可以肯定,南北朝隋唐直至五代之后,一段很长的历史时期内,《提谓经》在佛教界以及社会上一直十分流行。此中原因,据我推测,一则固然因为此经明显表现了调和儒佛二家的一种努力,如公然将佛教五戒与儒家仁义礼智信五常,乃至五行、五方、五星、五藏等相配比,编造大胆,特色鲜明,由此引起人们重视;二则亦因为一种日益强化的主体意识作用下,对经典取舍的标准,日益明显地倾向为我所用。

再谈一下《起信论》。

《起信论》的真伪问题曾引起过不少争议。尤其是20世纪初,日本佛教学者开始掀起《起信论》真伪问题的讨论,继而在中国学界引起强烈反应。此后一般认为此《论》是南北朝时佚名中国学者撰著,成为共识。从梁启超开始,中国学术界对此论的研究取得不少新的有价值成果,如吕澄论证《起信论》源自魏译《楞伽经》,任继愈等则认为,此经基本思想虽与《楞伽经》有相通之处,但从整体上看与《占察经》更为接近。隋开皇十四年(594年),法经等编著的《众经目录》(通称《法经目录》)最早著录梁本《起信论》,该书卷五指出:"《大乘起信论》一卷,人云真谛译。勘真谛录无此论,故人疑。"(《占察经》也是被《法经目录》作为伪经看待的)但是这篇幅不大的论著(共百余字),却成为对隋唐佛教影响最大的经典之一,唐代佛教各宗派的教理思想,几乎都与在它的基础上融会沟通有一些关系。

以上这些都说明,佛教在中国化发展的过程中,始终处在与本土文化价值的磨合摄入过程之中。

3. 困惑与挑战:建立中国佛教的价值观——涅槃佛性

①鸠摩罗什与慧远的分歧

龙树建立大乘中观学派理论体系,是针对当时佛教在印度已流行发展了约有五百年时间,部派分裂,学说各异,不少还有走极端的倾向,而外部各教派又相继发展,威胁佛教生存这样一个局面。他基本上从三个方面着手,第一,建立佛教根本理论——以般若智慧而达到"无相";第二,据此对佛教内外各派学说,进行批判总结;第三,概括和吸收各派学说已有成果,较全面地组织大乘思想体系。

龙树学说,有立有破,但可能是因为印度古代理论习惯,或由于当时客观环境

的需要,在方法论上,龙树以破为主,以破为立。这在其所著《中论》等中观学派的主要著作中,表现很明显。《中论》共二十七品,二十五品是在进行"破"。《回诤论》也明显以破为主。龙树的弟子提婆破得更厉害(其著作流传下来不多),他往往以"百论"作总题,"百"梵文 Sataka,字义双关,是指把一百个东西(也即多种东西之意)集拢来的意思,字根 Sat 又有破坏之意。以此为题,就是破灭一切之意。提婆著作内容,几乎全是破斥,无论在破的原则上和方法上,都比龙树彻底。

鸠摩罗什译经是中国历史上第一次大规模有系统的佛经中译,他的一些主要译本,几乎成为以后中国佛教各学派、宗派依据的理论基础。他翻译的主要就是印度龙树系的大乘般若空宗理论。

这样一个思想体系,译传到中国后,一方面使人耳目一新,获得重大启发,立刻极大地推动了中国佛教哲学的发展;另一方面,因为思想方法以及尤其在价值观方面的差异,也立刻在中国引起了深刻怀疑和非议。其中,当时南方影响最大的佛教界领袖庐山慧远,与北方佛教界领袖鸠摩罗什的分歧和讨论,最有代表性。

慧远定居庐山后,研究和修持重点转向毗昙学和禅学。但他仍然以精通般若学著称于世。鸠摩罗什人长安后不久,二人开始通信。

慧远向鸠摩罗什提出几十个佛学问题,主要集中在何谓"法性生身",或"真法身""法性""诸法实相"的问题。换句话说,即佛教的根本问题,或佛学要达到终极目标的问题。按照慧远的思想,法身有"真法身"和"变化形"的区别。这种"真法身"与"变化形"的区别是绝对的。"真法身"是法身实体,"变化形"是权变和幻化。但是,慧远要解决的问题,主要为"法身"何以能生,其生成之"身",应是什么性质,什么相状,"三十二相"如何修得;"法身"有无身、口、意业,如有,与世人诸业差别为何,等等。

显然,这样的思想方式,与鸠摩罗什所持般若中观思想方式,差别甚大。

慧远之前,一代名僧道安,也为类似问题而困惑过,如对"非身""无我"与"识神""法身"的矛盾,他觉得很难解释。这实际上是已接触本体问题。然而,如上文已述,印度佛教哲学中对本体的理解,与中国传统文化精神有很大不同。道安一直为不知如何解决感到苦恼。鸠摩罗什弟子僧睿,以前曾是道安弟子,他对这个问题的发展过程有较透彻的了解,他概括道:

> 此土先出诸经,于识神性空,明言处少,存神之文,其处甚多。《中》《百》二论,文未及此。又无通鉴,谁与正之?先匠所以辍章于遐概,思决言于弥勒者,良在此也。(《毗摩罗诸提经义疏序》,《出三藏记集》卷八)

在中国佛教思想史上,僧睿首次明确概括鸠摩罗什译籍和此前旧译的区别,在于旧译"存神之文"甚多,鸠摩罗什的译籍体现出"识神性空"。般若学要义,即在于析空。如僧肇说:"以无法为本,故能立一切法也。"(《注维摩诘经·观众生品》)僧睿的概括,十分精彩。

鸠摩罗什对于慧远的问题,似乎也感到解释上有困难,因为彼此立场差别太大。但是,鸠摩罗什最后还是断然否定慧远的看法,在《大乘义章》中,他一方面解

释说:"法身可以假名说,不可以取相求","法身虽一(异)相故,无决定真身;离异相故,无决定相身(即生身)","(佛)毕竟性空,同如法性;"

一方面又无可奈何回答:"不须戏论有、无之实也","法无定相,不可戏论。然求其定相,未难之旨,似同戏论也"。

鸠摩罗什的意思是说,"法身"可从世俗角度(世谛)假说,而从"第一义谛"(真谛)角度"实说",则"法身"并非实存,硬要区分真、假、有、无,只能说是虚妄戏说了。这是背离大乘中观性空之理的。但这个道理,慧远似乎始终未理解,当然也可能是理解了,但是不能接受。

因此,当鸠摩罗什在长安译经时期,大力地破除关于"神我""三神"这样一些主张"实有"的"外道"的流行观点之际,也正是慧远在庐山大张旗鼓地宣传"薪尽火传""形尽神不灭"之类的主张"实有"的思想之时。

慧远的"有神论"观点,以及灵魂不灭之类的思想,根源即在于本土文化视天为神格化的存在,将天意看成是人格化了的绝对独立的实体这样的一种观念。而以大乘佛学观点看来,这却是对佛教的一种极大限制,是一种"外道"邪说,小乘都算不上。慧远以弥陀净土为最后归宿,是与他要求一个"定相",一个明确、实际的归宿是有关的。

鸠摩罗什介绍的般若中观思想的主要特征,是在认识论中把析空方法彻底贯彻,从而导出"性空"学说,来解释诸法实相。由此一举奠定中国佛教发展的哲学基础。这个思想方法,也成为就此发展起来的南北诸学派、隋唐诸宗派的重要思想武器——认识论和方法论,以后也是禅宗的思想武器。

②确定佛教的目标,即建立价值本体:涅槃佛性

但是,般若中观学说"破"的彻底性,不但使人因为其与中国传统文化的冲突而产生疑惑(如上述慧远提出的问题),也甚至使人怀疑这个理论中内含着某种危险性。当时无论佛门内外一些重要思想家都看到了这一点。

僧睿说,般若学诸经论,"深无不极","然其大略,皆以适化为体,应务之门,不得不以善权为用;权之为化,悟物虽弘,于实体不是"(《法华经后序》,《出三藏记集》卷八);又说,"或时有言,佛著虚妄,谁为真者? 若是虚妄,积功累德,谁为其主?"(《喻疑》,《出三藏记集》卷五)就是认为般若理论,其用在"虚",因此只能算一种"善权"之用,它有根本缺陷,就是"于实体不是",会令人觉得,没有能够确立起一个终极意义上的目标。

僧肇说:"夫道恍惚惟冥,其中有精。若无圣人,孰与道游? 顷诸学徒,莫不踌躇道门,怏怏此旨,怀疑终日,莫之能正。"(《表上秦主姚兴》,《肇论》)就是说深刻的般若学所释的"道"中,应该还有一个更深刻的东西,作为终极真实,否则还是会令人怀疑此"道"。

鸠摩罗什译经事业庞大僧团的支持者,秦主姚兴也对此不满意,他曾说:"然诸家能第一义,廓然空寂,无有圣人。吾常以为殊太迳廷(径庭),不近人情。若无圣人,知无者谁也。"(《答安成候姚嵩书》,《广弘明集》卷十八)他尖锐地指出,若无"圣人"(终极价值),这样的理论,就显得"不近人情"。

从当时整个社会背景和时代思潮看,玄学本无思想对社会权威和传统道

国学经典文库

德观念冲击之后,儒家思想正以"崇有"派的形式恢复。蔑视权威、动摇传统礼法的言行,与般若学中体现的空幻无实的冷漠,一样使人在心理上产生拒斥感。在南北分裂、继续动荡不宁的总体社会背景下,如何恢复权威,寻找生活信念,成为普遍社会需求。

鸠摩罗什使般若学发展到极致,同时这种"空"到彻底的思想也走向了自我否定。宣传"实体"的涅槃学思想,应运而生。当时南方法显等人在建康道场寺译出《大般泥洹经》,鸠摩罗什自己则译出了《法华经》。这些经中,蕴含的涅槃学这方面的思想内容,立刻被一些敏锐的思想家发现。如当时杰出的思想家僧睿的说法,具有代表性:"三藏祛其染滞,般若除其虚妄,《法华》开一究竟,《泥洹》阐其实化。此三津开照,照无遗矣。"(《喻疑》,《出三藏记集》卷五)就是说,有了《法华》开辟了认识究竟(终极目标)的道路,《泥洹》阐发实化(可以达到的实际目标)之说,加之原有的般若除虚扫妄之说,佛教理论就完整了。僧睿又说:"寻出《法华》,开方便门,令一实究竟,广其津途。欣乐之家,景仰沐浴,真复不知老之将至矣。"(同上)真可谓欣喜之情,溢于言表。

以后,僧睿和僧肇的同学竺道生,在南方对《涅槃》学思想大力阐扬,终于使涅槃佛性论思想,这一种更易激发人们宗教热情的理论,取代了容易给人以虚幻和冷漠之感的般若学的纯思辨形式,成为南北朝佛教的主要思潮,各家学说,无不深刻涉及涅槃学。

实际上,《般若经》中也有"常乐我净"的说法,如《善知识品第五十二》中说:"一切法趣有常,是趣不过。何以故?常毕竟不可得……一切法趣乐、净、我,是趣不过。何以故?乐净我毕竟不可得"。可以看出,强调的是般若空观,表示"毕竟不可得",所以与《涅槃经》强调的"常、乐、我、净"(参见《涅槃经·寿命品第一之二》)显然有所不同。

终南北朝时期,涅槃学发展可谓百花齐放,争论激烈。争论集中围绕两个问题,一是何为正因佛性问题,二是佛性本有始有问题。本书因主题关系,仅略讨论正因佛性问题。

隋吉藏《大乘玄论》总结概括南北朝涅槃学为十一家,然后将十一家进一步归纳为三种观点:

> 然十一家,大明不出三意。何者?第一家以众生为正因,第二以六法为正因,此之二释,不出假实二义,明众生即是假人,六法即是五阴及假人也。次以心为正因,及冥传不朽、避苦求乐,及以真神、阿黎耶识,此之五解,虽复体用真伪不同,并以心识为正因也。次有当果与得佛理,及以真谛、第一义空,此之四家,并以理为正因也。

第一种观点,以"众生""六法"为正因佛性。以众生、六法为正因佛性,即一切众生悉有佛性,"众生为正因体"(吉藏:《大乘玄论》卷三,唐均正《四论章义》卷七)。就是说众生即佛性的体现,佛性即众生。

第二种观点,以"心识"为正因佛性。以心识为正因佛性,即心识即真如,即是

佛性，如宝亮认为众生虽有佛性，但要通过佛教修持，在心识中使佛性显现而达到解脱（《大般若经集解》卷五十三引）。梁武帝奉行的佛性思想也基本持宝亮观点。或者说，是把"心"对涅槃境界的追求意向，视为正因佛性（见均正：《四论玄义》卷七，介绍光庆寺法云及宝亮的观点）。

第三种观点，以"理"为正因佛性。以理为正因佛性，即认为"理"即常住不灭法性本体，但是当说"众生成佛之理"时，转指心性，当说真如实相时，即是指如来、法轮（这又变成以佛性证明佛性了）。

吉藏认为，涅槃绝百非，超四句，佛性超世相，绝言表。他自己的结论，乃是运用般若百非双遣的否定方法，破斥各家，提出："云非真非俗中道，为正因佛性"（见《大乘玄论》卷三；吉藏论佛性思想，还可参见所著《涅槃经游意》等），这实际上也就是提出以"中道正因"为佛性。这是以其特有的三论宗"四重二谛义"作为批判武器，是在中观学派以无所得为旨归的本体论哲学基础上的佛性论观点。这也是反映了般若学与涅槃学魏晋南北朝长期发展后结合起来的一种含有辩证意味的理论指向，达到的哲学思维水平是很高的。

不过，纵观南北朝佛性诸说，甚至吉藏的批判和总结，都可以发现各种说法常有自相矛盾之处。如正因佛性到底是在"众生"或"心性"中，还是在众生、心性所追求的对象中？又如"理"如兼有体、性二义（见《大乘玄义》卷七，介绍灵根寺慧令观点），则因果关系又如何解？等等。又如吉藏的论证中，常以自家佛性说为前提，但这个前提不正是他需要证明的东西吗？这些互相矛盾和理论上的混乱，是因为在各种佛教学派中所论证的思想，必定要受到"抽象规定"在向"具体"的"思维行程"中的阶段性限制（相对于更高阶段上的具体，或更全面地对对象的把握，此一阶段之"具体"，仍属一种抽象规定）。

但是南北朝涅槃佛性学说发展出一个根本成果，即无论各家对"佛性"如何解释，涅槃佛性作为佛教追求的根本目标，一种实在信仰的对象，被建立起来了。相对于主体而言，这已经是一种客体的确认。

梁武帝萧衍学通儒、释、道三教。佛教诸重要经典中，他特别重视的，就是《般若》《涅槃》二经。他评价二经说："《涅槃》是显其果德，《般若》是明其因行。显果，则常住佛性为本；明因，则以无生中道为宗。"（《注解大品行》，《出三藏记集》卷十七）就是把般若看作"因"，而把常住佛性看作"结果"，看作为"本"。梁天监八年（509 年），梁武帝又亲自为名僧宝亮所撰写的《涅槃义疏》作序，说："佛性开其本有之源，涅槃明其归极之宗"。意思也就是说，涅槃佛性学说，为佛教建立了根本归宿（归极之宗）。这也可看作是很好的概括。如果说，般若中观学说是中国佛教哲学认识论体系之确立，则涅槃佛性论是价值论体系之建构。

中国佛教的思想结构，我想可以称之为"教理思想结构"。它就是佛教的一种价值评价体系。其思想的历程，就是在中国文化精神的互动制约之下发展的过程。

具体地说，这也就是以佛教的价值准则——涅槃佛性论，与本土文化的价值准则——易道的互融互摄的一个动态的过程。

十、周易堪舆风水与建筑

堪舆与风水概述

无论是工程建设、厂矿建设或城镇规划,都要事先选址,众多设计院和科研院所参与其中。有关单位组织工程师、专家、教授等进行可行性研究,从气候、气象、水文、地理、地质、地震、地形、地貌、资源、人口、交通、生态环境等多方面进行勘察、分析、比较论证,选取适宜的建设地址。

实际上,勘察选址这样的活动在中国古代就很流行,小到住宅、庄园选点,大到皇宫、国都迁移,都十分重视选择适宜的环境。这方面的活动在古时候称为堪舆。要考察的内容就是风水。堪舆的目的是要选择"风水宝地",风水宝地就是适宜的环境。

堪舆涉及的内容既包括大环境勘察,也包括小环境治理。大至山川水系,小至室内布局。

对于个人来讲,大的工程建设或城镇的规划选址与自己关系不大,是由政府部门或企业负责。个人最关心的是自己的住宅、商铺、厂房等风水。风水好,事业顺利,平安健康;风水不好则结果正好相反。

一提到风水,一般人认为很"玄",其上面蒙着一层神秘的面纱,长期以来,都把它作为封建迷信看待。这里面原因很多,至少有两点:堪舆师故弄玄虚;一般人不明就里。其实,这里面包含着科学的内涵。在风水概念中,"风"实际上是指"气",主要是指风和气体(如湿气、氧气、气味以及其他气体等),还包括电磁波、微波、电离辐射、宇宙背景辐射、重力场、声波(包括超声波和次声波)、光和热等。"气"是气体、风、波、场、辐射、其他未知因素等综合作用的总和。将"气"称为"气场"更为合适。朱熹讲"气之流行,充塞宇宙"。

风水中的"水"就是通常的水,但"水性",如水质、水流的形态、水体的规模等千变万化,其对人和环境的作用也不相同。据科学家研究,水是对微波、电磁波、热等吸附率最高的地物。所以古人认为水具有"藏气""纳气""导气"和"界气"的功能,指出"气乘风则散,界水则止"。

中国的风水文化,讲究人与自然的和谐相处,讲究天人合一,绝不是"掠夺性开发"和"人定胜天"的思维模式。

受西方科学思维模式的影响,"分解、合成、开发、改造"等活动正在使大自然的生态环境受到破坏,如环境污染,植被减少,土地沙化,水土流失,人口膨胀,资源危机,气候反常等,这已经威胁到人类的生存。另一方面,人类居住的小环境也不尽人意。现代建筑往往忽略了人与环境的关系,形成单调的火柴盒式的物质空间,使人们感到枯燥而压抑。风水文化正是考虑了天、地、人的关系,并且以人为中心,不但从心理上满足了人的需要,而且有一定的实用价值。所以,目前风水文化盛行世界。在美国已有17所大学开设了易经风水等专业。德国、英国等一些发达国家也都无一例外地对中国的风水文化伸出热情之手,研究机构层出不穷。

日本学者郭中瑞称中国风水是一门"综合的自然科学"。韩国学者尹弘基博士认为"风水是为找寻建筑物吉祥地点的景观评价体系"。美国生态建筑学家托德夫妇(Nancy J.Todd,JohnTodd)称"风水作为一种世界观,对一个稳定的文化提供并指示了一个普遍原则的解释"。美国城市规划家开文·林奇(Kevin Lynch)认为中国风水为一门"前途无量的学问"。

中国建筑的灵魂

提起中国建筑,实在是让中国的老百姓尝尽了酸甜苦辣,也苦煞了中国的建筑家们。在人类五千年文明史上,几经辉煌,几经衰落,曾毁誉交加。特别是中国时运不佳的时候,在世界建筑之林中难觅踪影,更没有了席位。无论是科技和文化,还是建筑及艺术,民族虚无主义的"全盘西化"甚嚣尘上,盛极一时。

在西方,二战以后百废待兴。以现代科技为手段,以钢筋混凝土为标志的现代建筑飞速发展,一时间被世界各国广泛采用,流行起来。现代建筑,解决了人类一直梦想又从未彻底解决了的人类居住大问题。大跨度大空间的各类场馆,让人尽享"人造环境"的舒适。冬暖夏凉有"空调机",空气不洁有"通风机""空气洁净器";刺破天穹的摩天大厦,令人惊叹"人定胜天"!然而,现代建筑,乃至现代科技突破性发展的同时,不仅给人带来了"富贵之病",什么"空调病""冰箱病"等等,而且,给自然环境,人类赖以生存的地球、人类的文脉和传统等带来了不可逆的割裂和破坏,甚至宇宙太空也无法幸免,"宇宙垃圾"随空飘舞!地球也得了"人造污染病"。

由此,有识的国内外专家学者们,在现代科技"人定胜天"理念之下,展示人类美好明天的同时,逐渐认识到现代科技的"能为"和"不能为"。在文化界、科技界同时出现了注重自然生态平衡关系和可持续发展的理论思潮,将我们这个地球视为人类共有的"地球村"。社会上出现了冠以"生态""绿色""文明"等字的种种学科和产品。建筑界也不甘落伍,出现了以批判现代主义建筑为目标的后现代主义

建筑,什么"生态建筑""绿色建筑""文明建筑",更是让人眼花缭乱。在五六十年代,现代科学技术突破发展的初期,老百姓的日常生活中兴起人造产品热,如"尼龙袜""的确凉""的卡""塑料"等充斥市场。最近几年中国人也随着西方人的观念,又开始反求"纯天然"产品,如"纯棉袜""天然矿泉水""绿色食品"等,从中可以看到人类思维观念的巨大变化和反思。特别是在"回归自然"的呼声中,率先"回归反思"人类历史发展进程中曾经辉煌而被蒙尘忽视已久的传统文化及哲学思维。人类转来转去,又回到中国老子的墓碑前,发现在几千年之前,老子就说过"人法地,地法天,天法道,道法自然"。中国传统文化"崇尚自然""师法自然"的思维,使西方人为之惊叹! 中国传统文化以其博大精深赢得了西方的青睐。特别是有中国文化源头之称的易学,又再次走入老百姓的生活。

"天人合一"的易学思维,是在"自然威胁人类生存"的时候,由中国古代先哲"仰观天文,俯察地理,近取诸身,远取诸物",通过实践、思考和感悟,而建立的人与自然因地制宜、协调发展的理想信念。这一理念贯穿于中国五千年文明史,造就了中国文化,也造就了中国东西南北中各具特色的城市风貌、建筑景观。而现代西方的"回归自然",是由于人类的现代行为严重地破坏了自然平衡,进而威胁到人类自身生存的时候,所采取的一种"反思"。

(1)建筑是物,易理是魂

中国老百姓什么事都讲求一个"顺其自然"。中国建筑文化上的这一传统,中国古典文学作品中随处可见。《红楼梦》第十七回《大观园试才题对额》就说到贾宝玉不喜欢大观园中的稻香村,因为"此处置一田庄,分明是人力造做成的。远无邻村,近不负郭,背山山无脉,临水水无源,高无隐寺之塔,下无通市之桥,峭然孤出,似非大观"。因为它"非其地而强为其地,非其山而强为其山,即百般精巧,终不相宜"。归根到底,是因为它有背古人所云"天然图画"之"天然"二字,远不及"有凤来仪"等处的建筑"有自然之理、自然之趣","虽种竹引泉,亦不伤穿凿"。这话虽出于宝玉之口,实则反映了文学大家曹雪芹对中国建筑的环境美学、建筑景观"崇尚自然""师法自然"的易学思维审美观。

晋代陶渊明在《桃花源记》中描述了一种完全符合中国易理风水学理论的居住环境:"林尽水源,便得一山,山有小口,仿佛若有光,便舍船从口入,初极狭,才通人,复行数十步,豁然开朗,土地平旷,屋舍俨然……"。

唐代孟浩然在《过故人庄》一诗中也描述了中国传统村落环境:"绿树村边合,青山郭外斜"。

古典小说《狄公案》中更是对中国易理风水学选址环境做出了具体评价:"宝观山势厚圆,位座高深,三峰壁立、四环云拱、内勾外锁、大合仙格"。

在中国,自然经济的农业长期成为文明发展之本,古代先哲"仰观天文,俯察地理,近取诸身,远取诸物",通过实践、思考和感悟,孕育了人与自然和社会基本关系的认识体系,即"天人合一"世界观,深刻影响了中国古代文明。中国传统建筑的

各个方面也植根于此。同时,在建筑易学思维中所观照的人与自然环境交互感应的很多事象,也未尝没有如中医之经络或气功一类的天才直觉或潜科学成分,以至于今天的科学也未必全能揭示其真谛。

古代先哲,基于长期的"取象比类",已注意到,"山川自然之情,造化之妙,非人力所能为"(《葬经翼》)。并且,将自然界的客观存在及其内在运行规律称为"天道自然"。为寻求人类与自然的协调发展,以"天道自然""作天地之祖,为孕育之尊,顺之则亨,逆之则否"(《黄帝宅经》)。

在中国古代文明及建筑活动中,必以"崇效天"(《易传》)为原则。故"工不曰人而曰天,务全其自然之势","因其自然之性"(《管氏地理指蒙》),"虽由人作,宛自天开"(《园冶》)成了贯穿于中国传统建筑活动中的基本精神和思维模式。

同时,古代先哲也清醒地认识到,"天道自然"终究能为人所揭示并把握利用。"道大,天大,地大,人亦大","人法地,地法天,天法道,道法自然"(《老子》)。人与自然的关系,是"人与天地并列为三,非天地无以见生成,天地非人无以赞化育",即自然的演化发展,也有"天道必赖于人成"(《管氏地理指蒙》)的一面。而人之参天地、赞化育,又必以同自然天道相谐调与和合一致的行为准则来规范人伦道德原则,亦即"人道",形成秩序和谐的人际关系,才能使人类以其社会性的整体存在,取得主动。在特定意义下,"天时不如地利,地利不如人和"(《荀子》)。正因上述思想,中国建筑视"宅者,乃是阴阳之枢纽,人伦之轨模"(《黄帝宅经》)。

肇庆泛槎图

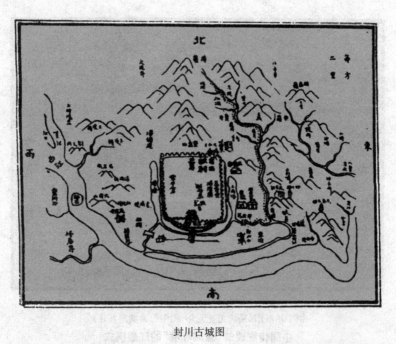

封川古城图

锦屏书院(道光元年木刻)

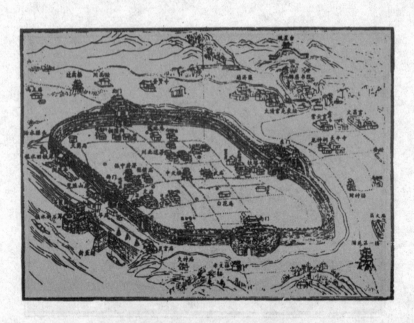

阆中治城图(清·道光元年,图中⊙为城内九井)

中国传统建筑"聚居环境"的理想模式

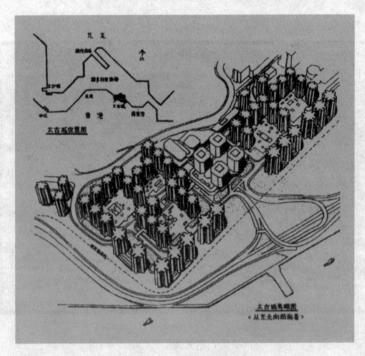

中国香港太古城居住规划

　　高层建筑群围合出绿化院落。南背山,北面海。建筑南密,北稀。地处南方低纬度区,利于吸纳海上凉爽吉气。

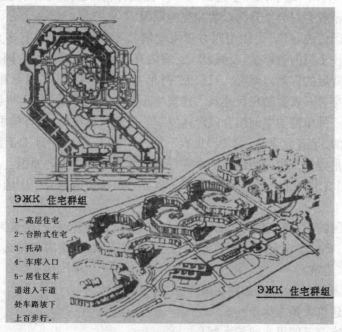

[俄]高尔基城实验性居住区规划

住宅及公建(综合体)组成联排式建筑。建筑围合成院落,开口向南,南面敞向米舍尔湖及绿地,托幼机构置于院中,形成"怀中抱子"格局,利于吸纳吉气,巧合风水吉格。

现代建筑的小区环境

我国著名当代建筑家梁思成将这一思想延续下来,他概括说:"建筑显著特征之所以形成,有两个因素:有属于实物结构技术上之取法及发展者,有缘于环境思想之趋向者"。

那么,中国建筑所讲求的"天人合一"究竟是什么呢? 综合起来可以概括为三点:

1. 天人皆物。天与人都是物,形态相殊,本质则一,"物物皆太极"。

2. 人效法天。《周易大传》曰:"夫大人者,与天地合其德"。天变,人亦效法天而变,以顺应自然,并通过模拟自然来改造自然。

3. 天人调谐。要求在采取"财成天地之道""辅相天地之宜""范围天地之化"等手段时,不要破坏自然,而要尽量求得人与自然的和谐统一,用现代的话来说就是求得"生态平衡"。

"中国的'现代建筑'是随着西方帝国主义列强的侵略和掠夺来到中国的。"随着时代的发展,中国建筑师和中国社会越来越主动地引进、吸收世界现代建筑的成果,如同外国的先进技术和产品一样,诸如电灯、电影、汽车、飞机……,加速了中国社会的现代化步伐。但是,建筑不仅包含现代技术,而且更重要的是它还包含着一个民族的文化和思维理念。这就不难理解西方旅游者到中国来主要去文化古城和自然山川景点的缘由——人家要看的是你的文化的博大精深。实质上,中国建筑

的"现代"与"传统"之争,是"全盘西化"与"民族特色"之争。因此,也就不难理解历史上这种矛盾有时会上升为政治冲突的原因。

研究中国传统建筑,往往用西方思维支解其零部件,专注于有多少柱、梁、台阶、重檐,专注于门前有影壁、石狮、华表,室内有屏风……。那么,中国传统建筑这些部件设置背后的深刻内涵呢?只研究"外形躯壳",而丢掉了"思维和魂"。由此出现了一些穿着旧衣服的现代建筑。建筑物不是一种简单的"住人机器",建筑规划也绝不是一种单纯的空间组合或形体罗织。建筑及其规划,是有构思意韵的,是有思想感情的,是有灵魂的。不能"见衣不见人""见人不见魂"地囿于躯壳研究。

这也就是为什么中国的建筑师永远是西方建筑师的学生的原因。总是学人家的东西,中国城市在几十年之后,岂不成了世界万国建筑博览会!中国的建筑文化在哪里?

西方各国的不同时期,均能涌现一批标志着自己民族特色的建筑大师,诸如生态建筑大师、有机建筑大师、"野兽派""银色派"等等大师,中国为什么不能直呼易理建筑、风水建筑?

走在中国的大街小巷,如同在国外,中国在哪里?

中国的建筑大师在哪里?

中国呼唤自己的风水建筑大师!

(2)建筑是"住人的机器"吗?

什么是建筑?

现代人将其幽默地称为"住人的机器"!

现代人在建造一座建筑物时,如同工厂生产一部机器。不仅建筑物的施工进度和质量好坏在很大程度上取决于施工设备的先进程度,而且建筑物所采用的材料和设备的生产也要求越来越向工程化发展。冬暖夏冷有"空调机",空气好坏有"通风机",上下楼有"电梯",黑夜变白天有"照明器",与人交往有"电话机",供水也无需古老的水井,由供水公司提供经过人工处理的所谓"自来水",住在现代建筑中的人们似乎越来越远离大自然。因此,住在城市好,还是住在乡村好,就成了人们永远也争论不休的话题。

在19世纪中期,法国巴黎的埃菲尔铁塔,向人们展示了现代建筑的雄伟风姿。西方现代建筑学家〔意〕L·本奈沃洛在《西方现代建筑史》一书中有一段关于埃菲尔铁塔的极精彩描述:"一位凝视它的人,这个人先目瞪口呆地朝它足足凝视了5分钟,然后说:'它压塌了欧洲!'埃菲尔铁塔牢牢地固定在它的四根拱式的腿上,它坚固、宏大、怪异、粗犷,诽谤和赞美似乎它都无动于衷,对它脚下发生的一切不置一词,直接向天国发出探寻和挑战!"

要想全面地了解现代建筑的发展过程,实在是难为普通老百姓。只有建筑领域的专家们才能体会其中的"味道"。但是,人们还是可以从西方有关"建筑"一词的使用变化中,略窥一二。

在古代西方或西方古典主义建筑中,"建筑"(Architecture)或"建筑物"(Building)一词,是与雕塑和绘画相提并论的。那时的建筑除了满足人栖身所需的基本

功能外,几乎就是一件完美的雕塑绘画艺术作品。

对于西方古典主义或后来新古典主义的消亡,实在是历史的必然,因为那时的建筑不是为了满足广大民众的需要,而是由阶级等级制所决定。对于古典主义建筑的精雕细刻,曾有一段极精确的评述:"美观的真实感受,就像流动的石膏浇到阿波罗(观景殿的藏品 Belvedere)的头上,石膏抚摸着他的全身又掩盖了他的全身。"

随着社会政治和经济的发展,把"建筑物"当成艺术品,由手工精雕细刻式的建造"建筑"的方式,已不能满足随着工业革命而日益膨胀起来的城市需要。科学和技术的进步也为创立新的建造方式和"建筑物"风格提供了手段。"建筑物"由古典主义向现代主义发展也就成了西方建筑无法选择的必经之路。"十八世纪末,'建设物'(Construction)一词被用在技术活动的一些最终产品上:如公共和私用建筑物、道路、桥梁、运河、土木工事、输水干管、下水道。粗略地说,通常包罗了不是机器生产的所有大型项目。"

随着社会的发展,西方建筑界再一次注重工程与艺术相结合,又倾向于使用"建筑"(Architecture)这个词,意指那些依然和传统体系有关的建筑活动。

提到西方现代建筑,不能不说到在 1851 年英国伦敦的第一届国际博览会上,由奥鲁(Horeau)设计的一种铸铁和玻璃组成的巨大结构型建筑被评为一等奖。这座著名建筑叫"水晶宫"。"水晶宫"几乎成了西方现代建筑的鼻祖。在当年《泰晤士报》上有这么一段关于"水晶宫"的精彩评述:"以无与伦比的机械独创性,产生出来一种崭新的建筑秩序,具有最奇异和最美丽的效果,它的出现为我们提供了一座建筑物(Building)。"

然而,西方现代主义建筑在整个发展过程中,始终伴随着人们的赞誉和批评。当年的《贡库尔报》(Journal des Goncourts)中有这么一段话:"我感到埃菲尔铁塔不是富有人情味的纪念物,而只是知道用木头和石头建造栖身之所的古代人类的纪念物。而且,铁造纪念物的单调外表令人生厌,就拿埃菲尔铁塔上第一个平台上的一排双孔望台来说吧,从一个文明人的眼里看来,恐怕没有什么再比它更丑的了!"

在西方,对"建筑"这个词,最具代表性的概括,是出自 J·罗斯金(John Ruskin,1819~1900)和 W·莫里斯(1834~1896)师徒。罗斯金在《建筑的七盏明灯》的开头,给建筑下了这么一个定义:"建筑是门艺术,它这样安排和装饰人们所建造的大厦:不管它是什么用途,它给人的视觉形象,应该带来心理健康、力量和愉快"。而莫里斯又进一步阐述了"建筑"的概念:"建筑包含着对人类生活的整体外部环境的考虑;只要我们是文明的一部分,我们就别想逃避这种考虑,因为它意味着影响并改变地球本身真正面临的人类需要,除非是在遥远无际的沙漠。"

意大利著名的建筑学家奈尔维(Pier Luigi Nervi,1891~1978 年)则认为:"所谓建筑,就是利用固体材料造出一个空间,以适用于特定的功能要求和遮蔽外界风雨。"意大利有机建筑学派理论家赛维(Bruno Zevi,1918~)则强调说:"空间——空的部分——应当是建筑的'主角'",并主张用"时间——空间"观念去观察和思考全部的建筑史。

西方建筑,由注重建筑物实体、外壳的美学效果出发,采用所处时代最先进的技术和材料,以实现特定的功能要求和遮蔽外界风雨。尽管,随着人类文明和科技

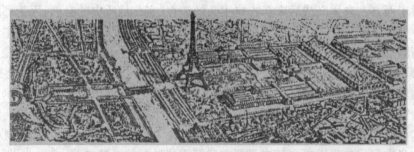

埃菲尔铁塔和它的漫画

的不断进步,建筑的花样不断翻新,但是建筑实质并没有多少变化。只是到了 20 世纪中期,随着现代自然科学和技术的迅猛发展,引起了人与自然的对立日益激化,并已扩大为全球性的问题。人类生存的自然环境特别是城市环境的质量日益恶化,人们对于大自然的羡慕和向往之心才开始增长,重返大自然的怀抱,与大自然和睦相处,已成为现代意识的一个重要内容。由此,西方的现代建筑学家,通过自己的实践,不得不强调回归自然、返璞归真,强调建筑与自然的紧密结合。那么,返璞归真的"真"到底是什么呢?

意大利有机建筑学派理论家赛维,在《现代建筑语言》一书中,曾大有感慨地说:"读者可在城市和区域的规模上加以推断,建筑和自然的组合意味着什么? 走进一个天然洞穴(也许它曾经是我们祖先的避难之所),你能够真切地感觉到脚下的大地;并且你一定会喜欢这种感觉。这种自然的乐趣已经消失在柏油路和光滑的人行道上了。洞穴顶部的各个角落并不是方方正正的,而和高低不平的四壁连成一体,一直伸入地下。光线照在起伏的岩石上,掠过洞顶,创造了一种每小时都在变化的动人效果。试想海边的岩洞,光线从水面上反射上来,带着深浅不同的颜

伦敦　水晶宫内景

色,随着波涛起伏变幻着色彩。不论是乌云滚滚,或者晴空万里,甚至风向的转变全部映在其中。所有这些失去的价值都可以通过现代建筑语言得到恢复。"赛维在这本书的"结论"中更进一步说:"当我们对工业社会未来的幻想破灭之后,我们越来越多地把注意力转向了史前社会。因为我们已醒悟到困扰我们星球的生态灾难的严重程度,已觉察出庞大的社会使人与人和人与周围的环境越来越疏远。"并主张以史前史的零点作为建筑文化的起点,他认为:"在建筑上,'零点'意味着考虑所有最基本的问题,就像我们要建造历史上第一所房子那样。"

当然,赛维也提出解决西方建筑失去的"魂","建筑和自然的组合必须在人类学、社会学和精神分析学的研究基础上,通过科学的途径来进行,而没有其他的捷径,现代法则就是如此。"

在中国建筑上,五千年来始终贯彻着一种精神,那就是"天地人和合"。正如《黄帝宅经》上所说:"夫宅者,乃是阴阳之枢纽,人伦之轨模,非博物明贤者未能悟斯道也。"人类生存基本行为之一的居住环境的经营,在中国古代被称为"宅",其为人与自然的中介。"宅,择也,择吉处而营之也。"(《黄帝宅经》)"宅是外物,方圆由人,有可为之理,犹西施之洁不可为,而西施之服可为也。"(《答释难宅无吉凶摄生论》)"宅者,人之本。人以宅为家,居若安,则家代昌吉";"人因宅而立,宅因人得存,人宅相扶,道天地,故不可独信命也。"(《释名》)《老子》第十一章也将建筑视为"凿户牖以为室,当其无,有室之用"。世界著名的现代建筑大师,美国的赖特(Frank Lloyd Wright,1869~1959)将老子的这段话誉为"最好的建筑理论"。"当年中国著名建筑学家梁思成去美国工作讲学时,两人见面后,赖特开门见山地问梁思成:'你到美国来的目的是什么?'梁思成回答说:'是来学习建筑理论的。'赖特听后一挥手说:'回去。最好的建筑理论在中国。'赖特当场就背诵出了《老子》第十

一章即有关'凿户牖以为室,当其无,有室之用'那段话的全部内容。"赖特将《老子》的这段论述作为校训,至今,它仍然铭刻在赖特学院。

中国建筑的意境是浪漫的,崇尚自然的,也是科学的。早在西周春秋时期创作的《诗经》中,就有了"秩秩斯干,幽幽南山"这样的描述王宫靠近洞水、面对青山的建筑颂歌。"卷帘唯白水,隐几亦青山"(杜甫诗)则更加抒发了中国建筑网罗天地、饮吸山川的空间意识和胸怀。晋代陶渊明在《桃花源记》中描绘了一种理想的居住环境:"林尽水源,便得一山,山有小口,仿佛若有光,便舍船,从口入,初极狭,才通人,复行数十步,豁然开朗,土地平旷,屋舍俨然⋯⋯"唐代孟浩然在《过故人庄》一诗中,也展示了一派村落环境。"绿树村边合,青山郭外斜。"这正是"居山水间者为上,村居次之,郊居又次之"的中国择居观。

正如英国学者李约瑟博士所说:"在希腊人和印度人发展机械原子论的时候,中国人则发展了有机的宇宙哲学。"

上述简单回顾中西方建筑观念的发展过程,不难看出,中国建筑是通过"崇尚自然""师法自然",在美学、科学、人伦学、精神学和哲学上追求达到"天人合一"的最高境界。尽管近几百年它那隐含而闪光的智慧因国运衰落而蒙尘垢面,但历史终究会拂去积尘,还其真实面目。中国建筑"崇尚自然""师法自然",而今天的西方现代建筑的新思潮是"回归自然""反璞归真","回归"到"天人合一"这一建筑之"魂"。

建筑师 Werner Blaser 更直截了当地说:"阴阳作为一个符号的关联系统,构成了说明(中国)文化秩序的尺度。"

传统的西方文化思想和基本观念正经历着深刻的变革,其自然观、世界观、人生观和时间观都有转向东方的趋势。主要表现为:从强调"生存竞争""天人相抗"转向注重生态平衡,强调人与自然和谐相处;从极力倡导物质文明进而重视内在精神的满足,以求得物质生活与精神生活的协调;从绝对尊重个性自由,个人与社会相抗衡,转为个人与群体相协调;从直线式的进化观转向螺旋式的发展观。

西方当代建筑,从源于结构主义(Construction)哲学思想的现代主义建筑、后现代主义建筑,到最近二三十年间出现的解构主义(Deconstruction)哲学思维及其建筑,在建筑界将它们合称为二十世纪的三大建筑潮流。其中,伴随着诸如:有机建筑、生态建筑、可持续发展建筑、怪异的"野兽派"、以玻璃幕墙为代表的"银色派"等诸多流派,将人们的思想引向历史上从来没有过的"混沌"状态之中。

所谓结构主义是指:"事物系统的诸要素所固有的相对稳定的组织方式或联结方式。"结构主义哲学认为:"两个以上的要素按一定方式结合组织起来,构成一个统一的整体,其中诸要素之间确定的构成关系就是结构。"结构主义思维,其实来源于牛顿发现的万有引力和力学三大定律,将"力"视为天体运动和地球上的物体运动源泉,西方现代哲学思维其实质就是"宇宙的力学观"。由此,结构主义被广泛地渗透到人类学、社会学、历史学、文学艺术及建筑等几乎所有领域,成为人们思维的一种时代模式。

在 20 世纪初,爱因斯坦提出相对论,普朗克、玻尔等人发展量子力学,牛顿力学就被突破了。接着一段时间,人们认为牛顿力学、相对论力学和量子力学分管不

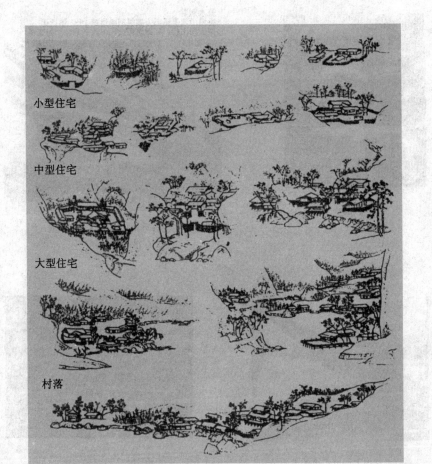

小型住宅

中型住宅

大型住宅

村落

宋　王希孟《千里江山图卷》中表现的聚落环境

同层次的运动,三种力学合起来可以圆满地说明问题。宇宙似乎还是清楚明确、井然有序的。这时期,结构主义思维尚能维系其生命力。

然而,科学的新进展却改变了人的认识。原来力学给出的确定的、可逆的世界图景是极为罕见的例外。世界是由多种要素、种种联系和复杂的相互作用构成的网络,有着不确定性和不可逆性。诸如:天气的变化、河流的污染、袅袅的烟气、飞泻的瀑布、翻滚的波涛、流体在管子中的流动,都是瞬息万变,极不规则,极不稳定的景象。三个以上的参数相互作用,就可能出现传统力学无法解决的、错综复杂、杂乱无章的混沌状态,于是,"混沌学"出现了。有人认为混沌学是"相对论和量子力学问世以来,对人类整个知识体系的又一次巨大冲击"。

流水别墅

流水别墅
香港山顶俱乐部方案模型哈迪德1985年设计
两者相比较，在建筑图上，一为正格，一为变格

中国香港山顶俱乐部方案模型
（哈迪德1985年设计）

德国莱茵河上的威尔市某消防站
入口（哈迪德1985年设让）

德国斯特加特大学太阳能研究所
（贝尼希设计，1987年建成）

解构主义建筑的代表作品

混沌学（Chaos）说明："我们的世界是一个有序与无序伴生、确定性和随机性统一、简单与复杂一致的世界。因此，以往那种单纯追求有序、精确、简单的观点是不全面的。牛顿给我们描述的世界是一个简单的机械的量的世界，而我们真正面临的却是一个复杂纷纭的质的世界。"

中国古人对宇宙的混沌早有感知，这渗透在中国人的世界观宇宙观及其思维之中。《易经》就是易变思维的集中概括。而在西方是最新的科学成果改变了他们的观念，终于"回归"到易变思维的"混沌"世界观上来。

上述西方基础科学的新进展，动摇了人们所固有的思维模式，稳定的结构模式必然解体，"解构主义"思维也就呼之欲出了。

解构主义给西方人几千年来所崇拜的、确信无疑的"真理""思想""理性""意义"等打上了问号。解构主义认为："确定性、真理、意义、理性、明晰性、理解、现实等等观念已经变得空洞无物。"

在西方建筑的变革中，产生了五花八门的各种流派。建筑也从单一满足"物质

需要"逐渐转向追求"精神需要"。建筑不仅具有"功能",而且具有"灵魂"。西方从哲学思维到具体科学门类,以至建筑物由确定、明晰、实在,走向"模糊""混沌"和"玄学"。回归到中国的易变思维轨道上来。

　　建筑不是"住人的机器","建筑是结构表达观点的科学之艺术""建筑是体现在他自己的世界中的自我意识,有什么样的人,就有什么样的建筑。"在中国古代,这叫"宅与人相扶"。"土生土长是所有真正艺术和文化的必要的领域","像民间传说和民歌那样产生出来的房屋,比不自然的学院派头更有价值"。一所住宅"除了在它所在的地点之外,不能设想放在任何地方。它是那个环境的一个优美部分,它给环境增加光彩,而不是损害它"。房屋应当像植物一样,是"地面上一个基本的和谐的要素,从属于自然环境,从地里长出来,迎着太阳。"

　　(3)星辰时空话都城

　　易学原理应用在医学上,利用宇宙万物的阴阳属性和五行生克制化关系,取动物、植物、矿物入药,用人体自身的阴阳磁场和时空差异子午流注优选施治创立了中国医药学,至今在世界医学中仍独树一帜。易学原理应用在环境地理学上,环境优选,时空优选,形成了建筑的易理易数文化,形成了中国风水学。风水学又称易理堪舆学,"堪天道,舆地道",是天地环境学。其优选因素不仅考虑太阳,还有月球及星宿因素,而且还有动变的时间优选,是基于天地人和合的思维理念。这种简称为"天人合一"的思想,相信"天人感应",认为人不是孤立于天地之外的生物,而是"人与天地参"的。这种人与天地环境的全息认识,其科学性正被现代科学所证实,并越来越被世界所重视。

　　世界文明古都至今保存原貌的很少。巴比伦的宫殿已荡然无存。古希腊、罗马的宫殿只剩有废墟。印度中世纪前的宫殿也非原貌。北京(故宫)是世界唯一保存完整的历经五个世纪的古都。是风水可考的古建实物。

　　北京城及故宫,是完全在中国风水理论指导下规划建设的。大至选址、布局,小至细部装修,处处寓含风水思想,可谓风水学的典型实物例证。

　　中国风水大势,是西起昆仑山系,向东延伸,形成各大山脉、小支脉。地势西高东低,北高南低。北京选址,就是与这一总系统的大势相合相顺的。北京西部的西山,为太行山脉;北部的军都山为燕山山脉,均属昆仑山系。两山脉在北京的南口会合(南口是兵家要地)形成向东南巽方展开的半圆形大山湾,山湾环抱的是北京平原。地势西北向东南微倾。河流又有桑干河、洋河等在此汇合成永定河。符合"山环水抱必有气"的风水格局。

　　在地理格局上,东临辽碣,西依太行,北连朔漠,背扼军都,南控中原,具有利于发展和控制的战略地势。

　　元朝建国,京城元大都堪选在此,是必然的。

　　元世祖忽必烈令规划家、天文家、水利家刘秉忠、郭守敬师徒二人会集风水名家堪舆规划元大都。

　　山势既定,水是风水中必选的要素。

　　堪选后决定,引地上、地下两条水脉入京城。地上水,引自号称"天下第一泉"

的玉泉山泉水。人工引泉渠流经太平桥——甘水桥——周桥,直入南北河沿的通惠河。因水来自西方的八卦"金"位,故名"金水河"。

元大都地下水脉,也是来自玉泉山。这是选址之初首先察明的。伏流的通脉,在宫内至今尚存的御用"大庖井"可以证明。此井水甘甜,旱季水位也恒定。后来成为皇宫祭祀"龙泉井神"的圣地。

堪舆察明了水脉、龙脉(地势),随之可以确定子午轴线。水脉为东西横轴线,龙脉为南北纵轴线。

明代灭元,开始建都南京,之后建都北京,既要用此地理之气,又要废除元代的剩余王气。风水制法采用宫殿中轴东移,使元大都宫殿原中轴落西,处于风水上的"白虎"位置,加以克煞前朝残余王气。同时凿掉原中轴线上的御道盘龙石,废掉周桥,建设人工景山,原有的玄武主山琼华岛(后名)成为北海一景而已。不再倚靠。这样,主山—宫穴—朝案山的风水格局重新形成。永定门外的大台山"燕墩"成为朝案山。小山墩之成为"燕京八景"中的"金台夕照"名景,在于山的地位是风水的朝案之山。

北京风水格局的内局,更为细致。严格按照星宿布局,成为"星辰之都"。

皇帝称"天子",天之骄子。古代中国天文学很发达。战国时代(2500年前)就有《甘石星经》问世。

中国古代将天空中央分为太微、紫微、天帝三垣。紫微垣为中央之中,是天帝所居处。皇帝在人间,必居"紫微宫",紫禁城之名由此而来。把紫禁城中的最大的奉天殿(后名太和殿)布置在中央,供皇帝所用。奉天殿、华盖殿(中和殿)、谨身殿(保和殿)象征天阙三垣。三大殿下设三层台阶。象征太微垣下的"三台"星。以上是"前廷",属阳。以偶阴奇阳的数理,阳区有"前三殿""三朝五门"之制,阴区有"六宫六寝"格局。

"后寝"部分属阴。全按紫微垣布局。中央是乾清、坤宁、交泰三宫,左右是东、西六宫,总计是15宫,合于紫微垣15星之数。而乾清门至丹阶之间,两侧6个盘龙列柱,象征天上河神星至紫微宫之间的阁道6星。午门在前,上置五城楼又称"五凤楼",为"阳中之阴"。内庭的乾清宫为皇帝寝宫,与皇后坤宁宫相对,在寝区中的乾阳,为"阴中之阳"。太和殿与乾清宫,虽同属阳,但地理有别。太和殿以三层汉白玉高台托起,前广场内明堂壮阔。而乾清宫的前庭院,台基别致,前半为白石勾栏须弥座,后半为青砖台基,形成独特的"阴阳合德"的布局。北京城凸字形平面,外城为阳,设七个城门,为少阳之数。内城为阴,设九个城门,为老阴之数。内老外少,形成内主外从。按八卦易理,老阳、老阴可形成变卦,而少阳、少阴不变。内用九数为"阴中之阳"。内城南墙属乾阳,城门设三个,取象于天。北门则设二,属坤阴,取象于地。皇城中央序列中布置五个门,取象于人,天、地、人三才齐备。全城宛如宇宙缩影。城市形、数匹配,形同涵盖天地的八卦巨阵。

今天能看到的故宫内断虹桥(原周桥"三虹"之一)至旧鼓楼大街的直线就是元大都时的中央子午线。在五百年前确定的由中央子午线和相应纬线构成的城市骨架,并由此划分出坊里,再由坊里划出一定距离的胡同,这种井然有序的规划布局,使北京成为世界上最优秀的古城。

故宫中轴线上的建筑壮观宏伟,是中国古代建筑中最具典型意义的代表,它们

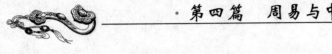

由南往北依次为：永定门—箭楼—正阳门—端门—午门—内金水桥—太和门—太和殿—中和殿—保和殿—乾清门—乾清宫—交泰殿—坤宁宫—坤宁门—天一门—银安殿—承光门—顺贞门—神武门—景山门—万春亭—寿皇门—寿皇殿—地安门桥—鼓楼、钟楼。

建筑轴线长15里，是世界之最，也体现洛书的方位常数15之数。

在色彩上，反映"五行"思想。宫墙、殿柱用红色，红属火，属光明正大。屋顶用黄色，黄属土，属中央，皇帝必居中（从黄帝时代起）。皇宫东部屋顶用绿色，属东方木绿，属春。皇子居东部。皇城北部的天一门，墙色用黑，北方属水，为黑。单体建筑，也因性质而选色，藏书的文渊阁，用黑瓦、黑墙，黑为水，可克火，利于藏书。二层的文渊阁室内，上层为通间一大间，下层分隔为六间，体现"天一生水，地六成之"的易学观点。天安门至端门不栽树，意为南方属火，不宜加木，木生火在此不利于木结构建筑的防灾。

建筑风水布局，还表现在名称上合于《易经》之理。南端的丽正门，合于离卦的卦辞"日月丽乎天"。顺承门、安贞门在北部后宫，合于坤卦"至哉坤元，万物滋生，乃顺承天""安贞之地，应地无疆"。皇帝的乾清宫，皇后的坤宁宫，合于乾、坤之义。

此外，在数理上，也要合于易理。易卦阳为九，又以第5爻为"飞龙在天"称得位。皇帝称为"九五之尊"（而尚未即位的称为"潜龙"）。在中轴线上的皇帝用房，都是阔9间，深5间。含九五之数。九龙壁、九龙椅、81个门钉（纵9，横9）、大屋顶五条脊、檐角兽饰9个。九龙壁面由270块组成（含9）：故宫角楼结构9梁18柱。为此，明代洪武年间又明文规定军民房屋，不许九五间数。"九五"为皇帝专用，成为一种规定。故宫内总共用房间数为9999.5间。亦隐喻"九五"之意。甚至在建筑细部装饰上，都处处含有风水布局，宫廷古建筑，高低错落，钩心斗角，为化解风水上的煞气，多取太极化解法（而很少用镇压法、反射法的暴逆制法）。如梁、柱之间雀替，梁枋上的彩画，多以S形曲线表现。此形如太极的阴阳分界线，是太极图形象的抽象简化，是风水学中常用的化煞法。符合"曲生吉，直生煞"的风水观念。故宫广用红色，红主火、主明，符合"光明正大"的寓意。也符合易理和风水原理。土地在易学堪舆理论上，泛论之，属于坤阴，土地上的建筑一般采取"阳数设计"，以求取阴阳平衡。"阳宅"观念，是中国建筑主要特征。中国建筑均以"间"为基本空间单元按奇数一字展开。如三、五、七、九间等。皇帝乃"九五之尊"，易经卦象为"飞龙在天"，其大朝金殿必阔九间，深五间（排架）。古城故宫中唯一按偶数设计的特例是藏书楼文渊阁，开间为六，层数为二，底层六间，上层（二层）是一大通间，是象喻《易·河图》的"天一生水，地六成之"的寓意。（其黑色瓦，又属坎水，利于防火藏书）。阳数设计理念，可溯源至东周时代，如《周礼·考工记》《礼记》中都有明确规定，"天子之堂九尺，大夫五尺，士三尺"等。从群体规划到建筑设计都必含有此等数理。甚至建筑构造细部做法亦如此。梁架排列，斗拱出挑，门窗设置，皆含奇数等差做法。

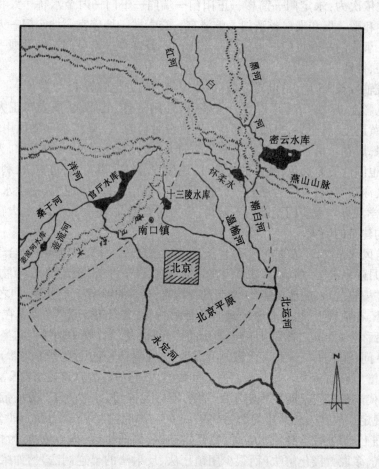

北京风水外局图

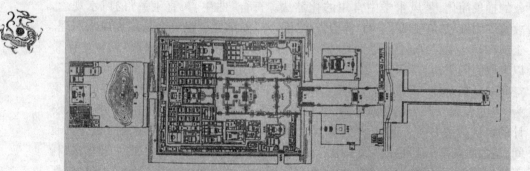

故宫的规划布局,颇多风水方面的讲究,如以景山为其"镇山";金水河自乾方(天门)入而从巽方(地户)出,并在武英殿、太和门前等前凸成"金城环抱"(冠带形)之势;以东属木主春、生、文、仁等,故有万春亭、文华殿、体仁阁(文楼)等;西属金主秋、收、武、义等,故有千秋亭、武英殿、宏义阁(武)楼等;诸如此类,可详见于倬云先生《紫禁城宫殿》及姜舜源《五行、四象、三垣、两仪—紫禁城》等有关论著。

北京故宫总平面图

自元明清北京城上溯，"十代帝王都，六朝金粉地"的南京城，南宋的临安城（今杭州），唐长安城，秦咸阳城，到"周公卜洛"的周洛阳城，以及商城（郑州），商代新都殷墟（今安阳小屯），周代初期的都城丰京、镐京、成周，少数民族满族的沈阳城，几乎在选址规划营造中都如《周礼·考工记》中记载的基本模式："匠人营国，方九里，旁三门，国中九经九纬，经涂九轨，左祖右社，前朝后市，市朝一夫。"

《易经》以九为阳之首，君王"天子"崇阳，城池选址以阳地为善，城市规划也以老阳为最贵。营国制度广用九数："方九里""九经九纬"，"内有九室，九嫔居之；外有九室，九卿朝焉。""九分其国，以为九分，九卿治之"。这种体现《易经》思想的城建规范制度，影响所及，由商周延续到明清城市。

由商周时期形成的营国制度，充分体现了封建制度下的等级制度。"经涂九轨，环涂七轨，野涂五轨"。"环涂以为诸侯经涂，野涂以为都经涂。"把城市建设规范为

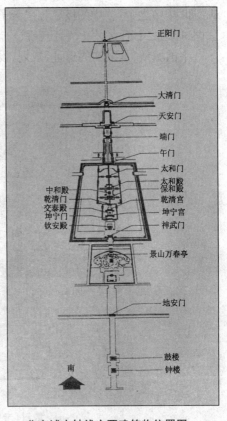

北京城中轴线主要建筑物位置图

三个等级：王城标准级，诸侯标准级，卿大夫采邑城的标准级。各级城市大小、路宽、门高、屋高都依次递减。级差为二，如王城用九，诸侯为七，卿大夫采邑用五。按尊卑定等级，不得僭越。甚至在建筑油漆色彩，屋瓦色彩上均有等级规定。

皇宫城在都城的核心位置，城市干道网对称，方格式布局，城市方整，建筑及大小城市层次等级分明，是"营国制度"在伦理和礼法上的体现。这种秩序化格局及其美学，也是风水格局和风水美学的体现。王城——诸侯城——卿大夫采邑城及其所带领的周围的田野，形成城邦国家的整体体系，又是体现一个整体的"同模"和"全息"的观念。即易学风水学的观念。也是天地人合一的观念。此外，营国制所规定的"旁三门"，"九分其国"的城建理论，是来自当时的井田制。周制一农夫授田一百亩，占地方百步，即周金文中之"田"（甲骨文之"囲"字）的观念，也是上对天上的九星（北斗七大恒星加上辅、弼二星），下合地上的九宫（形成一个中宫率领周边八个卦象），在"天圆地方"观念时代，八

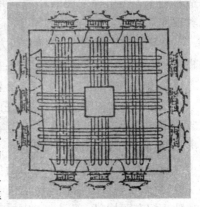

周王城复原想象图

卦、九宫被视为天地之理的体现。其中,最尊者择中而居。择"地中""土中"。"中央"即"中中之中","中的极尽"。"天子中而处"(《管子·度地篇》),"择天下之中而立国,择国之中而立宫"(《吕氏春秋》)。

　　中国城镇,从最初的选址、规划、设计,到最后的营造和内外装饰,按照易学思

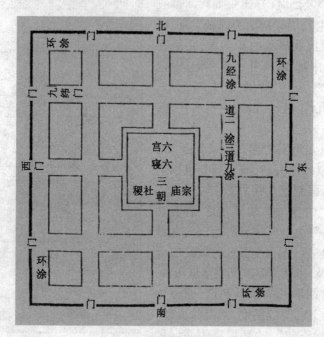

戴震《考工记图》王城图

维观念形成了一套完整的体系,创造出了因地制宜、"天人合一"的万变不离其宗的中国模式,也造就了中国东西南北各具特色的城镇风貌。城镇的形成,即注重地理山川格局,也讲究局部地形的匹配,在数理上、形式上、颜色上、取材上,都形成较为系统的法式。这些由实践而获取的经验概括,所刻意追求的根本目的是为了营造有利于人类生存发展的环境。并由"取类比象"获取的自然现象的规律抽象成数理推算方法,如八卦九宫等,成了中国建筑所独有的时空坐标系统。

　　现代的城市规划学,是随着西方资本社会的发展,为解决政治和经济矛盾,由空想社会主义到社会改良主义,诸如:托马斯·摩尔的"乌托邦",安得累雅的"基督徒之城",康帕内拉的"太阳城"等;在19世纪末逐渐形成了有系统的理论,有特定的研究对象和范围的一门科学技术。在此基础上,由注重城市和建筑的造型艺术,向外扩散,把城市当作一个社会经济的范畴,随后形成了英国霍华德(E. Howard)"田园城市"理论和思维的"卫星城"理论。

　　在上述理论指导下,非但没有实现理想的"田园城市",而且西方大城市恶性发展,带来了各种政治和经济危机。在本世纪初,又提出了城市改造方案,诸如:法国勒·柯布西埃(Le Corbusier)在1922年写了《明日的城市》一书,书中说:"这种理论和方案实际上也流为主观臆想。……但对当时及后来的城市规划学科有一定

的影响。"

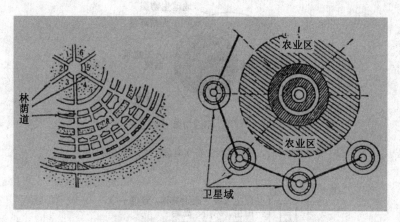

1. 图书馆；2. 医院；3. 博物馆；4. 市政厅；
5. 音乐厅；6. 剧院；7. 水晶宫；8. 学校运动场
霍华德"田园城市"方案

1933 年国际现代建筑协会(C. I. A. M.)在雅典开会，中心议题是城市规划，并制定了一个"城市规划大纲"，这个大纲后来被称为"雅典宪章"。大纲第一次将城市及其周围影响地区作为一个整体来研究，指出城市规划的目的是为了保证居住、工作、游憩与交通四大活动的正常进行。

大纲也第一次将城市规划由原来的二维平面空间设计，引向三度空间，即立体空间的科学。

1978 年 12 月一批建筑师在秘鲁的利马集会，对"雅典宪章"四十多年的实践得失作了评价。会后发表了"马丘皮克丘(Machu Picchu)宣言"，提出了人类城市与土地资源、自然资源及自然环境和谐的问题。无论是 16 世纪欧洲的"乌托邦"(空想主义)所勾画出的理想的人聚环境蓝图，还是而后的几百年中，曾多次企图建成的"新村"或"田园城市"，理想中的社会结构与良好的生存环境"伊甸园"，都在工业革命后而出现的高速生产发展中，在自然生态的破坏、城市环境的污染、能源危机、人类赖以生存的地球危机中而破灭。

中国的城市规划学，近百年来在西化浪潮的推动下，几乎完全照搬西方的城市规划理论，完全否定中国传统城市发展背后的规划理论，即中国风水学，认为中国历史上没有城市规划学和建筑学。似乎中国古城市发展及建筑形式演变完全在自然无序中形成。中国传统文化和科技几乎无一幸免被诋毁、轻视的遭遇，"全盘西化"成为一种时尚。而西方城市规划学，自产生起，从来没有像今天这样，处于严重的自我困惑之中。

近年来，随着生态学，环境科学、生物学等现代科学的迅速发展，城市规划学再次面临挑战。相继出现的新学说有：

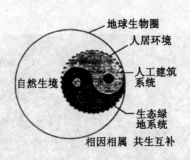

地球生物圈，人居环境与生态绿地系统的空间共轭关系

国学经典文库

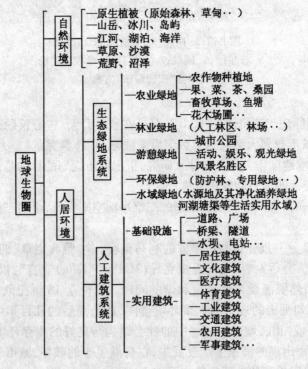

地球生物圈、人居环境与生态绿地系统之间的层次定位关系

现代地球"生物圈"概念示意图

    1. 人类聚居学（Ekistics）：是基于自然环境、人、社会结构、建筑与城市、交通与通讯网络五个基本因素协调的理论体系。将"人聚环境"视为一个系统，依据系统论寻求地球生物圈的基本规律。

    2. 生态建筑学（Acologies）：是建立在研究自然界生物与其环境共生关系的生态学（Ecology）理论基础上的建筑规划设计理论与方法。

第二城市空间

倒锥型城市

火山型城市

总体城市

百万人口卫星城

总体城市

新巴比伦城

空间城市

X 型城市

几何形体城市

桥形城市

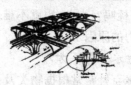

桥形城市

太阳城

太阳城

地下城市

地下城市

巴别塔式城市

地下城市

外层空间城市

西方建筑规划界理想中的"未来城市"

3. 绿色建筑学：是基于生态环境保护与自然能源有效利用的理论体系。

还有诸如：文明建筑、健康建筑等等。综上所述，现代城市规划学在新思潮的推动下，完善其所依据的数理指标和规范标准的同时，注重人聚环境的系统性、协调性、全息性。第一次提出了"地球生物圈"概念，即把覆盖地球表面薄薄的生命层称之为"生物圈"。进而，运用生态学的原理，将地球生物圈空间，大致划分为自然环境（Natural habitat）和人居环境（Human Settlement）两大系统。并且，认为它们之间具有模糊边界和相互包容的共生互补关系。这不正是中国风水学"天地人合一"的追求目标吗？由此，也就不难理解中国风水学在沉寂数百年后的现代文明的今天再现魅力的原因了。

（4）一方水土养一方人

中国的老百姓常常根据物类及人的形态个性，就能区分他们来自东西南北的哪个方位。比如：对属于南方人、北方人、广东广西人、新疆人、东北人等一般都能辨别得八九不离十。新疆西瓜、海南西瓜一吃就知道是哪里来的；四川橘子、广东广西各地的橘子味道都不一样，在北方它们就只能是花盆里的观赏植物啦！这在《易经·系辞传》中就叫"方以类聚，物以群分"。用老百姓的话就叫"一方水土养

"一方人"。易学与建筑的结合形成了中国独有的建筑方位艺术。

北京中山公园有个五色土坛，把天下东西南北中五方五色之土集中在一石台之上，一般老百姓都知道这象征着旧中国封建统治"普天之下，莫非王土"的皇权，其实，这里面是中国易学思维的宇宙阴阳五行模型，是中国人五千多年认知宇宙的"天人感应""天地全息"的易学易理的实物例证。北大荒是含腐殖质高的黑土，东北土地肥沃，中国最大的商品粮基地在那里；南方广东广西等地则是含矿物质的红色土，那里是一片红土地；东方山东、苏北的土是青色的，好像水泥色；西边是白色淡显的黄色，似牛奶，如：新疆到处是雪一样的盐碱地；中央地河南、河北则是黄色土。

中国的祖先很早就观察和体验到天地人之间具有相互影响关系，在《周易参同契》中叫"考三才"，现代叫感应、相关关系。现代科学证明宇宙已经存在大约150亿年，太阳系及地球大约存在50亿年。天地人在如此漫长的年代里，通过"气"，现代叫"辐射"或"场"的作用，相互影响和作用，形成了地球东西南北中因方位的不同物种及形态之间的差别。《易经·系辞传》讲："在天成象，在地成形，变化见矣"。地球上的生物与天体有关，在地成形，也就是有形质的关系。换句话说，地球上万物的变化，乃至人与物的生长，都与自然天体的关系非常密切。这就是所谓的"变化见矣"。在中国的罗盘上将天地人之间的关系简化成天盘、地盘、人盘。中国古代人将天地人这样大的三个复杂巨系统纳入一个小小的罗盘之中供人排布推算事物及人，包括建筑的优劣吉凶，实在是一项伟大发明。

五行与天地人对应关系（五行归类）表

五行	水	木	火	土	金
五脏	肾	肝	心	胃脾	肺
五窍	耳	目	舌	口	鼻
五体	骨	筋	脉	肌	皮
五志	恐	怒	喜	思	忧
五音	黑	青	赤	黄	白
五味	咸	酸	苦	甘	辛
五气	寒	风	暑	湿	燥
五季	冬	春	夏	长夏	秋
五方	北	东	南	中	西

根据《易经》和《黄帝内经》的理论，北为坎水，在人体为肾；南为离火，在人体为心；东为震，属木，在人体为肝；西为兑，属金，在人体为肺。上述的五色对应着人体的内脏：肾黑、心赤、肝青、肺白、脾胃黄。中医认为"肾主骨，技巧出焉"。肾脏强健则骨骼必发达。北方人身高体健，出力量型运动员。南为离火，为心，中医认为"心主神明"，即大脑聪明，思维敏捷。南方人做生意灵活、靠聪明漂洋过海、闯荡世界，世界上华人富翁多是南方人。西属肺金，中医认为"肺开窍于鼻"，所以从鼻子可以判定肺

的病变。中国新疆人，乃至西方洋人的鼻子很发达。"肺又生悲"，西北的秦腔很是悲悲切切，是中国地方戏曲中少有的"悲腔"。东为肝木，肝主胆略，也主怒。东北、山东人胆子大，性格直爽。从另一方面讲，东北、山东人也善战好斗，历史上水泊梁山好汉"该出手时就出手"，成为中国英雄豪杰的典范。中国易理上讲，气场随地理分布变化，人的身体和秉性是天地气场影响塑造的。天地之间在宇宙150亿年间的相互对应感应过程中构成了地球上东西南北中的地理条件差异，也造就了人的身体和秉性的各具特色。中国古人由易理揭示的天地人之间的对应关系，具有如此神妙的验证性，真是不可思议。正如英国的克里斯托夫·巴克特所说："我们发现传统的西方关于现实的模式在很多方面不符合科学事实。而同时，我们的几位科学巨匠认识到，古老的《易经》令人惊异地接近了真理。"

《易经》上讲，因为"方以类聚，物以群分"，所以才有"吉凶生矣"。由此，也就构成了中国人择居的"吉凶"观。

再看植物，南方热带有一种树——芒果树，一年四季结果，结出的果子四周颜色不同，南边果子熟了，显深黄色；东面果子是淡黄色的；西面是青的；北面果子很小，未成熟。这种树泄露了宇宙气场的分布规律，能量是从北往南逐渐增大的。通过这棵树也可看出八卦符号的由来。宇宙气场尽管人肉眼看不到，但它是按这个规律分布。白天黑夜、一年四季、人的一生兴衰，都是这个规律。它是天地人万古不变的规律。古人讲"物物一太极"，即无论事物大小都是一个太极，一个天体，其中的变化规律均包含在了中国八卦中的"后天八卦"的运转之中。

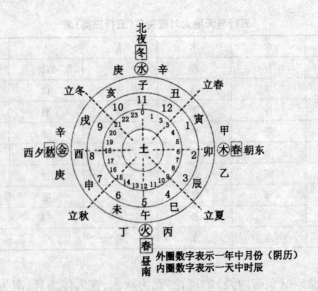

外圈数字表示一年中月份（阴历）
内圈数字表示一天中时辰

易理与天干、地支、四季、方位、时间等的对应关系

西方建筑学家赖特称"有什么样的人，就有什么样的建筑。"中国古人叫"人宅相扶"。当然，赖特讲的是人的主观意识决定建筑风格，中国祖先讲的则是建筑和居其中的人必须符合"天"之"道"。中国人通过对自然环境的选择、评析和长期经验积累形成了"一方水土养一方人"的民俗习惯，形成了用"风水"易理观念评价宅

居的吉凶体系,就是在科技发达的今天,似乎也依然对此衷情。生物与自然环境息息相关。梨山有铁,金龟子山含金,向阳处多花,水肥处多鱼,避风处多鸟巢。吵架的家庭兰花不开,抗日战争时期竹子开花"自杀",这是天地场气感应的自然规律。民俗称"山清水秀出才子,穷山恶水出刁民",也是对天地人感应的观察统计结语。在《玄女青囊海角经》中说:"福厚之地,人多富寿;秀颖之地,人多轻清;湿下之地,人多重浊;高亢之地,人多狂躁;散乱之地,人多游荡;尖恶之地,人多杀伤;顽浊之地,人多执拗;平夷之地,人多忠信。"纵观世界地理的大势分布,凡是地下产石油的地区,其地表都是荒芜之地,或是沙漠,或是长满芦苇野草,地表绝无茂密的树木,中国的大庆油田,辽河油田,华北油田,新疆的克拉玛依油田也不例外,这是天地场对应的例证。植物如此,人也不例外。这也就是为什么中国易理风水理论着重自然环境优选,认为日月山川气候等物质环境不同而有不同的风水效应和追求相应取向的缘故。

中国东北地区寒冷,建筑朝向优选癸山丁向(南偏西),以热轴朝向为吉向。南方则以壬山丙向(南偏东)为吉向,避热轴骄阳,以利于通风为吉向。选向之外又选势,优选最受益的地势地气,包括地区小气候,以便争取最佳的风水效应。可使居地方病多发地区而无恙,可使居高纬度地区而不寒,低纬度区而不暑。云南昆明地区,地处低纬度区而无暑,高地势区(海拔二千米)而不寒,四季如春,故称昆明市为"春城"。这是中国传统风水效应的妙选。其西陈横断山脉,北护三江四山,西北高而东南低,形成大势之和谐。而南面的"五百里"滇池又过滤着南来的燥热空气,补以小气候,驱恶避煞,妙境天成。背山面水,山凹护卫,状若簸箕,形如座椅的地势可视为风水大势中的"穴"位。北人称山凹,湘人称山冲,云南称坝子,为风水优选之地。此种地势,多为土肥水厚,花木繁茂之所。盖自地球东转,地处北半球的华夏大地,宏观论之,接受生元之气以东南的巽向为佳,愈往北方愈转向离位取向,以利于迎地球运转及星月关系产生的宇宙之气。这就是为什么中国四合院均选东、东南、南的震、巽、离开门的原因。赤道南地域则与此正相反,以东北和北为优选。

山水地势,影响气场,气场影响生态,山水形势也是一种生态环境。黑龙江省宁安市的鹰咀崖子村,坐落在状似老鹰咀的巨石崖子下。该村居民历来好斗,曾以出现斧头帮而闻名遐迩。云南省弥勒市南部的息宰村,曾以山水形胜,平和气场,在历史上的战争中双方到此打不起来,到此必讲和而闻名,故名息宰。此地文人辈出,近代中国大数学家熊庆来即出生在这个山沟里。"熊庆来故居"(楚图南题)即在那里欢迎游人参观。据载,浙江永嘉县楠溪江的苍坡村(建于公元195年),是根据易理风水学的阴阳、五行说规划建设的。宋孝宗淳熙五年(公元1178年),苍坡村第九世祖李嵩返乡探亲在此遇云游的国师李时日。国师按五行说,认为西方庚辛金面向远方的山形似火的笔架山,相克不利,而北方壬癸水又无深潭厚泽以制火,东方甲乙木又会助火延,南方又是丙丁火,故四周均受火胁。宜在东、南建双水池,并围村开渠,引溪水环村,以求易理风水化煞。随后建了人工东、西双池。同时,以池水为"砚",池边置放长条石以象征"墨",池边主街为"笔街"。而全村宅院一片片,象征"纸"。从而形成"笔、墨、纸、砚"的传统"文房四宝"齐备之格局,化易

理风水学上的凶煞为吉祥。并赋予文采寓意,陶冶村民的灵性,增益文化才气,该村历代文人辈出。把山势山形充分结合起来,并将人文条件融入其中,使天地人三才一统,形成千古典型的村镇风水创作。

　　浙江兰溪的诸葛八封村,借用周围八山围合的小盆地建立八卦村,外八卦、内八卦分明,中央又用水、陆构形太极图,历代学子成绩优异,名医辈出,成为有名的名医之乡。据当地《村史》载:诸葛亮留有"不为良相,但为良医"之遗训。据当地包先生自述,幼时学习很差,父亲慕名将其引进八卦村内的学校,成绩骤佳,得以升入大学,现任兰溪市副市长,仍不忘此环境的变化。这当中,不排除教学环境及师资因素,但风水环境因素或亦莫能外排。环境气场对人的潜移默化,是不可忽视

浙江楠溪苍坡村 9.7 公顷,位于楠溪江中游四面环山的盆地中,始建于五代,村中主要道路"笔街"对向笔架山,街旁池水为"砚",池边条石为"墨",住宅为"纸",象征文房四宝俱全,文人辈出。

浙江苍坡村透视图

的。自古有道:"山青水秀出才子,穷山恶水出刁民"。环境是及人的,不是无关的。

　　浙江省永嘉县的芙蓉村(建于公元 1020 年),地处四周环山的荷花形平地之上,位于芙蓉峰下,当地流传俗诗有:"前有腰带水,后有纱帽岩,三龙捧珠,四水归塘"。全村以"七星八斗"为立意构思并结合地形进行统一规划布局。以道路交叉点高出其他地面约 10 厘米,面积约 2×2 平方米的方形平台为"星",以散布于全村的七处大小水池为"斗",以此星、斗寓意天象星宿。其七星,控制全村的道路系

统。村入口更以一颗大"星"（4×4平方米）为始端,引向全村。大"星"台与道路联组状如"如意",其主干道又以"如意街"命名,以象征吉祥如意。如意街上的"星"台,专为出仕人衣锦还乡时在此接见乡民的风水穴点。其余六"星"分别控制东、西、南、北各条支路,构成完整的道路系统,并自然划分出宅院组团。全村又以八"斗"为中心,分别布置公共活动中心,与水系有机结合。引山泉入村,泉水通过寨墙、道路边的水渠联系着各池塘(八"斗"),形成完整的水系统。清流泻玉,红女浣纱,石寨鸡鸣,绿水白鸭,一派田园景色的独特风貌。卵石垒筑的两道荷瓣形的寨墙,七个寨门和等距设置的炮楼、箭孔、望亭及其外面的水渠,构筑着坚固的防卫寨堡。村外西南处的三座奇峰,山石白里透红,状似待放的三朵芙蓉,故名芙蓉村。

中国人择居,关于山水、地质地貌条件等自然环境,有着大量的经验统计资料,形成了独有的易理风水观,并且在中国城市、乡村、民居、园林以及陵墓中都有体现。这些,在科技发达的今天,正被人们重新发现和研究,相信在不久的将来能被现代科学证实而重放异彩。

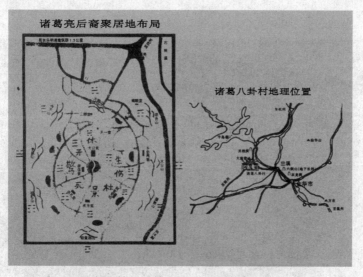

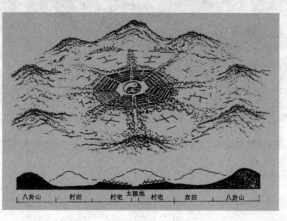

浙江诸葛八卦村示意图

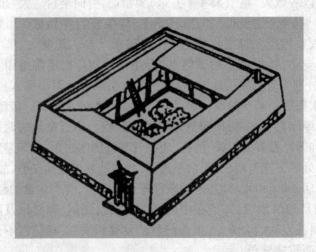

庄窠民居(是青海藏族民居的传统形式,外墙以粘土夯成)

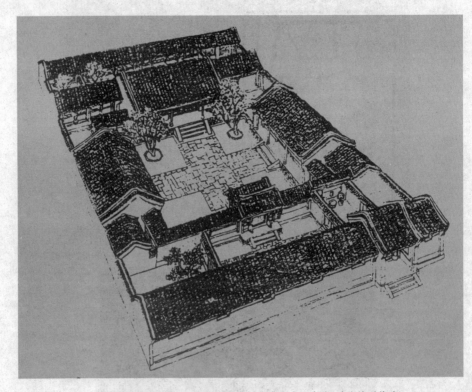

北京崇礼(清文渊阁学士)住宅占地一公顷,典型大四合院(清光绪时代建)

福建客家土围楼

传统民居利于接收微波之"气"

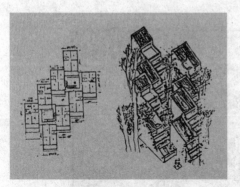

四川新四合院住宅方案

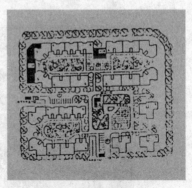

和沙望江小区住宅院落空间

步步高布置,利于风水"透白",接收
南方生元吉气。

云南傣寨干栏式民居,地脚高架
避雨林中的煞气(潮湿地气)。

组群三合院

平陆槐下村窑洞群全村 130 多户,98%为窑洞院落,其中大部分为下沉式窑洞。有 15 个下沉式窑洞集中布局在一起,组成窑洞群。

<h3 align="center">几种利于接收风水气的民居建筑</h3>

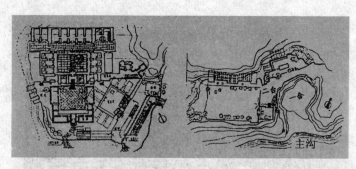

山西米脂县姜张祖窑洞庄园"大型窑洞院落"

（5）仁者乐山，智者乐水

中国有句名言："山不在高，有仙则名"。在中国，凡是名山必有古寺，著名的寺院、道观往往都选择在林木葱郁的山峦峰谷之中。武当山、峨嵋山、九华山、五台山……红墙青瓦的寺观，颇具诗情画意。还有嵩山少林寺、杭州的虎跑寺、苏州的灵岩寺、承德避暑山庄周围的外八庙……，都是建筑与自然融合的杰作。

佛教讲"行善积德"、道教讲"炼丹"，就是炼丹田之气达到天人和合。儒家讲"仁义道德"、中国风水学讲"好气场要以德求之"。总之，中国几乎所有宗教界都在劝导人们要"修心"才能"养性养德"。

要"修心"那就非"山"莫属！青山绿树，空气洁净，可以"净化心灵"。群山叠嶂，自然形成的"山环"，左青龙、右白虎、后玄武、前朱雀的形象环境，构成了抛物面似的"聚能器"，人可以"融于天地"之间，感受来自天地宇宙场的气，陶冶情操。1934年，梁思成、林徽因与美国学者费正清夫妇联合考察山西赵城附近的广胜寺时，他们是这样描述这一寺观建筑组群与周围环境的绝妙融合："在早上灿烂的阳光下，我们可以看出，中国的风水方法已给这座美丽的古庙选了一个多么合适的地点，在北面后山，山坡挡住了凛冽的寒风。在山下，就在大门外，地下的泉水喷出来，汇成一泓清澈的水池。"

再看一看：杭州的西湖；苏州的留园、怡园、耦园、沧浪亭、网师园、狮子林、拙政园；扬州的个园、何园等，都是高处建"阁"，峰回路转处设"亭"，临水为"榭"，僻静之处造"馆"，建筑形式与自然环境相辅相成，宛若天成。这些园林，使人们虽然身处人造环境的有限空间之中，却别有天然环境的无限情趣。与西方一些同类建筑相比而言，中国传统的园林非常重视顺其周围环境之自然情理，以达到"天人合一"的崇高境界。然而，西方一些园林建筑中，总是把树木花草修剪得整整齐齐，纹丝不乱，人工雕饰之匠心随处可见。中国传统的园林建筑，讲究尽可能地出自天然。其中，花草树木枝叶扶疏，泉石掩映顺乎自然，亭台楼阁因山就势，其意境正如北京颐和园里一块匾额所题的那样："山色湖光共一楼"。

中国建筑中有关水的评价占有重要位置。水不能是急湍直下似瀑布，又不能流而不聚似三门峡，水要"环抱"，如太湖两岸，这就是所谓的"沠位"。现代科学证实，水面越大，产生的"负离子"越多，促进人的大脑健康。现代家庭常常买台"加

山西赵城附近的广胜上寺的塔。右图为塔内梯级结构示意图。

山西赵城广胜寺飞虹塔

湿器"，特别是在干旱的北方冬季，室内暖气蒸烤，虽然解决了冬天御寒问题，但空气湿度又不够，而由于经济条件改善，又想起了"湿润的江南气候"。"加湿器"的促销广告就直言："要想美容，买加湿器！""要想保持头脑清醒，买加湿器"。现代人工加湿器，怎能比得上江南水乡得天独厚的自然条件？

建筑，因傍山邻水，造就了人的"仁义""美和聪"，这种天地人感应的建筑精神谁能说不科学？西方现代建筑所谓的"回归自然"，是追求建筑的形体和美学意境（即人的主观意念）与自然融合；中国传统建筑的"师法自然""天人合一"所追求的是建筑本体与天地人内在的运行规律，即"道"的一致性。

（6）宁住庙前，不住庙后

近代，在城市中，人们不断建设各类祭祀性建筑。有祈祷天地神灵的、祭祀祖先的、缅怀先烈的，也有宗教的各种寺庙、教堂。这些建筑，按照中国传统理念认为

是虚空的、精神的，人体科学论其为"隐性物质"（例如气功的炁），但这些建筑确是城市建筑的一部分。

祭祀性建筑用地，易理属性具有阴性场气。在用地选择中，应避免在居民日夜所及的居住区地段，应选择在远离居住区的独立地段，调查统计证明，居住在寺庙近旁的居民，得风水病者居多。这不仅是心理上的和环境污染（空气、噪声、视觉等）的原因，更主要的是风水学上的原因。阴阳平衡中的居住区中加上一个阴气很重的项目，在风水场气上产生一种破坏、失衡，长期居住是对人体不利的。

有些城市为缅怀先烈，将烈士碑（鞍山、本溪等）甚至烈士墓（黑山、辽源、山东的蓬莱等）建立在城市中心地区或制高山顶上。墓及碑比山下楼高，开门见山，开窗见墓，阴高阳低，以阴压阳。调查统计证明，风水病屡发。

在风水上崇阳的地段，如市政中心，市中心广场地段，亦不宜建阴气较重的祭祀性建筑。否则，无论在心理上还是在风水场气上均为不利。

嵩山少林寺

祭祀性建筑选址，应优选在山清水秀的地方，或选在与城市居住区有防护隔离带的地段。这种隔离带，有林木绿地，或有较宽的河湖水面。同时亦要在交通上确保通畅易达的道路为佳选。对于"望城碑""望宅墓"应适当迁移。

寺庙的选址，在传统民谚中，有"庙后贫，庙前富，大庙左右出寡妇"及"宁住庙前，不住庙后"的说法。这是千百年民间体验得出的谚语。虽尚未得到专题研究和科学的证明，但作为一种民间谚语，也是应当重视和研究的。寺庙属于祭祀性建筑，多静，少尘俗之闹，人们聚集又带有各种沉默的心理场态，殿堂多幽深昏暗，晨钟暮鼓，又常与灵冥祭祷活动相关，其总体的场气，属阴性。大庙宜在远离世俗的山林之中，而不适于在居民区中选址。在既已形成的居住区中的寺庙，应适当迁移，或划出隔离防护绿带，加以双向保护（保护居住区，保护寺庙的特殊环境）。经

　　浑源悬空寺位于山西浑源县城南恒山下金龙口西岸峭壁上,是我国著名的高空建筑群,全国重点保护单位。全寺共有大小殿宇楼阁40间,分别以三宫殿、三圣殿和三都殿为主体构成三组建筑,楼阁之间栈道相通,木梁插入岩石承担荷载与层间主柱和嵌固在峭壁上的斜撑相互连接成整体,经历风雨侵袭及多次强烈地震而完好无损。建于北魏后期,金、明、清均有重修。

中国典型寺院

考察,寺庙附近的建筑确实存有不良风水效应的现象。

　　中国的寺庙,有佛教寺庙,道教寺观,伊斯兰教的清真寺,和基督教的教堂。后两种寺、堂,多在城内居民区中,利于市民接近。前两处寺庙,多选址在山林之中。甚至形成寺庙集群的专门的山林。如道教集中的武当山,佛教集中的普陀山、少林寺,及兼容佛、道的五台山(山西)、千山(辽宁)等等。寺庙选址的价值取向不同于民俗。一般民居民俗所追求的祈福、求官贵,旺财,旺丁(生儿育女,兴旺家族),对寺庙而言,并无价值。寺庙主要是有利神祇祭祀供养,有利出家人清修,香客、施主有出入方便条件,寺庙风水要求因此与民居有别。民居避正子午的山向,寺庙则不避子午。寺庙可因山而兴,形成旅游胜地。山林也可因庙而名。

泰宁甘露寺　在福建泰宁县城南 13 公里的金湖甘露岩。依一天然岩洞壁
而建，高约 80 米，深、宽各 30 米，该建筑有上殿、蜃阁、观音阁和南安阁等，均为
木构重檐歇山顶。其梯栈索行而上，造型独具一格。始建于南宋绍兴十六年
（1146 年）。

泰宁甘露寺

　　佛教寺庙，本不重视易理风水，认为一切外在条件，皆取决于修炼者的内心。
佛教一句名言："世上本无穴，穴在我心中"。因此寺庙只选择背风向阳风景优美
隔离尘俗之地。常在山坳内，山崖下建寺。自唐代以来，融合渗透中国的文化内涵
后，佛教寺庙也逐渐注意山水条件和风水格局。但仍远非道教的讲究。道教的庙
观，则十分注重风水。对阴阳和合，山势五行，很是讲究。庙观不仅多选址在山坳，
而且多取高地。河北邢台的张哥老庙选在巨大的山坡凹地之中，背靠北面的悬崖
峭壁，面向南面的山下田野和远处的小山。左青龙，右白虎，十分明确。在山顶上
制高点建玉皇顶庙。庙群依山，逐级而下。辽宁千山的无量观也是依山逐级上下，
形成建筑群，各庙后院即连接另一庙的前门。千山另一处道教建筑群五龙宫，则是
在风水格局十分特异的环境中选建的。周围五条山脊会交于一处平地，犹五龙相
会拱伏在此，巨大庙院端坐在五龙相会之所，故名五龙宫。

在寺（佛教）、观（道教）的选址中，有个共同规律，是这些寺庙多选建在形煞之地。这些形煞，如峭壁、怪石、山顶端等，均是民居所避忌之处。甚至在理气上，竟敢于选建在"四墓"线位的辰戌、丑未线上，或处于两卦的夹线上，或在"空亡"线上，也反映了寺庙建筑选址的特殊性。在风水学上，寺庙本身就是"镇物"，认为可以镇煞，此非民居所能。寺庙选址或优选风水宝地，或将形煞之地加以化煞，将特煞转化为特吉。因为风水学基于易理，认为事物没有绝对的优势。世上没有解决不了的"绝地"，都是可以转化的。物极则反。而转化后，则极劣之地可转变为极优。这是有异于民居的。

就佛寺而言，其前殿（山门——天王殿——大雄宝殿）实际属于阴宅性质，场气为阴。大雄宝殿前的标准布置格局是小佛塔或经幢，原是藏佛祖之骨的，与其相对的是天王殿的韦驮佛，是专司守护佛骨的警卫将军。正殿大雄宝殿之前的建筑群场气，属阴，可以阴宅论。而后院的藏经殿及僧房、灶房、库房，则属阳宅。因此整体论寺院，是阴阳合二而一的中性偏阴的场气之所。

（7）万物生长靠太阳，更要靠月亮

中国人按照《易经》的阴阳观点，将世上万事万物的生息变化归结为阴阳运动的结果，"孤阳不生，孤阴不长"。无论是在中医、气功、音乐、绘画，还是在建筑及科技文化的方方面面，都追求阴阳平衡。中国传统建筑，在选址、规划、设计和营造中，特别注重阴阳平衡，不仅考虑太阳因素的影响关系，而且，注意月亮的周期变化对于人生理上的影响。

因月球和太阳对地球各处引力不同所引起的水位、地壳、大气的周期性升降现象，称为潮汐。海洋水面发生周期性的涨落现象称为海潮，地壳相应的现象称为陆潮（又称固体潮），在大气则称为气潮。上述三种潮汐中海潮最为明显。中国古代对海潮早就做过细致的观测。汉代哲学家王充在他的《论衡》一书中提出"涛之起也，随月盛衰"，指明潮汐与月相变化有关。在西方，牛顿用引力定律科学地证明海潮是月球和太阳对海水的吸引所引起的，则是在中国之后几百年的事。月球对地球的起潮力，对于人来说，则反映在妇女的经期，中国传统俗称"月经"。

在天文学中，潮汐这一概念目前已被引申到其他天体的研究中来，成为研究某些天体的形状、距离、运动和演化等不可缺少的因素。

大潮和小潮。由月球的引力所引起的潮汐称太阴潮。一个太阴日（月球连续两次上中天的时间间隔）长约24小时50分，在这期间地球表面上同一点发生两次涨潮，两次落潮，因此连续两次涨潮的间隔时间约为12小时25分。太阳和月球一样，也会引起潮汐，称为太阳潮。被吸引天体某部分受到的引力与该天体中心同样质量的部分受到的引力之差称为起潮力。太阳或月球对地球上同一点所产生的起潮力，与太阳或月球的质量成正比，而与它们同地球之间的距离的立方成反比。因此，太阳的质量虽然是月球的质量的2,700万倍，但月球同地球的距离只有太阳同地球距离的1/390，所以月球的起潮力为太阳的起潮的2.25倍。太阳潮通常难于单独观测到，它只是增强或减弱太阴潮，从而造成大潮和小潮。在朔日和望日发生大潮，因为那时月球、太阳和地球几乎在同一直线上，太阴潮

和太阳潮彼此相加,以致涨潮特别高,落潮特别低。在朔日和望日,如果月球又经过近地点,涨潮和落潮的高度差异就更大。中国浙江杭州钱塘江大潮恰是此时,这足以证明太阴潮和太阳潮彼此相加的威力。上下弦的时候发生小潮,因为那时月球和太阳的黄经相距90度,太阴潮被太阳潮抵消了一部分。

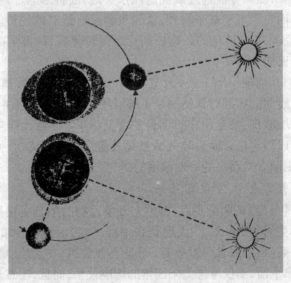

月亮与太阳引起大潮(上)和小潮(下)示意图

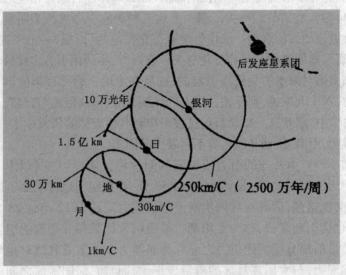

月球、地球及太阳系运行周期

潮汐与地球自转变慢,潮汐对地球自转有一种制动作用,能使地球自转逐渐变慢。对古代日食记录的分析研究表明,地球的自转周期每个世纪变长1~2毫秒。

这个变化虽然很小，可是经过长期积累，便颇为可观。从对古珊瑚化石生长线（环脊）的研究得知，在 37,000 万年前，每年约有 400 天左右，即当时地球的自转周期约为目前的自转周期的 9/10。

月球以它的同一半球对着地球，其他行星的几个卫星也有同样的情况。这可以解释为是由主星作用于伴星上的长期潮汐摩擦所造成的。

西方有人研究指出，地球上的生物是由太阳和月亮的运动产生的，太阳能量组成了生物运动机体，月亮能量创造了生物骨骼，使人站立起来行走，植物有了纤维。并进一步推断，如果地球没有了月亮，地球上的一切生物将是没有纤维，没有骨骼的软体状生命。所以说："万物生长靠太阳，更要靠月亮。"

中国易理风水学在考虑太阳对地球影响的同时，注重月亮与地球的相互关系，并在建筑事务的各个方面充分加以实际应用，诸如选址、规划、设计、营建、确定时间等。不像西方仅仅考虑太阳的采光一个因素，而是把太阳、月亮、地球围绕太阳运行一周天的过程中，所对应的二十八星宿及彗星流星雨群等都纳入了参照坐标系。用现代观点分析这是非常科学的。由此也就不难理解中国传统建筑为什么大多采用类似"四合院"状的围合空间形式，主要是为了获得迎气、聚气、藏气和生气的养生小环境。围合空间既能迎取白天的阳光，使建筑物及居住的人获得"阳"气，又可藏聚夜里来自月亮及宇宙天体辐射而来的"阴"气，达到中国易理所说的"阴阳平衡"。这在《易经》上叫"贞明者也"。"贞明"不仅指太阳辐射，而且包括月亮、地球围绕太阳运转一年四季 365 天过程中所对应的二十八个星宿的宇宙辐射等。

（8）宅前不种桑，宅后不植槐

中国传统建筑在按照周易思维构筑对人体有益的"好气场"时，从"物物皆太极"观点出发，常常借助于各种媒介，其中植物是最具代表性的。中国传统建筑在长期的实践中，除了对自然环境的山、水、风、阳光等因素有严格的界定之外，对于植物也总结出许多耐人寻味的民谚和规律。

植物，在中国风水学中也被看作是一种趋吉化煞的媒介。

在中国的南方，每个村子附近，均保留着一小块青葱林木，多是樟、松、柏、楠等常青树。它们神圣不可侵犯，人们自觉地不去动那里的一草一木，因为它是切关全村风水命脉的地方。这就是所谓的风水树，叫水口树。

有些草木被人赋予吉祥的含义。"桔"与"吉"谐音，盆栽柑橘便成为春节时家庭的摆设。小巧的吉祥草终年青翠，泥中水中均易繁衍，象征着"吉祥如意"，所以叫它瑞草。椿树易长而长寿，有的地方盛行摸椿风俗，除夕晚上，让小孩摸树后绕着转几圈，渴望快快长高。有的地方在正月初一早上，让小孩抱着椿树念："椿树椿树你为王，你长粗我长长。"槐树则被认为代表"禄"。古代朝廷种三槐九棘，公卿大夫坐其下，面对三槐者为三公。后世人在庭院植槐，自古视为祥兆。吉祥图常见鹿口或鹤嘴衔灵芝，用作祝寿礼品。梅花的五片花瓣被认为是五个吉祥神，于是有了"梅开五福"图。

被认为有镇妖祛邪作用的草木就更多了。桃树传为五行之精，能制百鬼，故而

过年以桃符悬门上；也有以柳条插门户驱邪的；端午节用菖蒲、艾叶挂门旁，或用艾做成"艾虎"佩带身上，也是为了驱毒避邪；银杏树因在夜间开花，人不得见，传为有阴灵，故而术家的符印要用银杏木刻制；柏树刚直不阿，被尊为百木之长，传能驱妖孽，坟墓旁多种植柏树；还有茱萸，重阳登高时佩戴，认为可避灾祸。

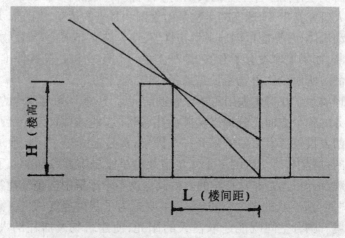

（H/L=1.5 按中国地域分，该比值，越北方越大，越南方越小）

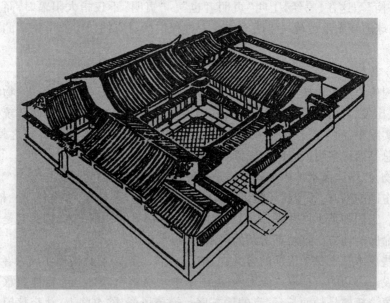

四合院现代建筑的间距控制

　　尤为受到尊崇的是无患子。这种落叶乔木，五、六月间开白花，结实比批杷稍大，生青熟黄，其中有一核，坚硬如珠，俗名鬼见愁，佛教称为菩提子，用以串联作念珠，有它"无患"。

　　葫芦被认为是能驱邪的植物，常被人们种植在房前屋后。现代物理测试证明

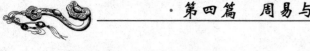

"宝葫芦"形状的器皿能屏蔽各种波的辐射。由此,就不难理解八仙之一的张果老为什么用"宝葫芦"装酒了!"宝葫芦"能使酒的味道长久不变。

也有属于凶光的植物。例如桉树,这种可长到二十多层楼房高的树中"巨人",不知怎的,以往中青年人不敢栽种,据说是树大人必亡。要植此树只得请老人,反正等到树大时,植树者寿数也差不多了。

把植物与吉凶祸福相联系,是我国建筑风水中的传统民俗。其中的道理正逐步被现代科学所揭示。

植物有灵性。植物之间,植物与人之间经常存在一种场——生物场。植物有"血型",植物之间有着一定的亲缘关系(与植物分类学上的科、属、种是一致的)。其远缘与近缘关系,在杂交、嫁接上是不同的。科学测定证明,植物有语言,有情绪,有喜怒哀乐。当折其枝条时,它会释出愤怒的波;奏乐、浇水时,它会发出和悦的波。天台山、南华寺有一种紫微植物(Lagerot Oemia),当人们抚摸时,它的枝叶会摆动不止,人称"怕痒树"。"含羞草"(Mimosa Pudica),只要一被人们触动,它就迅速收拢叶片。广东罗定的"风流草"(Mimise SP.),当被风吹拂时,其小叶会不停地翩翩起舞。经验统计证明,不和睦家庭中的君子兰不爱开花。家中喜庆将要来时,君子兰提前开花"报喜"。美国的巴克斯特,对25种不同的植物进行的试验后,提出植物具有"超感官知觉"的功能,曾给科学界带来爆炸性的启示。试验认为,植物有"记忆",有感应,有对环境做出反应的超人能力。橡树在伐木工人到来时会自行爆炸。胡萝卜在田里生长中见到兔子时会惊战不已。状似棕榈的龙舌兰,在电流计上试验出,它能反应试验人的心理感情,甚至能追踪主人每天的安危和喜怒。(见载《植物的特异功能》彼得·汤普金斯、克斯托夫·伯德著)

植物能预报信息,不仅有些植物能预报自然灾害(地震、旱、水灾),而且有些植物能预报社会灾害。中国抗日战争民族危难时期,各地竹子自杀性地大量开花(白花开后即自行枯死)。80年代末江淮发洪水,当年春季洪水前,当地竹子也开了花,应了当地民谚"竹子开花,洪水到家"的说法,预报了夏秋的水灾。

植物是有气场的。修炼气功的人知道,常对树木采气时,一般不对幼树围采。当集体围树采气之后,会见到树木呈疲惫的倦态,树叶下垂。

植物分阴阳。植物有阴阳属性。喜阳的植物,如植(置)于阴湿的环境,则体弱,无花,无果或死亡。如白兰、玫瑰、茉莉、梅花、牡丹、芍药、杜鹃、菊花等。这类植物,须得1800个勒克斯光照度,才能正常发育。而文竹、龟背竹、万年青、绿萝、蓬莱松、巴西铁等,在100个勒克斯光照度条件下,亦能正常生长。此类植物可长期置于室内或阴暗处。属于阴性植物。

开花结果的植物,喜欢异性同栽,不宜同性片植或孤栽。孤阳不生,孤阴不长。如银杏树,雌雄同栽,方结白果。苹果树孤栽减产,已为果农常识。君子兰,人称其为"君子",在于不"乱伦",不俗色取宠,十月结籽实如同人类的"十月怀胎",一时事养不周,断绝润水,也不枯萎,脱俗人雅,没有"小人气",被视为植物中的"君子人",是高度进化的结果。其进化,来自异花受粉。其花虽系雌雄同体,在蕊萼上长有雄蕊、雌蕊,可自行授粉,亦可异株互相授受。而自授者,不结籽(自行脱落),只有异株的雄蕊授粉,方可结籽,确保了君子兰一代一代的壮美。粮食作物的玉米,

阴阳成对互生籽粒,故皆为偶数行粒,或 14 行、16 行、18 行,绝无奇数之例。植物的阴阳属性,是广泛存在的。

植物合五行。植物之间以及万物之间,都存在"场"。在场的作用下,各物体的微粒子能够互相影响,互相转移变化。"铜器不存金,存金金不纯"的谚语,来自民间的经验总结。金存在铜器中,时间久了,则金不纯,而铜器却含金了。动、植物化石,也非温、压所致,而是岩石气场所生。现代科学研究,逐渐揭开了这个谜。1988 年苏联科学家发现物体周围都有粒子场,人体有,建筑物有,植物也有。植物间的场的强弱取决于生克制化状况。完全可以用中国的五行理论调整生克制化关系。用植物的五行来布场,不仅考虑观赏性,而且具有功能性。可调整环境,调整情性,贻养身体。如临水的园林建筑,配置"黑色"(低明度)的植物,如松柏、蒲桃、旱莲等,用以调节人体的肾部。而用于调节心藏和神经的,栽植五行中属火的红色系列植物、花卉,如火石榴、木棉、象牙红、枫、红桑、红铁、红草、红背桂等。调节肺部的植物,可用五行中属金的白色系列的植物,即树皮白、花白或叶白的植物,如,白千层、柠檬桉、九里香、白兰、络石、白睡莲、冰水花等。而调节肝部的植物,可用五行中属木的绿色系列植物,如绿牡丹、绿月季及大量的绿色林木。调节脾胃的植物,可用五行中属土的黄色系列植物,如,灵霄花、黄素馨、金桂、金菊、黄钟花、黄玫瑰等。植物间的相生、相克现象是普遍的,如,葡萄栽在松旁不结果,栽在榆树旁结酸果。

植物与人,也存在生克关系。如孕妇宅旁怕柏树,因树气味促呕。民谚有"榕树不容人",榕树根的气场对人不利。不宜近宅。葡萄架下不宜睡卧,气场不利于人体。民谚有"东种桃柳,西种榆;南种梅枣,北杏梨",又有"宅后有榆,百鬼迁移","白兰屋前种,美花香气送"及"向阳石榴红似火,背阴李子酸掉颚"等说法。东晋诗人陶渊明辞官隐居的住宅,题诗曰"榆柳荫后檐,桃李罗堂前"。无数的民谚和诗文,都是对植物与环境的适宜与否及其生克关系经验总结的口碑文载,应加研究借鉴。

总之,街坊宅旁绿地规划,应注意运用植物的灵性、植物的阴阳属性、植物与人与环境以及植物之间生克制化的五行关系,不仅力求环境美观,而且注意发挥植物的功能,为居民创造良好的风水环境。

植物形态有吉凶。宅旁绿地上的树木形态,从风水形势派观点论之,关系着宅居的吉凶。树木可利人,亦可害人。应趋吉避煞,有所宜忌。

①树干忌立于门、窗前。滋养人居环境的宇宙能量,以微波形态不断作用于房宅。门窗是主要纳气之口。微波试验证明,细小的一根针立于微波天线纳气(波)之口处,即出现驻波干扰。由此观之,传统的风水观念忌在门、窗前立杆立树,不仅是经验统计学上的,也是科学上的正确认识。而用约定俗成的说法是,"门"中"木"谓之"闲"字,是用汉字归纳的简易流传形式,加以提示,利于记忆。其他还有"口"中"木"为"困"字等,即在庭院中心忌立树木。"荫者阴也",庭荫树立于庭院中心,呈阴压阳地,多避忌。庭院是一个太极,庭心是太极的"天心",是穴位,是崇阳的。不可长期阴压。

②行道树、绿篱走向忌冲向房宅。可能造成煞气冲向的信息引导,不利于

宇宙气——微波场气接收类比

居住。

③忌大树遮门窗。不利于通风采光。树荫属阴。

④忌大树下建小屋。有"屋在大树下,灾病常到家"之说(《阳宅十书》)。常年处于荫阴之地,不利于采光卫生,又易引雷火。

⑤其他意象不吉形态的树,忌在门、窗视野常见处。如,痈肿怪树,朽枯空心树,藤缠"缢颈树",歪头倾斜树等。这些形态的树具有形象上的符咒隐语引导的不吉利的意象,不宜做宅旁绿化用。

（9）中国建筑的"风水过白"

在中国传统建筑中,有一种典型的处理手法,叫"风水过白"。"风水过白"是对建筑群落视野空间的处理手法。这种方法使人站在建筑群落中,能观看到局部的完整画面,并且留有一线带状天空,所见的天空就是"白"。"过白"就是所见到的天空光线。比如:南北向的两过厅堂,站在后厅前,能在后厅屋檐下的视野里,望

见前座的完整画面,并留有一线阳光纳入后厅。这种方法,使中国传统建筑围合空间内营造"聚气"环境的同时,保证了建筑单体之间的日照间距和建筑景观的完美,如同中国画的景框构图。

"过白"具有建筑意义。中国地域广大,南北传统建筑尽管采用不同形式,不同材料,但是,均需构筑建筑群落的围合空间,它们之间的主要差别是庭院面积的大小。北方建筑庭院面积较大,以利于纳阳取暖;南方建筑庭院面积较小,以遮阳避雨。庭院大小是由风水"过白"控制的,"过白高度"决定着庭院面积,这便是中国南北传统建筑的主要差别之一。

"过白"具有宗教学意义。过白的观测起点,往往是神龛、香炉的安放位置。在中国传统思维中,神龛、香炉被视为人间与天上的联系物。人间供奉的神、佛像或祖先牌位是理想的神、佛、祖先的象征物。这些象征物要与天上沟通才有效力,这种沟通就靠香炉及其香火。象征物一般位于大殿、厅堂的暗处。人们进香时所祈求的信息通过香火传给象征物,象征物接收信息后又通过香炉的香火传达到天上。天上反馈的信息也是通过香炉的香火反映出来。人们会从未落下的香灰形状来判断祈求的灵验程度。这条传送途径就是"过白"的通道。如果没有"过白",或"过白"被阻挡,信息传递就受阻,这是人们所不希望的。因此,中国传统建筑的"过白"是人通过神、佛、祖先与天上对话的空间通道。

"过白"具有风水学含义。《易经·系辞传》上说"日月之道,贞明者也"。中国文化实际上是日月之道。

中国古书中有个神话记载,上古之时"十日并出",十个太阳一齐出来,于是天下大旱,大地快要晒焦了。据说是后羿,射下了九个太阳。后羿就是到月亮里去的那个嫦娥的先生。古史中的似神似幻的神话,很难研究,原无法考证。但是,由这些神话滋养衍生出的中国文化,有着无限的生命力。中国的宇宙观,把一个日月称作一个世界。一个太阳系,太阳带领了九个行星,地球也在内,最近又发现了一个,共有十个,统称是一个世界。一千个太阳系的世界,就叫一个小千世界。一千个小千世界合起来叫一个中千世界。一千个中千世界合起来叫一个大千世界。这就是中国人所说的大千世界的宇宙观。

中国人在两千多年前就描述了,在这个世界里,月亮里面的一昼夜,就是地球上的一个月。现代科学证明了是真的。还有太阳里的一天,是我们地球上的一年。目前人们无法到达太阳去实地亲身证明,但是,可以确信,中国人很早就建立了宇宙时空的相对概念,这就是日月之道,刚柔相推,八卦相荡。

地球和月亮一样都是不发光的,是靠吸收了太阳的光而发光。"贞明",就是世上万事万物都趋向光明。然而,这种光明不仅仅是我们人类所能看到的光明。生命所喜欢的不仅是太阳光,也有肉眼见不到的"光"。现代医学也建议人们到海边接受来自宇宙的各种辐射,有利于健康。同时,又要注意适量,即阴阳平衡,不能过量。这就是"贞明者也"。

物理学把天空光线分为直射光和扩散光两种,后者又可分为反射扩散光和透射扩散光。它们分别属于中国风水学中的"太阳""阳明"和"少阳"。"过白"的天空光线属"阳"。厅堂的地面属"阴"。按照易学思想,"日月之道",就是"阴阳之

道"，是宇宙间的根本规律。天地万物都可以分为阴和阳，在阴阳转化、平衡中才能孕育生命。"阳"又分为"太阳""阳明""少阳"三种；"阴"分为"太阴""少阴"和"厥阴"三等。阴中有阳，阳中有阴；阳极生阴，阴极生阳。

天空光线所能照到的地面为阴中有阳，其中直射光照的地面为"厥阴"，扩散光所照的地面为"少阴"，没有光照射的地面为"太阴"。若"过白面积"过大或过小势必造成厅堂院落地面阳多阴少或阴多阳少，阴阳失衡，这不仅不利于人——神——天之间的对话，也将造成人所生活的空间"贞照"不够。

由此，中国建筑因地域的不同，使用功能的不同，或建筑朝向的不同，为达到阴阳平衡，"过白高度"就会各异，形成了在几何形状上的千姿百态。如广州陈家祠（又名陈氏书院）的"过白高度"就大于 2.2 尺。而潮州佃氏宗祠的"过白高度"就少于 1.8 尺，究其原因是陈家祠除具有祭祀功能之外，兼具有读书功能，为加强读书所需的采光强度需要阳多于阴，需要加大"过白高度"。而佃氏宗祠坐东向西，为避免西晒引起的刺眼的"强光"，减少风水学称的"煞气"，而降低了"过白"高度。又如岭南的潮州已略黄公祠，因前进只作门厅，进深小，檐口低，又要保证中间庭院有足够大的面积，即间距不能缩短，于是"过白高度"太高，为了控制后进厅堂的"过白"，就在后过厅堂前加建拜亭，同样可以间接调整降低"过白高度"。由此，也可证明中国建筑风水"过白"处理手法上的灵活性和平衡原则的科学性。

广州萝岗岩书院，倚山而建，后过厅堂标高必然比前过厅堂高很多，为了控制"过白"，前进加建一层阁楼（"余庆楼"），并加高正脊，后进前檐下加天弯罩。这样有效地获得了后过厅堂（"玉岩堂"）内的阴阳平衡，即合适的光环境。

"过白"具有物理学意义，在无光线照射的地面，必然产生"泛潮"现象。控制和调整"过白"具有防潮效应。

"过白"具有建筑景观意义。"过白"手法的外延构成了中国建筑形式多样的"过白景框"。其常用处理手法是"框景"和"夹景"。框景，就是利用近景建筑或其他景物，在视线方向上的中景或远景画面周边，形成完整围合的画框或景框，并留出适当的天地空间，使画面构图完美。框景的构成，一般是门窗洞口、拱券、檐下柱、枋、雀替及台照形成的围合，以及其他中部空透而周边封闭的建筑或景物，如山石、树木等构成。夹景，可以说是画框或景框不完全闭合的框景形式，一般呈凵字形构图，空缺的一边，往往是天际。夹景的构成，通常是对称列于视野两翼的墙垣、柱、雕像、山石、林木等同地面围合而成。

"风水过白"所形成的丰富多样的"完形"框景，构成了中国传统建筑景物层次、远近对比、内外虚实的美妙画境。实现了"近相住形，虽百端而未已"，"远以观势，虽略而真"，使建筑环境中近形的丰姿与远势的气概，巧妙融汇，相得相济，出神入化，予人丰富的视觉艺术感受。

"过白"观赏点的选定，灵活变通，丰富多样。选在建筑空间序列上的行进起止点、转折点或交汇点，如室内望室外的很多站点，脊檩、金檩、分心石、门坎、台明边等，或选在室外建筑轴线的交汇点，如道路、流水、桥座、月台、庭院、广场、踏跺等处。框景中的画面要完整，不能为景框所夺、所逼、所压，还要留出一线天际空间。"过白"一语的"过"与"白"形象地强调了其中的含义。

　　"风水过白"框景的艺术处理,是中国建筑家的匠心独具的经验产物。因历史的原因,其中的风水科学内涵未能很好发掘,尽管在现代建筑中也时常采用,但始终不得要领,实在是一件遗憾的事情。

　　中国传统建筑的"过白"处理手法集文化和科学于一炉,"过白"的宗教学意义构筑了中国人的文化氛围;"过白"的建筑学意义有效地调整和控制建筑物的间距;"过白"的风水学意义实现了"阴阳平衡";"过白"的物理学意义防范了厅堂院落地面"泛潮";"过白"的建筑景观意义创造了中国建筑有如中国绘画一般的自然美感。按照中国风水学的理论,"气"是一种"光""场""波",也就是这里所说的"白"。"过白"就是中国传统建筑的院落围合空间内"积聚"的"气",根据建筑物的功能、朝向、标高来调整或控制"过白高度",达到阴阳转化和平衡,改善院落厅堂的光、热环境。这是中国易理"阴阳平衡"观点在建筑中的独创科学运用,具有极高的实用价值。

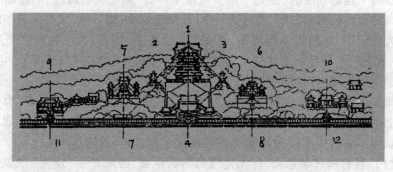

1. 佛香阁　2. 撷秀亭　3. 敷华亭　4. 云辉玉宇牌楼　5. 五方阁
6. 转轮藏　7. 清华轩　8. 介寿堂　9. 云松巢　10. 写秋轩
11. 秋水亭　12. 寄澜亭

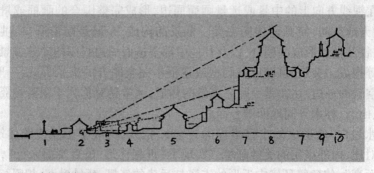

前山建筑群剖面图
1. 云辉玉宇牌楼　2. 排云门　3. 金水桥　4. 二宫门　5. 排云殿
6. 德辉殿　7. 回廊　8. 佛香阁　9. 众香界　10. 智慧海
自排云门北望,以 G 点作视点,佛香阁及两侧的五方阁和转轮藏均收视在人的最佳视距范围内。前后建筑物之间的透视遮挡也恰到好处,构成一幅典型的"中国画"画面。

颐和园从云辉玉宇牌楼到佛香阁的视角"过白"

明长陵棱恩门

[清]孝陵,距大红门百尺处南望,"风水过白"之下的石坊和金星山的完美画面。

国学经典文库

明长陵内红门

[清]孝东陵方城明楼 （自琉璃花门北望）

风水框景实例

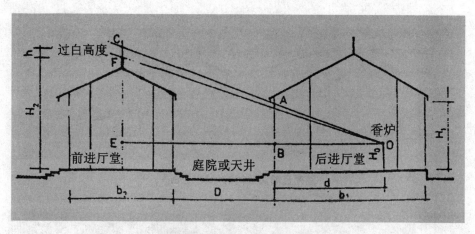

岭南祠堂建筑中的"风水过白"

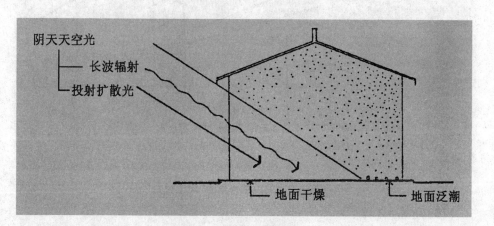

阴天天空光的防潮效应

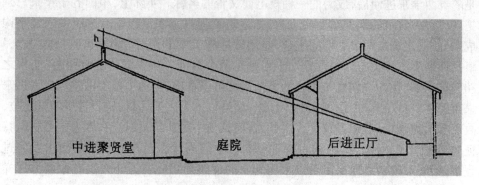

陈家祠后进厅的"风水过白"

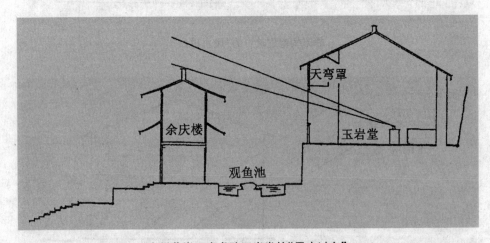

潮州已略黄公祠的"风水过白"

广州萝岗玉岩书院玉岩堂的"风水过白"

（10）建筑＝土木？

在中国学术界和民间，建筑与土木似乎是同义语，这到底是为什么？建筑一语是随着西学东进而后，成为的一种规范而文雅的名称。实际上，中国五千年来总是把现代称为建筑的那类东西叫土木，如建筑工程叫土木工程等。按照中国文字构成来分析，建筑是两个动词的组合，是用营造施工中的两种动作"建造"和"构筑"概括性地表示这类工作的内容。土木则是两个名词。从中国传统沿用的"土木之功"这一词句作为一切建筑工程的概括名称可以看出，土和木是中国建筑自古以来采用的主要材料。"中国建筑数千年来，始终以木为主要构材，砖石常居辅材之位，故重要工程，以石营建者较少。"由此，普遍认为中国建筑是以土和木为主要材料特征的建筑形式，简称为"木构建筑"。那么，中国为什么会在五千年的历史发展过程中，始终不改初终地保留着以木构为主的建筑形式呢？为什么没有像西方那样广泛采用石材呢？

著名建筑学家梁思成在他的《中国建筑史》和《中国古代建筑史》中，对于中国人为什么主要采用木材为主要建筑材料，进行了系统地评述。综合其观点，可以将其归纳为如下四个方面：

①土和木两种材料方便易取。中国文化的发祥地黄河流域，在古代有茂密的

国
学
经
典
文
库

森林,有取之不尽的木材,而黄土的本质又是适宜于多种方法(包括经过挖掘的天然土质的洞穴、晒坯、版筑以及后来烧制成的砖、瓦等)建造房屋。

②匠人对于石质力学缺乏了解。盖石性强于压力,而张力曲力弹力至弱,与木性相反。我国古来虽不乏善于用石之哲匠,如隋安济桥之建造者李春,然而通常石匠用石之法,如各地石牌坊、石勾栏等所见,大多凿石为卯榫,使其构合如木,而不知利用其压力而垒砌之,故此类石建筑之崩坏者最多。

③垫灰之恶劣。中国石匠既未能尽量利用石性强点而避免其弱点,故对于垫灰问题,数千年来,尚无设法予以解决之努力。垫灰材料多以石灰为主,然其使用,仅取其粘凝性;以为木作用胶之替代,而不知垫灰之主要功用,乃在于两石缝间垫以富于粘性而坚固耐压之垫物,使两石面完全接触以避免因支点不匀而发生之破裂。故通常以结晶粗沙粒与石灰混合之原则,在我国则始终未能发明应用。

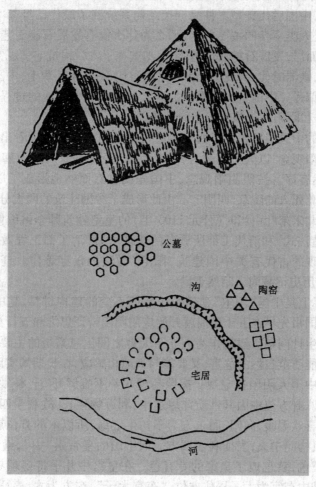

半坡村原始村落

④不求原物长存之观念。古者中原为产木之区,中国建筑结构既以木材为主,宫室之寿命固乃限于木质结构之未能耐久,但更深究其故,实缘于不着意于原物长存之观念。视建筑且如被服舆马,时得而更换之;未尝患原物之久暂,无使其永不残破之野心。此种见解习惯之深,乃有以下之结果:满足于木材之沿用,达数千年;顺序发展木造精到之方法,而不深究砖石之代替及应用。

中国是世界上最早进入石器时代的国家之一。近年来,我国在广大的地域都发现了旧石器和新石器时代的遗址,例如西安半坡村遗址(公元前3000年前后),河南龙山文化遗址等。在这些遗址均发掘出大量的石器工具、工艺品和器皿,由此可以证明中国祖先是当时使用石质工具和材料的先进民族。

在夏朝(公元前2207年至公元前1766年),当时的房屋和聚落遗址与原始的没有太大区别,而到了商朝(公元前1765年建立,至公元1401年改称殷,公元前1122年灭亡)时期,从已发现的殷墟宫殿遗址台基上行列整齐的柱础和烬余的木柱脚得出结论,中国后代典型木柱梁框架结构系统到了殷代已经基本形成了。在这一时期,石是人类生存的主要材料,那么为什么没有发展石制工艺生产,没有延续原始人洞穴而居,发展石材磊筑居所,而却选择了木材构筑宅舍呢? 随着人类步入青铜器时代,铁器时代,到现代的钢筋水泥时代,在土木工程上,中国人似乎仍然对土木保留着偏爱。中国先民由原始的洞穴居住向文明发展的过程中,较早地建立了"吉""凶"和阴阳五行相生相克的思维观念。

从已发现的中国最原始聚落西安半坡村遗址的布置中可以看出,当时的先民已经具有了阴阳观念,以人工深沟为界,南为居住区(阳宅),北为墓葬区(阴宅),阴阳分明,井然有序。按照阴阳观念,中国先民自然而然地形成了居住活人的房屋,叫阳宅;安葬死人的陵墓,叫阴宅。由此形成了中国建筑的两大分支:阳宅法式和阴宅法式。北宋末叶由当时(公元1103年)的皇室建筑师李诫编修的一部国家建筑规范《营造法式》和清代工部所颁布的建筑术书《清工部工程做法则例》是到目前为止所发现的古代有关中国建筑"阳宅"做法的仅存著作。直至今日,有关"阴宅"做法的历史记载尚未昭然于世。

土木,实际上是中国"阳宅"建筑数千年而不变的建构材料,是中国人易理思维的选择。中国祖先早在五千年前就开始应用阴阳辩证思维和五行相生相克规律解决人的生存生计问题。建筑作为人立于天地之间生息繁衍的主要屏障和媒体,这种媒体既要能防范自然的危害,又要能与天地相感应,在长期的实践过程中形成了独具特色的中国人阴阳择宅观。按照易理八卦不难解开"土木"之功的神秘含义。土在易经八卦方位中因其性质浑厚适中,利万物生长,故利于四方,被置于中央。木的性质喜欢温暖,向阳,而东方为阳初生之地,所以木的方位属东方。在中国,最高权力机构叫中央,表征利于四方。旧中国的皇帝崇"中",崇"阳",在五色之中,中央为黄色,黄色成了皇家的专有色。在皇宫中几乎将易理易数用到了极点,北京紫禁城中东宫为太子居住方位,"东宫太子",东方为木,表征向上生发,是权力未来的继承人,五色为绿,在建筑上广施绿色,绿瓦绿壁。而西宫为太后的专属方位,"西宫太后",西方为金,金的禀性是凄凉、清净,与苍凉稀疏、石多人少的西部相合。按照易理思维,中国人选择了土木做为数千年不变的建筑材料,认为土

木是有机体构成的,符合"天人合一"的理念,能营造有利于人生存的"养生环境",这绝不是偶然的。

在营造阳宅的过程中,其一招一式千变万化,从房屋下部的台基,中间的房屋本身,到上部翼状伸展的大屋顶;从房屋举架梁柱到其联接的"斗"和"拱";从一所房子到房屋之间的联系的回廊、抱厦、厢、耳、过厅;从材质的选择到颜色的相互衬托,几乎中国传统建筑的方方面面,均渗透着易理思维。这种追求除达到了美学的至高境界之外,其中包含着中国人对人与宇宙相互关系的深刻认识。中国传统建筑的木框架结构如同凉亭,墙壁并不负重,只是"帷幕",起到隔断空间的作用,房屋的重量均由梁柱承受。这种框架结构的原则直到现代的钢筋混凝土构架或钢骨架的结构才被应用,而我们中国建筑在三千年前就具备了这种优点。而且,中国的木框架结构是应易学的辩证关系形成的动变结构,动是永恒的,静是相对的,立柱和横梁交接处的"斗"和"拱"是柔性的。相比之下,现代的钢铰接是刚性的,不符合宇宙的动变规律,由此也就不难理解,为什么日本人自称千秋万代的现代钢筋混凝土的建筑工程,在地震中却被毁于一旦,而中国很多木构建筑能经得起数千年的地震和自然破坏仍然能竖立在那里的内中奥妙。中国所称为一"所"房子,是由若干座建筑物以及一些相关的建筑物(如回廊、抱厦、厢、耳、过厅等等),围绕着一个或若干个庭院或天井建造而成的围合空间。这种围合空间达到了阴阳平衡。在《诗经》里就有了"如鸟斯革""如翚斯飞"的句子来歌颂中国建筑舒展像翼的屋顶和出檐。现代科学证明了中国建筑的坡顶如同埃及的金字塔一样,具有接收宇宙能量的特殊功能。中国先民在营建"阳宅"的过程中,将"木"和"土"两种构建材料的运用发展到了极点,秦砖汉瓦证明了中国是最早由生土向烧制砖瓦建筑过渡的国家。

实际上,在中国建筑的阴宅营建中,如陵墓、寺塔等或与居住养生相关性小的建筑上,如道路、雕栏、桥梁等,都广泛地使用石砖结构,也创造了同样的辉煌。只是这部分令人骄傲的成就,离现代人似乎越来越远,总是被人为地披上神秘的色彩,还没有被重视罢了。按照易学理念,石材属阴性,不利于活人,但有利于死人的神灵安息。活人宜选土肥水丰木茂之地,死人宜选山石厚重之地。

石构建筑的主要特征之一是拱券。一提起拱券,人们自然就联想起西方大教堂那高耸入云的圆弧穹顶。实际上,中国也是在建筑上较早运用拱券的国家之一。"中国用券,最早的例见于周汉陵墓(如近岁洛阳发现的周末韩君墓),墓门上有石券;旅顺附近南山里诸汉墓,门上皆有圆券;鲁蜀诸汉墓,亦多发券。……,我们所知道关于券桥最初的记载,有《水经注·谷水》条:'其水又东,左合七里涧。涧有石梁,即旅人桥。桥去洛阳宫六七里。悉用大石下圆以通水,题太康三年十一月初就功。'"

这里所说的桥是至今尚存的国宝——赵州大石桥,又名安济桥。这座桥是中国现今所能见到的最古老的石拱券桥,是在隋唐时期(隋开皇十五年至大业元年,公元595～605年)由匠师李春所设计并建造。安济桥由一个大券上每端负两个小券。在唐中书令张嘉贞所做的安济桥铭中形容为"两涯嵌四穴"。"这种将小券伏在大券上,以减少材料,减轻载荷的空撞券法,在欧洲直至近代工程中,才是一种极

通用的做法。欧洲古代的桥,如法国 Montauban14 世纪建造的 Pont Des Consuls,虽然在墩上部发小券,但小券并不伏在主券上。真正的空撞券桥,至 19 世纪中叶以后,才盛行于欧洲。Brangwyn& Sparrow 合著的《说桥》(ABool of Bridges),则认为 1912 年落成的 Algeria,Constatine 的 Point Sidi Rached,一道主券长 70 米,两端各伏有四个小券的桥,是半受罗马水沟影响,半受法国 Ceret 两古桥(公元 1321 年)影响的产品。但这些桥计算起来,较安济桥竟晚七百年,乃至一千二百余年。"

除了赵州桥之外,还有:河北赵县的永通桥,最古老最负盛名的巨型梁桥——陕西西安灞桥(汉代始建),现存最早的也是桥洞最多的联拱长石桥——江苏苏州宝带桥(唐元和十一年,公元 816 年始建),最早的开关活动式大石桥——广东潮州广济桥(明宣得十年,公元 1435 年始建),现存最长(现长 2.7 公里)的梁式古桥——福建晋江安平桥(南宋),石梁板最重(石梁板为 207 吨)的古桥——福建漳州江东桥,现存石狮最多(望柱柱头雕有石狮 502 只)的古石桥——北京卢沟桥(建于金大定二十九年,公元 1189 年)。在中国的广大地域,尽管经数千年连绵不断的战争和自然的破坏,尚存有这不胜枚举的石构建筑,怎么能说中国只是木构建筑呢? 中国先民在石材建筑技术方面达到了很高的水准,只是将石材用在了"阳宅"以外的其他建筑上了。这是中国人思维理念的选择。

在桥之外,石材作为建筑构材的还有寺庙、塔、陵墓等。敦煌千佛崖的石窟寺是中国现存最古的佛教文物。现存的大约六百个石窟是从公元 366 年开始到公元 13 世纪将近一千年的长时间中陆续开凿出来的。洛阳石窟、云冈石窟、龙门石窟等等,都是用石材表现中国建筑艺术的辉煌杰作。在陵墓建筑中,更是广泛使用石砖结构。尽管"木构"与"石构"有时相互模仿和渗透,存在一些不甚成功的例子,但决不可否认中国建筑的另一部分"石构"建筑的存在。

历城四门塔　在山东济南历城县柳埠镇青龙山麓,是一座方形亭式青石塔,高 15.04 米。塔的四面有拱门,形制典雅古朴。隋大业七年(611 年)建,为我国现存最早的单层石塔。全国重点文物保护单位。

在清朝(公元 1644 至 1912 年),有一个建筑世家,有七代人负责清朝皇室营建,如圆明园、颐和园等园林及清东、西陵等陵墓的设计和建设。也就是说,清朝的阳宅和阴宅的营建是由相同的人完成的。那时的建筑师按照易学思维理念分门别类地利用"木""石"建筑技术。

泉州开元寺东西塔　开元寺位于福建泉州市西街,全国重点文物保护单位。双塔分立于开元寺大殿东西 48.12 米,建于南宋嘉熙二年至淳祐十年(1238～1250 年);西塔称仁寿塔,高 44.98 米,建于南宋绍定元年至嘉熙元年(1228～1237 年)。该双塔是我国最高的一对石塔,其石构建筑和石雕艺术都已达到相当高水平。

定县瞭敌塔　在河北定县城内开元寺旧址,原名开元寺塔。这是一座八角 11 层楼阁式砖塔,高 84.2 米,为我国现存最高古塔,也是最高的古建筑物。建于北宋咸平四年至至和二年(1001～1055 年)。全国重点文物保护单位。

咸阳北杜千佛塔　在陕西咸阳市北杜镇内,为六角 10 层仿楼阁式铸铁塔。塔高 33 米,是我国现存最高铸铁塔。明万历十八年(1590 年)铸造。

国学经典文库

中国的砖石铁塔之最

　　泉州洛阳桥　　在福建泉州市东约 10 公里洛阳江上。又名万安桥。兴建于北宋皇祐五年至嘉祐四年（1053～1059 年）。该桥原长 1200 米，宽约 5 米，有 46 座桥墩，9 座石塔，是我国古代著名的梁式石桥，被誉为"洛阳之桥天下奇"。造桥工程采用了种牡蛎胶固桥基和筏型基础的方法，为我国古代桥梁建筑史上的首创。全国重点文物保护单位。

　　晋江安平桥　　在福建福州晋江市安海镇西侧海湾上。俗称安海五里桥。为多孔石梁桥。始建于南宋绍兴八年（1138 年）。桥长 2070 米，宽 3 米多，有 331 个墩，为中古时代世界最长的梁式石桥，有"天下无桥无此桥"之誉。该桥用巨型的花岗石铺架，桥墩用石砌成。桥上筑有水心亭、官亭、雨亭、楼亭，并有护栏，石将军、石狮等雕刻及石塔。此桥风貌古朴，画意盎然。全国重点文物保护单位。

　　潮州广济桥　　在广东潮州市东门外韩江上。旧名济川桥，俗称湘子桥。始建于南宋乾道六年（1170 年），历时 57 年建成。明宣德十年（1435 年）重修。桥中段是 18 艘船联成浮桥，东西共 24 座石墩，是我国最早一座舟梁结合的开启式桥。全长 517.95 米，宽约 5 米。1958 年将中段改建成直通大桥。全国重点文物保护单位。

国学经典文库

华县桥上桥　在陕西华县赤水镇西侧的赤水河上。下桥为建于清康河床淤高，道光十二年（1832年）又在原桥上叠建一座9孔石拱桥，长70米，宽5米。近年因挖沙取石，才露出桥上桥的本来雄姿。

西安隋灞桥　在陕西西安市灞桥镇柳巷村灞河河道。长数百米的多孔石拱桥。始建于隋开皇三年（583年）。现已发掘清理4座桥墩，墩残高2.68米，长9米多，宽2米多。墩下夯满木桩，铺以方木。再覆以宽17米的一层石板，基础十分坚固。是我国现存时代最早、规模最宏伟、跨度最长的一座大型石拱桥。

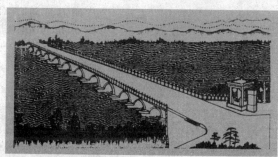

卢沟桥　在北京市西南永定河上。又名广利桥，是11孔联拱石桥。全长266.5米，宽7.5米。桥墩迎水面砌作分水尖，尖上安有三角铁柱以保护桥墩，称为"斩龙剑"，颇有特色。800年来，桥基承受了数百次洪峰冰块的冲击，但仍十分稳固。桥上柱头饰有502只形态生动的石狮子。它是我国北方现存最长、年代较早的古桥，也是我国四大古桥之一，属全国重点文物保护单位。建于金大定二十九年（1189年）。

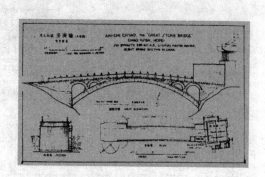

安济桥平、立、剖平面

赵县安济桥　在河北赵县城南浚河上。又名赵州桥，或大石桥。是有1个大孔和4个小孔敞肩石拱桥。桥长64.4米，宽9米。由工匠李春创建于隋开皇十五年至大业元年（595～605年），为世界上首创敞肩拱形桥，是全国重点文物保护单位。桥身巨大空灵，稳固坚实，寓秀美于雄伟之中，桥两侧栏板、望柱雕刻精美。

河北赵县永通桥

赵县永通桥 在河北赵县西门外清水河上。俗称小石桥。为敞肩石拱桥。桥长32米,宽7.7米,弧矢5.2米。金明昌年间(1190~1196年)建。全国重点文物保护单位。桥的造型与安济桥相似。但规模较小,桥身及栏板有优美浮雕,多为明刻遗物。

苏州宝带桥 在江苏苏州吴县长桥乡运河边的玳玳河上。为53孔联拱石桥。始建于唐元和十一年(816年)。相传由刺史王仲舒捐宝带助资建桥,又因桥形长若玉带,故名。南宋和明代曾重建,现存建筑大部分为清同治十一年(1872年)重建的遗构。桥长317米,宽4.1米。桥北端的石狮、石塔为南宋所建。宝带桥为连续拱桥,各孔为半圆形,桥中数孔隆起,如长虹卧波,轻巧秀丽。该桥孔数之多、桥身之长,结构之精巧,为中外建桥史上所少见,是我国著名长桥之一。

中国古代的石桥之最

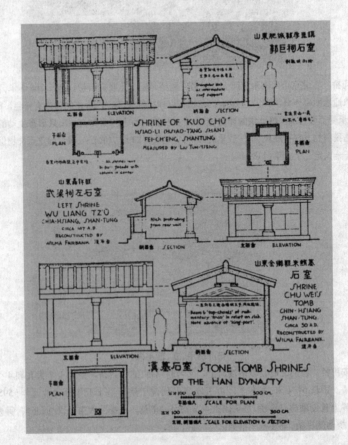

汉墓石室

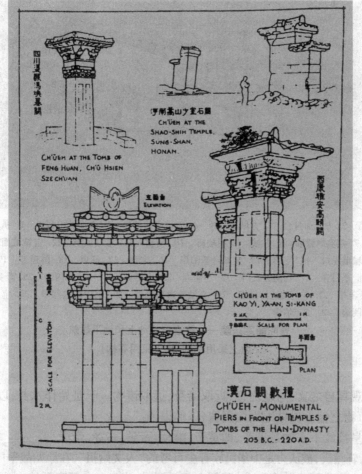

汉石阙数种

　　现代的中国人在为自己的房屋装修时,对于建筑和装修材料的选择,经过了人造材料热之后,似乎又回到追求纯天然材料的方向,木质地板用于居室,大理石和花岗岩只在门厅、走廊、公共场所使用。这是中国人在营建中对材料选择的特殊理念。

　　(11)易理风水活化石——天下第一陵黄帝陵

　　中国自三皇五帝开始,在建筑的营造中即已体现了易学理念。现代人能见到的最早实物是五千年前的陕西省黄陵县的黄帝陵。黄帝陵是国务院公布的第一批全国重点文物保护单位——古墓葬的第一号,世称"天下第一陵"。

　　历史上,通常将"燧人、伏羲、神农"(《尚书大传》)称为三皇,也有将"伏羲、女娲、神农"(《春秋运斗枢》)和"伏羲、祝融、神农"(《礼号谥记》)称为三皇的。中国在这一时期已经萌芽了原始文明,伏羲推演出了对于中国文化影响深远的"八卦"图式。《易经·系辞传》上说:"古者,包羲氏之王天下也。仰则观象于天,俯则观

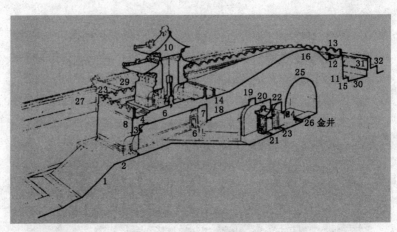

1. 礓磜　2. 方城前月台　3. 方城罩门券　4. 方城南门洞券　5. 方城北门洞券　6. 扒道券下券门　7. 挡券影壁墙　8. 方城　9. 明楼碑　10. 明楼　11. 宝城城身　12. 宝城城面马道　13. 宝城墙垛口　14. 宇墙　15. 宝城台基泊岸　16. 宝顶　17. 隧道　18. 隧道券　19. 闪当券　20. 罩门券　21. 门洞券石门　22. 门洞券　23. 金券石门　24. 金券闪当　25. 金券　26. 宝床及金井　27. 花门院进深红墙　28. 方城两边面阔墙　29. 宝城院进深墙　30. 宝城院　31. 罗圈墙　32. 更道泊岸

菩陀峪定东陵——慈禧陵的地上和地下建筑
（地上采用木构，地下采用石构）

法于地。观鸟兽之文，与地之宜，近取诸身，远取诸物。于是始作八卦，以通神明之德，以类万物之情。做结绳而为网罟，以佃以渔。"

由三皇接续下来的是五帝，即黄帝、颛顼、帝喾、帝尧、帝舜。

黄帝，轩辕氏，被认为是中华民族有史可考的"人文始祖"，在原始战争中统一了华夏各主要部落，发展农牧和渔业，开创文字，是龙的化身。自黄帝开始，中国人以黄为尊，以黄为荣。东汉《释名·释采帛》说："黄，晃也，犹晃晃，像日光色也。"黄色比象太阳，意为光明。黄帝的这片土地上——天，谓之"黄天在上"；地，谓之黄土地；河，谓之黄河水；人，谓之黄河人；黄帝子孙黄色的皮肤则称之为黄种人。人们数记着古老的黄帝历法（黄历），种黄土地，吃黄米饭，喝黄河水，住黄土窑洞。中国人生活的方方面面都与黄帝有关系。1912年孙中山出任临时大总统，组团15人，前往陕西中部县（今黄陵县）祭祀始祖。代表团临行前，孙中山亲笔题写了气壮山河的祭黄帝陵词："中华开国五千年，神州轩辕自古传，创造指南车，平定蚩尤乱，世界文明，唯有我先。"

据《史记·五帝本纪》上说："黄帝崩，葬桥山。"这是有文字可考的有关黄帝陵墓所葬地点的最早记载。据史传，黄帝陵是黄帝在世时自己亲自选定的。桥山，其地理位置、形式反映了中国人传统的易理思想和观念。《晋书·礼志》载："古无墓祭之礼，汉承秦皆有陵园。"黄帝陵的地上建筑——黄帝庙，据载在汉代始建于桥山西麓。唐代宗大历五年（公元770年）皇帝李豫重修扩建。宋开宝五年（公元972年）皇帝赵匡胤迁庙于今址。对黄帝的祭祀活动始于黄帝驾崩，其臣左彻者，削木像黄帝，立庙祀之，帅诸侯群臣岁时朝焉。其后人们不忘其恩德，

在亦人亦神的传说中直到春秋战国,祭祀不断。从此,中国历朝历代形成了祭祀黄帝的习俗。当地民间有谚语云:"秦置陵园,汉代立庙,唐代重建,宋代把庙迁,无论谁来当皇帝,都不能忘祖先。"

黄帝陵遵循"易"的思想,天子居中,部落酋长所在地——中部村,至今村名依旧。五千年树龄的黄帝手植柏树,至今仍然昂然屹立,千古佐证。桥山,山势高拱,突出于陕北黄土高原。沮水河弯曲绕山而行,望之山似卧波之桥,故名桥山。桥山,面积382公顷(5800亩),上有古柏8200余株。沮水河源自乾方子午岭的沮源关,绕桥山S形通过,将两岸划分两仪,状若阴阳太极图。水北为盘龙岗,为阳仪;水南为印台山,为阴仪。盘龙岗南侧上的黄帝陵,位处阳仪中的阴点,如同阳鱼的鱼眼。水南印台山位处阴仪中的阳点,如同阴鱼的鱼眼。阳中有阴,阴中有阳。帝陵属阴宅,精妙地选在阳局中的阴眼之上。盘龙岗海拔1021米,是桥山制高点,状若龙头,其下北高南低略倾,向南伸延地面结穴。明堂宽55米,长约210米,地貌似龙口大开,龙舌长伸,至汉武仙台处,恰似龙舌微卷向上。舌长125米,舌宽30米。黄帝陵高3.6米,北有五谷六峰,南有七沟八梁,帝陵巧处龙舌中心,如龙口所含珍珠。属"龙珠在颔"的典型风水格局。半露于天,半掩于土。在高仰的龙头(盘龙岗)两侧。各有一株刚劲有力的干立枝旋的无叶古柏,左高9米,右高7.4米,其状酷似"龙角",呈右旋的螺旋状,伸向青天。龙角柏周围82000余株千年古柏皆枝繁叶茂,独此二柏状如活化石独立(状如化石,实为活体,观测知柏体水分充足,生机盎然,只是不长枝叶)。由二株龙角柏中点至汉武仙台为黄帝陵中轴线。轴线亥山巳向,得水天需卦,分金吉向。轴线南端为沮水河南的印台山,为案山,印台山传说为黄帝案几上的大"印台"。再伸延远处为长寿山,山形壮美,是为朝山。龙头两侧各有空地明朗昭日月,如同龙睛。而龙湾、凤岭形成龙的前肢,120度伸展向前。与整体龙形,浑然一体,宛如天成。桥山巨龙,其色苍苍,春初而赤,雪至而白,风回而黯,四季变换,屡变复黄。紫气如盖,苍烟若浮,云蒸霭霭,四时弥留。真乃神奇的天工,悠远的化形。

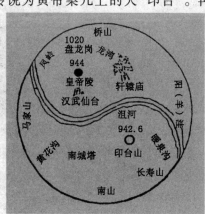

●黄陵圣境,山环水抱,形如八卦,犹似太极,谓之"天下之中部"。

●黄帝陵区,负阴地阳,阴阳均衡则居中,居中则四通八达,眼观六路,耳听八方。

黄帝陵区负阴抱阳图

●桥山拱起,气势轩昂,环境地貌,奇特异常,堪称"华夏地貌一绝"。

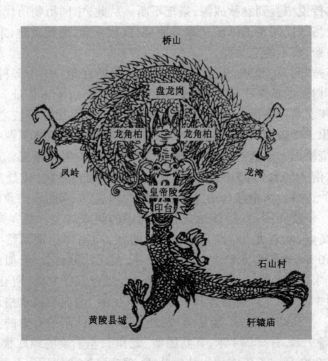

● 桥　　山　　宛如巨龙盘空而游
● 黄 帝 陵　　恰似龙口所含珍珠
● 汉武仙台　　犹如龙舌卷曲向上

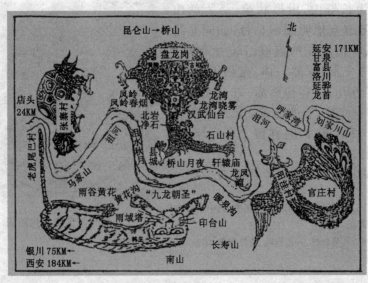

　　黄帝陵高3.6米,周长48米,地处"龙舌"中心位置,恰似龙口所含珍珠,其一半外露于天,一半掩埋黄土之中,即"龙珠在颔"。

具有五千年历史的黄帝陵风水意象图

黄帝陵南山形状似伏身卧虎,绵延十余公里而回视帝陵。虎尾状的山脊转入帝陵西五公里处的老虎尾巴村。

黄帝陵东阳洼村的凤凰山,形状似凤而得名。"凤咀"处一土丘长满古柏,四季苍翠,状似凤冠,故名"凤冠柏"。

黄帝陵西的张寨山(玉仙山),伏似万年神龟。千年沧桑,回首翘望盘龙岗上的黄帝陵。

龙、虎、龟、凤,"四灵"具备,这是上古原始的典型易理风水格局优选。皇帝必居天下之中,古代的中部村,在此仍然沿用其名。并非后人附会穿凿。从黄帝陵中庭的五千年的巨大古柏(七人不得围合,传称"七搂八札半")名为"黄帝手植柏"可以证明,阴阳学、风水学的应用历史已经是存在五千年了。

在易理风水效应上,测验得知,地处远离城市的丛山之中,在 82000 株的参天古柏丛中,用电话手机六台同时测验,讯号不是减弱、消失,却奇异地增强了。证明此地接受微波能力特异,是天生地造的"微波天线"地理形势,是值得现代科学加以研究的特异地理环境。

(12)视死如生生更生的择宅观

中国人的生死观与西方人是完全不同的,中国人"视死如归",而西方人视死为升入天堂。中西方的古代先民不约而同地感觉到有一种神秘的力量主宰我们这个世界万事万物变化,西方人为地创造了"上帝",上帝主宰一切,生死是上帝的旨意。这种观念深刻地影响着西方人的思想及文明。中国人则将其归为"天地自然之道",即"气"的运行规律。"风水轮流转",也就是说客观规律,并具有轮回转世即螺旋升华的含义,因此也就有了"二十年后又是一条好汉"的刑前壮语及这辈子所欠的人间恩情"下辈子当牛做马回报"的民间俗语。民间将正常的生生死死视为"红""白"喜事。

在悠久的农业文明中衍生发展起来的中国传统哲学,关于自然与人,即天人关系,自周代至先秦以及清代,为大多数思想家所宣扬的,是"天人合一"的宇宙观。概括地说,这一宇宙观,把人视为自然的一个有机部分,认为自然界存在着普遍的规律即天道,人伦道德原则也同自然规律相一致。人生的理想,就是追求天人的谐调与合同。

由这种宇宙观所支配,人的生死实际上被视为自然生态链中的一环。《易传》说:"原始反终,故知死生之说。"(《周易·系辞上》)汉朝时认为:"为人下者,其犹土乎! 种之则五谷生焉,掘之则甘泉出焉,草木植焉,禽兽育焉,生人立焉,死人入焉。"(刘向《说苑·臣术》)因此,也就有了中国人死后"入土为安"的丧葬观。

按照易理思维,无论是生是死均是自然的规律。人在活着的时候要营建"阳宅",寻求养生的环境,利于生存的气场;而在死后也要建造"阴宅",寻求安息的场所,利于神灵的转世。在中国现存的大量陵墓中,不难看出"阴宅"的建造实际上并不逊色"阳宅"的土木之功。

在易经八卦方位中，东、东南为震、巽方，五行属木，指春天，是朝气方位。因此，中国的皇宫中"东宫太子"，是接班人的专有方位。中国传统四合院的院门多开东门、东南门、南门，也是为了迎取东方、东南方、南方来的带有生气的"和煦之风"。中国建筑，又称土木，住活人的建筑，又叫阳宅，专用土木为材料而营建，中国建筑是土木构建，这在世界建筑之林中是独树一帜的。西方是石构建筑。实际上，中国古人很早就也采用石材建造桥梁，阴宅。按照易经理念，石材所营造的"气场"，不利于活人居住，从这个意义上讲，说中国建筑为木构是不完全的。

将易经理念应用在建筑的营造中，最早的实物当属建于五千年前的陕西黄陵县的黄陵。黄帝，轩辕氏，被认为中华民族"人文始祖"，在原始战争中统一了华夏各主要部落，发展农牧和渔业，开创文字，成为炎黄子孙的人文始祖，龙的化身。遵循"易"的思想，天子居中，部落酋长所在地——中部村，至今村名依旧。五千年树龄的黄帝手植柏树，至今仍然盎然屹立，千古佐证。据《史记》所载，"黄帝崩，葬桥山"。桥山，山势高拱，突出于陕北黄土高原。沮水河弯转绕山而行，望之山似卧波之桥，故名桥山。

在陕西西安近郊骊山脚下的秦始皇陵，由实际勘察可知，背后坐山而面朝开阔空地的基本格局也是符合《易经》思维的。最有趣的是在距秦始皇陵二三里远的兵马俑坑，坑中的所有兵士头全部转向东方。按照《易经》方位五行观点，东方属木，显示军队的朝气，东方木对应人体主肝脾，壮士兵胆略豪气。陕西的东方是中国的版图方位，昭示着秦始皇统一中国的

〔清〕样式雷：东陵风水形势图。光绪元年（1875 年）为同治帝的惠陵选址时绘制，以写意山水画法表现东陵风水来龙去脉的形势，在所选勘双山峪、松树沟、成子峪、宝椅山等四处风水吉地中，最后由慈禧指定双山峪为陵址。

清东陵平面图

雄心壮志和伟业。这难道是一种巧合吗？

从清代的东陵西陵，明代的十三陵，到历朝历代的陵寝建筑，几乎均遵循"居中为尊"的易理观念。选址时据风水理论"分金立向"确定陵寝山向。陵寝山向，着重于陵区山水形势，即所谓龙穴砂水总体上的权衡。在景观上，山川形势直接诉诸人的视觉感受上的高下、大小、远近、离合、主从、虚实等空间形象，显现着明晰的条理秩序，寄托着天人合一的理想，成了具有合于人伦道德和礼制秩序的精神象征符号，景物天成，表现出尊卑、贵贱、主宾、朝揖、拱卫等等关系。

中国人无论是建造"阳宅"，还是"阴宅"，体现着《易经》的自然观，人的生生死死都是自然的育化，最根本的是"生"，"生生之谓易"，视死如生生更生。

中国建筑的"风水观"

提起中国的建筑，特别是传统建筑，就不能不说说风水。正如国内一些建筑专家所说："风水实际上是集地质地理学、生态学、景观学、建筑学、伦理学、心理学、美学等于一体的综合性、系统性很强的古代建筑规划设计理论。它与营造学、造园学构成了中国古代建筑理论的三大支柱。"

风水在我国建筑、选址、规划、设计、营造中几乎无所不在。这在我国大量的现存古城镇、古建筑、园林、民居及陵墓中得到印证。中国的现代建筑家怎能熟视无睹呢？

在中国数千年营造城镇、宫殿、寺庙、民居及陵墓的演变中，风水不仅是关于环境景观优选的理论，而且是满足人们心理和行为需要的易理思维，是中国宇宙论的解释。为了选择好风水，要观察地理环境的空间形象（诸如：地理经脉、水脉、气场等）、四季的变化以及日月星辰的运动规律等，并依据空间和时间的关系，选择最有利的地理时空位置。

那么，风水到底是属于中国传统文化范畴，还是属于实用科学技术？到目前为止，似乎没有也无法从现代单一学科的角度给它一个确切的回答。但是绝不能简单地将其视为"迷信"！

中国古代先民在择地而息、营造居所的过程中，为什么会形成风水观呢？这是由中国人的易理思维所决定的。易理思维实际上就是宇宙观。中国古代的宇宙观将宇宙万事万物的运行规律纳入了"理、数、气、形"的理论体系，这一体系遵循如下法则：

①自然的法则（The laws of Nature）

②自然的数值比（The Numerical Proportions of Nature）

③自然的气息（The Breath of Nature）

④自然的外形（The Forms and Outlines of Nature）

1. 物都处在一个天地相应的整体关系中。古代中国人很早就发现了太阳、太阴(月亮)、28星宿及金木水火土五大行星的运行规律,发现了它们同地球昼夜节令变化和灾情间的关系,在把天象当作世界的真实的观念下,试图通过它来打开认识自然之门。到了宋代,这被朱熹发展成为一套完整的哲学体系,制约万物的是"理"。它以一定的规律,不以人的意志为转移地运动着,由最初的混沌,产生了阴阳,进而演化出天地及一切自然事物。

2. 宇宙天体的存在和显现,时空交替、类型各异,它们能够和谐地共存,是由于处在适当的位置,有着一定的量和轨迹,使各种相互作用达到平衡,它被归结为"数"。地球上的自然事物也反映着数的平衡,考虑到阴阳不停地运动,这种数的平衡也是动态的。

3. 遵循着"理",在一定"数"的平衡中,推动世界形成并作为一切存在物生命过程的能量,而且释放出来相互影响的,被称作"气"。

4. "理""数""气"都不是可以直接看到的。而大地上的一切事物,则以其外在形象,潜在地反应着理、数和气。通过地和天的对应比较,可以发现其"形",从中把握一定的理和数之下的气的作用。对自然平衡的破坏将受到气的报复。

(1)风水是科学

国内现代出版的一些字典或教科书中,几乎都将风水视为一种"迷信"。

《中国古代地理学》说:"风水是一种建立在封建迷信思想上的相地术,是不科学的,甚是非常荒谬的。它是地理学中唯心主义的一个流派。"

《现代汉语词典》是这样定义的:"风水指住宅基地、坟地等的地理形势,如山脉、山水的方向等。迷信的人认为风水好坏可以影响其家族、子孙的盛衰吉凶。"

《辞海》则做出如下评价:"风水是旧中国的一种迷信,认为住宅基地或坟地周围的风向水流等形势,能招致住者或葬者一家的祸福。"

然而,随着西方建筑及文化领域由现代向传统的回归,中国古老的风水观又被重新点燃,国内外许多学者"去粗取精""去伪存真",重新发现了风水的价值。

日本的郭中端先生说:"中国风水实际是地理学、气象学、生态学、规划学和建筑学的一种综合的自然科学。"

查理(Chately)认为中国风水是"使生者与死者之所处与宇宙气息中的地气取得和合的艺术。"

中国台湾南怀瑾教授则说:"所谓'堪舆'(注:即风水)者,实为吾国上古质朴之科学研究,托迹与生死小道之际,穷究其地质之妙,与道家吾岳真形图之旨,皆为别具肺肠、揭示地球物理之心得也。"

新加坡伊长林·李普评价风水时说:"风水是这样一门艺术,它通过对事物的安排,从建筑奠基到室内装饰,企图对一定场所内的气施加影响。它有助于人们利用大地的自然力量,利用阴阳之平衡,来获得吉祥之气,从而促进健康,增强活力。风水是中国闻名于世的一大文化现象,风水术乃古建筑理论之精华。"

韩国尹弘基先生对风水研究做出如下评价:"风水是为找寻建筑物吉祥地点的

景观评价系统。它是中国古代地理选址与布局的艺术,不能按照西方概念将它简单地称为迷信或科学。这种独特的选择地点的中国系统,具有科学的成分,也有迷信的成分。"

此外,英国著名科学史权威李约瑟(Joseph Need Ham)博士,也曾高度评价中国古代的风水,称之为准科学,是中国古代的景观建筑学。他指出,风水"总是包含着一种美学的成分","遍中国的田园、房屋、村镇之美,不可胜收,都可借此得到证明"。英国学者帕特里克·阿伯隆说:"在乡村问题上,中国的风水名义处理上,已教欧洲任何国家前进甚多","在风水下所展开的中国风景,在曾经存在过的任何美妙风景中,可能是构造最为精美的"。美国城市规划权威开文·林奇在其代表作《都市意象》一书中,高度评价了中国传统的环境哲学,称风水是一门"前途无量的学问","教授们组织起来,予以研究推论","专家们正在向这方面谋求发展"等等。

孙保罗(Paul Sun)在1982年《纽约太阳村会议》上的报告说:"风水世界观可溯源于对天文地理的仰观俯察,也包含着深奥的精神感应。这是一种堪天舆地,与大自然和谐、协同的方法,从而使居住者及其子孙能在其聚居处拥有平实的生活。风水明确肯定,房屋建筑、园林及至墓地等,要择地选址,要与地形地貌和风的运作相联系,在所谓潜在的凶兆威胁的后面,风水的鲜明生态实用性,被包上了迷信外衣,而这种迷信,却使风水成为限制愚昧农民滥用土地的权威。"

西方当代学者对中国风水予以积极的评价,既非无知妄说,更不是好奇非分,或简单地为着批判西方当代文明弊端而以异质文明作为武器的功利动机所使然。从本质上说,植根中国传统文化深厚土壤中的风水,揭开其神秘外衣,原本包含着历史的真知,包含着同当代生物学、物理学、生态学及景观建筑学、生态建筑学等的基本取向、原则与方法相吻合的丰富内容。以历史眼光客观地审视和评价,在一定意义上说,当代对人类居住社区和生态建筑学的理想追求,实际上正是中国传统风水学理论追求与自然谐和精神的转世回归和新的升华。

风水,在易理思维的指导下,使得中国传统建筑文化有了"灵魂"。它蕴含着自然知识、自然规律、人生哲理以及传统的美学、伦理观念等诸多方面的丰富内容。实际上,风水也可以说是中国古代神圣的环境理论和方位理论。"风水理论,在景观方面,注重人文景观与自然景观的和谐统一;在环境方面,又格外重视人工自然环境与天然自然环境的和谐统一。风水理论的宗旨是,勘查自然,顺应自然,有节制地利用和改造自然,选择和创造出适合于人的身心健康及其行为需求的最佳建筑环境,使之达到阴阳之和、天人之和、身心之和的至善境界。在自然环境、自然方位上,风水理论总结了与建筑相关的天文、地理、气象等方面的自然知识和相应的生活经验。如把'背山、面水、向阳'看作是最好的自然方位。把适量的'前低后高'看作是最佳的宅院地势,重视住宅建筑中'水口'(包括入水口和出水口)和'气口'(包括门、窗)的自然方位,主张居室空间的高矮大小、室内采光的明暗程度均应适可而止等。这些环境因素,都是与人的身心健康密切相关的。否则,把住宅建

在有自然危害之地,或者把居室建成采光、通风、温度、湿度都很糟的人工环境,任凭多强壮的人,住久了也是要生病的。从环境建筑学的角度来看,这些都是有一定科学道理的,也是值得认真地加以研究和借鉴的。在文化环境、文化方位上,风水理论则是以河图、洛书、八卦、五行等易学文化为基础,通过建筑布局、空间分割、方位调整、色彩运用、图案选择等隐喻和象征手段,来实现其对于身心之和的环境追求。然而,这只不过是以心理暗示的方式表达了人们的一种美好愿望罢了。从建筑心理学、环境心理学和行为建筑学的角度来看,这里也有诸多值得研究和借鉴之处。"

(2)国外风水

据美国《纽约时报》1994年4月22日报道,风水术随亚洲人走入美国房地产业。全文如下:

"风水术在远东有着悠久的传统。这种有1000多年历史的方术已经开始对美国房地产业产生微妙的影响。风水术是星相学、设计学和东方哲学的结合,其目的是使人们和谐地安排建筑物在自然环境中的位置。

由于中国香港、新加坡、中国台湾和中国大陆投资者的涌入,风水的运用在美国房地产项目的设计及销售中出现。从洛杉矶的小型购物商场,到曼哈顿的摩天大楼,无处不见风水的踪迹。

随着越来越多的华人投资者进入纽约地区,风水一词也已经成为当地房地产开发商和建筑设计师越来越熟悉的字眼。

纽约华尔街上的前海湾与西方大厦和昆斯区的中国信托银行便是开发商在动工前请风水先生来考察了地址的。在新泽西州的西奥兰治,鹰岭住宅区的开发商在华文报纸上打出整版广告招徕客户。广告中使用了唐人街风水先生的话:这里的风水无懈可击。

即使是纽约上城西区耗资25亿美元的里弗赛德南段开发工程也免不了风水的影响,这是因为有几位中国香港投资商成了房地产大王唐纳德·特朗普的合伙人。特朗普说:'这是在竞争中占对手上风的另一个因素。亚洲人正在成为我们市场的重要组成部分,无法忽视这一点。'"

风水在东南亚、中国台湾、中国香港、日本、韩国等国家和地区,几乎家喻户晓。具有相当大的民间影响力。近几年,"人居环境可持续发展"理论,成了全世界的热点议题。可持续发展的一个重要内涵,就是对历史文化、民族传统、地方特色的继承和发扬。中国易理风水又再次成了议论的焦点。有人提出"风水"一词已过时,应向西方靠拢,采用"建筑与环境""地理与环境""居住环境"等等。然而,在西方和国内的一些有识之士,却愿意回归或还中国"风水"的真正科学面目,为中国"风水"平反,正名。

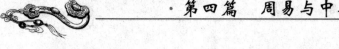

　　如果风水是一门科学的话，是否也有与之相近似的对天地人的认识及其科学技术呢？

　　在科学领域，以往对人的研究不考虑人以外的环境，而研究客观自然环境的却又忽视了人类自己。然而，随着自然科学各学科的纵深发展以及互相渗透，逐渐出现了横跨两个学科之间的所谓边缘学科。由学科分裂，再次走向交叉综合，出现了诸如"人文地理学""人生地理学""行为地理学"等等。终于回归到中国易理风水学"天地人合一"的道路上来。这便是今天风水热的由来。风水也就非中国独有了。

　　1. 人文地理学

　　所谓人文地理学是以人地关系理论为核心，运用人地关系理论，研究各种人文现象的分布变化、扩散和人类社会活动空间结构的学科。人文地理学将人类创造于地表的文化景观称为人文现象。它与自然地理学并列为地理科学的两大支柱。

　　人文地理学采用经验法和比较法。研究世界各种现象的因果关系，把自然作为人文的基本原因，认为自然决定人类历史发展。

　　德国地理学家李特尔(19 世纪)，被称为人文地理学的鼻祖。

　　德国地理学家拉采尔，是公认"环境决定论"的创立者，他认为人是环境的产物，由环境主宰着人的活动、发展和分布。这多么类似中国风水民谚所说的"山清水秀出美女""穷山恶水出刁民"。这些谚语是中国先民在长期的实践中获得的统计结论，不可偏废。

　　2. 人生地理学

　　人生地理学突破人文地理学的"环境决定论"，提出了"人地相关论"。人生地理学认为：自然为人类居住规定了界线并提供了可能性，但人们对这些条件的反应或适应，则因自身的传统生活方式而有所不同。这颇似中国风水的"天人感应"论。

　　法国地理学家韦达·白兰士(20 世纪)及其学生白吕纳于 1910 年出版了《人文地理学》一书。

　　到了 20 世纪 60 年代，在地理学研究中，自然与人的统一性，在国际学术界再次得到确认，形成人与环境"和谐"的观点。这又颇似中国风水的"天地人合一"论。

　　人生地理学的"人地相关论"认为：人口潜力与重力场有共同性；经济发展曲线与人口增长曲线同数学的生物生长曲线和分布曲线极为相似；人口移动态势可用万有引力加以说明；自然系统与经济系统具有同型；经济系统的信息传递与物理学中的热力第二定律相关。人生地理学的人类及其经济发展与自然地理相关的论断，证实了中国风水常把人类健康和发财相提并论，叫作"人财两旺"的合理性。

　　人生地理学在近年的发展中，又用系统论的观点分析地理学中的系统空间，发现一切系统都具有共同的抽象特征。英国乔莱·哈格特及哈维，曾先后于 1967 年、1969 年发表了运用模式与计量研究地理学的论著《地理学中的模式》和《地理

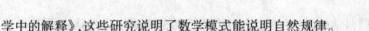

学中的解释》，这些研究说明了数学模式能说明自然规律。

由人生地理学不断扩散，形成了地理学与众多学科的交叉学科。诸如：经济地理学、城市地理学、政治地理学、社会地理学、历史地理学等等。

3. 行为地理学

行为地理学是 20 世纪 60 年代的新学科。它研究不同阶级、阶层，不同人对各种地理环境所做出的行为和决策。具体地说，它着重研究人的主观因素，诸如心理状态、感觉经验和理性思维影响地理环境的分布及其变化规律。

行为地理学认为：所有影响人做出决策和行动的因素之间相互依赖、相互制约。人在空间中的行为不是没有约束的，而受到个人本身及社会因素的种种影响。

4. 环境心理学

在 20 世纪 80 年代出现了一门环境心理学。环境心理学主要研究环境与人的关系，也就是从人文地理学、心理学、生态学、社会学的立场研究环境对人的行为、性格、感觉、情绪所产生的影响和作用。其包括两个方面内容：一是改造环境的主动状态以及环境对改造的接受状态；二是对环境的"认识型"和"行为型"的分析。

一种观点，否定遗传因素的影响，认为只有环境影响才对身心发展起作用。心理学家卢因把行为和影响因素归纳为一个公式：即行为随人和环境的变化而变化，"微观行为是由环境的各个因素引起的；而宏观行为则是由环境整体引起的"。

人为了适应环境而行动，首先就要了解环境，于是提出了"环境知觉问题"。而环境知觉是否充分，取决于感觉能力。这颇似中国风水中所说的：人对气场的感知，即"气感"。

环境心理学将环境划分为物理环境、社会环境和象征环境。

物理环境是指自然环境和构筑环境。对于自然环境，主要考虑人的行为空间、气象、风土等自然环境条件与人的心理行为之间的关系问题，从而分析人的性格差异。对于构筑环境，即人工环境，主要考虑与人生活关系最为密切的住房建筑问题。这便是中国风水千百年来一再论证的"环境气场"。

社会环境，是指社会的经济和政治因素。

象征环境，是从美学立场出发，考察环境中所包含的一切自然事物和人为事物，把它作为一种象征，研究它如何对人类起作用，以及人类如何对环境起作用的过程。中国风水中的"寻龙"象征传统建筑中的图腾取象及室内屏风、中堂等装饰证明了这种象征环境的实际意义。

5. 心理场理论

心理场理论是心理学的一个分支，在心理学史上，将之归在完形心理学范畴。研究"场"的鼻祖是德国人勒温（Kurt Lewin 1890～1947 年）。

勒温将心理场定义为"心理生活空间"（Psychological Life Space），即"综合可能事件的全体"。这包括三个因素：

①准物理事实，即人类心目中的自然环境；

②准社会事实,即人类心目中的社会环境;

③准概念事实,即人类思想观念与现实的差异。

这里的"准"即非真正实物,只是主观感受,这就区别了现实和心理两种不同概念。勒温采用数学、物理学以及拓扑几何学的方法描绘了心理场的特征,按拓扑学的概念,心理场是没有大小尺寸、没有固定形状的无限柔软的塑性体,"如此规定的空间名为形势几何学(拓扑几何学)的空间,申言之,即为不用测量而加以规定的数学关系;在形势几何学的空间之内,没有距离的规定,据形势几何学的观点,一滴水完全和地球相等,一个立方体和一个球体也无可区别。"他用数学中的约旦曲线直观地将心理场表现出来。

与心理场对应的是物理场(环境空间)共处于一个大系统中,优美的环境空间应该是心理空间的物化体现。这不正是中国风水中所追寻的"气"与"形"的关系吗?

关于中国风水中的"气",即"精""元",论述颇为丰富。《张子正蒙注·太和》说:"物各为一物,而神气之往来于虚者,原通于氤氲之气,故施者不吝施,受者乐其受,所以同声相应,同气相求:琥珀拾芥,磁石引铁,不知其所以然而感。"老子称气为"其细无内,其外无大,充盈天地"。《庄子·外篇》:"气变则有形,形变而有生。"等等。

在西方,判定中国风水中"气"的自然科学含义的工作最早是由德国科学家莱布尼茨(1676~1716年)开始,他提出了"气"即以太的见解。"气,在我们这里可以称之为'以太',因为物质最初完全是流动的,毫无硬度,无间断、无终止,不能分两部分。这是人们所想象的最稀薄的物体。"(《致雷蒙德的信:论中国哲学》,载于《中国哲学史研究》1981.4)

李约瑟引证《吕氏春秋·精道》后,在他的著作《Science and Civilization in China4 sect.》中说:"在古代中国关于物理世界的构思中,连续性波和循环是占优势地位的。在这里,'精'有时差不多可以翻译成为辐射能。"

中国现代物理学家何祚庥对"气"做出了更为科学的评述:"自然科学里的'以太',只能作为传递物质间相互作用力的一种假想的介质而存在,'以太'和实物仿佛是隔绝的,但张载和王夫之认为'气'和'形'是相互转化的。因而他们所提出的'气'与其说接近以太,不如说更接近现代科学所说的场。"

灌耕编译的《现代物理学与东方神秘主义》中提到,在中国哲学中,气"明确表达了场的思想。"

至此,西方人不得不承认,"中国人在这方面是如此领先于西方人,以致我们差不多可以冒险地猜测:如果社会条件有利于现代科学的发展,中国人可能首先通过磁学和电学的研究,先期转到场物理,而不必经过撞球式的阶段了。"(李约瑟《中国科学技术史》)

6. 医学地理学

医学地理学是一门介于医学、地理学和环境科学等学科之间的新兴边缘科学，主要是研究自然环境对人体健康的影响，同时也涉及具有地区特征的"公害病"的研究。

医学地理学最早是由于对某些具有地区性特征的疾病调查研究而开展起来的。例如，克山病、大骨节病、地方性甲状腺肿、地方性氟中毒等疾病都是与地理环境的关系十分密切，病区分布很有规律，病区中环境化学元素异常。找到了病因，然后才有可能控制病源，以达到防治疾病的目的。当前，医学地理学的研究领域已大大拓宽，主要包括：疾病地理学、健康地理学、环境医学、医学地理制图等几个分支研究领域。

①疾病地理学

疾病地理学是医学地理的重要分支，它主要包括：

a. 与环境生物因素有关的疾病地理，如血吸虫地理、疟疾地理、丝虫病地理、黑热病地理等。

b. 与环境化学因素有关的疾病地理，如：地方性甲状腺肿和地方性克汀病都属于"碘缺乏症"；而当饮水中含氟量超过 1 毫克/升时，会引起地方性氟中毒。

c. 与环境物理因素有关的疾病地理，如医疗气象地理、高原疾病地理、海洋疾病地理、热带疾病地理等。

d. 病因复杂的疾病地理，如恶性肿瘤的人群分布和地区分布呈现鲜明的地理区域性特征。中国每年因胃癌而死亡者有 16 万人，高死亡率地区主要集中在中国西北和沿海各省，并有聚集性发病现象。调查认为，食物中的亚硝胺类、霉菌污染、家族史等都是胃癌发病的危险因素。各胃癌高发区的危险因素并不相同，更可能是多种因素的综合作用。

②健康地理学

健康地理学是医学地理学领域中一个新发展起来的研究领域，主要是研究生命现象或过程的空间模式及其与环境因素的关系。它包括长寿地理、保健地理、营养地理、疗养地理等。根据研究，在山区疗养地，有利于高血压、胃溃疡、动脉粥样硬化、心血管系统等慢性病的疗养；而在海边的疗养地，有利于肺病、贫血、糖尿病、呼吸系统疾病的恢复。1986 年，国际自然医学会就确定 4 个人类长寿区：巴基斯坦的洪萨、苏联的格鲁吉亚、南美的厄瓜多尔和中国的新疆。由于人类的居住区内存在着对人类最适宜到最不利的各种环境条件，如何为人类最优控制和综合改进环境提供更多的科学依据，正是医学地理学评价的目的。

③环境医学

环境医学主要是研究环境污染对人体健康的影响，目前已成为一门独立学科。由于人类活动和工农业生产的发展，环境污染已造成无数公害。正因为如此，环境污染当然也成了医学地理学研究的重要对象。

④医学地理制图

　　反映医学地理研究成果的重要手段之一,就是利用现代化手段进行医学地理制图,一幅好的医学地理图具有直观性、综合性、整体性、精确性等特点,可以直观地表达疾病流行和健康状况与地理环境的关系,构成医学地理的主要内容,从而有助于对疾病进行时空变化的逻辑思考和动态研究。

　　如今,医学地理学研究方兴未艾,并不断向纵深发展。研究内容不仅涉及人群疾病和健康状况的地理分布规律,疾病发生、流行和健康状况变化与地理环境的关系,而且还涉及具有地理学特色的医疗保健机构的设施的合理配置和医学地理区划。这一新兴的学科将会有更广阔的发展和应用前景。

　　除上之外,在医学界,如环境医学、医疗气象学等,也注意到学科交叉的研究有助于探讨天文、气象及地质、地理环境对人体的影响。如据科学统计证明,一个人出生时的天文气象等环境条件,对于此人一生的健康状况有很大影响;至于这些环境因素对于住居及住者的命运有何作用和如何作用的,现代科学也不能做出明确的解释。

　　在80年代末期,美国又兴起宇宙气场养生学,其主要思想认为:人与天地自然气场是否相符合会影响人的健康、情绪,进而影响到事业的兴衰。这是对以钢筋混凝土为代表的现代建筑,解决了人类居住问题的同时却忽略了人与自然关系因素的反思。

　　与宇宙气场养生学类似的"生态气场优选学""环境气场优选学"等相继在国外出现。由此提出了"生态建筑""生物住宅""文明建筑"等等新概念。

　　综上所述,广义上的中国风水学已非中国独有。与中国风水学理论相近似的各类学科相继崛起,正在探索天地人之间的内在联系。中国风水虽经千百年的经验及实践积累,在定性上悟出了天地人之间的相互感应关系,但其奥秘尚未全部揭开,还有待科学的最后考验和定论。

　　(3)风水两流派

　　中国风水学在长期的历史发展过程中,随着人类认识及科技进步不断充实完善,由于认识偏重之差,形成了众多流派。其中,最基本的两大宗派:

　　一种是形势宗,因注重在空间形象上达到天地人合一,注重形峦,诸如"千尺为势,百尺为形",所以又称形法,峦头,三合;

　　另一种是理气宗,因注重在时间序列上达到天地人合一,诸如阴阳五行、干支生肖、四时五方、八卦九风、三元运气等,所以又称三元,理法。

　　元明以前,多以山川形势,论断于阴阳、五行生克之理,以峦头为重,诸如:晋人郭璞的《葬经》。元明以后,注重天心合运,以理气为重,效地法天,诸如邵雍"卦气运会"之说盛极。

　　中国风水学中"形法"主要为择址选形之用;"理法"则偏重于确定室内外的方位格局;此外,还有"日法"用于选择吉日良辰以事兴造;"符镇法"为补救各法选择不利的措施。中国风水学按照应用对象:又分阳宅风水,即阳宅相法,专司生人居

住的城郭住宅的择址布形;阴宅风水,即阴宅葬法,专司死者的陵墓坟冢的择址布置。

中国风水学对于住宅所处环境不同,又有所谓井邑之宅、旷野之宅、山谷之宅等区分(如《三元地理》)。在风水学应用上,又各有所侧重。对于旷野之宅和山谷之宅,因其与周围自然地理环境关系密切,多注重形法;而井邑之宅,则因其外部环境的限制,常形法、理法并举。

中国风水学的形势派,注重觅龙、察砂、观水、点穴、取向等辨方正位;而理气派,注重阴阳、五行、干支、八卦九宫等相生相克理论,并且建立了一套严密的现场操作工具——罗盘,确定选址规划方位。中国风水学无论形势派,还是理气派,尽管在历史上形成了众多的实际操作方法,但是,都必须遵循如下三大原则:

①天地人合一原则;

②阴阳平衡原则;

③五行相生相克原则。

(一)形势法

形势法,即峦头法,五大要素是龙、砂、水、穴、向。觅龙、察砂、观水、点穴、取向,则是峦头法的五大步骤。峦头法对五大要素的要求是:龙要真、砂要秀、穴要的、水要抱、向要吉。峦头法主要是以形观风水,形中寓理。

1. 觅龙

龙脉,即山脉,包括山脉的走向和起伏变化。因山脉在形态上多方面与龙相似,故中国风水学将山脉比作龙。土是龙的肉,石是龙的骨,草木是龙的毛。如《管氏地理指蒙》:"指山为龙兮,象形势之腾伏";"借龙之全体,比喻夫山之形真"。山之延绵走向谓之脉,如《地理人子须知》:盖取象"人身脉络,气血之所而运行"。中国风水学有"来龙去脉""寻龙捉脉""寻龙望势"之说。龙脉有分支,有大小长短,故谓"龙犹树,有大干,有小干,有大枝,有小枝"。

干龙,地域延绵千百里,山脉必然是名山,如昆仑山等;大江大河必是名江名河,如《地理人子须知》:"以水源为定,故大干龙则以大江大河夹送,小干龙则以大溪涧夹送,大枝龙则小溪小涧夹送,小枝龙则惟田源沟洫夹送而已","观水源长短而枝干之大小见矣"。中国古代城市选址:"非于大山之下,必于广川之上"。中国风水学将中国地域以长江、黄河两大水系为界,将中国的山系分为南、北、中三大干龙。

龙又分阴阳龙。如果山脉由起点按顺时针方向盘旋,则为阳龙。山脉逆时针运行,为阴龙。

龙又分顺逆龙。龙脉的干支,当干龙与龙支方向一致时,称为顺龙,反之则称为逆龙。风水宝地通常是位于顺逆龙保持平衡状态的地方,如果只有顺龙没有逆龙,山脉就无法聚生气。

龙按大的区域分为三种:山野之龙,平岗之龙,平地之龙。平地亦可寻龙,虽脉

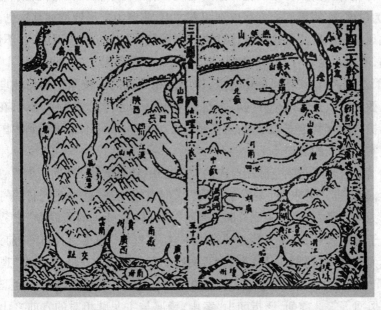

中国地理三大干龙（明·王圻纂辑，《三才图会》地理十六卷。）

落平洋，可微辨体势，"高一寸为山，低一寸为水"。

吉龙应当是山脉（龙脉）光肥圆润，尖利秀美，势雄力足，雄伟磅礴，形神厚重，群山如珠滚动，气脉贯注，绿树为盖，枝柯掩映，气象万千。

凶龙是山脉无势，崩石破碎，歪斜臃肿，势弱力寡，枝脚瘦小，树木不生。

觅龙，就是对山脉的观察选择。有山就有气，所以觅龙实际上是对"气"的追求，寻找能够"迎气生气"的地域。觅龙就是要选择来龙深远、奔腾远赴的山脉。具体概括为：觅龙要分辨五势九龙，分清走向，确定阴阳向背，论定吉凶宜忌，以选定具体地点。五势、九龙是对山脉的宏观概括，本身并无截然的吉凶区别，选择中还要配合其他因素来具体分析。论定吉凶则常常要配合阴阳五行学说、天象、人及生肖动物进行类比来推断。

2. 察砂

砂者，泛指穴之环卫诸山，反映山之群体关系；隶属来龙之主山。《地理人子须知》说："砂者，古人授受，以砂堆拨山形，因名沙尔。"沙、砂相通。今天，我们将军事用来描述地形地貌的立体地图称为"沙盘"，正是中国风水学砂法的古为今用实例。

在风水格局中，砂乃统指前后左右环抱城市的群山，并与特达尊崇、城市后倚的来龙、或谓主山镇山者，呈隶从关系。如《青囊海角经》说龙与砂的关系及砂的环境景观意象："龙为君道，砂为臣道；君必位乎上，臣必伏乎下；垂头俯伏，行行无乖戾之心；布秀呈奇，列列有呈祥之象；远则为城为廓，近则为案为几；八风以之而卫，水口以之而关。"

关于砂法最典型的有"四神砂"之说。如《地理人子须知》："《曲礼》注云：朱

雀、玄武、青龙、白虎，四方宿名也。然则地理以前山为朱雀、后山为玄武、左山为青龙、右山为白虎，亦假借四方之宿以别四方之山，非谓山之形皆欲如其物也。"

中国风水学中砂法的这样描述意象，如《葬经翼》："以其护卫区穴，不使风吹，环抱有情，不逼不压，不折不窜，如云青龙蜿蜒，白虎驯俯"，"玄武垂头"，"朱雀翔午"。言简意赅，生动说明了砂山完美，作用是相当大的。按照中国的地理位置来说，在西、西北、北、东北四个方向有刚烈之风，中国风水学称之为大刚风，在这些方位有山屏护自然有利于安居乐业，这正是一个半圆环。由此，也可得到中国风水学砂山环抱实际意义的启迪。

案山、朝山，皆属与主龙脉相对应的穴前之山，统称朱雀。"近而小者、案山也；远而高者，朝山也。"要求"近案贵于有情"，"但以端正圆巧，秀美光彩，平正整齐，环抱有情为吉"；而"远朝宜高"，"贵于秀丽"，有呈"远峰列笋天涯青"之势。中国风水学对于选定区域，重在人的心理对居住空间"气场"的感受。如"穴前无山，则一望无际为前空"，"易野一望无际，有近案则易理之气为之一收。"龙法"观势"，砂法"喝形"，如玉台、华盖、宝盖、宝顶、宝椅、印斗、文峰、文笔、笔架、三台、玉斗、锦屏、锦帐、凤凰等等。前朝，泛指朝山，案山，皆属与主龙脉相对的穴前之山。近而小者曰案，取贵人惊案施命之义。凡近案远朝两备之地，均属贵地。

案山要低小形美，如玉儿、横琴、眼弓、峨眉、三分、笔架、天马、龟蛇、金箱、玉印、书筒、席帽之类形。

朝山要有情朝拱，特异众山而独秀者，凡迢迢远来，两水夹送，拜伏而至者谓之"特朝山"，为最上格。

乐山，亦称乐砂，为穴后衬托之山，近穴处贴身盖应托帐之小山，乃"横枕穴之砂"。

中国风水学对于穴位之前朝、案山的苛求，其目的是为了达到"穴前收拾周密、无元辰直长、明堂旷阔、气不融聚之患"。中国风水学的龙、砂、穴法，对人聚环境"生气、纳气、聚气"的要求，以今日现代建筑的景观、外部空间设计等理论比较，其用意也是相当高明的。

除了上述"四神砂"之外，又有"四神砂"的环护"罗城"之说。罗城，亦称罗城填局，指前朝后托之山统被周围之远山盘绕，补缺障空之"山外山"。状若城墙之垛。要求重叠高耸，恰如"拱役环抱无空缺，宛然造就一乾坤"。罗城是风水格局的局外局，地理形象之外延。

对于水口，又称水口山或水口砂。"水口砂者，水流去处两岩之山也。且不可空缺，令水直出；必欲其山周密稠叠，交节关锁"。实际上，水口砂所居地位不啻天然门户，故中国风水学又称之为"地户"。与此相类似，将水来处的水口砂又称之为"天门"。中国风水学将门、水口喻为"气口"，如人之口鼻息道，实与运命攸关，故对水口砂极为重视，既须险要，又须至美，以壮观瞻。一般要求在"水口间有大桥、林木、佛祠""建台立塔本相宜"。

以上是城市、州县等区域规划的选址标准,是针对区域大格局的。在现代城市建设中,对于房地产开发商来说,居住小区及单体建筑的选址规划问题,在实际操作中,很难寻到上述理想的"四神砂"的环抱格局。但在"山环"这一物理抛物面"聚能器"的指导原则下,亦可因地制宜,在考虑周围建筑环境的情况下,规划自己的方案,一样能收到良好效果。四神砂,在都市中变成了前后左右建筑物。

中国风水学将砂比作龙的环护山丘,龙的帐幕,龙的仆从。察砂实际上是探寻能够"聚气藏气"的地理环境。中国风水学不仅注意山脉是否能"迎气生气",而且力求能"聚气藏气"。

3. 观水

水指水源、水流。观水实际是考察地上地下水源和水流的形态及水质。中国风水学认为:山不能无水,无水则气散,无水则地不养万物。水能"载气纳气",这已被现代科学所证实。大山脉能"迎气生气",山环能"聚气藏气",水能"载气纳气"。由此,中国风水学在长期的实践中形成了"山主富贵""水主财"的共识。

中国风水学有谓"地理之道,山水而已"。水被视为"地之血脉,穴之外气",山之骨肉皮毛即石土草木,"皆血脉之贯通也"。"觅龙点穴,全赖水证。龙非水送,无以明其来;穴非水界,无以观其止。""风水之法,得水为上"。"未看山时先看水,有山无水休寻地","吉地不可无水"。水法主要是论证水的功用利害与其形势、质量以及水与生态环境即所谓"地气","生气"之间的关系。在长期的经验积累中,得出"山管人丁水管财"的概率性规律。"水深处民多富,浅处民多贫;聚处民多稠,散处民多离"。

4. 点穴

中国风水学论穴,来自人体脉络穴位的比拟。认为地理脉络与人体脉络具有相同的规律。认为"穴者,山水相交,阴阳融凝,情之所钟处也。"

就城市的山川格局而论,风水学理论以龙脉的聚结,即山水的聚结来进行考察,有大中小三种"聚居":"大聚为都会,中聚为大郡,小聚为乡村、阳宅及富贵阴地。"穴又引申为龙脉止聚,砂山缠护、川溆萦回,"冲阳和阴,土厚水深,郁草茂林"之一区域点。故又有称"区穴""明堂""堂局"者,穴为它们的核心之点。

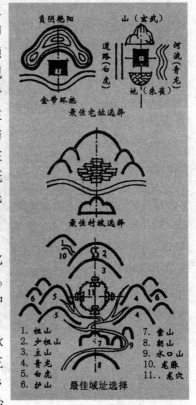

1. 祖山
2. 少祖山
3. 主龙山
4. 青龙
5. 白虎
6. 护山
7. 案山
8. 朝山
9. 水口山
10. 龙山
11. 龙穴

峦头法的理想布局

明堂,"明,取义于临而忌塞;堂,则取义中正忌偏"。"形来势止,前亲后倚","宾主相登,左右相称"的围合格局。

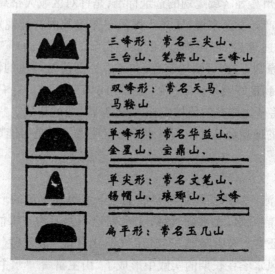

案山朝山

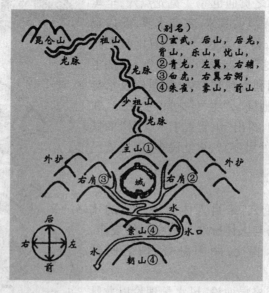

砂山
砂山形态"五形归类"

　　由山水聚结大中小而论明堂的宽平，堂局大小，进而决定建置城市，乃至建筑群体的规模。"堂局最广阔舒畅者，为藩镇省城，次者为大郡大洲……方圆四五十里，小者亦二三十里……最小者亦必数里"。然后，在体国经野、辨方正位之后，依营国制度规划城市并以营造制度而经营之，这实际上就是现代城市环境容量的规划。

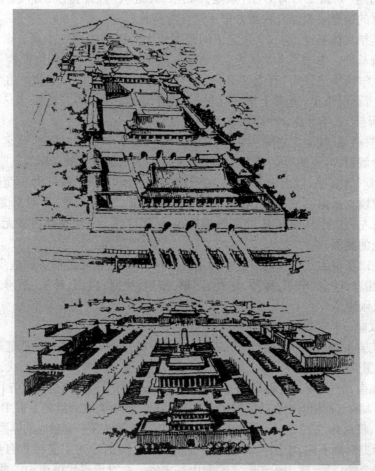

国学经典文库

　　紫禁城建筑群的外部空间设计意匠,颇为当代学者注重,细心探究有不少重要发现,如建筑高度同广场尺度(视距)构成呈 1/10 关系等,成功地运用于天安门广场建筑群的规划设计中,这种尺度构成,实际正是中国古代建筑外部空间设计理论即"形势"说的基本规律之一。

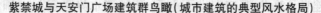

紫禁城与天安门广场建筑群鸟瞰(城市建筑的典型风水格局)

　　在规划完成之后,一般在穴位处开挖"金井"以"相土尝水法"验证地理地质情况。穴的选择,关键在于"内气萌生,外气成形,内外相乘,风水自成"。即:"内气萌生,言穴暖而生万物也;外气成形,言山川融解而成形象也。生气萌于内,形象成于外,实相乘也。"

　　对于现代城市或建筑物选址和规划,即场所设立,应考虑中国风水学的龙、砂、水的重叠、关拦、内敛向心的围合调场作用,以达到倚周围山川拱抱阻御风砂,迎纳阳光,阴阳和合,形成良好生态小气候,同时给人以龙、砂、水种种景观意象,皆集中于穴,赋予人最丰富的心理感受和得到游目骋怀的心性寄托。

　　中国风水学认为"穴不虚立,必有所倚","以龙证穴","以砂证穴","以水证穴","因形拟穴","全其天工,依其环护","务全其自然之势,期无违于环护之妙而

之耳",乃至"如画工丹青妙手,须是几处浓,几处淡,彼此掩映,方成佳景"。龙、砂、穴、水的选择必须综合权衡方可达到至善至美。

穴是指具体基址,是一个选定的范围较大的区域中的一个点。点穴也就是指定建筑基址。中国风水学认为"穴要的",就是要选中那个最佳位置。

风水学峦头法认为"有龙必有穴"。"龙真穴亦真,龙假穴亦假。"在绵亘的龙脉中,远者百里千里,近者十里二三里,寻龙于浩远之间,选穴场实非易事。正如《葬经》所云"三年寻龙,十年点穴。"

阳宅、村镇、城池大格局选址中,其穴常以"区穴""堂局""明堂"代名之。以今天的观念解释,这里的"区穴""堂局""明堂",实为内敛围合的场所。

"明堂"宜宽平,以山水大聚结、中聚结为宜。依"堂局"条件大小而选定和规划城市规模。选定明堂及穴位,营建中以南向为正,居中为尊,后对来龙,前面案山,朝山,左右山水环抱有情,规划纵横轴线,城郭自成。中国现存古城无不是上述风水理论的翻版。

阴宅以葬口为穴。坟墓以金井为正穴。对于阴宅,依穴之形势和地质,选址有十五忌:相恶,峻急,单寒,雍肿,虚耗,凹缺,瘦削,突露,破面,痤头,散漫,幽冷,尖细,荡软,顽硬。

5. 取向

向即方向、朝向。一般指与建筑基址垂直相对的方向。建筑基址的选定及布局,方向是一个重要的参照系数。方向是按八卦四正四隅:震、巽、离、坤、兑、乾、坎、艮代表现代的东、东南、南、西南、西、西北、北、东北。并且,按五行学说方向也具有五行特性,根据建筑与人的五行相生相克的原则判定吉凶。这部分内容,在后续的发展中逐渐与三元法结合,将八卦、方位、五行、干支等都纳入其中推演,形成了一套独立的体系。

因历史时期不同,中国风水学对龙、砂、穴、水、向的论述主要注重自然山水及其聚结围合的场所,适用于旷野之宅和山谷之宅。而对于现代城市中的井邑之宅,涉及的是毗邻周围的其他屋宇、墙垣及道路网等,因此,在井邑之宅的辨形方法中,龙、砂、穴、水、向被赋予了新的喻义而广泛应用。例如《阳宅集成》说:"万瓦鳞鳞市景中,高屋连脊是真龙,虽曰汉龙天上至,还须滴水界真宗"。《阳宅会心集》也说:"一层街衢为一层水,一层墙屋为一层砂,门前街道即是明堂,对面屋宇即为案山。"对井邑之宅的外围环境景观选择或裁成修饰,以"五星形体"或"五行穴星"而仿效"龙法""砂法"的山峦形象模拟。

对于建筑物本身内外形状的规划设计,中国风水学也按同样道理排布。建筑外形注意与周围环境、其他建筑物形体、道路网、相互冲合之间的协调。《阳宅十书》认为"若大形不善,总内形得法,终不全吉,故论宅外形第一"。建筑内形,注意宅院内部环境的布局处理。总的说来应当翕聚、充实、净洁,"三要""六事"即宅门、厅堂、居室、井、灶、路、厕、仓、碾磨、畜圈等布置得宜、尺寸合度为吉。如《黄帝宅经》说:"宅有五虚令人贫耗,五实令人富贵。宅大人少一虚,宅门大内小二虚,墙院不完三虚,井灶不处四虚,宅地多屋少庭院广五虚;宅小人多一实,宅大门小二实,墙院完全三实,宅小六畜多四实,宅水沟东南流五实"。总之,"治宅极宜壮实","位次重叠,深远浓厚吉","恒令清洁吉"。

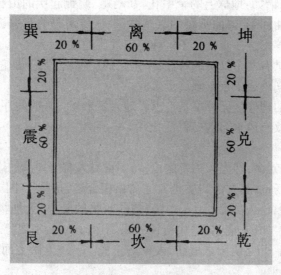

建筑八方划分平面图

山墙形式的"五行分类"

　　形势派,无论审视周围山水大格局,还是布置建筑内外形的小格局,其追求目的是获得"迎气""纳气""聚气""藏气"的养生环境。

　　(二)理气法

　　理气法,注重形以目观,气须理察,故曰理气。常须借用罗经(罗盘)察之,定其位而查其气。理气法将天、地、人三个复杂巨系统纳入风水学理论,寻求天地人相互协调,在时间和空间上审理气,别逆顺,体用相须,强调天地人运行中的动态风水。

　　地径是山川,原有形迹之可见;天纪是气候,未有形迹之可窥。故其重在方位,强调分野,辨方正位,"法天地,象四时。"以日月天干地支相配,论五行生克,辨阴阳之变,有四时五方,八卦九风,三元运气等推理方法。

　　理气法理论繁奥,术法幽僻,其与形势法相得益彰。在自然环境基础上融入动变因素,将天地人的动变因子综合在风水学的大函数系统中。

　　现代科学证实,宇宙自大爆炸形成后,天体均逆时针旋转。然而这种逆时针旋转来自天上的力场,对于地球的人和万物来说,则是顺时针旋转的力场。地球也是一个天体,每日不停地自西向东逆时针旋转。于是,地球上的人和万物则承受了一种上有顺时针、下有逆时针两种旋向相反的螺旋力场的作用。现代科学称之为"宇

宙螺旋场效应"。诸如:地球上的牵牛花、鹦鹉螺、蜿蜒起伏的山脉、曲曲弯弯的河流、大脑勾回、九曲回肠、弯曲折叠的氨基酸链、遗传密码的双螺旋,原子核和核外电子的正反旋转等都进一步证实了这种宇宙气旋的效应。

宇宙螺旋场具有两个鲜明的特性:一是它的"全息性";一是它的"阴阳性",全息性和阴阳性共同组成了宇宙螺旋场效应。

中国风水学的理气法无外乎是追求天地人三个场。在时间序列上和空间形象上的统一和合。故有风水"重在理气"之说。

1. 福元法

福元,或称三元命,即先天福寿之位,乃宇宙对人有生即具的影响之信息存储,亦即生扶自己的场位,其方法实质是人宅命相相合法,是基于中国风水学"天地人感应"的基本命题,将人的命相(人体场)与建筑物的卦象(天地场)统一考虑的一种规划设计方法。如《八宅明镜》中所说:"人之生命不同,宅之宜忌各异"。《黄帝宅经》曰:"夫宅者,乃是阴阳之枢纽,人伦之轨模。……人因宅而立,宅因人得存,人宅相扶,感通天地。"

2. 大游年法

大游年法,或称九星飞宫法,八门套九星法,是一种不涉及人的情况,单指天地相配,有谓"地气纳天光"的规划设计方法。如《青囊海角经》中所说:"盖地无精气,以星光为精气;地无吉凶,以星气为吉凶"。《阳宅十书》曰:"天上之九星为地下之九宫,司人间祸福,其应如响"。大游年法就是一种"地气纳天光"的相宅法。将建筑物按照后天八卦分成九宫,即"九宫图",然后将宅的主居室、或主门定为"伏位"顺时针旋转将其余七宫与北斗七星相配,得生气、天医、延年、绝命、五鬼、六煞、祸害。九宫之间为五行生克关系。九星,一般认为取自北斗七星,外加左铺、右弼二星。

大游年是指宇宙星辰相对地球的飞游规律。具体地说,是反映北斗七星对地球表面及生物的影响规律。这种方法将北斗七星场与地面建筑格局及人的命相匹配,形成了一套推理规律。

为什么称大游年? 大游年其实质是描述了中国风水学对"气"的认识。大,是指"气"的形态"其小无内,其大无外";游,是指"气"的运动规律,旋转游动,飞腾变化,周流八宫。现代科学称传播、辐射,但是,传播、辐射是由中心向外直线运动,而中国风水学认为"气"的运动是游动,有直线,有曲线,吉气走曲线,煞气走直线,有"曲则有情""曲径通幽处"之说;年,是指"气"的周期变化。中国风水学有所谓"风水轮流转"之说。

"游年"与"流年"是两个不同的概念。"流年"是专指中国易学和风水学按六十甲子的顺序推排的年份。

3. 穿宫九星法

穿宫九星法,或称九星穿宫法、五行穿宫法、贯井法等。这种方法是针对进深重叠有宅院的组合建筑的规划设计方法。穿宫是指宅门之内的仪门;贯是贯穿、贯串之意;井是指天井,即庭院。宅院进深只一层房屋为"静宅";有二至五层房屋为"动宅",中间有腰房或门墙分隔;有六至十层房屋为"变宅";有十一至十五层房屋为"化宅"。这就是中国风水学中阳宅"静、动、变、化"四格局。

对于现代楼房，已很少见进深，一般指楼层，其推算道理相同。中国风水学称为"生蕃"。宅子蕃层，又称蕃星贯井、九星贯井。蕃，即有翻转之寓意，又有繁殖之寓意。

为什么动宅至第五层而止呢？为什么变、化宅以五为基数翻转？

中国人的思维模式是五段论法，金木水火土。《易经》六十四卦的每一卦都由六爻组成，由第一爻开始到第五爻是事物的发展过程，而到了第六爻事物则转变性质，开始另一事物循环过程。中国有句俗语叫："乱七八糟"，为什么乱了七，八就糟了呢？这就是上述《易经》的道理。事物发生发展过程，只有五个阶段，到第六个层次就转变成另一事物了，又开始了一个新的循环过程。中国古人认为：如果事物超出了第六个层次，宇宙就乱子，一切都糟了。例如：乾卦"☰"，第一爻叫初九，爻辞是"潜龙勿用。"是说事物发展处于潜伏期，时机未成熟，如同种子才种下去，不能妄用。第二爻叫九二，爻辞是："见龙在田，利见大人。"是说事物发展头角初露，如同田地里的种子才破土吐芽，利好但也不可用。第三爻叫九三，爻辞是"君子终日乾乾，夕惕若，厉无咎。"是说事物发展长势喜人，但须警惕才能无灾害。第四爻叫九四，爻辞是"或跃在渊，无咎。"是说事物发展已势不可挡，丰收已定局。第五爻叫九五，爻辞是"飞龙在天，利见大人。"是说事物发展到最完美阶段的情形，一片丰收景象。（乾卦的第六爻叫上九，爻辞是"亢龙有悔。"是说事物发展已转性，已由盛而衰。）这五个过程是所有事物发展的五个必由阶段，这就是中国人思维的"五段论法"。这就是"物极必反，盛极必衰。"又开始了事物的另一种性质循环过程，前面是事物发展过程，后面是衰败过程。但是，事物发展永远不会停止，到此是"未济"，永远循环往复的运动下去。中国传统思维的"五段论"法，已被现代由黑格尔到马克思的"三段论"法所取代，已经很少被提及。实际上"五段论"法具有分析处于"混沌"状态事物发展变化的客观性和准确性。

4. 截路分房法

对于多组院落纵横交织形成的组群宅院，宅形复杂，难以直接用上述三种方法规划设计。一座院落之中，往往有很多居住者，确定福元便成为难事，也更难以排布九星。截路分房法就是将组群宅院分隔为独立宅院，然后再用上述方法进行规划设计的方法。如《阳宅十书》中所说："其法凡宅中有墙隔断，墙间开有门，其九星即当从此院起，与别院并无关涉。……故一宅之内各分各院，各取吉凶。"这就是中国传统民居大宅院，一般都用墙分隔成多个独立的小院落的原因。

对于复杂的大院落，可适当增设门墙分隔使之成为多个独立的小院落，对每一套院，则可依各自的仪门为伏位，顺布游年九星或穿宫九星，仪门以外则互不相干。现代楼房的单元房实际上就是复杂大院落，必须按穿宫九星法"蕃层"，或按截路分房法，以各自的主房门为伏位顺布游年九星。例如：山西襄汾县丁村某民居主房坐北朝南，因地形限制，门设在东北方。

第一步：分析，以主房为伏位，按大游年法顺布九星，则宅门为"五鬼廉贞火星"，大凶；宅门与主房吉凶矛盾。

第二步：调整，运用截路分房法，把宅院划分为两进，外院设有三个照壁，一座小牌坊和一间下房，而进内院的大门则调整到属内院东侧的震位上，

　　　星位为："天医巨门土星"，中吉。

　　第三步：综合分析：经上述调整，再以内院的大门为伏位而顺布游年九星，主房的星位依然是"天医巨门土星"，中吉。这样，宅门与主房之间的吉凶矛盾，便得到较好解决。

　　5. 二十四山法

　　中国风水学最大科学命题是天地人合一。中国风水在长期实践中总结出一套有关天地人之间相互关系的具体操作方法，并综合概括在一个完整的操作工具——罗盘之中。

　　①天运：即宇宙气场——宇宙星空天体运转的周期变化特性。按照天体时空演变，中国风水学将天运概括为三元九运说。

　　②地运：即地球气场——地球受日月星光之影响，其地质、地貌、物理场，因地理位置而千差万别，在地球表面形成了各具特色的小气候。中国风水学将地运概括为龙、穴、砂、水说。

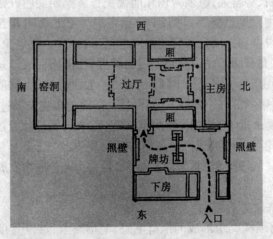

山西襄汾县丁村某民居以截路分房法调整宅院布局

　　③人运：即人体气场——人出生的年月日时和地理位置，受宇宙气场和地球气场的综合影响，产生了人的不同性格。中国风水学将人运概括为四柱说，即年月日时的天干地支。另外，因此又将人造物，建筑物奠基、封顶、店铺开业、乔迁等人类活动，诸如：婚丧嫁娶、开业等的年月日时扩展为事物时运。

　　中国风水的具体操作，就是排布天运、地运、人运之间的相互关系。它们之间的相合相冲，取决于阴阳平衡和五行相生相克，由此便有了吉凶。如果说中国风水的操作技术因历史科技水平的限制，其中有不科学的成分，那么，中国风水将宇宙气场、地球气场和人体气场纳入了一个大系统中，并得出了它们之间的相干性、周期性、全息性。就是用现代观点来分析，这都是极其科学的。我们今天开展中国风水学研究，就是要批判继承，要去粗存精、去伪存真，使中国风水学真正成为一门科学。

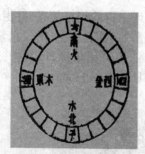

二十四山四正方位图

二十四山地支图

二十四山干支图

二十四山全图

值得注意的是,中国风水学中的操作方法,很大成分由实践经验—理论概括—实践验证而得,这就为风水学上升为科学理论提供了丰富的基础材料和可能。现代科学的形成过程:试验—经验公式—理论定理—再试验,正是由此过程不断完善的。

《青囊序》曰:"先天罗经十二支,后天再用干与维。"这里所指八干四维加十二支,共二十四数,就是指罗经上的二十四山,即二十四方位。这二十四方位因五行、卦理以及干支的会合刑冲,而有吉凶之别。

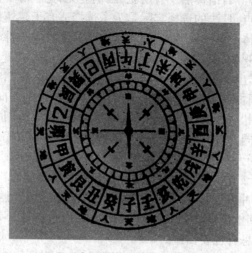

二十四山方位地天人图

二十四山,精细地表示建筑物的坐向与天地宇宙的相互关系,并由此可展开阴阳五行相生相克、八卦卦变爻变的吉凶辩证关系的论证。在中国风水学中,二十四山应用比较普遍,即可论门、房、灶的方位吉、凶,也可用于择日,诸如:坐午向子的阳宅,假如择日搬迁,则不宜选择子日,因为子日冲坐山的缘故。

二十四山与方位和代表星位对照图

《诹吉便览》一书将二十四山分为十二吉位和十二凶位,并分别标示星位,代表了象征意义。这种方法在阳宅风水规划设计中,沿用甚久而屡见奇效。

6. 日法

在中国传统中凡建宅、修缮、搬迁时都要选择吉日,所以日法又称“选择”“定时”。日法,在历史上虽屡遭诘难,但在民间,乃至国家大型建筑工程中一直沿用。如《阳宅十书》便认为:“论形势者阳宅之体;论选择者,阳宅之用。总令内外之形俱佳,修造之法尽善。若诸神煞一有所犯,凶祸立见,尤不可不慎。”

按照现代的观点,日法的选择实际是为了选择适宜于建筑施工、挖土、伐木、砌筑等工作的最佳天体星象关系,地理地质状态及时令气候条件。这种工作,现代建筑工程也是非常重视的,其中的科学道理不言自明。有关“择日”,中国风水学在长期的发展中,总结出一套独特的方法,形成了多种算法,现归纳如下:

忌神煞法:中国古代观测天体运行制定历法。木星由西向东运行(逆时针),十二年绕日一周,叫“一周天”,木星称“岁星”。以后为了运用方便,又虚构了一个和岁星运行速度相同,方向相反(顺时针)的假岁星,称“太岁”。实际上,地球逆时针旋转,地球相对于天,天则顺时针旋转,这构成宇宙螺旋场。又把一周天及地面分成十二等份,用十二地支作标志,顺时针排列。太岁每年运行到的地支方位及冲位,动土修造皆为“冲太岁”,大凶。“三煞”为劫煞、灾煞、岁煞所在的方位也不能动土。另外,还有其他值年、月、日、时神煞禁忌,若遇吉神,则动土大吉。除此以外,对神灵、祖先的忌日也要回避。

紫元飞白法:在日法中,九宫飞星法,又称紫元飞白法、玄空飞星法,是将洛书中的数理关系结合九宫,可定出所谓方位紫白图:1白、2黑、3碧、4绿、5黄、6白、7

赤、8白、9紫。这种方法,一般用来推算建筑的宅命。另外,这种方法也可"择日",将九星分配给年、月、日、时,由五行生克、阴阳平衡规律推演吉凶。

建旺日法:罗盘上的"二十四山"即表示时间,又表示方位。若某一方位与某一时间的纳音五行相生,则为此方位的建旺之日。如在紫白图中,六白金旺于秋,九紫火春更旺,一白木、八白土旺于三冬,皆为建旺之日。《阳宅大全》中将二十四山对应的二十四节气也称作当方建旺之日。

此外还有十二建除法、偷修日法、六德法等许多择日方法。

7. 符镇法

《阳宅十书》上讲:"修宅造门,非甚有力之家难以卒办。纵有力者,非迟延岁月亦难遂成。若宅兆既凶又岁月难待,惟符镇一法可保平安。"从功能上分,符镇有两种,一是方位符镇,如"石敢当","山海镇""对兽"(如狮子、华表)、风水镜、屏风和影壁、宝葫芦、太极图、八卦符、文字符镇及各类植物。一般设在宅中凶位,如大门口、道路、房角、屋脊直冲的方位以及宅前屋后不合理法之处。也有按放在吉位的,为增强吉位的效应。

另一种是时间符镇。在动土修造时,若遇凶日,则可设立文字图案符镇,以求逢凶化吉。

符咒,在中国风水学中,被视为一种补救措施。这方面内容,争议颇大,如同中医的"祝由科",其主要原因是现代研究太少。关于符咒,刘晓明在《中国符咒文化》一书中,这样评价:"一旦将符咒置身于现代科学理论的显微镜下,我们就发现它远远不像我们当初设想的那样简单,这不仅是因为符咒作为一个鲜为人迹涉及的领域而荆棘丛生,举手投足尽是障碍需要疏通;而且,符咒竟包含那样多的文化内涵,以及同样多的理性缺憾。"

符咒包括两个方面:一是符箓;二是咒语。但是,在具体应用中常常是符中有咒,咒中有符。这方面内容,因本书篇幅所限,恕不能详细介绍。

(4) 九宫飞星与三元九运

国学经典文库

在中国风水学理法中有一种流传甚广的方法,叫玄空法。据说是由历史上称为沈氏的人创立的,故常常称其为"沈氏玄空学"。这种方法将宇宙时空巧妙地纳入九个方格中推演,在长期的实践中由后人完善补充,具有神奇的应验性。

九宫飞星、或称玄空飞星、紫元飞白,是判断宅命的方法。所以有将九宫飞星图、玄空飞星图、紫元飞白图俗称为宅命图的。宅命图是将洛书配九星,变形为九宫,再按照顺和逆排布,由此而形成不同的星曜组合。洛书的九个数与九星相配,显示北斗七星与左辅右弼轮流值班及气场的运动规律。中国风水学将这一规律抽象为九个数字符号方便简化运算,颇似西方现代数学、物理学、化学等的代表符号。请注意此处用的是后天八卦规律。

九宫按洛书排布,飞星轨迹由中宫作起点,然后按照洛书数序飞移,因此,飞星轨迹又称洛书轨迹(洛书步法)。顺飞:数字由小到大排列。逆飞:数字由大到小排列。

顺逆飞排列顺序,按洛书由中—乾—兑—艮—离—坎—坤—震—巽—中排列。

下面几幅图分别列出了一至九入中宫顺飞和逆飞的九宫飞星图。

三元九运:由黄帝开始,使用六十甲子干支来推演历法,直至今天,已有七十八个花甲。

一元：一个花甲 60 年；一元分三运，一运为 20 年。

正元：三个花甲 180 年；正元分上元、中元、下元，又叫三元。每一正元有九运。

大元：三个三元 540 年；

一运：又分为一白、二黑、三碧、四绿、五黄、六白、七赤、八白及九紫运，一直循环不息。

现将最近"三元九运表"列出：

上元 {
一运　1864 年～1883 年（甲子年至癸未年）
二运　1884 年～1903 年（甲申年至癸卯年）
三运　1904 年～1823 年（甲辰年至癸亥年）
}

中元 {
四运　1924 年～1943 年（甲子年至癸未年）
五运　1944 年～1963 年（甲申年至癸卯年）
六运　1964 年～1983 年（甲辰年至癸亥年）
}

下元 {
七运　1984 年～2003 年（甲子年至癸未年）
八运　2004 年～2023 年（甲辰年至癸亥年）
九运　2024 年～2043 年（甲辰年至癸亥年）
}

九宫飞星图，或称宅命图，由三个星盘组成：运盘、山盘和向盘。九宫飞星盘排布顺序，首先排"运盘"，

1. 首先排"运盘"。

以运星入中宫顺飞。例如：下元七运（1984～2003 年），将七赤星纳入中宫顺飞。（运星，一般不论阳顺阴逆，一概顺飞）一般，盘中只写星的数，不填星所主的颜色及星名。如"七赤星"便只填"七"字，得如七运九宫图所示七运运盘。

2. 排"山盘飞星"。

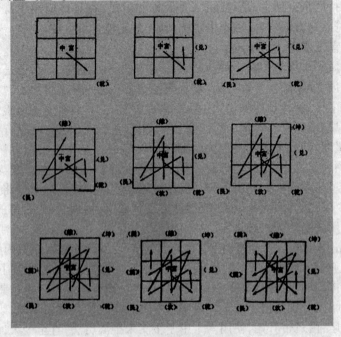

九宫飞星盘飞盘顺序图

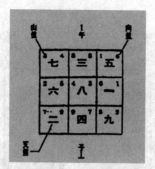

宅命盘是由九个宫位所组成,而每个宫位上方的大数目字是每运的天星,俗称运盘。而左上方及右上方的数目就是山盘及向盘飞星。一般以左为山盘飞星,以右为向盘飞星。

九宫飞星图

以运盘坐方飞星排入中宫(左上方),以坐方飞星的三元龙阴阳决定顺逆轨迹,逢阳顺飞,逢阴逆飞。排出山盘。

3. 排"向盘"飞星。

以"运盘"向方飞星排入中宫(右上方),再以向方飞星的三元龙阴阳决定顺逆轨迹,逢阳顺飞,逢阴逆飞。这里所谓的"三元龙"为:

七运九宫图

三元龙表

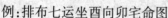

	阳	阴
地元龙:	阳一甲庚壬丙	阴一辰戌丑未。
天元龙:	阳一乾坤艮巽	阴一子午卯酉。
人元龙:	阳一寅申巳亥,	阴一癸丁乙辛。

在二十四山方位图中,按顺时针方向数,三元龙永远是地天人、地天人……排列。

例:排布七运坐酉向卯宅命图

①运盘:现时为 1998 年,是下元七运,以七入中顺飞。

②山盘:因宅坐方为酉,在图为九紫,以九紫布入中宫。查二十四山方位图或三元龙表,酉位属阴逆,此宅坐酉属阴逆,故以九紫入中逆飞。9—8—7—6—5—4—3—2—1—9,按中—乾—兑—艮—离—坎—震—巽—中排列。

③向盘:因宅向为卯在七运九宫图中为五黄,以五布入中宫,查二十四山方位图及三元龙表,卯为阴,故 5 黄入中宫逆飞。由此可得七运坐酉向卯宅命图。

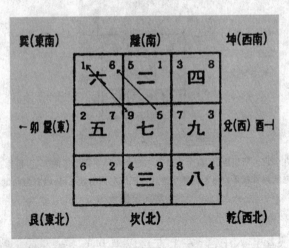

七运坐酉向卯宅命图

按照"流年飞星各宫主事表",可知上述"七运坐酉向卯"的宅子,如果1、6巽位为书房,则主人读书聪明,利文职,能发小财。如果3、8坤位为卧室,则主人在从事房地产业,可能事业发达,而在当官,则容易有是非,且易患肠胃病和腿脚病。这种方法有时奇妙的准确,您可自己试一试。然而,现代科学到目前为止还没有一个合理的解释。

(5)堪舆家发明了"指南针"

世人都知道是中国古代科学家发明了"指南针"。但是,谁也说不清楚到底是谁发明了它?很有可能发明指南针的人所创立的《易》与风水学还在蒙冤受屈。

指南针与火药、造纸、印刷术,是中国古代对世界文明做出巨大贡献的四大发明。1600年,英国伟大的自然哲学家弗兰西斯·培根在他的《新工具》一书中评述到:"我们若要观察新发明的力量、效能和结果,最显著的例子便是印刷术、火药和指南针了。……这三种发明将全世界事物的面貌和状况都改变了,又从而产生了无数的变化:印刷术在文学;火药在战争;指南针在航海。历史上,没有任何帝国、宗教或显赫人物能比这三大发明对人类的事物有更大的影响力。"200多年后,无产阶级革命导师卡尔·马克思在《机器、自然力和科学的应用》一文中,又给予了深刻精辟的评价:"火药、罗盘和印刷术——这是预兆资产阶级社会到来的三项伟大发明。火药把骑士阶层炸得粉碎;罗盘打开了世界市场并建立了殖民地;而印刷术却变成新教的工具,并且一般地说变成科学复兴的手段,变成创造精神发展的必要前提的最强大的推动力。"

在西方,有关指南针的文献记载,是在12世纪末和13世纪初。F·恩格斯《自然辩证法》说:"磁针从阿拉伯人传到欧洲人手中,1180年左右"。大约在1200年,法国皇帝弗雷德里克一世的宫廷乐师古约特在其诗篇中提到,用磁石摩擦铁针,作水浮指南针。1207年,英国修道院院长奈康记述了白天云遮太阳,或夜间黑暗不辨方向时,使用磁铁摩擦铁针,针停时指南北,并记述了

指南针用于航海的史实。西方认为，炼金术士派勒尼格（1269年）和哥伦布（1492年）在他们的研究和航海中分别独立发现了磁偏角。哈特曼（1544年）和诺曼（1576年）分别独立发现了磁倾角。

然而，在中国古代有关"指南针"的史料记载则可追溯到公元前三世纪左右的春秋战国时代。《吕氏春秋》中就记载有"磁石召铁"的文句。公元第一世纪的东汉初年，哲学家王充在《论衡·是应篇》中明确记载："司南之杓，投之于地，其柢指南。"这里的"地"即指司南之地盘，"柢"即指杓柄。

东汉史学家班固在《汉书·艺文志》中有"犹慈（磁）石取铁，以物相使"的记载。

晚唐风水大师杨筠松，在他的《青囊奥旨》中说："先天罗经十二位，后天方用干支聚。四维八干铺支位，母子公孙同一类。二十四山双双起，少有时师知此义……"。

杨筠松在他的另一部名著《疑龙撼龙经》中，也同样提到了"地罗"，如"坎山来龙作丁午，却把地罗差使转""不比寻常格地罗"。这里的"地罗"就是"指南针"。

王振铎复原制作的汉式司南（1947年南京博物院）

汉代司南复原模型
司南

在1041年，北宋庆历元年，北宋司天监天文学家杨惟得，精于天文历象、星占和风水，著有《莹原总录》。这是一本涉及陵墓山向选择的著名风水著作。（北京图书馆藏,元刊本,全书十一卷,今仅存一至五卷。另台北的图书馆藏同书五卷二册)书中描述了指南针和磁偏角:"客主取的,宜匡四正以无差,当取丙壬针于其正处中而格之,区方直之正也。盖阳生于子,自子至丙为之顺;阳生于午,自午至壬为之逆;故取丙午壬子之间是天地中,得南北之正也。……"

在1040年宋初军事科学家曾公亮的《武经总要》中,则记录了利用地磁场人工磁化铁片制备"指南鱼"的"世传"辨向方法,内中还对磁倾角现象做了描述:"若遇天景晴霾,夜色螟黑,又不能辨方向,……或出指南车或指南鱼以辨所向。指南车世法不传。鱼法以薄铁叶剪裁长二寸、阔五分,首尾锐如鱼形,置炭火中烧之。候通赤,以铁钤钤鱼首,出火,以尾正对子位,蘸水盆中,没尾数分则止,以密器收之。用时,置水碗于无风处,平放鱼在水而令浮,其首常南向午也。"

在1088~1095年沈括《梦溪笔谈》中更详细说明了指南针制作和应用情况:"方家以磁石磨针锋,则能指南。然常偏东,不全南也。"

在1115年,寇宗奭在《本草衍义》中记载:"以针横贯灯心,浮水上,亦指南,然常偏丙位。"

在北宋宣和元年(公元1119年),朱彧在《萍州可谈》中,记录了元祐五年(公元1090年)至崇宁元年(1102年)他父亲在当时广州服官时于市舶司所见闻:"舟师识地理,夜则观星,昼则观日,阴晦观指南针。"这是有关指南针用于航海的最早记载。

在1174~1189年,曾三异有《同话录》一书。书中说:"地螺,或有子午正针,或用子午丙壬间缝针。天地南北之正,当用子午。或谓今江南地偏,难用子午之正,故以丙壬参之。"

综上所述,自春秋战国"磁石召铁"的发现,到北宋杨惟得记录的磁偏角的发现,以及沈括记录指南针的发明,中国在建筑选址"辨方正位"和"航海"中,已经广泛使用"指南针"或"司南",这是无可怀疑的史实。

杨惟得和沈括都是北宋供职于司天监的天文学家。杨惟得研究天象又兼作风水著述。在中国历史上,专事天文历象的宫廷司天监,常有堪舆风水家供职。如北宋庆历元年(公元1041年),宋仁宗曾诏选风水家,当时的堪舆名流吴景鸾被举荐至司天监。《江西通志》载:"庆历辛巳,诏选阴阳者,郡学举鸾至京。入对,称旨授司天监正。"

自汉代以降,有张衡、王景、管辂、郭璞、萧吉、吕才、李淳风、一行、杨筠松、王洙、朱嘉、蔡元定、刘基、魏源、翁同龢等历代名流和科学家研究风水,在学术的高层次上,不断将新的科学技术成就注入其中。如《旧唐书·吕才传》记载:"太宗以阴阳书近代以来渐致讹伪,穿凿既甚,拘忌亦多,遂命才与学者十余人共加刊正。……才多以典故质正。"在吕才、李淳风一行奉敕编修"地理书"后,宋代又有王洙等奉敕编书。历代国家机关如司天监或钦天监,常由黄帝诏选阴阳者司事风水,如《大清会典》说:"凡相度风水,遇大工营建,钦天监委官,相阴阳、定方向、诹吉兴工,典至重也"。在中国古代天文史上,时空的划分也融汇了堪舆家或风水家的创造,在表征时空的天文式盘上,四周也刻画着象征天地、方位与时辰、节气的二十八宿和二十四山,这有力地证明了中国古代天文学与堪舆风水学之间的渊源关系。

此外,在明清时流传于航海家中的两种海道针经,即《顺风相送》和《指南正法》两书里,开篇各有《地罗经下针神文》《定罗经中针祝文》,内中记录了当时出海远航前置备指南针的隆重祭祀活动,人们"谨秉诚心,俯伏躬身",馨香祷祝,"奉请历代御制指南祖师""前代神通阴阳仙师"及"历代过洋知山水形势、知深浅、知礁屿、识湾澳、精通海岛、望斗牵星、古往今来前传后受流传祖师","伏以奉献仙师酒一樽","乞赐降临""祈保平安"。所奉请仙师如东晋郭璞、唐代李淳风、袁天纲、杨救贫(杨筠松)、五代末陈抟(字希夷)等,都恰恰是宋代以前的风水大师。

沈括在《梦溪笔谈》中"方家以磁石磨针锋,则能指南。然常偏东,不全南也。"所说的"方家",在宋代泛指从事方技数术(简称方术)活动的人。如《汉书·艺文志》将术数分为六类:一天文、二历谱、三五形,四筮龟、五杂占、六形法。其中的"形法"就专指风水。至清朝乾隆年间,修订《四库全书》时,术数包括:数学、占候、相宅相墓、占卜、命书相书、阴阳五行、杂技七类。天文和历法已成为独立学科。从中国学术史上看,"方技术数"始终作为一个独立学科是客观存在的。

由此,可以推断"方家以磁石磨针锋"的"方家"是中国古代的堪舆家或风水家。也就是说堪舆家发明了指南针。

在中国数术方面,卜宅、相宅、阴阳、地理、形法、青乌、青囊等都专指风水。风水,是堪天舆地之学,所以在历史上又称为堪舆。堪舆家注重对天文地理相互关系的研究和应用,是最早发现地球磁场的,并进一步确定了磁偏角(磁体指向与地理子午向有偏角)及磁倾角(磁体指向与地平面呈倾斜角)。在大量的实践运用中发明了人工磁化钢铁制器以指向,即指南针。

大家都有一种印象,一提风水先生,必与罗盘挂钩,可是谁也不会把风水家归为中国历史上的伟大发明家。风水家为了确定建筑的选址,必先进行"辨方正位"。那么风水师是用什么工具对应天地,选取建筑基址和确定朝向的呢?

中国历史所流传下来的浩瀚著述中,有大量的记载涉及中国先民在选择聚落基址、辨方正位、规划经营的活动。

《尚书·盘庚》有:"盘庚既迁,奠厥攸居,乃正厥位。"

《诗经·公刘》有:"既景乃岗,相其阴阳。"

《诗经·定之方中》有:"定之方中,作于楚室,揆之以日,作于楚室。"

《尚书·召诰》有:"成王在丰,欲宅洛邑,使召公先相宅……厥既得卜,则经营……攻位于洛汭。"

《周礼·地官司徒》有:"惟王建国,辨方正位,体国经野……以土圭之法,测土深,正日景,以求地中……地中,天地之所合也,四时之所交也,风雨之所会也,阴阳之所和也,然则百物阜安,乃建王国焉……凡建邦国,以土圭土(度)其地而制其域"等等。

这里的"乃正厥位""攻位于洛汭""定之方中""土圭之法""既景乃岗,相其阴阳""营室"等,都是记载中国古代先民在城市、宫室或聚落选址规划和营建活动中测定方位的具体操作方法。

其中,"定之方中"被历代的注释家及现代天文学家解释为准星以辨方正位。

在古代,将星空之中称为定星的四颗星,其中心每于立冬前后初昏时出现在正南方,这时农事已毕,天气未寒,正是兴作土木之时。汉代郑玄说:"定星昏中而正,于是可以营制宫室,故谓之宫室";《尔雅·释天》中说:"营室谓之定";郭璞注:"定,正也,作宫室皆以营室中为正";《国语》中说:"营室之中,土工其始",这里说的都是先定星后营室之意。

"既景乃岗""揆之以日""土圭之法"所说的是以"立竿见影"的方法来辨方正位。所谓立竿,在中国古代分别称为景、表、圭、晷、臬、髀、碑等。

上述"定之方中"和"立竿见影"的辨方正位方法,在中国古代被广泛地应用在建筑选址定向、定地域、定时节等方面。在中国古代的建筑法式及天文学权威著作《考工记》《淮南子·天文训》《周髀算经》和北宋李诫编修的《营造法式》中都有详细的论述。

《书经图说》中的《太保相宅图》。反映周初选址规划成周洛邑时"体国经野、辨方正位"的活动,即"卜食洛邑""攻位洛汭"。

《书经图说》中的《夏至致日图》。为上古传说的伏羲叔在夏至日用景表土圭测量日影,以辨方正位,定时令。

中国古代聚落基址的辨方正位

　　《考工记》载:"匠人建国,水地以悬,置槷以悬,眂以景。为规,识日出之景与日入之景。昼参诸日之景,夜考之极星,以正朝夕。"这里的"置槷以悬"即以绳悬垂重物以使木竿即"槷"垂立于水平地面。然后,以"槷"为圆心作园,即"为规"。"眂"即视,"景"即日照于槷投于平地的日影。从日出与日落时槷"景"与"为规"之圆周相交的两点连线,便可得出正东西方向,即"以正朝夕"。再参考正午时的槷"景"或夜晚北极星的方向来校正。

　　《淮南子·天文训》:"正朝夕,先树一表;东方操一表却去前表十步,以参望日始出北廉;日直入,又树一表于东方,因西方之表,以参望日方入北廉;则定东方两表之中与西方之表,则东西之正也。"

　　《周髀算经》:"以日始出,立表而识其晷,日入复识其晷。晷之两端相直者,正东西也。中折之指表者,正南北也。"

　　《营造法式》记有"自来工作相传,并是经久可以行用之法"的"取正之制"三法。即景表板、望筒、水池景表等仪器和方法。其用法为"先于基址中央日内"平置景表板,"画景表之端,记日中最短之景,次施望筒于其上,望日、星以正四方"。在这本书中更具体地说明了"景表板"的形制尺寸:"圆板径一尺三寸六分,当心立

表高四寸、径一寸。"

　　清末天文学家周暻见到当时出土的秦汉晷仪，并描述说："其无南北方向者，以南北必测而后知，难预定也。"

　　由上述所论而知，在中国自远古开始至黄帝时期就已经形成了将地理、房屋基址及节气时令等对应天象"辨方正位"的做法，并有"八卦"或星象标明方位的习惯。这种做法随历史科技的进步，不断改进，由早期占卜吉凶的式盘，发展为圭表、景表板、望筒、水池景表、日晷、晷仪、罗盘等众多种类的"辨方正位的法式"和操作工具。成了中国古代宇宙时空关联、定方位、定时辰的科学依据。

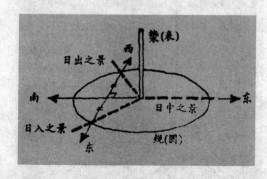

《考工记》"正朝夕"之法示意图

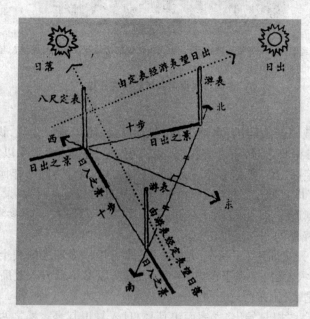

《淮南子·天文训》立表定向示意图

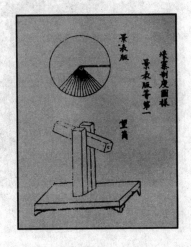
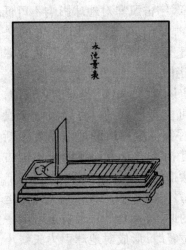

《营造法式》"正位"用景表板、望筒及水池景表图

赤道式日晷图
中国古代的"辨方正位"工具

（6）《滕王阁序》与星象分野

《滕王阁序》开始两句"南昌故郡，红都新府。星分翼轸，地接衡庐"。这是王勃十三岁所做的千古名篇。"星分翼轸"，分就是分野，翼轸即翼星、轸星，是属于江西地区。它在中国的地理位置是"地接衡庐"，南面是湖南的衡山，北面是江西九江的庐山。由此可知，天文地理在中国古代是多么重要，十三岁孩子也熟练运用于文辞之中。

星象分野是中国风水学的"时""空"统一观念的依据，是天地人合一的科学命题。现代西方科学，特别是天文学，正逐渐从纯科学神坛走上研究天体运动状态与地球及人类命运的中国古老天地人合一的轨道上来。

美国《时代》周刊 1996 年 9 月 9 日一期文章《宇宙风暴对地球影响不可低估》说："太阳风，即太阳炽热的外壳——日冕——喷出的源源不断的磁化气体，引起地磁层发生剧烈地收缩，如果宇宙风暴的'喷嘴'是对着地球的，其后果可能是严重的。将导致电子设备、电力网、卫星导航和通信系统中断或破坏性损害。"有力地证明了中国古代科学所推演出的天地人相关的观点。

日、月、星、辰及二十八星宿，其运动状态的冲、留及合处于天黄道带的一个相邻位置时，形成对地球引力矢线小夹角叠加，就会在它们的合力矢线所指的地球位置上出现灾害性暴雨，而其周围地区，则因云气被吸走而出现灾害性

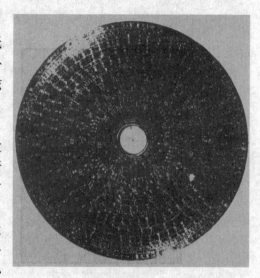

英国伦敦科学博物馆藏近代"罗盘"盘面

风水罗盘（罗经图）

干旱。如月球运动造成潮汐及人体月经现象等，这是现代科学证实的天体与地球及人的影响关系。

由于行星引力合力矢线所指地球上的位置，难于精确计算。为了计算方便，中国古代科学家归纳出经验公式，按照地球一年四季十二个月的"时间"序列与天体"空间"位置，把我国地理区域与星宿相对应，这便是著名的"星象分野"。

分野，就是将地上的区域与天上星宿相互对应，由观测天象变化来预测地球人类事务吉凶的方法。《史记·天官书》中说："天则有列宿，地则有九州。"这是中国风水学"天地人合一"的具体应用。因中国历史上对天区有十二次、二十八宿等多种不同的划分方法，因此分野的方法也有多种。据张其成主编《易学大辞典》（华夏出版社，1992 年版）总结，历史上曾先后有过三种主要的分野学说，共九种模式：

1. 干支说：把地域的划分与干支和月令相对应的分野方法。包括十干分野、十二支分野和十二月分野三种模式。

2. 星土说：把地域的划分与星辰相对应的分野方法。包括单星分野、五星分野、北斗分野、十二次分野、二十八宿分野五种模式。

3. 九宫说：把地域的划分与九宫相对应的分野方法。

日月星辰的分布与运行是判断时间、季节和方位的天文依据，定向和辨季是组织农业生产和进行土木建筑的必要条件，因而古代各民族随着社会从畜牧进入农业时代，都必然发展对天文的观测。

十二辰，中国古代天文学将天球沿天赤道从东向西 360 度等分为十二部分，每部分 30 度为一辰，用十二地支的子、丑、寅、卯、辰、巳、午、未、申、酉、戌、亥与之对应，故而得名"十二辰"。

十二次，中国古代天文学为观测日月五星的位置和轨道，还把黄道带自西向东划分为十二个部分，称作十二次。次与宿为同一意义，即止、停留、住的意思。也就

是说,十二次为日月五星所停留之处所,因一年之中太阳与太阴会合十二次,故而得名。

在中国风水学中有关十二辰的一种实际应用:星岁纪年,就是根据岁星和太岁星的运动变化及所在位置来纪年。"岁星",就是木星,而"太岁星"是与岁星位置相反的影像,假想的星名。木星与太阳及月亮的运行相反,是由西向东,在中国风水学中认为:木星对地球影响巨大,逐渐形成

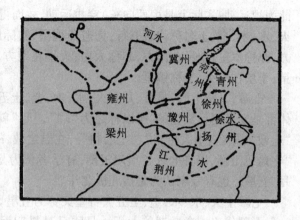

《禹贡》九州示意图

"太岁土"说法。地球上与天上"太岁星"的对应位置称之为"太岁土"。如果恰在"太岁土"上建筑房屋是凶多吉少的。

中国易理风水将阴阳、五行、干支、六神、七曜、二十八宿、北斗九星与星象分野的相互配合关系,构成一套完整的天地人对应体系。在天地人这个复杂巨系统中,使中国风水学成为一门可以实际操作的技术。在5000多年的发展演变中,由于注重了这些代表符号之间的逻辑关系,而忽略了天地宇宙的参照系统,没有调整微差,使许多风水家应用不准。如果这门古老的风水学能与现代科技手段结合,将成为人类的一门科学的建筑选址、规划和营建手段及指导原则。就可避免生态失衡,物种毁灭。

十二次、十二辰、二十八宿与州郡列国对应表

十二辰由东向西	丑	子	亥	戌	酉	申	未	午	巳	辰	卯	寅
分野	吴越	齐	卫	鲁	赵	晋	秦	周	楚	郑	宋	燕
十二次由西向东	星纪	玄枵	娵訾	降娄	大梁	实沈	鹑首	鹑火	鹑尾	寿星	大火	析木
州	扬州	青州	并州	徐州	冀州	益州	雍州	三河	荆州	兖州	豫州	幽州
二十八宿	斗·牛·女	虚·危	室·壁	奎·娄·胃	昴·毕	觜·参	井·鬼	柳·星·张	冀·轸	角·亢	氐·房·心	尾箕

(7)五纬七曜与建筑四象

中国古代天文学将实际观测到的火、水、木、金、土五星合起来称为五纬,"纬"字的意思是织物的横线,因为上述五星在天球上的布置像纬线一样由东向西(注:

此为视运动,实际上是由西向东)穿梭运动,故而得名五纬。在中国风水学中,五星火、水、木、金、土名称代表五行,为避免混淆,实际应用时五星又有别名:木星在东方,亦称岁星;金星在西方,亦称太白;火星在南方,又称荧惑;水星在北方,又称辰星;土星在中央,又称镇星。

七曜,又称七政,是日、月和火、水、木、金、土五星的合称。古人认为这七个星体都是发光而且最亮的,所以称之为"曜","曜"就是明亮的意思。之所以称之为"七政",如《尚书大传》说:"七者得失,在君之政,故谓之政。"而《尚书·舜典》说:"在璇玑玉衡,以齐七政。"璇玑玉衡,有学者认为是古代的天文仪器,用来观测日、月、五星。也有专家认为是指北极北斗。

七曜中火、水、木、金、土五大行星又称为五星。

七曜代表一个星期的七天。日曜日是星期天,月曜日是星期一,其余依此类推。"日月为经,五行为纬。"但在中国古代没有星期记法,而以二十八宿代表现在四个星期的每一天,即一个月二十八天。如下表:

中国古代天文学又把天球分为三十一个天区,这就是三垣二十八宿。三垣指紫微垣:北极星周围约36度星区;太微垣:紫微垣的西南天区;天市垣:紫微垣的东南天区。每垣都有若干颗星作为框架,标志着三个天区的范围,似围墙一般,故得名"垣"。

	星期	四五六日一二三	象
	七曜	木金水日月火水	
二十八宿	木　东方七宿(苍龙)	角亢氐房心尾箕	七宿组成龙象
	水　北方七宿(玄武)	斗牛女虚危室壁	七宿组成龟蛇相缠之象
	金　西方七宿(白虎)	奎娄胃昴毕觜参	七宿组成虎象
	火　南方七宿(朱雀)	井鬼柳星张翼轸	七宿组成鸟象
	土中央(勾陈、蛇)		

黄道,(Ecliptie)是地球的轨道面与天球相接之线。线包围的区域也称黄道面。

黄道带,(Zodiac)是天球上以黄道为中心的一条假设的带,宽约16°,在黄道南北两侧各向外伸展8°。日、月及各行星的运行,都在这个带内。

白道,是月球的轨道面与天球相接之线。线包围的区域也称白道面。

东方苍龙（春）：角、亢、氐、房、心、尾、箕

南方朱雀（夏）：井、鬼、柳、星、张、翼、轸

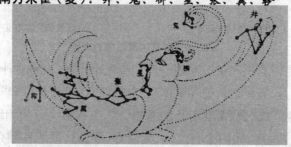

西方白虎（秋）：奎、娄、胃、昴、毕、觜、参

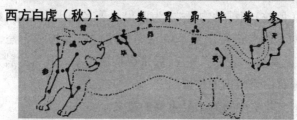

北方玄武（冬）：斗、牛、女、虚、危、室、壁

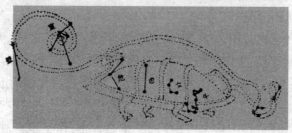

二十八宿对应图

苍龙

建筑左边的象征

白虎

建筑右边的象征

国学经典文库

鸨　　　　　　　　　　　　　玄武

建筑前面的象征　　　　　　　建筑后面的象征

二十八宿与建筑四象对应图

二十八宿是沿赤道和黄道而划分的二十八个星区,又称二十八舍。这些星区是作为观察日、月、五星运行的参照体系,它好像日、月的行宫和驿店,所以用"宿"或"舍"命名,"宿"或"舍"都含有止的意思。二十八宿又分为四组,每组七宿。四组分别标示东、西、南、北四个方位,又配以青、红、白、黑四种颜色,又想象比拟成龙、鸟、虎、玄武(龟蛇)四种动物,称之为四象。著名的天文学家、数学家张衡在其名著《灵宪》里对这四象进行了富于诗意的描述:"苍龙连蜷于左,白虎猛踞于右,朱雀奋翼于前,灵兽圈首于后。"亮星,后来也换成暗星。其目的就是要便于观察明亮的行星在天球黄白道带内的位置。

四象在中国文化史中具有十分重要的意义:

在军事上:《礼记·曲礼》记曰:"行,前朱雀而后玄武;左青龙而右白虎。"便是按四象布列军队的情况。

在建筑上:《三辅黄图·汉宫》曰:"苍龙、白虎、朱雀、玄武,天之四灵,以正四方,王者制宫阙殿阁取法焉。"便是建筑宫阙殿门取四象定四方的实例。

二十八宿中的室宿和壁宿二星相连组成长方形,像古代锄的形状。古代农具锄又称"定",故将室宿和壁宿二星合称为定星。据记载,古代定星中天时为营造建设房屋的大好时光,如《诗经·定之方中》云:"定之方中,作于楚宫,揆之以日,作于楚室。";汉郑玄笺注:"楚宫,谓宗庙也,定星昏中而正,于是可以营制宫室,故谓之营室。"

北斗是由天枢、天璇、天玑、天权、玉衡、开阳、摇光七星组成。北斗也是中国风水学中辨方正位的重要参照系统。

六神,又称六兽,是在四象的东方青龙、西方白虎、南方朱雀、北方玄武基础上,又设定中央勾陈、蛇的总称,它们分别代表天球黄道上的六个星座。

六神、七曜、北斗和二十八星宿是地球黄道运转主要的星象坐标,它们的状态是古代借以观测天象、查证时季乃至判断人与天地合顺的重要依据。中国风水学的辨方正位就是根据它们的运行规律而确定的。

二十八宿选取标准:高低不齐、宿距宽窄不一,故有"乖戾"之称。二十八宿的距星多是五六等小星，即使开始使用亮星，后来也换成暗星。其目的就是要便于观察明亮的行星在天球黄白道带内的位置。

（8）诸葛亮借东风与七十二候图

中国天文学将周年 365 日平分为：立春、雨水、惊蛰、春分、清明、谷雨、立夏、小满、芒种、夏至、小暑、大暑、立秋、处暑、白露、秋分、寒露、霜降、立冬、小雪、大雪、冬至、小寒、大寒二十四个节气。今人对二十四节气与农作物的种植关系大多比较了解，但对二十四节气与建筑动工日期的关系可能就难于领会了。中国风水学将二十四节气作为一个重要的因素来考虑。风水罗盘中有一圈为二十四节气圈，用于推五运明六气。二十四节气与八卦、八方、干支、五行等有严格的对应关系。

中国天文学又将二十四节气的每一节气分为三候，一候为五日，每候都有与之对应的应时而生的自然现象，叫候应。风水罗盘中所设的穿山七十二周，即六十甲子加八干四维共七十二称作穿山七十二，便是应这种七十二候而设立的。

在《三国演义》中，诸葛亮与东吴鲁肃论及"用兵之道"时说："《七十二候图》，成图于周公。将节气周天三百六十日，分类别之。五日为候，三候为气；六气为时，四时成岁。将一年之中的节气更替，万物衰荣一一道明；何时虹藏不见，何时雷始收声，何时土润酷暑，何时雾霾蒸腾……如此只需谙熟于胸，融汇于心，运用得当，便可胜于百万雄兵！"

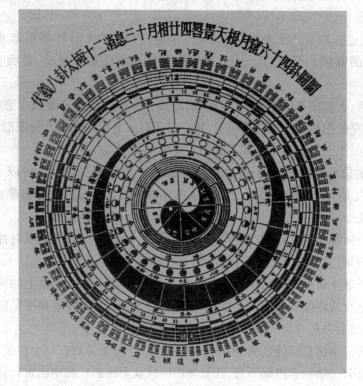

周天七十二候图

中国历史上，在政治、经济、军事、科技及建筑等各个方面，常以二十四节气和七十二候为时空坐标推算天地人之间的作息变化关系。

(9)照妖镜引起了"风水大战"

常常听到有人提及，两个村、两个商家或邻居因窗前门后所挂的镜子而引起矛盾，甚至斗起"风水大战"。在中国香港、中国台湾及东南亚等地，这种现象时有发生。为什么镜子会令人如此在意呢？这是因为镜子具有风水功效。

在北京故宫的乾清宫，迎面有约五米高的水晶大镜，恰与大门两边的左右门遥遥相对；再向东、西望去，也各有一面大镜。这几面大镜，古称风水镜、照妖镜。

在"养心斋"最西边有一间小屋，那是雍政看书休息的地方。这间房只有5平方米左右，与故宫的三大殿的宏伟气派，在比例尺寸上形成鲜明对比。屋小气聚，有利身体。小屋的门开在后面即北方位，观众可以从东绕到后面，从玻璃窗中就可清楚地看见一出后门，便有一木制影壁，或曰屏风，其正中挂了一面镜子，当然远不及乾清宫那"四大门神"个大。这，也是所谓风水镜。

其实，不仅在许多古建筑中可以见到风水镜，在民间的小家院落也时有可见，如门前或窗前挂的小圆镜，同样是所谓风水镜。还有古代将士铠甲上的"护心镜"以及寺庙塑像肩、肘等处的镜子也都是所谓的风水镜。

每人都有自己的"吉向"，如门窗与吉向不符，又无法改门，也可用平面反光镜改向(折射)原理。但若将屋外吉气"吸入"，最好还是用凹面镜，只是成本高，又不易买到而已。

当然，也有取代"反光镜"的方法，在港、台地区或海外都可能遇到所谓"斗风水"的麻烦。不用"反光镜"而采取同样功效的秘密措施，是很多人关心的问题。

措施有：大窗玻璃贴上金铂、银铂纸，或换为水银玻璃。若是做生意的铺面房门，可用明亮的铝板或马口铁皮包上，用小钉子钉成S形曲线或八卦图形以及吉祥图案。这样，不会被对风水一知半解的人发现，免于引起风水之争。

室内的梳妆镜以及衣柜镜又该怎样摆放？由于天人相应'所以人体之气与宇宙之气是一个本源，表现的内容也基本相同。就是说，也有电磁波的不可见光的成分。

如果一面镜子经常正对写字台或睡床，那么，主人的气就会被反射掉一部分，影响身体健康，尤其夜间阳气弱，最怕镜子对着床。

知道了这个道理，梳妆台的镜子，衣柜上的镜子乃至挂在墙壁上的镜子，都不要对着写字台或睡床。如果实在摆不开，可以平时不管它，写字和睡觉时，挂上厚布帘，如果其上再有八卦图或符的图案，则更好了。

现代的科学试验已经证明，将小动物如老鼠、小兔子等放在一个由镜子全封闭的环境中，那么，动物会焦躁不安，甚至会拒绝饮食而死去。在中国古代，由长期的实践得出了"镜子"具有特殊的"风水"功能，被广泛应用在中国的传统建筑中，很

多应用是非常科学的。但是,像上述的为了自家获得好风水,不惜损害别人,而引起"风水大战"实在是不足取的。在现代的一些装饰豪华的建筑中,为了哗众取宠,显示气派,而乱用装饰镜的例子很多。这样的装饰常常引起在其中长期工作的员工身体不适。但是,对于一些娱乐场所,为了增加活跃气氛和兴奋情绪,适当地利用镜的"风水"功能,或者说是镜子对人的心理作用功能,多装饰一些镜子有时是必要的。有时会获得商业上的利益。然而,现代的一些人造装饰材料有很多构成了对人体的危害,应引起注意。

建筑回归传统,甚至在建筑选址、建筑布局、材料选取、颜色匹配等方面更加注重"自然""古朴""典雅",使居其中的人更有一种"天然情趣",不仅满足了人的物资需求,更重要的是获得了精神的颐养。

（10）屏风与影壁

过去的四合院和古代建筑,为什么大门内外都有个"影壁墙"?

影壁墙是针对"气"的冲煞而设置的。风水学中,无论河流还是马路,都忌讳直来直去。《水龙经》云:"直来直去损人丁",一语道破天机。

如无影壁墙,气流则直来直去,有了影壁墙,气流要绕着影壁而行。注意,这一绕,轨迹成了"S"形,由于气流减慢,气则不散,符合"曲则有情"的原理。北京故宫中,毫无例外地每一院每一宫都设有影壁墙,不同的是,有的为砖砌,有的为木制,有的为玉石。

除了影壁可使进气的气流呈 S 形路线,而且由于气流减速接近了人体气血运行速度,二者流速相等,人就产生舒适感,与健康和事业都大有裨益。以上两种效果,即气流之符号,气气相符,才是影壁存在的价值。

至于屏风,顾名思义,屏乃屏蔽,风乃空气之流动,屏风是挡住气流的家具,功同影壁,可谓活动式、可拆式的影壁。

不过世人只知它的装饰作用,近代尤其重视其上的绘画,书法乃至贝壳拼制图案等艺术价值而忽略了它的真实作用。

《史记·孟尝君传》中说:"孟尝君待客坐语,而屏风后常有侍史,主记君所与客语。"可见春秋战国时代就有屏风了,而这时期正是以"气化论"为核心的中医经典著作《黄帝内经》成书的时期,屏风作为同时代的产物不可能没有气的互相渗透。《荀子·大略》也说:"天子外屏,请侯内屏。"人们为什么不可以将记录人员和大臣们视为主人的"冲煞",而将屏风视为避邪的工具呢? 今天的经理、企业家、女强人在豪华的会客大厅中接待客人时,也可以巧妙地使用屏风,将会客厅割成聚气的若干小气场,可以灵活改"门",调整生气来路,使自己处于"生气""延年""天医"的好气场之中,而谈判的生意对手则必然处于"五鬼""六煞""绝命"的坏气场,焉有不成功不发财之理。不过,要是亲朋好友来,就不可搞"风水战"了。

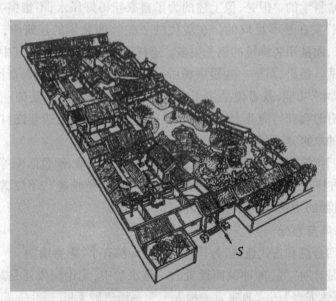

可园　在北京东城区鼓楼南帽儿胡同 11 号院。原为清末大学士文煜宅园。西为住宅,中为花园,东为下房,构成一个气势很大的整体。住宅为五进院落,主要建筑为大式硬山合瓦顶,屋宇高大,庭院宽敞。园林分前后二园,前园疏朗,后园幽曲,小巧多变。

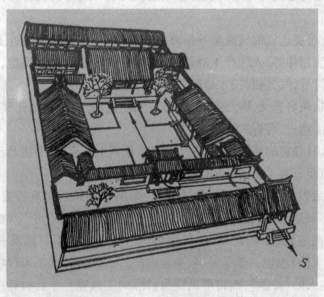

崇礼住宅　在北京东城区东四六条 63、65 号,是保存完整的清代典型四合院式贵族府邸。全国重点文物保护单位。崇礼为清文渊阁学士、皇室姻亲。其宅第建于清光绪年间,占地面积万余平方米,栋宇华丽,号称"东城之冠"。

四合院中的影壁构成了 S 形气场

　　此外,还有假墙与假门,但被装修成墙壁的门,往往是有问题的,例如门对门犯了忌,或某门的房间呈三角形,在开门时,对相对的屋子构成冲煞等等。

这种情况可用与墙壁相同的颜色的壁纸贴上即可。主要作用还是心理的,但也有物理作用。

"画假门,情同挂画。一张山清水秀的国画常可使人心旷神怡,久之情操得到陶冶。本应开门窗之处限于某种原因而不能,则可将门窗之外的远山近水画到墙壁上,虽无直接物理作用,但却可通过心理调节而达到生理治疗的目的。凡练气功者,从"意到气到"的中医机理分析,对此并不费解。如若带气书字作画,乃具符之效果,此时,物理作用突出,而心理作用则为辅了。

(11)关于"路剪房必死亡"的解说

按照易学思维,中国民间在长期的实践中形成了有关建筑的选址、营造等多方面的"宜"和"不宜",诸如俗称所谓"抬棺路",又称"鬼抬轿"。民谚有:"鬼抬轿,灾祸到。"宅基地不宜地段破碎,零散,孤独,宜成片有规模地布置建筑。如果一幢住宅,周边四面是街道,在安静、安全和防污染上都是不利的,是避忌的。由于噪音多,在环境卫生上也是不利的。民谚又有"路剪房,见伤亡"之说,宅基地不宜处在两条街道斜交叉的"剪刀口"上。实践也验证,处在"剪刀口"的建筑,多灾害。这类用地适于街头绿化,进行化解,特殊处理,不宜擅动。避忌"反弓路",宅基地不宜处在河湖堤岸或水流、道路的反弓地段。反弓段时时"冲刷"本地段,人畜不安,事业不顺。可在反弓岸段、路段的本侧加设绿化防护带或隔以水面"止气"。水面具有吸收微波的能力。气"遇风则散,遇水则止"。隔离的水面可止煞气;避忌"路冲",在直路的尽端或弯路中的直线段所指向的地段,属于路冲地段,不宜宅居。可作绿地、车场、垃圾站、调压站等。一般可用林木、水池、花坛或镜面反射等化解和防护。

在居住区内划分各个居住小区或独立街坊的道路系统之间,要求互相顺通,避免互相错位或出现尽端式的"断头路",从而形成堵截或丁字交叉点。避免产生正对道路的建筑接受路冲。

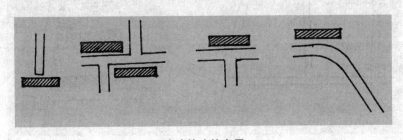

路冲的建筑布置

居住区道路走向关系着居住小区和居住街坊的道路系统和建筑布局。其走向,应予优选。要合于采光和通风要求。道路系统应争取南北、东西走向,同时还应避免正子午、正卯酉走向,避免过正,力求微偏。

除山区、水网等特殊地形地貌限制外,在平洋地段,应力求道路的平直。不仅有利工程管线设施和工程经济,而且有利于风水环境需要。道路弯曲产生的反弓

和路冲,是风水形法所忌。受反弓和路冲波及区的地段使用价值被损低。

道路反弓和路冲的波及区大小,其决定因素有四:

①拐点的弯曲度大小;

②道路冲煞线段的长度;

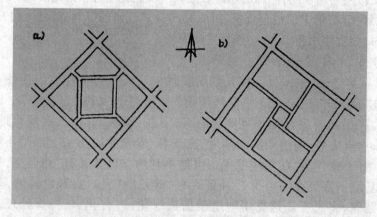

周边道路朝向不佳的小区道路网风水选择

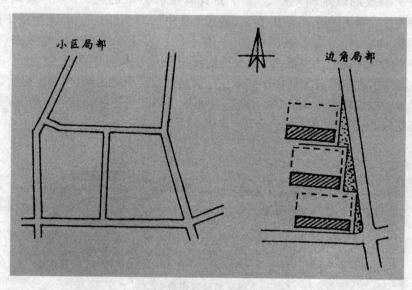

周边道路不正的风水处理

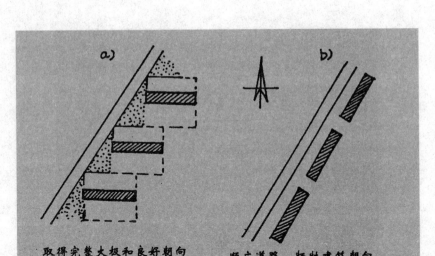

临街建筑布置选择

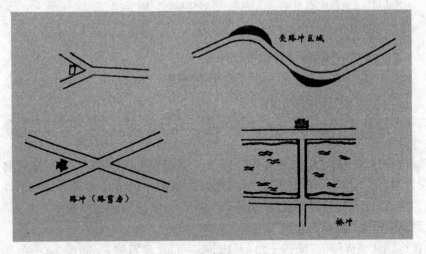

路冲图

③道路坡向和坡度；

④道路流动量(车流、人流)大小。结合现场踏堪和规划资料是可以预知的。

当现状已经产生或受制约必须出现上述情形时,应在冲煞波及区内布置必要的绿化防护带加以化解。住宅不应直接布置有冲煞波及区地段内。

相交叉的居住区道路,应力求正交,避免斜交。斜交,不仅不利于工程管线设置,妨碍交通车辆的良好通行(锐角转弯半径缩小,交通视矩不足),而且会造成风水上的剪刀煞地段。损害这种地段的环境质量和土地利用价值。这种地段不宜布置建筑。风水民谚有"路剪房,见伤亡"的谚语,是古代人民经验的总结。这种地

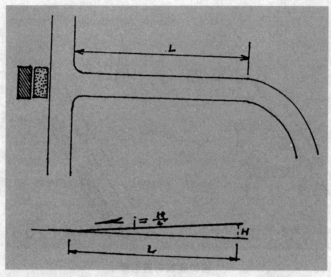

路冲公式:F＝mab 〔例〕m＝10,a＝200m,b＝0.008

F:煞气冲击深度(米), 则 F＝amb

a:冲击道路直线段长度(米) ＝10×200m×0.008

m:交通流动强度(单位时间交通 ＝16m

流量:车次/分+百人/分)

b:冲击道路的下冲纵坡度(高差/路段水平长度)

路冲煞力的计算法

段,在噪声污染,大气污染上也是不利的,只适宜绿化、园林小品和标志性设施等非居住性设施。

城市居住区道路,其交叉口一般规划有交通"视矩三角形"反映在道路红线上,加以限定。实际上,在城市交通红、绿灯的保障中已失去意义。又加上许多建筑向着交叉口设门,门前广告、车辆障碍"视矩"物体甚多,失去"视矩三角形"的原意。而应明确为"防护三角形"。

在道路红线保障的"防护三角形"内,不应布置建筑物,不能停车,不应布置任何障碍物。应布置防护绿化带、街头小绿地,美化街景,防音防尘,达到风水环境的改善,面对"剪刀口"作绿地防护,是必要的。

道路红线,是道路及其设施的法定线,任何建筑均不可逾越,世界各国已实施多年。但是,建设实践证明,弊端很大,法律界线不严密。红线无法限定"占天不占地"的建造形式。虽然,一幢建筑基底不越红线,但是,在上部逐渐悬挑向街心,在道路空间上施加遮压,也无法认定为是否越红线。在城市地皮紧张情况下,建设开发商寸土必争,追求出房率和面积增效,随着经济建设发展,上述情况,势所难免。只能在建筑管理上随机批准或拒批,毫无法律法规的明确依据。这类问题,在日本等发达国家已经出现。

中国风水学中的"天堑煞",是指在两座高物之间隙缝中,风疾气不聚,鸟不做

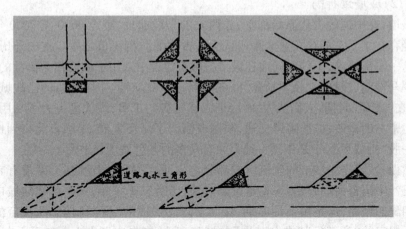

道路交叉口"风水防护三角形"图

巢,人不可居。城市街道如果很窄,而两侧建筑加高,也会形成天堑煞。经现代测定,单面高层建筑接受风吹后,其反射的反激风扩大风速 5 倍,而双幢高层夹缝中的反激风竟扩大 10 倍。美国罗斯小姐因走在高层夹缝的街道上被反激风飘起摔伤而诉讼建筑师的案例,说明中国风水学理论的价值。如果街道两侧建筑在一条红线上争相加高,空间挤压,在风水学上无疑是有害的。只从采光的太阳因素上也是不利的。而风水学的生气、煞气的考量尚不止太阳一个因素,它含有太阳、月亮、星宿、时间、地貌等时空因素。街道空间,如果没有良好的法律、法规制约,是危险的。

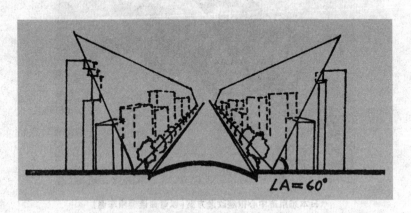

道路红面角示意图(依楼高度决定退深)

红线是必要的,但是不足的。应实施红面角制,即把道路红线引向空中,形成一个红面。而这个红面不一定垂直于地面,应是有角度地坡向道路。角度大小,随街道的需要在规划中确定。街道两侧的建筑物越高,其退后距离越大,形成不同的建筑线,避免了对街道的一字排压,改善街道空高。

（12）城墙该拆吗？

城墙，在中国的古代原始部落，如西安的半坡遗址，距今 6000 至 7000 年之前就已经存在了。它的存在意义普遍认为是古代的防御工事之一。在中外历史上，为了这一军事要求，不约而同地在最早的城市建设中采用了城墙作为御敌的屏障，如古罗马城堡、被称为"俄罗斯颈环"的斯摩梭斯克城墙、中国北京的已故城墙等。当年，在"文革"时期，人们认为，城墙是古代防御的工事，现代已失去了功用；城墙是封建帝王的遗迹；城墙阻碍交通，限制或阻碍了城市发展，中国自北京到地方掀起了一股"拆墙风"，于是中国大地上原有众多的各色城墙几乎毁于一旦。

然而，城墙作为城市的建筑组成部分之一，除了军事用途之外，就没有其他意义了吗？中国自商周开始，一直延续到满清，历时三千多年，几乎所建的城市都有与之相配的城墙，这是由商周时期，按易学理念形成的"营国制度"所决定的。营国制所规定的"旁三门""九分其国"的城建理论，来自中国古人上对天上九星（北斗七星与左辅星、右弼星），下合地上九宫（中宫率领周边八个卦象）的易理观念。八卦、九宫被视为天地之理的体现。城墙在历史的沿革中，包含了深层文化含义。

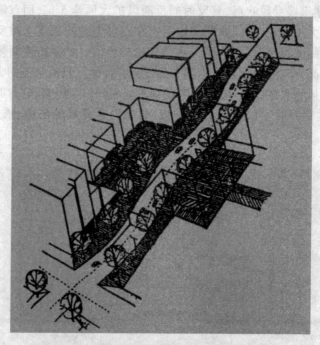

日本东京市中心银座改造方案（以弯曲连道限车速）
日本东京市中心银座改造方案
（在平直路中，故意作呈弯曲路面，既利于自然限车速，
又调解单调空间环境，避免"天斩煞"）

中国历史上，在城市的选址时，为了达到"迎气""生气""聚气""藏气"的目的，刻意追求"山环水抱"的地理格局。然而，地理山川难以达到理想境界，为了弥补自然的缺憾，在营建城墙时缜密地加以"修补"。如山东蓬莱，古称登州，按照中

国易理风水学观点,其地理形式是最凶格。整个城市坐南朝北,南面是半环状的山峦,挡住了南面的阳光,将中国易理风水学所说的"阳气"拒之城外,北面朝向大海,迎来的是具有"阴气"的北水。在这样的风水所说的自然环境"凶地",据说由中国历史上的八大仙人,按易理风水思想,硬是人为地建立了一座历史名城,辉煌繁荣,名扬天下。那么,这八大仙人是怎样营建蓬莱城的呢?沿海修筑了城墙,挡住北面海水的阴气。在北面对应城中不开设城门,在东西方向建立多级"牌坊",

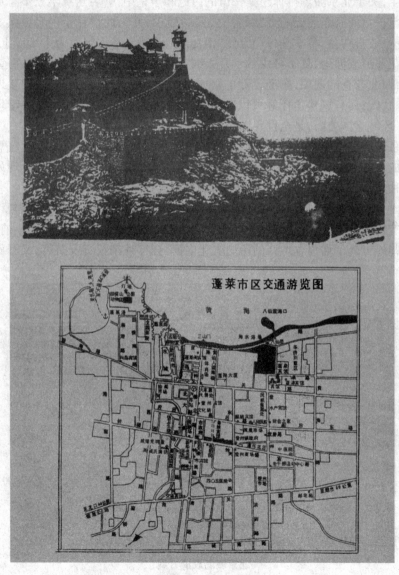

蓬莱市平面示意图

将东面迎来的唯一和煦之风关拦在城中利于人的养生。在城市东南方向海岸礁石上,(即易理八卦的巽位,巽位在中国易理方位中,专指能迎来和煦之风的方向,是

迎取初升太阳,人们晨练的方位。)建立了蜚声世界的"蓬莱阁"。它的高度一定要高于南面的最高山峰,这样"蓬莱阁"巧妙地成了城市的依托屏障,变城市坐南朝北为坐北朝南,符合了中国易理。这是何等的人工创造,是人为改造风水的典型例子。然而,令人痛惜的是,在"文革"期间的"拆墙风"中,蓬莱市的城墙被拆除了,改成沿海的一条马路。从此,蓬莱城没有了依靠。好在蓬莱阁尚在,捍卫着这座古城的风调雨顺,民生安泰。

当年,关于北京城墙拆掉还是保留的讨论和争论中,著名建筑学家梁思成提出了城墙与护城河一起建成一个"绿带"公园的建议,并为此设计了一套方案。护城河,夏季可放舟钓鱼,冬季是一个天然"溜冰场";城墙,平均宽度为十米以上,可栽植树木花草形成绿地,夏季可供数十万人纳凉休憩,秋高气爽的时节,登高远眺,俯视全城,西北苍苍的西山,东南无际的平原,居住于城市的人民可以这样接近大自然,胸襟壮阔;还有城楼角楼等可以辟为陈列馆,阅览室,茶点铺;这样一带环城的文娱圈,环城立体公园,是全世界独一无二的。

北京城墙已成历史,然而,人们总感觉老北京城缺少了某种气息。这气息就是北京城的城市街道、建筑、城墙、牌坊、园林等所构成的北京城的建筑景观风貌特色。这种特色是按照易理易构所形成的城市构成的所有部件的协调性。

中国自改革开放以后,人们逐渐认识到历史文化遗产是一个国家的财富,现代旅游业的发展,更加注重它的价值。历史与我们开了一个大玩笑,几十年前在拆,今天有些地方为了增强本地区的历史文化内涵,招徕外来投资及游客,又开始了大

北京城墙改造方案

国学经典文库

事兴建古建筑、古城墙等。可惜,成功的例子少,令人啼笑皆非者居多。历史是在长期的演变中形成的,急功近利难以取得文化价值。在这方面缺少研究也是其中原因之一。

民间常见风水吉凶格

在民间流传着一些常见的风水吉凶格。这些风水吉凶格多数是可以做出合理的科学解释的,并不是什么迷信,也不神秘。下面收集十条,并对其进行剖析,以便认识其真实面目。这些风水吉凶格的判别对人居环境的规划、选择、改造和建设具有一定的借鉴意义。

(1)大路直冲住宅——凶。

大路直冲住宅,车辆的噪声、废气、所扬起的尘埃等,会扑面而来,影响休息和空气质量。假若机动车刹车失灵或驾驶员操作失误,车辆还有可能意外冲向家门,造成伤亡事故。当然,如果直冲的大路离家门很远,或中间有其他建筑物遮挡,问题则不会很大。

(2)水路直冲宅院——凶。

如果河道有弯道或三岔口,水流在弯道的外侧或左岸(顺着水流往下游看)会造成较强的冲刷。如果发大洪水,湍湍急流有可能冲毁左岸的护堤直泻而下。若宅院正对着水流方向,有可能会被洪水冲毁。而没有正对流向的宅院,一般不会被冲毁,只会受到漫浸。只要房屋不被冲塌,水退后仍返回可居住。

(3)宅院四周被大厦包围或有高边坡——凶。

家院的四周被其他高楼大厦包围或有高边坡,居住者像陷入深穴或囚牢,不能远视,少见阳光,空气流通不畅,这对人的身体、心理和精神都将会产生很大的负面影响。更有甚者,一旦边坡失稳塌滑将会造成灭顶之灾。

(4)宅院周边有大路——凶。

如果在宅院的两边或多边有大路,车水马龙、噪声、废气将持续骚扰居住者,使他们终日不得安宁,甚至在夜半正甜睡时也会被车辆的震动声、喇叭声、车辆防盗器响声所惊醒。常在这样的环境居住,对人的健康不利,容易造成人的精神恍惚。所以,在城镇规划时,大道两侧最好设置宽宽的绿化隔离带,以减轻噪声和废气对人造成的不利影响。

(5)四周高,宅院低——凶。

由于受条件限制,有的住宅中间低而四周或两边高。这种情况时常见到。其产生的原因一是受宅基地势的影响,没有能力变动;二是四周或两边加高之后造成宅院相对低陷。宅院低洼或前高后低,雨水无排不出,积在院内。即使在晴天,室内也长期返潮,物品容易发生腐烂变质现象。对于关节炎或风湿病患者更不利。

(6)房前房后都有塘——凶。

死水池塘容易滋生蚊子,蚊子传染疾病。对于有小孩的家庭,淘气的小孩四处奔跑,有的还喜欢戏水,搞不好掉进水中而无人发现。特别是房后的池塘比较隐蔽,如果有人掉进水中,极少有人发现,凶多吉少。

(7)狭缝或尖角对门窗——凶。

有的住宅,大门前正对着一道狭缝,这在风水上叫作"天斩煞"。之所以叫天斩煞,是由于狭缝像是由从天而降的大刀劈开似的。天斩煞的不良作用主要是由穿过狭缝中的风引起的。因为在两座高大的建筑物之间的缝隙常常形成风口,从风口中喷出的风,风速突然增大,射程较远,影响风向下游的居住者以及经常路过的人,使其易感风寒而生病。经过风口的风由于流速较大,还经常携带粉尘和沙粒等污染物,使人不爽。

建筑物的尖角,如果正对门窗或宅院,这在风水上称为"壁刀煞"。壁刀煞对人的不良影响主要是受建筑形势的作用。出门就碰到刀一般的锐沿,在安全上对人有不良的心理暗示作用。持续的不安全的心理暗示会使人产生精神压力。

(8)树木、竹林环绕宅院——吉。

树木、花卉或翠竹环绕房前屋后,既可乘凉,又可遮挡风沙,还可调节宅院这个小环境的空气,使空气阴凉,富含负氧离子。这对健康甚至大脑都很有好处。这样的格局肯定对人居有利。

(9)宅前水流环抱——吉。

人类自古就依水而居。溪流或河流从宅前屈曲怀抱而过,河岸绿树成荫,生态环境良好,富有诗意,居住者的空间环境一年四季多变化,特别是流动的水流,暗示着人们多活动,流动变化,对人有正面的影响。

清清的河水还可以用来灌溉和盥洗,甚至饮牲畜,为居住者带来很大利益。

(10)后有丘陵前有水——吉。

宅后的山岭,像一座靠山,给人一种安全、稳重的感觉。山岭上植被郁郁葱葱,处处散发着生机,使生活显得朝气蓬勃。靠近青山的地方,空气质量好,安静,少污染,居住者少生病。山上有一定的资源,可供居住者享用。宅后的山岭在冬季还可以遮挡从西北吹来的冷风。

宅前流水的作用与第(9)条一样,是有利的。

家居风水改善

老百姓的住宅或商铺的位置、建筑形式和布局等,并非都能依自己的意愿去选择或建造,受制约的条件太多太多,往往没有多少选择余地。在无奈条件下所确定的住宅,绝不可能都吉利。如果感觉不对劲,如住进自己的房间后,体质明显变差,易病,怪病不好,思维呆滞,烦躁不安,常常出错,或家庭失和,运气总是欠佳,发生不该发生的事情,如出现车祸、伤亡、毙命、破财等,就应该立即考虑是不是住房或商铺的环境风水存在问题。

(1)检查自己的家居风水

如果出现了上述情况之一或多项,就应该马上检察自己的家居或店铺的环境风水。要检察的内容很多,前面几节讲述的内容都已涉及。归纳起来,可分为三大类:

第一,检查室内污染情况。如检查装修、建材或墙体等是否产生有害气体和辐

射,检查各种电磁场,地下辐射,室内卫生,通风状况,空调病,有害腐朽物或病菌,水管水质等。

第二,检查室外环境。检查周围是否有微波站、变电站等潜在辐射;检查周围是否有污水沟(坑)、垃圾站、废料库、废气源(如汽车、烟囱、通风管道等的浊气排放)等三废排放点;检查周围是否有噪声源、噪光源和震动源;检查周围是否存在风水上所说的形煞,如道路、水路、风口是否构成正对自己住宅的直冲状或刀、弓状;周围建筑物、构筑物、标志、地形等是否有尖角、锐檐、狭缝、破败、怪形等冲射住宅;检查周围的楼房、边坡等建筑物是否对自己构成影响,包括精神和心理影响。

建议参考前节"民间常见风水吉凶格"进行对照检查。

第三,调查邻居的现状。如果周围附近的居住者都不同程度地出现过本节第一段中的某些情况,就有可能是居住地的大环境存在风水问题。如果周围附近的居住者都认为状况良好,那么就可能是自己家的小环境存在风水问题。如果最后确认是自己家存在问题,就应该有针对性地进行改善。

(2)改善自己的家居风水

对于大环境的风水问题,只有提请当地政府、社区、物业公司或其他有关方面共同改善环境。自己所能做的很有限,如改变大门、窗户的位置,或加高围墙予以遮挡,避免煞气直冲。如果改善不了,只有自己搬迁。

对于自己家小环境中的风水问题,根据查出的原因有针对性地进行改善,例如对存在的污染问题,首先应去除污染源;对空调出风口或门窗风口造成的不利影响,应寻求遮挡或改变。

如若上述一些明显的问题都已查出并采取了适当补救措施,但情况仍未改善,有必要进一步根据八卦风水理论进行查改。

首先应分析自己及家人的生日时间结构与住宅或卧室是否相宜。然后检查客厅、厨房和厕所布置等是否适宜,床位、座位是否受气流直冲(气煞)。

对于厨房和厕所应当通风良好,最好能受到阳光照射消毒。对于床位或座位,若存在气煞,如正对门窗、气口或是强气流的必经之地,等等,就应该遮挡、回避。

家人的卧室分配若不适宜就应立即调换、改善。同时应注意卧室的颜色、装饰、床的位置等应与自己的时间结构相协调。

下表列出了八卦和五行所对应的颜色。决定自己住宅或卧室的装饰、饰物及颜色时,应与自己或家人的时间结构卦中的缺陷形成互补。

八卦	震	巽	离	坤	艮	兑	乾	坎
近似颜色	如电如春	如风如木	如火如日	如地如土	如山如石	如海如秋	如天如玉	如月如云
五行	木		火	土		金		水
近似颜色	如植物的青、绿色		红、紫、橘黄	如黄土、红土和黑土色		如金色、银色、铁色		云黑海蓝

八卦和五行所代表的颜色

例如当某户主生日的时间结构中离火缺失或过弱时,就应将其房间的颜色或

装饰的格调弄成以红色为主的暖色调,忌冷色调。同时他应选择南边的卧室居住。

根据本书的象数场理论,也可以根据自己的生日时间结或属相选购一些动物模型作为化煞工具,如龟、狮、鱼、鼠、牛、虎、兔、龙、蛇、马、羊、猴、鸡、狗、猪等模型。

例1:某男,1956年7月17日下午6点左右出生,试分析其应如何改善自己的居住环境。

分析:

第一步:列出其生日的时间结构表,见下表。

第二步:分析生日时间结构中各卦的相对平衡关系,并找出较亢及较弱的卦。

生日	1956年	7月	17日	酉时
基本结构	☲	☷	☳	☱
年月卦		☳		
月日卦			☷	
日时卦				☶
月日时卦			☷	
年月日卦			☳	
年月日时卦			☷	

该男的出生季节为盛夏。在盛夏,离火最旺,坤土次旺;坎水最衰、艮土和乾金次衰。

从其生日结构来看,总共有2离卦,2震卦,1乾卦,2兑卦,1坎卦,1坤卦,1艮卦。

1. 离卦:两个,势众,得季,又受两震相生,虽有一弱坎与其相冲,一个弱乾相制,但坎、乾力量很弱,不会有效制约离,所以离较亢。

2. 坤卦:一个,受二离所生,较得季,但受二震相制,一艮相冲,能够正常发挥作用。

3. 震卦:两个,势众,与坤卦相制,受兑卦相冲,但同时也受一弱坎和一弱艮相生,能正常发挥作用,且稍强。

4. 兑卦:两个,得一坤土和二离火相生,但同时又与二震互冲,与一弱艮相制。基本能处于平衡状态。

5. 乾卦:一个,处于次衰季节,又受二离相制,所以偏弱。

6. 艮卦:一个,处于次衰季节,受二兑相制,所以,较衰弱。

7. 坎卦:一个,处于衰季,受两个强离相冲,最弱。从理论上讲,虽有乾、兑可以生坎,但乾处于弱势,兑自身刚能平衡,所以,无力生坎。

总之,在该男生日的时间结构中,离较亢盛,坎最弱,艮、乾次弱。

第三步:根据生日结构中卦气的强弱,分析并核实易患、常患的疾病。

由于离主心脏、眼睛等,所以该男心脏系统和眼睛较好,不易生病。但是易患与坎、乾、艮卦所主生理系统的疾病,尤其是坎卦所主生理系统的疾病。坎主肾、膀

胱、前列腺等泌尿系统,也主血液系统和耳等;艮主手臂、筋、背等系统;乾主肺等呼吸系统,也主头、骨等。

实际情况是,该男患有肾结石,曾经尿中带血,前列腺也有囊肿现象,还轻度耳鸣。骨密度也有疏松现象。感冒时,常引起支气管发炎,头部有时也轻度不适等。

第四步:根据生日结构中卦气的强弱和疾病情况,改善住宅风水。

为了调节阴阳平衡,保持身体健康,建议该男在住宅风水方面,针对自己的实际情况做如下改善:

1. 住在较阴凉、湿润的地方,靠近水边或山边更好。

2. 优先选择小区北部的楼房,也可以选择西北部或东北部的楼房。

3. 选住6、14、22或30层居住,不要选太朝阳的房子。

4. 在自家的房间分配上,选住北边的卧室。

5. 在卧室中,摆放一个鱼缸。

6. 卧室装修的格调,选用冷色调。

7. 办公室的安排与卧室的安排要求一样。

十一、周易与中医

医易同源说

医易同源说由明代医家张介宾（公元 1563～1640）正式提出，并做了相当系统的论述。此说的提出有其渊源深远的历史背景。

医易自来关系密切。人类社会早期，医与巫在相当长的一段时间里，曾融合为一，中国也不例外。《易经》作为筮书，其编纂者就把当时的重要医理采入卦爻辞之中。医学与巫术分离之后，医学的独立发展又与易学沿哲理化方向演进同步进行，互相影响，相辅相成，在中国文化史上形成了极具特色的医易会通的局面。据《左传》昭公元年载，早在春秋时代医和为晋侯诊病，就借喻蛊卦的卦名和卦象，分析病情。后来，中医学奠基之作《黄帝内经》、张仲景《伤寒杂病论》和其他许多著名医著，都明显地打上了易学的印迹。随着医学的进步，医家对易理的理解和应用也愈益自觉和深入。西晋王叔和、隋人杨上善都多采易理以明医道。唐代王冰注次《素问》大量引用《系辞传》和《彖传》。孙思邈更明确提出："不知易，不足以言太医。"宋代易学的大发展，成为金元明时期医学空前繁荣的直接思想动力。金元四家刘完素、张从正、李杲、朱震亨，明代著名医家李时珍、赵献可等在创立他们各自的学说时，无不以易学为其重要理论工具。医易会通到明代历经两千余年，积累了大量经验和丰硕成果。此时张介宾提出医易同原说，是对医易关系的一次总结。

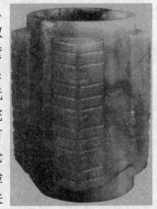

西周　玉琮

张介宾，字会卿，号景岳。著有《景岳全书》《类经》《类经图翼》《类经附翼》。在《类经附翼·医易义》中，张氏阐述了他对医易关系的见解。他说："天地之道，以阴阳二气而造化万物；人生之理，以阴阳二气而长养百骸。易者，易也，具阴阳动静之妙；医者，意也，合阴阳消长之机。虽阴阳已备于《内经》，而变化莫大乎《周易》。故曰天人一理者，一此阴阳也；医易同原者，同此变化也。"可见，张氏的医易同原说，专指医在原理上与易相通无二，而核心在于医易两者皆以阴阳为其纲要。

张氏特别强调人与天相统一的观点。认为阴阳二气是构成天地万物和人身体共同的物质基础，人体的组织结构、生理功能与天地构造、动静阖辟一一相应，所以"人身小天地，真无一毫之相间矣。"这正是天地之理的易与身心之理的医得以会通的根据。他由此得出结论："天地之易，外易也；身心之易，内易也。""医之为道，身心之易也。"

由于人体与天地在结构和功能上完全应合，因而人与天不仅在阴阳这一总规律上相统一，而且在阴阳法则的万殊表现上也相一致。内容丰富的易理是对天地阴阳运动的描述和概括，在张氏看来，它们都适用于人体。他列举刚柔、动静、升降、神机、屈伸、常变、精神、虚实、表里、缓急、逆顺诸多范畴，说明它们既为易之理，又为医之基。他还论述了太极、两仪、四象、八卦、六十四卦和六爻象数在人体构造和生命过程中的体现。认为八卦和六十四卦的各种图象，不仅可以演示天地节气的变化，同时也可作为观测人体生理病理过程的模型。如伏羲六十四卦圆图，其左半，从复卦至乾卦，由复之一阳渐次增添，至乾而阳盛已极，象征人自少至壮；其右半，从姤卦至坤卦，由姤之一阴渐次耗减，至坤而阳尽以终，则象征人自衰至老。又如可以泰卦（乾下坤上）比做人体上下交通，以否卦（坤下乾上）象征人体上下相隔等等。因此，"以易之变化参乎医，则有象莫非医"；"以医之运用赞乎易，则一身都是易"。

尽管医易无一处不相贯通，但仍有区别。依张氏之说，易为普遍适用之理，医为易在人体上的具体作用，所谓"易具医之理，医得易之用"。这一论断接近于将易医视为一般与特殊的关系。因此，学易可以开阔视野，提高理论水平，加深对医理的领悟，克服单凭经验治病而往往被一曲所蔽的缺点，以使对病情做出更全面更准确地观察与判断。另一方面，由于医是易在一个特殊领域里的具体表现，学医也可消除"易理深玄，渺茫难用"的心理，有利于对易理的把握。故研习医易，可以相得益彰。如果医易兼得，做到以一般指导特殊，以特殊丰富一般，以天理统率人事，以人事体观天理，那么无论诊疗摄生，无论养性治国，将无往不克。而且由于抓住了事物的关键和枢钥，因而能够取得"运一寻之木，转万斛之舟；拨一寸之机，发千钧之弩"（以上引文均出自《医易义》）的功效。这样，张介宾就从医易同理进一步说明了医易会通的必要性。

医易同原说的提出，使医易会通上升到一个更加自觉地阶段。张介宾的贡献在于较前人更为深刻地论证了医易会通的内涵和重要意义，指出了医与易是"理"与"用"的关系，为医易会通指出了努力的方向。但是他夸大了人与天的统一，对医易同源的论述带有绝对化的倾向。依据他的论述，易似乎是中医学唯一的理论基础和理论渊源，发展中医理论也唯有借助于对易学的研究，这显然是不全面的。

易理与医理

中医学的基础理论大约奠定于汉代。《周易》和易学对中医理论的形成与发展产生了重大影响，主要表现在以下几个方面：

（1）阴阳学说

《周易》的基本观念是阴阳。在现存古代文献中,有关阴阳的论述,最早见于西周晚期(《国语·周语》)。成书于西周末年的《易经》,虽然没有明确使用阴阳概念,但其卦象和卦爻辞中蕴涵着关于阴阳的思想。《易传》作者接受了春秋战国时代已广为流行的阴阳理论,并做了重大发展。《易传》认为天地万物都具有阴阳两个方面,阴阳矛盾普遍存在,阴阳双方的相互作用推动事物发生变易。因此《系辞》说:"刚柔相推,变在其中矣。"刚柔也是指阴阳。《易传》以阴阳解说六十四卦和一切事物的变化,提出"立天之道,曰阴与阳"。(《说卦》)又说,"一阴一阳之谓道"(《系辞》),将阴阳与道联系起来,视阴阳为宇宙的根本法则。

《易传》认为,阴阳双方的相互作用表现为此消彼长、此长彼消,因而引起"天地盈虚,与时消息。"(《彖传·丰》)而当事物发展到极点的时候,则会出现阴极反阳、阳极反阴、阴阳相互转化的情形。《易传》还主张,阴阳的谐和统一是万物正常生化的重要条件,因此强调"保合太和,乃利贞。"(《彖传·乾》)就是说,中正和平,不偏执一端,则会给天地万物带来吉利。

医家接受了上述思想,并结合医理而对阴阳学说有所发展。中医学的一个重要特点是,不仅研究人体,而且细致观察人的生存环境及其对人的影响。因此医家十分关心阴阳在宇宙内的普遍作用,提出:"阴阳者,天地之道也,万物之纲纪,变化之父母,生杀之本始,神明之府也。"(《素问·阴阳应象》)将宇宙间的一切运动变化都归因于阴阳的作用,以阴阳的观点体察自然、社会和人体。中医学认为,就人体的结构而言,则背为阳,腹为阴,藏为阴,府为阳,气为阳,血为阴等。人体所包含的阴阳两个方面,在相互作用之中,同样表现为彼此消长的过程。但在正常的情况下,机体内的阴阳处于整体平衡状态。如果这种平衡被某种因素破坏,是为生病,这种病理理论决定了中医学的诊断和治疗也以阴阳为指导原则。《素问·至真要大论》说:"谨察阴阳所在而调之,以平为期。"就是要通过望、闻、问、切四诊,弄清机体内哪一部分的阴阳失去平衡,然后施以适当的治疗手段,使其恢复调和。基于阴阳的相互作用关系,在治疗方法上,中医学还提出阳病治阴,阴病治阳,从阳引阴,从阴引阳的方法,在临床上具有特殊的疗效。

（2）天地人统一论

在《易经》中,没有关于人与天地关系的直接论述,但是从其卦画和卦爻辞的相互配合可以看出,《易经》认为,人生活在天地的环抱之中,形成一个统一的整体,因此自然规律与人事法则有一致性。人的行为必须合于天地的整体变化,才能取得成功。同时《易经》还将自然事物的属性与人的品德联系起来,如坤卦把地的品性人格化,要人以大地为榜样进行品德修炼。《易传》发展了上述思想,明确提出"与天地合其德,与日月合其明,与四时合其序"(《文言·乾》)的天人合一主张。

医家将天人合一思想从社会生活扩展到医学领域,提出"人与天地相参"的观点。认为人体的生理过程与天地自然的变化有相应合的关系,人体和自然界服从统一的规律。主张医之为道,"上合于天,下合于地,中合于人事"(《灵枢·逆顺肥瘦》)依照中医学,人体五藏(肝、心、脾、肺、肾)分别与五时(春、夏、长夏、秋、冬)、

五气(风、热、湿、燥、寒)、五味(酸、苦、甘、辛、咸)相通,足之十二经脉,分别与十二个月份有对应关系。人的脉象也随四季的更替而发生变化,即春脉如弦、夏脉如钩,秋脉如浮,冬脉如营。中医学还注意到五方地域的气候、水土、饮食,生活习俗不同,因而居民的体质、常见病和治疗也有差异。例如,中国西北高寒,人多食热而内火盛,故宜散而寒之;东南低热,人多食凉而内寒生,故宜治以温热,强其内守。中医学强调社会因素也会构成病因,如"尝贵后贱,虽不中邪,病从内生。暴乐暴苦,始乐后苦,皆伤精气。"(《素问·疏五过》)因此医家主张把探察自然、社会与研究人体结合起来,认为在诊治和摄生过程中,必须注意人体与生活环境的协调关系。

《周易》和儒道各家,都对时间因素给予突出的注意,而且指出时间过程呈现一定的周期节律。《易传》说:"天地节,而四时成。"(《象传·节》)"时止则止,时行则行,动静不失其时,其道光明。"(《象传·艮》)"变通者,趣时者也。"《系辞》在《说卦》将八卦与四时相配的基础上,汉代孟京倡"卦气说",以卦象说明一年节气的变化,如用十二消息卦图示四时气候阴阳消长进退的过程,显示了对气象节律的重视。

医家从人与天地相参出发,非常重视人体与自然界在时间节律上的统一,建立起著称于世的阴阳时间医学,构成中医学的一大特色。《内经》说:"人以天地之气生,四时之法成。"(《素问·宝命全形》)在古代医家看来,自然界不仅用自己的物质材料构造人体,而且把自身的基本属性即"阴阳四时"传输给人,所以四时阴阳这一时间节律既是天地之气合而为人所依循的主要法则,也是人体本身所具有的最重要的规律。

在生理病理方面,中医学不仅指出五藏分属五时,即肝主春,心主夏,脾主长夏,肺主秋,肾主冬,而且对疾病与四时节气的关系,做了细致的观察,积累了许多宝贵的临床经验。张仲景说,"春伤于风,夏必飧泄;夏伤于暑,秋必病疟;秋伤于湿,冬必咳嗽;冬伤于寒,春必病温。"(《伤寒论》)除了年节律外,中医学对月节律、日节律,超年节律在人体上的表现也都做了系统研究。如发现,人体气血运行与月相盈亏有对应关系。满月时,气血充盛,朔月时气血虚衰。人的抗病能力在一昼夜间也有周期性的变化:朝气生,午气长,夕气衰,夜气藏。因此病况一般表现为旦慧,昼安,夕加,夜甚。中医运气学说,则是以六十年为一个周期,探讨气候的节律变化及其对人体的影响。

基于上述,中医学强调,摄生必须"和于阴阳,调于四时"(《素问·上古天真》),"春夏养阳,秋冬养阴"(《素问·四气调神》)。诊疗则更要把时间因素放到重要位置。如立法处方须"因时制宜",一般冬季避大寒之药,夏季避大热之药。服药与时辰的关系也大有讲究。如《伤寒论》中的汤剂,服用时间都有一定要求。清代叶香岩之《临证指南医案》,对时辰用药学做出了重要贡献。尤其值得注意的是,根据气血运行具有一定时间节律的理论,古代医家发现,针灸不同穴位,各有不同的最佳时辰选择。经过长期探索,至金元时期终于形成了一套系统的时间针灸医学。其中包括子午流注、灵龟八法,飞腾八法等,是为中国古代的人体生物钟。

（3）整体结构观

人与天地相统一的思想，是整体观的重要体现。整体观还表现在观察每一具体事物的内部结构上。《周易》对卦象的建立和理解，显示出鲜明的整体结构观点。

八卦和六十四卦由阴爻（－－）和阳爻（—）构成。每一卦的性质不仅取决于爻性，而且取决于诸爻的组合关系，即卦的内在结构。比如八经卦中震☳、坎☵、艮☶三卦，都是二阴爻一阳爻，但由于排列顺序不同，则构成三个性质不同的卦。巽☴、离☲、兑☱三卦亦如是。

六十四别卦，每卦由六爻组成，其结构关系更为复杂。依《易传》，上三爻和下三爻构成上下卦，或曰前后卦、外内卦。二至四爻和三至五爻又构成两个封，称互体卦。上二爻代表天，下二爻代表地，中二爻代表人，

北周　武士陶俑

天地人称"三才"。初、三、五爻位为阳位，二、四、上爻位为阴位。二、五爻位分别居于下、上卦之中，为中位。就上下卦而言，初、四爻位、二、五爻位、三、上爻位为对应关系。此外，每两个相邻爻位之间还有上下关系。等等。因此，要确定每一卦和每一爻的性质、意义，除了根据占据各爻位的爻性（或阴或阳）以外，还必须将上述关系加以综合考虑。着重于事物内在的整体结构和各组成部分之间的关系，是《周易》观察事物的基本特点。

《周易》以六十四卦代表宇宙过程。《易传》对这一过程的理解，也体现出整体的观点。《系辞》说："易有太极，是生两仪，两仪生四象，四象生八卦，八卦定吉凶，吉凶生大业。"这一论述表明，宇宙以及每一具体事物的发生和成长，从外观形态上是一个由简到繁的过程，但是整个发育过程和成熟后所显示出来的属性，事前已潜藏于原生体（太极）之中。也正是这样的一个发育过程，决定了成熟后机体的每一部分，都寓存着整个机体以至整个发育过程的信息。以六十四卦而言，它们作为一个由太极衍生出的整体，其构成要素阴阳二爻处于相互转化之中，每个卦都具有过渡到其他六十三卦的能力，所以对每一卦说来，其自身所标示的一卦为显，另外六十三卦为隐。可见，局部包含着整体。对于这一点，《易传》的作者和后世易学家，有越来越清晰的论述。

中医学同样应用整体结构的观点审视人体。临床整体观察是中医学采取的主要方法。因此，中医学所把握的医学原理，基本上属于人体整体规律的范畴，是单纯用元素分析方法不能发现或难于发现的。如藏象经络学说所阐述的各项内容，即藏府与显现于外的各种生命现象的联系。以及经络走向等，就是人体作为活的机体所表现出来的整体联系和法则。

中医学在研究藏府和其他各种组织器官的性质时，总是着眼于它们的结构功

能关系,通过相互之间的联系,显示和界定藏府器官的内涵。如用五行来说明五藏:肝属木,心属火,脾属土,肺属金,肾属水,在五藏之间建立起相生相克的五行结构关系。同时又将五府(胆、小肠、胃、大肠、膀胱)、五体(筋、脉、肌肉、皮毛、骨)、五情(怒、喜、忧、悲、恐)等分别与五藏建立起五行的同"行"联系。这样,就形成了以五藏为中心的人体五行系统。而这个系统又从属于以五时五方为中心的天地五行大系统。五藏五府五官五情等人体组织功能分别与五时五方五气五味等自然物象相通应,相互发生横向和纵向的大五行结构联系。这一天人统一的联系体系,构成中医生理、病理、诊断治疗、药物等各学科的理论基础。

藏象学说设立"三焦"一府,是中医学应用整体结构观点观察人体的典型实例。三焦分为上焦、中焦、下焦,却没有自己独立的形体器官。就其功能说,上焦相当于心肺、中焦相当于脾胃。下焦相当于肝、肾、大小肠、膀胱。实际上三焦是从全身气化和疏通水道的角度,对五藏五府功能关系的另一种组合。所以,三焦概念是着眼于机体内整体结构关系的产物。从方法论上说,三焦的提出与六爻卦既可分为上下卦,又可分为天地人三才,同时又包含互体卦相类。

六十四卦显示出来的全息特性,在中医理论中则有自觉的应用。医家发现,人体的许多部位,能反映整个机体的健康状况,如寸口脉、尺部皮肤、面色、五官、舌苔、手掌纹等。寸口又称气口,为手腕后之桡动脉。切寸口脉,可了解全身病情。寸口脉从前至后分为寸、关、尺三个部位。依据魏人王叔和著《脉经》,左手寸关尺分主心(小肠)、肝(胆)、肾(膀胱),右手寸关尺分主肺(大肠)、脾(胃)、命门(膀胱、子、户、三焦)。王氏的这一分法,为后世脉学广为采纳。耳针是人体全息理论在治疗学上的应用。医家发现,耳壳不同部位与藏府组织有对应关系。所有对应点联缀起来,恰似一个倒置的胎儿。人体某一器官生病,耳壳上的相关部位就会发生变色、压痛等反应。针刺这些部位,可产生疗效。

(4)象论

象论是易理的重要组成,与中医学也有密切关系,主要内容包括四个方面:

①观物取象

《易传》通过对卦象卦爻辞的分析和论述表明,对待事物所有"见于外而可阅"的形象,要着重选取和研究其功能动态方面,并从中找出天地人事的法则。《系辞》说:"极天下之赜者存乎卦,鼓天下之动者存乎辞。""天下之动,圣人效之。""爻者,言乎变者也。""爻也者,效天下之动者也。"《易传》主张偏重考察事物的动态之象,即着重研究事物的行为与功能。这种观察事物的倾向通过八卦之卦名表现出来。八卦代表天、地、雷、风、水、火、山、泽八种自然物,可是却以乾、坤、震、巽、坎、离、艮、兑名之。这是因为八卦之名标示八种功能属性,系动态之象,即《说卦》所云:"乾,健也。坤,顺也。震,动也。巽,入也。坎,陷也。离,丽也。艮,止也。兑,说也。"唐人孔颖达在疏解乾卦时指出:乾卦象天"而谓之乾者,天者定体之名,乾者体用之称……圣人作《易》本以教人,欲使人法天之用,不法天之体,故名乾不名天也。"(《周易正义》)再有,《易传》主张以刚柔立本(见《系辞》),亦即以阴阳为本,而阴阳是关于客观世界两类功能属性的范畴。这也表现出《易传》对事物功能

动态方面的强调。

中医学对人体和人类生活环境的观察，正是着眼于事物的动态之象。医家把阴阳范畴应用于医学及与医学有关的领域，大大扩展了阴阳的内涵与外延。依据《内经》《难经》《伤寒论》等医典的论述，凡显露于外的、热的、实的、明亮的、伸张的、开放的、发散的、功能的、向前向上的、活跃主动的，为阳性特征，凡收藏于内的、寒的、虚的、晦暗的、屈缩的、闭阖的、凝聚的、形体的、向后向下的、稳定主静的，则为阴性特征。中医学所说的阴阳同样是与事物的行为功能相联系，属于动态之象这一层次。《素问·阴阳应象大论》的篇名道明了这一点。因此中医学总是侧重于从象的角度去观察和理解事物，并在这样的基础上形成了脏象经络学说。其最大特点就是由象来界定脏，用机体组织的行为功能规范脏器概念的内涵。例如，对于"心"的说明："心者，生之本，神之变也，其华在面，其充在血脉，为阳中之太阳，通于夏气。"（《素问·六节脏象》）这些规定，显然都属于功能范畴，其表现则是动态之象的过程和系列。所以脏象仅属于有生命的活的机体，死人是谈不到脏象的。而作为中医学本质特征的"辨证论治"，也可称作是"辨象论治"。

②据象归类

《易传》认为，世界既然主要是象的世界，对万物的分类自然应当依据于"象"，而分类也就是寻找事物之间的规律性的联系。《易传》的分类准则主要有二：甲、相动相应者为同类。如说："方以类聚，物以群分。"（《系辞》）"同声相应，同气相求"，"本乎天者亲上，本乎地者亲下，各从其类也。"（《文言传》）这些论述即以此准则为依据。乙、根据事物的功能和行为方式分类。如视天、君、父、首为一类。因为此四者各在其所属的系统中具有相同或相近的功能与作用。上述分类准则，都是以动态功能作为棋类概念的着眼点，表现了据"象"归类的特征。依《易传》，世界万物可按八卦分为八个大类，兹列简表如下：

卦名	卦象	八种自然物	基本功能属性	时令（四十五日）	方位	生化	人体器官	家族关系
震	☳	雷	动、起	正春	东	万物出乎震	足	长男
巽	☴	风	入、散	春末夏初	东南	万物絜齐	股	长女
离	☲	火	丽、坦	正夏	南	万物皆相见	目	中女
坤	☷	地	顺、柔、藏	夏末秋初	西南	万物致养	腹	母
兑	☱	泽	说	正秋	西	万物所说	口	少女
乾	☰	天	健、刚、君	秋末冬初	西北	阴阳相薄	首	父
坎	☵	水	陷、润	正冬	北	万物所归	耳	中男
艮	☶	山	止	冬末春初	东北	万物终始	手	少男

　　这样的分类方法与按形质特性分类迥异,充分体现了时间与空间的统一,强调了功能的独立意义,有其自身的科学价值。中医学就是依据这种分类方法,寻找人体各种组织功能之间及其与生活环境因素之间的互动互控联系。但是医家依据人体的特点,采用了五行归类模式,形成了以五藏为核心的人体内外因素的五行系统:

五行	五藏	基本功能	表里之府	开窍	所主	其华所在	五情	五色	五季	五气	五味	五方	方位
木	肝	藏血	胆	目	筋	爪	怒	青	春	风	酸	生	东
火	心	主神明主血脉	小肠	舌	脉	面	喜	赤	夏	暑	苦	长	南
土	脾	主运化统血	胃	口	肌肉	唇	忧	黄	长夏	湿	甘	化	中
金	肺	主气主治节	大肠	鼻	皮	毛	悲	白	秋	燥	辛	收	西
水	肾	藏精主命门之火	膀胱	耳	骨	发	恐	黑	冬	寒	咸	藏	北

　　在这个五行系统中,同"行"的因素有相应相从的关系,不同"行"的因素则依五行原则发生相生相克的关系。它们也强调了功能,体现了时间与空间的统一。

　　经络是中医学的伟大发现。经络的行走路线,俞穴的位置和它们的性质,主要不是根据人体的器官形体或物质构造,而是根据生理和病理上的功能联系确定下来。中医治疗学、药理学也如是。药物依其对人体的作用划分为寒热温凉、升降沉浮以及酸(收)、苦(坚)、甘(缓)、辛(散)、咸(软)五味,并依其对五脏六腑的直接效应进行药物归经。这种对药性的确定与划分与据象归类的原则相一致。

　　③模型方法

　　《易传》将六十四卦当作认识宇宙万物的普遍性模型,并就六十四卦作为模型的条件与功用做了相当准确的论述。首先,《系辞》说:"易者象也。象也者,像也。"圣人有以见天下之赜,而拟诸其形容,象其物宜,是故谓之象。"易与天地准,故能弥纶天地之道。"《周易》六十四卦是对宇宙万物的模拟,两者之间有共同性、相似性,故借助六十四卦可以推知天地之道和吉凶祸福。其次,《系辞》又说:"乾以易知,坤以简能。易则易知,简则易从。""易简则天下之理得矣。"《周易》六十四卦虽是对天地世界的模拟,但显然要比客观对象简单得多。也正是因此,方能发挥模型的认识作用。"言天下之赜,而不可恶也;言天下之至动,而不可乱也。"(《系辞》)第三,《系辞》还说:"爻象动乎内,吉凶见乎外。"六十四卦作为模型是与模拟的对象相分离的,而且具有与人贴近,便于观察和直接把握的特点。

　　医家在建立中医理论的过程中,广泛地使用了模型方法。如以五行结构为理论模型建立藏象学说,以某些自然现象为天然实物模型,类比人体的一些生理病理机制。同时还借助六爻模型,建立三阴三阳六经六气理论。三阴三阳即少阴、厥

阴、太阴;少阳、阳明、太阳。将阴阳划分为三阴三阳,可能是受了六爻卦作为整体分为三阴位(偶数位)和三阳位(奇数位)的启发。中医学用三阴三阳的理论解释经脉,将人体主要经脉分为手足少阴经、厥阴经、太阴经;手足少阳经、阳明经,太阳经,共计十二条。十二经脉的流注也采取了由阴注阳,再由阳注阴的方式,类似于六爻位的阴阳相间。另外,医家还把三阴三阳与六气(风寒暑湿燥火)理论联系起来,在病因病理和运气学说中,发挥了重要作用。

④形象思维

《易传》肯定形象思维在认知过程中具有广泛的重要作用,认为通过形象思维可以把握世界的真理。《系辞》说:"书不尽言,言不尽意。""圣人立象以尽意,设卦以尽情伪。系辞焉以尽其言,变而通之以尽利,鼓之舞之以尽神。"提出在认识和表达的过程中,不能单纯依靠抽象的语言概念,还须要形象,必须把形象思维与抽象思维结合起来,才能较好地完成传情达意、认知外物的工作。

在中医学中,形象思维也发挥了突出的作用。前面提到医家对"象"的强调,这"象"也包含形象的意义。藏象学说对藏府经络概念的界定,在很大程度上就是依靠了形象思维,这一点由中医学以"象"为主要研究层次所决定。在辨证治疗方面也是如此。《伤寒论》六经辨证对六组证候的概括,实即六类病情的典型形象。

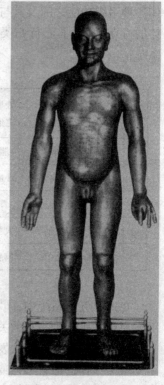

宋　针灸铜人(模型)

(5)圜道

《周易》循环往复的观点对中医学有深刻影响。中国古代哲学认为周而复始的循环,是天地万物运动的根本法则。《周易》是最早以文字和图像形式明晰表述这一法则的典籍。在六十四卦中,阴阳爻是可以循环转化的。六十四卦的排列顺序体现了"非覆即变"的原则。五十六卦以自身中点为圆心,做圆周运动,旋转一百八十度则成相邻一卦。其余八个卦成四对,乾(☰)和坤(☷),坎(☵)和离(☲),颐(☶)和大过(☱),中孚(☲)和小过(☳),每对对应六爻之属性皆相反,亦成环转的形式。泰卦九三爻辞说:"无平不陂,无往不复。"肯定了循环往复的普遍性。《易传》完全赞成这一观点。《象传·泰》说:"无往不复,天地际也。"《象传·复》也说:"'复',其见天地之心乎!"依照《周易》,世间的一切矛盾都必定在循环的运动过程中解决,事物若能实现循环,则发展顺利。

关于循环的观点,过去长期存有误解,认为它与辩证的螺旋式上升相冲突而加以全盘否定。事实上,循环运动无论在自然界、人类社会、技术和思维中,都是大量存在的。循环与螺旋式上升是相互包含相互补充的关系。在大的循环中,经历着小的螺旋式上升,在大的上升过程中,又容纳了小的循环式运动。中医学在构筑自己的理论体系时,深受循环观点的影响。《素问·四气调神大论》说:"故阴阳四时者,万物之终始也,死生之本也,逆之则灾害生,从之则苛疾不起,是谓得道。"医家视阴阳四时为宇宙的根本规律,万物生化的决定因素,而阴阳四时的最大特点就是循环。在这种观点指导下,中医学建立起气血沿经络循行周身的学说,构成中医理论的重要组成。由于反馈调节只能在循环的因果链条中实现,因此,坚持循环观点的中国古代医家在世界上率先发现了人体信息反馈和整体调节的机制,把人体看作是一个信息调控系统。在这个系统中,心主神明,为一身之"君"。经络为"使道",将心与全身各部连通起来。气血沿经络绕行周身,将形体四肢的感觉传导至"心",使其感而必知,并反过来实现对全身的支配和调整(参见《素问·灵兰秘典》和《吕氏春秋·圜道篇》)。另外,从循环的观点出发,必导致万物运动乃自因自果、自本自根的结论。这种思想促使中医学在病因、治疗和摄生理论中,强调内因的重要。这也是中医学的特色。

　　《易经》认为,天地万物的循环运动,都有一定的周期。复卦卦辞说:"反复其道,七日来复。"在震卦、既济卦、蛊卦、巽卦的卦爻辞中,也有以七日为来复之期的说法。这大概是以六爻之"六"为一完整的运动周期的缘故,而"日"只是表示时间阶段或运动阶段。周期性的循环观加强了古代医家对时间因素的重视,因为直观的时间因素都具有周期性循环的特点。四时十二月、昼夜十二辰对生理病理和治疗上所引起的影响,一直是中医学重要研究课题,并终于在天地人相统一的思想指导下,形成了阴阳时间医学。

易学与《内经》

　　《内经》成书于西汉,包括《素问》和《灵枢》两部分,为中医学奠基之作。汉以后的医学,就是在《内经》的理论框架之下发展的。易学对《内经》的影响,就哲学原理上说,主要包括阴阳学说、天地人统一论、整体结构观、象论、圜道等方面,可参见"易理与医理"条。此外,在一些重要范畴和方法上,易学与《内经》也相会通。

　　(1)神

　　战国时代,诸子对"神"有不同用法。在《易传》中,神这一概念,除指人格神以外,还指深刻的思虑和微妙的运动功能。《系辞》说,"神而明之,存乎其人。""感而遂通天下之故。非天下之至神,其孰能与于此。"这里的神是指思虑。《说卦》说:"神也者,妙万物而为言者也"。这里的神则是指妙成万物的功能。《易传》对"神"的这两种用法与荀子相一致。荀子说:"形具而神生。"(《荀子·天论》)此处之神主要指人的精神意志。又说:"四时

西汉　燃香熏炉

国学经典文库

代御,阴阳大化,风雨博施,万物各得其和以生,各得其养以成,不见其事而见其功,夫是之谓神。"(《荀子·天论》)万物的生化,没有见其作为,可是却见其功效,这种神奇的本领存于万物自身之中,使人有不可思议之感,故称神。《易传》中的神大多数是这两种含义。如说:"变而通之以尽利,鼓之舞之以尽神。"(《系辞》)此指精神意志。又说:"阴阳不测之谓神","知变化之道者,其知神之所为乎","神无方而易无体"(《系辞》)。天地万物的变化的动因和根本规律在于阴阳的相互作用,而阴阳的消长转化和由此引发的大化流行却神妙难测。正是由于其难测,故能够领悟它,应用它的精神智慧也称为"神"。无论作为思虑的神,还是作为生化的神,有两个共同的特性:一是非指实体,只代表某种功能本领,一是微妙神奇。

《内经》接受了《易传》上述有关神的思想,并结合临床发展成为中医学的形神理论。《素问·天元纪大论》说:"阴阳不测之谓神,神用无方谓之圣。"可以说是照抄《系辞》的原话而稍有变通。综观《内经》对"神"概念的使用,除了极少数地方指鬼神之外,其余可大致分为三层含义:

①指天地万物普遍存在的运动功能。《素问·阴阳应象大论》说:"夫阴阳者,天地之道也,万物之纲纪,变化之父母,生杀之本始,神明之府也。"认为阴阳的对立统一乃是世界运动变化的源泉和根本规律,而所谓神即寓于其中。神即表现为阴阳的消长转化,表现为"道"的支配作用。因此,与《易传》相一致,《内经》的神同样与道和阴阳紧密相连。《内经》也肯定了"神"的可知。《素问·移精变气论》说:"理色脉而通神明,合之金木水火土、四时、八风、六合,不离其常。"认为尽管万物的运动变化奇奥微妙,但它们都有规律("常")可循,故终究是可以把握的。

②指机体的生命功能。《内经》限于时代,未能将人体生理机能与一般的物质运动加以严格的区分,故将它们统称为"神"。《灵枢·本神篇》说:"故生之来,谓之精,两精相搏谓之神。"两精指来源于父母的先天之精。二者相结合,产生了新的生命活力,就称之为"神"。《内经》认为,作为生命功能的神,虽然以先天父母之精和后天水谷之精为基础。但对于躯体之形,却起着主导作用。形和神是生命体的两个基本方面。形神协调则健康,形神失调则生病。在诊断、治疗和摄生各个方面,都要特别注意"神"的变化。"粗守形,上守神。"(《灵枢·九针十二原》)"得神者昌,失神者亡。"(《素问·移精变气》)认为及时准确地了解和控制机体的功能状况至为重要,而那种忽视神机死守形体的做法是要不得的。

③指精神思虑。《素问·灵兰秘典论》说,"心者,君主之官也,神明出焉。"这里的神明是指思维和支配全身生理的能力。《灵枢·五色篇》说:"积神于心,以知往今。"肯定心神具有认识外界事物的功能。《素问·八正神明论》说:"请言神,神乎神,耳不闻,目明,心开,而志先,慧然独悟……若风吹云,故曰神。""神乎神"的前一个"神",指精神思虑,后一个"神"指事物的阴阳变化。所谓"神乎神"就是通过前者去认识后者。这种认识作用也像阴阳变化一样奥妙,故同样称其为"神"。

《内经》认为,精神是心的功能,同时亦是一种气,所以又称"神气"。这一点在《易传》中没有提到。《内经》不仅肯定形体决定精神,而且强调精神对形体会产生重大反作用,如果情志思虑过度,则会损害健康,甚至引起疾病,而愉快宁静的心绪,是摄生保健的必要条件。

（2）通

"通"是《易传》的一个重要范畴。《易传》基于阴阳消长转化系天地之道的理论，把万物的运动看作是周而复始的循环。《系辞》说："一阖一辟谓之变，往来不穷谓之通。"可见通的基本含义就是循环的完成和循环运动的不断进行。依《易传》，循环运动通畅无阻，万物方能正常生化。《系辞》说："变通莫大于四时。"肯定春夏秋冬为天地间最重要的循环。四时节气的递嬗决定万物的生生不已。

由于四时和万物进行循环运动的根据在于阴阳的消长转化，因此循环一方面定能实现，另一面又会遇到塞困。从本质上说，通是天地万物的本性，但是在实际的运动过程中，"通"又与"穷"相对。"穷"指循环受到阻塞，"通"指阻塞得到排除。《系辞》说："易穷则变，变则通，通则久。"事物的阴阳双方在相互作用中此消彼长，而当达于极点之时，消长过程不能依前继续下去，这时则由通转变为穷。但是穷只是暂时现象。在阴阳的作用下，事物会发生根本性的转化，开创出新的局面，使循环运动继续进行。由通而穷，由穷而变，由变而达于新的通，系事物运动的法则。而循环畅通才能使事物的生命久长，通是久的前提。

通即亨。《文言传》说："亨者，嘉之会也。""嘉之会"即繁茂昌盛。依据《易传》，通之所以能够使事物长久而兴隆昌盛，是因为世间的一切矛盾、困难、塞弊都必须通过阴阳的对立统一来解决，必定在循环运动中排除和克服。而通则表明一阴一阳之道在正常发挥作用。

通还指不同事物之间的交流、融会，集中表现为阴和阳的交合。此一意义上的"通"，也是以阴阳的对立统一为根据。《易纬·乾凿度》说："泰者，天地交通，阴阳用事，长养万物也。否者，天地不交通，阴阳不用事，止万物之长也。"认为天地阴阳交互流通，才有可能生化万物，并使它们得到养育和发展。

通的思想被《内经》所应用。首先，《内经》接受了"通"为天地万物正常生化必要条件的观点。《素问·阴阳离合论》说："故生因春，长因夏，收因秋，藏因冬，失常则天地四塞。"意谓四时循环通畅，天地阴阳适时交合，万物才能实现生长收藏。

其次，《内经》用"通"的观点来理解人的正常生理。《内经》认为，气血沿经脉绕行周身，卫气在脉外，营气在脉中，每昼夜各循环五十周而相会合。卫气执行抗御病邪的职能，营气把脾胃所化水谷精微输布全身。所以气血循环畅通，是各项生理活动正常进行的基础。同时，气血经络作为"通道"将心与其他藏府、器官联成一体，在心的主导下，全身器官才能各自协调地发挥功能。《素问·灵兰秘典论》说："凡此十二官者，不得相失也。故主（心）明下安……主不明则十二官危，使道闭塞而不通，形乃大伤。"因此，气血的通与不通，乃是划分生理与病理的分界。

第三，基于上述，《内经》认为治疗和摄生的具体目标之一就是导气以令其通。如针灸、气功等最为明显。《灵枢·九针十二原篇》指出：针灸的作用正在于"通其经脉，调其血气。"以论述摄生为主要内容的《素问·上古天真论》则强调，"气脉常通"乃健康长寿的秘要。

（3）居安思危与治未病

《周易》作为占筮书，意在预测吉凶，使人未雨绸缪，早做准备。否卦九五爻辞

说:"其亡,其亡,系于苞桑。"正是要人们对可能出现的危难时时加以警惕。《系辞》发挥这一思想说:"君子安而不忘危,存而不忘亡,治而不忘乱,是以身安而国家可保也。"意思是天地万物处于永恒的运动变化之中,任何事物都不可能永驻。因此,人们必须居安思危,密切注视事物的发展动向,将一切可能导致危亡的因素及早消除,防止事物向坏的方面转化。

《周易》的这种积极的忧患意识,在《内经》中转换成"治未病"的理论。"治未病"包含两层意思,一是未病先防,一是既病防变。关于未病先防,《素问·四气调神大论》说:"不治已病治未病,不治已乱治未乱……夫病已成而后药之,乱已成而后治之,譬犹渴而穿井,斗而铸锥,不亦晚乎!"强调要防患于未然,体现了防重于治的精神。因此《内经》十分重视摄生,有许多篇幅论述摄生的方法,指导人们如何增强体质,调养精神,躲避虚邪。关于既病防变,包括早期诊断,早期治疗和防止病势发展两个方面。《素问,阴阳应象大论》说:"故邪风之至,疾如风雨。故善治者治皮毛,其次治肌肤,其次治筋脉,其次治六府,其次治五藏。治五藏者,半死半生也。"指出,疾病缠身,会由浅入深,由轻至重。故治疗愈早愈好,而且应当掌握疾病转变的规律,采取相应措施。在病情深入之前,先安可能受邪之地,以防止病势蔓延。

(4)象数

依据筮法,数一方面能够传示天神的意志,因而带有神秘性,另一方面还可用来构筑卦象以及关于天地万物的模型,后一方面对《内经》有一定影响。

①五行的生成数

汉易认为,五行有"生"数和"成"数。"生数"系水一,火二,木三,金四,土五。此数源于《尚书·洪范》所列五行的顺次。生数分别加五,即为五行之成数。水为六,火为七,木为八,金为九,土为十。由于十是五的倍数,故有时亦标以五。将四时配以五方和七八五九六,首见于《管子》之《幼官》和《幼官图》但未点明此五个数为五行之成数。《尚书大传·五行传》载:"天一生水,地二生火,天三生木,地四生金。地六成水,天七成火,地八成木,天九成金,天五生土。"(《补遗》引《御览》)这就不仅指明了五行的生数与成数,而且把它们与《系辞》所谓天地之数联系在一起。后又将五行生成数按东南西北中五方的布局绘制成图,并认定为"河图"。

《素问·金匮真言论》说:"东方青色,入通于肝","其类草木","其数八";"南方赤色,入通于心","其类火","其数七";"中央黄色,入通于脾","其类土","其数五";"西方白色,入通于肺","其类金","其数九";"北方黑色,入通于肾","其类水","其数六"。这里所列之数,显系五行之成数。这样做,是希图通过数字进一步说明五行的内在结构及其与天地本原的联系,从而使借助五行归类建立起来的藏象系统更具理论性。

②九宫八风

《灵枢·九宫八风篇》依据传统的观象授时之法,按四正四维和中央九个方位制成九宫图,确定北斗勺星于"四立""二分""二至"八个节气所指方向,将无形之时间过程转换为可见之空间形象。同时,勺星所在之方位,也就是该时令正常风的

来向。《九宫八风篇》认为，风雨季候若能按时令准确变换，且于交节之日风雨和调，则"岁美民安少病"。另外，各时节之正常风为"实风""主生长养万物"；若刮与正常风反向的风，为"虚风"。此"伤人者也，主杀，主害"，须谨避。《内经》九宫图可帮助人们借勺星之旋移掌握时令和风向气候，预防疾病。

《灵枢·九宫八风篇》所绘原图及注如下：

合八风虚实邪正

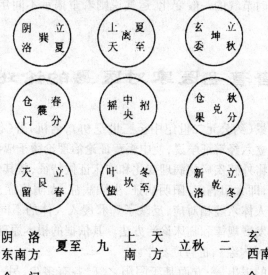

立夏	四	阴 洛 东南方	夏至	九	上 天 南 方	立秋	二	玄 委 西南方
春分	三	仓 门 东 方	招摇	五	中 央	秋分	七	仓 果 西 方
立春	八	天 留 东北方	冬至	一	叶 蛰 北 方	立冬	六	新 洛 西北方

《内经》九宫图及说，与京房卦气说《易纬·乾凿度》九宫说有不少共同之处。它们都以相同的八卦布局标示四正（东西南北）四维（西南、西北、东南、东北），代表相同的节令，并通过八卦将时空统一起来。《内经》与《乾凿度》同时还将九宫依次配以二九四、七五三、六一八。此九个数按九个方位分配，始见于《大戴礼记·明堂》，后被认作"洛书"。其特点是纵、横、斜相加皆十五，正与老阳老阴之数九、六之和，少阴少阳之数七、八之和相符，以此表示时空整体的和谐统一。依据奇数代表阳气，偶数代表阴气，阳动而进气息，阴动而退气消，九宫图所配之数字，还可以表示一年四季阴阳消长的过程。另外，《乾凿度》和其他《易纬》，把"太一"视作"北极神"或"中宫大帝"，认为是四时节气的主宰。这种神秘主义在《灵枢·九宫八风篇》中亦有表现，如说"太一入徙立于中宫，乃朝八风，以占吉凶"；"太一在冬至之日有变，占在君；太一在春分之日有变，占在相"等。

③五运六气

《内经》运气学说的出发点是，人与天地自然相统一，岁时节气的正常与异常对人体发病和治疗有直接影响。因此，正确掌握年节气候的变化规律，对于诊断、

施治和预防有重要意义。这与《易传》三才统一的思想相一致。

运气学说是将五运（五行）、六气（三阴三阳）、干支纪年三个相对独立的系统综合起来，希图通过寻找中运、主运、客运、主气、客气多种气象要素的整体关系，说明每一年的气象特点及其对物候、疾病、治疗的影响，从而形成一套气象医学历法。《内经》认为，借此可以推知过去和未来任何一年的气象状况。运气学说与汉代孟京之卦气相比，尽管存在很大差异，但在思维方法上有共同之点，就是它们都企图用两种以上的具有普遍意义的象数结构模型，综合说明四时节气。而卦气说的目的在于解释四时节气的一般变化，运气说则着重揭示不同年度之间节气和气候变化的差异。

汉唐著名医家对医易的论述与应用

东汉张仲景（约公元二世纪中至三世纪初），名机，著《伤寒杂病论》。他最突出的功绩是创立六经辩证学说，使中医辨证论治理论臻于成熟。

六经辩证将外感疾病的病理变化和临床证候特征，依其传变分为六个阶段，归纳成六组证候，即太阳病症，阳明病证，少阳病症，太阴病症，少阴病症，厥阴病症。这六组病症与人体六经相对应，反映了病邪侵入人体的不同深度。六经辨证总结了外感热病的发展规律和临床诊治方法。其依据的根本原理是阴阳气化和三阴三阳学说，所本在《内经》，也直通易学。

三阴三阳的提出，一方面基于阴阳之气，各有多少，另一方面则是依据六爻。在六爻中，初、三、五爻位为阳位，二、四、上为阴位，而成三阴三阳。六爻位表示，一个事物的发展周期分为六个阶段，以"七日"为"来复之期"（朱熹《周易本义·复卦》），是为一个循环。张仲景正是由此出发分析伤寒病邪在六经中的运行。他说："太阳病，头痛至七日已。上自愈者，以行其经尽故也。若欲作再经者，针足阳明，使经不传则愈。"宋人成无己注："伤寒自一日至六日，使三阳三阴经尽，至七日当愈……若七日不愈，则太阳之邪再传阳明，针足阳明为迎而夺之，使经不传则愈。"张仲景关于六经辨证的构思，明显受到六爻的影响，实际上把六爻卦象当作普遍性模式加以使用。

张仲景运用易理的另一个重要表现，在于着重对"象"的观察与辨析。所谓辩证论治，就是遵循易学"观物取象""立象尽意"的法则，对有互动互控关系的病象要素加以分辨和归类，确定其与藏府经络的连属，然后找出治愈的方药。张仲景就是沿用这种认识方法，在纷纷纭纭、千变万化的外感病象中，筛选出六组典型的带有规律性的证候即病象，构成六经辨证的提纲，即：太阳病，"脉浮，头项强痛而恶寒"。阳明病，"胃家实是也。"少阳病，"口苦、咽干，目眩也。"太阴病，"腹满而吐，食不下，自利益甚，时腹自痛。若下之，必胸下结鞕。"少阴病，"脉微细，但欲寐也"。厥阴病，"消渴，气上撞心，心中疼热，饥而不欲食，食则吐蚘，下之，利不止。"此六项提纲为六类病证的核心征象。在其下，张氏又分出若干小类别，使辨证更为细密，提高了施治的特异性和疗效。无论是六项提纲，还是提纲以下小类别的划

分,都依某种必定出现的病象为依据。六经辨证使中医学沿着辨证治疗的方向大大向前迈进了一步。六经辨证的成功,为观物取象的方法提供了示范,证明了这一认识方法具有可行性和科学性。

王叔和(约东汉末至西晋初),著《脉经》,继续沿循观物取象的认识方法,总结前人脉学,将脉象辨为浮、芤、洪、滑、数、促等二十四种。明晰界定它们在指下的感觉,为后世医家临床广泛采用,使建基于象的脉学成为一门独立的学科,为中医诊断学做出了贡献。王叔和还整理编次《伤寒论》,使仲景之学得以传世。他在《伤寒例》中,采汉代孟京卦气说,借卦爻说明四时阴阳二气消长,同时依据天地人相统一的思想,论述人体生理病理阴阳变化。他说:"是故冬至之后,一阳爻升,一阴爻降也。夏至之后,一阳气下,一阴气上也。斯则冬夏二至,阴阳合也;春秋二分,阴阳离也。阴阳交易,人变病焉。"(《伤寒例》)这是以十二消息卦说明二至二分阴阳二气的离、合、升、降。十月纯柔,坤卦(☷)主之,六爻皆阴。十一月冬至,复卦(☷)为用,变六阴为五阴一阳,示阳气回复渐升。四月全刚,乾卦(☰)主之,六爻皆阳。五月夏至,姤卦(☰)为用,变六阳为五阳一阴,示阴气还显日盛。人体的生理功能若不能适应时令的变化,或节气太过不及超出人体承受的阈限,就会引发疾病。因此平时摄生,就应"春夏养阳,秋冬养阴,顺天地之刚柔也"。(同上)

杨上善,隋唐时人,将《内经》经文按类别重新编纂,并加注释,成三十卷,名《黄帝内经太素》,今尚有残本留传。杨氏亦将汉代卦气说应用于医学。以求更为圆满地解释四时阴阳及人体病变。他在注释《素问·脉解篇》时写道:"十一月一阳生,十二月二阳生,正月三阳生。三阳生寅之时,其阳已大,故曰大阳也。""三阴犹在地上未没,故阴气盛也。以阴气盛隔,阳气未得次第专用,故发肿于肤肉,生痛于腰也。"依十二月消息卦,十一月冬至,复卦(☷)用事,一阳爻升,一阴爻降。十二月临卦(☷)用事,二阳爻升,二阴爻降。正月建寅,泰卦(☷)用事,三

隋　仙山并照四神镜

阳爻升,三阴爻降,阳气已盛,故为太(大)阳。但此时阴气未衰,仍占一半,所以有可能引发腰脊肿痛症。依杨上善,正月为太阳,三月为少阳,五月为阳明,七月为厥阴,九月为少阴,十一月为太阴,同时十二个月分属十二消息卦。这样就把三阴三阳与卦气说结合起来,互相发明。他总结说:"十二爻寒暑之气,十一月阳气渐息,阴气渐消;至四月阳气在盈,阴气正虚;至五月阴气渐息,阳气渐消;至十月阴气在盈,阳气正虚。阴阳即为寒暑者也,盈虚以为虚实者也。人亦如之,消息盈虚,有虚有实,为二合也。"(《太素·设方·知鍼石》)十二爻指十二消息卦在一年中递次升降的六阳爻和六阴爻,它们分别与十二个月相应,代表一年气候的变化。依据"二合"即天人相应的观点,人体生理的虚实变化随十二个月阴阳消息而上下起伏,养生和临床施治都须重视这一情况。借助十二消息卦就将天人二者的寒暑盈虚形象

地表达出来。在引卦气入医理方面，杨上善与王叔和是一致的。

孙思邈（约公元581~682），唐代著名医家，其《千金要方》为《伤寒杂病论》以来最重要的临床医书。他的著作还有《千金翼方》《摄生真录》等多种。他一生行医民间，潜心隐居，以药救人，医术和医德均极高。世称"真人""药王"。孙氏"善谈老庄及百家之说，兼好释典"（《旧唐书》）。对医易会通，尤为重视，称"不知易，不足以言太医"（见张介宾《医易义》）。"周易六壬，并须精熟……乃得为大医"（《千金要方·大医习业》），此论对后世影响颇深。

孙思邈的一个重要贡献，是他对医德的崇尚和系统论述，可以说是对易学爱人精神的发扬。《文言·乾》曰："君子体仁，足以长人。"朱熹注："以仁为体，则无一物不在所爱之中，故足以长人。"（《周易本义》）《系辞》又曰："天地之大德曰生。""生生之谓易"，珍爱生命，尤其是爱人，是《易传》表达的儒家理念，同时也是道家的主张。孙思邈正是以此博大情怀从事医业，并以教人。他说："二仪之内，阴阳之中，唯人最贵。"（《千金要方·治病略例》）因此，"凡大医治病，必当安神定志，无欲无求。先发大慈恻隐之心，誓愿普救含灵之苦。若有疾厄来求救者，不得问其贵贱贫富，长幼妍媸，怨亲善友，华夷愚智，普同一等，皆如至亲之想；亦不得瞻前顾后，自虑吉凶，护惜身命。见彼苦恼，若己有之。深心悽怆，勿避崄巇、昼夜、寒暑、饥渴、疲劳，一心赴救，无作功夫形迹之心，如此可为苍生大医，反此则是含灵巨贼。"（《千金要方·大医精诚》）他认为，作为一名医生，要有普救众生、恻隐仁爱之心，对病人要不分亲疏、贵贱、民族、美丑……一视同仁。在治救过程中，要将个人得失、安危、喜恶置之度外。此医之德，实即易之德。

孙思邈以天地人三才统一和阴阳整体平衡的观点解释病因医理，多有独到之处。他说："易称天地变化，各正性命，然则变化之迹无方，性命之功难测，故有炎凉寒燠风雨晦冥水旱妖灾虫蝗怪异……天地尚且如然，在人安可无事？"（《千金要方·伤寒》）他是用"神无方而易无体"和"阴阳不测之谓神"（《系辞》）的道理，来解说为什么天地自然会出现风寒暑湿以至水旱怪异，然后再以天人一理为据，道明人之得病的根源。他又说："天地有斯瘴疠，还以天地所生之物以防备之。"（《千金要方·伤寒》）意思是，天生万物，万物之阴阳属性各有偏执，其偏厉者，即为致病之因。然天地之全，万物之总，正像"八卦相错"、阴阳爻数相称那样，永远处于整体平衡之中。因此，天地之间，每一种事物属性都会有另一种恰恰相反的事物属性与之对峙，互相制约，否则整体就会失衡。从这种理念出发，孙思邈认为一定可以在自然界中找到克服诸种病因的方法与药物。

孙思邈还用阴阳交会与阴阳平衡有益于万物生化的观点指导"房中"，作为摄生的重要方面。他主张夫妻交合，应随年龄的增长而逐渐减少。即使年青盛壮之时，亦须"谨而抑之，不可纵心竭意以自贼。"（《千金要方·房中术》）否则，"至年长，肾气虚竭，百病滋生。"（《千金要方·消渴》）但是他反对一般的禁欲，认为"男不可无女，女不可无男。无女则意动，意动则神劳，神劳则损寿。"而适度合宜的性生活有利于生理代谢和心身平衡。他说，"六十者，闭精勿泄。若体力尤壮者，一月一泄。凡人气力自有强盛过人者，亦不可抑忍。久而不泄，致生痈疽。若年过六十而有数日不得交合，意中平平者，自可闭固也。"（《千金要方·房中术》）总之，男女

交合合于天地阴阳之道,为人体正常生化所不可缺,同时又必须因人择宜,求取和泰。孙氏的这些思想至今仍有科学价值。

王冰,号启玄子,唐中期人,"弱龄慕道,夙好养生",深通医理。由他编次校注的《黄帝内经素问》,千余年来通行于世,为广大医家所认可,对保存和传授《内经》起了巨大作用。在次注过程中,他将鲜为人知的"运气七篇"补入,使着重研究天人关系的运气医学,重新得到发扬和重视。

王冰注解《素问》的特色之一,在于自觉地将医理与易理结合起来,多处引用《易传》原句,点明《内经》与《周易》的密切关系,以帮助读者更深刻地理解《内经》经文。《内经》视阴阳为宇宙万物的根本规律,同时也是医道的核心。它有一段著名的论述:"阴阳者,天地之道也,万物之纲纪,变化之父母,生杀之本始,神明之府也,治病必求于本。"(《素问·阴阳应象》)王冰注:"谓变化生成之道也……《易·系辞》曰:'一阴一阳之谓道'。此之谓也。""阳与之正气以生,阴为之主持以立,故为万物之纲纪也。""万物假阳气温而生,因阴气寒而死,故知生杀本始,是阴阳之所运为也。府,宫府也。言所以生杀变化之多端者,何哉?以神明居其中也。下文曰:'天地之动静,神明为之纲纪。'故《易·系辞》曰:'阴阳不测之谓神。'亦谓居其中也。"又《素问·六微旨大论》说:"升已而降,降者谓天;降已而升,升者谓地。"王冰注:"升已而降以下,彰天气之下流;降已而升以上,表地气之上应。天气下降,地气上腾,天地交合,泰之象也。《易》曰:'天地交泰'。……故万物生化,无有休息,而各得其所也。"王冰援引《周易》的有关论述,就使人们清晰地看到,《内经》的哲学思想原与《周易》一脉相承。

王冰坚持人与天相统一的观点,对摄生之术有许多精到的见解。他说:"养生者,必谨奉天时也。""时序运行,阴阳变化,天地合气,生育万物,故万物之根,悉归于此。"(《素问·四气调神》注)意谓人既然是在阴阳四时的运行之中合气而成,那么阴阳四时即为生命之根,故摄生必以遵奉阴阳四时为大法。王冰对于人体阴阳互根互动也有深刻的体认。他在注解经文"诸寒之而热者,取之阴;热之而寒者,取之阳"(《素问·至真要》)时说:"言益火之源,以消阴翳;壮水之主,以制阳光。故曰求其属也。"这是指,阳虚而外寒者,不可治以热,而须补其阳。阴虚而内热者,不可治以寒,而须滋其阴。王冰根据阴阳相互制约的道理指出,对于寒热之症,必须分清是由阴阳本位过亢引起,还是由阴阳之对方偏虚所致。由此而阐明了实热与虚热、实寒与虚寒的差别、病机和相应的治则。王冰的注解揭示了经文的奥义,开启了"养阴清热"和"补阳祛寒"的治疗方法,成为"治热以寒"和"治寒以热"原则的重要补充,并为后世命门之学提供了理论依据。

宋元明清著名医家对医易的论述与应用

中国宋、元、明、清诸代医学家对医易有过许多论述,并将其理论运用于医学实践之中。刘完素、朱震亨、李时珍、张介宾、唐宗海等是其主要代表。

刘完素(约公元1120~1200),字守真,金代河间人,创立河间学派,为金元四大

医家之一。主要著作有《素问玄机原病式》《素问病机气宜保命集》《三消论》《伤寒直格》等。其代表作《素问玄机原病式》开篇说："夫医教者,源自伏羲。"这就从历史上肯定了医易同宗。刘完素一生遵奉易之"不可为典要,唯变所适"(《系辞》)的精神,敢于革故鼎新。指出,"此一时,彼一时,奈五运六气有所更;世态居民有所变"(《素问病机气宜保命集·伤寒论》)。故病机治则也应相应有所不同。他总结自己在北方行医的经验,针对当时多有热性病流行,提出了主火论。他将《素问·至真要大论》"病机十九条"中有关火热病的范围加以扩充,并提出"六气皆从火化"的主张。认为风、湿、燥、寒诸气在病变过程中皆可化为火热,而火热也往往是风、湿、燥的成因。因此,他批评一些医家不问病理实情,一概使用温热之药,害人

有止痛、麻醉作用的曼陀罗

匪浅。他还根据易理分析了多发火热病的原因:"天以常火,以常动,动则属阳,静则属阴,内外皆扰,故不可峻用辛温大热之剂。"(同上)那时战乱频仍,民众颠沛流离,不得安生。由于动则生阳,阳主火热,所以多成火热之病。

　　刘完素注意到,虽同为热病,但证候和病机因人而异,必须区别对待。在解释为什么外感寒邪而有内热外寒之证时,刘完素引进卦气说,以天地之寒热推论人体,他说:"平人冒极寒而战栗者,由寒主闭藏,而阳气不能散越,则佛热内作故也。如冬寒而地中反煖也,或云冬阳在内,而阴在外,故地上寒而地中煖,夏则反此者,乃真理也。……如冬至子正一阳生,而得其复☷☳。至于巳则阴绝,而六阳备,是故得其纯乾☰☰。夏至午正则一阴生,而得姤☰☴。至于亥则阳绝,而六阴备,是故得其纯坤☷☷。至则阳复也。然子后面南,午后面北。视卦之爻,则子后阳升,午后阴降,明矣。"(《素问玄机原病式·战栗》)夏至一阴生,地面热极,而地下反凉,冬至一阳生,地面寒极,而地下反暖。这是因为热主出,寒主闭。天气热则地气通泄,故外热

而内寒;天气寒则地气闭塞,故外寒而内暖。人亦同理。为了进一步说明通寒塞暖的道理,他又举泰否二卦说:"故子正一阳生,而至于正月寅,则三阳生,而得其泰䷊泰者,通利而非否塞也。午正一阴生,而至于七月申,则三阴生,而得否䷋。否者,否塞而非通泰也。然而否极则泰,泰极则否,故六月泰极,则地中至寒;十二月否极,收地中至煖。然则地中寒煖,明可见焉。故知人之冒于寒而内为热者,亦有之矣。"(同上)刘完素以十二消息卦说明四季更迭,热极生寒,寒极生热,并以此解释热病病机,这样就使医理深化和形式化,也更容易理解。

刘完素还借用既济卦䷾和未济卦䷿论证他的"水善火恶"之说,以加强主火论。从卦象上看,既济卦离下坎上,离为火,坎为水。而水火之性是,火炎上燥腾,水润下寒湿,水在火上,则表明水得火之温煦,火得水之抑制,象征水火相济,万物得以生化。未济卦相反,离上坎下,象征火在水上,火自上燥,水自下寒,二者分离,互不相交,故万物不得化生。由此观之,水和火均不可太过不及,唯二者和谐相交,方是万物生化的条件,故水火本无善恶之别。然刘氏认为诸病多为热邪所致,应突出火的为害一面,因而强调必须以水制火,方可平和。他说:"夫水数一,道近而善;火数二,道远而恶。……故易曰:'润万物者,莫润乎水。'又言:离火为戈兵,故火上有水制之,则为既济。水在火下,不能制火,为未济也。是知水善火恶"。(《素问玄机原病式·罵詈》)

朱震亨(公元 1281~1358),字彦修,元代义乌人,人称丹溪翁,金元四大医家之一,主要著作有《格致余论》《局方发挥》《伤寒辨疑》《本草衍义补遗》等。他提出了"阳有余阴不足"之说和"相火论",在临床上,多以滋阴降火为方,取得了良好疗效。由他创立的学派,称为滋阴学派。

朱震亨坚持天人合一与"精气为物"(《系辞》)的观点,认为人与天地万物同为一气所化,且有动静相应的关系。他说:"天地以一元之气化生万物。根于中者,曰神机;根于外者,曰气立。万物同此一气。人灵于物,形与天地参而为三者,以得其气之正而通也。故气升亦升,气浮亦浮,气降亦降,气沉亦沉,人与天地同一橐籥。"(《格致余论·夏月伏阴在内论》)橐籥之说源于《老子》第五章:"天地之间,其犹橐籥乎!"老子把天地比做风箱。朱震亨进而认为"人与天地同一橐籥",意谓人之气与天地之气同升降,共浮沉,相动相从。

据此,朱氏又以天地之阳多阴少来推论人体之阳有余而阴不足。他引用易理,说:"天地为万物父母。天大也为阳,而运于地之外;地居天之中为阴,天之大气举之。日实也,亦属阳,而运于月之外,月缺也,属阴,禀日之光以为明者也。"(《格致余论·阳有余阴不足论》)"太极动而生阳,静而生阴,阳动而变,阴静而合。……火内阴而外阳,主乎动者也,故凡动皆属火。……天主生物,故恒于动;人有此生,亦恒于动。其所以恒于动者,皆相火之为也。"(《格致余论·相火论》)他认为在自然界,天大地小,日实月缺,五行之中惟火有二:君火、相火。在人身,人之生命主乎动,动皆属火,且"肝肾之阴,悉具相火"(同上)。所以从天到人,都是阳盛于阴,火多于水。但是正常的生理仍然是阴阳平和,这就决定了人们必须清心少欲,经常保持心身的宁静,才能做好摄生。"《传》曰:'吉凶悔吝生乎动'。故人之疾病亦生于动,其动之极也,病而死。"(《格致余论·房中补益论》)

　　朱震亨还引用天地交合则万物生化的易理,来解说人体的生理代谢。他认为在五藏之中,脾藏位居中央,起着阴升阳降、联通上下的关键作用。他说:"脾属土,具坤静之德,而有乾健之运,故能使心肺之阳降,肾肝之阴升,而成天地交泰,是为无病之人。"(《格致余论·鼓胀论》)脾主运化,能将水谷之精气输布周身,使上之心肺和下之肝肾往来交通,构成正常的生命整体。如果脾之功能受到损伤,则"胃虽受谷,不能运化,故阳自升,阴自降,而成天地不交之否。"(同上)在朱氏看来,人体与天地一样,必须不断进行阴升阳降,上下相交的气化过程,才能有健康的机体。这往复过程一旦出现障碍,就会发生各种病患。

　　李时珍(公元 1518～1593),字东壁,号濒湖山人,明蕲州人(今湖北省蕲春县)。其科学巨著《本草纲目》52 卷,早已译成拉丁、法、德、俄、英、日等文字,传播于全世界。《本草纲目》是对十六世纪以前我国药物学说的一次总结,对中国医药学做出了重大贡献,

　　在《本草纲目》中,医(药)理与易理得到很好地结合。李时珍借用八卦说明各种药物的特性,尤其是对水、火、土三类药物与生命关系的论述,有许多创见。如"土者,五行之主,坤之体也。……是以禹贡辨九州之土色,周官辨十有二壤之土性。盖其为德至柔而刚,至静有常,兼五行生万物而不与其能。坤之德其至矣哉,在人则脾胃应之。故诸土入药,皆取其裨助戊己之动。"(《本草纲目·土部》)李时珍将五行关于土的规定和《周易》关于坤(地)的论说综合起来,作为土类药物的一般品性。并依据中医学脾胃与土相应的理论,说明土类药物对脾胃之病有一定疗效。

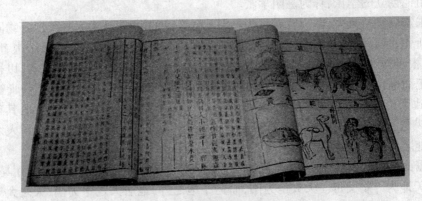

《本草纲目》书影

　　在用药配伍方面,李时珍也常以易理为指导。他强调指出,临床施治必须懂得"执常应变"的道理。以方药言,药物的气味品性为"常",一般不会变化,但经过配伍成方,其整体效用则变化万千。即使同一汤方,经过药味加减,也会产生多种不同的功效。因此,必须因病因人因时处方。他说:"甘缓、酸收、苦燥、辛散、咸软、淡渗,五味之性,一定而不变者也。其或补或泻,则因五脏四时而迭相施用也。温凉寒热,四气之本性也,其于五藏补泻,亦迭相施用也。"(《本草纲目·序例·五藏五

味补泻》)不仅用药有常有变,人受邪生病也如是:"虽然岁有四时,病有四时。或春得秋病,或夏得冬痛。神而明之,机而行之,变通权宜,又不可泥一也。"(《本草纲目·序例·四时用药例》)意思是,四时各有其常见病,但不一定每一病例都合常规,必须从实分析,随机应变。李时珍不仅对医药研究颇深,在医易会通方面也为后世留下了宝贵财富。

张介宾(约公元1563~1640),字会卿,号景岳,明浙江山阴人。著有《类经》《类经图翼》《类经附翼》《景岳全书》。在学术上力排朱震亨"阳有余阴不足"论,高唱"人之大宝,只此一息真阳。"(《类经附翼·大宝论》)因此,温补成为他临床施治多所采用的方法。

关于医易会通,张介宾做出了突出贡献。他重申孙思邈"不知易,不足以言太医"的著名论断,对医易会通的重要意义和内涵给予了较为系统的论述。其所著《类经》及《图翼》《附翼》,堪称引易释医的典范。他说:"天地之道,以阴阳二气而造化万物;人生之理,以阴阳二气而长养百骸。易者,易也,具阴阳动静之妙;医者,意也,会阴阳消长之机。虽阴阳已备于《内经》,而变化莫大乎《周易》。故曰天人一理者,一此阴阳也;医易同源者,同此变化也。岂非医易相通,理无二致,可以医而不知易乎?"(《类经附翼·医易义》)这就表明,医易会通的根据在于"天人一理",医易会通的纲领是一阴一阳之道,医家学易可以更深刻、娴熟地把握天地刚柔之妙合,阴阳动静之不测,从而大大提高对医理的理解和临床施治的能力。(参见"医易同源说")

张介宾善于借用卦象说明藏象。如为了阐释肾与命门的关系及其功能,他援引太极和坎卦:"合而言之,则命门象极,为消长之枢纽,左主升而右主降,前主阴而后主阳。故水象外暗而内明,坎卦内奇而外偶。肾两者,坎外之偶也,命门一者,坎中之奇也。一以统两,两以包一。是命门总主乎两肾,而两肾皆属于命门。故命门者,为水火之府,为阴阳之宅,为精气之海,为死生之窦。"(《类经附翼·三焦包络命门辨》)坎卦☵之上下二爻为阴,中间一爻为阳。张氏以上下阴爻象两肾,中间阳爻象命门,认命门为人身之太极,统两肾如生二仪。这样就形象生动地说明了命门的位置和作为人体生命之源的重要。

张介宾还利用易理论证阳为阴主和扶阳抑阴的主张。他说:"天地之大德曰生。夫生也者,阳也,奇也,一也,丹也。易有万象,而欲以一字统之者,曰阳而已矣;生死事大,而欲以一字蔽之者,亦曰阳而已矣。虽曰阳为阴偶而乾阳健运,阴为阳基而坤静常宁;然坤之所以得宁者,何莫非乾阳之所为?故曰如艮其止,止是静,所以止之便是动。是以阴性虽烇,未尝不听命乎阳,而因其强弱以为进退也。"又说,"故日中则昃,月盈则亏,亦象夫阳一而阴二,反觉阴多于阳。……故圣人作易,至于消长之际,淑慝之分,则未尝不致其扶阳抑阴之意。非故恶夫阴也,亦畏其败坏阳德,而戕伐乎乾坤之生意耳。"(《类经附翼·医易义》)他认为"生"为圣人设卦系辞的主旨,整部《周易》充满了尊生之心意,而生命的本根在于阳,故临床施治必须时时注意培补病人之阳气。

在辨证处方上,张介宾注意应用《易传》关于常与变相统一的思想。他发挥《系辞》"蓍之德圆而神,卦之德方以知"的论述,指出立法处方必须遵守一定的法规，此为"方"，但同时又必须因时因人因病制宜，具体分析，灵活掌握，此为"圆"。他说："方以立法，法以制宜，此方之不可无也。"（《景岳全书·新方八略》）强调用药原则不可背离。文说，"执持中不可无圆活。""意贵圆通，用嫌执滞。"（同上）意谓要依据实际情况适当变通。不知变通，亦不能治好病。唯方圆合一，方为高医。

　　唐宗海（公元 1851～1908），字容川，清四川彭县人。其著甚丰，主要有《中西汇通医书五种》《六经方证中西通解》《痢症三字诀》《医易通说》《医易详解》等。他处于西学东渐的时代，主张中西医各有优劣，理应汇通。对于易理，他钻研颇深，运用娴熟。认为以"窥测算量、光电化热、汽机制造"为奇之西学，其理亦不出《易》。因此提倡引易义于医理，同时参以西学，将三者统一起来。

　　和前世医家相同，唐宗海也借助八卦来解释人体。他对《说卦》关于"乾为首，坤为腹，震为足，巽为股，坎为耳，离为目，艮为手，兑为口"的配属，做了详细的阐述。他还创造性地利用八卦划分胎儿的发育阶段："推衍八卦之序而知，人之初胎在母腹中：第一月，只是一点元阳之气，以应乾一，有气即有液；第二月，气又化液，以应兑二，主津液；第三月，气泽合化为热，以应离三；第四月，振振而动，以应震四；既震动，则有呼吸，象风气；第五月，子随母气有呼吸，以应巽五；第六月，胎水始盛，以应坎六；第七月，子之肠胃已具，以应艮七，主中土；第八月，肌肉皆成，以应坤八，形体俱全。"（《医易通说·先天八卦》）

　　唐宗海在论述六经辨证时，以坎（☵）离（☲）二卦说明少阴经所属之肾和心。他说："足少阴肾经，肾形如豆，居背脊十四椎下，左右各一枚。"（《伤寒论浅注补正》）肾为里，膀胱为其表。"肾与膀胱司人身之水，在卦为坎，坎外阴内阳，以阳入阴，则气生焉。人之藏府，实禀天一之水，水中之阳，即生气之根，由下达上，由内达外，与天地之气相接引，夫然后有呼吸，而后有此气。"（《六经方证中西通解》）手少阴心经，心属火。"心象离卦，离之一阴，即坎水，水属阴而生心中之阳，合成离火之象，所由明者，实即内阴外阳，而光明发见也。假如肾水不足，不能上济君火，即君火亢，则为虚烦。"（同上）唐宗海通过坎离二卦清晰地表明，肾虽为阴藏属水，但阴中含阳；心虽为阳藏属火，但阳中寓阴。他强调，肾水与心火必须互助相济，水才能化气，火才不至于过亢。而肾水含阳，心火寓阴，正是心肾得以相交协同的内在根据。此为人体至关重要的生命机理。

　　除上述而外，金代张从正、李杲，明代赵献可，明清之际方以智，清代吴瑭等，对医易会通也都做出了贡献。

易理与气功

　　气功学是一门有远大发展前途的传统人体科学。气功古代称导引、行气、吐纳、按跷。晋道士许逊著《净明宗教录》有"气功"的提法，但一直未通行。"气功"之名的广泛采用，始于 20 世纪 50 年代。气功是通过自我调心（意念）、调息（呼吸）、调形（姿势）而提高健康水平，以摄生祛病的修炼方法。中华气功发祥甚早，后来逐渐形成医、儒、道、释、武术等几大流派，功法达四万七千余种。尽管不同流

国学经典文库

派之间差别很大,但都尊奉《周易》为理论经典,其功理功法与易理有密切关系。

（1）阴阳消长

各派气功学对人体的看法基本上与中医学相一致,均以阴阳五行学说和气化论为理论基础。《系辞》关于"一阴一阳之谓道"和刚柔立本的观点,是气功学的指导思想。在《黄帝内经素问》中,有许多关于气功的论述,如《素问·至真要大论》说:"调气之方,必别阴阳。"《素问·上古天真论》又说:"上古有真人者,提挈天地,把握阴阳,呼吸精气,独立守神,肌肉若一,故能寿蔽天地,无有终时,此其道生。""呼吸精气",即气功中的吐纳。"独立守神",是指自我把持而使精神内守,属气功修炼中的"调心"。所有这些都必须遵守阴阳法则。宋代内丹学重要典籍《悟真篇》也强调,"报言学道诸君子,不识阴阳莫乱为。"气功之要正在于"洞晓阴阳"。

依据易理,阴阳双方相互对立又相互依存。二者协调,适时交合,乃万物生化的条件和根源。气功学继承并发挥了这一思想,认为人体所含阴阳两方须经常保持互根、平衡及和谐交会的关系,否则就会生病。因此,气功的基本目标正在于恢复和维系人体的阴平阳密,即正常的生命状态。被后世誉为"万古丹经王"的东汉魏伯阳说:"物无阴阳,违天背元。牝鸡自卵,其雏不全。夫何故乎?配合未连。"(《周易参同契》第二十章)肯定了独阳不生、孤阴不长而且阴阳必须交合的道理。魏伯阳还用汞比喻元精,即人体之阴,称"河上姹女",用铅比喻元气,即人体之阳,称"黄芽"。他说:"河上姹女,灵而最神,得火则飞,不见埃尘,鬼隐龙匿,莫知所存,将欲制之,黄芽为根。"(同上)他以汞遇铅则化合成铅汞齐(丹)做比喻,说明阴(元精)阳(元气)双方必须交合,人体才能健康而充满活力。

在气功修炼过程中,也必须遵守阴阳法则。如人的体质有偏阴或偏阳之别,练功则应选择与其体质相应的功法。偏阴之人须补其阳,偏阳之人须滋其阴。同理,病人施功要针对病情。阳虚阴盛的病人要练益阳消阴的功法,阴虚阳亢的病人要练滋阴潜阳的功法。《养生肤语》说:"热病宜吐故纳新,口吐鼻入以凉之;冷病以存气闭息,用意生火以温之。"

（2）天人合一

依据易理,人与天地有相应关系,自然界的变化影响人的生命运动,人与自然界遵循共同的规律。《文言·乾》说:"夫大人者与天地合其德,与日月合其明,与四时合其序,与鬼神合其吉凶。"《彖·丰》亦说:"天地盈虚,与时消息,而况人乎?"天地人相统一的思想是中医学和气功学共同的理论基础。中医学认为人体气血运行、虚实盛衰受四时、月相、昼夜的制约。《素问·生气通天论》说:"故阳气者,一日而主外,平旦人气生,日中而阳气隆,日西而阳气已虚,气门乃闭。是故暮而收拒,无扰筋骨,无见雾露。反此三时,形乃困薄。"意思是人身阳气随日之出没而起伏,人的行为和摄生活动必须与之相适应。这是健身的基本原则。

在这种思想指导下,气功学强调施功要顺从阴阳二气与时消长的规律。就是说,练功要选取适当的时间,不同的季节有与之相宜的不同的功法,练功的"火候"也与时间因素密切相关。晋代葛洪认为,就昼夜而言,从夜半子时至日中午时为生气,从午时至子时为死气。吐纳功要在前六个时辰练,方有益。在后六个时辰练则

无益。葛洪的此一主张对后世有很大影响。内丹术对练功时间的要求比吐纳法更为严格,一般认为子时练内丹最为相宜。子时为一昼夜中阴极阳生之时,在人体,肾中真阳之气也开始发动。若在子时到来之前候气起火,就可借助天时,内外相合,使肾中真阳与心中真阴相交,达到水火既济,炼成内丹。

除时间因素外,练功还须考虑空间方位。依据先天八卦,乾南,坤北,离东,坎西。而后天八卦,则离南,坎北,震东,兑西。合而观之,南方属离、属乾。而离为日,乾为天,故南被视为天阳之方。因此,一般功法面南而练。由于太阳展出东方,暮落西方,故也有人主张早晨练功面向东,黄昏练功面向西,以取天阳之德。

(3) 圆道变通

《周易》以图象和文字系统地阐述了圆道思想。泰卦九三爻辞说:"无往不复。"《象传·复》说:"复,其见天地之心乎!"认为循环往复是天地万物运动的基本法则,并且,世间一切矛盾都只能在循环中得到解决。循环运动畅通无阻,生化过程方能顺利进行。《系辞》说,"易穷则变,变则通,通则久。"所谓"变"和"通",就是通过阴阳的消长转化,克服前进中的困难,使事物的往复循环得以完成。而循环过程的通畅,则是事物生命长久不可缺少的条件。

气功学将圆道观应用于人体,认为气血按一定规律绕周身循环运行,是人身重要的生理过程。因此,很多功法的直接效应正是在于消除闭塞,促使身体各部的气血通畅。内丹术功法的特点,就是通过练功使内气沿经络环周运转。其第一阶段称"小周天",为练精化气,要求内气逆督脉而上,顺任脉而下,历经尾闾、夹脊、玉枕三关,上下二鹊桥,上中下三丹田,完成一次循环。小周天又称"百日筑基"。完成筑基之后,可进入功法的第二阶段,即"大周天"。大周天为练气化神,要求气感不仅在任督二脉行走,而且要扩及其他的经脉,进行更大的循环。

(4) 八卦相错

八卦作为认识世界的模型和说理工具,被应用到中国古代许多学术部门。而气功学对八卦的应用尤为突出,这首先是因为八卦理论以阴阳为基础,与气功学相符合。另外,由于气功的本质和规律微渺难寻,至今尚未揭示清楚,因此古代气功家更需要借助八卦这种具有象征性和普遍性特征的模型,通过类比来加以说明。

东汉魏伯阳著《周易参同契》,系内丹术的经典。该书以《周易》八卦为基本理论,其开篇就说:"乾坤者,易之门户,众卦之父母,坎离匡郭,远毂正轴。牝牡四卦,以为橐籥,覆冒阴阳之道。"认定乾坤坎离四卦统摄阴阳,为万物生化之源,是把握内丹气功的关键。如小周天以后天八卦为指导。后天八卦图中,离南,

东汉　楼舱式陶船

坎北。南为午时,北为子时。内丹术以离代表心火,坎代表肾水,以任督二脉的上接点为人身之子,下接点为人身之子。小周天功的修炼,内气的流动感从人身之子时开始,向午时行走,再由午至子,往复循环。所以小周天又称"子午周天"。小周天功的目的是通过内气在任督二脉中的周流,使心肾相交,水火既济。用内丹学的术语表示,此为"以坎填离"。坎卦☵中爻为阳,离卦☲中爻为阴。经过小周天功的练习,人身之神、气、精得到调整而达于更佳的生命状态。这时坎离相交,坎卦之中爻与离卦之中爻互相错位,于是坎变为坤☷,离变为乾☰,这样就由离南坎北的后天八卦图回到了乾南坤北的先天八卦图。后天八卦图中离上坎下,示火在水上,为未济☲☵之象。由后天恢复先天,表明人身得到纯化,已成"纯阳之体"。《悟真篇》说:"取将坎位心中实,点化离宫腹内阴,从此变成乾健体,潜藏飞跃尽由心。"这段话说的就是小周天功法的练功过程。

十二、周易与中国艺术

《周易》圆道观念对中国艺术的影响

中国思想史上的圆道观念认为,宇宙万物的运动变化具有往复循环的特征。圆道意识源远流长,早在原始文化中即已滥觞,但是通过哲学思维的形式,运用概念范畴等手段,明晰地予以表达出来,则自《周易》始。

《周易》包蕴的圆道观念,集中体现在卦象中阳爻"九"和阴爻"六"的相互转化上,体现在《乾》卦与《坤》卦的内在联系上,体现在六十四卦中二十八对"复卦"的构成规律上,还体现在《易经》卦爻辞对"无往不复"观念的反复宣扬上。圆道观念是《易》理的基本内容之所在。

《周易》圆道观念渗透到中国人知情意心理结构中,融入中国传统文化的血脉中,不但影响到中国人探究宇宙万物奥秘的科技活动,而且也深刻影响到中国人表达对生活体验、感受的艺术创造活动。由此,无论是表情艺术、语言艺术或综合艺术,凡中国古典艺术,我们均可从中体悟到圆道观念的感性显现。

(1)表情艺术领域

①舞蹈

纵观中国舞蹈艺术史,偏重于再现生活或模拟现实的舞蹈作品当然并非绝无,但古典舞蹈创作的主流毕竟是"舞以尽意",亦即表现舞蹈家对生活的情感体验。《周易》圆道观念渗透进舞蹈创作领域,在独舞创作中可见,在群舞或组舞中同样也可见。

先看独舞的史料。东汉傅毅(武仲)《舞赋》描述独舞的场面云:"其始兴也,若俯若仰,若来若往,……其少进也,若翔若行,若竦若倾,……及至回身返入,迫于急节,……,体如游龙,袖如素蜺。黎收而拜,曲度究毕。"唐李群玉《长沙九日登东楼观舞》诗赞美"绿腰"舞的表演云:"南国有佳人,轻盈绿腰舞,……翩如兰苕翠,婉如游龙举,……低回莲破浪,凌乱雪萦风,……唯愁捉不住,飞去逐惊鸿。"唐白居易《霓裳羽衣歌》叙述欣赏霓裳羽衣舞的审美感受云:"飘然转旋回雪轻,嫣然纵送游龙惊;小垂手后柳无力,斜曳据时云欲生。"通览以上三位诗人用诗的语言描述的几个独舞艺术形象之后,虽然我们对这几个舞蹈的某些细节,不甚了了,但其基本特点毕竟是清楚的;其一,在这三个

东汉 舞蹈陶俑

独舞中,舞蹈家的空间运动线"婉如游龙举","纵送游龙惊",其进退往来呈圆弧线推移;其二,舞蹈家的身段造型"若翔若行,若竦若倾""体如游龙,动若惊鸿",多呈S型,其头肩与胯与膝足的势态,多呈"三道弯"。中国古典舞蹈中,这种以圆弧线空间走向为美,以S形或"三道弯"的身段造型为美的审美趣味的出现,很难说与《周易》圆道观念的影响一无联系。

再看多人舞和组舞的有关史料。明张岱描述《浣纱记》传奇中的西施舞场面云:"西施歌舞,对舞者五人,长袖缓带,绕身若环,曾挠摩地,扶旋猗那。"(《陶庵梦忆》)《旧唐书·音乐志》叙述有一百多人参加的《破阵乐》舞场面云:"破阵舞图:左圆右方(组舞队形之左侧呈圆形,右侧呈方形),先偏后伍(前有战车,后有步卒),鱼丽鹅鹳(时而变化成横队,似《鱼丽阵》;时而变化成纵队,似《鹅鹳阵》),箕张翼舒(转而成箕形布列而两翼舒展),交错屈伸,首尾回互,以象战阵之形。"由上述记载看,中国古代多人舞的空间造型有"长袖缓带,绕身若环";组舞的空间造型则有"交错屈伸,首尾回互"(队形交错变换,最后首尾相接,若环相衔)。这就是说,从多人舞和组舞艺术造型中均可见到S形线或圆弧线的变化流动。可见,即使是在集体舞中,圆道观念也有不可低估的影响力。

在笔者拜读到的有关中国传统舞蹈的论文中,许淑嫒先生的《中国民族民间舞蹈美的规律初探》给我留下极为深刻的印象。许先生在分析了东北秧歌、胶州秧歌和安徽花鼓灯等民族民间舞之后说:"民族舞最美好的东西都在起承转合之中。"又说:"为什么汉族舞都呈圆弧线?有的同志提出这是否与汉族图腾有关?汉族的图腾是龙,龙在古时就是蛇,所以汉族古典舞、民间舞的动律都是弧线、圆线的。"有关汉族古典舞与图腾的关系问题,似可进一步讨论。这里我想说的是,许先生提出"汉族舞都呈圆弧线"这一论断,似真正把握了中国传统舞蹈迥异于西方的根本特征。

②书法

中国书法在章法方面,既讲究字与字之间的上下顾盼和左右相映,又讲究行与行之间的彼此照应和气脉贯通。用解缙的话说:"上字之与下字,左行之与右行,横斜疏密,各有攸当;上下连延,左右顾瞩,八面四方,有如布阵。"张绅的见解类似,他说:"古人写字,政如作文……终篇结构,首尾相应。……故羲

之能为一笔书,盖谓《禊序》自'永'字至'文'字,笔意顾盼,朝向偃仰,阴阳起伏,笔笔不断。"

《兰亭集序》局部　王羲之

中国书法在笔法方面亦颇有讲究。在古今名家就此发表的众多高论中,以下三位的意见尤其值得重视:宋书家米南宫的"无垂不缩,无往不收"说,近代书家黄宾虹的"落笔应无往不复,无垂不缩"说以及现代书家郭沫若的"逆入平出,回锋转向"八字真言。这几位书坛高手的上述论述,均涉及"复"道在笔法中的客观存在。

如果我们同意书法美的核心是在把握"意"与"笔"这一矛盾对立统一规律,而书家之"意",诚如孙过庭《书谱》所言:其"阳舒阴惨,本乎天地之心",具有"复"(《周易》《复》卦之"复")的特性,由此受书家之"意"支配的笔法和章法在节奏韵律方面表现出往复循环的特征,呈现出圆道的光辉,也就不足为奇了。

(2)语言艺术

①诗歌

受《周易》圆道观的影响,中国诗人的情思表达,多回环往复之态。反映到创作领域中,诗歌语言回抱反复,多A⇆B模式。例如:

《诗经·关雎》:"窈窕淑女,寤寐求之;求之不得,寤寐思服。"

魏晋刘公干《赠从弟》:"亭亭山上松,瑟瑟谷中风;风声一何盛,松枝一何劲。"

唐刘希夷《代悲白头翁》:"年年岁岁花相似,岁岁年年人不同。"

宋欧阳修《啼鸟》"花开鸟语辄自醉,醉与花鸟为友朋。"

宋苏东坡《和子由渑池怀旧》："人生到处知何似？应似飞鸿踏雪泥。泥上偶然留指爪,鸿飞那复计东西。"

宋杨万里《五月初二日苦热》："人言长江无六月,我言六月无长江。"

诗人情思萦绕回环,诗作语言多 A⇆B 模式,其间最极端例子,可推中国诗坛"特产"之"回文诗"。其中读之欣然有味者,有苏东坡《题金山寺》："潮随暗浪雪山倾,远浦渔舟钓月明。桥对寺门松径小,巷当泉眼石波清。迢迢绿树江天晓,蔼蔼红霞晚日晴。遥望四山云接水,碧峰千点数鸥轻。"该诗自"潮"至"轻"正(顺)读是一首意境隽永的七律,由"轻"至"潮"倒(逆)读又是一首意境深邃的七律。有人将"回文诗"嗤之为文字游戏,殊不知这类作品在诗苑不绝如缕,除了与汉语单音节的特点有关外,更重要的是,此乃是《周易》圆道观念在诗坛的自然流露,其出现带有一定程度的必然性。

②散文

中国散文的写作讲究"起承转合"、首尾相顾。其中最极端的例子,当推明清八股文。八股文的程式为:破题,承题,起讲,入题,起股,中股,后股,束股或大结。这一行文顺序又可归纳为"起、承、转、合"四字。清刘熙载《艺概》云:"起者,起下也,连合亦起在内;合者,合上也,连起亦合在内;中间用承用转,皆兼顾起合也。"(《艺概》177 页)又云:"起笔无论反正虚实,皆须贯摄一切,然后以转接收合回顾之。"(《艺概》178 页)

其实,散文(包括诗歌)讲究"起承转合"、首尾相顾,乃是中国艺术美创作和欣赏领域内的一个传统观点。梁刘勰《文心雕龙·章句篇》就强调"绝笔之言,追媵前句之旨",主张文章写作须"首尾一体",前后照应。时至今日,作家罗竹风在《议论文选析·序》中依然在强调这一写作技巧。他说:"在文章结构方面,起点、中段、结尾三者有机地组合起来","起点应当提出自己的论点","中段主要是阐释论据","结尾应与起点相互照应"。不论是古人刘勰,还是当代作家罗竹风,他们有关作文的经验之谈,说白了,都是在自觉或不自觉地宣传为文须循圆道的诀窍。

(3)综合艺术之戏曲

中国戏曲注重"以歌舞演故事"(王国维语),讲究唱、念、做、打"四功"和手、眼、身、法、步"五法",其动作明显地带有程式化倾向。稍稍留心一下演员在舞台上表演的暗上虚下、大小起霸、开关门、上下楼、整冠理鬓、趟马走边等动作,在具有舞蹈美的形式中,不难见到圆道的闪光。

试以台步为例,不论是旦角的云步,还是生角的蹉步方步,其运行路线均呈 S 形。再如武生"起霸"的理盔,老生"髯口"的理髯,旦角"水袖"的甩袖,在这些程式化动作中,手的运行路线(包括作为"手"的延长的"袖")均呈弧线形。相比于话剧动作的生活化和直线性,中国传统戏曲动作明显地表现出虚拟化和曲线性特点,处处显现出受圆道观念影响的烙印。

(4)实用艺术

①建筑

中国传统建筑的个体造型比较简单,但群体组合错落有致、变化多端,在世界

建筑史上堪称别具一格。

我们在群体组合而成的北方四合院中，就不难发现圆道的闪光。如果你生活在北京，去拜访的对象是某座四合院的主人，那么你进大门（设于院落东南角或西北角），绕影壁，进二门，穿回廊，然后登堂入室，拜见主人，其运行路线明显地呈现S形。末了，辞别主人而返，其运行路线则又是S形。其实，不光是民居的深宅大院，就是政治色彩极强的皇宫、官署，或宗教气氛极浓的道观寺庙，其出入进退的运行路线，亦大体呈S形（或多个S形）。

在中国传统建筑个体立面中，有一由基座、屋身和屋顶构成的三段式。而其中屋顶风格最具中国特色：屋面反凹呈弧线形，屋角翘举呈弧线形。这一闪现着圆道光辉的建筑风格，至迟在周代即已初露端倪（有《诗经·斯干》"如鸟斯革，如翚斯飞"为证），而在今日江、浙、闽一带的民居中，依然在大放异彩。

梁思成先生对中国传统建筑的屋顶造型深有研究。他说："因雨水和光线的切要实题，屋顶早就扩张出檐的部分。出檐远，檐沿则亦低压，阻碍光线，且雨水顺势急流，檐下亦发生溅水问题。为解决这两个问题，于是有飞檐的发明……屋顶的曲线不只限于'翼角翘起'与'飞檐'，即瓦坡的全部，也是微曲的不是一片直的斜坡。"梁先生论述侧重于"飞檐"产生的实用背景。但"飞檐"的出现除实用价值之外，审美价值亦不可忽视。并且在实用和审美兼备的"翼角翘举"和飞檐曲扬的屋顶造型中，圆道观念的影响又是不可忽视的因素。

②园林

中国古典园林将自然美、人文美和艺术美熔于一炉，着力追求含蓄隽永的艺术意境，从而具有迥然不同于西方园林的风格特征。

古代匠师显然是受圆道观念的影响，他们在运用叠石凿池、建亭置阁、栽树（竹）种花（草）等手段造园时，尽力使平面布局虚实相间、层次多变，使空间造型起伏有序、错落有致。同时，又以回廊、曲径、舟桥为中介，将各个景点委婉曲折地连接在一起。古诗云："曲径通幽处，禅房花木深。"（常建《题破山寺后禅院》）"山重水复疑无路，柳暗花明又一村。"（陆游《游山西村》）将这些原非吟咏园林的诗句借过来形容中国园林意境美，实在再贴切不过了。

中国园林的建造受圆道观念影响最突出的例子可推扬州个园。这座建于清初的园林，通过"叠石"的精心设计和巧妙安排，使时序（时）与景观（空）同步变换融于一体。游客进入个园，观石笋破土之景而联想及春光明媚，观石峰似云之景而联想及夏色正浓，观黄石斑驳之景而联想及秋意萧瑟，观宣石雪色而联想及冬寒雪飞。绕园一圈，周览"四季假山"，仿佛于瞬间经历了四季更迭，如若游兴正浓，再绕园一圈，那么，冬去春来，仿佛又经历了一年。

《易》象与中国艺术及审美

①"静中有动"的卦象与中国艺术之创作欣赏

据《易传》"大衍之数"章的有关文字，著占定卦的方法是：经"四营"（分二、挂

一、揲四和归奇)而得一变,历三变而得一爻,历十八变得六爻而成一卦。换言之,著占定卦的过程是,由爻(爻象)而至卦(卦象)。无爻象就无卦象可言。

《系辞上传》说:"圣人有以见天下之动,而观其会通,以行其典礼,系辞焉以断其吉凶,是故谓之爻。"意思即:圣人看到天下事物运动的复杂现象,仔细观变化的特点,在万变之中找出其不变的规律,画出爻画并加以文字说明(系辞),以断定吉凶,这就叫作"爻","爻也者,效天下之动也。"爻画是模拟表现天下事物之动、是模拟表现天地之道之变的。《系辞下传》说:"《易》之为书也不可远,为道也屡迁。变动不居,周流六虚,上下无常,刚柔相易,不可为典要,唯变所适。"意即《周易》这部著作为了模拟表现天地之道的变化,在"六虚"的背景下,设定"六位"与"六爻"这一矛盾对立统一的"模式"。"六位"是在立体上面自下而上地依次标出"初"(阳、刚)、"二"(阴、柔)、"三"(阳、刚)、"四"(阴、柔)、"五"(阳、刚)、"上"(阴、柔)六级阶位,它体现为一般情况下"道"由低级向高级发展的运动情况。"六爻"是根据著占结果在"六位"上面所画的爻画,它体现为特定情况下"道"由低级向高级发展的运动情况。在未揲著之前,"六位"并无实际内容,故称"六虚";揲著之后,"六位"有了具体内容,就有了或刚(阳)或柔(阴)这两类爻画,这就叫"六爻"。正因为"六爻"的或刚或柔是由著占决定的;而著占结果,"六爻"的或刚或柔与"六位"的或阴或阳,有可能一致也有可能不一致,刚爻可能居阳位也可能居阴位,柔爻可能居阴位也可能居阳位。"六爻"在"六位"上的排列并无刻板公式,其变化是绝对的。

《说卦传》说:"兼三才而两之,故《易》六画而成卦。分阴分阳,迭用柔刚,故《易》六位而成章。"在这里,"分阴分阳"是指"六位"分为初阳(奇)、二阴(偶)、三阳(奇)、四阴(偶)、五阳(奇)和上阴(偶)。"六位"的分阴分阳是先设的、固定的。"迭用柔刚"是指"六爻"的或刚(阳)或柔(阴)完全由著占的结果决定。在《易》中,正是"六位"的阴(偶)阳(奇)布列与"六爻"的刚柔交错之间的矛盾关系,构成了《易经》六十四卦爻象的无穷变化。

在《易传》看来,天地之道是变化无穷的,模拟表现天地之道的爻象也是变化无穷的。"道有变动,故曰爻","六爻之动,三极之道也。"但是著占一旦开始,"六位"的爻画或刚或柔随之一一确定,当最终排列出"六爻"后,《易》卦的性质也就确定了。此时,"六爻"之"动",也就转化为《易》卦之"静"了。用《系辞上传》的话说即:《易》"无思也,无为也,寂然不动,感而遂通天下之故(事也)。"也正因为《易》卦是静止的、固定的,所以《易经》六十四卦的排列,即使次序有变(目前就已有通行本与帛书本的不同),也并不影响《周易》"彰往而察来"这一预测功能的发挥。

对于著占中由爻而卦,由六爻之"动"最终转化为《易》卦之"静"这一"立卦"奥秘,《易传》早就有所揭示。《系辞上传》说:"是故著之德圆而神,卦之德方以知,六爻之义易以贡。"意即用作占卦的著草的性质变化莫测而神奇,著占所得《易》卦的性质静止固定而明智,而六"爻"的特点则在于通过变化,而告示人以吉凶。

如果说,著占得六爻定一卦的过程,表现为由动(六爻)而静(卦),最后物态化为《易》之卦象。那么,观照玩味《易》的过程则表现为由静《卦》而动(六爻),从静止的卦象中体悟出六爻之动的神秘意味了。《系辞上传》说,"是故君子居则观其

象而玩其辞,动则观其变而玩其占,是以'自天佑之,吉无不利。'"意即君子不论是日常居处还是有所行动,经常揣摩玩味卦象和卦爻辞,观照体悟《易》卦"六爻"的刚柔变化和所系占断辞,注意避凶趋吉,由此好像获得了上苍保佑一样,事事吉祥如意。

《易经》六十四卦的卦爻象具有"静中有动"的特性,是相当明显的。试以《乾》《渐》《咸》三卦为例;

☰乾:元,亨,利,贞。其六爻之象为神龙生命活动之写照:初九,"潜龙勿用",神龙韬晦深藏,养精蓄锐;二九,"见龙在田",神龙初露头角,出没田间;三九,"终日乾乾",整天精神振奋,跃跃欲试;九四,"或跃在渊",神龙审时度势待机而动;九五;"飞龙在天"。神龙奋发向上,腾飞九天,上九,"亢龙有悔",神龙翱翔穷极,力竭精疲。观照《乾》卦由初爻至上爻的六爻之象变化,展现于眼际的是一幅神龙生命活动的生动图画。人们从这幅图画中,可以悟介"天行健,君子以自强不息"(《乾》"象传"语)的哲理,也可以悟介"六爻发挥,旁通情也"(《乾》"文言"语)亦即触类旁通天地万物发展变化的一般情理。

☶渐:女归吉,利贞。其六爻之象为鸿雁栖飞行止由低而高、由近而远的生动写照。初六,"鸿渐于干",鸿雁飞行渐进至水涯边;六二,"鸿渐于磐",鸿雁飞行渐进于磐石上,九三,"鸿渐于陆",鸿雁飞行渐进至高平之地,六四,"鸿渐于木",鸿雁飞行渐进至高树;九五,"鸿渐于陵",鸿雁飞行渐进至山丘;上九,"鸿渐于陆",鸿雁飞行渐进至九天云路。观照《渐》卦由初爻至上爻的六爻之象,展现于眼际的是一幅鸿雁由水涯飞至磐石、飞至高地、飞至树木、飞至山丘,最后翱翔于九天云路的生动画面。人们品味这一画面,不难悟介到"进得位,往有功也,进以正,可以正邦也"(《渐》"象传"语)的修身养性、治国安邦的人生哲理。

☶咸:亨,利贞,取女吉。其六爻之象则为新婚夫妇情意缠绵之写照。初六,"咸其拇",触摸脚丫子;六二,"咸其腓",触摸腿肚子;九三,"咸其股",触摸大腿;九五,"咸其脢",触摸后背部;上六,"咸其辅颊舌",接吻又亲嘴。观照《咸》卦由初爻至上爻的六爻之象,展现于眼际的是一幅燕尔新婚的青年男女相亲相爱的绝妙图画。从这幅图画中,儒学大师荀子悟介到了"《易》之《咸》,见夫妇"(《荀子·大略篇》)的人生哲理。

应该说,著占定卦时由六爻之"动"转化为卦象之"静",把玩《周易》时,由卦象之"静"转化为六爻之"动"这一动静互为转化的过程,与艺术的创作和欣赏过程有着相通一致之处。也正因为二者有着相通一致之处,所以《易》象对中国艺术和审美产生了相当大的影响。

受《易》象和《易》象论的影响,中国传统艺术将"静中有动"作为自己的美学追求,创造了一大批具有民族特色的艺术精品,为世界艺术宝库增添了独特的光彩。现以书画、建筑和诗词为例,择要说明如下。

书法、绘画和建筑等造型艺术作为空间艺术本来并不具有时间艺术(如音乐)那样的流动性。但是中国传统造型艺术追求"静中有动"之美,把艺术家对天地万物生机活力的体悟,借助于一定的物质手段,表现于艺术形象中,使静态的造型艺术"静中有动","栩栩如生",洋溢出生命之光辉。

国学经典文库

①书法

书法被美学界有些学者称作中国造型艺术中的"最高艺术"。作为呈现于读者面前的书法作品无疑的是静止的，但是在静止的卷面中，却蕴含着书法家对天地生机的深切体悟。所以书法精品犹如《周易》卦象一样，同样具有"静中有动"的特性。唐张怀瓘《书断》说："夫卦象所以阴骘其理，文字所以宣载其能。卦则浑天地之窈冥，秘鬼神之变化；文能发挥其道，幽赞其功。"这段话里的所谓"卦象"，实含爻象在内，所谓的"文字"，则既指偏重于实用之写字，又指偏重于审美的书法。在张怀瓘看来，书法与《易》卦象一样，同样能"浑天地之窈冥，秘鬼神之变化"，同样能表现天地自然的生机活力。

如果说书法是中国造型艺术中的"最高艺术"，那么书法中的草书就是最高艺术"皇冠上的明珠"了。古往今来有不少人认为，草书可以将书法家对宇宙生机的体悟感受，酣畅淋漓地表现出来。唐韩愈《送高闲上人序》说："天地万物之变，可喜可愕，一寓于书。"唐怀素《自叙帖》谈及临池挥毫，说是"奔蛇走虺势入座，骤雨旋风声满堂""笔下唯看激电流，字成只畏盘龙走"。在这里，大书法家借助于龙飞凤舞的墨迹，将强烈的情感体验全部灌注于艺术作品中，动（情感之"动"）转化为静（作品之"静"）。从艺术欣赏的角度讲，草书又最能激发观赏者的审美心理活动。观赏者透过墨迹，能够真切地感受到大自然中生生不息的创造活动。蔡希综《书法论》说："率府长史张旭……乘兴之后，方肆其笔，或施于壁或札于屏，则群象自形，有若飞动。"王世贞《弇州山人稿》说："怀素《千字文》，字字欲仙，笔笔欲飞。"其实不光是草书，只要是书法精品，均具"静中有动"之美，均能给人以如同欣赏音乐那样的审美感受，用现代书法大家沈尹默的话说："不论是石刻，或是墨迹，……凡具有生命的字，都有这种魔力。"

②绘画

南朝宋王微《叙画》说："以图画非止艺行，成当与《易》象同体。"意即因为绘画并不居于技艺之列，所以成功的作品应该做到"与《易》象同体"的。那么，什么是《易》象之"体"呢？关于《易》象之"体"，一方面可以说是"神无方而《易》无体"，《易》道变化莫测、并无定体可言，但另一方面却又可以说，《易》是"阴阳合德而刚柔有体"的，静止的卦象中是蕴含着六爻阴阳刚柔错综复杂的运动和变化的。所以，说图画"与《易》象同体"，亦即肯定图画与《易》象一样须"静中有动"，须表现出天地自然的生机和活力。

③建筑

中国传统建筑中精品之美，有口皆碑。其成功的奥秘之一、即在"静中有动"，呈现出如同乐曲一样的节奏韵律。《系辞传》说："上古穴居而野处，后世圣人易之以宫室，上栋下宇，以待风雨，盖取诸《大壮》。"《大壮》卦下《乾》上《震》，按照《说卦传》的解释，《乾》为天、为木果；《震》为雷，为龙。二者均为阳刚之象。先民由"穴居"发展为生息于木石结构的"宫室"，乃是奋发有为，不断创新的结果。而就卦爻之象言，《大壮》卦上为《震》，下一阳爻而上二阴爻，其爻画象征屋顶巍然高耸、檐部举扬的飞动之态。

中国传统建筑的个体建筑，造型比较简单。但是就在比较简单的个体建筑中，

仍然表现出中国百姓的强烈爱美之心。试看造型别出心裁的屋顶：曲线悠悠的飞檐，弧形翘举的屋脊，这一切赋予静止的建筑以禽鸟展翅欲飞的动感。《诗经·斯干》："筑室百堵，西南其户……如鸟斯革，如翚斯飞。"相当形象地描绘了这种"静中有动"的建筑美之所在。

中国传统建筑中个体建筑的造型比较简单，但群体组合常常匠心独运。古代工匠在突出主体建筑的前提下，沿中轴线，往往精心配置高低参差不一、体量大小有别的各类附属建筑。由此，自前而后，整个建筑群起伏有序、错落有致，呈现出乐曲那样的抑扬顿挫的节奏和韵律。今天，我们站在北京景山顶上，鸟瞰故宫建筑群；或站在河南嵩山脚下，仰望中岳庙建筑，均能得到如同欣赏"江南丝竹"般的音乐美感。

④诗词

属于语言艺术的中国古典诗词，则以创造"静中有动"或"动中有静"的艺术意境，作为自己的美学追求。

宋沈括《梦溪笔谈》说："古人诗有'风定花有落'之句，以谓无人能对。王荆公以对'鸟鸣山更幽'。……则上句乃静中有动，下句乃动中有静。"宋范晞文《对床夜语》说："'风定花犹落，鸟鸣山更幽。'前辈谓上句置静意于动中。下句置动意于静中。是犹作意为之也。刘长卿'片云生断壁，万壑遍疏钟。'其体与前同，然初无所觉，咀嚼既久，乃得其意。"清金圣叹《批欧阳永叔词十二首》说："余尝言写景是填词家一半本事，然却必须写得又清真又灵幻乃妙。只如六一词，'帘影无风，花影频频动'九个字，看他何等清真，却何等灵幻。盖人徒知帘影无风是静、花影频移是动，而殊不知花影移动，只是无情，正是极静，而'帘影无风'四字，却从女儿芳心中仔细看出，乃是极动也。"

中国古典诗词注重意境之美。上述材料中，不论是静中有动的诗句，还是动中有静的诗句，其共同的特点是，注意捕捉眼前动静形成反差之景，以表现天地之间自然而然的生命活动。而在意境的熔铸上，则借助于动静反差所形成的意象，增添"象外之象"的审美层次，使读者于吟咏之际产生"味外有味"的审美感受。

(2)《易》象与象征

《易经》是一部占筮之书，直至春秋时代，人们依然运用它来预测吉凶。但是就《左传》《国语》中的有关记载看，春秋时人运用《易经》(或称《周易》)以筮占时，已有两点值得注意的"创造发明"：其一，开始表露出将六爻一体的别卦看作由上下两个经卦重叠的观点。例如：《国语·晋语》载：司空季子云："《坤》，母也；《震》，长男也。母老子强，故曰《豫》。"按，《豫》为下坤上震，坤为母，震为上男，是母老子强之象，这样的家庭，其乐也融融，故曰豫。又如《左传·昭公元年》载：医和云："在《周易》女惑男、风落山谓之《蛊》。"按，在这里医和解释《蛊》卦卦象，《蛊》卦是下巽上艮。巽为风，艮为山，故《蛊》卦是"风落山"之象；巽为长女，艮为少男，故蛊卦又是"女惑男"之象。再如，《左传·昭公三十二年》载：史墨云："在《易》卦雷乘乾曰《大壮》。"按，史墨解释《大壮》卦之卦象，《大壮》是下乾上震，震为雷，故史墨说"雷乘乾曰《大壮》"。其二，开始注意阐发卦象的象征意义。据今人李镜池和高

亨的研究,《左传》与《国语》引用《易经》筮占材料二十二条,涉及三十来个卦。它们言及卦象的象征意义为:

蟠螭纹铜鉴缶

乾——天,天子、金、玉。

坤——土、马、母、帛、众、顺。

坎——水、夫、众、劳。

离——火、日、鸟、牛、公侯。

震——雷、车、兄、长男、足。

巽——风。

艮——山、言、庭。

兑——泽。

屯——厚、固。

豫——乐。

明夷——日。

比——入。

随——出。

《左传》《国语》所载春秋时人对《易经》卦象的上述两点阐发,在《易》学发展史上具有重要意义。首先,将六爻一体的别卦看成由两个经卦重叠,这为《易传》八卦说的产生,提供了方法论的启迪。其次,对卦象象征意义的阐发,为《易传》卦画符号象征系统的建立,提供了可资参考的理论框架。

在易学发展史上,《易传》(十翼)的出现带有划时代意义。《易传》的突出贡献

在于,以理性精神对《易经》这部古老筮书做出全新的哲理解释。这"全新"的哲理解释涉及的内容极为广泛,与本文关系密切的观点是卦画符号与八经卦具有多层次的象征意义。

①爻画:

"—"象征阳、刚、奇等等。

"--"象征阴、柔、偶等等。

②八经卦:

象征 八经卦	八种自然物	人伦	人体	动物	功能属性	时令	方位	其他
☳震	雷	长男	足	龙	动、起	春	东	略
☴巽	风	长女	股	鸡	入、散	春夏之交	东南	
☲离	火	中女	目	雉	丽、炬	夏	南	
☷坤	地	母	腹	牛	顺、柔、藏	夏秋之交	西南	
☱兑	泽	少女	口	羊	说	秋	西	
☰乾	天	父	首	马	健、刚、君	秋冬之交	西北	
☵坎	水	中男	耳	豕	陷、润	冬	北	
☶艮	山	少男	手	狗	止	冬春之交	东北	

通览上表,可以发现《易传》对八经卦象征意义的引申和发挥具有以下特点:

其一,象征意义的广泛性。八经卦既象征八种自然物,又象征人伦关系、人体器官、动植物、时令和方位,还象征事物的功能属性等。某种意义上讲,八卦的象征意义包罗万象、囊括万殊。

其二,象征意义的内在一致性。按照《易传》的看法,圣人"作八卦,以通神明之德,以类万物之情","其称名也小,其取类也大"。八经卦的象征意义相当广泛,然而其间又顺理成章,条理井然。之所以能如此,关键在于《易传》作者据八卦之象"以类万物之情",紧紧把握"类"概念而灵活运用之。

八卦的基本象征物为:乾为天,坤为地,震为雷,巽为风,坎为水,离为火,艮为山,兑为泽。但《易传》作者依据"方以类聚,物以群分"(《系辞上传》),"同声相应,同气相求,……各从其类"(《乾文言传》)的原则认定,甲,凡物与物之间声气相投(相通、相应)者为"同类"。例如:春,龙抬头,雷震,物动草萌。由此,春、雷、龙、动可统而归人《震》卦一类。乙,凡功能相同者为"同类"。例如:君为一国之主,父为一家之长,首为一身之统领。由此,君、父、首可统而归人《乾》卦一类。丙,凡事物之动态属性或静态属性相同者为同类。例如:天行健,马行亦健,所以"天"和"马"可归人《乾》卦一类;耳、月、弓、轮,均呈圆形或圆弧形,其静态属性相同或相似,所以它们均可归人《坎》卦一类。在《易传》看来,"八卦而小成",然而"引而伸之,触类而长之,天下之能事毕矣"(《系辞上传》)。八卦之象是完全可以象征天下万物的。

总之，成书于殷周之际的《易经》，经过春秋时人的阐发，尤其是经过《易传》的理性发挥，筮占之书变成了哲理之书。春秋时人对《易》象的象征意义的开掘，尤其是《易传》对《易》象的象征意义的系统阐发，扩大了《易》象象征性的影响，对中国艺术和审美的发展，产生了巨大而深远的影响。

受《周易》以及其他典籍的影响，象征手法在中国古典艺术中随处可见。试以绘画、戏曲和建筑为例，略做介绍如下。

中国绘画中，常见松竹梅"岁寒三友图"、松竹梅兰（或梅兰竹菊）"四君子图"以及"松鹤图"，这类绘画作品，都具有浓厚的象征色彩。在中国人看来，松竹经冬不凋，兰四季常绿，梅则傲霜斗雪，画家为它们传神写照，可象征文人士大夫所追慕推崇的坚贞、孤介、清高的品质。松龄久长，"鹤寿千岁"（《淮南子·说林训》），艺术家为它们传神写照，可象征中国老百姓所企盼的寿考和多福。纵览中国绘画史，南宋杨补之的《四梅花图》、元王冕的《墨梅图》、清吴昌硕的《梅花图》、元郑思肖的《墨兰图》、宋文同的《墨竹图》、明徐渭的《竹菊图》、明朱鹤的《松鹤图（雕塑）》等，均是以梅兰竹菊等为题材，借以象征人品、节操以及美德的传世名作。

在中国戏曲中，象征手法亦随处可见。在京剧舞台上，以一鞭象征马，以一桨象征舟，以四个（或八个）"龙套"象征千军万马，以几个圆场象征历经千山万水，这类象征手法早就为"戏迷"甚或"戏盲"所熟知。

在中国古典建筑中，象征手法的运用亦十分普遍。明清北京，在城南建天坛以祭天，在城北建地坛以祭地，在城东建日坛以祀日，在城西建月坛以祀月。这种"天"南"地"北、"日"东"月"西的空间布局和象征意义，显然是依据"先天八卦方位图"和接受《易传》易象说的影响。据"先天八卦方位图"所示：乾南坤北，离东坎西。而据《说卦传》所言《易》象说：乾为天，坤为地，离为日，坎为月。可见明清北京城建天坛在南、建地坛在北、建日坛在东、建月坛在西，这些建筑所具象征意义，与《周易》有极密切的关系。

明清北京紫禁城（今称故宫）中有些重要建筑的布局和定名，也受到《易》象说的影响。紫禁城内廷部分，沿中轴线依次矗立着乾清宫，交泰殿，坤宁宫。乾清宫是皇帝起居之所，坤宁宫是皇后起居之所。据《说卦传》所言：乾为天、为君、为父，坤为地、为母。这两座宫殿起名，乃"法天象地"。另外，这两座宫殿之间的交泰殿，则典出《易·泰卦》。据《泰卦·象传》所说："天地交而万物泰。"据《泰卦·象传》所说："天地交，泰。"所以，该殿起名"交泰"，乃象征天地交通、阴阳和合，包含有大吉大利的意义。

（3）《周易》与"对"

①《易经》（通行本）卦象的形式美——对称与对比。唐孔颖达在《周易正义》中指出："今验六十四卦，二二相耦，非复即变。'复'者，表里视之，遂成两卦，《屯》《蒙》——《需》《讼》——《师》《比》是也，'变'者，反复唯成一卦，则变以对之，《乾》《坤》——《坎》《离》——《大过》《颐》——《中孚》《小过》之类是也。"这就是说，在《易经》六十四卦中，有四对（8个）卦属"变"卦，其余二十八对（56个）卦属"复"卦。我们试将成对"变"卦和成对"复"卦的卦象构成形式作一剖析，即可发现

其所蕴形式美。

先看四对(8个)"变"卦:构成"变"卦关系的四对卦(见上述孔颖达举例),当其成对上下排列时,其爻画奇偶(阴阳)一一对比(上卦之初爻与下卦之初爻呈对比,……上卦之上爻与下卦之上爻呈对比)。又,构成"变"卦关系的8个卦,其自身爻画上下呈对称(初爻与上爻对称,二爻与五爻对称,三爻与四爻对称)。

再看二十八对(56个)"复"卦:构成"复"卦关系的二十八对卦(见上述孔颖达举例),当其成对上下排列时,若在两卦之间划一"中行",并以此为中轴线,那么上下两卦的爻画则呈对称(上卦之初爻与下卦之上爻对称……上卦之上爻与下卦之初爻对称)。

②《周易》经传的语言美——对偶

《易经》卦爻辞中有一些对偶工整的文句,例如:《履》卦"六三"云:"眇能视,跛能履。"《大过》卦"九二"与"九五"云:"枯杨生稊,老夫得其女妻";"枯杨生花,老妇得其士夫"。《明夷》卦"上六"云:"初登于天,后入于地。"《损》卦"六三"云:"三人行则损一人,一人行则得其友。"《归妹》卦"上六"云:"女承筐,无实;士刲羊,无血。"

《易传》中对偶工整的文句,屡见不鲜。例如:《系辞上传》云:"仰以观于天文,俯以察于地理。"《系辞下传》云:"尺蠖之屈以求信也,龙蛇之蛰以存身也。"《乾·文言传》云:"同声相应,同气相求;水流湿,火就燥;云从龙,风从虎;……则各从其类也。"《杂卦传》云:"《乾》刚《坤》柔,《比》乐《师》忧","《震》起《艮》止"。"《革》去故也,《鼎》取新也","《离》上而《坎》下也"等等。

受《周易》卦象形式美的影响,中国传统造型艺术中广泛运用对称和对比手法。例如明清北京紫禁城(今故宫),以南北中轴线为基准,东西两侧分别建有文华殿与武英殿、东六宫与西六宫等建筑,这些建筑或对称或对比,呈现形式美。在传统工艺品中,则有"阴阳鱼图""鸾凤图""龙凤图""鱼龙变幻图"等艺术精品,其造型均具或对比或对称之形式美。中国古代服饰图案中,对比与对称一类形式美手法,更习见不鲜。

受《周易》以及其他典籍的影响,中国古代诗文在修辞上则广泛运用对偶手法。梁刘勰至为欣赏《易传》的对偶文句,他在《文心雕龙·丽辞篇》中说:"《易》之《文》《系》,圣人之妙思也。序《乾》四德,则句句相衔;龙虎类感,则字字相俪;乾坤易简,则宛转相承;日月往来,则隔行悬合:虽句字或殊,而偶意一也。"刘勰这段文字涉及《易传》四处文字:其一,《乾》卦《文言传》论《乾》四德者:"元者善之长也,亨者嘉之会也,利者义之和也,贞者事之干也。"刘勰认为这段文字"句句相衔"。其二,《乾》卦《文言传》述物以类相感段:"水流湿,火就燥;云从龙,风从虎。"刘勰认为这段文字"字字相俪"。其三,《系辞传》所叙乾坤易简之语:"乾以易知,坤以简能;易则易知,简则易从。"刘勰认为以上所述"宛转相承"。其四,《系辞传》论"日往月来"一段文字:"日往则月来,月往则日来,日月相推而明生焉;寒往则暑来,暑往则寒来,寒暑相推而岁成焉。"刘勰认为《系辞传》上述这段文字"隔行悬合"。显然,刘勰对《周易》修辞所运用的对偶排比手法,是相当赞赏的,他精心撰写的《文心雕龙》这部巨著中就大量运用对偶文句,即是明证。

　　刘勰之后，在诗文领域中提倡对偶者，大有人在。例如，唐上官仪论诗有"八对"，他说："诗有八对：一曰的名对，'送酒东南去，迎琴西北来'是也；二曰异类对，'风织池间树，虫穿草上文'是也；三曰双声对，'秋露香佳菊，春风馥丽兰'是也；四曰叠韵对，'放荡千般意，迁延一介心'是也，五曰联绵对，'残荷若带，初月如眉'是也；六曰双拟对，'议月眉欺月，论花颊胜花'是也；七曰回文对，'情新因意得，得意逐情新'是也；八曰隔句对，'相思复相忆，夜夜泪沾衣，空叹复空泣，朝朝君未归'是也。"正是诗坛这种对"对"的追求和提倡，使近体律诗的出现，具有现实可能性。

　　还需指出的是，明清以后，社会上出现了一大批专门指导读书人掌握对偶（对仗）诀窍的普及读物，其中较习见的如：车万育的《声律启蒙》，杨林兰的《声律发蒙》和传为李渔的《笠翁对韵》等。

　　清纪昀在《〈文心雕龙〉评》中曾发表过一段发人深省的话。他说："骈偶于文字为下格，然其体则千古不能废。"说"骈偶于文字为下格"，可能是因为"此道"在华夏几乎三岁小孩就会，普通而又普通；说"然其体（骈偶之体）则千古不能废"，又该如何理解呢？我的看法是，骈偶之体在汉语文中"不能废"，无疑与汉语文字的基本特点有关。汉字是由"象形"发展起来的表意文字，一字一音（字即词），单文具义。这一基本特点为古典语言艺术创造形式美提供了理想的条件。但是更重要的是，"骄偶"之体"不能废"，是由于中国传统哲学中"物必有对"观念的根深蒂固的影响（论证从略）。这一"物必有对"观念，渗透到审美和艺术领域，表现于造型艺术，便有伏牺女娲交尾图（汉画像砖）等的出现；表现于语言艺术，便是文人笔下骈俪文的乐此不疲。而"物必有对"的观念意识，在《易经》中即已初露端倪。可见，中国传统艺术表现出来的尚"对"（对偶、对称和对比）倾向，如若寻根溯源，很难不追寻到《易经》那里去。《易经》对中国文化的影响，可谓大矣！

《易》数和文学艺术

　　"筮，数也。"对中国艺术和审美产生深刻影响的《易》数，至少包含以下两方面内容：其一，蓍占"立卦"中所涉具体数字；其二，《易传》归纳的圣人"作《易》"所涉奇偶相参、刚柔交错的形式律。

　　（1）蓍占所涉具体数字与中国艺术

　　秦汉以后，随着《周易》身价日增，封建统治者利用《周易》中原本就不乏神秘色彩的《易》数，进一步予以比附，然后将其运用到封建王朝的一些重大政教活动中，其中包括宗庙、神坛和皇宫等重大政教建筑的兴建中。

　　明堂属封建王朝的重大礼制性建筑。《淮南子·泰族训》说："昔者五帝三王之莅政施教，……，仰取象于天，俯取度于地，中取法于人，乃立明堂之朝，行明堂之令，以调阴阳之气，以和四时之节。"《白虎通》说："天子立明堂者，所以通神灵，感天地，正四时，出教化，宗有德，重有教，显有能，褒有行者也。"可见明堂乃天子法象天地、制定政令和推行教化之所。为实现这一礼制性建筑的上述政教功能，统治者

在明堂的规划设计、结构布局方面，大量采用《易》数，以突出明堂的象征意义。试以东汉光武帝时期所建洛阳明堂为例。据《黄图》所载："明堂方百四十四尺，法坤策也，方象地；屋圆楣径二百一十六尺，法乾之策，圆象天。"在明堂的中部布局中，太室平面边长六丈，取《易》之老阴数，室径长九丈，取《易》之老阳数。整个建筑处处散发出《易》数的神秘色彩。

北京天坛，原是明清两代帝王祭天祈年(年，谷熟也)之所。鸟瞰这一宗教色彩极浓的建筑群，沿南北中轴线，依次排列着圜丘坛、皇穹宇、祈年殿和皇极殿等建筑。其中圜丘坛属天坛主体建筑之一。稍加留意，即不难发现这座主体建筑通体闪烁着《易》数的神秘色彩。

圜丘坛是一座由三层汉白玉砌成的圆石台，其中台阶数、台面直径数、扇形石板数以及栏板数，一律采用奇数(天数)，以象征该建筑用于祭天这一功能特性。圜丘坛呈圆形，累计三层，每层四面设有台阶，各九级。上层台面的直径为九丈，名"一九"；中层台面直径十五丈，名"三五"；下层台面直径二十一丈，名"三七"。这三个尺寸安排，巧妙地将一位数之内的"一三五七九"五个"天数"全部容纳其间。上中下三层台面直径之和为四十五丈，又暗合《乾》卦"九五"之爻名。在《易》《乾》卦，"九五"为"飞龙在天，利见大人"，乃大吉之爻，象征事物发展的最完美阶段。圜丘正中镶嵌一"太极石"，象征昊天中心之所在。围绕"太极石"，漫砌九重扇形石板，凡四十五个九块，合计405块。在这里，"四十五个九块"，再一次暗合《乾》"九五"爻名，又是大吉大利。另外，圜丘四周栏板数亦有讲究，上层为72块，中层为108块，下层为180块，合计360块，暗合《易》"大衍之数"章所述乾坤之策之总数，象征一年360日。除圜丘坛之外，天坛祈年殿等建筑的规划设计中，也同样大量采用了《易》数。

(2)"圣人作《易》"所涉奇偶相参形式律与中国艺术

《易》源自筮占。在筮占中，巫史据"数"以定"象"，观"象"以断吉凶。《系辞上传》说："极数知来之谓占。"所指即巫史在筮占中藉借"数"的变化以"彰往而察来"这一事实。

本来，从理论上讲，自然数的排列和延伸具有无限性。那么，自然数的排列延伸之中有没有基本规律可循呢？《易传》的回答是肯定的。《系辞上传》云："天一，地二，天三，地四，天五，地六，天七，地八，天九，地十。天数五，地数五，五位相得各有合。"意思就是说，在自一至十的自然数中，一三五七九为天数("天")，二四六八十为地数("地")，其中天数(奇数)和地数(偶数)各居"五位"，它们相互配合("合")，互为依存，一起构成了自然数排列组合的基本规律。

《说卦传》还进一步提出："昔者圣人之作《易》也，幽赞神明而生蓍，参天两地而倚数，观变于阴阳而立卦。"意思即是说，"圣人之作《易》"是借助筮占进行的。所谓"参天两地而倚数"，就是指五个天数(一三五七九)中取"三"为代表("参天")，五个地数(二四六八十)中取"二"为代表("两地")，通过"三"和"二"的交错排列，以组合成各种卦象。《说卦传》的这个观点，用《系辞上传》的话说即："参伍以变，错综其数；通其变，遂成天下之文；极其数，遂定天下之象。"意即通过天数

和地数掺杂组合("参伍"之"伍"指各五位的天地数)、奇数和偶数的错综排列,组成各种卦象,借以模拟反映天下万物的变化。《系辞传》和《说卦》所言,实为同一码事。

《说卦传》所谓"观变于阴阳而立卦",则是对"参天两地而倚数"这层意思的进一步发挥。《易》在由数字卦发展为六十四卦的过程中,由于周末春秋时代的阴阳观念的介入,爻画━和--由原来代表奇偶进而又发展为代表阴阳。由此,巫史在著占中,借助于数的奇偶差别同爻画的阴阳变化,来确定卦象,并以此决断吉凶。所以《说卦传》这一整段话,事实上包含着以下意思:在《易》中,正是"三"(奇数之代表)与"二"(偶数之代表)的掺杂组合,阳(刚)与阴(柔)的交错排列,形成了能够模拟反映天地人事变化的六十四卦卦象。

这里需插上一句,通行本《易经》六十四卦中,阳爻"九"与阴爻"六"在卦体上下六位的推移变化,若从数量编码的角度讲,也就是奇数(天数"三")与偶数(地数"二")的参差排列、交错组合。换言之,奇偶交错、阴阳错杂、刚柔参差这一爻画组合的形式律,是《易经》六十四卦数量编码节奏变化的本质所在。从一定意义上讲,唯有认识这一点,才能把握《易》数变化之道的深层奥秘。

《易》奇偶(数)交错、阴阳掺杂这一本质形态渗透到艺术和审美领域内,直接导致于"整齐之中见变化"这一中国艺术精神孕育与诞生。我们在中国律诗、书画和建筑、园林等门类艺术中,均可见到这一艺术精神之闪光。

以中国律诗为例。

中国律诗着力追求"整齐之中见变化"之美,这具体表现在律诗讲究声调铿锵、文字对偶和音步参差上。对偶问题已放到《易》象一节叙述,这里着重谈其他两点。

①律诗之声韵铿锵

中国诗在由古体向近体律诗发展的进程中,有两个重要环节值得注意:其一,梁代沈约、周颙等人突破先秦宫商角徵羽"五声说"的框框,从字音审读的实际出发提出"四声说",这在诗歌韵律史上具有里程碑的意义。

到了唐代,又有学者在"四声说"的基础上提出"平仄说",将"四声"(平上去入)划分为平与仄(不平)两类声调。由"四声"进而区分为"平仄"两类声调,从某种角度讲,乃是以《周易》等典籍为代表的中国传统思维奇偶、阴阳"二分"观的又一实际运用。

其二,区分"平仄",这仅是诗由古体向近体迈进的必要前提,关键则是中国诗人据此进一步提出,平仄两类声调在诗句中须交错排列。亦即:第一,平仄在本句中须交错,第二,平仄在对句中须对立。例如,五言律诗平仄结构特点为:五律的平仄有四个类型,这四个类型可构成两联,即:仄仄平平仄,平平仄仄平;平平平仄仄,仄仄仄平平。由这两联的错综变化,即可构成五律的四类平仄格式。七言律诗的平仄结构特点为:七律的平仄也有四个类型,这四个类型亦可构成两联,即:平平仄仄平平仄,仄仄平平仄仄平;仄仄平平平仄仄,平平仄仄仄平平。由这两联的错综变化,即可构成七律的四类平仄格式。(以上参阅王力《诗词格律》"诗律"章)我们从五七律平仄构成形式中,可以明显地发现律诗中平仄交错这一根本特征。

　　需要着重说明的是,写作诗歌,强调平仄交错,肯定声调铿锵,这无疑地符合中国人的审美要求。但从另一个角度讲,这一审美要求之能成为事实,又是《周易》奇偶交错、阴阳掺杂这一编码规律在诗歌领域的推广应用。《易》数对中国艺术的深刻影响,于此可略见一斑!

　　②音步参差:

　　在中国诗歌史上,四言、五言、六言、七言、八言以至九言等形式,均曾在诗坛"露峥嵘",然而最受人欢迎的却是五言和七言这两种形式。

　　详细分析和论述五言、七言之受人欢迎的原因,显然超出本文范围。这里仅结合《周易》研究课题,简单提示以下一点:五律的音节分配为二三;七律的音节分配为二二三,或径直分配作四三。用音韵专家王力教授的话说:"实际上,五字句和七字句都可分为两个较大的节奏单位,五字句分为二三,七字句分为四三。"(《诗词格律》)例如:李益的诗句:"别来——沧海事,语罢——暮天钟。"崔颢的诗句:"晴川历历——汉阳树,芳草萋萋——鹦鹉洲。"五律和七律的音节可作如此划分,显然是受《周易》奇偶相参、阴阳(刚柔)交错形式律影响的结果。五律和七律区分为奇偶两大音律单位之后,音节错落,音步参差,音调铿锵,于整齐之中见变化,这也完全符合中国人之传统审美情趣。

十三、周易与股市预测

　　股市如云如风,如潮涨潮落,变幻莫测。自从股市出现以来,有多少梦寐发财者,每天搏击浪中,其中不乏大智大勇、坚忍不拔者。股市,使一些人亏空而去,也使一些人成为暴发户。它像魔鬼一般每天吸引着全世界无数人的注意力,也耗散着他们的心血。所谓的行家发明了众多的技术指标,试图洞察先机,但股市的不确定性又常常使这些技术指标相形见绌,成为事后诸葛。

　　在股市中,既然有人赚钱,那就一定存在着某种规律,存在着某些赚钱的门道。当你对常规的股市技术指标麻木不仁时,对众多的股市预测理论感到失望时,对股评的建议难辨真假时,或者当你并不死心,还想从股市中把亏去的钱捞回时,只要希望不灭,那就请平静几分钟,使浮躁的心气降下来,浏览一下本章,看看会不会豁然开朗,会不会拍案惊奇!

股市实例

　　2001年7~9月份,深沪股市暴跌,参见下表。这段时间内利空消息不断,跌幅最大的7月30日,沪市一日跌去109.9点,深市成指一日跌去227点,创下了几年来的单日跌幅之最。

日期	收市指数	升跌幅	日期	收市指数	升跌幅
7月13日	2161		8月1日	1986.9	+56.6
14	周六		2	1957.0	−29.9
15	周日	见遁卦	3	1958.7	+1.7
16	2146.2	−15	4	周六	
17	2141.0	−5.2	5	周日	水周
18	2146.5	+5.5	6	1882.1	−76.6 双水日
19	2150.3	+3.8	7	1903.9	+21.8
20	2179.6	+29.3	8	1895.2	−18.7
21	周六		9	1924.6	+29.4
22	周日	水周	10	1955.0	+30.4
23	2169.0	−10.3	11	周六	

日期	收市指数	升跌幅	日期	收市指数	升跌幅
24	2136.5	−32.5	12	周日	风周
25	2112.3	−24.2	13	1955.1	+0.1
26	2094.0	−18.3	14	1939.5	−15.6
27	2065.7	−28.3	15	1947.4	+7.9
28	周六		16	1919.6	−27.8
29	周日	风周	17	1924.0	+4.4
30	1956.8	−109.9 双水日	18	周六	
31	1920.3	−36.5	19	周日	

沪市 2001 年 7、8 月份指数变动记录

　　股市如此大跌,究竟为什么? 从宏观面来看国内经济增长强劲,在全球称得上一枝独秀。但在股市上却受诸多利空因素的困扰,如虚假报表充斥市场,查处市场违规行为呼声不断,国有股减持的讨论,上市公司纷纷宣布增发新股并在市场上疯狂圈钱,黑庄与上市公司联手操纵股市,等等。

　　那么,这些利空因素实际上早已存在,为什么此时才出现暴跌?

　　让我们用八卦来分析一下:

　　首先请注意这些特殊的日期! 先看看跌幅最大的那一日,2001 年 7 月 30 日:

　　把年月日相加,其和除 8 取余数;把日期除 8 取余数(日期数不足八时,取其自身):

$$2001+7+30=2038,2038\div8=254 \quad 余 6$$
$$30\div8=3 \quad 余 6$$

　　你看到了,这些数字除 8 后余数同为 6。这隐含着什么意义呢?

　　在前面有关"八卦轮"的论述中已经谈到,时间和数字具有八卦周期循环性,每循环一周为 8 个数字,不足 8 的余数就是所对应的八卦的序数。6 所对应的八卦的序数为坎卦,坎为水,为险,为陷,在股市中的意义为跳水:

　　　　　　6—坎卦—水—险—跳水

　　跳水,在股市中是一个令人恐慌的字眼。2001 年 7 月 30 日之所以大幅跳水,原来是因为这一天遇到了"双水日"。

　　那么是不是一遇到余数为 6 的日期就要跳水呢? 非也。这个日期并不是通常的日期,一年中没有几天,还要看当时的情况。2001 年 7 月 30 日是二水相叠,又处于尚在高位的下跌通道中,当然会巨幅狂跌。

　　那么,从 2001 年 7 月 13 日至 8 月中旬这波大跌行情是否有预兆? 当然有!

　　请你把每周的星期日作为一周开始的第一天,那么 2001 年 7 月 22 日,7 月 29 日,8 月 5 日,是相连的三个周日,这三日的时间卦分别为水、风、水:

$$2001+7+22=2030,2030\div8=253 \quad 余 6 \quad 为水$$
$$2001+7+29=2037,2037\div8=254 \quad 余 5 \quad 为风$$
$$2001+8+5=2014,2014\div8=251 \quad 余 6 \quad 为水$$

水周—风周—水周,接连出现,可谓"风雨交加",股市哪能不暴跌呢?像这样的特殊日子不多见。在这三周,沪指从最高到最低跌去了300多点。

在开始暴跌的前一周,7月15日,从八卦上分析,实际上指数已经发出了预警信号,出现了"遁"卦,见到此卦应不顾一切立即出逃。7月16日股市高开低走,最高上摸2183点。在这一周,沪市徘徊在2140点以上,并两次上摸此高点,周五收市还在2179点,出现了最好的出逃机会。如果你抓住了这个机会,可以说,在2000和2001两年的牛市行情结束前,做到胜利大逃遁。

大势研判

股市整体走势是市场上每只个股走势的集合,反映了平均人气指标。虽然存在极少数个股脱离大势走出独立行情的情况,但毕竟异常艰辛,多耗费能量,并且难以持续。正所谓"大河水满,小河安枯?","倾巢之下,安有完卵?"。因此,如若大势判断正确,就等于抓住了百分之七八十的赚钱机会。

(1)八卦时间之窗

八卦时间之窗是以八卦轮的滚动循环为基础,找出股市可能出现顶点和底点的时间窗口。

为了读者的方便,先归纳一下八卦在股市中的一些意义和象征。

八卦	乾☰	兑☱	离☲	震☳	巽☴	坎☵	艮☶	坤☷
序数	1	2	3	4	5	6	7	8、0
含义	天	泽	火	雷	风	水	山	地
股市中的象征	健、起始、萧煞	低、愉悦、毁折	火、明察、检查	震、执法、转折	散、风声、消息	险、跳水、大跌	止、升高、停止	顺、终结、末尾

股市中八卦的基本意义和象征

八卦时间之窗的计算方法:

1. 八卦年的计算:公历年年份除8取余数,余数当作八卦的序数,例如余2时,对应兑卦。

2. 八卦月的计算:公历年份、月份数字相加,其和除8,余数作为八卦的序数。

3. 八卦周的计算:公历年、月卦数相加,再加周日的日期对应的卦数,其和除8,余数作为八卦的序数。周日被看作是一周的第一天。

4. 日期和月份,也可以单独除8,余数作为八卦的序数。

根据以上规则所计算的八卦年、八卦月、八卦日称为八卦时间之窗。透过这个时间窗口,可以窥视股市未来的走势。

下面将近几年八卦年、月时间之窗的计算结果列于下表:

年＼月	1	2	3	4	5	6	7	8	9	10	11	12
2000 坤	乾	兑	离	震	巽	坎	艮	坤	乾	兑	离	震
2001 乾	兑	离	震	巽	坎	艮	坤	乾	兑	离	震	巽
2002 兑	离	震	巽	坎	艮	坤	乾	兑	离	震	巽	坎
2003 离	震	巽	坎	艮	坤	乾	兑	离	震	巽	坎	艮
2004 震	巽	坎	艮	坤	乾	兑	离	震	巽	坎	艮	坤
2005 巽	坎	艮	坤	乾	兑	离	震	巽	坎	艮	坤	乾
2006 坎	艮	坤	乾	兑	离	震	巽	坎	艮	坤	乾	兑
2007 艮	坤	乾	兑	离	震	巽	坎	艮	坤	乾	兑	离
2008 坤	乾	兑	离	震	巽	坎	艮	坤	乾	兑	离	震
2009 乾	兑	离	震	巽	坎	艮	坤	乾	兑	离	震	巽
2010 兑	离	震	巽	坎	艮	坤	乾	兑	离	震	巽	坎
2011 离	震	巽	坎	艮	坤	乾	兑	离	震	巽	坎	艮
2012 震	巽	坎	艮	坤	乾	兑	离	震	巽	坎	艮	坤

例如 2000 年,为坤,坤为结束。根据此前的波段上升趋势,认为是牛市的结尾。2001 年为乾年,乾为起始,应为熊市的开始。

纵观中国股市,沪市从 1990 年 12 月 16 日这一周开盘以来,沪综指从 95.79 起步,至 1992 年 5 月 23 日这一周上升到 1429.01,然后回调至 1992 年 11 月 14 日这一周的 386.9 点,此后又回升至 1993 年 2 月 13 日这一周的顶点 1558.95 点。自此,大势开始了 16 个月的深幅回调,回调的最低点为 1994 年 7 月 23 日这一周的 325.92 点。

1995 年股市在 500～900 点之间做箱型振荡,一直到 1996 年 2 月,股市从 512.85 点开始了一轮牛市行情。这轮行情的第一个高点为 1997 年的 5 月 10 日这一周的 1510.18 点,虽然也出现过小幅回调,但总体上涨了 16 个月。然后作了 2 年的箱型振荡整理行情,箱顶为 1422.98 点(998 年 5～6 月份),箱底为 1043.02 点(1998 年 8 月)。1999 年 5 月 19 日,整理行情结束,沪指从 1047.83 开始了新的一轮上升行情。在这轮牛市行情中,虽然每年都出现过回调,但一直到 2001 年 6 月 9 日这一周的 2245.14 点,牛市行情才真正结束。

此后股市急转直下,在 8 个月内狂跌 900 点,至 2002 年 1 月 19 日这一周跌势才减缓,然后沪指在 1300～1700 点之间作箱型振荡整理。2003 年全年没有像样的反弹行情,沪指最高上抹 1649.6 点,至 2003 年 11 月 13 日最低下探 1307.4 点。从此点起步,沪指开始上升,至 2004 年 4 月 7 日最高上摸 1783 点,5 个月共上涨 475.6 点。然后一路快速下跌,没有像样的反弹,至 2005 年 6 月 6 日达到 998,在 14 个月内下降了 785 点(下降 44%)。然后持稳,盘桓至 2005 年 7 月中旬,构成一个大的 W 底,开始走出低谷,转暖上升。

根据八卦时间之窗预测,2004 年为震年,应为股市转折年。如何转折?目前

中国股市很不成熟,监管无力,诚信不足,制度不健全,虚假和违规现象时有发生,投资者普遍失去信心,不敢恋战。中国股市的转折对政策的依赖性较强,具有明显的政策市特征。从2004年的股市走势可以看出,2004年是从2003年的平衡市(箱型振荡)转熊的年份,2004年4月份(坤月)是延续2003年箱型振荡的终点,也是进一步下跌的起点。

　　为了进一步分析的需要,在下表中列出了沪指1992年以来的历史顶点和底点,并给出了顶点和底点所在年、月、周与八卦的对应关系。

日期	顶点	底点	八卦年	八卦月	八卦周	备注
92/5/25	1339.9	坤	巽	巽		
92/11/10-20		386.8	坤	离	离/兑	反复触底
93/2/22	1558.9		乾	离	乾	22日摸高后收长阴
93/3/25		913.7	乾	震	乾	
93/4/27	1391.4		乾	巽	巽	
93/7/27		777.7	乾	坤	乾	
93/8/17	1042.4		乾	乾	坤	
93/10/27		776.4	乾	离	离	
93/12/1-8	1044.8		乾	巽	离/兑	头部区域
94/7/29		325.8	兑	乾	乾	8、1日收长阳
94/9/13	1052.9		兑	离	坎	14日收长阴
95/2/7		524.4	离	巽	兑	
95/5/18-22	926.4		离	坤	坎/巽	22日高开低走
96/1/22		516.4	震	巽	兑	
96/12/5-12	1258.6		震	坤	乾/坤	12日收长阴
96/12/20-25		865.5	震	坤	艮/坎	形成底部
97/5/5-13	1510.2		巽	兑	坎/巽	14日收长阴
97/7/8		1066.0	巽	震	兑	当日触底反弹
97/9/23		1025.3	巽	坎	离	
98/6/4	1422.0		坎	震	兑	
98/8/18		1043	坎	坎	坎	
98/11/17	1300.1		坎	乾	坤	摸顶后走低
99/2/8		1065.8	艮	乾	坤	
99/5/18		1047.8	艮	震	震	19日开始反转
99/6/24-30 30日为重坎日	1756.8		艮	巽	乾/坤	高开低走
99/7/19		1479.1	艮	坎	坤	
99/9/10-15	1695.6		艮	坤	巽/震	头部形成

国学经典文库

日期	顶点	底点	八卦年	八卦月	八卦周	备注
99/12/27		1345.4	艮	离	巽	
00/8/22 重坎日	2114.5		坤	坤	震	高开低走
00/9/25		1875.7	坤	乾	乾	
00/11/23	2125.7		坤	离	坎	
01//1/11	2131.4		乾	兑	乾	
01/2/22		1893.7	乾	离	巽	
01/6/14 01/6/27	2245.4 2234.7		乾	艮	乾艮	双头
02/01/29		1339.2	兑	离	坎	
02/6/25-7/9	1748.9		兑	坤乾	坎坤	
03/01/06		1311.7	离	震	乾	
03/04/16	1649.6		离	艮	震	
03/11/13-117		1307.4	离	坎	艮、坤	
04/04/07	1783.0		震	坤	震	
05/06/06		998	巽	离	坤	

沪市历史顶点和底点与其所在的八卦月及八卦周

　　根据前面的分析,结合八卦的性质,我们可以归纳出中国股市走势与八卦时间之窗的关系:

　　八卦年与股市的关系:
　　1. 乾年:结束牛市,开始熊市。
　　2. 兑年:急跌后企稳、震荡。
　　3. 离年:箱型振荡。
　　4. 震年:转折年,转牛或转熊,方向取决于基本面。
　　5. 巽年:如果震年向上转折,则巽年可见到牛市中第一波段的高点,然后开始回调或整理走势。如果震年向下转折,则巽年可见到熊市中的底点,然后开始整理或上升走势。在巽年,基本面会有重大消息,影响股市的走势。
　　6. 坎年:将出现深幅回调,可见到回调波段的底点。
　　7. 艮年:结束波段整理走势,开始上升波段走势。
　　8. 坤年:大的上升波段行情在本年度基本结束。

　　八卦月与股市的关系:
　　八卦月作为股市时间之窗,受年份的影响和大的波段行情的影响较大,情况较为复杂。大致可归纳为:
　　5. 乾月:一般在波段运行的初段。

6. 兑月：一般在波段运行的中段。

7. 离月：一般在波段运行的末段。

8. 震月：震荡加剧，可能会出现转折点，也可能不出现转折，处在上升或下降波段中。

9. 巽月：如果震月已经出现了转折，该月份一般处于波段中段。如果震月没有出现转折，在该月可能会因消息面的影响而使波段趋势中断，从而出现转折。特别是在中国，消息面、政策面的影响至关重要，往往会成为转市的导火索。

10. 坎月：多出现低点，特别是回调后的低点。

11. 艮月：波段趋势基本停止。

12. 坤月：波段运行一般会完全结束，多数是上升波段的终结。终结也意味着相反波段走势的开始。

因为股市的波段运行是有历史的，是连续的，所以根据前段的波段趋势就可以推断下一阶段的波段走势。

股市在八卦月中的表现，还与八卦年有一定相关性。譬如在乾年的艮月和艮年的艮月，其波段走向可能有较大差异。一般情况下能够透过八卦年和八卦月这个股市时间之窗，结合前一阶段的波段趋势，看准大势。但例外也会出现，所以不应放松对基本面的分析。

除了八卦年、八卦月作为时间之窗外，八卦周也可以作为时间之窗。如水（周）连水（周），山（周）连山（周），山水相连，风（周）水（周）相连等。应注意山阻水险，风雨飘摇。

根据上面归纳的一些规律，结合当时波段的走势，可以利用八卦时间之窗对股市大盘进行中长期预测。要进行短期预测，还要结合由指数与时间构成的 64 卦综合判断。

（2）指数时间卦

将指数与时间相结合构成六爻卦，可以进行短期预测，例如可以比较准确地预测一日和一周走势，也可以与八爻时间之窗相结合，研判中期大势。

"八卦轮"中曾提到，数字像时间一样也具有周期循环性，数字与八卦存在着一一对应关系。下面将利用股市指数构成指数—时间卦。

起卦方法：

将股市周五的收市指数，四舍五入取整数，除以 8，余数取作八卦的序数，所对应的八卦作为六爻卦的上卦；周日被看作是一周的第一天，将周日所对应的年月日数字相加，其和除以 8，余数取作八卦的序数，所对应的八卦作为六爻卦的下卦。这样就构成了六爻卦。六爻卦总共有八八六十四卦，每一卦在股市中都有特殊的含义。

下面两表是 1992 年至 2005 年上证指数/深证综指历史高点和底点出现前后的周卦统计。

从前面的两张统计表中，似乎看不出什么规律性的东西，因为，同样的周卦既

可在顶点前后出现,也可在底点前后出现,例如火风鼎卦、地水师卦、火天大有卦、水火既济卦、天地否卦等。可以肯定,随着统计数据的增加,会有更多的卦既会出现在顶点前后又会出现在底点前后。对此,应如何理解?

日期	顶点	周日日期	周日前收盘	周卦
92/5/25	1339.9	5/24	339.99	雷风恒
93/2/9-22	1558.9	2/14	458.7	火天大有
93/4/27	1391.4	4/25	1260.25	雷水解
93/8/17	1042.4	8/15	947.2	火地晋
93/12/1-8	1044.8	12/15	980.67	巽
94/9/13	1052.9	9/11	962.5	火水未济
95/5/18-22	926.4	5/14	584.8	天水讼
96/12/5-12	1258.6 476.7	12/8	1212.8 456.1	风地观坤
97/5/5-13	1510.2 520.2	5/11	1467.2 498.6	火风鼎 火风鼎
97/9/3-11	1264.4	9/7	1251.6	雷风恒
98/6/4	1422.9 442.0	5/31	1411.2 436.3	火泽睽 雷泽归妹
98/11/17	1300.1 397.5	11/8 11/15	1259.8 391.0	雷天大壮 山地剥
99/6/24-30	1756.8 528.8	6/27	1593.9 479.8	泽地萃坤
99/9/10-15	1695.6	9/5	1587.9	雷风恒
00/8/30	2108.1	8/27	2086.7	山火贲
00/8/22	645.2	8/27	636.3	雷火丰
00/11/23	2125.7 656.2	11/19	2093 644.0	风水涣 雷水解
01/6/14	2245.4	6/10	2223.1	火天大有
01/6/27	2234.7	6/24	2206.1	水山蹇
02/07/09	1741.9	07/07	1722.19	泽地萃
04/04/07	1783.01	04/04	1768.65	天雷无妄

上证指数/深证综指历史顶点出现前的周卦统计表

底点出现日期	底点指数	周日日期	周日前收盘	周卦
92/11/10-20	386.8	11/15	414.09/	水泽节
93/3/25	913.7	4/4	944.0	地天泰
93/10/27	776.4	10/24	818.8	离
94/7/29	325.8	7/24	363.7	雷天大壮

底点出现日期	底点指数	周日日期	周日前收盘	周卦
95/2/7	524.4	2/5	562.5	火泽睽
96/1/22	516.4	1/21	523.5	雷泽睽
96/12/20-25	865.5 270.2	12/22	885.2/ 312.4	风水涣 水地比
97/9/23	1025.3 312.7	9/28	1109.6 335.2	水泽节 山泽损
98/8/18	1043.0 310.8	8/16	1168.0 349.1	地水师 风水涣
99/2/8	1065.8	2/7	1081.4	天地否
99/5/18	1047.8 308.3	5/16	1063.3 313.2	山雷颐 天雷无妄
99/12/27	1341.1 394.8	12/26	1355.4 395.5	火风鼎
00/9/25	1875.7 577.8	10/8 9/24	1910.2 584.2	水泽节 地天泰
01/2/22	1893.7 565.4	2/25	1936.3 575.8	地雷复 地雷复
02/01/29	1339.2 86.4	01/27	1451.5 403.7	雷水解
03/11/13	1307.4	11/7	1335.2	山风蛊
04/09/13	1259.4	9/12	1287.08	山天大畜
05/06/06	998.23	06/05	1013.64	水地比

上证指数/深证综指历史底点出现前、后的周卦统计表

　　周易的"易"字,就是"变易""变通"之意,《系辞下》说:"《易》之为书也,不可远;为道也,屡迁;变动不居,周流六虚,上下无常,刚柔相易,不可为典要,唯变所适。"

　　译文:《周易》作为一本书,不可远离;作为行为规则,则不断变迁;变动永不停止,周流于六个爻位,或上或下没有常规,阳刚阴柔相互更易,不可拘泥于法则典要,唯有变化才合时宜。

　　与时偕行是周易的基本要求。不会变通,死守框框是不行的。对周卦的理解,必须结合当时的股市波段走势辩证地分析,善于总结、实践。下面是作者经过长期实践,结合《周易》六十四卦的基本意义,总结归纳出一些卦在股市中的特殊意义。

对一周行情判断具有明显指导意义的卦:

☰☶ 天山遁:面临大跌,立即果断出逃。

☰☱ 天泽履:风险不大,可以逢低买进。

☰☷ 天地否:会出现反转走势。

泽天夬:高点即将出现。

泽山咸:在高位遇此卦,预示庄家可能出货;在低位遇此卦,预示庄家可能进货。一般会下跌。

泽火革:将改变前一阶段波段走势斜率,进入新的波段走势。

泽风大过:警惕机构拉高出货。多数为出货的好时机。

火天大有:若已经有了很大的涨幅遇此卦就卖,若已经有了很大的跌幅遇此卦就买,都会有大的收获。

火泽睽:多空分歧大,等待选择方向。

火雷噬嗑:可能有"法制、监管"之类的消息或行动出台,常常会引起下跌。

火风鼎:一般不会跌,有时会使底点现出。如若已在高位要注意顶点出现。应结合八卦时间之窗综合判断。

火水未济:升、跌继续。转折即将来临。

火山旅:走势不稳,也可能会冲高回落。

雷地豫:松劲,回落。也可能在跌后反弹。

雷泽归妹:大幅回归(回落或回升)。

雷水解:因险而动,动可免于险。若已在高位抛掉股票。

震卦:大幅震荡,不震不通,不要惊慌失措。

巽卦:风向标。注意消息面的重大影响。冷风往往吹散人气,暖风也会聚集人气。

风天小畜:上升遇阻;小回调。

风地观:观望。

风火家人:小回调。

风水涣:在强势中人气开始涣散;在弱势中,阴气开始消散。

水火既济:升、跌到位,短时段的平衡。面临转折。

水地比:会有低点出现,可逢低吸纳,涨后卖出。

水泽节:对买卖应适当节制。多半会有一定升幅。

水山蹇:会大跌。但久跌遇蹇,买入等赚,即跌无可跌时,遇此卦应积极进货,将会有较大的行情。

坎卦:将会狂跌;注意有可能会跌极必返。但在下跌初期不可盲目抢反弹。

山天大畜:大的蓄势。回调蓄势,准备突破。

山雷颐:主力肚中空虚,准备吸货,立即跟进。也可能会打压吸货。有时显示出若市的形态。

连山艮:波段趋势有可能终止。

山火贲:将有深幅回调,警惕美饰后的报表的真实性。

山水蒙:大势蒙昧不明,多数见跌。

山地剥:逐渐剥落,下滑。

地天泰:否极泰来,前景光明。但若已在高位,应注意升势将尽,泰极否来。此卦多为行情转折之卦。

䷣ 地泽临:面临较急速的下跌波段。

䷆ 地水师:在关键点位多空双方激烈争战。在刀口上舔血,十分危险。最好暂不参与买卖。

䷣ 地火明夷:形势不妙,严冬将要到来;黎明前的黑暗。

䷗ 地雷复:恢复,反复。走势会有反复。

以上各卦不仅对一周行情有指导意义,对一天的行情也有参考价值。但此时指数—时间卦的构成方法如下:上卦为收盘指数,下卦为次日日期(年+月+日之和除8取余数)。

在利用指数卦时,最好不要单看沪市或深市,因为两市有互动效应,利用不同的指数多构成几个卦,可增加判断力,排除卦的多义性干扰。

利用指数卦时,若要判断大顶或大底,最好结合八卦时间之窗一同考虑,这样可靠性较高。

有时已推断出底点会在本周出现,但也可能在底点出现前会大跌几天,若急于杀人,可能立即被套牢,应等待明显企稳后再介入,风险会大大降低。

由于股市的影响因素多,变数大,当你准备大单进出时,除了结合八卦时间之窗和指数—时间卦判断外,为了可靠起见,最好用小石片或按买卖时间再起上一卦,并查《周易》卦、爻辞进一步核断,以免出现大的失误。

例1:八卦时间之窗分析年走势。

1996年为震年,中国股市出现了由熊转牛的大转折。2004年也是震年,试分析股市转折方向为什么是向下转折?

震年为股市的转折年,转折方向是不确定的,可以是向上转折,也可以是向下,要看转折点前的波段走势。

1996年年初,中国股市一直在延续1995的下跌波段,沪指从1995年5月份的九百多点跌至1996年1月份的五百多点。在1996年这个八卦震年发生的转折,必然是向上走,因为转折点前后的走势必然是相反的。

2004年虽是震年,但股市从2003年11月份开始的反弹行情一直持续到2004年4月份,上升了四百多点,这是一段上升行情,到2004年4月份(坤月)结束。结束这段上升行情后,必然向下转折,与此前的波段趋势相反。

例2:八卦时间之窗分析月走势。

艮月和坤月对股市大盘的波段走势具有很明显的终结作用。例如,2001年6月份为艮月,7月份为坤月,前一次大牛市就是在这两个月份结束。再如2004年3月份是艮月,4月份是坤月,在这两个月内,结束了一波比较大的反弹行情。

例3:用周卦预测一周的大盘走势。

2004年9月10日是星期五,沪市收盘指数为1287.08,试预测随后两周的沪市走势。

9 月 12 日为周日,是下一周的第一天。这天的日卦为:

(2004+9+12)÷8 的余数为 1,对应乾卦。

上周五的收盘指数 1287÷8 的余数为 7,对应艮卦。

以周五的指数卦艮为上卦,以周日的时间卦乾为下卦,构成山天大畜卦,这个卦为下周沪市的周卦。大畜卦在股市中的意义为"蓄势待发"或"大的蓄势,准备突破"。这说明下周一可以逢底买进。

结果,9 月 13 日(周一)沪市下降了 27 点,至 1260。但在该周随后的四天内,沪市上升到 1415 点,涨了 155 点。9 月 17 日(周五)沪市收盘指数为 1414.7 点。

如果要继续预测下周的沪指走势,可以 1414.7 点(四舍五入,得艮卦)为上卦,以下周的第一天(周日)2004 年 9 月 19 日(坤卦)为下卦,构成下周的周卦:山地剥。剥卦为群阴剥阳之意,意味着下周股市大盘不妙,应见好就收。

结果,在该周,沪指在 1460-1496 点之间反复振荡,在随后的一周沪指一路下滑,继续走下降通道。

例 4:用日卦预测一日的指数走势。

2004 年 12 月 22 日沪市收盘 1307.57 点,预测下一日 23 日沪指走势。

1308÷8 余数为 4,对应震卦,2004 年 12 月 23 日对应艮卦。

以震为上卦,艮为下卦,构成雷山小过卦。"小过"意为"阴小过多",所以多半会下跌。结果跌了 25 点。

(3)注意一些特殊日子

除了八卦时间之窗和指数—时间卦外,还有一些特殊的日子可能会引起股市较大的波动,甚至是转势的导火索,应引起注意。例如,在前面多次提到的双水日。

下面是近三年来一些单日大幅波动的例子,从中可以获得体会:

单日较大跌幅的例子:

1998 年 1 月 13 日,沪综指开盘 1211.9 点,收盘 1167.6,最低 1110.1,日振幅近 101 点。分析:1 月 13 日为震日也是风日,构成雷风恒卦,恒而不恒,应为庄家打压吸货之嫌。实际上,随后几个月,沪指涨了三百多点。

2000 年 1 月 11 日,沪综指开盘 1547.7 点,收盘 1479.8,最低 1468.8,日振幅近 80 点。分析:1 月 11 日为震日,也为离日,可谓雷鸣电闪,所以出现了大幅震动。

2000 年 3 月 16 日,沪综指开盘 1671.1 点,收盘 1607.5,最低 1596.1,日振幅近 75 点。分析:12 日为周日,是震周,3 月 16 日为离日,可谓雷鸣电闪,所以出现了大幅震动。

2000 年 8 月 23 日,沪综指开盘 2064 点,最高 2080.1,最低 1980.3,收盘 2057.9,日振幅近 100 点。分析:8 月 20 日为周日,是震周(重震),23 日为艮(重止)日,所以出现了大幅震动。这清楚地表明,经过此次震动,行情应该结束了。22 日为重坎日,已经跌了三十多点。

2001 年 1 月 15 日,沪综指开盘 2097.1 点,最低 2030.3,收盘 2030.4,日振幅

66.4点。分析:14日为周日,是水周,15日为乾日也为艮日,可合成天山遯卦,也就是说在水周出现了遯卦,所以出现了大幅下跌。

2001年8月6日,沪市开盘为1953.4,最低1867.9,收盘1882.1,日振幅85.5。分析:8月5日为周日,是水周,6日为水日,构成"双水日",所以出现了巨大跌幅。

单日较大升幅的例子:

2000年2月14日,沪指跳空56点以1591.4点高开,最高1674.1,收盘1673.9,上涨139点。分析:2月14日为2000年春节后第一天开盘,这一天为坤日也为坎日,构成地水师卦,地水师为多空双方激烈争战之卦,由于春节期间能量积累的缘故,这一天多方辉煌胜利。

1999年9月9日,沪指跳空20点以1590.7点高开,收盘1675.1,上涨88点。分析:这一天为双乾日,有巨大的上升动能。但阳极必反,能量消耗过度,第二天收长阴,大势开始转折。

1999年7月20日,沪指以1476点高开,收盘1674.6,上涨98点。分析:这一天为兑日也为震日,构成"随卦",动而悦,一改前期跌势,大幅上扬。

通过上面的一些例子可以看出,在震与离的组合日(周)、重震、重坎日(周)、水周的坎日、乾与艮(构成天山遯)的组合日等等,都可能出现较大的跌幅。而遇到坤与水的组合日、双乾日、泽与雷的组合日等,有可能出现较大的涨幅。这些较大的指数波动往往使行情趋势出现转折。

但是,并非一遇到上述特殊日子都会百分之百出现较大震动,特殊的时间组合仅仅是触发的条件而已。

(4)阴阳互变　物极必反

《三国演义》开头一句话:"话说天下大势,分久必合,合久必分"。分与合,是一对阴阳矛盾体,这对阴阳矛盾在极端情况下会向各自的反面转化。股市也是一样,升和跌是一对矛盾统一体:升极必跌,跌极必升。就像白天和黑夜、冬天与夏天一样,自然地交替流转。

在八卦中,乾和离是阳卦,有较强的上升力量;坤和坎是阴卦,有较强的下跌力量。在极强势中,八卦时间之窗遇坤或坎不能阻止其升势,而遇乾和离才有可能使升势崩溃;在极弱势中,八卦时间之窗遇乾和离不能扭转其跌势,遇坤和坎才有可能止跌回稳。这都是物极必反的规律在起作用。

例如:1992年11月下旬沪市由386.8点开始,进入了一轮强劲的升势,至1993年2月份,已升到1558.9点,仅仅3个月,就升了近400%。这样的极强势终于在乾年离月乾周结束(参见表10-3),正应了物极必反的规律。

又如,1998年6月到8月间,沪指从1420点连续跌至1070点,仅仅两个月的时间,就跌去了近30%,人气极度涣散。这样的弱势终于在坎年坎月坎周结束(参见表10-3),也正应了物极必反的规律。

但是,如果并非极强势或极弱势,这一规律不适用。物极必反的规律,体现在"极"字上,"极"才"反"。

有鉴于此,在任何情况下,都不应过度悲观,也不应盲目乐观。在跌势中,如果股票的价格已经跌破发行价,或跌破了每股的净资产,当绝大多数人对股市都感到

极度失望时,进货的时机已经悄然来临,你可以分批分次择股入市。在升势中,当绝大多数人情绪极度高涨,一片看好风潮,平均市盈率高高在上,超过了40甚至60时,也许危机将至,你可以分批分次逐渐出逃。

但请记住,不要奢望在最高点卖出,在最低点买入,否则将是极其危险的。这种不切实际的幼稚想法往往会使你反复被套,错过一个又一个买卖时机。因为最高点和最低点往往是瞬间的,除了偶尔的运气或庄家的造市,没有谁能够抓得住。

个股分析

有时你对大势的判断正确,但由于个股选择不当,频繁更换,整整一波大行情,没赚多少钱,甚至亏损。所以,入市炒股,个股选择至关重要。不是有人说"选股如选美"吗?根据八卦理论进行个股分析有一套独特的方法。

(1)个股选择

深沪股市有一千多家上市公司,将来会更多,若不是专业机构,很少有人能对每只个股了如指掌,特别是公司实际的财务和经营状况。应用八卦的基本知识,有助于增强我们的鉴别力。

根据八卦的基本理论,可以总结出选股的一些基本经验:

1. 收集信息:我们总会听到有人推荐几只股票,无论是电视上、报纸上、股评专家、网上或亲戚朋友那里。把这些听到的股票一一记下,以备分析。

2. 初选:先对这些股票的代码、流通盘、业绩(注意有的公司可能造假)、行业性质、公司地理位置、目前价位以及是否已经有了很大涨幅或是否被充分炒作过,了解清楚,进行初选。

3. 根据代码计算其所对应的八卦属性:股票代码除8,余数就是八卦所对应的序数。如0728北京化二,除8余0,对应坤卦。

4. 确定旺年、旺月、旺周:所谓旺年、旺月、旺周,是说某只股票在这些年份、月份或周,有可能表现得比较强。例如,北京化二0728,为坤。2000年也是坤年,是北京化二的旺年,此年它会表现不俗。事实上,北京化二在2000年从5元升到12.6元,最高上摸13.5元,并且反复表现。

旺年、旺月、旺周的确定比较复杂,并非都是代码卦与时间卦一致才旺,还宜以代码卦为下卦,年卦、月卦或周卦为上卦构成六爻卦,根据六十四卦的意义进行综合分析。也可以结合八卦的时位值或和、生、制、冲关系进行辅助判断。

例如,TCL(000100),代码卦为震卦,在2004年(震卦)的运气指数为4,说明很走运。而年卦和代码卦构成的六爻卦为震。这说明TCL这只股票在2004年虽然比较走运,但波动幅度也会巨大。实际上该股票在2004年实现集团整体上市,发行价4.26元,一月三十日上市后股价最高上摸9.46元。随后股价一路下跌,至2004年12月底,股价下探3.5元。在一年内股价振幅接近年底价的三倍。

5. 旺月前的不利月份买进:如果确定了某只股票处在旺年中,且将要进入旺月,那么在旺月前就可选中,特别是在旺月前的某些不利的月和周买进。所谓不利

月或周,是指这只股票已出现了较大幅度的回调,或这只股票在这些月份表现欠佳,或其在这些月份或周的时位值较小。

但是,注意分析大势的走向。当你已经判断出大势将要进入跌势或已经进入下降通道时,切不可买进任何股票。

6. 在旺月、旺周或旺日卖掉:个股一进入旺月或旺周,一般会使高点凸显,应趁机抛出,不要后悔。在旺月是否有大的表现还要看该月中周卦的分布。

但是,在任何条件下都要注意大盘的走向。个股的操作不应脱离大盘。当大盘正处在上升初期时,即使到了所持个股的旺月,也不应抛掉手中的股票。

（2）股价的阻力位和支撑位

任何一只股票,在什么时间可能走到什么价位,并非完全偶然,除了受大势影响外,还与其自身的股性和其运作的时间有关。

这里所说的阻力位和支撑位,并非技术分析。在一只股票启动之前,是不可能靠技术分析来确定其阻力位和支撑位的。在这里我们纯粹用八卦理论来分析,更简单快捷且有相当的准确度。

一般来说,上升时遇到的阻力位也是下跌时的支持位。可能的阻力、支撑位,与股票的代码有关。将价位卦和代码卦进行分析比较,可以分析出其阻力、支撑位。

仍以北京化二(0728)为例:其代码卦为坤,那么所对应的阻力支撑价位应分别为:8~9元,和12~13元。当然再往上推,还可以有很多档位。为什么呢?

从8.01~8.99元,不考虑小数点后面的尾数,元位所对应的卦为坤,与代码卦相同,说明此价位有特殊意义。从12.01~12.99元,对应震卦,震卦与代码卦坤合成六爻卦雷地豫,此卦表示上升的劲头削弱,所以此价位就成为一个关键位。实际上北京化二在8~13之间波动超过了一年(参见下图)。

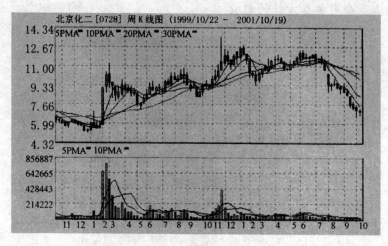

北京化二(0728)走势图

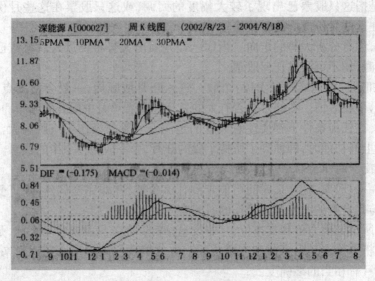

深能源（00027）走势图

深能源（000027），股票代码卦为离卦，在 6～7 元间获得底部支撑，反转向上。从八卦来分析，6.01～6.99 元为坎卦，价位卦与代码卦构成水火既济卦。既济卦表示到位、阶段平衡的意思。深能源在 11～12 间遇到阻力，上行困难，转而向下。从八卦来分析，11.01～11.99 元为离卦，而其代码卦也为离卦。价位卦与代码卦一致，具有特殊意义。

顺着波段的发展趋势，价格再往上或再往下，根据八卦和六十四卦的含义，还可以找到其他具有特殊意义的价位。这就为阶段性或波段性买卖提供了参考。

（3）上市公司所在方位的影响

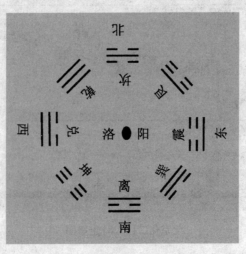

中国各地的方位

国学经典文库

就中国的国土面积来讲,人口重心所处的位置大概在中原,或许是洛阳或郑州。以洛阳作为后天八卦图的中心,那么坤为西南,兑为西,乾为西北,坎为北,艮为东北,震为东,巽为东南,离为南,各个区域所对应的卦也就可以大概确定了。

上市公司的地理位置和环境对其股票的市场表现有相当大的影响。例如,2000年国家提出"西部大开发"以后,西部的股票表现不俗。其实,国家提出"西部大开发"的时机非常妙,合天时人意。用八卦来分析,2000年、2001年、2002年分别对应坤、乾、兑卦,这三个卦在后天八卦图上对应西部之卦。而在2004年国家又开始振兴东北,这个时机也非常妙,因为2004~2007年分别对应震、巽、坎、艮,在八卦图上为东部之卦,合天时人意。

如果你在合适的年月份,选择了合适代码的股票,股票所在的公司又在合适的地理位置,可以肯定,赚钱的机会大大增加。

例1:新疆屯河(600737),2000年1月份从15~16元开始启动,到9月份涨到46块多,8个月涨了3倍。而在2004年这只股票沦落为ST一族,称为ST屯河,股价在2~5元之间波动。

试分析如下:

600737,代码除8余1,为乾卦,2000年为坤年,以时间卦坤为上卦,以代码卦乾为下卦,合成地天泰卦,说明"阴阳交泰,政通人和",加上地处西北,为乾卦方位,与代码卦相同,所以占尽天时地利。2000年1月为乾月,是其旺月,开始启动。2000年9月,也为乾月,为旺月,达到高点,此后上升行情基本结束。然而,9月份10送10股除权后,股价仍维持在20~24元之间震荡,直至2001年7、8、9月份股市大跌,其仍维持在22元上下不跌。说明2001年600737人气并未全散。这是因为2001年是乾年,为西北之卦,是新疆屯河的旺年。所以,新疆屯河如此强的走势并非偶然。

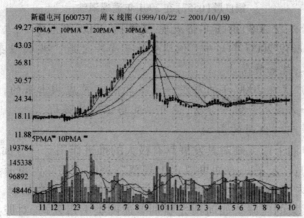

新疆屯河(600737)2000~2001年的走势

但是2003年为离年,离火克乾金,是新疆屯河的灾难年份,在管理上、经营上或财务上可能出现问题。2004年为震年,也是新疆屯河的受克年份,所以一系列

问题暴露出来,被带上 ST 的帽子,股票从 13~14 元一直跌倒 2~3 元。

另外,从代码卦可以推断其阻力位为:16~17,24~25,32~33,40~41,48~49,等。实际上在这些价位都如期出现了调整。

例2:银广厦(0557),在 2000 年有不俗表现,但在 2001 年秋,遭遇滑铁卢,出现连续 15 个跌停板,从 32 元直跌到 6 元,由于流通盘是近 3 亿股的大盘股,套住了众多散户和一些大机构,套牢资金达六七十亿元人民币。

试分析如下:

银广厦(0557)代码卦为巽,五行属木。但银广厦地处大西北之乾位,乾卦五行属金。在后天八卦图上,乾、巽相冲。2001 年又为乾年,9 月,又是乾月,银广厦一"巽"遭遇三"乾"相冲,又处在秋季这个木衰金旺时节,所以必死无疑。

银广厦(0557)在 2001 年遭遇滑铁卢

银广厦之所以在 2000 年有不俗表现,是因为 2000 年为坤年,与其代码卦巽构成"地风升"卦,所以 2000 年大升。但毕竟处于受冲之地,"疾病缠身",元气不足,所以买这只股票,就如履薄冰。

实际上,银广厦在 2000 年的每股一元多的利润是虚构出来的,蒙骗了众多股市投资者。但如若用八卦做一分析,便可以立马识破其骗局。

(4)上市日期对公司的影响

公司能够申请上市无疑对其发展具有极大的推进作用。一方面公司通过上市可以筹到急需的资金,另一方面可以走上规范发展的道路。但也有些公司通过上市而大量圈钱,内部管理混乱,决策频频失误,甚至领导层中饱私囊,使公司成为一个空壳或负债累累的巨擘。如何预先鉴别上述两类上市公司,对股票投资者具有重大意义。

下面通过对股票上市日期的时间结构来进行,看能不能鉴别出什么样的公司股票具有长期投资价值,什么样的股票不具有长期投资价值。

例1:湘火炬(000549),发行价 2.26,1993 年 12 月 20 日 3060 万流通 A 股上

市。1996 股价从 2.5 元开始腾飞,至 2000 年 7 月股价最高达到 36 元。然后股价逐梯下跌,直至 2004 年"德隆系"暴露出问题,股价跌至 3.5 元。参见下图。

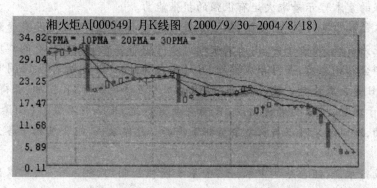

湘火炬A[000549] 月K线图 (2000/9/30~2004/8/18)

湘火炬(000549)在 2000~2004 年的股价走势

湘火炬历年股本扩张和分红情况

年份	复股收益（元）	流通股本扩张情况	分红利（元）	发行和配股价	扩张后股本
1993	0.15	发行 3060 万 A 股		2.26	3060
1994	0.12	340 万职工股上市,10 配 2,10 送 1		2.60	5210
1995	0.083	10 送 1			5731
1996	0.017				
1997	0.239				
1998	0.577	10 送 1			6304
1999	0.258	10 送 5 转赠 4			11978
2000	0.331	10 配 3		15.00	15815
2001	0.157	10 送 2 转赠 4	0.2		26604
2002	0.194	10 转 5	0.05		39907
2003	0.237	10 送 1 转赠 4			59860

　　下面从股票上市之日的时间结构来分析一下,看能不能判断出湘火炬是否具有长期投资价值。

湘火炬上市日期的时间结构分析

上市日	1993 年	12 月	20 日	巳时
基本结构				
年月卦				
月日卦				
日时卦				
年月日卦				
年月日时卦				

上市之时的基本时间结构:年为乾卦,月为震卦,日为震卦,时为坎卦。一个乾卦,两个震卦,一个坎卦。由于处在冬季,坎旺。结构中震卦多,势较强。从五行上来讲,震为木,又得坎水滋润,所以木行很强。震木的性质为生发、为振布,为扩张,因此较强的震木预示着湘火炬有很强的扩张能力。

基本结构中有一乾金,虽不得时,但是还能发挥作用,因为乾没有受到过多的遏制。乾为首脑,为董事会,因此说明湘火炬的董事会能够起到应有的作用。

从组合结构来看,年月合成巽卦,月日合成坤卦,日时合成兑卦,年月日合成乾卦,年月日时合成艮卦。乾、巽互冲,两者基本相互平衡。坤、艮互冲,艮得时,势较旺,坤处于弱势,所以两者作用后,艮尚有余势。兑、艮既相互吸引(山泽通气)又相互制约,所以弱兑可以与艮之余势相互平衡。总体来讲,组合结构中各卦是相互平衡的。

从五行来讲,组合结构中木,土,金基本能相互制约,相互平衡,所以公司的治理结构和生产经营不太容易出现偏差。

总体评价,湘火炬具有较强的股本扩张能力,董事会能起到决策和监督作用,公司治理结构和生产经营活动也具有相互监督和制约机制,一般不会走极端,出现大的偏差。可以买湘火炬的股票进行中长期投资。

下面通过湘火炬的实际分红和股本扩张情况来具体分析一下股民的实际收益情况。

假设一个股民当初认购了1000股湘火炬,一直拿着没抛,时至今日,看他(她)会有多少盈利:

如果当初认购了1000股湘火炬,至2003年底,由于配股和送股的原因,其股票总数可增加到12290股。见下表:

年份	认送转股数	配股数	认配价(元)	支出(出)	分红利	期末股数
1993	1000		2.26	2260		1000
1994	100	200	2.6	520		1300
1995	130					1430
1998	143					1573
1999	1416					2989
2000		425	15	6375		3414
2001	2048				682.8	5462
2002	2731				273.1	8193
2003	4097					12290
合计				9155	955.9	12290

静态投资收益分析:

按当初认购1000股,直到2004年年初以15元的股价抛出,可盈利:12290×4-

9155+956＝176151 元。

假设直到 2004 年 8 月份才以 4 元的股价抛出,可盈利:

12290×4－9155+956＝40961 元

推迟半年抛出,盈利可差 4 倍多。

假设当初的 2260 元和配股所支出的 6375 元存进银行,平均年利率按 6%计算(九十年代年利率较高),每年连本带利取出,再转存,可得利息:$2260(1+6\%)^{11}-2260+6375(1+6\%)^4-6375=3688$ 元

由此看来,如果当初买了湘火炬作为长期投资,11 年后从股市中的盈利,不考虑物价上涨因素,至少比存银行的利息多 11 倍,如果出手时机好可高达 44 倍。所以湘火炬具有中长期投资价值。

例 2:有一家公司的股票,1994 年 4 月 8 日上市,暂不考虑其他因素,仅从上市时间分析,看其是否具有投资价值。

分析

1994 年 4 月 8 日巳时(深沪股市开市时间 9:30 为巳时)的时间结构如下:

上市日	1994 年	4 月	8 日	巳时
基本结构	☱	☳	☷	☵
年月卦		☳		
月日卦			☳	
日时卦				☵
年月日卦		☵		
年月日时卦			☳	

在该只股票上市日的基本时间结构中,年卦为兑,月卦为震,日卦为坤,时辰卦为坎。由于处于春季,震得时,旺。震、兑相冲:兑势弱,震势强。震、坤相制:虽然震在旺季,但由于已经与兑相冲,消耗了一定的能量,所以震、坤两者尚能基本平衡。

在时间组合结构中,年月卦为坎,月日卦为震,日时卦为坎,年月日卦为坎,年月日时卦为震。三坎,两震,坎不得时,但势众,震得时,又受三坎远生,所以震极强。

总体来讲,共有三个震,四个坎,一个兑,一个坤。由于震得季,且又有四个坎所生,因此震极强。四个坎,虽不得时,但势众,也较强。但是,兑处于衰季,又受三震相冲,所以极其衰弱。坤受三震相制,也不能充分发挥作用。

震木为扩张,为发展。由于震极强,且受到制约的因素很弱,又得四个坎水相生,所以该公司具有极强的发展和扩张能力。至于公司的治理结构,从卦象上看,好像一切都在为发展和扩张让路,公司决策果断,没有过多的制约因素。

因此,这只股票具有中长期投资价值。

其实,这只股票是中集集团,代码为 0039。初上市 A 股发行 1200 万股,止2003 年底,A 股总股本已达到 30293 万股,股本扩张 25 倍多。假设某人在上市时买了 1000 股,看现在他(她)能赚多少钱:

中集集团股本扩张和分红情况

年份	认送转股数	认配价(元/股)	支出/出入(元)	每股分红	期末股数
1994	1000	8.5	-8500		1000
1995	10 送 4			400	1400
1996	10 送 3			420	1820
1997	10 送 3			182	2366
1998	10 送 1			709	2603
1999				520.6	
2000				520.6	
2001	10 送 5			1301	3905
2003	10 配 3	15	-17573		5076
2004	10 赠 6			1484	8121
合计			-26073	5537	8121

静态投资收益分析：

按当初认购 1000 股,直到 2004 年 9 月以 22 元的股价抛出,可盈利:8121×22-26073+5537=158126 元。

假设当初的 8500 元存进银行,平均年利率按 6% 计算(九十年代年利率较高),每年连本带利取出,再转存,10 年下来,可得利息:$8500(1+6\%)^{10}-8500=6715$ 元

由此看来,如果当初买了中集集团作为长期投资,10 年后从股市中的盈利,不考虑物价上涨因素,至少比存银行的利息多 24 倍。中集集团的股票长期处于高位,如果等到牛市再抛出,盈利空间会更大。

师出以律　否藏凶

师出以律,否藏凶。这句话是《周易》师卦初六的爻辞,意思是说:出兵征战应有严明的纪律,否则将潜藏着凶险。

在股市上搏击,就像出兵征战一样,也应有严明的纪律约束,否则将血本无归。2001 年 7、8、9、10 月份股市大跌,在大跌前笔者已经预测到了,并提前全部出逃。但空仓一段时间后就忍不住了,投机心理一时占了上风,想杀回去抢反弹,做一个"短平快"。头脑一热就杀回去了。杀回去后确实有了一定反弹,但力度很弱,差价太小。贪欲之心使之没能及时再抛掉,结果被套。内心别提有多后悔:明知大势已去,又何必冒着极大风险去贪图蝇头小利,唉! 在这种心情下,抛小石片起了一卦,想从中得到教诲。结果得"师卦",初六爻动,其爻辞为"师出以律,否藏凶"。针对性太强了。

面对如此深刻的教诲,股民朋友,我们到底应该如何去改进提高呢?我想,我们应该总结出几条股票买卖纪律,并严格遵守,克服盲动和贪欲的不良情绪。其实每人都可以从自己的成功与失败的经验中总结出若干条股票买卖纪律,严格规范自己的手脚和抑制不良情绪冲动。下面总结几条,对你可能会有所裨益。

股票操作铁的纪律:

1. 在已经形成的下降通道中,不抢低点买进。

2. 在已经形成的上升通道中,不抢高点卖出。

3. 不企望抓住最佳买卖时机,因为没有谁能抓住。

4. 戒除过分的投机心理和贪欲情绪。

5. 不在一只股票上反复纠缠,因为风水轮流转。

6. 一只眼望着大势,一只眼盯着个股。

7. 看准了买卖时机,不斤斤计较。

8. 不倾尽所有赌在股票上。

9. 买进,卖出,休息。坚持三段论。

10. 不跟风,不人云亦云。兼听别人的意见,保持自己的判断。

11. 不买已被充分炒作过的股票,不买股价与其实际价值严重背离的股票,哪怕有天大的利好消息。

12. 在高位出现大幅震荡时,警惕行情就要结束。

13. 如果已判断出操作失误,应勇敢承认现实,果断返回。

14. 看准后,慢慢买入,果断卖出。

15. 手中拿着股票时,不要麻痹大意,要经常关心股市。

16. 在看不清方向的情况下,远离股市。

17. 手里拿着钱比拿着股票踏实。

股市格言精选

一些股市格言充满智慧,是经验和教训的总结。记住一些股市格言能够增加你的炒股智慧,有时比花很大精力去研究分析市场还管用。除了前面的股票操作纪律外,下面精选一些股市格言,供读者借鉴:

(1)入市须知:

1. 心脏病、高血压、癫痫病和脑萎缩等疾病患者,以及情绪容易激动者不要入市炒股,否则会有生命危险。

2. 入市前估算一下自己最多可以亏多少钱,将此钱数用于开户,且勿倾其所有或借钱入市。

3. 不要把工资账户与炒股账户连在一起企图方便转账,要设置一些障碍。

4. 过于自信,认为自己充满智慧者不要入市,认为自己朋友多,常有可靠消息

者也不要入市,因为这两种人最容易在股市上倾家荡产。

5. 时间太多的人和没有时间的人都不要入市。前者会天天沉溺股市,不识庐山真面目,后者会反复错过买卖机会。

6. 不要轻易地去劝别人买卖股票,股价最不容易预测,以免出错招怨。

7. 感情用事是股民的致命伤。

8. 本业第一,股票投资为辅。不可视炒股为事业。

9. 确定长期的投资目标和原则,为股票交易的首要问题。

10. 在买入之前,先定好止损点,搞清楚你最多愿亏多少钱。切记切记!

11. 导致炒股者破产的心理因素通常是:太急着发财! 下注太大!

12. 绝不要在跌势中入市。

13. 避险第一,赚钱第二。

14. 财不入急门。

(2)股市一般规律:

1. 当今中国股市,入市炒股,亏钱的机会比赚钱的机会大。因为各路神仙都想从股民口袋中圈钱。

2. 任何股市理论都有其缺点,最值得信赖的是股民自己。

3. 股市的未来是不确定的,谁也猜不准!

4. 股市中无常胜将军。

5. 不买股票就赚不到股市的钱,但决不会在股市上赔钱。

6. 股票的投资价值是随时间而变化的。

7. 炒股最终是炒心态。心理状态比技术分析更重要。

8. 久盘必跌,不进则退。

9. 不论在多头市场还是在空头市场,经营稳定、业绩优良的大公司的股票都是股市的中流砥柱。

10. 财务效益不佳的股票,其应付经济形势变化的能力差,下跌空间比例大。

11. 股市没有既定的运行规则,要想达到盈利的目的,你必须建立自己的规则。

12. 下跌的股票自有它下跌的理由,常常会越跌越低。

13. 股市这个巨人很笨重,独立炒手很灵巧。但是当作为炒手的你对巨人的攻击无效时,就必须逃开,防备巨人的报复。

14. 为什么股票升时常常离谱,跌时惨不忍睹? 原因是:一般投资者在股价上升时买入股票,在股价下跌时卖出股票。

15. 炒股是极其枯燥无味的工作:每天收集资料,判断行情,将其和自己的经验相参照,定好炒股计划,偶尔做做或许是兴奋有趣的事,但经年累月地重复同样的工作就是"苦工"。你不把"苦工"当成习惯,你在这行成功的机会就不大。

(3)关于股市消息:

1. 媒体推荐的股票最好不要买,可考虑卖出。

2. 好消息出尽是坏消息,坏消息出尽是好消息。

3. 遇到好消息股票该涨不涨,理应看空;遇到坏消息股票该跌不跌,理应

看多。

4. 买卖股票,不要道听途说,要想方设法收集第一手资料。

5. 利好消息兑现时,有时庄家会借机出货。

6. 消息可能有假,但自己的钞票绝对是真的。

7. 投资者重红利,投机者重消息。

(4)关于成交量变化:

1. 大宗交易的出现,表示大量的换手,这正是股价趋势反转的开始。

2. 成交量可显示股价变动的情况,当成交量开始增加时,应加以注意。

3. 成交量激增,价位不动,是股市近顶的信号。

4. 股价指数连续三天更新,但成交量却依次递减,后市可能不妙。

5. 股价涨幅日渐缩小,成交量又每况愈下,是股价接近顶部的明显征兆。

6. 如果股价走势是进二退一,而且配合着价升、量增,价跌、量减的现象,这便是盘上之局,可以开始分批进货。

7. 大跌之后成交量随股价的继续低落而增加,是买进时机。

(5)关于投资理念:

1. 买进靠耐心,卖出靠决心,休息靠信心。

2. 股市是离金钱最近,也是最远的地方。

3. 自己满仓时未必不跌,空仓时未必不涨。别自欺欺人。

4. 股票常常在犹豫中上涨,在叫好声中下跌。

5. 不急功近利,不三心二意,不沉溺玩股。

6. 选股不如选时,善买不如善卖。

7. 以投资的眼光计算股票,以投机的技巧保障利益。

8. 放长线钓大鱼,好酒放得愈久愈香。

9. 最徒劳无功的行为莫过于试图去猜测大户与庄家的心理。

10. 股价在低档盘旋愈久,上升的幅度愈大。

11. 谁掌握了股市变化的"趋势",谁就是赢家。

12. 股价的升降并非漫无规则!

13. 掌握不同行业的特性,才有获利的机会。

14. 吃鱼只吃中段。从事股票投资,应有一点功德,留点利润和空间给别人!

15. 不以自己的财力去估计行情,不以赚赔多少而影响决心。

16. 真正赚大钱的人,是能分析出好公司的股价偏低的人。

17. 不准备做委托买卖时,最好远离市场。天天到证券公司观望行情的人,容易受行情变化及市场的渲染而做出错误的决策。

18. 股民不变的弱点:怕,贪,盼。该买时犹豫,该卖时吝啬。

19. 技术因素对股市的影响没有基本因素的影响大。

20. 在分析目标公司的各项财务数据时,只有与整个行业平均效益做比较,才能得到更正确的结果。

21. 炒股者乃是安全性最高的"赌徒",光凭"赌运"并不一定就能够成功,还有赖于思考力与忍耐力的结合。

22. 测定股票的投资价值，应以市盈率或股价收益率来作为投资选择的参考。只有当股市的平均股价收益率与一年期银行利率相当时，股票才有投资价值。

23. 在股市偶尔赚点钱很容易，困难在于怎样不断地从股市中赚到钱。

24. 有些人一入股市便捞了几个钱，认为炒股很容易。其实这只是初试者的运气，这些钱是股市暂时"借"给你的，迟早会收回去。

25. 股市不会击败炒股者，往往是炒股者自己击败自己。

26. 对于只想在股市中赚几个零花钱的股友来说，股市在开始时或许很慷慨，随着时间的推移，你就会发现它是何等凶恶地向你讨债。

27. 成功来得太容易通常不会持久。

28. 犯错并不可怕，可怕的是不知自己犯了错。知错却不肯认错就更加不可救药。

29. 不要太固执己见，不要对自己的分析抱太大信心。冷静观察股市，不对时就认错。否则，你在这行生存的机会很小。

30. 每次犯错，好好地分析自己为什么犯错，违反了什么规则？

十四、周易与史学

《周易》卦爻辞中的商周史迹
和历史变革思想

现在已知我国最早的甲骨文,乃商朝后半期殷代帝王利用龟甲、兽骨进行占卜的一种卜辞,也间或有少量与占卜有关以及其他偶然的记事文字。这种所谓甲骨卜辞,虽然不是什么历史记载,但因为它的数量繁多(15万余片),内容丰富,又因为时代较早,无疑是研究我国古代史,特别是研究商代历史的最重要的直接史料。

可是,历年各地出土的301片西周甲骨文,有卜辞,但为数不多,绝大部分是与占卜有关系的记事刻辞。根据甲骨上所载史迹和文献记载研究,西周甲骨主要为文王时期、武王成王康王时期、昭王穆王时期的遗物。西周甲骨对商末周初不少重大事件都有记载,可以说是商末周初历史活动的"大事记"。

因此,周初统治者,为了教诲其后嗣,指导史巫根据历年存放于"金縢之匮"中的卜辞以及其他文献,编写而成的六十四卦爻辞,不仅保留了不少商周史迹:如"高宗伐鬼方,三年克之,小人勿用"(《既济·九三》);

西周　玉玦

"震用伐鬼方,三年,有赏于大国"(《未济·九四》);"帝乙归妹"(《泰·六五》《归妹》);"王田亨于岐山"(《升·六四》);"箕子之明夷"(《明夷·六五》);"巳日乃革之,征吉无咎"(《革·六二》);"东邻杀牛,不如西邻之礿祭实受其福"(《既济·九五》)等等,还反映出周人的历史变革、事在人为的思想。

(1)天命无常、"革命"合理、常怀忧患意识

殷人迷信上帝、鬼神,殷王事无大小,无不占卜,这在甲骨文里表现得非常明显。这就是说,殷人是十分相信天命的。殷纣王在西伯戡(战胜)黎,形势对殷很不利,而殷民又不安定的危急时刻,还狂言:"呜呼! 我生不有命在天!"(《尚书·西伯戡黎》)可是,在《周易》三百八十四条爻辞中,却和殷人不同,特别突出历史变革、天命无常、"革命"合理:

《泰·九三》:"无平不陂,无往不复。"

唐孔颖达《周易正义》:"无有平而不陂、无有往而不复者;犹若无在下者而不

在上,无在上者而不归下也。"

《明夷·上六》:"不明晦,初登于天,后入于地。"

《周易正义》:"上六居明夷之极,是至暗之主,故曰不明而晦。本其初也,其意在于光照四国;其后由乎不明,遂入于地,谓见诛灭也。"

《革·九四》:"悔亡,有孚改命吉。"

唐李鼎祚《周易集解》引虞翻曰:"革而当,其悔乃亡。《传》以比桀纣,汤武革命,顺天应人,故改命吉也。"

因而,《周易》爻辞告诫后嗣存不忘亡、常怀忧患意识。

《否·九五》;"其亡其亡,系于苞桑。"

明来知德《周易集注》:"其亡其亡者,念念不忘其亡,唯恐其亡也。丛生曰苞,丛者聚也,柔条细弱,群居成丛者也。桑止可取叶养蚕,不成其木,已非樟、楠、松、柏之大矣;又况丛聚而生,则至小而柔者也。以国家之大,不系于磐石之坚固,而系于苞桑之柔小,危之甚也,即危如累卵之意。"

这种观点含有变化、发展、"革命"的积极因素,对商殷僵死的、一成不变的天命崇拜是个重大的修正。

(2)殷鉴不远,民心可畏,存亡事在人为

周初统治者所以能提出这种观点,是专恃天命、虐用人民的殷纣王终于覆亡的事实教育了他们,使他们切实领会了天命是渺茫的,民心向背才是现实的。请看:

《革·九五》:"大人虎变,未占有孚。"

《革·上六》:"君子豹变,小人革面。"

这两条爻辞意为:纣王苛政猛于虎,将帅凶残如猛豹,驱赶徒兵去冲锋,徒兵临阵却叛变。故而,统治者应重视民意,争取民心;只要人民不反对,天命就可以长保。

《益·九五》:"有孚惠心,勿问元吉,有孚惠我德。"

清王引之《经义述闻》:"《尔雅》曰:'惠,顺也。'有孚惠心者,言我信于民,顺民之心也。有孚惠我德者,言民信于我,顺我之德也。"来知德曰:"德者,益下之政也。"

这种历史变革、事在人为的思想,对几千年的中国史学产生了不可低估的影响。

先秦时期史官通《周易》

中国史学还处在初创时期,就和《周易》结下了不解之缘。先秦时期,史官是具有两种身份的人。一方面,史官担任着"记言""记行"的职责,要求做到"书法不隐",就这一点说,他和巫祝不同,表现出"世俗人"的品格。另一方面,史官兼掌卜筮之事,因而又具有巫祝的身份。所以文献上常常将史巫、史祝并称。《周易》就有这样的记录:"巽于床下,用史巫纷若。"(《巽·九二》)《左传·定公四年》载:"祝宗卜史,备物典籍,官司彝器。"《左传·昭公十八年》载:"使公孙登徒大龟,使祝史徒主祏于周庙,告于先君。"这是史巫、卜史、祝史并称的记载,像这样的文字在先秦文献中屡见不鲜。所以,西周时期的史官就成了掌握和收藏《周易》的人。直

到春秋时期，王室衰微，大国争霸，史官流散，才有"周史以《周易》见陈侯者。"（《左传·庄公二十三年》公元前 672 年）从此，《周易》始传布诸侯国。

先秦史官在政治上的地位，一般地说是不高的，像西周王朝史佚那样的人不多。但史官有历史知识、通《周易》，对现实了解，又担任着"记言""记行"的任务，他们对国家的政治、军事、文化的斗争能发挥作用。《左传·昭公二年》记载：晋国的大夫韩宣子访问鲁国，在太史那里看见《易象》与《鲁春秋》两部书，发感慨说："周礼尽在鲁矣！吾乃今知周公之德，与周之所以王也。"清洪亮吉《春秋左传诂》："《易象》郑众、贾逵等或以为卦下之象辞，文王所作；爻下之象辞，周公所作。"可见《易象》即今之《周易》。看见《周易》和《鲁春秋》才知道周公的伟大品格和周朝得天下的原因，可见韩宣子已把《周易》和《鲁春秋》当作认识历史、评价人物同样重要的典籍。因而，史官一方面记载历史；一方面又依《周易》卦爻辞的历史变革思想，通过解释卜筮结果的办法评论历史和现实生活中的各种事件，预占历史的趋向，从而对现实给予积极的影响。例如：

《左传·昭公三十二年》："公薨于乾侯，……赵简子问于史墨曰：'季氏出其君，而民服焉，诸侯与之，君死于外，而莫之或罪也。'对曰：'……社稷无常奉，君臣无常位，自古亦然。故《诗》曰：'高岸为谷，深谷为陵。'三后之姓，于今为庶，主所知也。在《易》卦雷乘乾曰《大壮》䷡，天之道也'。"

鲁昭公被季孙氏赶出，住在乾侯，结果死在那里。史墨引用《周易》来评论这件事，把变动时期君臣地位改变看作是天经地义的事，是"正大"之道。这正是那个时代的特征。这正表明《周易》卦爻辞的历史变革思想对于史官认识历史大变动时期的特征的指导意义。再如：

《左传·襄公二十八年》记载：郑国派大夫游吉到楚国聘问，被楚人拒绝，要郑国国君亲自来。子太叔归，复命，告子展曰："楚子将死矣，不修其政德，而贪昧于诸侯，以逞其愿，欲久得乎？《周易》有之，在《复》䷗之《颐》䷚曰：'迷复凶。'其楚子之谓乎！欲复其愿，而弃其本，复归无所，是谓迷复，能无凶乎！"

这是游吉引用《周易》的《复·上六》爻辞，评论楚王贪而又骄，恃强凌弱。他认为政德是国君应该抓住的根本，作为一个国君竟然抛弃了根本，还要恃强凌弱以满足自己的权势欲，就好比一个人迷失了道路而想回来，却不知道回到何处，这就必然导致不吉的后果，所以楚王不可能长久。这也表明《周易》卦爻辞存亡事在人为、以德化民的观点对游吉观察、预料诸侯兴衰和历史人物命运所起的指导作用。

《左传·宣公十二年》记载：晋国的彘子违反中军统帅桓子的部署擅自出兵，知庄子以《师·初六》爻辞"师出以律，否臧凶"为据推论说："执事顺成为臧，逆为否。……有律以如己也，故曰律。否臧且律竭也。盈而以竭，夭且不整，所以凶也。"因此，他得出结论曰："此师殆哉！"晋国的知庄子引用《师·初六》爻辞说明彘子违反军队纪律必然失败而招祸。

可见，《周易》卦爻辞对史官观察、预占历史事件产生了多种影响。第一，用对卦爻辞解说的办法评论事件。第二，《周易》卦爻辞中的历史变革、事在人为钩思想，使史官较好地体察出历史大变动时期历史变化的趋向。第三，用《周易》卦爻辞中的殷鉴不远、民心可畏、存亡事在人为的观点观察，预占诸侯兴衰、历史人物的命运。所谓"八卦可以识吉凶，知祸福"（《淮南子·要略》），只是一种形式，先秦史

官和后人有些已明白这层秘密:孔子曰:"不占而已矣。"(《论语·子路》)荀子曰:"善为《易》者,不占。"

《易传》的历史变通思想

经历了战国时期社会经济、政治、思想大变革的《易传》作者在历史认识上富有特色的观点,是变通的思想。《系辞上》:"生生之谓易。"万物皆新陈代谢、生生不已,是谓变易。作者认为《周易》之"易"即变易之义,以其讲万物皆变之道也。"易"本有变易、不易、简易等解释,实则"易"的中心观念是"变","变"而后"通"。所以《系辞下》:"《易》,穷则变,变则通,通则久。"此举《易》道以明变化之必要。作者认为《周易》的道理是穷极就出现变化,变化就能畅通,畅通就可以长久。《易传》用变通的思想谈自然、论人事,天(自然)和人(人事社会)都是变通的,同具有变动的特征。历史也是在变通中向前发展的。

《易传》认为自然和社会的变通表现出盛衰的变动。《泰·九三象》:"无平不陂,天地际也。"意为地平极则险陂,天行极则还复,此乃天地之法则、自然之规律。《丰·彖》:"日中则昃,月盈则食,天地盈虚,与时消息,而况乎人乎,况乎鬼神乎!……""天地变化,草木蕃。"(《坤·文言》)作者认为以宇宙事物之运动言之,日中则西斜,月满则亏缺,天地间之万物皆一盈一虚,随时消长;而况人之家、国岂有长盛而不衰,长存而不亡哉;而况鬼神岂有长享一姓之祭祀,长赐一姓之福禄而不变哉。这都是说盛衰变化是一个普通的法则。

《革·彖》:"天地革而四时成。汤武革命,顺乎天而应乎人。《革》之时大矣哉。"作者认为改革乃自然界和社会的普遍规律,但必须适应时的需要。天地应时而革,所以四时成。汤武应时而革桀纣之命,所以顺天应人。这是用变通的观点说明社会变革、历史兴亡的必然;也是对《周易》的历史变革思想的发展。

历史既有盛时,《否·象》:"'泰,小往大来,吉亨。'则是天地交而万物通也;上下交而其志同也;内君子而外小人,君子道长,小人道消也。"作者认为天气下降,地气上升,天地相交。天地相交,则万物各遂其生,此自然界之泰(通)。君上之意达于下,臣下之意达于上,上下相交。上下相交,则上下同心。君臣上下之关系如此,则国家昌隆,此是国家之泰。君子在朝内,小人在朝外,君子之道盛长,小人之道衰消。朝廷有此现象,则国家昌隆,此亦是国家之泰。历史也有衰时,《否·象》:"'否之匪人,不利君子贞,大往小来'。则是天地不交而万物不通也;上下不交而天下无邦也。内小人而外君子,小人道长,君子道消也。"观察历史兴衰,是《周易》的主旨,也是中国历史上的一个优良传统。

《易传》对历史变化趋向的看法,在《系辞下》第二章中,明白地反映出来,现据黄寿祺、张善文《周易译注》译文引录于下:

古时候伏羲氏治理天下,……发明了编结绳子的方法而制成罗网,用来围猎捕鱼,大概是吸取了《离》卦(网目相连而物能附丽)的象征吧。伏牺氏去世,神农氏继起。他斫削树木制成耒耜的钉头,揉弯木干制成耒耜的曲柄,这种翻土耘田农具的好处,可以用来教导天下(百姓耕作),这大概是吸取了《益》卦(木体能入而下动)的象征吧。又规定中午为墟市时间,招致天下的百姓,聚集天下的货物,交换贸易然后归去,各人都获得所需的物品,这大概是吸取了《噬嗑》卦(上光明下兴动而交往相合)的象征吧。神农氏去世,黄帝、尧、舜先后继起。他们会通改变前代的器用、制度,使百姓进取不懈,(在实践中)神奇的变化,使百姓应用适宜。黄帝、尧、舜改进服制,让人们穿着长垂的衣裳而天下大治,这大概是吸取了《乾》《坤》两卦(上衣下裳)的象征吧。他们挖空树木成为船只,削制木材成为桨楫,船只桨楫的好处,可以用来济渡难以通行的江河,就能直达远方而便利天下,这大概是吸取了《涣》卦(木在水上而流行如风)的象征吧。他们驾驭牛、乘坐马,拖运重物,直达远方,用来便利天下,这大概是吸取了《随》卦(下能运动而上者欣悦)的象征吧。他们设置多重屋门而夜间敲梆警戒,以防备暴徒强寇,这大概是吸取了《豫》卦(设双门敲小木而为预备)的象征吧。他们砍断木头作为捣杵,挖掘地面作成捣臼,捣杵、捣臼的好处,万民可以用来舂米为食,这大概是吸取了《小过》卦(上动下止)的象征吧。他们弯曲木条并在两端牵系弦绳作为弓弧,削尖树枝作为箭矢,弓箭的好处,可以用来威服天下,这大概是吸取了

伏羲女娲帛画

《睽》卦(事物乖睽而用威制服)的象征吧。远古的人居住在洞穴而散处野外,后代的圣人制造房屋,改变了过去的居住方式,上有栋梁下有簷宇,用来防备风雨,这大概是吸取了《大壮》卦(上动下健而大为坚固)的象征吧。古时候丧葬的办法,只用柴草厚厚的裹缠死者的遗体,埋在荒野之间,不堆坟墓,也不植树木,没有限定的居丧期数,后代圣人发明棺椁,改变了过去的丧葬习俗,这大概是吸取了《大过》卦(大事不妨过厚)的象征吧。远古的人系结绳子做标记来处理事务,后代圣人发明契刻文字,改变了过去的结绳方式,百官可以用它治理政务,万民可以用它稽查琐事,这大概是吸取了《夬》卦(断事明法)的象征吧。

　　此章论述古人因卦象而创立器用、礼法之事。作者将传说中原始社会人物视为历史上之帝王,将劳动人民的创造发明记在此辈帝王圣人名下,将劳动人民之智慧与实践归功于卦象的启示,纯是唯心主义的历史观。但文中所言"制器"典故,虽不出自"卦象",却可借以窥探远古时代人们的田渔舟车、衣食住行等方面的劳作生活情状。从"结绳"到"书契"的进化,更勾勒出一条我国古代文字起源的线索。这些,均为研究上古史提供了重要的旁证资料。而且,作者对历史进化的观点,也是值得总结的。首先,历史是进步的,古代不是一个完美的黄金时代。其次,历史的进步性表现在人们衣食住行条件的逐步改善,社会从渔猎经济到种植经济。随之,交换发生,文字发明,国家的一些机器也产生了。所以《易传》的历史变通思想有着进化的观点。至于尧、舜以后的历史怎样变化? 作者没有说,"这也可以说是半截子的古代进化论"(白寿彝《中国史学史》)。战国后期的《韩非子》大体上也是这样来描述古代历史的,但他明确提到上古、中世、当今的变化趋向。

　　《系辞下》:"《易》之兴也,其当殷之末世、周之盛德邪? 当文王与纣之事

邪？是故其辞危。危者使平，易者使倾；其道甚大，万物不废。惧以终始，其要无咎，此之谓《易》之道也。"作者先推测《周易》作于文王与纣之时；然后集中论析"其辞危"的深意。文中提出知所畏惧使人平安，掉以轻心将导致倾覆的观点；章末以自始至终保持惕惧，其要旨归于慎求"无咎"作结，揭示了《周易》卦爻辞的要旨；发挥了《周易》卦爻辞中天命不常、"革命"合理、常怀忧患意识的观点。

《易传》作者以历史变通的思想观察历史的变化、趋向，认为这种认识对治理国家有重要的意义。这是"前言往行"总结的深化。"夫《易》彰往而察来。"（《系辞下》）彰往，麦明往事也。察来，观察未来也。记载往事的历史是预见未来的条件。考察历史要"明于忧患与故"、进行"顺乎天而应乎人"的变革（《革·彖》）。"天地以顺动，故日月不过，而四时不忒（音特tè）。圣人以顺动，则刑罚清而民服。"（《豫·彖》）所谓以顺动就是顺应变动的趋向。治理国家，能顺应历史潮流，则刑罚清明，万民服从。因而，"圣人有以见天下之动，而观其会通，以行其典礼。"（《系辞上》）此言圣人有以见到天下事物之运动变化，而观察其会合贯通之处，从而推行社会之典章制度。"通变之谓事。"（《系辞上》）此言通事物之变化，采取行动，是谓之事。作者强调对历史变通的认识，对治理国家有重大的意义。

《易传》对历史兴衰的总结也值得重视。第一、国家兴衰存亡在人事作为。《坤·文言》："积善之家必有余庆，积不善之家必有余殃。臣弑其君、子弑其父，非一朝一夕之故，其所由来渐矣。由辩之不早辩也。"《系辞下》："危者，安其位者也。亡者，保其存者也。乱者，有其治者也。是故君子安而不忘危，存而不忘亡，治而不忘乱，是以身安而国家可保也。"作者以战国时期"臣弑其君，子弑其父"的历史大变革中，发展了《周易》"其亡其亡，系于苞桑"的观点，总结出教训：安危存亡、荣辱之故，在人事作为。第二、国家治理要亲贤人、远小人。《师·上六·象》："'小人勿用'，必乱邦也。"第三、亲临、保民的观点。《师·象》："君子以容民畜众。"《临·象》："君子以教思无穷，容保民无疆。"言君子应教民、思民，至于无穷，容民、保民，至于无疆。

《易传》关于历史经验的总结为后人所重视。以后的历史学家常引用这些观点来分析历史的兴衰变化。

司马迁的"究天人之际，通古今之变"思想

秦汉之际，社会发生重大演变，不仅是"五年之间，号令三嬗"（《月表序》），而且陈胜佣耕，他所遣王侯将相竟灭秦。不仅汉高祖刘邦起自匹夫，而且汉初开国功臣也大都出自社会下层。这些变化给人们，特别是史官提出了两个尖锐的问题，即天人关系和古今变化。

司马谈学《易》于杨何，司马迁传父学，精《易》《春秋》。《太史公自序》："《易》以道化，……故长于变。"盖亦以"易"为变易之义，指《易》，穷则变，变则通，通则久"（《系辞下》）诸字句。《司马相如传赞》："《春秋》推见至隐；《易》本隐以之显。"《史记索隐》引虞喜《志林》："《春秋》以人事通天道，是推见至隐也。《易》以

天道接人事，是本隐以之明显也。"可见他的"究天人之际，通古今之变"思想，也是以人事明天道，又以天道说人事，完全得力于《易传》《春秋》。

"究天人之际"就是究天与人的关系。首先，司马迁肯定了"夫春生夏长，秋收冬藏，此天道之大经也，弗顺则无以为天下纲纪，故曰：'四时之大顺，不可失也。'"（《太史公自序》）

同时，他又通过对实录史事的具体叙述，对天道提出了质疑。《伯夷列传》为七十列传之首，以议论为主，中心思想是对"惩恶佑善"的天道提出了质疑。按传统的天道观念，是惩恶佑善，但现实社会却往往是好人遭殃，坏人享福。对这不公平的世道，司马迁提出了愤怒的质问。苍天佑善吗？像伯夷、叔齐那样的人，"积仁累行而饿死。……天之报施善人，其何如哉？"司马迁对苍天发生了尖锐的质问："余甚惑焉，傥所谓天道，是邪？非耶？"这一质问，实际上是在提示七十列传是讲人事活动的，支配历史发展的是人而不是天。《项羽本纪》与《高祖本纪》是两篇传记性质的《本纪》，相互衬映，构成了强烈的兴亡对比。楚亡汉兴的根本原因不是天意，而是人心的向背决定了事业的成败。《太史公自序》明确地指出："子羽暴虐，汉行功德。"项羽一系列杀人屠城的倒行逆施导致了他的失败。所以司马迁在《项羽本纪赞》中批评项羽至死不悟，指出项羽将其失败归咎于"天亡我"是十分荒谬的。在《高祖本纪》中，他进一步通过刘邦之口直接说出了天意不能支配人谋。刘邦说：

"夫运筹帷帐之中，决胜于千里之外，吾不如子房。镇国家，抚百姓，给馈饷，不决粮道，吾不如萧何。连百万之军，战必胜、攻必克，吾不如韩信。此三者，皆人杰也，吾能用之，此吾所以取天下也。项羽有一范增而不能用，此其所以为我擒也。"

这段话最明白不过地说明了刘邦得天下是他善于用人的结果。天意不能支配历史的变迁，同样不能支配个人的祸福。

可见，司马迁"究天人之际"的主要思想是讲天人相分，旨在阐明成败兴衰在于人心向背。司马迁出于对天道的怀疑而"究天人之际"，强调历史研究以人物为中心，原原本本地总结人为的历史经验，探寻治乱之源，成为古代史学的优良传统。

"通古今之变"这命题与董仲舒宣扬的"天不变，道亦不变"是针锋相对的。"变"是司马迁史学思想的核心。他认为宇宙间一切事物都在"变"，只有用"变"的观点才能探索事物的本质和规律。为了认识历史之"变"，他提出了一系列研究方法和理论，如"详今略古""详变略渐""综其终始""原始察终""见盛观衰"等等。统括为一句话，就叫"通古今之变"。

"变"是历史的本质。这种"变"的理论决定了司马迁用发展变化的眼光看待人类社会的历史，他名之曰"变"、曰"渐"、曰"终始"。"变"，指社会不断地进化和发展；"渐"，指的是进化和发展的运动过程；"终始"，指的是因果关系。《十表》的结构和内容就鲜明地反映了司马迁"详今略古"和"详变略渐"的历史观点。"详变略渐"是突出"变"，如秦汉之际作《月表》，就是突出"变"。《月表序》："太史公读秦汉之际，曰：初作难，发于陈涉（胜）；虐戾灭秦，自项氏（项羽）；拨乱诛暴，平定四海，卒践帝祚，成于汉家。五年之间，号令三嬗，自生民以来，未始受命若斯之亟也。"这讲的是剧烈变革之世的历史应该好好总结。《六国年表序》："然战国之权变亦有可颇采者，何必上古。"《高祖功臣年表序》："居今之世，志古之道，所以自镜也，未必尽同。"一方面讲以古为镜，一方面又讲古今不同，不可混同古今，表现了司马迁"通古今之变"的朴素辩证法思想。司马迁特别重视对秦朝历史的总结，就是为汉世作镜子的。

司马迁著《史记》之时，正值汉家隆盛时期。人们歌舞升平，但社会已经潜伏着严重的危机。既然司马迁认为人类社会发展的一个个里程是因果相连的，那么治乱兴衰就是有规律可循的，所以他给自己提出了"稽其成败兴坏之理"（《报任安书》）的任务。他说："《春秋》之中，弑君三十六，亡国五十二，诸侯奔走不得保其社稷者不胜数。察其所以，皆失其本已。故《易》曰：'失之毫厘，差以千里'，故曰：'臣弑君，子弑父，非一旦一夕故也，其渐久矣。"由此可知，司马迁所说的正是《周易·大畜·象》所说："君子以多识前言往行以畜

司马迁画像

其德。"那些做错事的人，都是"不知其义"，就是说不了解这件事的本质。要了解历史事件的本质，就要"多识前言往行，以畜其德"。若要"知成败兴坏之理"，就要到处吸取前人的经验。"原始察终，见盛观衰"就是探寻"成败兴坏之理"的方法。所谓"原始察终"，就是追原其始，察究其终，把握历史演变全过程来看它的原因、经过、发展和结果。所谓"见盛观衰"，就是在兴旺的时候，要看到它转化的起点。司马迁正是用这八个字来观察人类社会的发展。要洞悉历史的发展过程，不仅要做贯通的研究，还要划分段落来考察。前一段历史是后一段历史发展的原因，后一段历史是前一段历史发展的结果。十表具体地划分了司马迁所认识的历史发展阶段。《三代世表》《十二诸侯年表》，是古代史表，略推三代；《六国年表》和《秦楚之际月表》，是近代史表，着重总结秦朝兴亡的历史经验；《汉兴以来诸侯表》是现代史的专题表，概括本朝政治的得失。这三大段历史的详略层次极为分明。建立历史年代学，把贯通的历史划分断限，"原始察终，见盛观衰"，这是司马迁"通古今之

国学经典文库

《史记》书影

变"的重要内容,具有把历史叙述引向科学化轨道的重大意义。他的这一理论与实践,是空前的创造,是那个时代进化论的进步史观的最高水平。

章学诚进化论的进步史观
和"六经皆史"说

　　章学诚(1738年~1801年)是乾嘉时代杰出的史学家。他继承和发展了《易传》的历史变通思想。

　　《文史通义·易教中》:"孔仲达曰:'夫《易》者,变化之总名,改换之殊称。'先儒之释《易》义,未有明通若孔氏者也。……《易·革·象》曰:'泽中有火,君子以治历明时。'其《彖》曰:'天地革而四时成。汤武革命,顺乎天而应乎人。'历自黄帝以来,代为变更,而夫子乃为取象于泽火,且以天地改时、汤武革命为《革》之卦义;则《易》之随时废兴,道岂有异乎?""穷则必变,变必求通,而后可以垂久,凡事莫不然也。"(《文史通义·三史同姓名录序》)他认为,社会的演进,历史的变革,王朝的更替,都有客观的必然趋势。

　　他进而指出:"人之初生,至于什伍千百,以及作君作师,分州画野,盖必有所需而后从而给之,有所郁而后从而宣之,有所弊而后从而救之。牺(伏牺)、农(神农)、轩(黄帝)、颛(颛顼)之制作,初意不过如是尔。法积美备,至唐、虞而尽善焉,殷因夏监,至成周而无憾焉。譬如滥觞积而渐为江河、培塿积而至于山岳,亦其理势之自然,而非尧、舜之圣,过乎牺、轩、文、武之神,胜于禹、汤也。……当日圣人创制,只觉事势出于不得不然,一似暑之必须为葛,寒之必须为裘,而非有所容心,以谓吾必如是而后可以异于圣人,吾必如是而后可以齐名前圣也。"(《文史通义·原道上》)章学诚在这篇文章里试图探寻历史发展的规律,当然,由于阶级和时代的局限,在当时他并未能做到,也是不可能做到的。但有一点他是看到了,即上古与中古人所重视的问题完全不同。他说:"上古详天道而中古以下详人事之大端也。"(《易教中》)"详天道"和"详人道"确实是上古和中古人们在思想意识上的最大差别,"详天道"的时代,人们对于国家的盛衰兴亡无不看做是由上天安排,而"详人事"的时代,则强调人的主观能动作用。这两者的区别,不仅反映在国家大事、日常生活上,而且也反映在历史著作上面。章学诚能够看出这个差别,自然是他在研究社会发展中的一大发现。

　　至于社会为什么会有这样的变化,他虽仅仅只说"时异势殊""时会使然"而"不得不然",但这在当时来说也是了不起的。因为他已经明确地认为历史发展的趋势不受上天主宰,也不是由圣君贤相所决定,这对君权神授这种"天命论"是无情的打击。从这个观点出发,他进而论证典章制度的演变和学术文化的发展,也都取决于社会发展的必然趋势。

　　因而,他特别推崇司马迁"究天人之际,通古今之变"的治史之道。他主张研究事变,要解决后来的事变,六经里没有,可以取六经的用意做参考,观察众人的所需、所郁,所弊来解决。他的目光在借古通今,借古是"智以藏往",通今是"神以知来",可见他重在通今。所以,他主张史家著述之道"贵知其意","固将纲纪天人,推明大道,所以通古今之变,而成一家之言者,必有详人之所略,异人之所同,重人之所轻,而忽人之所谨,绳墨之所不可得而拘,类例之所不可得而泥"(《文史通义,

答客问上》）；"故善言天人性命，未有不切于人事者。三代学术，知有史而不知有经，切人事也。"（《文史通义·浙东学术》）既然《六经》是先王"旧典"，孔子不过根据这些"典章""政典"加以整理，那么当时也就不会像后世那样奉为神圣不可侵犯的经典。《六经》之名起于孔门弟子""儒家者流乃尊'六艺'而奉以为经。"（《文史通义·经解》）这里他既论证了古代无私人著作，无经史之别，人们知道的只有史而不见有经，《六经》只不过是孔子对先王之"旧典"加以整理而已，同时又指出了《六经》之名起于孔门弟子，这当然是后来之事。

　　章学诚"六经皆史"说的意义，首先在于它扩大了历史研究、史料搜集的范围。因为《六经》既然都是先王的"政教典章"，无疑都是研究当时社会政治制度的重要史籍。"六经皆史"的"史"作"史料"之"史"理解。

　　当然，"六经皆史"的"史"，又具有"经世"之"史"的内容。孔子所以删订《六经》，目的在于"存道"，"明道""以训后世"，让后人从先王政典中得知治国平天下的道理。因而章学诚认为，在研究《六经》时，应从《六经》具体事实中去领会其精神实质，为当前政治服务，切不可死守经句，泥于古义，专搞名物训诂而脱离当今之人事。

　　综上所述，我们说"六经皆史"的"史"，既具有具体的历史事实、历史资料的"史"，又具有抽象的、经世致用的"史"。正因为如此，我们才说它为历史研究、史料搜集打开了广阔的天地。

　　"六经皆史"说的另一重要意义在于它一面反对宋学的空谈，一面又反对汉学的流弊。我们认为章学诚"六经皆史"说是针对空谈性命的宋学和务求考索的汉学两种不良学风提出的，主要锋芒是指向汉学流弊。

　　在封建统治非常顽固的乾嘉时代，一般学者守口如瓶，终日钻在故纸堆中做训诂名物工作，整个学术界处在万马齐喑的状态。章学诚标新立异，不为当时学风所囿，反而高唱"经世致用"，大谈"六经皆史"，要把学术变为切合实际，有益于当时社会风教的活学问。这种主张，对于学术发展无疑是有好处的，在学术思想上占有一定的地位。

第五编

图文珍藏版

马松源 主编

周易研究及其历史

线装书局

一、易学概述

易学与经学

易学是随着儒家经学的确立和发展而形成和发展起来的，是经学的一个重要组成部分。所谓"经学"，是研究《诗》《书》《礼》《乐》《易经》《春秋》六部古代经典的学问。《易经》作为中国一部古老的典籍，其流传已有三千年的历史。早在春秋战国时代，就已被视为重要的典籍，以后在长期的封建社会中，一直被奉为神圣的经典，其影响之深远，在世界历史上是少见的。《易经》本是占筮用的一部迷信之书，可是后来随着对它的解释，学术界视之为讲哲理的书。从汉朝开始，由于儒家经学的确立和发展，它被列为《五经》之首，人们对它的研究遂成为一种专门的学问，即易学。易学同《易经》既有联系又有区别。《易经》，是周人占筮记录的系统化，古人

国学经典文库

春秋　龙首神兽

依据其中的卦爻象和卦爻辞推断人事的吉凶。易学则是对《易经》所做的种种解释。广义的"易学"包括作为"十翼"的《易传》；狭义的"易学"，专指"十翼"之外对《易经》的解释。在一般情况下人们在狭义的范围内使用"易学"概念，本书也遵此义。在长期的发展过程中，易学对中国古代的哲学、宗教、科学、文学艺术以及政治和伦理生活都发生了深刻的影响，是中国学术史上的一块丰碑。

易学作为一门学问，其对《易经》的研究，包括文字和义理两个方面。《易经》的文字十分古奥、简练，要了解其中的义理，首先要弄清卦爻辞的字义。所以许多易学家把毕生的精力，放在对《易经》文字的解释和考证上。现在传下来的有关《易经》注疏，一部分内容属于这种解字的系统。历代易家也研究《易经》的义理，特别是哲学家们依据其对义理的解释，建立和阐发自己的哲学体系。他们对《易经》的解说和对其理论思维的探讨，涉及宇宙、人生的根本问题，包括哲学基本问题

和事物发展的一般规律。这部分内容，可以称之为易学哲学。历代关于《易经》的解说和注疏，都有这方面的论述。这同经学的内容也是一致的。

　　历史上对《易经》的研究，随着社会的发展，文化思想的演变，经历了不同的历史阶段，形成了许多流派，其内容也不断丰富和发展。古代的易学史，将《易传》排除在外，大致可以分为四个时期，即汉易时期，晋唐易学时期，宋易时期，清代汉学时期。每个时期的易学都有自己的历史特点，并且同古代经学发展的历史相适应。春秋战国时代，孔子删定六经，为经学的开辟时代；春秋时的易说和战国时期形成的《易传》则为易学奠定了基础。两汉经学大盛，分为今文经学和古文经学两大学派。今文经学专明大义微言，大讲天人感应、阴阳灾变；古文经学多详章句训诂。两汉易学亦有今古文学之分，并同当时的天文历法相结合，受占星术和天人感应说的影响，形成了以卦气说为核心的易学体系。晋唐时期，经学衰微，而易学则同老庄玄学相结合，将《易经》原理玄学化，使其成了"三玄"之一，有所谓"辅嗣《易》行无汉学"之说。宋代的经学被称为宋学，其风气发生了很大变化，标新立异，注重探讨和阐发儒家经典中的义理，"因经以明道"。此种学风对宋易影响很大，也成为宋易的特征之一。宋易不追求《周易》经传文字训诂方面的解释，不停留在经文的表面字义上，而注重其中的义理，借《周易》经传阐发自己的哲学体系，其发展一直延续到清初。至清代汉学复盛，对《易经》的研究又回到了汉易的传统。直到"五四"运动以后，随着新文化运动的深入，对《周易》的研究，才摆脱了经学的束缚，开创了新的局面。

　　各个时期的易学虽然受着经学发展的制约，但作为一种学问，也有自己的特色。易学的内容是通过对《易经》占筮体例的解释体现出来的，从而形成了象数之学和义理之学两大对立的流派。这是其他经学所没有的。易学以易学哲学体系的博大精深而独树一帜，并为其他经学提供了理论基础。中国古代哲学，就其赖以出发的思想资料和理论思维形式说，在很大程度上是通过易学的形成和发展而发展起来的。其影响并不限于儒家领域，其他系统如玄学、道教、佛教，往往从《周易》的研究中吸取营养，其发展同易学的发展有着密切的联系。易学影响之深远，是其他经学无可比拟的。

易学中的两大流派和演变

　　易学作为一门学问，是通过对《易经》占筮体例的解释形成和发展起来的。其对卦爻象和卦爻辞的解释，从战国时期的《易传》开始，就存在着取象说和取义说的对立。取象说是取八卦所象征的物象解释《易经》中的卦爻象和卦爻辞。取义说是取八卦和六十四卦卦名的含义，解释卦爻象和卦爻辞。如对乾坤两卦的解释，取象说以乾为天以坤为地，或以乾为阳气以坤为阴气；而取义说则以乾为刚健以坤为柔顺。这两种说法，在《易传》的体系中是并存的，而又互相补充。可是，汉朝以后，这两种说法逐渐发展为两大对立的流派：象数学派和义理学派。着重从阴阳奇偶之数、九六之数、大衍及天地之数、卦爻象以及八卦所象征的物象来解说《周易》经传文义的，称为象数之学。而着重从卦名的意义和卦的德行解释《周易》经传

文,注重阐发其中义理的,则属于义理之学。这两大流派,无论对《周易》,经传文字的解释,还是对其理论的阐发,都具有自己的特色,而且展开了长期的争论。即使同一学派之中,又分为不同的宗派,互相攻驳。不同的学派在斗争中又相互影响,经常吸收对方的思想资料和个别论点,用来丰富自己的理论体系和内容,从而不断推动易学的发展。

从现存的史料来看,对《易经》的解说始于春秋时期,到战国时代,发展为《易传》。春秋战国时代可以说是古代易学的奠基时期。《易传》以儒家的伦理观念、道家和阴阳家的天道观为指导思想解释《易经》,企图从哲学的高度予以概括,提出了许多哲学范畴和命题,建立了自己的理论体系,成为战国时期一大哲学流派,为易学及其哲学奠定了理论基础。

汉初,由于统治者表彰儒家,提倡经学,《易经》被尊为《五经》之首,人们对它的研究,成了一种专门的学问,即易学。无论官方和民间,都有一批经师和学者,以治《易》为己任,使汉代易学成为易学史上十分发达的阶段。西汉学者解易,就其学风说,有三种倾向。一是以孟喜、京房为代表的官方易学,宋人称之为象数之学,乃汉易的主流。其特点是:以象数解说《周易》经传文;以卦气说即以六十四卦配日、候、节气,解说《易经》原理;利用《周易》讲阴阳灾变。二是以费直为代表的易学,以《易传》文意解说经文,注重义理,不讲卦气和阴阳灾变,后来发展为义理学派。三是将易学同黄老之学结合起来,讲阴阳变易学说,西汉末又出现了《易纬》,发展了孟京的象数之学,并进一步将其理论化和神秘化,是汉易中的一个重要派别。至东汉,范升传孟氏易以授杨政,而陈元、郑众皆传费氏易,其后马融又授郑玄。郑玄作《易》注,荀爽又作《易传》,皆为费氏之学。东汉末年,魏伯阳著《周易参同契》,将卦气说同炼丹术结合起来,以《周易》原理解说炼丹的理论和方法,成为道教易学的先驱。

晋唐易学则同老庄玄学相结合,将《周易》原理玄学化,《周易》成了"三玄"之一。以王弼、韩康伯为代表的玄学派易学,是这个时期易学发展的主流。——他们从义理的角度说明《周易》的原理,有意识地排斥取象、互体、卦变,纳甲等说,一扫汉易中象数之学的繁琐解易学风,给人以清晰明快而又意义深远之感,是学术史上的一次解放。另一方面,又以老庄玄学观点解释《易经》卦爻辞和《易传》中的概念、范畴,将易理进一步抽象化和逻辑化。此派易学,从易学史上看,由于排斥汉易中的象数之学,注重义理,创立了义理学派。自此费氏之学大兴,而京氏遂衰。唐孔颖达奉敕编《周易正义》,采王韩二注,推崇玄学派易学。但孔疏并不墨守门户之见,对各家易说皆有所吸取和肯定,具有调和象数和义理两大流振的倾向。同时,又力图扬弃王弼派贵无贱有的思想,将玄学中的贵无论引向崇有论,以汉易中的元气说、阴阳二气说解释《周易》原理,标志着从汉易到宋易的过渡。李鼎祚著《周易集解》,汇集汉易系统中象数派的注释,以纠孔疏之偏,所谓"刊辅嗣之野文,补康成之逸象"。乃提倡汉易象数之学的代表。

宋易是中国古代易学发展的新阶段。不再追求《周易》经传文字训诂方面的考证,而注重探讨和阐发其中的义理。宋易各派都追求《周易》中的哲理。将《周易》的原理高度哲理化,是宋易的特征之一,标志着古代易学哲学发展的高峰。北宋是宋易的开创时期。其中也存在着象数和义理两大对立的流派。象数派以刘

牧、周敦颐、邵雍、朱震为代表，其间又有不同。刘牧推崇河图、洛书，提出各种图式解说《周易》原理，被称为图书之学。以后，周敦颐着重讲象；邵雍着重讲数，将汉唐易学中的象数之学进一步哲理化，特别是数理化了，被称为数学派。朱震则对象数之学做了一次总结，为象数派易学提供了一套理论体系。义理学派以程颐和张载为代表，吸取王弼派以义理解易的学风，又竭力排斥以老庄玄学观点解释《周易》。但程颐偏重取义，形成了理学派的易学体系，张载偏重取象，形成了气学派的易学体系，在易学史上都具有划时代的意义。南宋朱熹站在义理学派的立场，企图调和象数和义理两大学派，对北宋以来的易学及其哲学的发展，进行了一次大总结，形成了一个庞大的易学体系，对以后几个世纪的易学的发展，都发生了深刻的影响。此外，还有以杨简为代表的心学派易学和以叶适为代表的功利学派的易学，对易学的发展皆有所贡献。

宋易是就其形态说的，并不限于两宋，其发展一直延续到清初。元明两代是宋易深入发展的时期。有一批学者，以阐发程朱易学为己任。明代《周易大全》的颁布，标志着程朱派易学，特别是朱熹易学取得了统治地位。由于朱熹易学并不一概排斥象数之学，元明两代的象数之学也颇多创新，而象学逐渐成为象数之学的主流。此派易学不仅主取象说，而且兼论理和数，著名易学家来知德即其代表人物。方以智父子继承象学的传统，又吸收了数学派的观点，对元明以来的象数之学做了一次总结，标志着象数之学发展的高峰。由于象数之学提倡以象解易，因而提出了许多图象以解说易理，又形成了易图学。易图学是宋代图书之学的新发展。明清之际，王夫之从义理学派的角度对宋明以来的易学及其哲学进行了一次总结，继承气学和象学的传统，修正程朱义理之学，批判心学，并同邵雍易学、河洛之学以及两汉以来的象数之学展开了辩论，建立起一个博大精深的易学哲学体系，标志着义理之学的鼎盛。

清代汉学兴起后，对《周易》的研究又回到汉易的传统。清代汉学家，如惠栋、张惠言、焦循等，对《周易》经传文字方面的注释和考证，特别是对汉易的整理和解说，做出了自己的贡献。但对《周易》原理的探讨，没有摆脱汉易的藩篱，虽也有某些新义，却没有形成自己的独特的体系。晚清以来，对《周易》的研究虽未中断，但创见甚少。只是到了"五四"运动以后，随着西方辩证思维在中国的传播，对《周易》的研究才开创了崭新的局面。

研究历代易学的意义

易学源远流长，其间，经历了不同的阶段，形成了许多流派。其内容也不断丰富和发展，是前人留给我们的一份极为珍贵的文化遗产。研究历代易学，对于了解中国文化思想的优秀传统、中国哲学的民族特色以及发展进程，都具有重要意义。

研究历代易学，对于破除迷信观念，理解和把握中国文化的优秀传统，是有意义的。《易经》本是卜筮之书，其形成出于占筮的迷信，后来作为一种推测人事吉凶和命运的方术，在社会上仍很流行，成为封建迷信的一部分。但它又有自己的特点，即依据卦爻象的变化推测人事的命运，其中含有某种逻辑思维和理智的因素。

后来的易学及其哲学,将这种因素加以发展,使《周易》逐渐变成指导人们生活,规范人们言行以及观察和分析问题的指南。历代易学在其发展过程中,逐步打破了迷信的领域,通过对《周易》原理的解释,终于发展为一种哲学世界观,集中到一点,即以阴阳变易的法则说明一切事物。历代易学所着重阐发的"自强不息""厚德载物"的观念,则逐步深入到中国社会的各个阶层,成为中华民族的精神之一。易学具有中国的特色,是其他民族和国家所没有的。研究易学发展的历史,对于理解和把握中国文化的优良传统,无疑是有帮助的。

研究历代易学,对于锻炼人们的理论思维、发展具有中国特色的哲学世界观和方法论具有重要意义。《周易》在中国历史上之所以能够产生极其深刻的影响,不在于占术,也不在于其思想的表现形式,如卦爻象和卦爻辞,而在于其理论思维的内容。其中最为突出的是观察世界的辩证思维。《易经》自身就已蕴藏着辩证思维的萌芽,后来经过易学家和哲学家的阐发,在漫长的封建社会的发展过程中,逐渐形成一种逻辑的和理论的体系,这在世界古代学术史上是少见的。正因为如此,《易经》这部古老的典籍,长期以来受到人们的推崇,吸引着历代的易学家、哲学家、科学家和历史学家探讨其中的奥秘。中国人的理论思维水平,在同西方哲学接触之前,很重要的一部分是通过对《周易》的研究得到锻炼和提高的。这是中国文化的骄傲。我们研究历代易学,特别是其中的哲学,就是要批判地继承这份珍贵的遗产,总结其理论思维的经验教训,锻炼我们的思维能力,这对发展科学的世界观和方法论,使其具有民族的形式和中国特色都有极其重要的意义。

研究历代易学,对于深入了解中国哲学的内容及其发展过程,也很有必要。中国古代哲学,就其所依据的思想资料说,影响深远的有四种类型:《周易》,《四书》,《老子》和《庄子》,佛教典籍。这四种类型的哲学体系,都有自己的术语、范畴和命题,而且以注疏的形式发展自己的理论。《周易》虽为儒家经书,但其影响并不限于儒家的领域,其他系统的哲学,如魏晋玄学和道教哲学,同易学的发展都有着密切的联系。不研究易学,对玄学的形成和演变,对道教的炼丹理论,都难以做出正确的评论。就儒家系统说,《四书》所讲的内容,使用的术语和范畴,偏重于政治,道德问题,对自然观和宇宙观的论述较为贫乏。从《易传》开始,儒家哲学才具有了一个较为系统但尚很粗糙的体系。汉朝以后,这一体系逐渐完善,到宋明时期发展到高峰。宋明道学作为中国古代哲学的一种形态,从周敦颐到朱熹,再到王夫之,就其哲学体系赖以出发的思想资料和理论形式说,是通过易学而形成和发展起来的。宋明哲学牛的五大流派,即理学派、数学派、气学派、心学派和功利学派,都同易学理论结合在一起。他们对哲学基本问题的回答,除王守仁心学外,基本上来于易学哲学中的问题。易学哲学所提出的范畴,如太极、乾坤、阴阳、道器、理事、理气、形而上和形而下、象数、言意、神化等,都对古代哲学的发展产生了深刻的影响。弄清这些范畴的起源、演变及其哲学性质,同样需要研究易学的发展。

《周易》推天道以明人事,因此,历代易学家大多把《周易》视为总结历史经验、处理人际关系、经世济民,拨乱反正的教科书。研究历代易学,对于我们治理国家,建立和谐社会,正确处理各种社会矛盾,改善经营管理,发展社会主义市场经济,也会大有裨益。

二、两汉易学

汉易与今古文经学

　　两汉时期的易学,后人称之为汉易。秦始皇焚书,《周易》以卜筮之书而幸免于火,其传授一直没有中断。汉初,由于统治者表彰儒家、倡导经学,《周易》被尊为《六经》之一,并居其首,人们对《周易》的解说,成了一种专门的学问。两汉时期,无论官方和民间,都有一大批经师和学者,以治易为己任,使汉代易学成为易学史上十分发达的阶段。

　　据史书记载,汉代易学皆本于田何,田何传《易》于周王孙、丁宽、服生,皆著《易传》数篇,后又传于杨何。丁宽传《易》于田王孙,田王孙又授《易》于施仇、孟喜、梁丘贺,于是,"《易》有施、孟、梁丘之学"(《汉书·儒林传》)。孟喜传《易》于焦延寿,焦又影响京房,于是"《易》有京氏之学"(同上)。施、孟、梁丘、京氏四家皆立于学官。这是西汉官方易学发展的情况。此外,还有一个易学传授系统,以费直为代表,被称为费氏易,于是"有费高

西汉　长乐食官壶

(高相)二家之说"(《汉书·艺文志》),未立博士,属于民间易学。官方易学属于今文经学系统,以费直为代表的民间易学则属于古文经学系统。用当时通行的隶书写的经典称为今文经学,而用篆书写的经典则称为古文经学。今文经学对经典的解释,倾向于把儒家宗教化,发挥天人感应的神秘主义,而古文经学的倾向是反对用天人感应等神秘主义解释儒家经典。

　　西汉学者解《易》,就其学风说,可以归结为三种倾向。一是以孟喜、京房为代表的官方易学。其特点是:以奇偶之数和八卦所象征的物象解说《周易》经传文;以卦气说解释《周易》原理;利用《周易》讲阴阳灾变。二是以费直为代表的易学,不讲卦气和阴阳灾变,而以《易传》文意解经,注重其中的义理。三是以道家黄老之学解释《周易》,讲阴阳变易学说,如《淮南子》、严君平、扬雄的易说。此三种解易倾向,其影响大的是孟京易学。他们是汉易象数之学的创始者。汉易作为易学

史上的一大阶段,可以孟京易学为代表。

西汉末年,由于社会危机的加深,谶纬开始流行,出现了《易纬》。纬书是对儒家经书所做的种种神秘主义的解释,《六经》皆有纬。《易纬》即对《周易》经传文所做的解释,是汉易的一个重要派别。此派发展了孟京易学,吸收西汉元气说、阴阳五行说以及今文经学的神学目的论解说《周易》,将卦气说和象数之学进一步理论化和神学化了。其代表性的著作有《乾凿度》《稽览图》《是类谋》等。

至东汉,范升传孟氏易,以授杨政,而陈元、郑众皆传费氏易,其后马融又授郑玄。郑玄作《易》注,荀爽又作《易传》,皆为费氏之学。自此,费氏大兴,京氏遂衰。但传费氏易者,也都受了京房易学以及《易纬》的影响。如郑玄解经,虽属古文经学的传统,但又精通今文经学,以注纬书而闻名。荀爽虽不大讲阴阳灾变,但亦主卦气说。继承费氏易学的传统,排斥京房易学影响的是曹魏时期的王肃。王肃解《易》,注重义理,略于象数,成为义理派王弼易学的先导。与王肃同时的虞翻,一方面讲卦气说,一方面又继承荀爽易学的传统,其易学可以说是汉易中象数之学的进一步发展。所以清代著名汉学家惠栋注《易》,专以荀爽、虞翻为主,而张惠言则专攻虞氏易。

除了儒家解易的系统外,道家黄老之学解易的传统也未中断。东汉末年,魏伯阳著《周易参同契》,将卦气说同炼丹术结合起来,以《周易》原理解说炼丹的理论和方法,提出月体纳甲说,即以八卦或六十四卦配干支和日数,以月亮的盈亏说明炼丹运火的程序,成为道教易学的先驱。《参同契》解易,从易学史的角度看,也属于象数学派,对后来易学的发展也产生了一定影响。经过宋初道士陈抟到邵雍等人,发展为宋明易学中的图书学派或象数学派。

汉易的主要特征

汉易的主要特征是以卦气说解释《周易》原理。所谓卦气,即以八卦或六十四卦配一年四时、十二月、三百六十五日,并以此解说一年节气的变化。

汉宣帝时的孟喜是汉易中卦气说的倡导者。其易学的特点,就是以《周易》卦象解说一年节气的变化。其以坎、震、离、兑四正卦主管二十四节气,一卦六爻,每爻主管一个节气,如坎卦初六为冬至,九二为小寒,六三为大寒,六四为立春,九五为雨水,上六为惊蛰,其他三正卦以此类推。其余六十卦,每卦主管六日七分,配以七十二候。其中十二辟卦,即复、临、泰、大壮、夬、乾、姤、遁、否、观、剥、坤代表十二月。从复至乾,阳爻自下而上逐渐增加,是阳息阴消的过程,从姤至坤,阴爻逐渐增长,是阴息阳消的过程。所以,此十二辟卦又称为十二月卦或十二消息卦,表示一年之中阴阳二气消长的过程。

汉元帝时,京房进一步发展了孟喜的卦气说。其以六十四卦三百八十四爻配一年的日数:四正卦的初爻,即主二至二分之爻,各为一日八十分之七十三;颐、晋、升、大畜,此四卦各居四正卦之前,各为五日十四分;其余各卦,皆当六日七分。以六子卦即坎、巽、震、兑、艮、离配二十四节气,一卦之初、四爻主两个节气,连其"同用"之节气,共二十四气。而乾坤父母卦乃二十四节气的根本,不纳入卦气。并以阴阳二气说予以解释。京房对六十四卦排列次序的解释,提出八宫卦次说,其中亦

渗透着卦气说的内容。其以乾宫为阴息阳消的过程,坤宫为阳息阴消的过程。并配以起月说,如八宫中的阳卦四卦在巳主四月,其一世卦在子主十一月,二世卦在丑主十二月,三世卦在寅主正月,四世卦在卯主二月,五世卦在辰主三月;八宫中的阴卦四卦在亥主十月,其一世卦在午主五月,二世卦在未主六月,三世卦在申主七月,四世卦在酉主八月,五世卦在戌主九月。阳卦中的游魂也主二月,归魂也主正月;阴卦中的游魂亦主八月,归魂亦主七月。此乃对孟喜十二月卦说的阐发而稍有不同。

西汉末年出现的《易纬》,又进一步发展了京房的八卦卦气说,以八卦配入一年十二月、三百六十日和四正四维的方位之中,提出一个世界图式,企图说明阴阳二气的运行同八卦的关系,以阴阳之数说明八卦所主一年四季节气的变化具有数的规定性。从而为孟京倡导的卦气说,提供了一种哲学的根据。这样,通过卦气说,便将西汉以来的自然哲学更加系统化了。

卦气说对汉代易学、哲学和自然科学都产生了深刻影响。东汉以来的经学家,即使是古文经学派的学者,解释《周易》经传时,都不同程度地吸取卦气说。马融、郑玄、荀爽,尤其是虞翻,皆主卦气说。西汉哲学家扬雄,模仿《周易》而作《太玄》,提出一个世界图式,以八十一首表示一年四季阴阳消息的过程,即受卦气说的影响。同时,卦气说又成为天文历法的重要理论依据,如刘歆的《三统历》、东汉末年的《乾象历》以及后来的《正光历》《开元大衍历》等。实际上,卦气说又成了古代历法的一个组成部分。

孟喜与京房的易学

汉易是易学发展的一个兴盛阶段,而孟喜与京房易学可以说是汉易的代表。孟京易学是西汉今文经学和天文学相结合的产物。今文经学解经,提倡阴阳灾异迷信。由于天文学的进步和太初历的推行,并在理论上予以解释,阴阳五行学说有了很大发展。孟京易学正是在这种环境中形成和发展起来的。此派易学,宋人称之为象数之学。其特点是:以象数解释《周易》经传文;以卦气说解释《周易》原理;利用《周易》讲阴阳灾变。

孟喜是当时有名的今文经学家。他与施仇同学,施仇曾参加汉宣帝召开的石渠阁经学讨论会。其易学,以阴阳说解说《周易》,并以此推测气候的变化,推断人事的吉凶,乃汉代卦气说的倡导者。据唐代僧一行《卦议》所述,其以六十四卦配四时、十二月、二十四节气和七十二候,即所谓卦气,以解释一年节气的变化。具体是:以坎、震、离、兑四正卦各主管二十四节气中的六个节气,从冬至到惊蛰为坎卦用事或发生作用,春分到芒种为震卦用事,夏至到白露为离卦用事,秋分到大雪为兑卦用事。一卦六爻,每爻主管一个节气,如坎卦初六为冬至,九二为小寒,六三为大寒,六四为立春,九五为雨水,上六为惊蛰,其他三正卦以此类推,其初爻分别为春分、夏至和秋分。其余六十卦分配于十二个月之中,每月五卦,每卦主管六日七分,配以七十二候。自十一月冬至初候开始,中孚卦用事,为一年节气变化的开始。到次年十一月大雪末候颐卦,为一年节气变化之终。

此六十卦按辟(君)、公、侯、卿、大夫五爵位,分为五组,每组十二卦。其中十二辟卦为:复、临、泰、大壮、夬、乾、姤、遁、否、观、剥、坤,代表十二月和一年节气中的中气(处于月中的节气),而其中刚柔二爻的变化即体现阴阳二气消长的过程。从复至乾,阳爻自下而上逐渐增加,复卦象一阳生,临为二阳生,泰为三阳生,大壮为四阳生,夬为五阳生,乾卦六爻皆阳,表示阳气极盛。此为阳息的过程,同时又是阴消的过程。从姤至坤,阴爻逐渐增长,是阴息阳消的过程。以此象征一年十二月、二十四节气和七十二候的变化。所以又被称为十二月卦和十二消息卦。可以看出,孟喜易学是以阴阳二爻和奇偶之数代表阴阳二气,以卦象中阴阳二爻和奇偶之数的变化解释阴阳二气消长的过程,表现子象数之学的特征。

京房字君明,本姓李,推律自定为京氏,是焦延寿的弟子,以讲占候之术闻名于世,被石显所谮诛,死于汉元帝建昭二年(公元前37年)。其解易不诠释经文,创造了许多占算的体例,实际上是以六十四卦象和卦爻辞为资料,阐述自己的易学体系,所以被视为"异党"。他进一步发展了孟喜的卦气说,并吸收了阴阳五行学说,成为汉易的代表人物之一。

从现在流传下来的《京氏易传》看,其以八宫卦排列六十四卦的顺序,并以此表示卦爻象的变化乃阴阳消长的过程。他将八经卦的重卦分为"八宫",又称为"八纯",按乾、震、坎、艮、坤、巽、离、兑的次序排列,前四卦为阳卦,后四卦为阴卦。每宫一纯卦又统率七变卦,如乾宫乾为纯卦,统率姤、遁、否、观、剥、晋、大有七卦。纯卦又称为上世卦,六爻皆不变。其所属各卦有一爻变者,即阳爻变为阴爻,阴爻变为阳爻,称为一世卦,如乾宫中的姤卦,初画为阻爻,乃乾卦初九爻所变。有二爻变者,称为二世卦,如乾宫中的遁卦,初画、二画皆为阳爻,乃乾卦初九、九二爻所变。三爻变者称为三世卦,四爻变者称为四世卦,五爻变者称为五世卦。第六卦称为游魂卦,即五世卦中的第四画,阻爻变阳爻,阳爻变阴爻,或恢复为本宫卦中的第四爻象。第七卦称为归魂卦,即游魂卦的下卦,变为相反的卦象,或恢复本宫卦的下卦象。一世二世又称为地易,二世三世又称为人易,五世八纯称为天易,游魂、归魂称为鬼易,列一八宫卦次图,示之如下:

八宫卦次图

世、游、归	八 宫 卦							
八 纯 上 世	乾	震	坎	艮	坤	巽	离	兑
一 世	姤	豫	节	贲	复	小畜	旅	困
二 世	遁	解	屯	大畜	临	家人	鼎	萃
三 世	否	恒	既济	损	泰	益	未济	咸

国学经典文库

世、游、归	八　宫　卦							
四　世	观	升	革	睽	大壮	无妄	蒙	蹇
五　世	剥	井	丰	履	夬	噬嗑	涣	谦
游　魂	晋	大过	明夷	中孚	需	颐	讼	小过
归　魂	大有	随	师	渐	比	蛊	同人	归妹

　　可以看出，乾坤两宫卦爻象的变化即表示阴阳消长的过程。乾卦六爻皆阳，表示阳气极盛，其次姤卦一阴生，次为遁卦二阴生……至晋卦表示阳不可尽剥，又复于阳，但未回到内部之位，而是居于外卦四位，如灵魂游荡，故称为游魂。最后为大有卦，表示复归本位，即下卦变为本宫乾卦，故称归魂。这是阴息阳消的过程。相反，坤宫八卦，则表示阳息阴消的过程。

　　吸收五行学说解释《周易》卦爻象和卦爻辞，是京房易学的一大特色。他以五行配入八宫卦及卦中各爻，乾配金，坤配土，震配木，巽配木，坎配水，离配火，艮配土，兑配金。乾卦为阳卦，各爻配阳支，初爻为子，配水；二爻为寅，配木；三爻为辰，配土；四爻为午，配火；五爻为申，配金；上爻为戌，配土。坤为阴卦，各爻配以阴支，初爻为未，配土；二爻为巳，配火；三爻为卯，配木；四爻为丑，配土；五爻为亥，配水；上爻为酉，配金。其他六子卦各爻，按阴阳区分，配入五行，皆与此相类。并以五行生克说解释卦爻象的吉凶。这在汉代以前是没有的，以五行范畴解说《周易》始于京房。

　　京房还进一步发展了孟喜的卦气说，所不同的是：第一，其将坎震离兑四正卦也纳入一年的日数之中，以六十四卦三百八十四爻配一年的日数。第二，于四正卦之外，又增加巽、艮两卦，主管二十四节气。而乾坤两卦不纳入卦气，因为此两卦为父母卦，乃阴阳二气的代表或二十四气的根本。

　　此外，京房还提出了许多新的占筮体例，如世应说、飞伏说、纳甲说等解释卦爻辞。所谓世应，即每卦皆以一爻为主，为主之爻称为居世、治世、临世，而与其应位之爻与之相应，如初与四应，二与五应，三与上应，此即世应说。所谓飞伏，可见而现于外者为飞，不可见而藏于背后者为伏，飞伏皆指对立的卦象和爻象而言，如乾卦象为飞，坤卦象潜伏于乾象背后，即为伏。而纳甲是说，八宫卦各配十天干，其各爻各配以十二地支。甲为十干之首，故称此说为"纳甲"；配以十二支，称为"纳支"。京房治易，长于灾变，以卦象占风雨温寒，大讲阴阳灾异，也是其一大特色。

　　由以上可见，京房易学贯穿着一个基本思想，即阴阳二气说。其以阴阳二气解释易学中的阴阳范畴，鲜明地提出了阴阳二气说。认为《周易》是讲变化的，所谓变化，就是阴阳变易。有阴阳二气相交相荡，升降反复，才有八卦卦爻象和人事吉凶的变易。而事物以及卦爻象的变易，总是又阴又阳，不能专于一面，这就是"一阴一阳之谓道"。以气具有两重性说明卦爻象具有两重性。并且阐述了阴阳转化的

国学经典文库

观念，提出了"物极则反"说。

孟京易学作为象数之学的开创者，对汉代及后世易学起了重要影响。通过其卦气说，建立起一个以阴阳五行为间架的哲学体系，将八卦和六十四卦看作世界的模式，将西汉以来的自然哲学更加系统化了。其以阴阳二气解释《周易》原理，借助天文历法知识阐述《周易》经传中关于事物变化的学说，是对先秦易学的一大发展，对后来的哲学家探讨世界本原及其运动变化的规律，都起了很大影响。

易　　纬

纬指纬书，是对儒家经书所做的神秘主义解释。《六经》皆有纬。《易纬》是对《周易》经传文所做的解释，乃汉易中的一个重要派别。《易纬》同其他纬书一样，是今文经学派神秘主义思潮发展的产物。董仲舒是西汉的今文经学大师，以讲阴阳灾变而闻名。孟喜、京房以章句解易，并以卦象占风雨温寒。《易纬》正是在此种风气中形成和发展起来的。同孟京易学相比，《易纬》解易有两点较为突出：一是将《周易》神秘化，或者神学化；一是以象数解易，并将其理论化。在哲学上提出一个世界图式作为其卦气说和以象数解易的理论基础。现存的《易纬》主要有《乾凿度》《乾坤凿度》《稽览图》《通卦验》，《是类谋》等，而《乾凿度》乃《易纬》解易的代表作。

《易纬》提出"太易"说，解释卦画的起源。认为乾坤两卦乃八卦和六十四卦的基础，乾坤卦象有形，乃从无形产生，中间经过"太易""太初""太始""太素"四个阶段。太易无形，变而为一，一又变而为七，七又变为九，这是奇数和阳气变化的过程。有了阳气之数一、七、九，则成为乾卦象。太易既变出阳气之数，又同时变出阴气之数二、六、八，则为坤卦象。清轻的阳气上升形成天，重浊的阴气下降成为地。这既是讲筮法即卦象形成的过程，又是借筮法讲宇宙的形成过程，主张世界来源于气混沌未分的状态，即元气，但又没有摆脱道家系统的影响，陷入了虚生气说。这就为汉易中的象数之学提供了理论基础。

《易纬》还提出"九宫说"，以阴阳之数的变化说明一年节气的变化，论述阴阳二气运行同八卦的关系。其以七、九为阳数，六八为阴数，阳主进，由七而九，象阳气之生息；阴主退，由八而六，象阴气之消衰。九六之数为可变之爻，《易》主变易，故以九六之数代表阳和阴二爻。阳九、阴六和阳七、阴八皆合而为十五，这就是《系辞传》所说的"一阴一阳之谓道"。太一（北极星神）取阴阳之数即从一到九的次序，运行于九宫之中。九宫有四正四维，坎一离九震三兑七四卦居于北南东西四正位，为四正；乾六坤二巽四艮八居于西北、西南、东南、东北四角，为四维。四正四维与中五，纵、横、斜之数相加，亦皆合于十五。按郑玄的解释，太一在九宫中运行，始于坎宫一，其次入坤宫二，次入震宫三，次入巽宫四，然后入中宫五休息；而后又入乾宫六，依次入兑宫七，艮宫八，到离宫九结束，此即《乾凿度》所说"太一取其数以行九宫"。此说，乃京房卦气说的一种形式。其以阴阳之数、九宫之数说明八卦所主节气的变化具有数的规定性，并以太一即北极星神为四时变化的主宰者，又将卦气说神秘化了。

《易纬》更以八卦方位说解释一年四季阴阳二气消长运行的过程和节气的变

化，进一步发展了京房的卦气说。其以八卦配十二月的节气，震居东方，位在二月；巽居东南方，位在四月，离居南方，位在五月；坤居西南方，位在六月；兑居西方，位在八月；乾居西北方，位在十月；坎居北方，位在十一月；艮居东北方，位在十二月。八卦各摇自己的方位，主持四时的变化。每卦"用事"四十五日，八卦而周行一遍当一年三百六十日，用以体现一年四季阴阳二气消长的过程。阴阳二气在其中的运行是：阳气从十月（亥、乾卦、西北方）开始萌生，到十二月（丑、艮卦、东北方）形成，到四月（巳、巽卦、东南方）盛壮。盛极则衰，阴气即开始发生，到六月（未、坤卦、西南方）形成，到十一月（子、坎卦、正北方）达到极盛。阴极则阳生，又让位于阳。不仅如此，《易纬》还进一步配入五行水火木金土和五常仁义礼智信。这样，就形成了一个以阴阳二气为核心，五行为间架的时间、空间相配合的世界模式。

《易纬》还提出了"易名有三义"（即简易、变易和不易）说，爻辰说，并为阴阳灾变说炮制了一个体系。在易学史上都有很大影响。东汉经师解易，多采其说，特别是其九宫说，至宋代被图书之学所吸收，被视为河图或洛书。成了宋明时期象数学派解易的重要内容。

关于焦氏易林

　　焦氏指西汉梁人焦延寿，字赣，相传曾追随孟喜学《易》，是京房的老师。其易学"长于灾变，分六十四卦，更直日用事，以风雨寒温为候，各有占验"（《汉书·京房传》），也是汉易中讲卦气说的代表人物，尤其擅长占术。但《汉书·艺文志》列易学十三家，著龟十五家，而不及焦延寿之书。至《隋书·经籍志》方著录焦赣《易林》十六卷，《易林变占》十六卷于五行家。现在流传下来的《焦氏易林》，尚秉和先生以为乃西汉释《易》之书，而且完全无疑。实际上，《易林》既非焦延寿所作，亦非西汉之书。这不仅是因为《汉书·艺文志》没有提及，而且书中显然含有东汉人的说话。这一点顾炎武《日知录》已经指出。例如"萃之益"所说"长城既立，四夷宾服，交和结好，昭君是福"。事在元帝竟宁元年（公元前33年）。"讼之恒"说："区脱（窳匿之异音，为康居王）康居，慕仁入朝"，似用成帝时康居王遣子侍汉事。这些似乎皆引自《汉书》中所记的故事。其"坤之大畜"说："典册法书，藏在兰台，虽遭乱溃，独不遇灾"。豫之蒙，大有之离，大过之大过，巽之明夷等，皆有此语。兰台藏书，在东汉以前不大显著，而在东汉则成了最大的藏书处。这条似乎是说，经过莽新之乱，唯有兰台藏书得存，可以补史书之缺。这说明，现存《易林》乃东汉以后的著述。而李善《文选注》引《东观汉记》，沛献王辅于永平五年，曾以《周易卦林》占，其繇辞即今《易林》"震之蹇"中语。《易林》似《周易卦林》之简称，只是最初未属焦氏。据此，《易林》当是汉明帝水平以前的著作。

　　就现存《易林》看，其以一卦变六十四卦，六十四卦变四千九十六卦，各系以辞，皆用四言韵语。其辞皆主取象说，所用之象与《周易》有关的约有一百七十余条，与《周易》无关的推广之象，则不下几千条。尤其值得注意的是，其正象、覆象并用。如"蒙之节"云："三夫共妻，莫适为雌，子无名氏，翁不可知。"节卦上坎，互体上卦为艮，下为互震，三男俱备，下卦兑为女，故曰三夫共妻；震为子，艮为名，坎

隐伏，故子无名氏；艮为寿为祖，故曰翁，坎伏故不可知。此即皆言正象。如"剥之巽"云："三人同行，一人言北，伯仲欲南，少叔不得，中路分道，争斗相贼。"巽与震旁通，震为人为行。二至四为覆震，上下震，故曰三人同行。震为南，上震下震皆南行；二至四为艮，艮为少男，故曰少叔，震长男为伯，坎中男为仲，故曰伯仲欲南，独少叔一人不南而北。坎为中，震为道路，伯仲南，少叔北，故曰分道。艮为手，二至上正反艮相背，故曰争斗。坎为盗贼，故曰相贼。由此，可见其言覆象之一般。不仅如此，其偶尔还用半象，如既济、未济等。《焦氏易林》亦充分体现了汉易象数之学解易的学风。而其中许多辞句引用《左传》《国语》《诗经》《尚书》及《史记》《汉书》中的故事，实亦开引史证易之先河。但总的说来，为了解说卦象，《易林》大都编造出一套粗糙、平庸，乃至胡说八道之语，并无理论思维的价值。

郑玄易学

　　郑玄是东汉时期著名的经学大师。其解《易》，继承了费氏易学古文经学的传统，但又精通今文经学，以注纬书而闻名，所以也吸收了京房和《易纬》一些思想资料或观点，成为东汉象数之学的代表人物之一。

　　郑玄易学的特点之一，是以爻辰说解释《周易》经传文。所谓爻辰，即按《周易》六十四卦的顺序，每对立的两卦，其六爻配以子、丑、寅、卯、辰、巳、午、未、申、酉、戌、亥十二辰，代表十二个月份，为一岁；三十二对卦象则代表三十二年，从乾坤到既未济，往复循环，以此推算年代。如乾卦初九当十一月子，九二当正月寅，九三当三月辰，九四当五月午，九五当七月申，上九当九月戌；其对立卦坤卦初六当六月未，六二当八月酉，六三当十月亥，六四当十二月丑，六五当二月卯，上六当四月巳。这是第一年的爻辰顺序。以后，第二年屯蒙主岁月，屯初爻当十二月丑，蒙初爻当正月寅。第三年需讼主岁月，依次类推。但各卦的爻辰，逢九从乾爻所值，逢六从坤爻所值，如坎上六、大过上六，其爻辰皆为在巳，泰卦六五在卯，困卦九四在午，明夷九三在辰等。爻辰说本出于《易纬》，乃卦气说的一种形式。郑玄以此解《易》，追求卦爻辞同卦爻象之间的内在联系，结果牵强附会，使易学变成了繁琐经学，成为象数之学的一大流弊。

　　郑玄易学的另一个特点，是以五行学说解释《周易》筮法，或者以五行说解释《周易》中的象和数。其吸收刘歆、扬雄以及京房易学中的五行说，用来解释《系辞》中的大衍之数和天地之数。认为天地之数各有五，一二三四五为生数，配以水火木金土，二四六八十为成数，亦如此配。但仅有天奇之数，无地偶之数，即只有阳而无阴，还不能生成万物。所以五行生数要与成数相配合，即地六配天一，地二配天七地八配天三，地四配天九，地十配天五。此即《系辞》所说"五位相得而各有合"。并且，还配以北、南、东、西、中五个方位。如此配合，其总数为五十有五。天地之数五十有五，五行之气相并而通，故减去五数，即成为大衍之数五十。以揲著而言，五十数不能得出七八九六之数，所以五十又减其一，此即《系辞》所谓"其用四十有九"。郑玄此说，后来被称为五行生成说。它将大衍之数、五行的生数和成数视为万物生成的法则，成为汉易中象数之学的内容之一。

　　郑玄易学影响很大。三国时虞翻解《易》，将天地之数、五行之位同八卦卦象联系起来，即郑玄说的发展，唐孔颖达作《五经正义》、李鼎祚著《周易集解》更博采郑玄易说。至宋代，其五行生成说则为易学中的图书学派所吸收，刘牧将五行生成图以黑白点的图式画出来，称之为《洛书》，朱熹一派则称之为《河图》。

荀爽、虞翻易学

荀爽、虞翻易学乃汉易系统中以象数解《易》的重要代表。其解《易》，在哲学上没有提出新的理论体系；但从易学角度看，却在卦气说的影响下，提出了一些新的体例，可以总称之为卦变说。荀爽和虞翻皆以提倡卦变说而闻名。所谓卦变，是说一卦之中的爻象互易，成为另一卦象，以此解说卦爻辞的意义。

西汉 玉奔马

荀爽解《易》，提出了乾升坤降说。认为乾坤两卦乃基本卦，此两卦的爻位互易，乾卦九二居于坤卦六五爻位，坤卦六五居于乾卦九二爻位，此即乾升坤降，便形成坎离两卦，为上经之终；坎离两卦相配合，则成为既济和未济，为下经之终。所以，乾坤两卦爻位的升降乃八卦和六十四卦的基础。将此种体例加以推广，其他卦九二和六五爻位乃至其他各爻阴阳爻位，皆可以阳升阴降。而一卦之爻位升降，即可以变成另一卦象。此即卦变说。荀爽即以此体例解说《周易》经传文及其易学原理。以阴阳爻位的变易解释《易传》中的哲学命题，也成为汉易中象数之学的内容之一。

虞翻特别推崇荀爽的易学，进一步发挥了荀爽的阴阳升降说，将卦气说引向了卦变说，并以卦变说解释《周易》经传。其卦变说的内容主要有二：一是乾坤父母卦变为六子卦，一是十二消息卦变为杂卦。关于前者，他认为乾坤二五爻互易，则成为坎离两卦。离卦象中，初至三爻为离卦，二至四爻为巽卦，三至五爻为兑卦；坎卦象中，初至三爻为坎卦，二至四爻为震卦，三至五爻为艮卦。二至四爻和三至五爻各成一卦象，是取京房互体、约象说。二至四称为互体，三至五称为约象，约象也是互体之意。关于十二消息卦变为杂卦，其认为乾坤两卦乃众卦的基础，两卦相互推移，则成为十二消息卦。其一阴一阳之卦皆自复、姤变来，二阴二阳之卦皆自临、遁变来，三阴三阳之卦皆自泰、否变来，四阴四阳之卦皆自大壮、观变来。而中孚、小过不在其列，另立体例，被称为变例之卦。夬、剥二卦亦为一阴一阳之卦，并入复、姤系统，所以不另立系统。

虞氏卦变说，并不限于上述两种形式，甚至认为，某卦的两爻互易，便可成为另一卦，如坎卦二与四爻互易，则变为屯卦，艮卦三与二爻互易，则变为蒙卦。因此，所谓卦变，说到底，无非是一卦中的阴阳爻象互易其位，从一卦引出另一卦，两卦合在一起，解释卦爻辞，以推断人事的吉凶。

除此之外，虞翻解《易》还提出了旁通说。所谓旁通，是说一卦转化为对立的

国学经典文库

卦,六爻皆相反,如乾与坤、坎与离、中孚与小过、恒与益等,皆为旁通之卦。虞翻创造这些体例,无非是使一卦变为两个以上的卦,然后以取象说解释《周易》经传文,从而将汉易进一步引向了繁琐的解易道路。但其以卦变说取代京房和《易纬》的阴阳灾变说,无疑是一个进步。其以阴阳二爻互易及转化为变易的法则,即以对立面相易解释变化,则是一种辩证思维。

荀爽、虞翻易学在易学史上也有很大影响。唐李鼎祚《周易集解》广为收录。清代汉学家如惠栋、张惠言等,研究汉易则以荀、虞为主,并十分推崇虞氏易,形成了周易虞氏学。

王肃易学

王肃是曹魏时期的经学大师,乃古文经学派的集大成者。他18岁即从宋衷研读《太玄》,并为之作注,推崇刘向、扬雄,又善贾(逵)马(融)之学,而不好郑氏。其《周易注》,乃依其父王朗所作旧稿撰写而成,全面继承了费氏易的传统。其《易注》已佚,后人有辑本。就现在流传下来的材料看,其解《易》,注重义理,以文字简明为其特色。如注师卦“君子以容民畜众”;“畜,养也”(所引王肃原文均见《黄氏逸书考》)。注大壮卦上六爻《象传》“不能进,不能退,不祥也。艰则吉,咎不长也”,“祥,善也。”仅注一字,文义脱然而出。又如注无妄卦说:“妄犹望,谓无所希望也。”注坎卦《彖》文“王公设险以守其国,险之时,用大矣哉”说:“守险以德,据险以时,成功大矣。”此种简易朴实的解易风格,即继承古文经学派的学风而来,是对汉代繁琐经学学风的一种反抗。而以《易传》中的观点,解说《周易》经传文,是王肃易学的又一特征。如注乾卦上九爻辞“亢龙有悔”说,“穷高曰亢,知进忘退,故悔也。”此即以《文言传》“贵而无位,高而无民”,“亢龙有悔,穷之灾也”,“元之为言,知进而不知退,知存而不知亡,知得而不知丧……”等文意加以解说。其注未济卦“小狐汔济”说:“坎为水为险为隐伏,物之险,穴居隐伏,往来水间者,狐也。”此本于《说卦》传。其注《序卦》传,则多引《彖》文之义释之。由于注重义理,以《易传》观点解释经文,所以其易注排斥汉易中的象数之学,特别是今文经学派和《易纬》的传统,不讲互体、卦气、卦变、纳甲等说。如其释坤卦卦辞“西南得朋,东北丧朋”说:“西南阴类故得朋,东北阳类故丧朋。”此说本于《说卦》,既不讲荀爽的卦气说,也不讲虞翻的纳甲说。又如其注《文言》“水流湿,火就燥。云从龙,风从虎”说:“水之性润万物而退下,火之性炎盛而升上。龙举而景云属,虎啸而谷风兴。”此种解释,同荀爽乾升坤降说也是不同的。又如其释《系辞》“在天成象,在地成形”说:“象者,日月星;形,山川群物也。”此是本于马融注。而虞翻则以月体纳甲说解释“在天成象”,以“震竹,巽木,坎水,离火,艮山,兑泽,乾金,坤土”解释“在地成形”。特别值得注意的是,王肃易注无一字涉及阴阳灾变,同今文经学形成了鲜明的对照。

总之,王肃易学继承了费氏易的传统,以《易传》观点解释经传文,抛开汉易中的象数之学,特别是今文经学和《易纬》的传统,注重义理,文字力求简明。这种解易的学风,在当时颇有影响,为玄学家解易所吸收。当时的何晏、向秀皆有关于《周

易》的注解，就现今流传下来的片段材料看，其解易亦以义理为主，近于费氏易的传统，有些文句，亦与王肃注义同。王弼易学也是继承和发扬了这一学风，其《周易注》中的许多观点，同王肃说是一致的。但王肃乃当时儒家经学大师，并非玄学家，而王弼则是魏晋玄学的代表人物。

三、晋唐易学

易学与玄学

　　魏晋是古代学术史、思想史以及哲学史上一大转变时期。总的情况是从两汉经学转为魏晋玄学。玄学是以老庄学说为核心而发展起来的哲学流派。魏晋时期，老庄学说十分流行，其提倡清静、无为和简易，对士族学者、思想家解释儒家典籍，起了很大影响。如玄学家何晏著《论语集解》，即以简明为主，是对汉代繁琐经学的一次清算。并以道家的虚无观念，圣人无情说、无为说解释儒家思想。这种解释儒家典籍的学风，是一种新的倾向。在此种风气的影响下，两汉易学则转向以老庄玄学解易的道路，成为易学史上的一大流派。玄学派的易学是这个时期易学发展的主流。

魏晋　踏飞鸟奔马

　　王弼是玄学派易学的创始人。其解《易》，继承了古文经学派解《易》的学风，以《易传》的观点解释经文，注重义理，文字力求简明，而抛开汉易中的象数之学，特别是今文经学派和《易纬》的传统，不讲互体、卦气、卦变、纳甲和阴阳灾变等，从而创立了义理学派。从哲学史上看，此派易学又把《周易》经传纳入玄学领域，成为魏晋玄学的一个组成部分。王弼注《易》，亦注《老子》，并以老庄玄学观点解释《周易》的卦爻辞，或通过对《周易》的解释，引出玄学理论。如以"自然无为""归根曰静"说解释《象》文，以"有生于无"的理论解释"乾坤二元"，以"虚无"实体解释"太极"，等等。其总的倾向是，追求《周易》经传中的抽象的原则，并将对《周易》原理的理解进一步抽象化和逻辑化了，表现了其易学的理性主义特色。

　　晋韩康伯是继王弼之后，玄学派易学的又一代表人物。王弼注《易》，未及《系辞》《说卦》《序卦》《杂卦》等传，韩康伯补之。唐孔颖达将王韩二注合在一起，收入《周易正义》中，成为王弼派易学的代表作。其学风同王弼一样，糅合易老，其《系辞》注可以说是王弼易学的发展。韩氏注《系辞》

国学经典文库

等传,不仅引王弼《周易注》和《周易略例》文,而且在理论上也有新的阐发。他进一步排斥汉易中的象数之学,依筮法中的取义说,从义理的角度说明《周易》原理,对王弼的易学观从易理的高度作了概括和阐发,进而将易理玄学化,使《周易》成为"三玄"之一。

王弼和韩康伯的易学,乃玄学派易学的代表,并且成了魏晋南北朝时期易学发展的主流。但玄学派的易学,不仅限于王韩二人。从曹魏时期开始,还有一批人,如竹林七贤之一的阮籍、荀爽的从孙荀粲、梁武帝肖衍以及周弘正、张讥等,提倡和宣扬玄学派的易学。他们的著作皆已佚失,不能窥其全貌。还有一些玄学家,如何晏、殷浩、刘谈等,并无系统解易的著作,但对易学中的哲学问题颇感兴趣,提出了一些有理论意义的问题,在当时引起了很大的反响。由于玄学的流行,也出现了一批反玄学的思想家,批判老庄思潮。他们继承了汉易的传统,属于易学中的象数学派,不满意以老庄玄学观点解易,同玄学派的易学展开了争论。诸如荀爽的从孙荀凯同钟会的辩论,荀融同王弼的辩论,占算家管辂同何晏的辩论,孙盛同殷浩的辩论,以及干宝对老庄玄学派易学的批评等等。可以看出,魏晋南北朝时期易学中的象数派和玄学派的斗争是很尖锐的。这一时期的象数学派,虽然在理论上并无新的建树,但对玄学派的易学却是一个很大的威胁。王弼玄学派易学正是在这一斗争中得到发展和传播的。到南北朝时期,此两大流派虽有斗争,王弼派易学也占了上风,但同时又出现了相互吸收和融合的趋势,从而为唐代易学的发展奠定了思想基础。

在唐代,出现了两部总结前人和当时人易学成果的著作,一是孔颖达主编的《周易正义》,一是李鼎祚编著的《周易集解》。前者采王弼和韩康伯二注,并对其逐句加以解释,推崇玄学派的易学。但并不墨守门户之见,而是对各家的说法,皆有选择地加以吸收,所谓"去其华而取其实"(《周易正义序》)。后者则主要汇集汉易系统中象数派的注释,以纠正孔疏偏重玄学的倾向。《正义》与《集解》两书都是对两汉以来易学的总结,不同的是,前者偏重玄学派的义理,而后者偏重于汉代的象数之学,从易学史上看,都具有融合两派易学的倾向,并成为由汉易转向宋易的桥梁。

王弼易学

王弼是魏晋玄学派易学的创始人。王弼易学乃曹魏时期古文经学的发展和老庄玄学思潮兴起相结合的产物。曹魏时期的经学大师王肃注解《周易》,继承了费氏易的传统,以《易传》观点解释经文,排斥今文经学和《易纬》的传统,不讲象数,注重义理,文字力求简明。这种古文经学派解易的学风,为王弼所继承和发扬。魏晋时代,汉代的黄老之学转变为老庄玄学。很多学者提倡清静无为,崇尚虚无。这对解释儒家经典也起了很大影响。汉代已有易老结合的传统,王弼注《易》,也注《老子》,其以老学解《易》,那是十分自然的。正是在这种风气的影响下,王弼易学转向了老庄玄学化的道路。玄学家的易学乃易学史上的一个重要阶段,既不同于汉易,也不同于后来的宋易。此派易学,从易学史上看,由于排斥汉易象数之学,注

重义理,创立了义理学派。从哲学史上看,它又把《周易》纳入玄学领域,成为魏晋玄学的一个组成部分。

王弼的易学著作有《周易注》和《周易略例》。前者是对《易经》和《彖》《象》《文言》三传的注释,提出了许多体例;后者是讲他对《周易》体例的理解,体现了王弼的易学观,具有一些新的特色。概括起来,有以下几点:

(1)以"取义说"解释八卦、六十四卦及其卦爻辞,有意识地排斥取象说。他认为,只要符合于卦爻辞含义的,不必局限于某一种物象,而汉易执乾为马,并以此考察卦爻辞,看到有马之辞而无乾之象,同取象说不合,便立种种伪说,加以附会;始则以互体解之,互体说不通,则以卦变说解之;卦变讲不通,又推衍为五行说。结果是"一失其原,巧愈弥甚",纵然偶有巧合,而义无所取。王弼反对汉易中的取象、互体、卦变、五行等占筮体例,而认为只有取义才符合《周易》体例的本义。所以其《周易注》以取义说为主。王氏大讲取义,要求人们探讨卦爻象和卦爻辞的义理,一扫象数学派繁琐解易的学风,给人们一种清晰明快而又意义深远之感,特别是以此打击了今文经学的阴阳灾变说,在古代易学史和学术史上,是一次思想解放。

(2)提出"一爻为主"说,即全卦的意义主要由其中一爻之义决定,说明一卦之象同其爻象、卦辞与其爻辞之间的联系。他认为,卦辞和《象传》是通论一卦之卦义,并说明其由来,即来于一爻为主。这是因为一卦六爻,虽然时位不同,变化多端,但实际上有一个中心观念,统率六爻的变化,规定其意义。只要把握了这个简约的原则,即可统率全局。所以,其《周易注》则常依《象传》义,解释一卦的卦义,主于一爻。其一爻为主,主要有三种情况:一是指爻辞直接同卦辞相联系的一爻。如屯卦以初九爻为主,因为卦辞和初九爻皆有"利建侯"句。二是指居中位的爻,即二五爻为一卦之主体。三是指一卦之中朗阳爻象最少者。如一卦五阳而一阴,则一阴爻为主;五阴而一阳,则一阴爻为主。王氏追求一爻为主,在哲学上便导出了"一以统众"说,在复杂多变的现象之后,寻求其统一性和规律性。由于寻求事物所以存在的根据,就把两汉易学中的哲学问题,从宇宙发生论引向了存在论的探讨。这是王弼易学的一大贡献。

(3)提出"爻变说",即以爻象的变化没有固定的形式,变动不居,说明卦爻辞中的吉凶即爻义的变化复杂多端、神妙莫测。其于《略例·明爻通变》中,以《周易》卦爻辞为例,也讲了三类变动不居的情况:一是卦体与爻义虽然相合,但有时又相反。如履卦乾上兑下,乾为刚,兑为柔,其卦体即卦义为"柔履刚"。可是六三爻辞说:"武人为于大君"。六三居兑柔之体,其志却在刚武。此即"体与情反,质与愿违"。二是卦中刚柔二爻虽然相异,但有时又相通。如恒卦震上巽下,震为刚,巽为柔,刚柔相应,合为一体。阴阳虽然异类,却可以相辅相成。三是刚柔二爻既相吸引,又相排斥。如睽卦六三与上九爻相应,虽远而互相追求;同人卦六二与九五有应,可是九三与九四也都追求六二,结果互相攻击。总之,因为刚柔爻位变化多端,所以《周易》的法则可以范围天地之化而无遗,贯通昼夜,包容阴阳。此说以爻变的形式阐发了《易传》中的辩证思维,是王弼易学中的积极因素。

(4)提出"适时说",以卦爻所处的时机不同,说明卦爻辞中的吉凶之义即爻义动变不居,难以推度。其认为,爻的特点在于变,变总是同时位联系在一起的。卦辞因时而异,爻辞也因时而变化,适时则吉,失时则凶。所谓适时,即某爻所处的分

位,其分位不同,所遇的时机也不同。如阳居阴位,即处于不当位之时;刚柔各据初四之位,即处于有应之时;刚居柔下,即处于承乘之时;或居中位,或居初上终始之位,或居内卦或居外卦,其适时情况也各不相同。此说主张卦爻之义因时位而变,不固守某种既定的格式,也是一种辩证思维。

(5)《周易略例》有《辨位》一文,又提出了初上不论位说。认为阴阳爻位只限于二四和三五,前者为阴位,后者为阳位,而初上不论阴阳之位。因为位有尊卑贵贱,爻有阴阳刚柔,三五居一卦之上位,故为阳位;二四居一卦之下位,故为阴位;表示阳尊阴卑之义。而初上表示一卦之终始,初为始,上为终,即事之先后,初为先,上为后。事之终始先后,不能固定何者为阳,何者为阴,即有时阳为始,有时阴为始,并非固定不变,所以初上不论阴阳之位。

(6)注重以人事问题比附卦爻的变化,也是王弼易学的特征之一。如其对乾卦各爻辞的解释,都立足于人事问题:以初九为隐居未仕;九二为出潜离隐,其德普施,虽非君位,有君之德;九五为居人君之位,以至德而居盛位;上九为失去贤人辅助。又如以明夷卦为文王蒙大难而能正其志,旅卦表示孔子出仕到处奔波,等等。总之,以爻位的变动说明人事的变动。这种解易倾向,同汉易中的卦气说以天时节气的变化说明爻象的变化,是截然不同的。王弼易学排斥汉易中的占候之术,把《周易》视为讲政治哲学的教科书,也是一种新的风气。

王弼易学除提出一些新的体例之外,还有另一方面的内容,即以老庄玄学观点解释《周易》中的卦爻辞。这主要表现在:

(1)以自然无为为最高美德。如其注革卦上六爻辞说:"改革创制,变道已成,功成则事损,事损则无为,故居则得正而吉,征则躁扰而凶也。"创业改制之后,应无为而治。又如解释坤卦六二爻辞,认为六二爻居坤卦之中位而又当位,有柔顺之美德,因任自然而物自生,不假造作而功自成,所以不习焉而无不利。如此等等,就将儒家学说玄学化了。

(2)以无形之德性解释乾坤二元。其认为,天为有形之物,刚健即乾则为天之德,天德无形,但能支配其形体。天有形体,受其牵累,不能永保无亏损。只有以其刚健之德性,统率其形体,方能居万物之首,为万物之始。这就是所谓"大哉乾元,万物资始,乃统天"(《易传·彖》)。天依靠至健之德性始有万物,万物又依靠刚健之德性而变化。而地亦为有形之物,以至顺之德驾驭自己的形体,所以能发挥其生万物、载万物的作用,成就天以刚健之德始万物的功业。这就是"至哉绅元,万物资生,乃顺承天"(同上)。此种解释,不以乾元和坤元为有形之物,而是以其为至健至顺的德性,天所以运行不息,地所以厚德载物,是依靠其无形之德。总之,无形统率有形,乃天地万物存在和变化的基本规律,以此宣扬玄学"天地万物皆以无为本"的思想。

(3)以"寂然至无",解释"天地之心",大讲"动息则静"。其认为,复卦的卦义,就是天地万物从运化万变复归于静止,即返于"寂然至无",此乃天地之心。天地万物之所以复归于静止,是因为运动总有静止的时候,说话总有沉默的时候,静止不是来于运动,沉默不是来于说话。即是说,有静止方有运动,运动归于静止;静止是绝对的,运动是相对的。借以宣扬《老子》"归根曰静"的观点,将易学进一步玄学化了。

国学经典文库

（4）提出"得意在忘象"的命题，解释筮法中的取义说。其《略例·明象》一文探讨了言象意三者的关系，言指卦爻辞，象指卦爻象，意指卦爻象和卦爻辞所涵蕴的意义或义理。认为卦象及所取之物象是用来表现卦义的，卦爻辞是用来说明卦象的。因此，穷尽卦义，莫如通过卦象；穷尽卦象的内容，莫如通过卦爻辞。有卦象方有卦爻辞的解释，有卦义方有卦象以明其义，所以依据卦爻辞可以观察卦象，依据卦象可以理解到卦义。因此，既得卦象的内容便可以忘掉卦爻辞，既得卦爻之义便可以忘掉卦象，如同捕到鱼兔一样，筌蹄便可弃而不用了，其结论是，执着在卦爻象上，反而有碍于得意；执着于卦爻辞上，反而有碍于得象。所以，要想求得卦义的真正理解，必须忘言、忘象，此即"得意在忘象，得象在忘言"。终于把取义说引向了"忘象以求意"的玄学道路。总起来说，通过以玄学观点对《周易》的解释，将《周易》原理进一步抽象化和逻辑化了。

由于王弼开创了以义理解易的新风气，对晋唐易学的发展起了深刻的影响。孔颖达以为王弼易注独冠古今，江左诸儒，并传其学。自唐太宗始，即被官方定为正统易学，是迄今流传最广、影响最大的《周易》注解。其排斥象数之学，探讨事物抽象原则的学风，则被宋易中的义理学派所发扬。

韩康伯易学

韩康伯是继王弼之后，玄学派易学的代表人物。魏晋时期，王弼易学影响很大，但汉易中的象数之学并未因此而中断，仍很活跃。如荀氏家族的荀凯、荀融、荀辉，东晋干宝的易学，都继承了京房以来汉易的传统。他们不满意以老庄玄学解易，批判老庄思潮。这对玄学派易学是一大威胁。韩康伯正是在干宝之后，补注了王弼未及的《系辞》等传，进一步阐发了王弼派的观点，同魏晋以来的象数派易学展开了斗争，成为玄学派解易的代表人物。

韩康伯从易理的高度概括和阐发王弼的易学观，提出了"八卦备天下之理"的命题，认为八卦和六十四卦及其卦爻辞具备天下之理，《周易》乃明理之书。通过《周易》就可以把握天下之理和变易之道，人们应在事象的背后探求其义理。鲜明地表现了义理派易学观的特色。但他并不否认筮法中的象和数，而认为理是象数的根本。蓍数和卦象都是有形之物，属于形器的领域，是用来显示易理的，乃易理之用。只有超越于象数之外的无形的理，才是象赖以形成的基础。理自身非象非数，却又是象数的主体，所以能驾驭象数，预知未来，此即"非忘象者则无以制象，非遗数者则无以极数"（《系辞注》），进一步将《周易》体例抽象化了。因此，人们对易理的把握，既不能凭借物象，也不能依靠思虑，而只能依靠精神去体认，即所谓"体神而明之，不假物象"（同上），又将王弼的唯理论引向了神秘的直觉主义。

由于追求义理，将无形之理看作《周易》的根本，又导出了哲学上以"无"为天地万物本原的结论，并利用易学中的范畴和命题，宣扬老庄玄学。这主要表现在以下几点：

（1）引王弼说注"大衍之数"章，宣扬以虚无实体为世界本原的太极观。王弼以其一不用之"一"为太极，此太极不参与揲蓍的过程，是"不用""非数"，所以又叫

作"无"。但它又是四十九之数成为数的根据,同时又借四十九即"有"而显现其本原。韩康伯加以发挥,认为太极是无,天地万物是有,有生于无,有依赖于无。这是以太极为虚无实体,乃天地万物的本原,以此宣扬王弼"有之所始,以无为本"(王弼《老子注》四十章)的玄学理论。

(2)发挥王弼"一爻为主"说,认为卦象和事物都以一为其宗主,即"一者众之所归"。其所谓"一",即无形之"道"或"理",亦即"无";"众"即纷繁有形的万事万物。无总是有形事物的宗主,有形的事物总是受无形之道的支配,此即一以统众。这也是对王弼"无形无名者,万物之宗"(《老子注》十四章)的阐发。

(3)以郭象的独化说解释"阴阳不测之谓神"。韩康伯认为天地万物的变化无使之然者,皆自造自化,不知其所以然而然,所以称之为"神"。"神",即变化的根源,无形无象之可言,故称之为"阴阳不测"。这同样是把易学玄学化了。但他将阴阳不测之"神"和神妙万物之"神",同变化联系起来,提出"言变化则称乎神"的命题,以"神"为变化的原因和动力,神妙莫测,对宋明易学中的神化学说起了重要影响。

(4)以"无阴无阳"解释"一阴一阳",认为无阴无阳就是道,以此解释"一阴一阳之谓道"。他吸收王弼的观点,以道为无,不可为象,属于形而上的领域,而阴阳属于有形有象的器物。因为道无形无象,处于阴的领域而无阴象,处于阳的领域亦无阳象,可是阴阳依道而成象成形,这就是"一阴一阳之谓道"。即是说,一阴一阳并非有阴有阳,而是既无阴又无阳,这就是道。此种观点,以道为虚无实体,虽无形象,却是一切有形有象之物的根据,万有万物只有依靠它方能存在。这同样是宣扬老庄玄学理论。

总起来说,韩康伯易学继王弼易学之后,进一步排斥汉易象数之学,将《周易》原理更加玄学化了。其《系辞》等传注被收入《周易正义》,视为正统易学,亦是迄今流传最广、影响最大的《易注》之一。其所提出的许多哲学问题,如太极之辨、理事之辨、道器之辨,对宋明易学及其哲学都起了深刻影响。

关于郑王之争

魏晋南北朝时期,除王弼和韩康伯易学成为易学发展的主流外,还有一批人提倡玄学派的易学,有些玄学家虽无系统解易的著作,但对易学哲学问题颇感兴趣,提出了一些有理论意义的问题,在当时引起了很大影响。同时,也出现了一批反玄学的思想家,他们继承汉易的传统,同玄学派易学展开了争论。旧经学史称之为郑(玄)王(弼)之争。从易学哲学的领域看,可以归之为玄学派和象数派的论争。其所辩论的问题,主要有以下几个方面:

(1)关于《周易》的宗旨。据《三国志·管辂传》注所提供的材料,正始年间,管辂曾同裴徽、何晏、邓飏等人研究易道。他批评何晏易学以老庄之义解说卦爻象,乃浮诞之辞,虽美而多伪,不能破秋毫。他不赞成以义理解易,而以《周易》为占筮之术,认为天地日月、阴阳及其变化皆备于卦爻象之中,依象数即可以推测幽暗之事,断定未来的变化,此乃《周易》之纪纲。此后,阮籍著有《通易论》,对《周易》

原理做了解说,将六十四卦的卦义和顺序看作人类社会治乱兴衰的过程,将《周易》看成是圣王明君用来观察事物变化,从而立政施教的教科书。

(2)关于言意之辨。其代表人物是荀粲和欧阳建。荀粲喜好老庄,谈尚玄远,主张言不尽意。因为义理是抽象的东西,无法用具体的东西来解释,无论如何解释,或谓之龙,或谓之马,总有片面性。其兄荀俣则主张言尽意,兄弟间展开了辩论。西晋时期,欧阳建著有《言尽意论》,同言不尽意论者展开了辩论。认为区分事物的性质,非名不辨;心中的思想要进行交流,非言不畅。名和物,言和理(意),如同形影和声响一样不可分割,所以说言无不尽意。

(3)关于易象的性质。东晋时期,殷浩、孙盛、刘谈三人就易象问题,展开了一次大辩论。殷浩与刘谈都是玄学家,合易老为一,认为卦爻象乃变化之道的影迹,不能与道齐妙。孙盛著《易象妙于见形论》,坚决反对以老庄玄学观点解易,而拥护汉易的传统。认为《周易》所讲的变化之道和阴阳不测之神,即存在于卦爻象及所取物象之中;卦爻象是有形的,穷神知化不能脱离有形之物,此即"易象妙于见形"。

(4)关于太极之辨。王弼、韩康伯论太极,就其哲学意义说,以虚无实体为太极,乃两仪即天地阴阳之本原。荀融有难王弼大衍义,其内容不详,可能依其家学驳王弼,也可能以汉易的元气说解释太极。嵇康、成公绥则皆采《易纬》的太极说,以太极为未分之元气。还有一种解释,即不以太极为实体,而以天地为最高实体,或以太极为天地的德行,如阮籍;或认为天地之先不可知,如干宝。据《晋书·纪瞻传》记载,纪瞻与顾荣曾辩论太极问题,顾主太极元气说,反对以太极为天地,而纪氏予以反驳,不以太极为实体,而以天地为万物之本原,太极不过是表示事物之极限,天地之外别无本原。

南北朝时期,王学与郑学仍然存在斗争,北方学者推尊郑学,而江南经师则多本王注,辞尚虚玄,但又出现了相互吸收的趋势。总之,郑王之争,不仅丰富了魏晋南北朝时期哲学的内容,而且促进了易学中两大流派相互吸收和融合的倾向,从而为唐代易学哲学奠定了思想基础。

孔颖达与唐代易学

孔颖达易学,可以说代表了唐代易学发展的方向。唐王朝建立后,随着政治上的统一和稳定,封建经济和文化得到了高度发展。与此相适应,经学研究出现了总结前人成果的新局面。唐太宗命孔颖达编《五经正义》,对东汉魏晋南北朝以来的各派经师的注解,进行了一次大总结,统一各家的说法,作为官方颁布的教科书。这是经学史上的一件大事,对易学的发展起了重大影响。就易学说,唐代出现了两部总结前人和当时人研究成果的著作:一是孔颖达主编的《周易正义》,一是李鼎祚的《周易集解》。前者采王韩二注,推崇玄学派易学,但并不一切唯王弼是从,实际上对王学进行了修正和改造,对其他各家皆有所吸取和肯定。后者集虞翻,荀爽三十余家,偏重汉易象数之学,但对玄学派的注解,如王弼、何晏、韩康伯等,也有所采纳。甚至在义理方面,对韩康伯《系辞注》中宣扬玄学贵无论的文字,也不加评

论地收集在《集解》中。这表明，两书都是对汉代以来易学的总结，都具有融合象数和义理两大流派的特征，代表了唐代易学发展的倾向。但李氏《集解》自己的论点较少，基本上是资料性的汇编，在易学史上的地位，还不能同孔颖达《周易正义》相比。

《周易正义》包括两部分内容，一是对卦爻辞和传文的注解，一是对王韩二注的阐发。其解易，除解释《周易》中的字义和文句外，对义理发挥较多，并讨论了易学哲学问题，实际上也是唐代的一部重要哲学著作。关于对《周易》体例的理解和对卦爻辞的解释，他一方面采王弼说，即不讲或很少讲互体、卦变，纳甲等；另一方面又不同于王弼派，即不仅讲取义，而且讲取象，企图将二者结合起来，以纠正王弼派鄙视取象的偏见。他提出"不可定于一体"（《正义，象传》），"不可一例求之，不可一类取之"（《正义·乾》），

唐　三彩马

反对将《周易》体例单一化、绝对化。认为卦名来于取象，但所取之象不一，或取之于物象，或取之于物象之作用或性质，或取之于人事，拟或取之于爻位，其中既有实象，也有假象。以为取义与取象可以并行，互相补充，是对王学的一种改造，表现了综合两大流派的倾向。这正是唐代易学发展的特征之一。

由于在体例问题上综合两派观点，在易学哲学问题上，则以物象和义理相统一的观点，解释八卦和六十四卦的形成。认为八卦模拟自然物象，重为六十四卦亦模拟万物之象，同时又用来显示万物变通之理。并提出体用范畴，解释物象和义理的关系，即以象为体，以理为用。如有天之体，则有刚之用；有地之体，则有柔之用。因为事物有体有用，所以八卦和六十四卦既备事物之体又备事物之用，既备事物之象又备事物之理。而且以物象为义理的基础，以卦义出于卦象。这显然是对王弼易学的一种扬弃。

关于对《周易》原理的论述，孔颖达有的发挥了汉易的说法，有的则保存了玄学解易的观点和形式，或者对玄学派的观点给予了新的解释，企图将两者调和起来，但总的倾向是：力图扬弃王弼派贵无贱有的思想，以阴阳二气解释《周易》原理。这主要表现在：

（1）以道体器用解释有和无，并以阴阳二气及其变化的法则为道为无，提出"易理备包有无"的命题，论证阴阳二气乃《周易》的根本原理。认为道无形，故称为无，器有形象故称为有。先有形而上的道，后有形而下的器；器依赖于道，有道方有器。道为体，器为用，体用相互联系，不能脱离器用，空谈道体。据此，阴阳二气及其法则没有表现为刚柔二画，成为八卦爻象，也可以称之为道。这就将阴阳二气纳入了形而上的领域，并以此提出了以气为核心的世界观，认为气无形质，但成为

一切有形质事物的本原，从而扬弃了玄学派的理论体系。

（2）以阴阳二气解释乾坤二元。其以阳气始有万物为乾元，阴气始生万物为坤元。认为乾元作为阳气之始，使万物始有，但万物禀受阳气之后，成为有形之体，要靠坤元之气的资助，方能成就刚阳始有万物的事业。这种解释，不以至健至顺之性为乾坤二元，也是对王弼说的改造，同样宣扬了以气为核心的世界观。

（3）以"自然无为"说解释"一阴一阳之谓道"，提出了"无阴无阳乃谓之道"的命题。认为道并非某种实体，而是对阴阳二气自然无力的称谓，即是说，阴阳二气自然而有，其开通万物亦无造作，此即"无阴无阳"，这种品德或法则，就称之为道。而王弼派所讲的一、无、神、易、虚无等观念，都是自然无为的不同称号。从而抛弃了以"道"或"无"为虚无实体的观念，使王弼派的易学观逐渐从贵无论中摆脱出来。

此外，其对太极的解释，从筮法说，以四十九之数合而未分为太极，扬弃了从汉易到王弼派玄学以其一不用之"一"为太极的观点；从哲学上说，又继承了汉易的太极元气说，否定了王弼的太极虚无实体说。总之，孔颖达企图将义理和象数两大流派调和起来，从而对玄学派的易学理论，做了新的解释，扬弃了王弼派贵无贱有的思想，将玄学中的贵无论引向了崇有论，并通过崇有论，将汉易中的元气说、阴阳二气说，重新肯定下来，并向前发展了。这是孔颖达易学对汉唐易学哲学的一大贡献，对唐宋时期易学及其哲学的发展，起了深刻的影响，并成为从汉易向宋易过渡的桥梁。

崔憬易说

唐代易学，除《周易正义》和《周易集解》两部总结前人易学成果的著作外，还有一些易学家自注《周易》，独立地探讨易学原理。崔憬的《易探玄》，即其中之一。此书已失传，其佚文见于李氏《集解》引。就其佚文看，崔憬易学不满意孔疏对王弼派易学的阐发，其对卦爻辞的解释以取象说为主，主张通过卦象研究易理，但亦不因袭汉易的象数之学，不取卦变、纳甲等说，抛弃了汉易的繁琐经学学风，亦重视义理；在义理方面，特别是在易学哲学问题上，又是同玄学派对立的，代表了唐代易学发展的新倾向，但也具有融合两大流派的特征。

崔憬对《周易》原理的解释，就其佚文来看，主要辩论了三个问题。其一是关于大衍之数的辩论。他批评王弼大衍义不足为信，因为没有说明五十之数的来源，只是一种臆想；其以一为太极，理虽可通，但以一为非数或无，都是错误的。而认为，天数顺数为三、五、七、九，地数逆数为二、十、八、六，天一与地四不配卦，虚而不用，天地之数即为五十，当大衍之数。加上天一地四之数为五十五，即天地之数。其用四十有九，舍一不用，只是表示此一数象太极虚而不用或不数，并不能以其为无。所以其注"分而为二以象两"，又以四十九之数合而未分为太极，反对不用之一为虚无实体，并认为八卦即蕴藏在大衍之数中。此说在易学史上具有重要意义。其二是关于道器之辨。认为天地万物皆有形质，形质之中有体有用。就其形体和体质说，为体为器；就其形质的功能和作用说，为用为道。如天圆地方，其形体为体

为器,其生成万物的功能或作用则为用为道。同样,动植物的躯干为体为器,其知觉意识或生长的性能则为用为道。这是以器为体,以道为用,道作为实体的功能或作用,是依赖于实体器的。道无形,称为形而上,器有形质,称为形而下,形而上的道依赖于形而下的器。此说置器于第一位,反对了王弼派以道为实体,尊道贱器的观点,改造了孔疏的道器观,抛弃了其玄学的形式,先道后器的观点,在易学哲学史上做出了贡献。其三是关于卦序的论述。韩注与孔疏对《序卦》所说的六十四卦的顺序,皆不重视,认为"非易之缊"。崔憬则重新肯定了《序卦》的意义,认为此传是讲天地万物发展和变化的法则,乃《周易》所讲变易之道的内容。其所理解的变易法则,集中到一点,就是"物极则反"。如其注《序卦》从泰否到大有、谦以及从剥卦到离卦,都认为是讲事物的穷则变、极则反的变化过程。此说阐发了对立面转化的思想,在唐代易学史上是少见的。

总之,崔憬易说虽不能窥其全貌,但其独立探讨易学原理,敢于公开批评王弼派易学,开始抛弃玄学解易的形式,却是一种新的倾向。其提出的一些新的观点对宋明易学也起了一定影响。崔憬易学也可以说是从汉易转向宋易的先驱。

四、两宋易学

宋易与道学

　　从北宋开始,古代易学的发展又进入了一个新的阶段,被称为宋易。宋易是就其形态说的,并不限于北宋,其解易的风气一直延续到清初,北宋则是宋易形成的时期。这同宋明道学的形成和发展是相适应的。

　　唐代后期,由于佛道二教流行,造成了许多难以弥补的社会弊端,韩愈、李翱等人极力推行排佛运动,表扬儒家学说,企图恢复儒家的正统地位。宋王朝建立之后,适应全国统一的形势,强化中央集权统治,又大力提倡儒学。由此,宋初几十年间,从中央到地方,涌现了一大批儒家学者,继唐朝韩、李之后,大讲尊王排佛,重新整理、注释、讲解儒家经典,宣扬周孔之道。这样,在思想文化领域掀起了复兴儒家

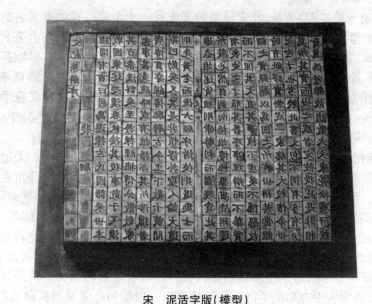

宋　泥活字版(模型)

国学经典文库

学说的热潮。他们提倡的儒家学说,同秦汉以来的经学相比,具有自己的特点,近人称之为新儒家。新儒家的兴起,是学术史上的一件大事。就经学史说,从汉唐经

学转入了宋学时期。宋代的经学被称为宋学。宋学的特征是以《六经》为载道之具，所以对儒家经典的解释，不重视文字训诂方面的考证，而注重探讨和阐发其中的义理，"因经以明道"。此种学风，对宋易的形成影响很大。就哲学史的角度说，儒家所大力表扬和复兴的周孔之道，又称为"道学"。北宋是宋明道学形成的时期。道学作为宋明哲学的一种形态，其特点有二：一是视孔孟学说为正统，以排斥佛道二教学说为己任，大力宣扬超功利主义的道德说教，并建立起一套形上学的理论体系；二是不同程度的吸取了佛道二教的思想资料和个别观点，用来补充和发展儒家的哲学体系。所以宋明道学也可以说是儒家哲学高度发展的产物。汉唐以来，《周易》经传一直被奉为儒家的神圣典籍。在儒家所尊奉的经书中，只有《周易》经传，特别是《易传》和后来的易学为儒家哲学提供了一个较为完整的哲学体系。因此，北宋道学家继韩李表彰《中庸》《大学》之后，又特别推崇《周易》，视其为对抗佛道二教的有力武器。他们继承唐代易学的传统，大力研究《周易》，从而将新儒家的哲学推向了一个新的阶段。

宋易的形成，同唐代孔颖达所编《周易正义》和崔憬易说有着批判地继承关系。《周易正义》乃汉代以来易学的总结，其中保存了象数学派和义理学派的论点。崔憬易说抛弃了孔疏中以玄学解易的形式，进一步打击了王弼派易学。北宋易学大都从中吸取观点和材料，来阐发自己的易学体系。但其代表人物，作为儒家学者，又都从不同的角度批评或扬弃了玄学派贵无贱有的易学。如果说，孔疏是对玄学派易学的一种批判改造，那么，宋代易学又是对孔疏的一种批判改造。此种否定之否定的过程，也是儒家系统的易学体系逐步完善化的过程，从而为以后几个世纪的易学发展奠定了基础。

据《宋史·艺文志》著录，北宋解易的著作有六十余家。其中有著名的哲学家和思想家，如李觏、胡瑗、周敦颐、邵雍、王安石、张载、程颢和程颐等；有著名的文学家、历史学家，如欧阳修、苏轼、司马光等。他们都精通易学，在学术界掀起了研究《周易》的高潮。而新起的儒家学者，特别是道学家则成为宋代易学的奠基人。宋代易学，同样分为象数和义理两大流派，相互争论，到南宋朱熹站在义理学派的立场，兼取二说，集诸儒之大成，方统一了两派易学，建立起一个庞大的易学体系，成为后来官方认可的易学。

同道学相适应，宋易的特征之一，即因经以明道，或明道以知经。无论是义理学派，还是象数学派，都不追求《周易》经传文字训诂方面的解释，不停留在经文的表面字义上，而注重探讨其中的义理。此种学风，用现代语言说，就是强调研究《周易》经传中的哲理，或者通过对《周易》经传的解释，阐发自己的哲学体系。将《周易》原理高度哲理化，就构成了宋易的重要特征之一。宋代易学哲学是古代易学哲学高度繁荣的时期，而且成为宋明道学的主要内容。宋明道学中的五大流派，即理学派、数学派、气学派，心学派和功利学派都同易学有着密切的关系。前三个学派都是以易学哲学为中心形成了自己的哲学体系。宋朝的心学派同样研究《周易》，并借《周易》经传来表达自己的心学体系。功利学派也探讨《周易》原理。北宋时期，理学派、数学派和气学派的易学哲学体系已经形成，为后来三派哲学的发展奠定了基础。心学派和功利学派的易学哲学，北宋时期已有萌芽，到南宋时期陆九渊、杨简和薛季宣、叶适、陈亮而形成了体系。他们之间相互斗争又相互影响，将中国古代哲学的发展推向了一个新的水平。

宋易的流传及其演变

　　宋易是古代易学发展的一个新阶段,但仍然存在象数之学和义理之学两大对立的流派。就现在流传下来的北宋易学著述看,象数学派的倡导者,始于北宋初年的华山道士陈抟,陈抟传其易学于种放,种放又传至刘牧和李之才。刘牧推崇河图洛书,李之才则宣扬卦变说。以后周敦颐着重讲象,提出太极图说;邵雍着重讲数,提出先天学,被称为数学派。义理学派的倡导者大概出于儒者胡瑗,其后传至程颐。与程颐同时的张载亦属于义理学派,但又不同于程氏易学。程氏偏重取义,形成了理学派的易学体系;张载则偏重取象,形成了气学派的易学体系,同邵雍的数学派,成为三足鼎立之势。此外,反对象数学派的学者还有欧阳修和李觏,虽无注解《周易》经传的著作,但就其对易理的解释看,亦属于义理学派。北宋易学虽分为两大流派,彼此攻击争论,但同汉唐易学相比,又各有自己的特点。宋易中的象数学派,除继承汉唐易学以象数解易的学风之外,更为突出的是,提出各种图式解释《周易》原理,又被称为图书之学,成为宋代学术中的一大思潮。他们排除阴阳灾异说和天人感应的迷信,将汉易中的象数之学进一步哲理化,特别是数理化,形成了易学中的数学派。义理学派则吸取了王弼派以义理解易的学风,但除苏轼之外,都竭力排斥以老庄玄学观点解释《周易》,同时又吸取汉易中的取象说乃至卦变说,同王弼派易学又不相同。

　　南宋时期,宋易中的象数之学和义理之学都很流行,特别是程氏易学,经过程门后学的阐发,成为南宋易学发展的主流。张载的易学,通过程门弟子的介绍,在南宋也得到了传播。阐发义理之学的代表人物是杨万里,其《诚斋易传》发明程氏易,曾与程颐《易传》一起刊行,称为《程杨易传》,但又深受张载易学的影响。传邵氏易的,或解说其图式,如张行成,或流为术数,如祝泌、廖应淮,在理论上并无建树。而南宋的象数之学,也是通过程朱派中的人物得到发展的,如程颐的再传弟子朱震,朱熹的好友蔡元定及其子蔡沉,就是这一时期象数之学的代表人物。这表明,此时期的象数学派和义理学派又出现了相互汲取或相互影响的倾向。由于道学内部分化为理学和心学两大流派,其对易学原理的解释,也分化为理学派易学和心学派易学,前者以朱熹为代表,后者以杨简为代表。朱熹站在理学派的立场,对北宋以来的易学及其哲学的发展进行了一次大总结。他继承程氏易学的传统,又吸收周敦颐、邵雍、张载、朱震等人的易学哲学观点,兼取义理和象数两派,形成了一个庞大的易学体系。此外,还有以薛季宣和叶适为代表的功利学派的易学,既批评象数之学,特别是河洛之学,又批评义理学派的易学观,在易学哲学史上独树一帜,但就其总的倾向说,亦属于义理学派。总之,两宋时期的义理派和图书派相互攻击,又相互汲取,这种斗争一直延续到清初,从而推动了易学及其哲学的发展。

刘牧和邵雍的象数之学

　　刘牧和邵雍是宋易中象数之学的代表人物。刘牧以传陈抟《河图》《洛书》而闻名于当时，邵雍则以阐发陈抟先天之学而著称。其易学虽有不同，但皆以图式解说《周易》原理，表现了图书学派易学的特征，而且都发展了陈抟易学中数的方面，属于象数学派中的数学派。

　　"河图"一词，最初见于《尚书·顾命》，《论语》中孔子曾慨叹"河不出图"，以其为祥瑞现象。《管子·小匡》中亦有"河出图，洛出书"语，以其为帝王受命之祥。《周易·系辞传》本此，又有"河出图，洛出书，圣人则之"之说，但并未说明河洛究为何物。直到西汉刘歆，方以八卦解释河图，以《洪范》解释洛书。扬雄则进一步以黄河龙马所负之图为河图，洛水神龟背上之书为洛书，视其为《周易》的来源。东汉经师郑玄则又将河洛视为两种著作，认为《河图》有九篇，《洛书》有六篇。至宋初陈抟，继承道教解易的学风，提出许多图式，用以代替文字解说《周易》，著有《龙图易》。以为龙图三变成为龙马负图之形，可变出两个图式，即五行生成图和九宫图，但都称为"龙图"。而刘牧传陈抟易学，则对二图加以区别，称五行生成图为《洛书》、九宫图为《河图》，创立了河洛之学，被称为图九书十说。但又认为河洛二图式皆出于天地自然之数，本质上并没有多大差别。其形式上的区别在于，河图四象六七八九之数，不附以土十之数，表示无形。河图示其象，洛书陈其形，意味着万物的形成由微到著，从象到形。

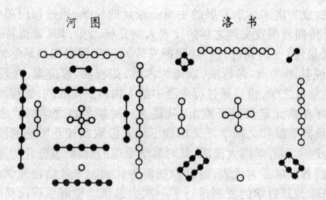

河图　　　　　　洛书

　　为了讨论《河图》《洛书》之数的根源，刘牧提出四个图式，解释《系辞》"易有太极，是生两仪，两仪生四象，四象生八卦"四句话，提出了自己的太极观。就筮法说，以为八卦之象出于天地自然之数自身的展开。此数由奇偶二类数构成，当其混而未分之时，则为太极，其后分出奇数一三和偶数二四，各居一方，即"是生两仪"。其后奇偶之数各加中五，则为六八七九，此即"两仪生四象"。此六七八九之数，六去三为坎，其余数三为乾；七去三为离，其余数四为巽；八去三为震，其余数五为艮；九去三为兑，其余数六为坤，此即"四象生八

卦"。就世界观说,由太极到八卦,表示天地万物的形成乃太极元气自身分化和演变的过程。从而批判了王弼派的太极虚无说。

邵雍的易学被称为先天学。他认为,以乾坤坎离为四正卦的图式乃伏羲氏所画,此类图式有卦无文,自然而有,非人力所为,但其中尽备天地万物之理,故称为先天之图,其学为先天易学;而汉易中以坎离震兑为四正卦的图式,乃文王之易,是伏羲易的推衍,称之为后天之学。邵氏对这两类图式都有解说,但他推崇前者。

邵雍所说的先天图,究竟为那些,共有多少,已不可考。据朱熹的解释,可归结为四种:伏羲八卦次序图,伏羲八卦方位图,伏羲六十四卦次序图,伏羲六十四卦方位图。实际上是两类,即卦次图和方位图,其基本图式为八卦次序图和八卦方位图。其卦次图在于说明八卦的起源和六十四卦形成的过程。认为太极为一,分出一奇一偶阴阳两画,阴阳之上各加一奇一偶则为太阳、少阴、少阳、太阴之象;其上再各加一奇一偶,则为乾、兑、离、震、巽、坎、艮、坤八卦。此即"一分二,二分为四,四分为八"的过程。此过程加以推衍,即"八分为十六,十六分为三十二,三十二分为六十四",便导出伏羲六十四卦次序图。如此逐次各加一奇一偶推衍下去,可以达到无穷。程颢称此法则为"加一倍法",朱熹则称之为"一分为二"法。邵氏以此

北宋　三彩陶舍利塔

解释八卦和六十四卦卦数和卦象的形成,把奇偶二数的演变置于第一位,创立了以数学观点解易的新流派,在易学史上自成一家。不仅如此,其八卦次序图,还用来说明世界形成的过程,认为日月星辰、水火土石、寒暑昼夜、风雨露雷、走飞草木,天地万物都是按八卦生成的次序演变出来的。这就使其具有了世界观和宇宙论的意义。此种宇宙论,着眼于层次和类属的关系,在古代哲学史上也是少见的。

其方位图,在于说明八卦和六十四卦所处的方位,用以表示一年四季的变化乃阴阳消长的过程。按八卦说,"乾坤定上下之位,离坎列左右之门",即乾南坤北,离东坎西。乾为天,左半圈由下而上,表示阳气生长;坤为地,右半圈由上而下,表示阴气日盛。离为日,起于东方;坎为月,生于西方。天地运行,日月出没,形成春夏秋冬,昼夜交替。就六十四卦卦说,坤复之间乃阴阳交接之际,复为冬至子之半,一阳初起;左行到临为春分卯之半,二阳生,至乾末交夏至为午之半,六阳生,阳极盛;故姤为夏至午之半,一阴始生,右行至遁为秋分酉之半,二阴生,至坤末交冬至为子之半,六阴生,阴极盛。以后又为复卦一阳复生,自此而无穷。这是对汉易卦

气说的发展。

　　依据六十四卦圆图，其又制定了一个历史年表，说明人类历史演变的过程，进而说明宇宙历史的进程，称为"皇极经世"图，即按三皇所立的至高法则，观察和推测人类历史的变化以御世。认为宇宙存在许多层次和周期；而我们这个世界只是宇宙大化中很短促的一个阶段。这个世界毁灭了，另一个世界又诞生，整个宇宙是众多世界生灭连续的无限过程。这是一个合乎科学的结论，是邵雍先天易学的一个贡献。

程氏的义理之学

　　宋明道学的奠基人程颢和程颐，都是北宋易学中义理学派的代表人物。程氏兄弟对《周易》的理解，有其共同点，也有其不同点。他们都以天理为最高范畴，但对于心与理的关系，二人观点不尽相同。一般说来，大程不区分心和理，而小程则加以区分。大程为心学派的先驱，小程则是理学派的先驱。但《二程遗书》中的二先生易学理论，难以区分，可一并视为程氏易学。其代表性的著作则是程颐的《程氏易传》。

　　北宋易学中的义理学派，并非始于程氏兄弟。欧阳修和李觏的易说，已开义理之学的先河。二程的老师胡瑗可以说是义理学派的倡导者。其著有《周易口义》，以义理为宗，着重解说卦爻辞的文意，既反对象数之学，又反对王弼派以老庄玄学解释《周易》原理。程氏易学正是继承了此种解易的学风，坚持以儒家学说，特别是《四书》中的观点，解释《周易》经传，提出"理"或"天理"为其易学的最高范畴，解释《周易》的法则，从而建立起理学派的易学体系。在易学史上具有划时代的意义，成为宋易中义理学派特别是理学派的奠基人。

　　其对《周易》体例和性质的理解，基本上继承了王弼易学的传统。但并非墨守王弼派的家法，而是站在儒家的立场，对其有所扬弃，有所创新。这主要表现在三个方面：其一，提出"随时取义"说，对卦爻辞吉凶的解释不拘一格，变易无常。其认为，《周易》经传对卦爻辞的解释，并无一定的格式，此处此时可以做此种解释，彼处彼时又可以作另一种解释，此即"易随时以取义"。比如泰否两卦初爻之辞皆为"拔茅茹以其汇"，但一为"征吉"，一为"贞吉亨"。其所以如此取义，因为其时不同。依否卦《象》文，其卦义为"内小人而外君子"，可是，按程氏对初爻辞的解释，否卦之阴，有时为小人，有时又指君子。这是因为"易随时取义，变动无常"（《程氏易传·否卦》）。此种解释，企图解决《周易》经传中一些不一致乃至相矛盾的说法，从而对卦爻辞的解释，具有了更大的灵活性和主动性，使取义说得到了充分发挥。其二，提出"易随时变易以从道"的命题，说明《周易》的性质和原则。认为《周易》是讲变易的，其变易无固定的格式，因时而异，但总是遵循一定的原则，体现某种原理，符合某种规范。此即"易随时变易以从道"。其三，提出"理"或"天理"范畴，解释《周易》中的变化之道，以是否合乎天理，顺乎天理解释卦爻辞的吉凶。从而建立起儒家以理学解易的体系，并把易学高度哲理化了。

　　在解释《周易》原理时，程氏提出了许多哲学问题，建立起其理学的哲学体系，

国学经典文库

概括起来,有以下几点:

(1)提出"体用一源,显微无间"的命题,以体和用、微和显解释理与象的关系。认为一卦之义理是无形的,通过卦爻象或所取之物象方能显示出来。理无形,隐藏在事物背后,深而幽隐,故为"至微"。象有形可见,显露在外部,故为"至著"但理与象乃一事之两面,理是体,象是用,有其体便有其用,体用不容分离,无所谓先后,理与象融合在一起。此即"体用一源,显微无间"。此乃《周易》的精髓。这种学说,是以物象为其本质的表现形式,把现实事物视为其概念的体现或化身,宣扬万事万象皆依其理而存在的理本论。

(2)提出"所以阴阳者是道"的命题,解释理与气的关系。认为道和阴阳是有区别的,阴阳属于气的领域,气是有形的,不能称为道。因为阴阳之气属于器的领域,乃形而下者,而道则是形而上者,乃阴阳之所以成为阴阳的根据或本质,即阴阳之理,此即"所以阴阴者是道"。道既为阴阳之理,又不能脱离阴阳而存在,所以"离了阴阳更无道"(《二程遗书》十五)。二者乃道体器用的关系。这是认为,阴阳二气乃其所以然之理的显现,同样是宣扬其理本论的世界观。但明确提出了理气关系问题,将道器有无之争引向了道器理气之争,从而揭开了宋明哲学中理气之辨的序幕。

(3)提出"动静相因""阴阳无始"说,探讨了阴阳二气及天地万物变化的过程和法则。其认为阴阳二气的运行,只有屈伸进退,互为消长,并非阳生则阴灭,阴生则阳灭,任何时候都不能孤立存在。阴阳二气反复往来,消长相因,无绝对静止之时,乃天地运行的规律。此即"动静相因"。正因为阴阳二气进退消息,动静相因,才有卦象及万物的变化,所谓"动静相因而成变化"(《易说·系辞》)。因为阴阳同时存在,在时间上不分先后,所以"动静无端,阴阳无始",阴阳二气及其动静既无开始,亦无终结。此说把阴阳二气看成是相互依存和相互推移的过程,从而不承认阴阳二气有开端,肯定了阴阳二气运动变化和对立面转化的永恒性,是对古代辩证法的一个贡献。

(4)提出"屈伸往来只是理"的命题,将阴阳及事物的运动变化归结为屈伸之理的现实化。气世界的盈虚消息,程氏又称之为"往来屈伸",此往来屈伸,盛衰消长的主要内容就是物极必反,此乃事物变化的普遍规律,所谓"物理极而必反","极而必反,理之常也"(《程氏易传·否卦》)。但又认为,事物的变化不过是"屈伸往来之理"在具体事物中的表现,所以说"屈伸往来只是理","物极必返,其理须如此"(《遗书》十五)。有往来屈伸之理,气方有往来屈伸之事。但理自身并不运动,亦不可致动。个体事物之气有成毁,而其理常存。这一论点,后来又导出了理无生灭而气有生灭的理论,在哲学史上引起了长期的争论。

总之,程氏易学继王弼之后,将义理学派推向了一个新的阶段,为宋明理学奠定了理论基础,在易学史上具有划时代的意义。《程氏易传》成了南宋知识界必读的典籍,其思想经过朱熹的阐发,成了后期封建社会的统治思想。

张载的易说

　　张载也是北宋新儒家的代表之一,其易学同程氏易学一样,亦属于义理学派,但又有不同。程颐为理学派的代表,而张载则是气学派的奠基人,与邵雍的象数之学成为三足鼎立之势。他继承孔疏解易的传统,但又反对以玄学观点解释《周易》原理,对汉唐以来的阴阳二气说做了一次批判地总结,建立起以气为核心的易学体系,在易学及哲学史上,同程颐易学一样,具有划时代的意义。

　　张载的易学著作是《横渠易说》,简称为《易说》。《易说》并非逐句解经,而是有选择地解释《周易》经传的辞句。其对《系辞》的解释较为详细,着重阐发易学中的哲学问题,后来其哲学著作《正蒙》,解说儒家经书,亦以解说《周易》的原理为主,将《易说》中的许多观点,或详加收入,或做了进一步的发挥。其对《周易》经传的解释,不同于汉代经师解经的学风,具有宋学的特点,但与邵雍、程颐相比,又有自己的特色。

　　(1)提出"易即天道而归于人事"的说法,视《周易》为规范人类行为的教科书。易学史上的义理学派,对《周易》的解释,都注重其中的人道教训之义。王弼《易注》偏重人事,以人类的社会生活解释卦爻象的变化和卦爻辞的内容。宋易中的义理学派,正是发扬了这一传统。从胡瑗《周易口义》,到程颐《程氏易传》,既讲天道又讲人事,视《周易》经传为经世济民的治国之书。张载则更加明确地提出了"易即天道而归于人事"的说法,认为《周易》一书乃圣人依据天道,即阴阳二气变易的法则和过程,为人类制定的行为规范,以使人知所向避,正确处理人事问题。并由此又提出了"《易》为君子谋,不为小人谋"(《横渠易说·系辞下》)的思想,认为《周易》是为君子占验未来之事,每一卦都是教导人们如何具有君子的品德,而道德败坏的小人不能从中得到好处。所以张载在《易说》中,尽量从道德修养的角度解释卦爻辞,并经常援引《四书》文加以解说,把卦爻辞看成是从事道德修养的格言。此是张载解易的一大特色。由此,进而讨论了天道与人道的关系。认为天人"卒归一道",有共同遵循的法则,但天人又有区别,不可混同。天道基于自然,人道出于谋划,即发挥主观能动性,以经营万事万物,成就天之所能。对汉唐以来的天人之辩做了一次总结,对后来王夫之的天人观产生了很大影响。

　　(2)提出"无形而有象"说,用以说明卦爻象和所取物象的特点。"形"指大小方圆等形状或形体,"象"指刚柔动静等性能。就六十四卦说,其卦画有形可见,为形;其性质有阴阳、有吉凶,为象。就八卦所取之物象说,艮为山,离为火,坎为水,有形可见为形;巽为风,震为雷,风雷无形却有象。总之,凡未成形或无形的事物,张载皆归之为象。有象者不一定有形,如昼夜寒暑之象,吉凶进退之象;有形者必有象,如鸡之形有飞之象,地之形有生物之象。其无形而有象的领域,在哲学上主要指气而言,所谓"凡象皆气也"(《正蒙·乾称》),"有气方有象,虽未形,不害象在其中"(《易说·系辞下》)。从而论证了世界统一于物质性。气同万物的关系,如同水凝为冰,冰释为水一样,气聚则为万

国学经典文库

物,气散则复归于太虚,太虚乃气的本来状态,没有一个虚无的世界。气有聚散而无生灭,万物之生灭乃气聚散的不同形式。这就肯定了气的永恒性。由于气无形而有象,并非虚无,又对气的范畴做了新的界说,认为可以说有刚健、柔顺,运动、静止,有广度深度即占有空间的,都是气。这就丰富和发展了古代哲学中关于气的概念,表明对气这一物质范畴的理解进一步深化了。

(3)提出"气之生即是道是易"的命题,以气化的过程即阴阳二气相互推移的过程解释万物的形成和变化。张载认为,气是无形的,但总是聚散屈伸,生生不已,由无形转化为有形之物,又由有形转化为无形之气。这种生生不已的自然变化过程,就是道,也就是易。此种气化的过程,就其一阴一阳相互推移说,叫作道;就其阴阳变易,神妙莫测说,叫作神;就其变易而无穷尽说,叫作易。张氏此论在于说明阴阳二气的对立及其相互推移,是卦爻象和天地万物变易的根源,所谓"天地变化,两端而已"(《正蒙·太和》)。在气化的过程中总是一阴一阳,两者相互渗透,相互牵制,缺一不可,此即"相兼相制,欲一之而不能"(《正蒙·参两》)。这是一切事物形成和变化的根本法则。

(4)提出"一物两体"说解释太极,说明气自身具有运动变化的性能,进一步探讨了物质世界运动变化的源泉问题。其认为,太极不是一,也不是二,而是一中含两,这就是所谓"一物两体,其太极之谓欤"(《易说·说卦传》)!"一"指统一,"两"指对立,"一物两体"即指阴阳二气的统一体。因其是对立面的统一体,故神妙莫测;因统一体中包含着对立面,故变化无穷。对立面的相互作用,就是运动变化的源泉。此即"一故神,两故化"(同上)。而对立面与统一体的关系是,没有对立面,也就没有统一体;如果对立面不在统一体中,也就不能相互推移。这是以对立统一的观点考察气的性质,说明气自身具有内在的运动变化的本性,认为其根源在于阴阳二气具有统一性,从而相互作用,或相感或相荡。此种学说,认为运动变化的源泉即存在于作为世界本原的太极之气中,以内因论的观点回答了物质世界运动的源泉问题。这是张载易说对易学哲学的一大贡献。

(5)以"人神"和"存神"解释"穷神知化",视其为圣人的最高境界。张载易说之"神",主要指气运动变化的本性,"化"指气化的过程。"穷神知化"就是认识和把握气化的法则和过程,与神化合一,此乃圣人的主要事业和最高境界。关于达到"穷神知化"的途径,张载提出两个阶段,即入神和存神。"入神",即进入神化的境地,指对神化的理性认识,其前提为"精义",即精研事物之义理,并对其融会贯通。"存神"指精神暗与神化合一的境界。此境界乃平时从事道德修养的结果,德盛仁熟,自然而成,不是运用思虑勉强求得的。达到了这种最高的道德修养境界,能存神顺化,也就仁至义尽了。"穷神知化"在易学史上并未被易学家们视为重要的易学理论,而张载则特别重视此命题,在《易说》和《正蒙》中做了详尽地阐发。其区别精义入神和存神,以存神为穷神知化的最高境界,实际上是以入神为认识问题,以存神为道德修养问题。所以其入神说,后来被道学家解释为道问学,其存神说被解释为尊德性。对宋明时期的易学和哲学都起了重要影响。

总起来说,张载的易说,对汉唐以来以元气和阴阳二气解释《易》理做了一次总结,一方面继承孔疏以阴阳二气解易的传统,另一方面又抛弃了孔疏的玄学形式,通过对《系辞》的解释,终于建立起气论哲学的体系,在易学哲学史上具有划时

代的意义,产生了深远影响。道学集大成者朱熹则大量吸取张载易说的思想资料和观点,纳入其理本论的体系之中。到了明代,罗钦顺、王廷相则继承和发扬了张载的气论哲学。明末清初,后期道学的集大成者王夫之,更以张载易学的继承者自居,视阐发张载气学派的易学哲学为己任,建立起一个博大精深的气本论的哲学体系,解决了张载易学哲学所提出的许多问题,从而在古代易学哲学史上做出了杰出贡献。

<h1 style="text-align:center">朱震的象数之学</h1>

朱震是南宋象数学派的代表人物,也是一位易学史家。他著有《周易集传》,附有《易图》和《易丛说》,对两汉以来的易学流派,以及北宋以来易学的发展都做了探讨。其易学以程氏易传为主,融会邵雍和张载,并采汉唐以来象数之学的观点予以解释,企图恢复被王弼所分裂的象数之学的传统。他初步整理和解释了汉易的卦气、纳甲、五行、飞伏、互体和卦变等说,尤其推崇卦变和互体两说,并从理论上做了较为详细的阐述和辩解。其所以如此重视此两种体例,目的在于更充分地发挥取象说,以便从卦爻和所取之物象中寻找卦爻辞的意义。由于坚持取象说,他还探讨了《周易》取象的体例,提出了一套理论,进一步阐发了易学中的模拟说。认为先有天地万物,而后有卦爻象,乾坤卦画,卦爻之象及其变化,皆来于圣人对天地万物的摹写。并由此导出了有气而后有象,有象而后有数的结论,同邵雍一派主张有数而后有象形成鲜明的对照,成为象数之学中具有唯物主义倾向的代表人物。不仅如此,朱震还对北宋刘牧的河图洛书说、李之才的卦变说、周敦颐的太极图和邵雍的先天图,都做了介绍和评论。其对象数学派观点的整理和介绍,有一定的史料价值,对清代汉学家研究汉易和图书之学的演变,起了很大影响。这是他的主要贡献。

朱震易学在易学史和哲学史上影响较大的是其太极说。认为其不用之一,乃不动之数为太极,是体;四十有九参与撰著成卦的过程,为用。但此太极之一并非单一之数,而是四十九数之总合,其散开即是四十有九。当其未散开之时,包含有两仪四象;当其散开之后,两仪四象又分有太极之数,太极并不因此而消失。此即体中含用,用中有体,"体用不相分离"。并以程颐"体用一源,显微无间"说解释一和四十九的关系,也就是认为,四十九乃太极之一自身的展开,两仪、四象、八卦,六十四卦以及三百八十四爻亦是太极之数逻辑的展开。从而使太极这一范畴获得了本体论的意义。就其世界观的意义说,他又以太虚即混而未分之气为太极,乃阴阳二气的根本。太虚凝聚则有阴阳二气,阴阳又分为五行,阴阳五行之气运行分布于四时而生万物。而太极作为阴阳之本,又在万物之中,不脱离万物而存在。照此说法,天地万物乃太极未分之气自身展开的产物。此种太极观,既融合了张载、邵雍、程颐的太极观,而又不同于张、邵、程三家,在世界观上则坚持了气为世界本原的路线,为气学派本体论的形成奠定了基础。

概而言之,朱震易学对汉易和北宋以来的象数之学做了一次总结,为象数派的易学提供了一套理论体系。由于坚持取象说,并受张载、程颐二家的影响,一方面

以气解释太极，在哲学上终于导出了气为世界本原的结论，成为南宋时期气论哲学的阐发者；一方面又阐发了程氏的体用一源说，对宋明哲学中的本体论的发展，起了一定影响。

朱熹易学

朱熹是宋代理学大师，在易学及其哲学史上也占有重要地位。其易学著述十分丰富，主要的是：《易学启蒙》《周易本义》《蓍法考误》《太极图说解》《述书解》等。《易学启蒙》乃初学《周易》的入门之书，在于介绍一些有关筮法的基本知识，解释筮法中的象数，帮助学者了解《周易》一书的本来面貌。《周易本义》是对《周易》经传所做的注解，其目的亦在于说明易本卜筮之书，但重点在于解说卦爻辞，其特色是注重义文，言简意赅，未通之处宁可存疑，也不穿凿附会，表现了一种严肃的科学态度。《太极图说解》和《通书解》则是从哲学角度解释《周易》原理的著作，集中体现了朱氏的易学哲学思想。《蓍法考误》则对古代蓍法作了详备的考辨。此外，还有同友人、弟子讨论易学问题的来往书信，《文集·杂著》中有关易说，《朱子语类》卷六十五至七十七中，汇集了平时讲学时对《周易》纲领及其经传文的解说等，都是研究朱熹易学的重要资料。他站在义理学派的立场，对北宋以来的易学和哲学的发展进行了一次大总结。他继承了程氏易学的传统，并以此为骨干，融会欧阳修、周敦颐、邵雍、张载、朱震等各家的长处，建立起一个庞大的易学哲学体系，对以后几个世纪的易学哲学的发展都起了深刻的影响。

南宋 鎏金银执壶

（1）提出"易本卜筮之书"的论断，视《周易》经传为既有联系，又有区别的两种著作，是对传统观念的一种突破。汉代以来，易学史上对《周易》的解释，都是经传不分，以传解经，并将《周易》一书逐步哲理化了。到了宋代，由于易学家将《周易》视为讲哲理的教科书，特别是《程氏易传》，突出以义理解易，遂使《周易》作为占筮典籍的本来面貌被湮没了。朱熹在欧阳修易说的影响下，重新研究了《易经》和《易传》的关系，区分了经和传，以经为占筮的典籍，传为后人讲义理或哲理的著述，认为从经到传有一发展过程，即由占筮吉凶到讲说哲理的过程，从而提出了"易本卜筮之书"（《语类》卷六六）的论断。所以，其对卦爻象和卦爻辞的解释，即贯彻了这一指导思想，着眼于占筮之事和吉凶之由，企图恢复《周易》的本来面貌。其《周易本义》每卦每爻之注，几乎都有这样的辞句："占者"如何如何，"其占"如何如何，"其象占如此"等等。不仅如此，其对传文的解释，也着眼于筮法，认为"《系辞》自大衍数以下，皆是说卜筮事"（《语类》卷七五），不能脱离卦爻象和卦爻辞，不能脱离占筮之

事来解释《周易》，否则便流于凭虚失实，茫昧臆度。如"易有太极"一章，诸家大都从世界观角度立论，而朱熹于《本义》中则解释为画卦或揲蓍的程序，讲筮法而不谈世界观的问题。又如"形而上者谓之道，形而下者谓之器""化而裁之谓之变，推而行之谓之通"两节，朱熹认为也是讲筮法中的问题，并非泛言天人之道。由此，朱氏认为，读易之法，不仅要区别文王之易和孔子之易，还应将后人解易同孔子之易区分开来，"孔子之易非文王之易，文王之易非伏羲之易，伊川易传又自是程氏之易"（《语类》卷六七）。这是对传统观念的一大突破。此说站在哲学史家的立场，不仅区分了经和传，而且区分了《易传》和易学，强调了《周易》一书的本来面貌，但并不因此否定《易传》和历代易学解易的价值，是朱熹研究《周易》经传的一大贡献。

（2）提出"易只是个空底物事"的说法，视《周易》卦爻象和卦爻辞为代表事物义理的符号，可以代入一切有关事物，即以《周易》为一部代数学，将其内容进一步抽象化和公式化了。朱熹认为，《周易》同其他经书不同，《诗》《书》《春秋》等经书中所说的其人其事，都是实有其事，一件事便是一件事，有其事，方有其文，言说其理。可是，《周易》卦爻辞所讲的具体的事，是借事显理，即借此事说未来之事，显示那一类事物的义理。因为其所说的事件不是专指某人某事，如说龙，非真龙，乃假借虚设之辞，所以说"易只是个空底物事"（《语类》卷六六），即空架子。因此，《周易》可以套入许多具体的事物，推断未来的一切事变。对此原则，朱熹还于《易九赞·警学》篇中做了哲理性的解释，提出了"存体应用，稽实待虚"说。认为所占的事情之理早已存在，为实；而与理相应的事情尚未到来，为虚。此即"理定既实，事来尚虚"。理有体用两个方面，其体包括万事，但不见形迹，所以为无；其用可以应万事，所以为有。此即"用应始有，体该本无"。稽考实理，以待事物之来；存此理之体，以应无穷之用。此即"稽实待虚，存体应用"。比如屯卦六三爻辞说："即鹿无虞，入于林中，君子几不如舍，往吝"，此爻之理是，遇事不能贪求，贪求乃"取吝之道"。有此实理，便可应万事，如打猎、求官、谋钱财之事，皆可适用。此爻之理为体，其事为用；其理无形迹，其用可见。考察此爻之理，以待方来之事，这就是"稽实待虚"。此种观点，实际上是以卦爻象和卦爻辞为表现一类事物之理的形式或符号，视《周易》三百八十四条爻辞为三百八十四条抽象的公式，可以代入一切具体事物，如今人所说《周易》乃一部代数学。此种对筮法的解释，便将《周易》一书的内容更加抽象化和公式化了。

这种对《周易》的理解，表现在哲学上，便形成了朱熹的理事之辨。由于把抽象的理看作实体，具体的事物看成影像，以此论证理为事的本原，从而导出了理在事上或理在事先的结论。其认为，从理这一方面说，理为体，事象为用，体中有用，理中有象，举其体而用之理已具，此即"体用一源"。就事象这一方面说，事象为显，理为微，理即在象中，即事而理之体可见，此即"显微无间"。虽体用一源，显微无间，但二者之间却有精粗先后之别，理精而事粗，理先而事后，所以说未有这事之时，其理已具；有其理则有其事与之相应。亦即其所说"未有天地之先，毕竟也只是理，有此理便有此天地。若无此理，便亦无天地，无人无物，都无该载了"（《语类》卷一）。这就是理在事上或理在事先。

（3）通过对阴阳范畴的解释，提出"易只是一阴一阳"的学说，进一步丰富和发

国学经典文库

展了理学派的阴阳观。在朱熹看来，《周易》虽为卜筮之书，但其蕴藏的基本原理，无非是一阴一阳，即其所说"易只是一阴一阳"（《语类》卷六五）。认为一切事物的存在和变化都出于阴阳及其变易。其所说的"一阴一阳"，谓阴阳既相互对待，又相互流转。并以理气、理事范畴对此命题作了阐发，认为有两层含义，一是指阴阳之理，一是指阴阳之气或阴阳变易之事。所谓阴阳之理，指阴阳二气之所以然即阴阳之本性或规定性，及其阴阳变易的规律。有此理方有阴阳变易之事。依据此种阴阳说，朱氏考察了《周易》一书的内容，认为一阴一阳之理贯穿于《周易》的一切领域。此理存在于天地之间，伏羲依此而画卦，文王、周公依此而系辞，孔子依此而作传。象、数、辞皆阴阳之理的表现形式。并进而在哲学上讨论了天地万物的本原问题，认为天地之形体来于阴阳二气，但天地之所以为天地，即天地的本性，却基于阴阳之理。从而导出了阴阳之理为天地之本质的结论。

由于将事物的变易归结为一阴一阳，所以朱熹进一步研究了事物变易的法则，特别是阴阳二气变易的法则。认为其法则有二：一是流行，即变易，即相互推移相互转化；一是交易，即交错，即相互对待相互渗透。值得注意的是，朱熹以一气说明流行，以二气说明对待，前者指转化，后者指对立。关于阴阳流行，其认为阴阳之推移，乃一气之消长，即一气自身转化的过程，并非阴阳二气相互代替。此一气之消长流行，必须经过渐化即量的积累过程，方能达到顿变即转化。此种过程，一阴一阳，相互流转，既无开始，亦无终结，总是阳了又阴，阴了又阳，循环不已。整个宇宙就是这样一个连续不断的阴阳流转的过程。关于阴阳交易，朱熹又提出了阴阳各生阴阳说，认为万事万物各分阴阳，一事一物又各有其阴阳，如人分男女，男为阳，女为阴；一人身上又各有血气，血阴而气阳，总之，阳中有阴，阴中又有阳，阴阳交错对待，层层渗透，此即"阴阳各生阴阳"。总起来说，朱熹关于阴阳变易法则的论述，闪烁着辩证法思想的光辉，丰富和发展了理学派的阴阳学说。但此种变易是指形而下的世界说的，形而上的世界即理自身并不变易。这又陷入了形而上学。

（4）提出"推其本则太极生阴阳"的命题，以太极之理自身的展开说明八卦和六十四卦以及天地万物的形成过程，从而建立起理学派的本体论体系。朱熹以太极为理，阴阳变易之理即是太极。就筮法说，太极指画卦的根源。当其未画卦之前，太极只是一个理，而两仪、四象、八卦及六十四卦之理已混然于其中。一理之判，始分出或散开为一阴一阳，则为两仪。此一阴一阳又各分出一阴一阳，则为四象。其上又各分出一阴一阳，则为八卦。如此层层推出，以至六十四卦而至于无穷，如同树根生干，干生枝，枝生叶一样。太极分出两仪、四象、八卦之后，太极之理又不离乎两仪、四象、八卦，而寓于卦爻象之中。照此说法，这种关系乃不即不离的关系。但从画卦的程序看，总是有太极之理，方有阴阳卦画，此即"推其本则太极生阴阳"（《语类》卷七五）。这是以太极之理自身逻辑地展开说明六十四卦的形成过程，乃朱熹的一大创见。这同其以河洛中五之数为太极，大衍之数即四十九数之总合为太极，其展开则为两仪、四象、八卦的说法是一致的。就世界观的领域说，其以太极为理，两仪为气即阴阳五行之气，并进而探讨了理气关系，用以解释天地万物的由来及其存在根据。认为理是构成事物的根本，气是构成事物的物质材料，就此种意义说，任何事物都是理和气相结合的产物，理为其性，气为其形，二者缺一不可，本无先后之可言。但理属于形而上的世界，气属于形而下的世界，因此，理比气更根本。"自形而上下言，岂无先后"

（《语类》卷一）。"必欲推所从来，则须说先有是理"（同上），理在气先。此种在先说，并非时间上有先后，而是一种逻辑在先说，实际上是认为理乃气存在的根据，有阴阳之理，方有阴阳之气，如同前提是结论的根据一样，结论依赖于前提，气依赖于理。据此，朱氏又解释了周敦颐从"太极动而生阳"到"万物化生"的过程，将阴阳五行和万物化生，也看成是太极之理自身逻辑展开的过程，从而将周敦颐宇宙发生论的体系，转变为本体论的体系。

基于其筮法中的太极说，朱熹还以"理一分殊"说解释了太极与万事万物的关系。太极之理为"理一"，其散开则为天地万物，天地万物各禀有太极之理为"分殊"，此即人人有一太极，物物有一太极。每人每物都以此理为其存在的根据，每人每物又分别体现此完整的理，这便是"理一分殊"。企图以此说明世界的统一性和差异性问题。此外，还提出了太极动静问题，认为太极中有动静之理，方有阴阳动静之事，其动静也没有一个开端。此动静之理为阳动阴静的本原，又寓于阴阳二气之中，依二气而流行。但太极之理本身却是不动的。此说可以称为太极不动论。

概括地说，朱熹易学对北宋以来的易学及其哲学的发展做了一次总结。他吸取欧阳修易说中的某些观点，提出易本卜筮之书，企图说明《周易》的本来面貌。他阐发了程颐假象以显义说，提出易只是个空底物事，进一步把《周易》中的卦爻象和卦爻辞抽象化和逻辑化了。他吸收图书学派的甲五太极说和朱震的大衍之数说，以卦爻象为太极之数自身的展开，从而丰富和发展了程颐的体用一源说，在哲学上完成了理本论的体系。他还吸取了邵雍的加一倍法，说明太极自身展开为卦爻象的过程，用来丰富其本体论的体系。并吸收张载和朱震哲学中的阴阳二气说，以二气变化的法则解释物质世界变化的规律，发展了程颐的阴阳无始说。最后，他以体用一源的本体论观点，解释了周敦颐的太极图说，将汉易以来易学哲学中的宇宙生成论体系，转变为本体论体系，对儒家哲学的发展做出了自己的贡献。从而对后来易学哲学的发展起了深刻的影响。

杨简易学

杨简是陆九渊的大弟子，乃宋易中心学派的代表人物。他继承了程颢和陆九渊的易学，发挥其天人一本的思想，认为易之理即人之心，并以人心为主，略其象数，解释了六十四卦的卦爻象和卦爻辞，以及《彖》《象》《文言》三传，建立起心学派的易学哲学体系，成为宋明时期以人心解《易》的代表人物。

其发挥陆九渊"人心即道"的学说，以人心解释《易》之道。认为圣人作《易》，系之以辞，即发扬人的道心。《易》之道也就是道心，即人心，易之道即人之心。此乃杨简易学的出发点和归宿。以此为原则，他解释了许多卦的卦义和卦爻辞。认为人之本心生来就有，即孟子所说的良知良能，不需修习锻炼。此心既是人道，也是天地之道，也是万事万物之理。人之本心不起意念，无所偏倚，但人靠此心而动顺，天靠此心而下施，地靠此心而生育，万物靠此心而变易。有此种境界，便得到了易之道。如果妄起意念，离去本心，就会丧失道心，即易之道，必凶。这样，一部《周易》，便成了心学派的修养经。

　　通过对卦爻辞的解释，杨简还发挥了陆九渊的"乾坤一理"说，提出"乾坤一道"说，宣扬卦爻名殊而道一，否认事物之间本质上的差别。他认为坤乃两画之乾，乾乃一画之坤，乾坤两卦，从表面上看，分阴分阳，但这只是形式上、名义上的差别，而实质上并无差异。这就是所谓"乾坤一道"，"乾坤之实，未始不一"，乾道之外不再另有一个坤道。乾坤如此，八卦、六十四卦，乃至三百八十四爻莫不如此，都是"名殊而道一"，卦爻虽异，却并无本质上的差别。其道所以为一，因为事物之变化皆出于吾心之变化，天地万物尽在吾心之中。此种观点，又从卦推及天地万物，认为天地万物在本质上也是同一的，如同四肢而一人，枝叶而一木，源流而一水一样。人们看到事物的差别和对立，那是出于意念之动，出于意识的分别，是庸人自扰，"人惟意动而迁，自昏自乱自纷纷"（《杨氏易传·睽》）。如果心不起意念，不偏于一方，即以道心观之，则天地万物皆在人心之中，并无差别。此种学说，追求卦爻象和事物的同一性，从而否认事物之间的本质区别，最终将事物的差别对立归之于人心的产物，以人心或道心为事物的本原，充分体现了心学派解易的特色。

　　杨简以易之道即人之心，以卦爻象的变化及差异出于人心，其理论思维的根源在于不区分天和人。所以，在天人观上，继程颢和陆九渊之后，又提出了"天人一致"，"天人本一""三才一体"的命题，作为其易学哲学的基本原则。他认为，一般学者只看表面现象，以为"首出庶物"，是言天道，"万国咸宁"是讲人道，其实这两句话不能分开，都是乾道，用来说明"天人一致""天人本一"。即是说，天人是一回事，人心即是天道，天道不在人心之外。所以天人不容分彼此，"未始不一"。进而认为天道变化同人心变化并无差别，天地万物的变化即吾心的变化。天之清明出于我心性之清明，地之博厚出于我形体之博厚。天地日月，四时万物以及卦爻辞，莫不出于我之心性。所以说"天，吾之高；地，吾之厚；日月，吾之明；四时，吾之序；鬼神，吾之吉凶"（《杨氏易传·文言》）。《周易》及其所讲的天地变化之道，不过是我之本心的放大。这种学说，显然是对陆九渊"宇宙即是吾心，吾心便是宇宙"的进一步发挥，实际上是认为人心可以支配客观世界的变化，乃天地万物、万事万理的总根源，从而形成了以个人意识为世界本质的心本论。

　　总而言之，杨简易学通过对《周易》的解释，进一步阐发了程颢和陆九渊所提出的心学命题，将心学派的观点引向了以自我意识为核心的本体论，从而建立起心学派的易学哲学体系，在宋明时期产生了很大影响。明万历以后，诸家动辄以心学解易，即源于此。心学大师王守仁就是在杨简易学的影响下，将其本体论引向了唯我论。

五、元明易学

元明易学发展的基本倾向

元明两代是宋易深入发展的时期。元朝建立之后，蒙古族统治者为笼络汉族势力，启用一批汉族学者，大力提倡儒学，又规定科举考试科目以朱熹注为标准答案。由此，程朱理学成了官方的经学。明朝建立之后，又颁布《四书五经大全》和《性理大全》，标志着宋代的经学，即宋学终于代替了汉唐经学《五经正义》，成为占统治地位的学术形态。就易学说，朱熹的《周易本义》遂成为官方认可的权威性典籍。元明两代先后出现了一批注疏《周易本义》的著作，如元胡一桂所著《易本义附录纂疏》和《易学启蒙翼传》，以朱熹《本义》为宗，取《朱子文集》和《语类》中讲易理者作为附录；取儒家各派之易说合于《本义》者作为纂注，并于《翼传》中解说朱熹所肯定的象数之学。其子胡炳文又著《周易本义通释》，其学生董真卿著《周易会通》，皆阐发朱熹易学。明胡广奉成祖之命所编《周易大全》，即以胡氏所著为本，并钞录各家易说，断之以程朱义而成。其颁布和流行，意味着程朱学派的易学，特别是朱熹易学取得了统治地位。

蒙古骑兵押送俘虏图

元明易学，就其解易的基本倾向说，仍然分为义理之学和象数之学两大流派。就解易的原则说，义理学派又分为理学、气学和心学三派；象数学派又分为

数学和象学两派。就象数学派说，由于朱熹易学并不一概排斥象数之学，元明两代的河洛之学和邵雍的先天易学，在朱熹易学的支持下，皆有所发展，元代象数之学颇多创新。道教大师雷思齐继承刘牧，邵雍的易学传统，以九宫图为核心解释《周易》原理，主先有数而后有象，成为数学派解易的代表。而俞琰、张理和肖汉中等，主先有象而后有数，又发展了象学的传统。到了明代，象学一派成了象数之学的主流。此派易学不仅主取象说，而且兼论理和数，同程朱派的取义说展开了论争。著名易学家来知德即其代表人物。其后方以智父子解释《周易》经传，继承了象学的传统，又吸收了数学派的观点，对元明以来的象数之学做了一次总结，标志着象数之学发展的高峰。元明两代的象数之学，提倡以象解易，因而提出了许多图式解说易理，又形成了易图学。易图学是宋代图书之学的新发展。象数派易学还同当时的自然科学知识结合起来，或援引天文、地理、物理、医学和算学知识解说其易理，或以象数法则总结自然科学成果，有些医学家引易理即象数阐述医理，形成了医易学派，以明代著名医学家张介宾为代表。

就义理学派说，元代的义理学派，特别是理学派，解释《周易》经传，大都因循程朱教义，不敢有所异同。而明代的义理之学则敢于有所非议，尤其是气学派的代表人物，对程朱易学则公开进行了抨击。对程朱易学的指责，元代已开其端。当时的南方大儒吴澄，亦传授程朱之学，但其解易一决于象，主理寓于象中，阐发了理不离气说。到明代薛瑄解易，因受张载易说和元代象学的影响，断言理气无先后，虽属理学一派，但已为理学向气学的过渡创造了条件。其后蔡清解易，第一次提出对朱熹易说应有所异同，亦主理象合一，批评了朱熹离气言理的观点，走向了气本论的道路。在其影响下，罗钦顺进一步提出理气为一说，公开批评了朱熹的理本论。由于他们在易学领域主理寓于象中，从而逐渐从理学派中分化出来，成为气本论的倡导者。著名思想家王廷相则继承张载易学的传统，既反对了图书学派的象数之学，又反对了程朱派的理本论，在哲学上捍卫了气一元论。到明末清初，王夫之站在义理学派的立场，继承义理和象数两派中以象解易的传统，在哲学上全面阐发了气本论，对宋明哲学发展做出了杰出的贡献。义理学派中的心学一派，以心解易，以内心的修养方法和精神境界解释《周易》卦爻象和卦爻辞，从而建立起心本论的易学体系，以湛若水和王畿为代表。心学派亦援引禅宗教义解释《周易》经传，禅宗中的一些人也以易解禅，形成了禅宗易学，成为明代心学派易学的一个支流。

总之，元明两代也是古代易学繁荣的时期。宋代形成和发展起来的象数之学和义理之学，经过元明易学家和哲学家的阐发，到明末清初发展到高峰，对中国后期封建社会的思想文化起了深刻的影响。

吴澄与象学

吴澄是元代大儒，亦是著名的易学家，著有《易纂言》和《易纂言外翼》。其注解《周易》经传文，多本朱熹之义，并不属于象数学派。但由于受象数学派的影响，对象数之学颇感兴趣，并支持象学的观点。如黄泽著《易学滥觞》，专以象学为本，吴澄为之作序，极为赞赏。其易学也深入研究了象数问题。他认

为，《周易》的内容，取决于象，"牺皇所画之卦画谓之象，文王所名之卦名谓之象，彖辞爻辞泛取所有之物亦谓之象"（《易纂言外翼·自序》）所以，其所著《易纂言》主取象说，每卦的卦爻辞都分为两层加以注解，一层是"象"，一层为"占"。如其注乾卦卦辞说："三画皆奇之卦名乾而象天。……元亨，占也……利贞，占也……"注初九爻辞说："潜龙，象也……勿用，占也……"注九二爻辞说："见龙在田，象也……利见大人，占也……"据此，《四库总目提要》评论说："澄为纂言，一决于象，史谓其能尽破传注之穿凿。"认为与程朱说不尽相同。其《易纂言外翼》又有《象例》一文，专门探讨《周易》所取之物象，分为上、中、下三篇，上篇言取象于天和取象于地者，中篇言取象于人者，下篇言取象于物者，包括动物、植物、服物、食物、用物及彩色、方位、时日、名、数等等，乃十二篇专文中最为详尽的一篇。他还对河图洛书，邵雍的先后天方圆诸图以及卦变、互体等说都做了解释。足见其对象数之学，尤其是象学的重视。

由于主取象说，所以他又以天地阴阳之气解释阳奇阴偶卦画，从而在易学哲学问题上讨论了理气关系问题。他取朱熹说，认为所谓易，即阳奇阴偶相互更换而为四象八卦；所谓太极，即主宰一阴一阳相易之理。但又反对区别理气为两个实体，以为太极之理并不脱离阴阳二气。"太极与此气非有二物，只是主宰此气者便是。非别有一物在气中而主宰之也"（《宋元学案·草庐学案》）。扬弃了朱熹"理与气决是二物"或"二物浑沦"说。并以此种观点，解释了《易传》"一阴一阳之谓道"的命题。因此，又在哲学上阐发了其理在气中说，认为自未有天地之前，至既有天地之后，一切存在的现象只是阴阳二气。此阴阳二气本只是一气，分而言之，则称为阴阳。就阴阳之中再细加区分，则为五行，然而五行即是二气，二气即是一气。气之所以能够如此，因为有理为之主宰。但所谓理，并非别有一物在气中，只是作为气的主宰而已。所以说"无理外之气，亦无气外之理"（同上），理气不相分离。此种观点，实际上是不赞成理先气后说。他分析说，"理在气中，原不相离"（同上），老子却以为先有理而后有气，而张载、朱熹只是批评他的有生于无之说，其实无字是指理而言，有字是就气为说。这就扬弃了朱熹理先气后的理论。正因为如此，在道器问题上，吴澄也主张二者不可分割，道器虽有形而上形而下之分，但二者合一无间，不能分离。

要而言之，吴澄易学虽不属于象数学派，但由于受象数之学的影响，深入研究了象数问题，从而对程朱派的易学哲学，特别是朱熹的哲学有所修正，对元代象学派易学颇有影响，并成为明代理学向气学转化的先驱。

张理的象数之学

张理乃吴澄后学。他继承北宋以来图书学派的传统，效法刘牧、邵雍、朱震等解易的学风，以各种图式解说《周易》原理和卦爻象的意义，企图将河图洛书，太极图、先、后天图等糅合起来，提出一个以阴阳五行为间架的模式，用来解释世界的变化过程及其法则，成为元代象数之学的代表。

国学经典文库

张理的象数之学十分推崇河图洛书，以其为世界的基本模式。张理于其易学著作中，提出了许多易象图式，解释《系辞》和《说卦》中的有关辞句，其中，最重要的图式为河图和洛书，因为图书乃八卦图象的根源。因此，他首先解释了陈抟的《龙图序》一文。认为龙图三变之后，形成两个图式，即五行生成图和九宫图，前者为河图，后者为洛书，如同天圆地方相配合而成为世界一样，二者缺一不可。方圆二图相互包含，天地万物的变化便皆在其中了。值得注意的是，张理还将邵雍的先后天二图式纳入河洛二图之中，认为乾南坤北的先天八卦方位图来于河图，离南坎北的后天八卦方位图来于洛书，并以此解释世界。这是宋易中图书之学的发展。

为了将河洛和先后二天说糅合在一起，张理又解释了周敦颐的太极图说，以周氏太极图统率其他图式，制定了一个宇宙形成和世界结构的模式。他认为周敦颐的《太极图说》全文，是对《系辞》"易有太极"章的解释，既是讲卦象形成的过程，也是天地万物形成的过程。就卦象的形成说，从太极到八卦，乃从一到二三四五六七八九连续增加的过程，并体现着奇偶二数相反相成的法则；就世界观的意义说，太极为一气混而未分，从太极到六十四卦，即元气自身分化为阴阳五行之气，进而形成天地万物的过程，万物各具五行之气，又都归结为阴阳二气。这样，其太极图说，又成了以阴阳五行为间架的世界构成的理论。整个世界，依阴阳五行的关系，形成一个相互联系的多层次的系统。此种联系既存于河洛二图式中，又存于先后二天图之中。河图与先天图表示时间上的联系，如一年四季的变化；洛书和后天图则表示空间方位上的联系，如地理分布。处于其中的个体事物，则依阴阳五行的关系相互影响。

尤其值得指出的是，张理援引《黄帝内经》中的阴阳五行学说，解释其易学图式，将医学知识同易学结合起来。如其《易象图说外篇》则有四象八卦图式，其中配以人的形体结构，乾为首，坤为腹，震巽为股肱，坎耳离目，艮鼻兑口；配以五脏六腑，则两仪为上顶下间，阳为背脊，阴为膺胸，刚为尻骶，柔为小腹，乾至巽为腰，震至坤为脐，离为心，坎为肾，兑为肺，艮为肝，其中宫为脾等等，以此揭示人体同天地之气、四时变化及饮食起居的联系，说明健康和疾病的原因。此种解释，表现了医易结合的新倾向，对后来医学以《周易》图像解释生理和病理起了重要影响。

蔡清的义理之学

蔡清是明代著名的学者和经学家，以善于解《易》而闻名于世。其易学主要是依朱熹《本义》，阐发程朱派的易学哲学，但由于受薛瑄易学和张载气论的影响，又不恪守程朱之说，试图将朱熹的理本论引向气本论，从而促使明代理学家逐渐从程朱派中分化出来，成为明代易学中气论哲学的倡导者之一。

蔡清易学继承了薛瑄的"模写"说，提出"影子"说，视易书为天地之易的模写和影子。薛瑄乃明初理学大师，对程朱易学多所阐发。他曾提出"模写"说，以易书为天地阴阳的模写。蔡清继承了此种学说，认为未有易书，已有天地万物之易，易书之易本为宇宙内所固有，易书不过是据天地之易模写而成，乃天地之易的影

子。其所谓天地之易既包括天地万物之形象，亦包括天地万物之义理即阴阳变易之理。但其所谓理，与程朱义不同，并非悬空之物，而是寓于形器之中。易书所模写的天地阴阳变易之理，即存在于天地万物之中。此种学说，视易书为客观世界及其法则的反映，从而将天道和圣人之意统一起来，即将思维与存在统一起来。此种易学观，对后来的易学家如来知德、方以智等的思想起了一定影响。

由于认为天地之易即是阴阳变易，所以他着重阐发了阴阳变易学说，将对立面及其相互依存看作运动变化的基本前提。朱熹曾提出易有二义，即交易和变易，蔡氏对此倍加推崇，并做了详细解说。认为交易和变易存在于易书和一切事物之中，朱子以此二义概括，可谓尽善尽美。其以为，《序卦》《杂卦》之序，《周易正义》所云"非复即变"之义，"天地定位，山泽通气，雷风相薄，水火不相射"，君臣父子，长幼朋友，内外上下，刚柔文武，以至庶物之雌雄牝牡，食味之酸咸凉热等类，阴阳对立，交合渗透，相反相成，皆相交易之义。而"在天成象，在地成形"，刚柔相推，日月往来，寒暑交替，雷霆风雨之或作或止，水之往来或潮或汐，山川之或气嘘之品物流行，或气吸之品物归根，动物之或作或息，植物之或枯或荣等类，阴阳消长，一动一静，互为其根，皆为变易。二者的关系是：交易为体，变易为用，有阴阳对待之体，方有阴阳流行之用，阴阳对立乃阴阳变易的根源；但又相互渗透，阴阳对待之体亦始于流行之用，流行之用亦成为对待之体。照此说法，交易与变易，对待和流行，便成了宇宙间一切事物存在和运动的基本形式，而对待即对立面及其相互依存，则是运动变化的根本前提。

黄杨木雕观音

蔡清易学在太极与阴阳的关系问题上，提出"太极兼阴阳"说，将朱熹的理本论引向了气本论。他认为太极有两种含义：一是筮法即易中之太极或易卦之太极，如《系辞》"易有太极"章所言之太极，此太极并无实体意义，仅表示两仪合一的状态。一是实体之太极，乃后人引申发挥之义，如周敦颐《太极图说》所言之太极。此太极实体即阴阳二气合一的整体，乃气化或天地造化的本源。气有阳健阴顺之性，所以其分开之后，阳气为天，阴气为地；二气交感所生之万物，又因所禀二气之不同而别为男女。万物形成之后，太极又在万物之中，成为宇宙的本体。"天地人三才各一太极，太极则兼阴阳"，所以其变化的过程也兼有阴阳两个方面，不可偏滞于一方。大至宇宙长河，小至蜉蚁，短至一息，皆含阳动阴静两个方面，即皆有太极实体。太极作为阴阳之全体无所不在，也可以说其小无内，其大无外。蔡清也以太极为理，但并非如朱熹所说，指阴阳二气之所以然，而是指"动静无端，阴阳无始"的法则，也就是"一阴一阳之谓道"。此道或理不脱离阴阳，亦不偏于阴阳之一方，更不局限于阴阳二气，而是贯通于一切器物之中。这就抛弃了朱熹以太极之理或道为独立实体的观点，将其理本论引向了气本论，对以后罗钦顺、崔铣、王廷相乃至王夫之的易学哲学，都起了很大影响，终于将理学派的易学推向了气学。

来知德的易学

来知德是明代著名易学家。其易学范畴、概念和命题多来自朱熹《周易本义》，但又不因袭程朱派的观点，而是有所扬弃和否定。尤其是提出了一些新的体例，主以象解易，从而使其从理学派中分化出来，成为明代象数之学特别是象学解易的代表人物。由于其易学自成体系，颇多创新，当时推为绝学。

（1）提出四种体例即取象说、错综说、爻变说、中爻说，解释《周易》六十四卦的卦爻象和卦爻辞。他认为，伏羲、文王、周公三圣之易，皆依据卦爻象揭示或解说其事理，"舍象不可以言易"（《周易集注·系辞下》），所以特别重视卦爻象，并以取象说为其易学的出发点。所谓象，他认为有二义，一是指卦画的形象，即卦爻象；一是指卦象所象征的天地万物之象，即卦爻辞中所说的事物。二者之间有其内在的逻辑联系，易学家的任务就是揭示此种关系。因此，其《周易集注》中专门有《象》一文，对取象说做了详细阐发。认为圣人立象，有卦情之象，如乾本为马，乾卦之性情为变化，故取龙象；又如中孚卦，其情为信，所以卦爻辞所取物象有豚即鱼知风，鹤知秋，鸡知旦等，表示三物皆有信。有卦画之象，如剥卦一阳覆于上，五阴在下，列于两旁，犹如宅、庐、床之象，故卦爻辞有"剥床""剥庐"之说。有大象之象，即《大象》文所取上下两体之象。有中爻之象，即卦中二至五爻，二四爻成一卦象，三五爻又成一卦象，实即汉易所说的互体取象。有错卦之象，即与本卦阴阳爻相对立之卦象。有综卦之象，即上下两体倒转之卦象。有爻变之象，即一阴爻变为阳，或一阳爻变为阴，则依乾坤父母卦取象，如乾之本象为马，坎与震皆得乾之一画，故亦取为马；坤之本象为牛，离得坤之一画，故亦言牛。上述种种，其又概括为取象说、错综说、爻变说、中爻说四种体例，以为依据此四种体例，即可解释通卦爻辞和卦爻象之间的关系。因此，其《周易集注》又有《易经字义》和《六十四卦启蒙说》，对此四条原则加以论述，并于《集注》中依此四种体例，解说六十四卦的卦爻象和卦爻辞，乃至《易传》中的文句。但其对占筮体例的见解，归结到一点，就是主取象说，其错综、爻变、中爻等体例，都是为取象说服务的。企图通过此诸种体例，引出多种卦象，并以其所取之物象，解释这些卦象，进而说明卦爻辞同卦爻象之间的联系。这就使其从理学派中分化出来，成为明代象学的代表人物。

由于推崇象学，其在《集注》中，也讨论了象、数、理三者的关系，以为"有象即有数，有数即有理"（《周易集注·自序》），置象于第一位。而圣人所作之《易》乃对天地万物之象数的模写，因为是模写，只能是"仿佛近似"，《周易》中的辞、象、变、占，即圣人之道，是对客观事物的形象及其变化之理近似的反映。这就进一步发展了蔡清的"模写""影子"说，是来氏易学哲学的一个贡献。

（2）提出阴阳之理非对待即流行说，解释其错综卦说。来氏认为，孔子作《序卦》，将六十四卦连续起来加以解说，目的是怕后人将卦序颠倒。因为只是讲一方面的道理，又怕后人以其为定理，又作《杂卦》，说明六十四卦的结构，其排列无非是一错一综。所以他又将六十四卦分为错卦和综卦两大类。其中错卦表示天地和男女既对立又相交的规律，即阴阳对待的法则；综卦表示万事万物的盈虚消长过

程,即阴阳流行的过程。这就是《杂卦》和《序卦》所蕴藏的妙道。因此,他又从哲学上解释其错综说,认为天地间万物,独阴独阳,不能生成,所以必有错卦之象;而阴阳循之理,阳上则阴下,阴上则阳下,互为消长,故必有综卦之象。依据此说,其又解释了《说卦》的八卦方位说,认为伏羲八卦圆图是讲对待,而文王八卦圆图是讲流行,有对待即有流行。如果只讲流行,而不讲对待,有阳而无阴,或有阴而无阳,刚柔不相摩,男女不相配,也就没有变化的过程,万物也就不能生成了。所以说"言文王之流行,必有伏羲之对待,而后可流行"(《周易集注·说卦》),流行即出于对待。来氏认为,不仅卦爻象有对待和流行,整个物质世界的变化也都遵循这一法则,而《周易》中的对待和流行,乃天地阴阳之对待和流行法则的反映。所以他的结论是:易字有交易变易两义,交易以对待言,变易以流行言,"阴阳之理,非交易则变易"(《周易集注·上经》),即非对待则流行。对待与流行皆是一阴一阳,前者为体,后者为用,有体则有用,二者不可分离。此种学说,是对易学中阴阳变易学说的进一步发挥。其以对待和流行为世界变化的普遍法则,并把对待视为流行的根源,以对立面的相互作用解释运动变化的源泉,无疑是一种辩证思维。

(3)提出"道器不相离""理气不相离"说,并置个别事物和"气"于第一位,走向了气本论。由于推崇象学,其在象和理的关系上,主理寓于象中,理不能离象而存在。由此出发,来氏进而讨论了道器关系,理气关系。他以阴阳之理为道,阴阳之象为器。就易学说,乾坤卦画和阴阳卦象为器,健顺之理则为道。认为二者的关系是"道器不相离"(《周易集注·系辞上》),如有天地就有太极之理在里面,如有人身此躯体,就有五性之理藏于此躯体之中。所以形上和形下,皆不离有形之体。照这种说法,凡有形器之物皆有理寓于其中,形器乃道和理存在的基础,"道器不相离",实际上是说,道不离器。因此,他对于朱熹的"理在气先"说提出了批评。关于理气关系,他认为理与气不相分离,二者合而为一,并非两个实体。万物禀气而成形结实,禀理而各得其正,其气聚而不散,其理则常存而不亏。人物之终始,皆此阴阳之气聚散的过程,此气化流行的过程即是天道,而阴阳性命之理,即在形气之中,所以理气不相分离。但并非如朱熹所说的理为气本,而是认为,天地人物,气聚而生,其理则随之而备;气散而死,其理亦随之而尽。人物之理皆随气之聚散而生灭,气乃理存在和流行的基地,气是第一位的,理依赖于气。这就抛弃了程朱学派"气有聚散而理无生灭"的理先气后说,从而走向了气本论的道路。

总起来说,来知德的易学,许多说法来于朱熹易学,但又对其有所否定和突破,具有自己鲜明的特色。所以《四库全书总目提要》评论来氏易学"自成一说,当时推为绝学","故数百年来,信其说者颇多,攻其说者也不少"。其所提出的解释《周易》经传的体例,被后世易学广为吸收,其以象学为中心注解易理,承认一般原则即寓于个别之中,对后来的哲学家方以智和王夫之的哲学都起了相当大的影响。

方氏父子的象数之学

方以智是明末清初的大思想家和哲学家,也是一位著名的易学家。由其父方孔炤三易其稿,去世后在方以智主持下,由其子方中德、方中通和方中履编辑成书的《周

易时论合编》,乃桐城方氏易学的代表作。其中主要包括三个部分:一是选录汉唐到明末各家的易注,特别是方以智曾祖父方学渐《易蠡》,祖父方大镇《易意》《野同录》,外祖父吴应宾《学易斋集》,其老师王宣《风姬易溯》《孔易衍》中的文句;一是方孔炤解易的文字;一是方以智所做的按语和解说。此外,书前附有《图象几表》八卷,列图式一百多幅,并做了解说。此书集中反映了方氏学派的易学观。

由于以朱熹《周易本义》为代表的官方易学,并不排斥河洛之学和邵雍的先后天易学,明代许多易学家都研究象数之学。到了明朝末年,随着文化、学术思想发展的趋势,易学界出现了总结北宋以来象数之学发展成果的要求。方氏父子的易学,就是在这种形势下,在反对佛道和道学中空虚之学的斗争中,在当时自然科学进步的基础上,形成和发展起来的。其站在象数学派的立场,吸收理学派和气学派两家的观点,对汉唐以来的易学做了一次大总结,讨论了十分广泛的易学和哲学问题,从而在易学哲学史上建立起一套本体论的体系,是易学史上象数之学发展的积极成果。

(1)提出"虚空皆象数"的命题,认为象、数、理、气是统一的,以此反对佛道二氏以虚无为妙道的玄虚说教。方氏易学特重象数,以象数之学为易学的正统,认为只有发扬此种传统,方能防止易学流于占术,空谈义理,因时通变以瞻民用。因此,提出了"虚空皆象数"的命题,作为其易学的基本观点,认为充满天地之间的一切皆有象数的规定。所以其《周易时论合编》对八卦所取之物象做了大量补充,如坤卦补四十,震卦补四十二,巽卦补三十五,坎卦补六十三,离卦补四十五,共三百多条。而一切象又都具有数的规定性,"一切阴阳五行皆有度数","虚空无非卦爻象数"(《周易时论合编·系辞》),断言没有虚无的世界。为了论证"虚空皆象数",方氏进而讨论了象数理气的关系。认为理、象、数、气是融为一体的,而理即在阴阳二气、天地之象、奇偶之数中。象数乃气化的形式和度数,理即气化之所以然,气化的时位度数乃其至理的表现。并以此为武器,驳斥了佛道崇虚尚玄的说教。这就将本体论问题纳入了其象数之学的体系,从而使其易学哲学大大超过了以往的象数之学的水平。

(2)提出"先在后中"的命题,以体用范畴论证先天不能脱离后天,认为先天之体即在后天之用中。邵雍以其先天图为伏羲易,以后天图为文王易,并提出"画前有易"说解释六十四卦的形成。方氏继承了邵雍之说,力辩先天易学乃《周易》的根源。但对邵雍说又做了修正,认为先天卦为体,后天卦为用,先天八卦即存于文王后天六十四卦之中,并为文王后天卦位形成的根据,二者不可分离。如其解释《说卦》传,认为"天地定位"和"雷以动之"二章是讲先天八卦图,"帝出乎震"和"神也者"二章是讲后天八卦图。就图象说,皆已成为后天,但此两种图式中皆有阴阳变易的功能,皆为阴阳二气之神的表法。就这种意义说,阴阳变易之神可称为先天,其后天则为八卦图象。因为先天之神即存于后天图象之中,归根到底,二者并无先后之分,皆可归结为时用。这就是说,先天为体制,后天为时用,先天即在后天之中,先天不能脱离后天而孤立存在。正如水的甘味和湿度都存在于清浊温寒等不同状态中一样。所以说,后天之学即是先天,离开后天则别无先天。这就以"离用无体"的观点,解释了先后天的关系,认为先天之体即在后天之用中,扬弃了贵体贱用的观点,将先天易学纳入了后天时用的道路,是易学史上的一大创见。

　　(3)提出"河洛中五"说,以中五之数自身的展开解释河洛图式,并以此解说《周易》经传文和天地万物生成变化的过程。方氏父子极其推崇河洛图式,认为河图为体,洛书为用,但此二图式又互相效法、相互依存,体用互藏,即图体藏用,书用藏体,河图之体即藏于洛书之用中,因为河洛二图式皆出于"天地之数五十有五"。太极之一分为天奇地偶之数,一二三四和六七八九分居于四方之位,五和十则居于中央,成为河图图式;河图中十之数不用,配以五行,金火互易其位,即七九之数易位,则为洛书图式。但中五居于中央,统率四方之数,成为河洛二图的中心。以此说明河洛之数乃中宫一五的展开,从而对各家的河洛说做了一次总结。其论点是,以中五之一为起点,衍为中五,中五又衍为中十,中十又衍为五行生数一二三四,此四个生数各加中五,又衍为五行成数六七八九,则为河图之数。河图从最中心中五之一到外围共五个层次,乃中五之数形成及其逻辑展开的过程。而洛书之数又是河图之数的演变,即河图去十,而七九易位为洛书。不仅如此,其还以河洛中五说解释《周易》经传文句,视其为《周易》的基本准则。而且以河洛图式为天地万物生成变化的模式,宇宙的表法。从而将整个世界及其变化的过程联结为一个整体或系统,使其图书之学闪烁着辩证思维的光芒。

　　(4)以气解释阴阳五行的性质及其相互关系,进一步阐发了宋明以来的气论哲学。其认为,气充满广大虚空和一切物体之中。此气尚未形成有形之物,称为"未凝形之气";气凝聚为水火金石木,则为"凝形之气",如水为湿气,火为燥气,金石为坚气,木为生气。一切风、声、光、形皆气化的不同形式,所以说"两间皆气"(《图象几表·两间质约》)。有形之物总要毁坏,而气不随形灭。"未凝形之气"亦称"元气"或"大一之气"。方氏认为,元气自身分化为阴阳二气,进而又分化为五行之气,五气凝而成形则为五材即水、火、木、金、土,五材又隐藏着五气,五气各具阴阳之性,彼此相制而相成,终又归于一气。阴阳五行皆一气流行的产物。但气分为阴阳,再分为五行,并非分而相离,而是相互包涵,阴阳即在五行中,"一时俱生俱成",没有时间上的先后程序,但仍有差别和层次。关于阴阳二气的关系,方氏阐述了"阴阳体用互藏"说。关于五行之间的关系,其阐发了"五行互藏"说和"五行尊火"说。认为五行各有其性能,相生相克而又互藏互化。如海水夜而发光,烧酒能发热,因为水中有火的成分;积雪融化凝为泥沙,因水中有土的成分。地中之土气,遇冷化为水;地面受日照生温热,温热之气渗入地中,积久则转为干燥,干燥之极则化为火,火燃既久,土石化为灰烬,从地穴中喷涌而出则为火山。并以此种五行说解释自然现象的特征及其变化过程。但五行并非平起平坐,没有主次,而是认为五行可归之为水火二行,因为水火二气乃阴阳二气的代表。于水火二气,更推重火气,"五行尊火",火为五行之宗主,又是万物生成变化和生命的源泉。这就将宋明以来的阴阳五行学说发展到了一个新的水平,从而丰富和发展了张载,王廷相的气论哲学。

　　(5)吸收程朱学派"体用一源"说,解释其太极观,提出"太极即在有极中"的命题,强调本体即在现象之中。方氏反对以太极为虚无实体或浑沦之物,而是以理气的统一体为太极。太极作为所以为气者,即在气中。它既非有,亦非无,而是有与无的统一体。其提出"三极说",论证"太极即在有极中"的命题。认为卦爻画有形为有极,卦爻画之所以然无形为无极,而贯通有极和无极为一整体,既不偏于有,也

不偏于无,即为太极。太极作为有极和无极的统一体,即寓于有极和无极之中,而无极即存在于有极之中。并以程朱"体用一源,显微无间"说,对此做了论证。《周易时论合编》以此种学说解释了太极与卦爻象及天地万物的关系,进而讨论了本体与现象的关系,认为现象乃本体自身的展开,本体即在现象之中,不能脱离现象而孤立存在,反对废弃人伦物理追求本体世界。从而以象数之学为基础,建立起本体论的体系,又抛弃了程朱学派的理本论,对宋明以来的本体论学说做出了自己的贡献。

(6)通过对《序卦》和《杂卦》的解释,提出"相反相因"和"交轮几"说,阐发现象世界运动变化的规律。其认为六十四卦由八卦组合而成,此种配合表示,阴阳卦象既相对待又相交合,如乾坤二体合而为泰否,坎离二体合而为既未济,体现了相反相因的原则。六十四卦又可依孔颖达"非复即变"说归结为三十六个卦象,相对者八,称为"正对";相颠倒者二十八,称为"颠对"。"对"指对待,即相反。此三十六卦象不仅相反,又相依存。这种相反相因的关系,方氏称为"反因"。并以此为"纲宗",解释了卦爻象和卦爻辞,用以说明现象世界中的差异既相反对又相依存,认为相反相因乃现象世界的基本规律。方氏易学还从变动和变化来阐述对立面的依存和转化,称之为"交轮几"或"交轮之几",构成其象数之学的特有命题。"交"指对立面相交合和渗透。"轮"谓"轮转",即流行,指对立面的相互转化,包括消息盈虚,一动一静、一往一来之相互推移,因其消息盈虚乃一循环的过程,故称为"轮"。"几"谓几微,指事物运动变化的先兆或开端,因其细微,故称为"几"。方氏将此三者结合起来,用以说明事物运动变化所遵循的规律,即以对立面的相交和推移说明事物变化的原因和过程。

(7)提出"即费知隐"说,探讨关于本体的认识问题。方氏易学以有极、象数和变化的形迹为费,以太极、所以然之理和变化之道为隐,即以费为现象,以隐为本体,认为二者乃体用关系,"体在用中",隐即在费中。因此,要探讨所以然之理,把握世界之本体,必须"即费知隐",不能脱离现象去追求其本质。从此原则出发,方氏还讨论了格物穷理的问题,提出能格与所格,冒格与细格之说。以身心意知为能格,天下国家为所格,二者相互交格,因此不能脱离物理之学空谈性命之学,以格外物之理为格物之宗旨。所谓冒格,指对至理的研究;所谓细格,指对万物之理的具体把握。认为格至理必须从格物理入手,即宏观研究必须以微观研究为基础,否则,至理或宏观则成为空论。据此,方氏又将学问归为两大类,即质论和通论或费论和隐论。质论是就个别物体的规定性而言,讲万物之间的差异性;通论是就万物的整体而言,讲万物的同一性。但通论不能脱离质论,对整体的研究要以分析个体事物的差别为基础。这也就是所谓"质测即藏通几"(《物理小识》)。

要而言之,方氏易学对汉唐以来的象数之学做了一次总结,又吸收理学派和气学派的观点,讨论了一系列易学和哲学问题,从象数之学的角度,在易学哲学史上建立了一套本体论的体系,对易学和哲学的发展做出了自己的贡献,标志着象数之学发展的高峰。但由于以河洛之学和先天易学解释《周易》经传,又将象数之学推向了极端,遭到义理学派和考据学派的抨击,又出现了否定图书之学的思潮。方氏易学又标志着宋易中象数流派的终结,但不容抹煞,其主要观点都对王夫之易学的形成起了极为深刻的影响。

六、清代易学

王夫之的易学

　　王夫之是明末清初著名的经学大师和思想家。他学识极其渊博，著述甚丰。其易学著述数量之多，也是易学史上罕见的。明清之际，在国破家亡的冲击下，涌现了一批具有爱国意识的知识分子。他们著书立说，总结明王朝覆灭的教训，在思想文化领域对宋明道学进行反思和批判。就易学说，出现了总结以前易学成果的趋势。王夫之的易学就是站在义理学派，特别是气学派的立场，对宋明以来的易学及其哲学所做的总结。其对《周易》一经传的解释，继承了宋明以来气学和象学的传统，修正了程朱义理之学，批判了心学派易学，并同邵雍的先天之学和河洛之学以及两汉以来的象数之学展开了辩论，讨论了大量易学和哲学问题，完成了建立气本论的任务，标志着宋易和宋明道学的终结。

清　掐丝珐琅凫尊

　　（1）提出"占学一理，得失吉凶一道"说，反对朱熹"易本卜筮之书"的易学观。其认为，占筮和学易皆《周易》所推崇，《周易》一书即包含占与学两个方面，并非"卜筮之专技"，二者不可偏废。孔子作《易传》，其目的在于教人了解《周易》中的义理，提高道德水平，即学易；有此修养，方不被吉凶祸福动摇自己的信念。而占筮的目的，不在于乞求神灵的保佑，而是从中得到启示，以启发理性的自觉，所以占与学本无二理。二者虽不可偏废，但以学为主。为了论证《周易》不是讲迷信的占筮之书，而是一部充满宇宙，人生哲理的典籍，他又提出"得失吉凶一道"的命题，以善恶解释得失，讨论了得失和吉凶的关系，区别了得失与祸福，认为吉凶乃锻炼品质，提高精神境界的手段。

　　（2）提出"象爻一致，四圣同揆"说，主张经传不分，不同意朱熹"将易各自看"

国学经典文库

的易学观。其认为，孔子之《易传》以《彖》《象》为纲领，《彖》《象》二传即文周之象爻，文周之象爻即伏羲之画象，因为伏羲始画卦，卦象中阴阳二爻之升降乃明天道变易，同时又示人得失是非之理，天人之理尽在其中，而后圣以达先圣之意，未尝有所损益。这就是所谓"四圣同揆"。其目的之一，是不赞成朱熹区分伏羲、文王、周公、孔子之《易》。据此，关于《周易》体例，他着重辩论了象和爻的关系，提出"象爻一致"的命题。象指卦辞或一卦之义，爻指支辞和爻义，其中亦包括《彖》《象》二传的关系，因为《彖》传和《大象》是对卦辞的解释，《小象》是对爻辞的解释。认为象为体，爻为用，用不离体，所以不能舍象而言爻。一爻之义虽因时位而不同，但并不违背《彖》文所说全卦之义理，乃其卦义的一种表现。这就是所谓"象爻一致"。此说的目的在于讲通卦象、卦辞、卦义、爻义之间的逻辑关系，或者用来说明《易经》与《易传》的一致性，论证"四圣同揆"说，但实际上仍不能自圆其说。这表明，其间并没有必然的逻辑关系。

（3）提出"易之全体在象"说，以卦象统率物象和数、辞、义理，企图解决义理学派和象数学派的论争。王夫之对卦爻辞的解释，虽主取义说，但并不排斥取象说，认为一卦之义即存于卦象和所取之物象中，卦象乃《周易》的基础。卦辞，爻辞，彖传，象传以及占筮之事，皆离不开所画之卦象，所以说"易之全体在象"（《周易内传·系辞下》）。就事理之本然说，卦象基于阴阳变易的法则，象成方有数可数。就揲蓍成卦说。则由数而成象，象成而阴阳之理即寓于其中。就象、数、理、辞的关系说，数、理不离卦象，有象方有数，理在象中，象显其理；卦爻的变化和卦爻辞的内容更不能脱离卦象，皆象之所生。所以，"非象则无以见易"（同上）。据此，王夫之反对了王弼玄学派的"忘象求意"的易学观，但也不同意象数学派的泥象说，同时又扬弃了程朱学派的"理本气末""假象以显义"说。总之，其置卦象于第一位，以卦象统率物象和数、辞、义理，是对易学史上象数、象义之争的一次总结。

（4）提出"乾坤并建"说，作为其易学的纲领，反对汉易卦气说和邵雍先天卦序说以及《序卦》传对卦序的解释。其认为，乾坤卦象如同呼与吸，雷与电、天与地、两目与两耳一样，同时存在而发挥其功能，没有先后之分，此即"乾坤并建"（《周易外传·系辞上》）。这是王夫之解易的基本原则，所谓"以乾坤并建为宗"（《周易内传发例》）。他认为，《周易》之书以乾坤两卦并立为体，以六十二卦爻象变化为用。只有乾或只有坤则无有易。乾坤至纯既相对峙又不相分离，其阴阳共十二位，相互涵蕴，乾卦为阳之显，但隐藏着阴，坤卦为阴之显，但又隐藏着阳，只有如此，方有易之道。自屯蒙以下各卦，也都具有乾坤卦象，其不同在于爻位的变化，或错或综，或幽或显，或往或复，相互变易于六位之中。此说在于说明六十二卦乃乾坤两卦自身的逻辑展开。其《周易外传》则据此"乾坤并建"说，详细阐述了乾坤两卦演变为六十二卦象的逻辑程序，既反对了《序卦》传的前后相生说，又反对了汉易的卦气说和邵雍的先天卦序说。并以此为基础，建立起气学派的本体论体系，即以阴阳二气为对立统一体，天地万物皆此统一体自身的展开。从而在哲学史上做出了重大贡献。

（5）提出"天下惟器""无其器则无其道"的命题，对中国传统的道器之争做了总结。王夫之易学以有形可见的个别事物为器，无形不可见的法则为道，区别了形而下的器和形而上的道，但又认为二者合而为一，不可分离，强调道依赖于器。他认为,个别有形之物是世界上唯一存在的实体,即所谓"盈天地之间皆器","天下惟器"(《周易外传·系辞上》)。而道不能作为独立的实体而存在,只能以器为其存在的实体。有个体方有形象,有形象方有形而上的道。道因个体事物的存在而存在,因个别事物的改变而改变,有什么样器就有什么样的道,没有那种器也就没有那种道,所谓"无其器则无其道"(同上)。因此,不能离器而言道,更不能器外求道。此种道器观,肯定抽象的原则存在于有形有象的个别事物之中,一般寓于个别之中,强调没有个别就没有一般,没有现象就没有本质,正确地解决了道器谁依赖于谁的问题,有力地打击了王弼以来各种唯心主义的形上学原则,否定了宋明道学中的"道本器末"的本体论。并以此为指导,建立起其气本论的体系。

(6)以阴阳二气解释卦爻象,从而在哲学上提出阴阳实体说,解释天地万物存在和变化的法则,建立起其气本论的体系。王氏易学继承了气学派的传统,并吸收程朱理学派解易的某些观点,以阴阳二气说解释卦爻象和卦爻辞,以阴阳二气为实体,提出阴阳为体,乾坤为用,并认为阴阳二气不仅是卦爻象的本体,也是天地万物的本体。天地之间,凡有形有象的东西,自雷风水火山泽,以至蜎子萌芽之小,从未成形到已成形,都是阴阳二气的产物。由于二气各有其性能,所以天地万物的性情和功效又各有差异。阴阳二气相调配即是道,乃万物所共附,万有所同出,它作为本体只能寓于形象之中,不在其外存在,也不在空虚处游荡。此阴阳二气聚散消长,变化莫测,而天地人物屈伸往来之故尽在于此。一切物质的和精神的现象,其存在和变化都依赖于阴阳二气。不仅如此,王夫之易学还以"阴阳实有"说,论证了二气的客观实在性;以阴阳无损益说,论证了阴阳二气其总量无增减,其存在无终始,其变化无生灭;以阴阳相分相合说,阐发了相反相成、相需相通的理论。从而建立起以气为宇宙本体的哲学体系。

(7)全面阐发了张载提出的"神化"学说,论述了阴阳二气运动变化的源泉,性质、过程及其规律,提出了"推陈致新"的命题。其吸收张载的神化说,以"神"为阴阳二气运动变化的动因,"化"为二气变化的形迹或过程。但神作为动因,其特点为不测;化作为变化的过程和形式,又有其规律性;神即在变化的形迹及其条理之中。神作为阴阳二气生化万物的动因,之所以具有不测的性质,主要是因为:其一,阴阳二气生化万物出于无心;其二,阴阳变易有其自身的规律,人不能以私意推测,其三,阴阳变易没有固定的形式。而阴阳之变易,从天道到人事,一方面存在着必然的进程,如从寒到暑,从少到老,有其一定的秩序,不定中有定;但另一方面又存在着偶然因素和突然变易,有其不稳定的方面,定中有不定。所以不能以固定的模式,如汉易卦气说和邵雍的图式来揣度臆测天地的变化。

依据此种神化学说,又阐发了日新说。由于阳变阴合,不主故常,所以其变化丰富多彩,而日日更新。阴阳交感,无时不生,但二气之往来屈伸,其形式不一,所以今日之日月,非用昨日之明;今岁之寒暑,非用昔岁之气。只有每日更新,方能富有一切。天地之化之所以日新,其根源在于阳气运动不止,所谓"阳动不停,推陈致新"(《周易外传·颐》)。这表明,其日新说不仅承认生生不已,变化无穷,而且认为事物的存在和发展是一个新陈代谢的过程。一切有机体都经历着从胚胎,流溢(成长)、灌注(壮大)、衰减、散灭五个阶段,旧生命终结了,新生命又继之而兴。这就是"推陈而别致其新"(《周易外传·无妄》)。此种日新说,开始突破了以往辩证

法思想循环论的局限,对中国辩证思维的发展做出了重大贡献。

(8)吸收张载和朱熹的太极观,以阴阳合一之实体为太极,说明卦爻象和世界的本原,进一步完善了其气本论的体系。关于筮法中的太极观,其以"大衍之数五十"合而未分为太极,乃阳奇阴偶合一之体,其散开则为两仪、四象、八卦以至六十四卦,而每卦每爻又具有太极之全体。据此,在哲学上提出了太极阴阳说,以阴阳合一之实体为太极,又称为"太和絪缊之气"。此太极充满天地之间,无始无终,无时不在;不分彼此,无处不有;一切象数皆其象数。所以空处不流荡,实处不窒息,灵顽皆得太极之体,动静皆是太极之性。也即是说,宇宙中的一切现象虽千差万别,却都是太极自身的显现,皆具有太极本体。值得注意的是,其以太极即太和之气为本体,以天地万物各具太极本体说明世界的同一性;以有形有象的个体事物为现象,以其所禀有太和之气的分剂不同说明世界的差异性,以天地万物为太极自身的显现,说明同一性自身含有差异性,而同一性即寓于差异性之中,进而论证现象之外无本体,本体即在现象之中。并以此种理论思维,批判了哲学史上各种各样的发生论体系。从而进一步完成了其气本论的体系。

总起来说,王夫之易学对中国古代易学哲学,特别是宋明以来的易学哲学做了一次大总结,既批评了汉易、玄学派、图书学派和邵雍数学派的易学哲学,也批评了程朱理学和陆王心学的易学观点,以及佛道二家的世界观和人生观,以宋明易学中气学派的易学为核心,吸取各家的合理思想,建立起其气本论的易学哲学体系,对中国易学哲学和理论思维的发展,做出了重大贡献。它标志着中国易学哲学发展的高峰,也意味着宋明道学的终结。

易学与汉学

乾隆和嘉庆年间是清代汉学兴盛的时期。汉学的流行,就经学史说,来源于清初学者倡导的考据之学,阎若璩,毛奇龄、胡渭等人都是汉学的先驱。由于清王朝推行文化高压政策和表彰文字训诂、文献考证之风,形成了以考据学为中心的汉学。此派汉学被称为乾嘉学派,标志着经学史上的一大转变。他们不满意宋人解经的学风,企图恢复或尊重汉代经师注释古代典籍的传统,在学术界掀起了汉宋之争。十八世纪汉学的倡导者是惠栋和戴震,被称为吴派和皖派。吴派或博采、阐述汉人古训,或唯汉学是从。皖派则依据古训,断其得失是非,不盲从汉儒训诂,并强调由训诂而明义理。两派学风虽不尽同,但其对史料的整理和经文字义的解说,都做了自己的贡献。

汉学的流行,对易学研究起了深刻的影响,其总的倾向是,从宋学对《周易》经传义理的阐发,转向对汉易的解说或依汉易解经的学风重新注解《周易》经传。吴派惠栋乃汉易的倡导者,著有《周易述》《易汉学》《易例》《周易古义》等书,皆发挥汉儒之学;张惠言以阐发虞翻易学为己任,企图全面恢复虞氏易学的面貌;李道平著有《周易集解纂疏》,志在注疏汉儒的象数之学。皖派较有影响的解易著作,前有戴震老师江永的《河洛精蕴》,后有焦循的《易学三书》。《河洛精蕴》二书乃清代汉学家中推崇图书之学的代表作,重考据而不废义理,并涉及了大量自然科学中的

理论,具有一定史料价值。焦氏则不盲从汉易,而主会通百家之说,采其所长,企图在汉代象数之学的基础上,独辟蹊径,另立解易新体例,提出比例引申和假借说,解释卦爻象和卦爻辞之间的关系,成为清代汉学家解易的殿军。值得注意的是,崔述在汉学的影响下,对古代典籍中有关历史人物的记载进行精详的考证工作,于《周易》经传,第一次怀疑文王作卦辞和周公作爻辞的传统说法,断定《易传》非孔子所作,乃七十子以后诸儒所为,成为清代学者研究《周易》的一大成果,对近代兴起的新史学派的易学观起了深刻影响。

总之,在乾嘉汉学兴盛时期,关于易学的研究,走向了对汉易象数之学的阐发以及对《周易》经传文字和文献考证的道路。清代汉学家虽然在这方面做出了许多贡献,但就易学哲学说,并无新的建树。就此而言,汉学家的易学又意味着古代易学及其哲学的衰落。

惠栋和张惠言的易学

惠栋是清代汉学的奠基人,由于精通汉易而闻名于当时。惠栋易学有其家学渊源。其曾祖父对经学颇有研究,祖父和父亲皆精于汉易,其父惠士奇所著《易说》六卷,专宗汉学,以象为主,有意矫正王弼以来空言说经之弊端。惠栋推崇汉易,笃守古学,乃对其家学之风的发扬。其易学著述有《周易述》《易例》《易汉学》和《周易古义》等。《周易述》乃其解易的代表作,依汉儒诸家之说,逐句解释《周易》经传文意,自为注而又自疏之。《易例》乃熔铸汉儒旧说,以发明《易》之本例,列其解易的原则、体例、重要范畴和概念,说明其文献上的依据。《易汉学》是系统阐述汉易各流派的著作,采辑孟喜,京房,郑玄,荀爽、虞翻及《易纬》和《参同契》之绪论遗文,钩稽考证,使学者得见汉儒之门径。惠栋易学的特征之一,是恪守汉儒荀爽、虞翻,郑玄等解易的体例,以解说卦爻象和卦爻辞,尤其推崇孟喜、京房以来的象数之学和卦气说,排斥宋易解经的传统。如其对每卦卦象的解说,即以六十四卦代表一年十二月阴阳消息的变化过程。其对《周易》经传辞句的注疏,有京房的纳甲说,五行说;《易纬》的九宫说、八卦方位说;郑玄的互体说、五行生成说、爻辰说;荀爽的乾升坤降说、中和说;虞翻的卦变说、月体纳甲说等等,而以取象说为其纲领。其对《周易》经传中重要范畴和命题的注疏,又着眼于卦象的形成和变化,淡化乃至取消其哲学价值,是惠氏易学的又一特征。从而将宋明易学中所阐发的义理否定掉了。同宋易相比,其哲学理论思维退化了。

张惠言易学受惠栋影响很深,亦是乾嘉时期著名的易学家。他精研汉易,专攻虞翻易学。其易学著作有《周易虞氏义》《周易虞氏消息》《虞氏易事》《虞氏易礼》《虞氏易言》《虞氏易候》《易义别录》《周易郑氏义》《周易荀氏九家义》《易图条辨》等。《周易虞氏义》是以李鼎祚《周易集解》所提供的虞氏注为主,参考汉易诸家之说,对《周易》经传文句所作注疏。企图以注疏的形式,恢复虞氏易的全部面貌。《虞氏消息》则阐发虞氏易的原理及其解易的体例,并将其归结为阴阳消息。《虞氏易事》是解说虞氏注中明人事的观点,《易礼》解说虞氏注中有关周礼的见解,《易候》是对虞翻卦气说的解说,《易言》是依虞氏对经文的解释，阐发其中的义理。其论虞氏易学如此详细，乃宋明以来所未见，标志着清代汉学家对汉易的研究，走上了专门和深化的道路。其《易义别录》分别选录和介绍《子夏传》、孟喜、京房、马融、刘表、宋衷、陆绩、干宝、王肃、董遇、蜀才、翟玄、姚信等人解易的内容和体例，连同《郑氏义》《荀爽九家义》，可视为一部简明的汉代易学史。张惠言易学的特征是，以虞翻易学为汉易的正宗，并追求其易学的系统性，揭示其一贯之道，所谓"求其条贯，明其统例"（《虞氏义序》），此"条贯""统例"即阴阳消息说。因此，其注疏卦爻辞的体例有旁通说、卦变说、乾升坤降说、飞伏说、纳甲说、五行说、卦气说、互体说等，而归结为取象说，并以十二消息卦说即阴阳消息说为其统纲。其对虞氏注的补充和解说，力求遵循虞氏的体例和注解，不敢有所立异和创新，体现了惠栋一派汉学象唯汉学是从的学风。他自以为追求虞氏学钓一贯条理，实际上同虞翻易学一样，重蹈了汉代繁琐经学的覆辙，乃至成为汉学的附庸，理论思维水平十分肤浅。

惠栋与张惠言的易学，在易学哲学问题上虽无新的建树，但其对汉易的研究和整理，对《周易》经传的校刊和一些文字的训诂，均提供了大量珍贵史料，具有一定的学术价值。他们虽力主汉易象数之学，但都排斥宋易中的象数之学。惠栋《易汉学》末卷，张惠言《易图条辨》都专门总结了黄宗炎、毛奇龄以来评论图书之学的成果，继胡渭之后，进一步驳斥了陈抟、刘牧的河图洛书说和邵雍的先后天易学，并且考辨、评述了周敦颐的太极图说，也是对宋易中象数之学的否定。就此而言，惠栋和张惠言作为汉学家解易的代表，在易学史上也不无贡献。

焦循易学

焦循乃乾嘉时期著名的经学家，也是当时具有渊博知识的学者，著书三百卷，又是清代大数学家之一。所治群经，以《周易》经传用功最深。幼年好《易》，自四十岁而专于学《易》，积十数年之功夫，方完成了其著名的《易学三书》，即《易通释》《易章句》和《易图略》。此外，还著有《周易补疏》《易话》《易广记》《注易日记》等。《易通释》依《周易》经传中的概念、术语、范畴和命题，加以会通，解释其所提出的易学体例；《易章句》乃依其易学体例，对《周易》经传文句所做的简明注解；《易图略》是对《通释》中体例所做的提要和图解，并批评了汉易和宋易中象数学派提出的解经体例。其治《易》，不同于惠栋、张惠言唯汉易是从的学风，主会通百家之说，不墨守一家之言，企图在汉人象数之学的基础上，独辟蹊径，另立一解《易》新体例，成为清代汉学家解易的殿军。

焦循易学改造了张载"易为君子谋"的说法，提出"易为改过之书"的易学观。他反对区分伏羲、文王和孔子之易，反对区分卦辞和爻辞，视《周易》经传为一完整和精密的体系，其性质在于教导百姓避凶就吉，即改过迁善，提高道德水平。所谓"夫易者，圣人教人改过之书也"（《易图略·原筮》）。君子可以通过观象玩占达到改过从善，不必占筮，而百姓则需要靠卜筮改正自己的过错，此即"用易于卜筮，则为小人谋"（同上）。此种易学观，改造了张载的学说，取其人道教训之义，不同于

汉易"多参天象"，以天道为主的传统。

　　焦氏易学还提出旁通、相错、时行三条原则，作为解释《周易》经传的体例，构成其易学的一大特色。所谓旁通，按虞翻的解释，凡六爻皆相反的卦象，即为旁通之卦。依此，其《易学三书》将六十四卦分为三十二对，认为每对中的两卦，其刚柔互相配合，又可以互相推移。但刚柔爻象互易，只能是不当位之二与五、初与四、三与上爻相易，不可任意为之。如果本卦不能相易，则与其对立之卦的爻象按上述原则互易其位。这样，一卦可以与其他许多卦彼此串通，其卦爻辞亦可以相互解释。所谓相错，即八卦交相重叠，如乾下坤上为泰，乾上坤下为否，震上巽下为恒，巽上震下为益等等，如此则成为六十四卦。凡八卦相错者，则相互联系，相互转化，其卦爻辞也可以相互发明。所谓时行，即刚柔之爻象推移互易而不终止，在此过程中，遇不通即变为旁通之卦，使趋于通。上述三种体例，以旁通说为基础，相错说是旁通说的补充和推衍，而时行说又在前二说基础上讲刚柔相易的总过程，最后归结为二五爻互易，并以此说明卦爻象的变化何以为吉，何以为凶。

　　更值得重视的是，焦循为了将全经中的卦爻辞以及文字贯通起来，又提出了比例说和引申说，用以处理文句之间的关系和字义。所谓比例说，即按数学上比例的法则，处理卦爻画和卦爻辞之间的关系。凡相错之卦，旁通之卦，二五互易之卦，皆成比例卦象，其卦爻辞也可以互释。所谓引申说，有广义和狭义两种含义：广义包括比例说，狭义专指文字学中的假借说。即认为卦爻辞中的许多文字，应按"六书"中的假借和转注说加以理解，方能"一气相贯"，解释清楚。两说相互补充，对于解说卦爻辞中的文句，皆不可缺少。但卦爻辞在其中并无实际意义，只不过象数学中的"甲乙丙丁"。音韵学中的"天子圣哲"代表四声一样，是刚柔爻象变易的符号而已。这样，一部《周易》就成了趋吉避凶的代数学，从而将《周易》的内容完全形式化和抽象化了。

　　概而言之，焦循易学以代数学的原则考察卦象与卦爻辞之间的关系，提出旁通、相错、时行三条原则，作为解释经传文句的体例，追求卦爻象和卦爻辞之间的逻辑关系，视《周易》经传为一有机体系，含有许多辩证思维和逻辑推衍的积极成果，当时尤负盛名。他自以为能解释通《周易》中的所有文句，但实际上并不能自圆其说。其将《周易》形式化，否定了《易传》中有关概念和命题的哲学意义，又标志着古代易学哲学的终结。

七、近人对《周易》经传的研究

尚秉和及尚氏易学

尚秉和，字节之，河北行唐人。清末遗老。光绪年间的进士。任过巡警部员外郎。辛亥革命后潜心学问，曾在辽东任教。年老时转攻《周易》，著《周易古筮考》，《左传国语易象释》《焦氏易林注》《焦氏易诂》《周易时训卦气图易象考》《连山归藏卦名卦象考》《周易尚氏学》等。治学的主要特点是以卦象解《易》。成为近代沿用古代治易方法而自成一体的典型代表，受到当时一些儒士的高度评价。

尚秉和认为，《周易》之本在于卦象。卦象表征一定事物，是圣人仰观天文、俯察地理、仿照天地万物之情状而画出的。先有卦象，之后才有卦辞、爻辞，用以说明卦象蕴含的义理。因此研究《周易》、说明《周易》都必须从卦象出发，以卦象为本。懂得了卦象才能掌握《易》理；不懂卦象、妄发《易》理，就失去了《易》的本义。

在尚秉和看来，卦象在西汉之前是很清楚的。《左传》《国语》乃至西汉诸经师解《易》，没有一字不依据卦象。由于古代竹简易散，再加上王莽之乱，所以东汉之后很多卦象失传了。不过当时的学者还知道依据卦象解《易》的基本法则，凡遇失传的卦象则存疑不解，妄解其义的很少。而经师虞翻、郑玄则不然，解不通的地方则使用卦变和爻辰，结果与《易经》原义大相悖谬。而至魏晋王弼，则完全抛弃卦象，只去空讲义理。这种风气到唐代得到发展而至宋代达到鼎盛，从而出现了宋明的义理之学。所谓义理则完全与《易》理没有关系，只是学者们自己的主观臆想。由此，中国古代研究《周易》形成了两大派别：一派以西汉之前的原本方法为宗，以卦象为本，这是正确的；一派以王弼为宗，空谈义理，这是错误的。

金嵌松石铃形佛塔

尚秉和认为自己是正统的本象派。他在易学研究中坚持以卦象为根据的原则,并把这一原则运用于《左传》《国语》《易林》等古典著作的有关占辞的分析中,提出了诸多新的卦象及新的卦象分析体例,自认为发掘出了古代之真秘,使两千多年迷离不解的《周易》基本上再现出了本来面貌。

（1）新卦象

尚秉和大约提出了一百多个新卦象,比如以乾为日、为远、为大、为昌,以坤为水、为国、为身、为安、为杀,以震为兄、为归、为武、为公、为诸侯、为复、为东、为君、为岁、为旗、为辕、为言、为士、为虚、为周、为木、为征伐,以巽为宾客、为齐、为少妻,以坎为合,以艮为观、为光、为火、为子孙、为庭、为狐、为拘系,以兑为秋、为月、为斧、为老妇等等。他认为,这些卦象古已有之,之后失传。以这些卦象去解说《易》中卦辞、爻辞,颇多自圆其说之处。

比如,以往旧说只是以离☲为日,而他则又以乾☰为日。在解说乾卦（☰）第三爻时他提出了两个根据:一是《易林》在解说困（☵）变泰（☷）卦时说阴云四方,日在中央,把泰卦的上坤（☷）称为云,下乾（☰）称为日;二是《易林》在解说蹇（☶）变咸（☱）卦时说"日月并居",以咸卦上兑（☱）为月,以第三、四、五爻组成的上互乾（☰）为日。由此,他把乾卦（☰）中的第三爻解释为"日之终""日之夕",因为它是下乾（☰）的最终一爻、最末一爻。他认为这种解释与爻辞"君子终日乾乾,夕惕若,厉无咎"完全相符,其意为:君子处在一日的终了,劳作不息;一日之夕忧患思危,所以虽有凶兆而终无灾殃。

又如,以往旧说只是以乾（☰）为君,而他则又以震（☳）为君,以此解说归妹（☳）的第五爻爻辞、小过（☴）的第二爻爻辞。尚秉和认为,归妹第五爻爻辞有"其君袂不如其娣之袂良",小过第二爻爻辞有"过其祖,遇其妣,不及其君"。其中言"君",都因为卦中有震（☳）象,以震为君都可说通,不以震为君则会使辞义陷于空泛之谈。

（2）新体例

尚秉和在分析卦象时提出了许多新体例,其中有覆象、半象、卦情,爻有上下等等。

所谓覆象,意谓正反颠倒之象,指一卦之中由第一、二、三爻,第四、五、六爻,第二、三、四爻,第三、四、五爻分别组成的下、上、下互,上互四个卦,都可能包含着的头足倒置的另一卦的卦象。如随（☳）中的下震（☳）可能是倒置的艮（☶）、上兑（☱）可能是倒置的巽（☴）、下互艮（☶）可能是倒置的震（☳）、上互巽（☴）可能是倒置的兑（☱）。遇到覆象,则应以倒置的卦象解说卦义。尚秉和认为,《易》中多用覆象,如困（☵）的卦辞"有言不信",根据在于上互巽（☴）是兑（☱）的覆象。兑（☱）象征口,象征言。上卦兑（☱）的口向上,上互卦巽的覆象兑（☱）的口向下,两言相背,所以说"有言不信"。

所谓半象,意谓未全的卦象,指一卦之中由两个爻组成的卦象。《易》中三爻成卦,但在解说卦象时,有时却把两爻解释成三爻之卦的不全之象。如以"☳"为震（☳）的半象,以"☲"为离（☲）的半象等等。遇有半象,应作某卦的不全之象解说。尚秉和以鼎（☲）为例,说古典中将鼎的初爻和二爻解释为半夏生,这是因为:离（☲）象征夏、巽（☴）象征草,鼎☲的下卦为巽（☴）,象征草在生长,而初爻（--）和二爻（一）组成（☲）,是离（☲）的半象,象征半夏。鼎的下卦初、二爻处在巽中,因

此说是"半夏生"，意谓草生长于半夏之时。

　　所谓卦情，意谓卦中含有情意，指一卦中各种经卦的呼应关系。尚秉和认为，一卦之中包含的各种经卦之间往往具有呼应关系，表示一定的意义，这种意义通过卦辞或爻辞表述出来。如中孚（☲）第二爻爻辞为"鸣鹤在阴，其子和之。我有好爵，吾与尔靡之"。这是因为震（☳）象征鹤、象征鸣，象征于，又象征尊、象征爵、象征嘉，而且上下互卦有卦情存在。中孚的第二、三、四爻组成的下互卦为震（☳），为鹤，为鸣，它又是覆艮，艮象征山，覆艮象征山之阴，所以说"鸣鹤在阴"。第三、四、五爻组成的上互卦为艮（☶），是覆震，是头朝下的鹤；同时象征子、象征鸣，与下互卦震相对：所以说"其子和之"。下互卦震又象征爵，象征嘉，所以说"我有好爵"；下互卦震与上互卦覆震相对，所以说"吾与尔靡之"。"靡"即共享之意。两卦相对，似有情意存在其中，所以称为卦情。

　　爻有上下，意谓一爻本身存有上下两种不同关系，表现出两种不同的征象。尚秉和认为，一爻之中有时会有两种相反的爻辞，那是因为它处在上下两种不同的关系之中：或与上方诸爻构成好的关系而呈吉，与下方诸爻构成坏的关系而呈凶；或与下方诸爻构成好的关系而呈吉，又与上方诸爻构成坏的关系而呈凶。例如渐卦（☴）的第三爻，其辞既说"妇孕不育，凶"，又说"利御寇"。这是因为：下卦艮（☶）是震（☳）的覆卦，震象征孕，孕而颠倒，所以不育，呈凶象。这句话是就第三爻与下方诸爻的关系而言的。另外，上卦巽（☴）象征寇，下卦艮（☶）象征坚守；寇在上，为外；坚守在下，为内。所以又表示寇不能入，御寇则利。这句话是就第三爻与上方诸爻的关系而言的。

　　在卦象和体例之外，尚秉和还提出了一系列易学研究的独特观点，比如："周易"二字是周普占卜之意；卦辞、爻辞为文王所系；六十四卦为伏羲所重；《易传》为孔子所作，由孔门弟子记录而成；《彖传》《象传》由康成附于经下；先有乾南坤北离东坎西的先天方位，后有离南坎北震东兑西的后天方位，后天由先天演化而来，《周易》用后天，但亦不能脱离先天，等等。

　　尚氏易学把中国古代的《周易》研究分为本象派和义理派是符合实际的。他作为本象派的最后代表，在《周易》研究中取得了可观的成就。他所提出的卦象和体例，可以自成一体地解说《易经》，特别是解说春秋至西汉时期古典中对《易经》的运用记载，其意义在于有助于古典研究。然而就其本象研究方法而言，实为一种繁琐的附会游戏，对人类思维的发展没有多大意义。这种方法在中国古代本是占筮方法的演绎，由于繁琐无益，遂被魏晋时期以王弼为代表的义理派扫除，这是一种进步。尚氏易学否定义理派，复用本象方法，实为倒退之举。

于省吾及《易经新证》

　　于省吾，字思泊，号双剑誃主人。辽宁海城人。曾在辅仁大学、燕京大学、北京大学讲授古文字学，后任吉林大学教授，著有《尚书新证》《毛诗新证》。他的《易经新证》反映了近代易学研究的新方向，特点是以文字考据作为揭示卦辞、爻辞原本含义的基础。他的观点及方法受到尚秉和的深刻影响，认为《易经》蕴义本于卦

象,研究《易经》须遵循先象,后辞,再义理的逻辑顺序,不可颠倒。为此,他把甲骨文、金文研究的成果与易象研究的成果结合起来,重新审查以往的《易经》注释,得出了许多与前人不同的结论。

《易经新证》,全名为《双剑誃易经新证》,刊行于1937年,由北平虎坊桥大业印刷局印制。文前附有尚秉和的《序》和于省吾的自《序》。全书共四卷。独特见解有如下几个方面:

(1)对易学的一些概念、体例及数、辞的用法做了新的阐释

①概念言及"爻"和"彖"。

于省吾认为,"爻"是交错的意思,象征卦中六画的相互联系;甲骨卜辞中的"爻"字多为交叉之形。"彖"是裁断、解析的意思,指解说卦义;甲骨文中的"豸"字、"杀"字,是分解之意。

②体例言及半象、大象,覆象。

于省吾认为,"半象"之名见于东汉经师虞翻,而其用法则由来已久。所谓"半象",指取卦中两爻为象,甚或取卦中一爻为象。取两爻为象者:如履(䷆)第二爻爻辞"履道坦坦",取第二、三爻组成的半震(☳)之象。震象征道,所以言"履道坦坦"。又如解(䷧)第三爻爻辞为"负且乘",取第三、四爻组成的半艮(☶)之象及第二、三爻组成的半震(☳)之象。艮象征负,震象征乘,所以言"负且乘"。取一爻为象者:如井(䷯)第二爻爻辞为"井谷射鲋",取初爻(--)之象。初爻为阴爻,鱼为阴物,所以初爻为鱼。"鲋"即小鱼。初爻处于井底,所以言"井谷射鲋"。"井谷"即井底。又如剥(䷖)第五爻爻辞为"贯鱼以宫人宠",取初爻(--)、二爻(--)、三爻(--)、四爻(--)、五爻(--)一串之象。五个都是阴爻,象征鱼,连贯排列,所以言"贯鱼"。

于省吾认为,"大象"之名见于明代经师来知德,而其用法则由来已久。所谓"大象",指取卦中四、五、六个爻为象。如困(䷮)第五爻爻辞"劓刖",取第三爻至第六爻(☵)之象。此象为大坎。坎象征险艰,所以言"劓刖"。又如蒙(䷃)第三爻爻辞"见金夫",取第二爻至第六爻(☲)之象。此象为大离。离象征金,所以言"见金夫"。再如夬(䷪)为大兑,剥(䷖)为大艮,颐(䷚)为大离,中孚(䷼)也为大离,小过(䷽)为大坎,大过(䷛)也为大坎等等。

于省吾认为,覆象由近代易学学者尚秉和阐明,而其用法则由来已久。所谓"覆象",指头足倒置之卦象。例如艮(☶)的上卦、下卦都可能是震(☳)的覆象,兑(☱)的上卦、下卦都可能是巽(☴)的覆象等等。遇到覆象则应以覆象的倒置意义解说。如(☵)解为震(☳)的倒置,震象征鹤,则(☵)象征俯视之鹤,等等。

于省吾认为《易经》形成之时正值文字形成之时,所以《易》中之象与文字之形有着贯通一致的道理。从甲骨文和金文来看,单字与复字往往相同,如"匕"与"妣"同;少画与多画往往相同,如"水"与"𣱱","𣲗"同;正字与反字往往相同,如"臣"与"𦣞"同,等等。单字与复字相同、少画与多画相同可以证明小象与大象的使用是有根据的;正字与反字相同可以证明覆象的使用是有根据的。

③数、辞的用法,言及一、二、三、七、八、九、十及首、角、顶、趾、足、尾等等。

于省吾认为,《易经》中使用数字并非如后人所言出于五行、纳甲、九宫、十二辰或策数,而是出于声音,如以坎为三、以震为七、以兑为八、以坤为十等等,就好像以乾为健、以坤为顺、以坎为陷、以离为丽、以需为须、以咸为感、以晋为进、以蹇为

难、以夬为决、以兑为说一样，都以音为训。比如"三"在《易经》出现过二十三次，用法有两类：一类是具有乾（☰）象者，二类是具有坎（☵）象者。前者是因为乾（☰）与"三"同形，后者是因为坎（☵）与"三"同韵。前类用法有：讼（䷅）的上爻爻辞"终朝三褫之"，取上卦乾（☰）象，同人（䷌）的三爻爻辞"三岁不兴"，取三爻至五爻的互卦乾（☰）象；革（䷰）的三爻爻辞"革言三就"，取三爻至五爻的互卦乾（☰）象……后类用法有：蒙（䷃）的卦辞"再三渎"，取下卦坎（☵）象；需（䷄）的上爻爻辞"有不速之客三人来"，取上卦坎（☵）象；讼（䷅）的二爻爻辞"归而逋其邑人三百户"，取下卦坎（☵）象……

于省吾认为，"首""角""顶""趾""足""尾"这六个辞在《易经》之中并非如前人所说是就八卦的卦象而言的，而是就爻的位置而言的。爻处于上位，则言首、角、顶；爻处于下位，则言趾、足、尾。而言"上"或言"初"，有的属一卦之上、一卦之初，有的属互卦之上、互卦之初。如：比（䷇）的"比之无首"，"首"用在上爻爻辞；上为首，上卦之坎（☵）象征失，所以说"无首"。晋（䷢）的"晋其角"；"角"用在上爻爻辞，意谓处在上方。大过（䷛）的"过涉灭顶"，"顶"用在上爻爻辞，意谓处在上方。噬嗑（䷔）的"屦校灭趾"，"趾"用在初爻爻辞，意谓处在下方。剥（䷖）的"剥床以足"，"足"用在初爻爻辞，意谓处在下方。遁（䷠）的"遁尾"，"尾"用在初爻爻辞，意谓处在下方……

（2）为二十四个卦做了概论

概论依据甲骨文、金文及古代经典，唱一家之言。如以"坤"为"寅"，认为坤卦在《归藏》之中是起首之卦，先坤后乾；以"豫"为"夜"，认为《系辞传》之所以言"重门击柝，以待暴客，盖取诸豫"，是因为豫卦即是《归藏》中的夜卦，含有夜间行人以木击门之象；以"随"为"马走"，认为《系辞传》之所以言"服牛乘马，引重致远，以利天下，盖取诸随"，是因为随卦含有"马走"之象山……。

（3）对五十五个卦中的九十四句卦辞、爻辞做了分类解说

于省吾认为，《易》中之辞无虚言，都以卦象为依据，同类辞出于同类象。为此他把同类辞汇集在一起，以同类象进行解说。比如大有（䷍）、大畜（䷙）、大过䷛、大壮（䷡）四卦卦名都有"大"，原因在于卦中都含有乾象。乾（☰）象征大，大有、大畜、大壮的下卦为乾（☰），大过的二、三、四爻及三、四、五爻分别组成的下互及上互卦都为乾（☰），所以都以"大"为名。又如蒙（䷃）的三爻爻辞有"见金夫"，噬嗑（䷔）的四爻爻辞有"得金矢"、五爻爻辞有"得黄金"，困（䷮）的四爻爻辞有"困于金车"，鼎（䷱）的五爻爻辞有"金铉"。之所以都有"金"，因为各卦中都含有离象。离（☲）象征金，蒙的二爻至上爻（☲）为离的大象；噬嗑的上卦，困的二、三、四爻组成的下互卦及鼎的上卦都为离。再如比（䷇）的初爻爻辞有"终来有它吉"，大过（䷛）的四爻爻辞有"有它吝"，中孚（䷼）的初爻爻辞有"有它不燕"。比中的"来"字是"未"字之误，故辞应为"终未有它吉"，可以排除在有"有它"一语的卦外。而大过及中孚之所以都有"有它"，是因为各卦都含有巽象。大过下卦为巽（☴），上卦为覆巽（☴），中孚上卦为巽（☴），下卦为覆巽（☴）。巽（☴）象征虫，甲骨文的"它"指虫。当时所谓虫指蛇，"有它"即"有蛇"，有蛇则易伤人，所以"有它"则"吝"，则"不燕"。"吝"为艰难之意；"不燕"即"不安"。

（4）对《易传》中的十九句话做了新解

　　于省吾依据甲骨文、金文及其他典籍，从卦象出发，对《易传》中"宜建侯而不宁""日月丽乎天，百谷草木丽乎土""君子以立不易方""成天下之亹亹者莫大乎蓍龟"等十九句话做了新的解释。如认为"日月丽乎天，百谷草木丽乎土"句中的"天"与"土"不是指乾、坤，而是指上、下。此句出于离（☲）的《象传》，前人多以"乾""坤"解句中的"天""土"，卦中无乾、坤之象，难以解通。于省吾从卦象出发，认为"天""土"指上、下。离（☲）的上卦离（☲）象征日，三、四、五爻组成的上互卦为兑（☱），象征月，日月都在一卦的上方，所以说"日月丽乎天"；二、三、四爻组成的下互卦为巽（☴），象征草木、百谷，处在一卦之下方，所以说"百谷草木丽乎土"。又如将"成天下之亹亹者莫大乎龟"中的"亹亹"二字解为"微妙"，一改前人以"亹亹"训"勉"的传统。

　　于省吾将文字考据运用于《易经》研究，提出了不少有价值的见解，但仍未摆脱据象解《易》的束缚，为此，亦有一些地方显得颇为牵强。如为了说明"三"是用来表达乾（☰）象的，硬将损（䷨）中"三人行则损一人"的"三"与泰（䷊）中的下卦乾（☰）联系起来，认为，泰卦中有乾（☰），象征三人，所以言"三人行"，泰（䷊）中的下乾（☰）失去了一人，变成了兑（☱），而失去的一人跑到了上坤（☷）中，使坤变成了艮（☶）。所以原先的泰（䷊）便变成了损（䷨），而在损卦卦辞中说"三人行则损一人"。

闻一多及《周易义证类纂》

　　闻一多，字友三，湖北浠水人。曾留学美国，回国后任过武汉大学文学院院长兼中文系主任，青岛大学文学院院长兼国文系主任、清华大学中国文学系教授。在文学、古文字学及中国古籍研究中卓有成就。他的《周易义证类纂》代表了近代易学研究的新方向。主要特征是不主象数，不涉义理，专以文字考据解说《周易》，并从社会史料的角度进行分类研究。该书作于二十世纪四十年代初，收录于开明书店1948年出版的《闻一多全集》第二卷中。全书分为有关经济事类、有关社会事类、有关心灵事类及余录四大部分，共解说了一百余条《周易》经文。

　　（1）有关经济事类

　　有关经济事类又分为器用、服饰、车驾，田猎、牧畜、农业、行旅等七个小类，共解说了四十八条《周易》经文。

　　①器用类

　　器用类考证了九条经文中涉及的器物。如泰卦二爻爻辞有"包荒用冯河，不遐遗"语。闻一多认为："包荒"即是匏瓜。"包荒用冯河"即是用匏瓜渡河。"不遐遗"即不至于坠溺。又如鼎卦二爻爻辞有"鼎耳革，其行塞，雉膏不食"语。闻一多认为："革"为涩意；"行"即是桁，指抬鼎之杠。经文之意为，鼎中烹有雉肉，抬至面前，由于鼎耳艰涩、抬鼎之杠不得抽出，所以雉肉不得而食。

　　②服饰类

　　服饰类考证了两条经文中涉及的服饰，都是履。履卦初爻爻辞有"素履，往无咎"，五爻爻辞有"夬履，贞厉"语。闻一多认为："素履"。即丝鞋，"夬履"即葛鞋。穿丝鞋者尊贵，所以说"素履，往无咎"；穿葛鞋者卑贱，所以说"夬履，贞厉"。"无

咎"，即无危害；"贞厉"，即此卦为凶。

③车驾类

车驾类考证了七条经文中涉及的车驾。如革卦上爻爻辞有"大人虎变，君子豹变"语。闻一多认为："变"即斑纹，"虎变""豹变"即虎斑、豹斑，指以虎皮、豹皮制的车饰。经文之意为，大人乘以虎皮装饰的车子，君子乘以豹皮装饰的车子。

④田猎类

田猎类考证了四条经文中涉及的田猎之事。如师卦五爻爻辞有"田有禽，利执言，无咎"语。闻一多认为：其中之"言"同于"讯"，意谓审讯。"执言"即捉到提供口供的俘虏，泛指捉到敌人。古时把田猎视为作战。田猎凭割取猎物之耳论功行赏，战事亦然；未获之前，田物称为"丑"，敌众亦称为"丑"，即获之后，田物称为"禽"，敌众亦称为"禽"。所以卦中以田猎为作战象征，田猎有得获象征战事有得获。因此言"田有禽，利执言，无咎"。

⑤牧畜类

牧畜类考证了七条经文涉及的牧畜之事。如大壮卦三爻爻辞有"羝羊触藩，羸其角"，四爻爻辞有"藩决不羸"等语。闻一多认为："羸"为败坏之意。三爻爻辞言，羝羊顶触藩篱，折损了角；四爻爻辞言，羝羊顶破了藩篱，无损于角。

⑥农业类

农业类考证了七条经文中涉及的农业之事。如临卦卦辞有"至于八月有凶"语。闻一多认为："临"同于"霖"，下雨之意。雨及八月而百川汇集，沟渎皆满，成为水害。所以言"至于八月有凶"。

⑦行旅类

行旅类考证了十二条经文涉及的行旅之事。如复卦卦辞有"朋来无咎"，蹇卦五爻爻辞有"大蹇朋来"，解卦四爻爻辞有"朋至斯孚"，咸卦四爻爻辞有"朋从尔思"，等语。闻一多认为，"朋"同于"崩"，行走之意。"朋来""朋至""朋从"，意谓走来、走至、走而随行。

（2）有关社会事类

有关社会事类又分为婚姻、家庭、宗族、封建、聘问、争讼、刑法、征伐、迁邑九个小类，共解说三十二条《周易》经文。

①婚姻类

婚姻类考证了一条经文涉及的婚姻之事，即蒙卦二爻爻辞"纳妇吉，子克家"。闻一多认为："家"即娶妻之意。上文说"纳妇吉"，意谓接纳妇人则吉利，下文接着便言"子克家"，意谓子能娶到妻子。

②家庭类

家庭类考证了三条经文涉及的家庭之事，都出于蛊卦，即"干母之蛊""干父之蛊""裕父之蛊"。闻一多认为："干""裕"皆同于"贯"，习行之意；"蛊"同于"故"，指以往之事。"干母之蛊""干父之蛊""裕父之蛊"，都是习行父母以往之事的意思。

③宗族类

宗族类考证了三条经文涉及的宗族之事。如屯卦二爻爻辞有"匪寇婚媾"，四爻爻辞有"求婚媾"语；震卦上爻爻辞有"婚媾有言"语。闻一多认为："婚媾"一词意谓亲戚，是名词。

④封建类

封建类考证了一条经文中涉及的封建之事，即屯卦卦辞"利建侯"。闻一多认为：屯卦的"屯"是包意。凡是包于一物之外的边缘则称为"屯"。所以古代把守卫边界称为"屯卫"，把在边塞开荒称为"屯田"。屯有边缘之意，在边境之地利于封侯建邦，所以卦辞言"利建侯"。

⑤聘问类

聘问类考证了一条经文中涉及的聘问之事，即益卦五爻爻辞"惠心勿问"及"惠我德"。闻一多认为，益卦之"益"是施惠于人之意；"惠心勿问"中的"问"亦是施惠于人之意。施人以德谓之"惠"，施人以财谓之"问"。"心"同于"德"。古人主张施人以德而不主张施人以财，所以言"惠心勿问""惠我德"，意谓施人以德，不要施人以财。

⑥争讼类

争讼类考证了三条经文中涉及的争讼之事。如讼卦二爻爻辞有"不克讼，归而逋其邑人三百户，无眚"语。闻一多认为："逋"字训为"赋"，收敛之意。经文之意谓，争讼不胜而有罪，归其邑，敛收三百户赋以赎其罪，方得以免祸。所以结论为无眚。

⑦刑法类

刑法类考证了十三条经文涉及的刑法之事。如豫卦二爻爻辞有"介于石，不终日，贞吉"，困卦三爻爻辞有"困于石，据于蒺藜，入于其宫，不见其妻，凶"等语。闻一多认为："石"指嘉石，即罪人所坐用以示众的石头。"困于石"，即拘于石上，囚于牢狱之象，所以为凶。"介"为忧恨之意；"介于石"与"困于石"之意相同。过小罚轻，拘于石上的时间短暂，所以说"不终日，贞吉"。"贞"，即占卜之意；"贞吉"，意谓所占之卦为吉象。

⑧征伐类

征伐类考证了六条经文涉及的征伐之事。如同人卦四爻爻辞有"乘其墉，弗克攻，吉"语。闻一多认为："乘"是"增"意。"乘其墉"则是增高城墉之意。增高城墉，敌人不能攻克，因此为吉。前人多释"乘"为"升"，以我为攻方，把"乘其墉"解释为登上敌方城墉。闻一多以为不然。

⑨迁邑类

迁邑类考证了一条经文涉及的迁邑之事，即井卦卦辞"汔至，亦未繘井，羸其瓶，凶"。闻一多认为："汔"同于"既"，到达之意，"亦"同于"犹"，尚且之意；"繘"同于"掘"，挖掘之意；"羸"同于"儽"，败坏之意。经文之意为，迁至新邑，井尚未掘，汲水之器败坏了，所以为凶。

（3）有关心灵事类

有关心灵事类又分为妖祥、占候、祭祀、乐舞、道德观念五个小类，共解说了二十七条《周易》经文。

①妖祥类

妖祥类考证了四条经文涉及的妖祥之事。如离卦三爻爻辞有"日昃之离，不鼓缶而歌，则大耋之嗟，凶"语。闻一多认为："离"同于"迷"，"之"同于"而"，"耋"同于"跌"，"嗟"同于"蹉"。经文之意为，日偏西后昏暗无光，如不击鼓悲歌，祈天救

助,则日将跌堕,引来灾祸。

②占候类

占候类考证了九条经文涉及的占候之事。如乾卦中有"潜龙""见龙在田""或跃在渊""飞龙在天""亢龙""群龙无首"等语。闻一多认为:乾卦的"乾"本为斡,旋转之意。凡旋转之物都名为斡。北斗星属于此类,因此乾指北斗。古人以北斗为天之枢纽,以北斗象征天,所以又以乾为天。"龙"指东宫苍龙众星。"潜龙""见龙在田""或跃在渊""飞龙在天""亢龙""群龙无首",或指苍龙众星随季节的变化所处的不同位置,或指苍龙众星展现的形状。苍龙之星春夏之交昏后升于东南,所以称"见龙";秋冬之交昏后降于西南,所以称"潜龙";春分之时见于天,所以称"飞龙";秋分之时隐而不见,所以称"在渊"。苍龙星由七个星座组成,其状呈卷曲之形;"亢"为"直"意,"亢龙"即"直龙",直龙为苍龙星的反常形状,与原本之形不相符合,所以爻辞说"亢龙有悔",亦即不吉利。"群"同于"卷",苍龙星通常呈卷曲之形,所以称"群龙";苍龙星卷曲呈环状,首尾相接,不见其首,所以言"群龙无首"。

③祭祀类

祭祀类考证了九条经文涉及的祭祀之事。如损卦初爻爻辞有"巳事遄往,无咎"语。闻一多认为:"巳"同于"祀",即祭祀;"事"同于"使"。经文之意为,祭祀之事,速往行之,则无危害。

④乐舞类

乐舞类考证了两条经文涉及的乐舞之事。如豫卦卦辞"豫,利建侯行师"。闻一多认为:豫卦之"豫"同于"象",是古代乐舞之名;建侯、行师是乐舞中所象之事。所以占到豫卦则有利于建侯行师。

⑤道德观念类

道德观念类考证了三条经文涉及的道德观念之事。如乾卦三爻爻辞有"君子终日乾乾,夕惕若,厉无咎"语。闻一多认为:"乾"同于"悁",忧思之貌。经文之意为,君子终日忧思,至夜不息,审慎小心,虽有凶象,终然无害。

(4)余录

余录考证了十五条经文涉及的社会资料,无类可归,杂集为一类。比如考证坤卦中"坤"的含义。闻一多认为:"坤"即古文中的"𡉈,为双手扫土之状,所以坤象征土,象征地。"坤"又引申为"块""隤""魁"等,所以古籍中言及地及借喻地之沉敦、安稳性状时,常言"块""隤""魁"等。如《庄子·大宗师》言"大块载我以形"《荀子·君道篇》言"块然独坐而天下从之如一体",《系辞传》言"夫坤隤然示人简矣",《庄子·庚桑楚》言"犹之魁然"等等,皆如此。

又如考证萃卦初爻爻辞"若号一握为笑,勿恤,往无咎"。

闻一多认为:"握"为号哭之声。经文之意为,初似号哭,忽变而为笑。这是先凶后吉之象,所以接着说"勿恤,往无咎"。

闻一多从社会史料的角度研究《周易》,在易学发展史中独辟新径,不仅得出了许多有价值的新结论,而且开了结合历史研究《周易》的先河,对近代易学研究方法很有影响。

李镜池及《周易探源》

李镜池,中国近代学者。先后在清华大学、岑南大学、华南师范学院研习及任教。从三十年代初开始研究《周易》并求教于著名史学家顾颉刚先生。先后发表有关《周易》的文章十数篇,有影响的有 1930 年著的《易传探源》《左传中易筮之研究》《周易筮辞考》和 1947 年补著的《周易筮辞续考》;1932 年著的《古代的物占》;40 年代后期著的《周易卦名考释》;60 年代前期著的《关于周易的性质和它的哲学思想》《关于周易几条爻辞的再解释》,《谈易传大象的体例》《周易的编纂和编者的思想》《易传思想的历史发展》,等等。主要论点是:《周易》保存了一些古代史料,要以社会发展史的观点来研究它;卦辞、爻辞有它的系统组织,只有全面比较分析,才能领会真义。中华书局 1963 年将这些论文编辑成集,定名为《周易探源》。书成后于 1965 年打成纸型,但未有印行。1978 年第一次付印。该书的主要内容如下:

(1)《易经》的作者是周王朝的卜史之官

李镜池不同意文王作易的传统说法,因为《易经》中有"箕子之明夷""康侯用锡马蕃庶"等经文。箕子是商王朝的三位贤人之一,他前往明夷时当在周灭商之后;康侯封于卫,是周成王时候的事,康侯"用锡马蕃庶"当更在以后的时间。这些经文所载内容都是文王离世之后的事,所以《易经》不可能出于文王之手。《周礼》有很多关于卜史之官掌管占卜之事的记载,说他们占卜之后把占辞记在策上藏起来,年底做一次总结,计算有多少灵验的,有多少不灵验的。《易经》当是占卜之官从许多占筮材料中选择出来,经过分析,组织,编纂而成的。这从《易经》的排列顺序中可以反映出来。《易》中八卦乾、坤、坎、离、巽、震、艮、兑本是用以代表天地、水火、风雷、山泽的,并且两两相对,反映人类对自然界的认识,而在六十四卦中,不但八卦的顺序被打乱了,而且除了乾象天、坤象地、震象雷外,其他五卦都不再是原先的意义了,震(☳)与艮(☶)成了对,巽(☴)与兑(☱)成了对,是按卦画相颠倒来排列的。可见《易经》包含了编者自己的思想、生活经验和人生哲学。因此,李镜池做出结论说:编著者是卜史。卜史是贵族中的僧侣阶层、政治顾问、高等知识分子。他们掌握了政府的文献资料,学问广博,如后来的老聃为周柱下史、司马迁为汉代太史公,都是这一类人。《周易》出于卜史之手,最有可能。

(2)《易经》成书于西周晚期

李镜池认为,《易经》的内容反映了统治阶级内部的矛盾斗争。如讼卦上爻爻辞说"或锡人鞶带,终朝三褫之"。"鞶带"是贵族用的大带;"三褫"意谓三易其手。经文之意是:君王赏赐臣下大带,退朝之时已经三易其手了。反映朝臣你争我夺的情状。又如益卦上爻爻辞说"莫益之,或击之,立心勿恒,凶"。意谓

嵌红铜龙纹方豆

只见人打击，不见人帮忙，孤立无援，终于坚持不下去了。这是掌权派对同僚施加压力的记载。

李镜池又认为，《易经》的内容说明其作者同情或崇尚隐遁。如蛊卦上爻爻辞说"不事王侯，高尚其事"。意谓不要去伺候王侯，做一些高尚的事吧！把在朝为臣视为卑下之事。此外，《易》中还专设了一个表述隐遁思想的"遁"卦，说"好遁""嘉遁"是吉，"肥（飞）遁，无不利"。反映了"乱邦不居""贤者避世"的思想。

如上例证说明，《易经》编成于没落时代，不可能出现在西周之初或成康之世。另一方面，它又在春秋初期已经流行，不可能出于春秋后期。由此说它成书于西周晚期。

李镜池还通过文辞组织与卜辞、《诗经》《论语》的比较，说明《易经》成于西周晚期。例如卦辞、爻辞运用民歌的比兴手法，这种风气也是在西周晚期才兴盛起来的。

（3）《易经》是以历史材料做根据表现作者哲学思想的占筮书

李镜池认为，《易经》的材料来源是旧筮辞，这些筮辞当与甲骨卜辞相类似，有完整的格式，记录了占筮的时间、人名、事情及征兆。编者在编辑之时，把古筮的时间和人删去了，从而使反映个别事物的断辞带上了普遍的意义，只保存了很少一部分史实故事，这些故事有代表性意义。与此同时，编者把占筮所用的占兆之辞，如"厉""无咎"等，与上下文所说的事理连接起来，使卦辞、爻辞成为事理的说明和判断。由此李镜池对《易经》内容的性质做了判定，认为它原本是一部占筮书，为供占筮参考而作，但却经过编者的选择、分析、改写和组织，因此不单纯是一部占筮书，而是寓有编者哲学思想的占筮书。此外，它还保存了相当数量的周民族早期的历史资料，所以也可以作为史书来读。

李镜池举例说明了《易经》中所含的哲学思想及史料价值：

哲学思想表现在军事、农业，为人、治民等各个方面。比如师卦谈军事，讲军队要有纪律，有纪律可以打胜仗，没纪律就会打败仗；大有卦谈农业，讲农业需要协力合作，协作则能克服困难、避免灾害；谦卦谈为人，讲谦虚会使人胜利，但要与奋进结合起来，否则会成为懦弱和畏缩；临卦谈治民，讲治民要宽厚柔和，不要严酷刻戾，宽则无咎，刻则无利。总起来说，反映一种辩证思想。

史料价值表现在物质生产、社会生活、科学知识三个方面。比如小畜、大畜、大有等卦涉及古代农业生产；师、同人等卦涉及古代战争，临卦涉及古代政治；震、艮等卦涉及古代科学知识。总起来说，大多数卦都有一个中心思想，把有关史料组合在了一起。

（4）《易传》非出一人之手，是战国末期陆续出现的作品

李镜池不同意《易传》为孔子所做的说法，认为它与《论语》所载的思想不一致，而且内容重叠乖戾，是《易经》解说的丛编。

在李镜池看来，《易传》虽说是对《易经》的解说，但二者所处的时代已大不相同。《易传》作者对《易经》所载的历史史实已知之甚少，所以它的解说与《易经》原意符合者少而不合者众。《易经》包含有道理，但主要从实践中总结出认识；《易传》是阐发道理，主要是一些抽象的公式。如《易经》震卦记述了人们对震雷的四种态度：第一种是害怕；第二种是心不在焉而不怕；第三种是明白雷电的道理而不

怕;第四种先怕而后不怕,因为逐渐认识了雷电的道理。而《易传》却用卦位进行解说,说震雷造成危害或使人惊惧是由于阴爻处在了阳爻之上、越了位或阳爻位置不当造成的。这种不同是时代的产物。

李镜池有关《易经》《易传》的成书时代、作者等具体见解,只是一家之言,他对《易经》的具体解说也存在明显的不确之处。但从总体上说,他的《周易探源》从社会历史的变迁来研究《周易》,不仅把《周易》视为筮书,而且把它视为历史的记述和历史变革的见证,特别是把《易经》和《易传》区别开来,展示了《周易》自身演变的过程,对《周易》的认识可以说前进了一大步,很有参考价值。

郭沫若及其易学研究

郭沫若,原名郭开贞,四川乐山人。曾留学日本,攻读医学,但一生中致力于文学创作与中国古代文化研究。他的《周易》研究成果以《周易时代的社会生活》及《周易之制作时代》为代表。前者作于 1927 年,收入《中国古代社会研究》;后者作于 1935 年,收入《青铜时代》。特点是从生产工具的使用和社会生活的状况分析《周易》的制作时代,以历史沿革的观点分别认识《易经》和《易传》中包含的思想意识。

(1)《易经》的形成及时代

郭沫若在《周易时代的社会生活》中认为,《易经》六十四卦来源于八卦,即☰、☷、☳、☴、☵、☲、☶、☱。八卦由两种符号组成,一者为"--",一者为"—"。前者是男性生殖器的象征,后者是女性生殖器的象征。古代的数字观念,以"三"为最神秘,因此用两种符号、取三画相错而成八卦。八卦相重而成六十四卦、卦下附卦辞、爻下附爻辞,皆是后人陆续增补的。卦辞和爻辞反映原始社会向奴隶制转化的时代。

①《易经》反映原始社会向奴隶制转化的社会生活

郭沫若认为,《易经》的卦辞和爻辞,有一多半是极抽象,极简单的观念文字,其余大多是一些现实生活的记载。他把这些记载分为渔猎、牧畜,商旅,耕种、工艺等诸多方面,通过分类分析,说明《易经》反映着原始社会向奴隶制转化时代的社会生活。如田猎用金色的铜作矢,说明当时是铜器时代;田猎无涉猛兽,说明带有游乐性质;田猎无涉网罟,说明桑麻之业尚不发达;广涉马、牛、羊、豕,说明牧畜业已相当发达;关于耕种,全文只有一句,此外关于耕种的器具,则找不出一个字来,说明开始由牧畜转向农业,但牧畜还是生活的基调;商贾多为行商,童仆是商品的一种,资贝是当时的货币,金属货币还未产生,说明当时处于商贾的起源阶段;行商交通工具主要是牛车、马车,而过河只说用葫芦,说明当时舟楫尚不发达,文中多涉穴窖,说明还处在穴居、构巢阶段;衣饰多用革草之类,说明丝棉织物尚不发达;器物多为土、石、草、木、革、铜所制,但文中却没有工艺字样,说明当时工艺是人人必为,未有形成独立的生活手段,而且工艺为奴隶、童仆专攻,不为君子挂齿。这些情况从总体上说明,在《易经》所反映的社会,原始公社制度已趋衰败,而奴隶制尚未完全确立。

国学经典文库

②《易经》反映原始社会向奴隶制转化时代的社会结构

郭沫若依据美国人类学家摩尔根关于先史民族进化阶段的划分,认为《周易》反映的时代当在蒙昧时代的中下段。此时社会结构的特征是:由一时的配偶婚向固定的夫妇转化;由氏族向国家转化,由以女性为中心向以男性为中心转化。在郭沫若看来,这个时代也正是原始社会向奴隶制转化的时代。郭沫若认为:《易经》虽无铁器的记载,但文字确已发明;既有偶婚,男子出嫁和女酋长的记述;又有男子娶妻,女子出嫁,男子承家的记述;天子、王、公、侯、武人、王臣、史巫以及主管享祀、战争、赏罚的行政机构已经出现;大人、小人、君子,刑人等阶级划分已经出现。这些都带有原始社会向奴隶制转化时代的社会结构特征。

③《易经》反映的时代与制作的时代不同

郭沫若在《周易时代的社会生活》中有一个基本倾向,即认为《易经》反映的时代就是《易经》制作的时代。而其所确认的原始社会向奴隶制转化的时代,在中国则是殷周之际,所以视《易经》为殷周之际的作品。在《周易之制作时代》中,郭沫若将《易经》反映的时代与制作的时代做了区别。认为《易经》的卦辞、爻辞多来自殷、周资料,成语、故事、民歌等均有之;其时代极为复杂,有极原始的地方,也有极进步的地方,而整个思想过程是战国年间的产物。最后认定,《易经》由战国初期的馯臂子弓所制作。与此同时,郭沫若还对八卦的起源有了新的认识,认为构成六十四卦的八卦很可能是在既成文字的诱导下产生的;"☵"是"水"字引申出来的,"☶"是"川"字引申出来的;"☳"是"震"字的省略;"☱"是"兑"字的省略;"乾"象征天、金、玉,"金""玉"二字之中都包含着"☰"的卦形;"离"象征"火","火"字中包含着"☲"的卦形。只有"艮""巽"二卦比较难用字形解释,而其中的"艮"又可理解为"门"字的省略。郭沫若以此为据,说明八卦是由文字诱导出来的,最早不会先于春秋。

(2)《易经》在意识上的表现

郭沫若认为,《易经》在意识上的表现分三个方面:一是宗教观念。《易经》本身是一部宗教上的书,以迷信为其全部的血肉。其中已有至上神的观念,而八卦则成为天人之间的通路。二是艺术萌芽。在《易经》的卦辞、爻辞中反映出了跳舞、装饰、雕塑、音乐等艺术幼芽,特别是其中包含的诗意、韵味,已有很大的艺术感染力。三是辩证思想。《易经》中的八卦建立在阴阳两性的对立上,表示一切万物都是由这样的对立而形成的。与此相应,经文中多有两两相对的文字,如吉凶、祸福、大小、远近、内外、出入、进退、往来、上下、得丧、有亡、生死、泰否、损益,而且六十四卦也是三十二对相互对立的事物。《易经》中贯穿着一个思想,即由于对立而产生变化,"小往大来","大往小来",因此便用一个"易"字来概括它。"易"为变易之意。

(3)《易传》的构成时代

郭沫若在《青铜时代》中,从八卦不早于春秋、《易经》作于战国初期的前提出发,经过多方引证,认为《易传》中的《说卦》《序卦》《杂卦》是先秦的作品,《象》《象》《系辞》《文言》不能出于秦前。大抵《象》《系辞》《文言》三种,是荀子门徒在秦的统治期间写出来的;《象》在《象》之后,由别一派的人写出。

国学经典文库

（4）《易传》中辩证观念的展开

郭沫若认为，《易传》进一步将辩证的观念展开，并表现出了三个特点：一是形成了辩证的宇宙观。如在《序卦》关于六十四卦卦序的关系中充满了对立、生化、转化的思想，它从事物中看出矛盾，于矛盾中看出变化，于变化中看出整个世界，从而形成了一切都有尽头、一切都没有绝对的尽头，一切都是相对的，一切都不是绝对的相对、相生相克、相反相成的宇宙观。二是将辩证观绝对化了。它在承认变化之道不变的前提下，把不变的道理绝对化了。如《象下传·恒》中说"天地之道恒久而不已也……圣人久于其道而天下化成。观其所恒而天地万物之情可见矣"。在不已之中看出恒久来是对的，而把这个恒久看成绝对的绝对，使辩证法转化到了自己的反面，反映了作者站在支配阶级的立场上，想保持支配权的恒久。三是主张折中主义的伦理。它把相对的尊卑关系绝对化、固定化，说女内男外是正位，正位是天地之大义，不可改变。为了达到不变的目的，所以强调"中行"之道，强调不过和无不及，要在上的迁就在下的、在下的顺从在上的，从而陷入了折中主义。

郭沫若在易学研究中得出的一些具体结论多有值得商榷之处，论证也有不少牵强的地方，但他第一次把唯物史观尝试着运用于易学研究，开辟了用科学方法研究易学的道路，且在分析《易经》时代特色时，显示出了光彩，给后人以很大启示。他认为《易传》的作者无法判定，但其作者存心利用卜筮以掩盖自己的思想色彩，这番苦心还是比较明确的。为此他主张，研究《易传》应该抛掉那卜筮的部分，而专取它的思想精华。这是正确的研究方向。

高亨及其易学研究

高亨，又名晋生，吉林双阳人。清华大学研究生毕业，梁启超的学生。曾任河南大学、东北大学、武汉大学、齐鲁大学、西北大学、山东大学教授。在文字音韵的基础上研究经传、诸子、屈赋等，特别致力于《周易》《诗经》《尚书》《老子》《庄子》，著作有十几种。在《周易》上下功夫最多，四十年代著《周易古经今注》《周易古经通说》，六十年代著《周易杂论》《周易大传今注》。基本特点是，结合历史背景进行研究：将《经》《传》严格区别开来，视《经》为古人占筮记录，视《传》为后人义理发挥，以古文字、音韵、历史资料解《经》，以道德伦理、卦爻之象解《传》；对《周易》制作时代、体例、占筮方法做了分析考证。

（1）《周易》的制作与用途

高亨将《周易》分为两部分：一部分是六十四卦及其卦辞、爻辞、卦名，称为《易经》；一部分是《彖》上下、《象》上下、《系辞》上下、《文言》《说卦》《序卦》《杂卦》，称为《易传》。他认为，《易经》由乾（☰），坤（☷）、震（☳）、巽（☴）、坎（☵）、离（☲）、艮（☶）、兑（☱）八卦演绎而来。八卦作于远古时代，传为伏羲所创，不得考证，但先有卦象，如"☰"，后附卦名，如"乾"，这是肯定的。以三画为象的八卦重叠为以六画为象的六十四卦，目的在于占筮，至晚当在殷代。据史籍"巫咸作筮"的记载，应当说是殷代大戊之时由巫咸创制的。然而在此之前应当先有一段群众创制的发展过程，之后才有巫咸的总结和提炼。所以可以推测，重卦出现在大戊时

国学经典文库

前。为六十四卦附上卦辞、爻辞、卦名,形成《周易》,更有一个演变过程,不是一时一人所为,而是由古代筮事记录材料整理、编纂而成的,但其中纂入了编者的涉世经验、哲理见解。编纂时间大约在周朝初年。编者为谁? 不可确知,抑或如传说,文王、周公有订补之功。《易传》七种十篇目的在于解释《易经》,但却借此抒发了作者们对自然界、社会、政治、人生诸方面的种种观点,大都作于战国时代。

(2)《周易》名称的由来和意义

高亨认为,《周易》之"易"是筮书的通名。古代有三种筮书,一为《连山》,二为《归藏》,三为《周易》。三书通称为"易",所以《周礼》言"太卜掌三易之法"。《周易》为其中一种筮书的专名。之所以冠以"周"字,是因为它是周代筮书。之所以筮书为"易",是因为古代筮官称为"易"。筮官称为"易",所以其所录筮文亦称为"易",犹如史官称"史",其所录史料亦称为"史"。筮宫由男巫演化而来,男巫称为"觋",所以"易"是"觋"的借用字。

(3)《周易》卦名来历

高亨认为,《周易》先有卦辞、爻辞,后有卦名。卦名是后人摘取卦爻辞中主要的或常见的一两个字而追题的。这与古代著作无题而后人追题书名同为一类。因此,《周易》六十四卦卦名,大多数不能代表卦象的意义,仅有若干卦名可以体现其筮辞之要旨。高亨主张研究《周易》不必深究其卦名。

(4)《周易》筮辞类别

高亨把《周易》筮辞分为四类:第一类是记事之辞,即采用古代故事来指示卦爻的吉凶;第二类是取象之辞,即采用一种事物作为象征来指示卦爻的吉凶,第三类是说事之辞,即直接谈论人的行事,以指示卦爻的吉凶;第四类是断占之辞,即判断卦爻吉凶的语句。前三类是前提,后一类是结论。这展示出了《周易》为筮书的性质和筮辞的表现方法。

(5)乾卦卦辞"元亨利贞"的含义

高亨认为,"元亨利贞"四字,由《易传》以往,皆解释为乾卦的四种属性,称为"四德"。以此解《易》往往扦格而不通。近人李镜池力斥"四德"之说,把"贞"字解释成"占问",这是正确的,然而对"元亨利"三字没有贯通的理解。高亨把《易经》中所有的"元""亨""利""贞"四字汇集起来,条分缕析,详加考索,得出"元"为"大""亨"为享祀之"享""利"为利益之"利""贞"为占问之意的新结论。

(6)《周易》的基本体例

高亨认为,《周易》六十四卦由八卦重叠而成,因此各卦之中皆函两卦,如泰(☷)函乾(☰)、坤(☷)。

两卦之中,下卦为内卦,上卦为外卦。内卦称为"贞",外卦称为"悔"。占筮之时,所得六画卦象又分为本卦及之卦。直接占得的卦为"本卦",本卦之爻变化之后所得变卦为"之卦"。有时又将本卦称为"贞",将之卦称为"悔"。

《周易》每卦由六爻组成,如泰(☷);爻有爻位,由下而上,分别称第一、二、三、四、五、六爻为"初""二""三""四""五""上";爻有爻性,"—"为阳,"--"为阴,阳称为"九",阴称为"六";爻位与爻性相结合而组成各爻的爻题。如泰的六爻爻题分别是"初九""九二""九三""六四""六五""上六"。高亨认为《周易》古经初时无爻题,爻题为晚周人所加。爻位的初、二、三、四,五、上是由占筮时画爻的顺序而

来的;爻性的九、六是由占筮时所得蓍草的数目而来的。

(7)《周易》筮法新考

高亨认为,《周易》筮法本有历代儒者相传的旧说,其中成卦之法问题不大,但变卦之法颇需考索。因此他在沿袭成卦旧说的同时,重新考证了变卦之法,提出了自己的独特见解。其依据是《周易·系辞》中有关筮法的说明和《左传》《国语》中有关筮事的记载。其内容大致如下:

①依成卦旧说占筮出一卦。卦中每爻都标有所占策数,或九或七、或六或八,称之为"四营"。六爻"四营"之总数称之为"卦之营数"。如六爻皆为"六",则其卦之营数为三十六。②以《周易·系辞》传中的天地之数五十五,减去卦之营数,得一余数,如五十五减去三十六,则余数为十九。③从一卦的韧爻开始向上数,数至上爻,再自上爻往下数,数至初爻,更自初爻往上数,如此往复数之,数完余数时为止,所止之爻称为"宜变之爻"。如余数为十九,则在复三次,所止之爻为上爻,则上爻为宜变之爻。④宜变之爻遇九、六则九变为六、六变为九,即阴爻变为阴爻、阴爻变为阳爻;宜变之爻遇七、八则不变。原卦称为"本卦"、爻变之后形成的变卦称为"之卦"。⑤如果本卦六爻皆为七、八,则称"不变之卦",主要以本卦卦辞为占问依据;勿须求宜变之爻。如果本卦六爻皆为九、六,则称"全变之卦"。全变之卦如遇乾卦,则以"用九"爻辞为占问依据;如遇坤卦,则以"用六"爻辞为占问依据;如遇其他卦,则以之卦卦辞为占问依据;勿须求宜变之爻。此外皆须求之。⑥宜变之爻若为九、六,则此爻变,但主要以本卦变爻爻辞为占问依据,其他各爻皆不考虑。宜变之爻若为七、八,则此爻不变,以何爻爻辞为占问依据?按如下规则处理:

其一,六爻中有一爻为九或六,则或以本卦卦辞或以九,六之爻辞为占问依据。

其二,六爻中有两爻为九或六,则主要以本卦卦辞为占问依据。

其三,六爻中有三爻为九或六,则九变为六,六变为九而得之卦,主要以本卦和之卦卦辞的总和为占问依据。

其四,六爻中有四爻为九或六,则九变为六,六变为九而得之卦、主要以之卦卦辞为占问依据。

其五,六爻中有五爻为九或六,则九变为六,六变为九而得之卦,主要以之卦卦辞为占问依据。

高亨认为,筮法是一种骗人的方术,无须学用,但为理解《周易》古经、《易传》和《左传》《国语》中的某些问题,又须懂得筮法。

高亨的易学研究虽然仍含牵强之处,但就研究方法及所获成就而言,在近代,可以说最为得体、最为丰厚,对后人多有借鉴价值。

特别提示:

　　本书在编写过程中,借鉴和参考了大量文献和作品,谨向诸位专家、学者致以崇高的敬意。但由于部分作者的地址或姓名不详等原因,截至发稿之前,仍有部分作者没有联系上,但出版时间在即,只好贸然使用,不到之处,敬祈谅解,在此也敬启作者,见书后,将您的信息反馈与我,我们将按国家规定,第一时间对相关事宜做出妥善处理。

　　联系电话:010-80776121　　　　联系人:马老师

国学经典文库